"双一流"建设专业学位研究生教学案例

金融教学案例精选

李建军　主编

中国财经出版传媒集团
中国财政经济出版社

图书在版编目（CIP）数据

金融教学案例精选/李建军主编.——北京：中国财政经济出版社，2021.10
（"双一流"建设专业学位研究生教学案例）
ISBN 978-7-5223-0724-4

Ⅰ.①金… Ⅱ.①李… Ⅲ.①金融学-研究生-教案（教育）—汇编 Ⅳ.①F830

中国版本图书馆 CIP 数据核字（2021）第 164524 号

责任编辑：马　真	责任校对：胡永立
封面设计：陈宇琰	责任印制：党　辉

中国财政经济出版社 出版

URL：http://www.cfeph.cn
E-mail：cfeph@cfeph.cn

（版权所有　翻印必究）

社址：北京市海淀区阜成路甲 28 号　邮政编码：100142
营销中心电话：010-88191522
天猫网店：中国财政经济出版社旗舰店
网址：https://zgczjjcbs.tmall.com
北京时捷印刷有限公司印刷　各地新华书店经销
成品尺寸：185mm×260mm　16 开　31.5 印张　587 000 字
2021 年 11 月第 1 版　2021 年 11 月北京第 1 次印刷
定价：120.00 元
ISBN 978-7-5223-0724-4
（图书出现印装问题，本社负责调换，电话：010-88190548）
本社质量投诉电话：010-88190744
打击盗版举报热线：010-88191661　QQ：2242791300

中央财经大学专业学位研究生教学案例项目
编 委 会

主　　　任：马海涛

委　　　员：（按姓氏笔画排序）

　　　　　　尹　飞　　　白彦锋　　　刘双舟　　　陈斌开

　　　　　　李　涛　　　李建军　　　李国武　　　李春玲

　　　　　　李晓林　　　吴　溪　　　张晓涛　　　林　嵩

　　　　　　姜　玲　　　贾尚晖　　　黄振华

丛书主编：马海涛

丛书副主编：张学勇　　肖　鹏

总　序

专业学位研究生教育是培养高层次应用型专门人才的主渠道。中央财经大学自2003年开始实行专业学位教育以来，逐步构建了具有财经特色的高层次应用型专门人才培养体系，为经济社会发展做出重要贡献。截至2021年9月30日，学校在校硕士研究生5652人，其中，学术型硕士1751人，专业学位硕士3901人，分别占在校硕士研究生比例为31%和69%，专业学位研究生已经成为学校研究生教育的主体。

中央财经大学专业学位研究生教育始终坚持"质量优先、特色发展"的原则，目前已经形成了较为完备的、有一定特色的专业学位研究生培养体系。学校基本形成了以优质课程引领的课程体系和以案例教学为突破口的实践教学体系，促进科教融合和产教融合，加强国际合作，着力增强研究生实践能力、创新能力，取得了一定的成效。

但是面对新时代的新要求，当前专业学位研究生教育还存在着"培养方案不够优、案例教学不够深、专业实践不够实、教学师资不够专、论文标准不够明"等问题。专业学位硕士与学术硕士培养方案在课程设置方面差异不明显，同质化现象仍普遍存在。专业学位硕士案例开发与教学虽取得一定成果，但仍有较大提升空间。专业实践教学流于形式，组织不力。实践基地挂牌的多，发挥实效的少，管理和规范力度不够，远未形成产教融合发展的格局。专业学位硕士"双师型"导师队伍建设不够完善，校内外导师未能建立有效的沟通协调与合作指导机制。专业学位硕士学位论文写作和评判标准不够明确，大多参考学术硕士论文的评审标准，难以发挥学位论文评审对培养过程和学位论文写作的导向性作用。

针对上述问题，尤其是专业学位研究生案例教学方面的短板，近年来，学校坚持"科学规划、突出特色、鼓励创新、择优资助"的原则，高度重视研究生教材和案例集建设工作。学校围绕立德树人根本任务，以一流学科建设为目标，设立专项资金资助研究生教材和专业学位研究生案例集建设。推动习近平新时代中国特色社会主义思想和社会主义核心价值观念融入教材建设、融入课堂教学，培育学生经世济民、诚信服务、德法兼修的职业素养，初步建立了具有中央财经大学"财经黄埔"品牌特色的研究生精品教材体系。鼓励校内外教师、行业专家合作建设高质量教学案例库，推动编写案例教材、开展案例教学方法研究、加大案例教学比重，着力组织建设一批国际化、高水平的专业学位研究生教学案例集。

呈现在读者面前的专业学位研究生教学案例集由经济学、管理学、法学等学科的教学案例集构成，均由教学经验丰富、学术研究能力突出的一线教师组织编写。编者中既有国家级教学名师等称号的获得者，也不乏在专业领域造诣颇深的中青年学者。本系列教学案例集的出版得到了"中央高校建设世界一流大学（学科）和特色发展引导专项资金"的支持。我们希望本系列教学案例集的出版能够为专业学位研究生培养提供一线的案例素材，打造以专业能力训练为导向的案例教学体系，提高专业学位研究生的培养质量。

在编写专业学位研究生教学案例集的过程中，我们虽力求完善，但也难免存在不足，恳请广大同行和读者批评指正。

专业学位研究生教学案例集编委会
2021年10月于北京

前　言

中央财经大学金融硕士专业学位项目始于2011年，是全国首批金融硕士（专业学位）培养单位。2018年，学院增设面向海外留学生的金融硕士（专业学位）留学生项目；2019年，增设全英文授课的金融专硕（专业学位）项目。本项目旨在培养具有扎实的经济金融理论基础，富有创新素质、进取精神和国际化视野的高层次、应用型金融专门人才，现设有银行管理、量化投资与证券管理、公司金融与金融工程、国际金融组织管理、普惠金融、金融科技、监管科技、大数据与智能金融、电子加密货币、投资与风险管理、国际金融与跨国投资等多个研究方向。

鉴于金融专业硕士的人才培养目标定位有别于学术型研究生，自项目设立伊始，金融专业硕士就试图突破以学术论文写作为导向的培养模式，其教学内容更为强调产教融合，让学生能了解金融的实际运行，案例教学等模式创新则被视为达到这一目的的重要手段之一。因此，金融学院高度重视案例教学，是国内较早设置专门金融专硕案例教学中心的院校之一。为了鼓励学院教师开展教学案例研究，学院明确要求授课教师需根据课程性质和内容，自行开发或选择一定数量案例的基础上，将教学案例灵活运用到授课过程之中，并鼓励邀请业界人士结合案例进行合作授课。此外，为了提高授课教师案例教学的水平和能力，学院每年还组织1—2次专硕案例教学研讨会，邀请校内外知名专家就案例开发、案例教学等进行交流。

在教学案例开发方面，学院目前已形成了以授课教师为主体，业界导师及学生共同参与的案例开发机制，依托学院2014年启动的教学案例比赛和全国金融专业研究生教学指导委员会（以下简称"教指委"）及学校层面的案例大赛，定期动员，精心组织，营造良好的教学案例开发氛围的同时，对专硕课程案例建设提供了一定的专项经费支持。迄今为止学院层面开发的专业硕士专业课程教学案例总数超过160篇，构建了涉及领域较为宽泛的教学案例库，其中有19篇教学案例获得全国金融专业研究生优秀案例并入库，获奖案例数近年来连续位居全国院校前列。

本案例集收集的 14 篇案例主要是学院第六届金融硕士教学案例征文评奖活动中收到的案例作品。这次征文共收集到了教学案例 27 篇，由学院案例教学研究中心组织开展了后续案例评优及修改完善工作，案例的作者均为金融学院师生。这些案例聚焦中国金融机构和市场运行中债务违约、资产证券化、REITs 等典型事例，不仅有助于对中国金融感兴趣的广大师生了解中国金融运行的一些热点，而且通过案例内容与后续案例讲解的结合更好地理解中国金融运行的内在理论逻辑及其独特性。作为学院师生潜心合作研究的成果，入选本案例集的教学案例大多质量上乘，其中有 6 篇入选教指委组织的第五届全国金融专硕案例大赛的优秀案例（分别是《"跨界王"到"违约王"——民营煤炭巨头永泰能源债券违约案例分析》、《债转股化解国企债务危机：灵丹妙药还是饮鸩止渴？——云锡集团债转股的案例启示》、《中概股回归，海外上市企业逆风翻盘？——奇虎 360 回归 A 股案例分析》、《CDR 是独角兽回归的"橄榄枝"吗？——小米集团 CDR 推迟之谜》、《"仙股"中弘难再红——"1 元退市"第一股没落之路》和《租赁风口下的百万公寓资产变现术——碧桂园租赁住房 REITs 案例分析》）。

当然，随着中国金融改革开放进程的深入推进，金融理论和实践的发展和创新使得中国金融不断呈现新的变化或事例。这意味着对于我们参与中国金融专业硕士教育的人士而言，依托日新月异金融实践的案例教学开发永远在路上，我们期待大家共同努力，不断提升中国金融专业硕士的人才培养质量，满足社会对高层次专业金融人才的需求。

编者

2021 年 10 月 25 日

目 录

案例1：债务违约风波
　　——2016年东北特钢系列债券违约案例 ………………………… （ 1 ）

案例2："跨界王"到"违约王"
　　——民营煤炭巨头永泰能源债券违约案例分析 ………………… （ 29 ）

案例3：从"层楼叠榭"到"大厦将倾"
　　——东方园林财务危机分析 ……………………………………… （ 57 ）

案例4："仙股"中弘难再红
　　——"1元退市"第一股没落之路 ………………………………… （ 89 ）

案例5：寓见"二房东"，遇见"租金贷"
　　——长租公寓"爆雷之殇" ………………………………………… （127）

案例6：债转股化解国企债务危机：灵丹妙药还是饮鸩止渴？
　　——云锡集团债转股的案例启示 ………………………………… （173）

案例7：中概股回归，海外上市企业逆风翻盘？
　　——奇虎360回归A股案例分析 …………………………………… （211）

案例8：CDR是独角兽回归的"橄榄枝"吗？
　　——小米集团CDR推迟之谜 ……………………………………… （263）

案例9：国内首单商业银行永续债正式落地
　　——中国银行无固定期限资本债券成功发行 …………………… （313）

案例10：A股首单定向可转债问世
　　——赛腾股份试水新政 …………………………………………… （341）

案例11：平安—四川广电供应链金融1号ABS案例 ……………… （371）

案例12：互联网消费金融资产证券化案例分析
　　　——以蚂蚁花呗为例 …………………………………………（405）

案例13：租赁风口下的百万公寓资产变现术
　　　——碧桂园租赁住房REITs案例分析 …………………………（423）

案例14：中航资本践行产融结合，筑梦航空工业 ………………………（459）

案例 1

债务违约风波

——2016年东北特钢系列债券违约案例[①]

2015年东北特殊钢集团有限责任公司（以下简称东北特钢）发行了总额8亿元的"15东特钢CP001"短期融资券，但一年以后，由于债务缠身、外部压力较大等原因，东北特钢无奈宣布此次债券发生实质性违约，这也是我国地方国企公募市场首次债券违约。此次债券违约，暴露了市场对于债券风险的忽视和低估，在我国债券市场上留下了浓重的一笔。东北特钢在此之后到期的债券也无一例外地全部违约。本案例回顾了这一债券违约事件，并进行了相应分析：东北特钢为何发债？其违约又显露出该债券本身的哪些风险？

[①] 本案例由中央财经大学金融学院雷毅名、乔玥娇、张浩撰写，陈颖指导。

案例正文

一、引言

位于大连金州新区登沙河的东北特钢的大连基地是该公司重要的生产基地。2016年年初,这里是热闹而繁忙的:货车进进出出,工作人员挥手指挥货物的调度、装卸,不远处的烟囱也源源不断地吐出工业的气息。在这一片欣欣向荣的工作景象背后,却隐藏着一个惊天的灾难。2016年3月底,东北特钢宣布其到期的短期融资券"15东特钢CP001"无法足额偿还,"发生实质性违约"。这个涉及8.52亿元欠款的违约事件,影响巨大,一时间市场哗然……

二、背景介绍

(一)钢铁行业介绍

钢铁行业一直以来都被认为是工业的基础,为许多工业行业提供了原材料。在我国工业发展的早期中期,钢铁行业的迅速发展确实很好地支持了工业的发展,但是由于其过度扩张、重"量"轻"质",现如今我国钢铁行业产能过剩已成为一个较为严重的问题。

从图1-1中可以看出,20世纪之前我国钢产量增长较为平缓,但进入21世纪后,由于国家基建建设扩张以及钢铁行业准入门槛较低等因素,钢产量增速大大提高,2005年钢产量比上一年增长了28.23%,是2000年产量的275%;粗钢表观消费量(粗钢产量加净进口量)也比上一年增加23.35%,是2000年的259%(见图1-2)。直到2008年,受到金融危机以及国外对我国钢铁出口的反倾销政策的影响,钢产量和粗钢表观消费量增速得到暂时性的遏制,但绝对量仍然在增加。但紧跟着的"四万亿政策"的实施,又给了本受到较大压力的钢铁行业一剂强心剂,2009年钢铁产量增速又有回升。但这并不能扭转钢铁行业已经成为"夕阳行业"的事实。2009年之后,由于去产能政策,虽然钢产量和表观消费量增速逐步下降,但由于产能依旧过剩,2012年以来钢材综合价格指数不断下挫,2016年第一季度最低点仅为672.49,比2011年第三季度最高点下降了64.27%,售价的下降使得钢铁行业利润率堪忧(见图1-3)。根据中国钢铁协会的数据(见图1-4),我国大中型钢铁企业的盈利能力下降十分明显,2012年的销售利润率仅为0.04%,基本没有收益。但从2016年最新数据可以看到，钢材综合价格指数有小幅回升，证券市场对钢铁行业市场的前景也渐渐有了乐观化的倾向，未来钢铁行业是否能够重新走上正轨，还需要一段时间的观望。

图 1-1　1990—2016 年我国年钢产量变化情况

资料来源：Wind 资讯。

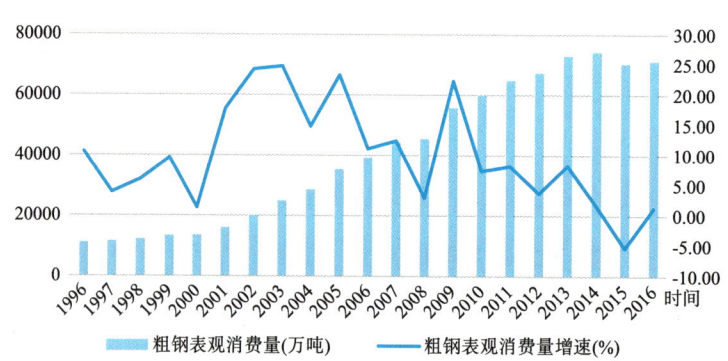

图 1-2　1996—2016 年我国年粗钢表观消费量变化情况

资料来源：Wind 资讯。

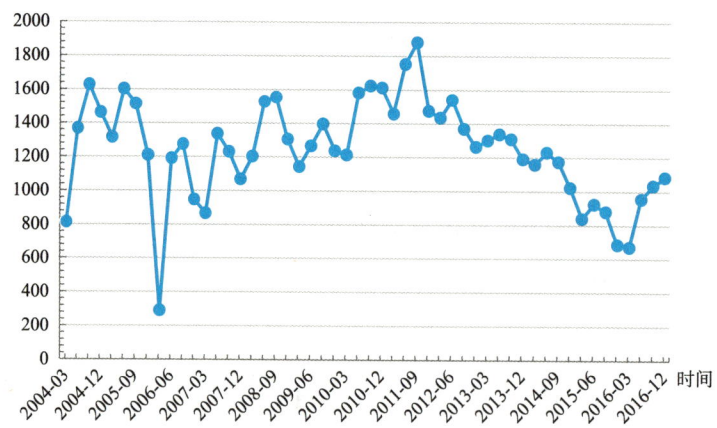

图 1-3　2004—2016 年我国钢材综合价格指数（季度，1994 年 4 月 =100）

资料来源：Wind 资讯。

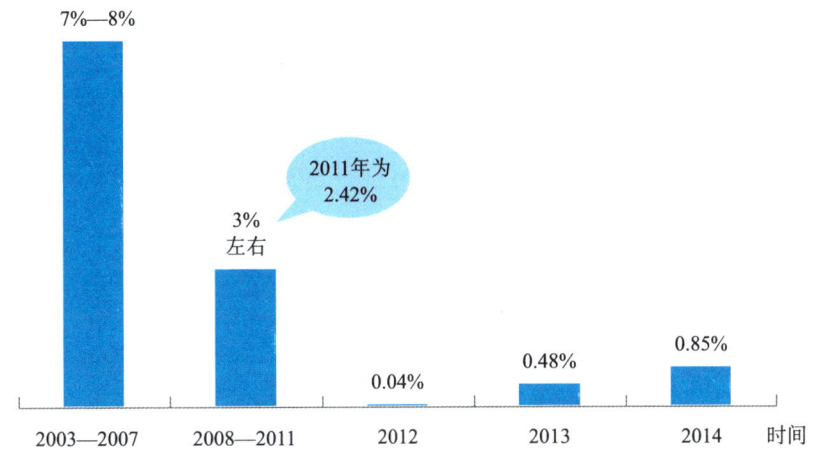

图 1-4 2003—2014 年我国大中型钢铁企业年销售利润率

资料来源：中国钢铁业协会。

（二）东北特钢介绍

东北特钢的成立过程比较曲折。2003 年 1 月，大连钢铁集团有限责任公司和抚顺特殊钢（集团）有限责任公司合并，通过将前者的全部资产和后者的优质资产重组，成立了新的公司——辽宁特殊钢集团。次年，新的辽宁特殊钢集团继续与北满特殊钢集团合并，成立了东北特钢集团。复杂的出身使得东北特钢股东包括辽宁省国资委、辽宁省国有资产经营有限公司、黑龙江省国资委、中国东方资产管理公司，属于地方国有企业，和地方政府关系较为密切。其注册资本超过 36 亿元人民币。2015 年三季报显示，其资产达到 527.26 亿元[①]。

东北特钢的主营业务是特殊钢的生产经营，在我国特殊钢行业中排行前列。公司主导产品包括中高档轴承钢、不锈钢长型材、特种合金、工模具钢等，不论是产量还是国内市场占有率都名列前茅。

财务方面，2007—2015 年东北特钢营业收入情况如图 1-5 所示。作为一家典型的钢铁企业，其有着利润率低、投资回报率低的特点。从图 1-6 可以看出，东北特钢的盈利能力在 2013 年之前一直稳定且较低，且 EBIT 利润率（EBIT/营业收入）一直在 5% 左右，而在 2014 年和 2015 年前三季度，公司盈利能力明显回升，EBIT 利润率超过 10%。但从图 1-7 中可看出，公司的投资回报率自 2007 年开始一直下滑至 2012 年，当年公司 ROE、ROA 分别仅有 0.57%、0.11%，之后虽略有回升但并没有明显起色。

---

① 资料来源：Wind 资讯。

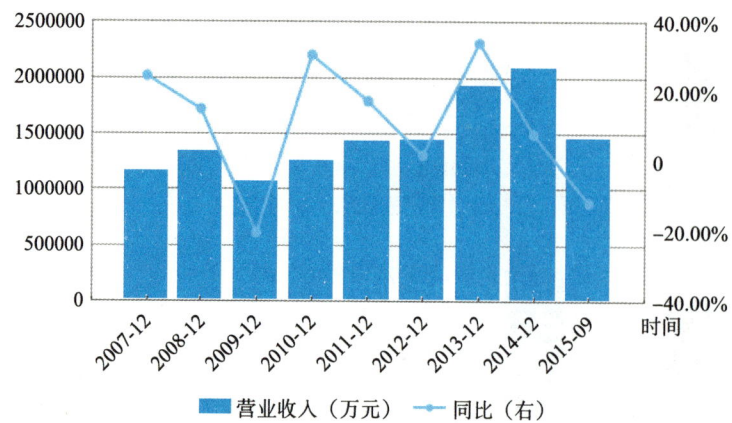

图 1-5 2007—2015 年东北特钢营业收入情况

资料来源：Wind 资讯。

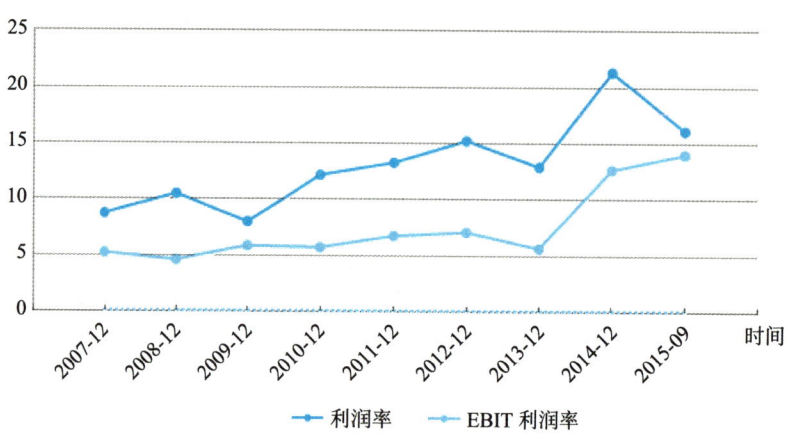

图 1-6 2007—2015 年东北特钢经营利润率情况

资料来源：Wind 资讯。

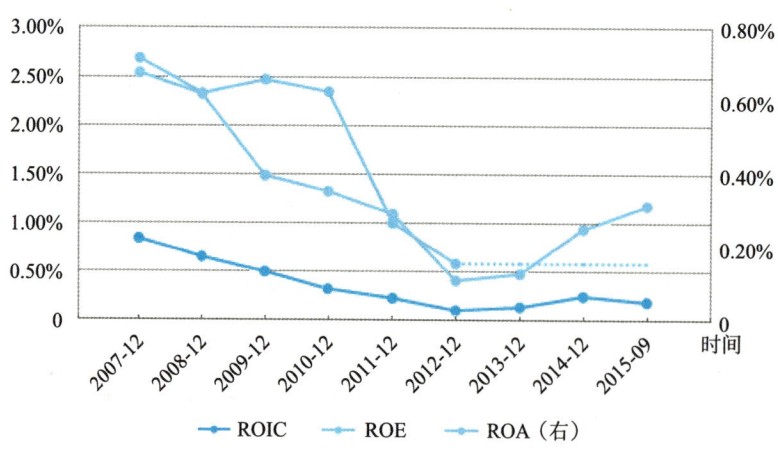

图 1-7 2007—2015 年东北特钢投资回报率情况

资料来源：Wind 资讯。

三、"15 东特钢 CP001 债券"违约始末

（一）为何发债筹资

1. 收益不佳，需要补充营运资金等缺口

2007年3月，东北特钢大连基地环保搬迁项目获得发改委批准正式开工，该项目计划投资71.6亿元，最终耗资156亿元，而这只是东北特钢三大基地中的一个。东北特钢的技术升级计划是建造大连基地、北满基地和抚顺基地三个项目，总投资近300亿元。为了实现技术转型升级，东北特钢可谓倾尽全力。从2007年开始，东北特钢大幅举债，资产负债率从65.85%开始一路飙升，从2009年开始一直保持着超过80%的高位（见图1-8），为公司的经营运转带来了巨大的流动性压力。

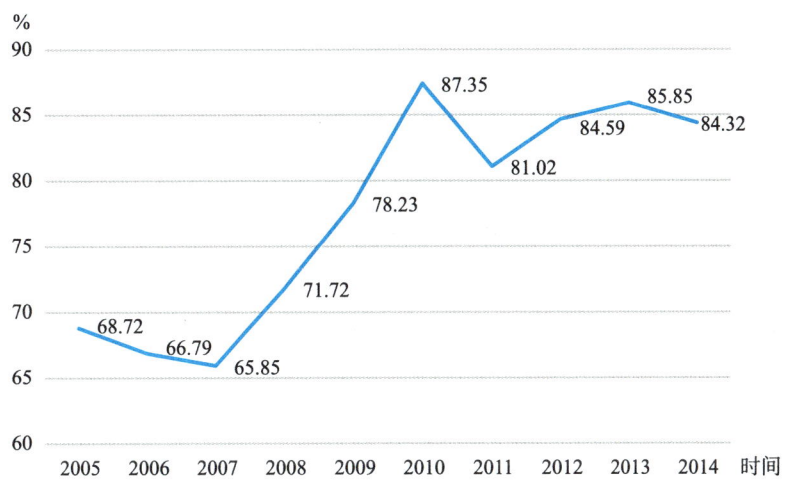

图1-8 2005—2014年东北特钢资产负债率变化趋势

2. 项目投资需要巨额资金

随着2011年大连生产基地的建成，三大基地崭新的生产线陆续投入生产，公司总产能逐渐增加，主营业务利润总体呈现出增长势头（见图1-9），但并未能如愿缓和东北特钢的资金压力。

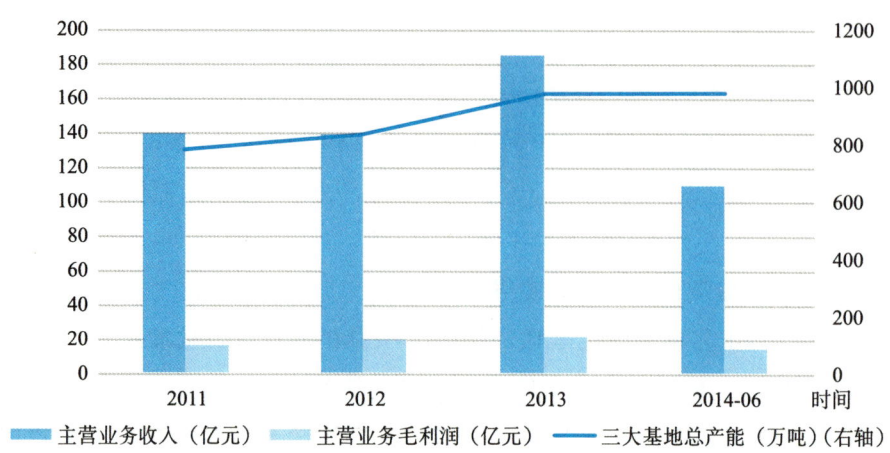

图 1-9 2011—2014 年东北特钢业务发展情况

3. 直接融资成本低于银行贷款

公司内部资金不能满足需求，东北特钢只能继续寻求外部资金。

截至 2014 年 6 月底，东北特钢从国内各家银行获得未使用额度仅剩 8 亿元，公司对间接融资的利用可谓已经达到了瓶颈。

间接融资渠道有待拓宽，东北特钢将目光转向了直接融资。2015 年债券市场可谓十分红火，全年发行量较 2014 年增长了 59.3%（见图 1-10），形成了牛市。在这种市场环境下，东北特钢加大了债券发行力度，发行了包括短期融资券、中期票据以及非定向债务融资工具等多种债券产品进行融资，将资金用于偿还银行贷款，维持资金链。直接融资也有利于公司降低财务成本，获得更好的财务效益。

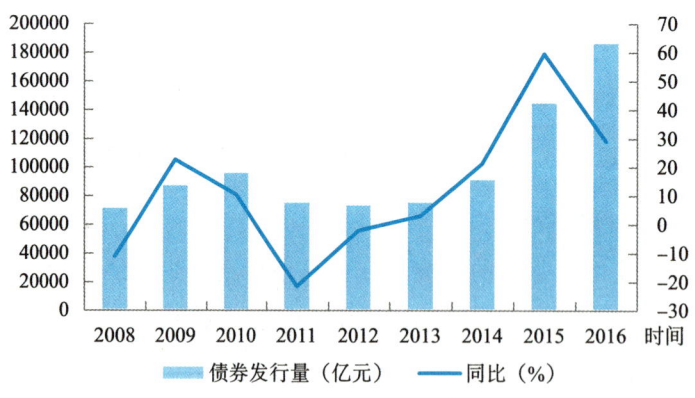

图 1-10 2008—2016 年中国债券市场发行情况

资料来源：Wind 资讯。

(二) 债券发行详情

基于以上原因，东北特钢决定举债满足自身的资金需求。这一次东北特钢选择的是银行间市场的短期融资券，聘请国家开发银行作为主承销商承销债券，并由联合资信评估有限公司（以下简称联合资信）对公司本身以及此次债券进行信用评级。2015年3月25日，东北特钢发布《东北特殊钢集团有限责任公司2015年度第一季度短期融资券募集说明书》，公开发行短期融资券"15东特钢CP001"募集资金8亿元，全部用于偿还公司本部银行贷款。该债券没有设置担保条款，利率6.5%，期限1年，预计于2016年3月28日到期。

联合资信对该债券进行了评级。根据东北特钢的财务情况、股东背景、政府信用等级分析评价，本次发行债券主体评级为AA，债项评级为A-1。此前联合资信从2008年开始每年至少给东北特钢评级一次，2008年开始评为AA-，在2012年9月上调至AA级，之后直至"15东特钢CP001"发行都维持了这一信用等级。

(三) 无奈违约

2016年伊始，市场上就出现了对东北特钢经营不利、面临资金链断裂的传言，且有消息称辽宁省金融办、省国资委等多个政府部门曾出力帮助东北特钢向其他国企借款，为东北特钢融资近10亿元，暂时补充了流动资金缺口。但东北特钢的债务负担实在太大，仅靠政府部门帮助企业股东无法通过"借新还旧"渡过难关。3月18日，东北特钢对外称会按照约定偿付"15东特钢CP001"相应的本息。在距离兑付期（2016年3月28日）仅剩4天的3月24日，东北特钢董事长杨华毫无前兆地结束了自己的生命，市场一片哗然。第二天，东北特钢发布公告，提示投资者CP001存在不确定的兑付风险，3月28日，东北特钢发布公告，声明"15东特钢CP001"不能按照约定偿还本息，已经构成实质性违约。同日，联合资信也发布公告，宣布将东北特钢主体评级直接下调至C级，"15东特钢CP001"债项评级下调至最低的D级。

屋漏偏逢连夜雨，第一笔违约发生之后，东北特钢仿佛打开了潘多拉的魔盒，触发了系列违约，之后到期的其他债券再也没能按期还款。从2016年3月25日到2017年1月16日，东北特钢有10支债券都构成实质性违约，金额总计达71.7亿元（详见附件）。

四、事件尾声

东北特钢系列违约事件的发生震惊了整个资本市场,激发了市场的热烈讨论;讨论事件发生的同时,大家也都在观望,违约之后,东北特钢还能"起死回生"吗?又该通过什么样的方式"起死回生"?

第一笔违约事件发生后的第二天,东北特钢的主体评级即被联合资信下调至C级,信用评级降到最低,无法再通过发行债券或寻求银行贷款"起死回生",资金链和债务链就此断裂。为了挽救东北特钢,当地省政府拟制定"债转股"的处置方案,然而遭到了债权人的一致反对,以中行为首的17家银行表示,"债转股只是省政府单方面的意愿",这一方案遭到否定。随后,又有人提出引入第三方战略投资者来解决问题,这一方案最终也不了了之。

连续的债务让东北特钢困局难解,最终,东北特钢还是不可避免地走向了破产重整。2016年10月10日大连市中级人民法院正式批准东北特钢进入破产重整程序,但仍允许公司在破产重组期间继续营业。虽然东北特钢厂房中的机器仍在运转,但没有人知道,东北特钢将何去何从。我国的债券市场将会因此产生怎样的变化?让我们拭目以待。

五、案例正文附件

附件1:东北特钢违约债券汇总

证券名称	债券类别	发行期限	票面利率	发行金额(亿元)	发行日期	目前状态
13东特钢MTN1	一般中期票据	5年	6.1%	14	2013年1月16日	违约
13东特钢MTN2	一般中期票据	5年	5.63%	8	2013年4月15日	违约
13东特钢PPN001	非公开定向债务融资工具	3年	7.00%	3	2013年7月10日	违约
13东特钢PPN002	非公开定向债务融资工具	3年	8.30%	3	2013年9月6日	违约
14东特钢PPN001	非公开定向债务融资工具	2年	8.20%	3	2014年6月6日	违约
15东特钢CP001	短期融资券	1年	6.50%	8	2015年3月25日	违约
15东特钢CP002	短期融资券	1年	5.88%	7	2015年5月4日	违约
15东特钢PPN002	非公开定向债务融资工具	2年	7.40%	7	2015年7月16日	违约
15东特钢CP003	短期融资券	1年	6.30%	8.7	2015年9月22日	违约
15东特钢SCP001	超短期融资券	90天	6.00%	10	2015年12月31日	违约

附件2：《国家开发银行股份有限公司关于东北特殊钢集团有限责任公司2015年第一期短期融资券未能按期兑付本息的公告》（国开行，2016年3月28日）

国家开发银行股份有限公司关于东北特殊钢集团有限责任公司2015年第一期短期融资券未能按期兑付本息的公告

东北特殊钢集团有限责任公司（以下简称"东特钢"或"公司"）2015年度第一期短期融资券（债券简称：15东特钢CP001，债券代码041556006）应于2016年3月27日（此日为节假日，顺延至3月28日）兑付本息。截止到期兑付日日终，东特钢未能按照约定筹措足额偿债资金，15东特钢CP001不能按期足额兑付，已构成实质性违约。

一、本期债券基本情况

1、发行人：东北特殊钢集团有限责任公司
2、债券名称：东北特殊钢集团有限责任公司2015年度第一期短期融资券
3、债券简称：15东特钢CP001
4、债券代码：041556006
5、发行总额：8亿元
6、发行期限：1年
7、当前主体评级：AA 负面，已被列入下调信用评级观察名单
8、当前债项评级：A-1
9、本计息期债券利率：6.5%
10、付息兑付日：2016年3月27日（此日为节假日，顺延至2016年3月28日）
11、本期应偿付本息金额：8.52亿元

12、 主承销商：国家开发银行股份有限公司

13、 登记托管机构：银行间市场清算所股份有限公司

二、 本期债券风险处置情况

受历史、行业和自身经营原因，东特钢债务负担沉重，债务结构不合理。截止2015年9月末，公司资产总额527.26亿元，负债总额444.73亿元，所有者权益82.53亿元，资产负债率84.35%。公司面临较大流动性压力，且公司董事长杨华先生于3月24日意外死亡，对企业生产经营和资金周转带来不确定性负面影响。截止3月28日日终，东特钢未能按照约定筹措足额偿债资金，15东特钢CP001不能按期足额兑付，已构成实质性违约。

作为本期债券主承销商，为尽可能保障投资者权益，我行采取多项措施：一是积极协调地方政府。债券到期前，我行多次向地方政府专题汇报，推动辽宁省、大连市政府多次召开协调会，研究债券兑付事宜，并取得一定进展。二是持续督促企业筹措偿债资金。我行多次向企业提示风险，要求其多方筹措资金，并按照有关规定加强信息披露。3月18日下午，我行提示企业在偿债资金未完全落实情况下应审慎发布正常兑付公告，但企业考虑到各方支持态度明确，仍公开发布了正常兑付公告。三是第一时间开展应急处置工作。3月24日晚，得知公司董事长意外死亡、先前初步确定的筹资方案暂时无法落实后，我行立即成立应急小组，启动应急预案，连夜开展应急处置，包括但不限于：3月25日上午向交易商协会书面报备情况；致函东特钢，要求其继续筹措资金，同时加强信息披露；致函省里有关部门，继续

争取支持；25日下午，我行在中国货币网向市场投资者发布特别风险提示公告；25日紧急赶赴沈阳，于周末开展风险化解工作，相继拜访省、市有关部门，配合研究风险化解方案。

三、本期债券后续安排

本次风险化解过程中，主承销商已尽最大努力，但受突发事件等影响，本期债券最终仍然违约，严重损害了债券持有人利益，在公开市场造成了不良影响。后续，主承销商将继续尽职履责，持续督导发行人及时、准确披露信息并全力筹措偿债资金；积极履行持有人会议召集人义务，召集相关各方召开持有人会议，尽快发布《东北特殊钢集团有限责任公司2015年第一期短期融资券持有人会议召开公告》，通过持有人会议明确受托管理人，与各方商议并落实本期债券违约后的投资者权益保障措施，协商后续偿债方案和违约支付安排等事宜。此外，主承销商将密切跟踪东特钢资金筹措情况以及其他对持有人利益有重大影响的事项，尽可能保障投资人权益。

四、主承销商联系人及联系方式

主承销商：国家开发银行股份有限公司

联系人：秦颖、刘颖、王小虎

联系电话：010-88308376、68307092，0411-82228156

特此公告。

附件3：《东北特殊钢集团有限责任公司2015年度第一期短期融资券债项评级报告》（联合资信，2015年3月18日）

http：//www.nafmii.org.cn/zlgl/zwrz/xxpl/pjbg/201504/P020150401599661239183.pdf

附件4：《联合资信关于下调东北特殊钢集团有限责任公司主体信用等级及债项信用等级的公告》（联合资信，2016年3月28日）

联合资信评估有限公司关于下调东北特殊钢集团有限责任公司主体信用等级及"13东特钢MTN1"、"13东特钢MTN2"、"15东特钢CP001"、"15东特钢CP002"和"15东特钢CP003"债项信用等级的公告

根据国家开发银行股份有限公司于2016年3月28日发布的《关于东北特殊钢集团有限责任公司2015年第一期短期融资券未能按期足额偿付本息的公告》，东北特殊钢集团有限责任公司"15东特钢CP001"不能按期足额偿付，已构成实质性违约。

基于东北特殊钢集团有限责任公司"15东特钢CP001"本息未能按期足额兑付的违约事实，联合资信评估有限公司决定将东北特殊钢集团有限责任公司主体长期信用等级由AA下调为C，并将"13东特钢MTN1"和"13东特钢MTN2"的债项信用等级均由AA下调为C，将"15东特钢CP001"、"15东特钢CP002"和"15东特钢CP003"的债项信用等级均由A-1下调为D。

特此公告。

北京市朝阳区建国门外大街2号中国人保财险大厦17层　邮编：100022
Email:lianhe@lhratings.com　Http://www.lhratings.com
电话 010-85679696　传真 010-85679228

附件5:"15东特钢CP001"发行相关文件

东北特殊钢集团有限责任公司2015年度第一期短期融资券募集说明书:
http://www.docin.com/p-1095309373.html

东北特殊钢集团有限责任公司2015年度第一期短期融资券信用评级报告(联合资信):
http://www.nafmii.org.cn/zlgl/zwrz/xxpl/pjbg/201504/P020150401599661239183.pdf

附件6:相关新闻报道

《东北特钢违约事件》周子崴、洪小棠 经济观察报:
http://www.eeo.com.cn/2016/0402/284729.shtml

《东北特钢进入破产重整程序》每日经济新闻:
http://finance.ifeng.com/a/20161013/14933056_0.shtml

《评东北特钢违约:两个信仰已被打破》储芸 华尔街见闻:
http://business.sohu.com/20160329/n442653526.shtml

《东北特钢违约真相:畸形政企关系引深思》第一财经日报:
http://money.163.com/16/0719/18/BSBUUCE200253B0H.html

案例使用说明

一、教学目的与用途

1. 适用课程:固定收益证券、投资学、金融机构与金融市场、公司理财。
2. 适用对象:金融学专业硕士相关课程。
3. 教学目标:本案例主要描述了以"15东特钢CP001"为首的短期融资券违约始末,教学中可以涉及的知识点包括:短期融资券等债券的定义与特点、信用风险理论、信息不对称理论、委托代理理论、信用评级的方法与独立性等。

二、启发思考题

1. 你认为"15东特钢CP001"等债券的违约原因有哪些?
2. 东北特钢债务违约是地方国企债券的首例违约,此次债券违约有什么后续影响?
3. 短期融资券具有什么特点?本次违约事件对债券的投资有什么启发?假如你是

一名债券投资者，应当如何把握债券的投资要点？

4. 通过深入了解东北特钢债务违约事件的一系列过程，你认为违约债券可能具有哪些共同的特征？

5. 东北特钢该支违约债券从发行至违约有一年之久，为何在此期间投资者没有对东北特钢进行相应约束？

6. 信用评级的方法是什么？透过本案例去思考如何发挥信用评级对债券风险的提示作用？

7. 面对债券违约风险的频发，你有什么好的建议？本次违约事件对你有什么启发？

三、分析思路

1. 企业的经营会受到宏观经济、行业运行、自身经营等多方面因素的影响，对于东北特钢债券的违约原因需要从多个角度进行发散思考。

2. 根据市场上存在地方政府为国企债券提供隐性担保的普遍现象，结合自己掌握的与债券相关的知识，以案例中地方国企首例违约——东北特钢债务违约的具体事例进行分析可能造成的影响。

3. 结合本案例中"15东特钢CP001"短期融资券违约始末，运用基本面分析和投资学等基础知识，把握短期融资券的特点，通过经济和行业走势、相关法律法规等因素总结债券投资需要注意的投资要点。

4. 结合案例正文中对债券违约原因的分析，自己去搜集目前市场上违约债券的清单，从而对违约债券的特性有一个大致的了解。

5. 根据投资者与东北特钢之间的债权债务关系，结合信息不对称理论和委托代理理论，分析投资者对债务方缺乏监督的情况。

6. 首先清楚信用评级的方法和作用，继而查找目前市场上信用评级的现状和存在的不足，根据其存在的不足有针对性地思考如何发挥信用评级对债券风险的提示作用。

7. 根据债券违约的影响，考虑债券发行过程中涉及的相关主体，从市场、评级机构、企业经营、投资者等多个角度探究违约事件的启发。

四、理论依据与分析

（一）理论依据

1. 债券投资理论

债券作为投资工具具有安全性高、收益高于银行存款和流动性强的特点，债券投资可以获取固定的利息收入,也可以在市场买卖中赚差价,随着利率的升降,投资者如果能适时地买进卖出,就可获取较大收益,而债券投资理论主要是指投资者应该结合具体的情况来进行投资,综合国际环境、宏观经济与债券发行者自身的情况来进行债券投资。

虽然债券的风险相对权益工具较低,但仍然有不可忽视的风险,根据费雪(Irving Fisher,1867—1947)提出的理论,违约风险的总和与公司履约的可靠性是构成公司债券预期收益率的重要因素。债券投资者需要评估发行人的违约风险,而投资者基于对违约风险的判断来作出是否投资和投资额度的决定。

2. 信用风险理论

信用风险是债务人无法履约,从而债权人难以得到其约定偿还款的风险。违约给债权人带来了损失。现有信用风险理论一般认为信用风险是外部因素和内部因素共同作用的结果,可以表达为二者的函数:

信用风险 = F(外部因素,内部因素)

外界力量决定了外部因素,债权债务关系中双方都无法控制的因素,像是宏观经济状况、政策因素、自然灾害等。内部因素则包括债务人自身的经营情况、主管信用以及债权人对该笔债务的控制能力。

3. 信息不对称理论

信息不对称理论是指市场中的不同群体掌握信息的程度不同;知道信息越多的人往往越处在优势地位,而对信息知之甚少的人则处于劣势地位。信息不对称理论的中心思想是:卖方一般对商品掌握的信息较多,从而掌握信息更多的人可以向信息不足的人传递更多靠谱的信息来获取利益。

信息不对称实际上在债权债务关系中是一种常态,其中债务人相对债权人来说往往处于明显的信息优势地位,债务人总有激励去隐瞒对自己不利的信息,从而损害债权人的利益;债权人很难完全了解债务人的资金使用情况以及经营状况,从而无法及时地对债务人的经营活动进行督促,保证其能够偿还债务。

4. 委托—代理理论

委托—代理理论属于制度经济学契约理论,以信息不对称为前提。该理论主要研究委托—代理关系,行为主体依靠或明示或隐含的合同契约,选派其他主体为其效力,并给予其决策权,后者获得报酬的一大依据是其服务的数量和质量。

承销行以及评级机构本身作为一级市场的"生产者",其职责是帮助发行人准确而真实地披露其信息,对市场负责,对投资者负责。但是根据我国法律,承销行和评级机构的报酬均由发行人支付,所以在这种激励制度下,二者不可避免地受到发行人的影响，为了发行顺利、发行量大、发行价格高，都会尽量隐瞒发行人劣势，突出优势，从而损害投资者利益。

5. 优序融资理论

优序融资理论是公司金融领域的重要理论，以不对称信息理论作为基础，同时考虑到交易成本，得出外部融资需要多支付成本的结论，并且权益融资会传递企业经营的负面信息，因此企业融资一般遵循内源、债务和权益融资的先后顺序。内源融资既不需要和投资者签订契约，也不需要支付各类费用，受到的限制较少，所以是首选的融资方式，第二是低风险的债券，它的信息不对称成本可以忽略，第三是高风险债券，最后在不得已情况下发行股票。

（二）东北特钢违约原因探究

此次违约事件爆发之前，很多人都没有想到，一家规模巨大、地方直属的老牌工业企业能够发生违约，也因此本次违约事件在市场掀起巨大的波澜。那么本次债券违约的背后有着怎样的原因？

1. 宏观经济下行波及

2015 年开始，中国经济进入"新常态"，过去 30 年的经济超高速增长模式难以延续。从图 1-11 中可以看出，自从 2008 年金融危机爆发并波及全球，我国的经济增速基本处于下降阶段。站在 2015 年的角度，不论是学界还是业界对未来我国经济的预期是相对悲观的，持续的经济下行现状以及市场的悲观预期从投资、消费等方面给各个行业都带去了不小的压力，尤其是利润空间本就十分狭小的钢铁行业。

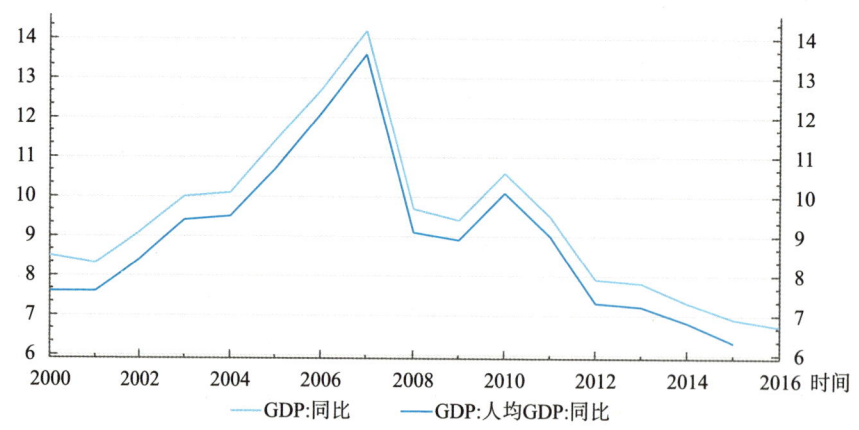

图 1-11 2000—2016 年中国 GDP 增速以及人均 GDP 增速

资料来源：Wind 资讯。

在宏观经济下行压力下，钢铁产品需求下降，行业形势越发严峻。国家统计局的数据显示，2016年全国固定资产投资完成额（不含农户）同比增长8.10%，比上年回落1.9个百分点，且该数据从2009年（同比增长30.38%）以来持续减少；其中房地产开发投资累计同比增长6.90%，比上年同期数据（1.00%）有所增长，但仍处于历史较低水平；电气机械和器材制造业、铁路船舶航空航天和其他运输设备制造业、汽车制造业增速都处于下降阶段，而这些行业占据了钢铁需求的很大一部分，其规模增速的降低会使得东北特钢面临的形势更加严峻。

2. 行业遭遇"去产能"

政策导向也是一个重要的因素。而自党的十八大以来，"去产能"得到了政府更为明显的重视，相关政策得到了强有力的实施。在这一轮去产能浪潮中，钢铁企业受到了极大的冲击。一方面，在国家2014年的去产能计划中，钢铁大省河北被分配了1500万吨钢铁的去产能任务，诸多钢铁厂开始缩小规模，采取停止部分生产线、计划性裁员等方法控制产能。另一方面，受到国家"去产能"政策基调的影响，政府对钢铁企业的补贴以及银行对钢铁企业的贷款都会受到一定程度的影响，从而限制了钢铁企业业绩的发展。从图1-1、图1-2中能看出，2015年我国钢产量、表观消费量25年以来首次下降，且2016年二者也都保持在接近零增长的水平，这说明钢铁行业去产能确实限制了钢铁产能的过度扩张，但同时也对东北特钢等钢铁企业造成了不小的冲击。

3. 违约直接原因——东北特钢流动性不足

从财务角度分析，东北特钢一直处于高杠杆的资产结构下。从图1-12可以看出，从2012年起，公司的资产负债率一直在80%以上，而同行业（黑色金属冶炼和压延加工业）的平均资产负债率均未超过70%。东北特钢2015年三季报数据显示，公司资产总额527.26亿元，总负债达444.73亿元，资产负债率84.35%，相比于同行业公司杠杆率较高，流动性存在一定问题，债务风险较大。另外，2013年至2015年9月公司流动比率分别为0.61、0.60和0.61，速动比率分别为0.35、0.34和0.34。根据该次债券承销商的披露，短期偿债能力指标整体较低，会对公司资金安排造成一定的压力，使得"15东特钢CP001"的偿债风险更高。

4. 违约根本原因——东北特钢巨额资本支出

东北特钢曾投入大量资金用于改造生产线等投资，造成自身债务负担较重。2008年前后，钢铁行业势头正猛，利润还较为可观，于是东北特钢便先后多次进行工程投资，计划特钢品种在高端市场的新布局。2007年东北特钢搬迁了旗下的大连基地，耗资规模巨大，不得不借债实施工程，这使得公司自身的资产负债率不断攀升，至2010年该数值已经达到87.35%。但是东北特钢并没有因此停下改造基地的脚步，反而开

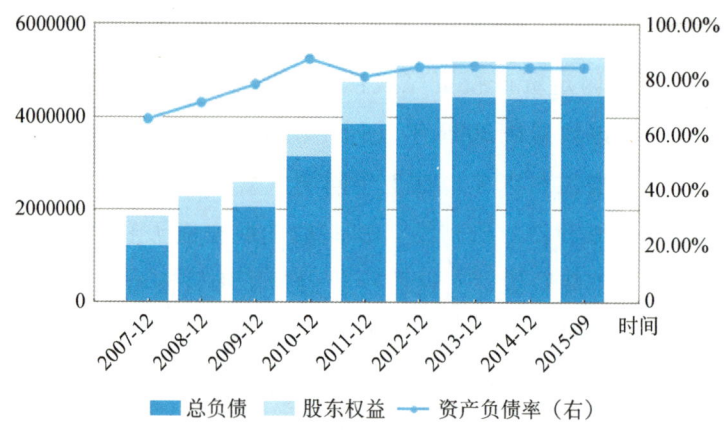

图 1-12　2007—2015 年 9 月东北特钢资产结构情况（万元）

资料来源：Wind 资讯。

始对旗下的三大基地同步进行了耗费巨额投资的改造，总投资额接近 500 亿元。虽说技术改造升级是企业不断发展的动力来源，但无视行业下行风险的盲目投资，使得公司背负巨额负债，获得的收益却远不及预期，最终导致公司资金链的断裂，走向破产的结局。

5. 市场盲目相信政府隐形担保

东北特钢作为一个地方国企，政府对其一直"不离不弃"，长期给予相应的财政补贴，而公众也认为，一旦出现偿债或破产风险，政府会对其进行财务援助。但市场对政府"兜底"的预期虽然在一段时间内与债券市场"零违约"的情况相符，但并不符合债券的正常风险水平，政府的隐形担保其实是债券市场的一枚定时炸弹。本次东北特钢的系列违约事件，正是"炸弹"被引爆的结果。

首先，2011 年以来，我国经济增速放缓、产能结构性过剩，特钢行业下游需求萎缩，特钢价格大幅回落，在行业整体出现严重困难的局面之下，东北特钢仍然有能力获得银行的大额授信，开展大型项目，与辽宁省政府的隐性担保不无关系。

其次，本次违约事件发生之前，联合资信已经发现了东北特钢负债率的上升和盈利能力的下降，但相信国家政策对钢铁行业的扶持，仍然将东北特钢的主体评级定为 AA 级，直到公司告知公众债券违约后，联合资信才将评级修改为 C 级。这说明了国家政策对产业的支持和地方政府的"保驾护航"对中介机构的影响之大。

有消息称，债券违约后，当地政府并没有配合解决偿付事宜。但也有媒体报道称，政府曾尝试解决问题，但难以和投资者达成共识。

可见所谓"政府隐性担保"并不是百分之百的保险，并不能作为真正的担保手段。市场盲目相信政府隐性担保，只会使得真正的风险被忽视，加大违约事件发生的可能性。

(三) 首例地方国企债务违约的后续影响

地方国企违约对市场造成巨大冲击，此次违约事件打破了市场两大"信仰"，分别是对地方国企债券和对国开行主承债券不会违约的"信仰"。之前市场上即使预期公司经营状况较差，可能产生偿债风险，但市场一般仍会出于其地方国企"身份"而认可企业信用，而该事件发生以后，这个"信仰"将会逐渐被打破，很多过剩行业特别是煤炭和钢铁两个行业的国企遭受的影响尤为明显。东北特钢债券违约会对过剩行业公司的发行成本造成影响，增加了债券发行的难度，或者即使成功发行，其利率成本也明显较高。此外，考虑到投资者的利益，机构投资者也会比以往更在意违约风险的存在。

近几年，我国进入了所谓的"经济新常态"，即我国 GDP 增速放缓，各行业的盈利水平都受到不同程度的影响，社会整体的杠杆率居高不下。即便假设未来信贷相关政策没有较大变化，在过剩产能的消除过程中，债务违约率必定会增长。更关键的是，债务违约的增加会使得市场对风险更加敏感，进一步推升了融资成本，加剧了公司的债务负担，影响公司的持续经营。另外，当短期融资券等债务融资工具的滚动发行受到这些因素的影响，就会增加这些企业资金链断裂的风险。

(四) 东北特钢违约对债券投资的启发

1. 债券的投资要点

债券作为固定收益证券，其风险相对股票而言较小，然而风险较小并不代表不存在风险，根据对本案例的分析，可以看出债券具有以下的风险特点：首先是经济风险，债券还本付息的来源是企业的现金流，在好的经济形势下，企业经营顺利，现金流充足，而在经济下行的状况下，银行收缩信贷，企业经营困难，现金流短缺，容易出现债券违约风险；其次是行业风险，企业所属的行业也会对企业的还本付息能力造成巨大影响，本案例中的东北特钢属于钢铁行业，近年来钢铁行业作为过剩行业，行业的发展前景一直不被看好，这也会对企业的发展造成影响；最后是法律风险，钢铁企业作为高耗能企业，在环保方面可能会因为新的法律出台而造成的严重打击，这些都需要投资者事前进行了解。只有提前做好应对相关风险的准备，才能降低遭遇风险的概率。

2. 本案中涉及债券的定义及特点

在本案中，东北特钢违约的一系列债券主要涉及短期融资券、超短期融资券、中期票据和定向工具，这些债券的定义及特点如下（见表 1-1）：

表1-1　　　　　　　　　非金融企业债务融资工具特点总结

	短期融资券	超短期融资券	中期票据	定向工具
期限	1年以内	不超过270天	2—10年期均有发行，一般为3—5年	—
募集资金用途	没有明确的限定	不得用于长期投资	没有明确的限定	没有明确的限定
流通市场	银行间债券市场	银行间债券市场	银行间债券市场	银行间市场特定机构投资人范围内流通转让
发行额度规定	待偿还余额不得超过企业经审计净资产的40%	发行额度不受净资产40%的限制	待偿还余额不得超过企业经审计净资产的40%	发行额度不受净资产40%的限制
托管人	上海清算所			
发行机制	注册制			

短期融资券是一种有价证券，它依据《短期融资券管理办法》规定在银行间债券市场发行交易并在一定期限还本付息，企业通过短期融资券来直接筹集短期（一般1年以内）资金。短融券的监管机构是中国银行间市场交易商协会，企业发行短期融资券应依据2016年初发布的《银行间债券市场非金融企业债务融资工具注册规则》在交易商协会注册，注册有效期为2年，可在有限期内到期续发，首次发行应在注册后2个月内完成。执行新会计准则的待偿还余额不得超过企业经审计净资产的40%，评级在AA级以上主体发行额度不与企业债、公司债、中期票据合并计算。利率可以由市场决定，但是要符合交易商协会的规定，即低于同期限的贷款利率，并且高于发行指导利率的下限。不明确限定募集资金用途，一般是用于偿还银行贷款和补充流动资金。在银行间债券市场流通，实行跟踪评级制度，托管人是上海清算所。

超短期融资券、中期票据的相关规定和短期融资券差别不大，差别主要在超短融券的发行期限不超过270天，其发行额度不受净资产40%的限制，资金用途不可以是长期投资。而中期票据的发行期限没有明确限制，2—10年期均有发行，一般为3—5年，在中期票据的存续期企业如果变更募集资金用途需要提前披露，托管人是上海清算所。

定向工具受到中国银行间市场交易商协会监管，相关法规主要是2008年发布的《银行间债券市场非金融企业债务融资工具管理办法》和2011年发布的《银行间债券市场非金融企业债务融资工具非公开定向发行规则》，定向工具的发行对行业有所要求，应用于产能过剩行业、增加地方政府杠杆率的项目暂不予受理。其发行额度不受净资产40%的限制，发行期限也没有限定，可以通过主承销商、发行人和投资者协商决定。

短期融资券、超短期融资券、中期票据和定向工具是非金融企业债务融资工具，这些工具诞生时间较晚，并由交易商协会监管，发行采用注册制，流程简单，并且能够滚动发行，这就存在潜在的违约风险。

3. 违约债券共性分析

通过 Wind 资讯搜集截止到 2017 年 4 月 24 日市场上所有违约的债券，可以做出表 1-2 以反映违约债券所共有的特性，市场上共有 122 支违约债券。

表 1-2　　　　　　　　　　　不同特征债券的违约数量

债券类别	非金融企业债务融资工具	私募债	一般企业债	一般公司债	其他
违约数量	61	27	8	3	23
行业类别	电子电气	钢铁机械	建筑建材	金属与玻璃	其他
违约数量	15	22	19	7	59
发行时主体评级	A 和 A-	AA	AA-	AA+	BBB
违约数量	4	36	20	18	1
是否上市	否			是	
违约数量	112			10	

表 1-2 可以反映出违约债券所具有的四点特征：

第一，违约债券种类集中在非金融企业债务融资工具上，包括短期融资券、中期票据、超短期融资券和定向工具，其次是私募债。主要原因在于非金融企业债务融资工具，采用注册制发行，流程简单，并且能够滚动发行，这也和我们前面的分析相对应。同时，这也反映出非金融企业杠杆率较高，一旦遭遇资金流动性危机极易产生债券违约，本案例中的东北特钢便是典型例子，其发生违约的债券都属于非金融企业债务融资工具。因此，监管部门应该加强对非金融企业债务融资工具发行的监管，政府新一年的工作报告也提出要降低非金融企业杠杆率，从而降低债券违约的风险。

第二，违约债券主体集中在钢铁、建筑等产能过剩行业，本案例中的东北特钢即属于钢铁行业，传统产能过剩行业一般是资金、资源、能源、劳动力密集产业，然而这些行业由于种种原因目前处于发展停滞阶段，比如新一年的政府工作报告就提出要在 2017 年继续压缩钢铁产能 5000 万吨，种种不利因素会造成处于这些行业的主体违约风险升高。

第三，违约债券发行时主体评级集中在 AA、AA- 和 AA+，这说明评级机构的评级对债券违约的提示功能很弱，不同评级主体之间的区分度不强，投资者不能根据债券发行主体的评级来评价该债券违约风险的大小。本案例中的东北特钢的评级也能反映出这点,联合资信在发现东北特钢负债率上升和盈利能力下降的情况下,仍然给予东北特钢的主体评级为 AA 级,直到国开行发布公告第一例违约产生时,联合资信才开始下调东北特钢的主体评级。

第四,违约债券主体以非上市公司为主,原因不难理解,上市公司规模较大,信誉较好,即使在遇到流动性危机时也能够通过其他渠道来募集资金,而非上市公司相较于上市公司融资渠道太少,上市公司能够通过增发股票、可转债和分离交易可转债等非上市公司所不具备的方式来进行融资,非上市公司只能通过银行贷款、发行债券等方式获取外部资金,因此在遇到流动性危机时更难募集资金,其债券违约风险也就更高。这就要求政府部门扩展非上市企业的融资渠道,从而能够进一步促进实体经济的发展。

(五) 本次违约事件的启发

1. 减少刚性兑付和政府兜底的发生

厘清市场与政府的关系。目前债券市场的发债企业大多是国企,因为一些行政性的原因,企业出现财务危机时,政府总会予以援助,尽管在一段时间内使得债券市场"零违约",但却造成了市场资源配置的效率低下,也隐藏了更大的潜在风险。现在,市场的"零违约"被打破,也为政府的角色转型提供了机会。

2. 投资者树立自担风险意识,加强投后管理

债权人虽然在法律上有权向债务人收取相应的偿还款,但是在实际操作中,各种外部、内部风险可能会导致债务人无法偿还借款,这时监督债务人的运营、资金使用情况变得十分必要。但由于信息不对称,债权人很难对债务人实行有效的监督,债务人由于处于信息优势地位,即使公司出现经营不善、资金紧张等情况,债务人也能较容易地隐瞒这一事实,使得债权人无法及时发现问题;另外,这种信息不对称也会引发委托代理问题,债务人作为受托人,有动机将债务资金用在有利于自己的方面,而不是用在盈利并最终偿还借款上,这种擅用资金、滥用资金的行为对债权人来说识别难度较大,从而极大地损害了债权人的利益。综上所述,基于信息不对称理论,在债权债务关系达成后,债权人对债务人的监管能力是较为有限的。

此次东北特钢违约事件也了给投资者一个宝贵的经验教训,投资者自身需要加强自己的风险意识,树立理性投资和自担风险的意识。监管者和债券机构也应向投资者提供风险教育,以提高广大投资者应对风险的能力。

3. 强化信息披露

纵观此次违约事件,首先发行人没能遵守《银行间债券市场非金融企业债务融资

工具信息披露规则》的相关规定，没有按时披露其2015年度审计报告和2016年第一季度财务数据，使得外界无法判断债券风险，导致信用风险进一步累积。其次，虽然银行间市场交易商协会作了两次处分决议，给予东北特钢及相关人员严重警告处分，但是行政处罚没有产生实质性的效果。因此，建议减少年报披露的期限，增加披露方的压力，以使其及时准确披露相关信息，从而帮助投资者识别和处置风险。不仅如此，交易商协会对未能按时、按规定对债券信息进行披露的责任方处罚较轻，不能达到惩罚的目的，应该细化监管及处罚的标准，加大处罚力度，以防止由于中介机构的失职加剧更多的信用风险。

4. 明确违约解决的法律途径

在债券违约频发的情况下，急需寻求债券违约后合理的解决途径。参考西方发达国家的模式，一般有三种：第一，自主协商，债券的发行人会同持有人和相关机构以自行协商的方式来解决本息偿付的问题，一般是在发行人财务困境是暂时性而且最后得到偿付的可能性较高的情况下采取的模式。第二，启动破产程序，一般应用于协商没有效果并且债务人资不抵债情况较为严重时，债务人能够通过申请破产来降低自己的损失。第三，诉讼求偿机制，在债务人财务经营问题严重且可能持续恶化时，可能需要通过诉讼机制来解决问题。

5. 发挥信用评级对债券风险的提示作用

信用评级机构能够公平进行评级的一大前提是独立性。然而在东北特钢事件中，面对着东北特钢生产经营状况逐步恶化的事实，联合资信仍然维持对东北特钢AA评级，并未根据东北特钢的变化给出合适的后续跟踪评级，直至主承销商国家开发银行发布公告，告知社会东北特钢债券无法偿付本息，联合资信才将东北特钢主体信用评级由AA级下调为C级，评级更新丧失了及时性，外界也无从得知联合资信的评级标准和方法，甚至存在联合资信是否知晓东北特钢的真实经营状况等问题，这显然不利于其作为评级机构的独立性，也未能履行评级机构在债券市场中的作用。

我国目前评级机构的核心问题在于向发行人收费模式，这种收费模式极易产生"道德风险"问题，一方面，监管部门要提高监督审查力度，另一方面，市场也会淘汰存在问题、虚假评级的评级公司。我国证券市场的监管部门应强化评级机构的信息透明，包括公布评级计算模型、方法，引入第三方机构进行尽职调查加强评级过程的透明度等。

五、背景信息

本文所涉及的"15 东特钢 CP001"短融券违约以及随后东北特钢一系列债券违约事件相关的所有公开信息都可以在网上查阅；本文附件亦提供关于此项目的所有公开新闻网站链接地址；以上材料以及读者从其他渠道获取的相关信息均可作为本案例的背景。

六、关键要点

对债券违约风险的认识；明白东北特钢债务违约的原因及影响；了解信用评级对债券风险的提示作用。

七、课堂计划

本案例可在案例讨论课中作为素材使用，课堂计划分为课前准备、课中计划和课后计划三部分，以下安排仅供参考。

1. 课前准备

提前一周下发案例介绍以及相关思考问题，以便学生对于东北特钢违约案例有初步的认识，并大致了解要思考的问题。并将同学们分成四组，以便进行课堂讨论。

2. 课中计划

概要介绍东北特钢违约始末，明确本节课的核心理论（2—5 分钟）。

围绕东北特钢违约的原因，从宏观经济、行业、企业自身等角度分组讨论，小组成员分工明确（25 分钟）。

每个违约角度推举一个小组进行 PPT 展示，并抽取至少两名其他成员进行点评（每组 10 分钟，不超过 40 分钟）。

对同学们的展示进行点评总结，并强调本节课核心知识点，布置作业（15—20 分钟）。

3. 课后计划

请同学们继续搜集东北特钢违约事件的后续进展，并关注债券市场的反应，通过文献阅读、资料查阅等方式继续搜集相关资料，采用报告形式进行进一步的分析，各小组在期末交一份案例分析报告（3000 字左右）。

参考文献

[1] 孙茂辉,金志博. 经典债券定价理论研究[J]. 当代经济,2009(2):148-150.

[2] 牛雨."新常态"下企业债券违约的应对与管理——以东北特钢为例[J]. 财会学习,2016(15):233-233.

[3] 周宏,杨萌萌,李远远. 企业债券信用风险影响因素研究评述[J]. 经济学动态,2010(12):137-140.

[4]《银行间债券市场非金融企业债务融资工具管理办法》中国人民银行令〔2008〕第1号.

[5]《短期融资券管理办法》中国人民银行令〔2005〕第2号.

[6]《银行间债券市场非金融企业债务融资工具非公开定向发行规则》中国银行间市场交易商协会〔2011〕6号.

案例 2

"跨界王"到"违约王"[①]

——民营煤炭巨头永泰能源债券违约案例分析

  2018 年,债券接连爆雷,频频违约,永泰能源作为 A 股煤炭板块上市公司中的唯一民企,资产规模逾千亿元,公开市场信用评级 AA+,却在一夜间变成"违约大王"。本案例以永泰能源债券违约事件为分析对象,描述了永泰能源债券违约事件及引发的连锁反应及其应对措施。在对违约发生的原因分析中,分为宏观因素与公司微观因素两方面,提出永泰能源债券违约虽是在金融去杠杆下信用收紧、流动性不足导致再融资失败的背景下发生的,但永泰能源激进的收购行为、资产急剧扩张与财务负担加重,短期现金流不足却是更根本的原因。最后,本案例试图以永泰能源债券违约为例,引发学生对资本结构的权衡、信用风险的产生、财务危机成本以及金融环境和企业融资关系等问题的思考和探讨,使学生更深刻地认识"负债"这把双刃剑使用不当的危害。

---

① 本案例由中央财经大学金融学院陈卓鸣、郭少洋、张艺涵、曹倩倩、柳环宇撰写,蔡如海指导。

 **案例正文**

一、引言

永泰能源是主要从事煤炭、电力、石化等综合能源类企业，实际控制人为王广西，在其领导下永泰能源通过并购从一家单纯经营煤炭开采和石油贸易的企业，发展为涉足电力、物流、医疗和金融等领域的综合能源企业，与此同时其资产规模从 2009 年的 19.5 亿元扩张到 2017 年的 1072 亿元，负债规模也迅速膨胀，从 13.5 亿元增至 783.8 亿元。但曾经的民营能源公司巨头在 2018 年却遭遇了不小的冲击，2018 年 7 月 5 日，发行规模为 15 亿元的短期融资券"17 永泰能源 CP004"未能如期兑付本息，正式违约，成为推倒永泰能源债务危机的第一块多米诺骨牌，引起大量债券交叉违约，控股股东股份冻结，评级遭下调至 CC，2018 年业绩预告净利润大幅预减等连锁反应。

究竟是什么因素导致了永泰能源债券违约？在此困境下永泰能源又将如何应对？多年来资产负债规模大幅增长，负债率居高不下，是否早已埋下债务违约的隐患？在 2018 年金融去杠杆的背景下，诸多民营企业发债受阻，永泰能源债券此时爆雷，又是否是巧合？这些问题既是市场关注的焦点，也将为我们提供不可多得的借鉴。

二、公司背景

（一）永泰能源概况

永泰能源股份有限公司（代码：600157.SH，名称：永泰能源）是一家主要从事煤炭、电力、石化等行业业务的综合能源类企业。截至 2018 上半年，电力生产与开发方面，公司运营的装机容量 812 万千瓦，总装机容量达 1244 万千瓦，煤炭业务方面，公司主要从事煤炭开采与销售，所属的煤矿及煤炭资源主要分布在山西、陕西、新疆和澳洲境内，公司现有焦煤煤矿总产能规模为 1095 万吨/年。永泰能源总资产规模 1082.52 亿元，其中流动资产 121.43 亿元，负债规模达 792.20 亿元，其中流动负债 414.85 亿元。

(二) 主要债券发行情况及评级

联合信用在对公司经营状况、行业和其他情况进行综合分析与评估的基础上,于 2018 年 6 月 22 日出具了《永泰能源股份有限公司公司债券 2018 年跟踪评级报告》和《永泰能源股份有限公司非公开公司债券 2018 年跟踪评级报告》,维持对公司主体长期信用和各期债券信用的评级,公司主体长期信用等级维持为 AA+,评级展望为稳定;公司发行存续的"13 永泰债""16 永泰 01""16 永泰 02""16 永泰 03""17 永泰 01"公司债券信用等级均维持为 AA+。如表 2-1 所示。

表 2-1　　　　　　　　　　　永泰能源存续债券

债券名称	简称	代码	发行日	到期日	债券余额(万元)	利率(%)
2013 年公司债券	13 永泰债	122267	2013.8.6	2018.8.6	359000	7.30
2016 年公司债券(第一期)	16 永泰 01	136351	2016.3.30	2019.3.30	76000	7.50
2016 年公司债券(第二期)	16 永泰 02	136439	2016.5.19	2019.5.19	139000	7.50
2016 年公司债券(第三期)	16 永泰 03	136520	2016.7.7	2019.7.7	185000	7.50
2017 年非公开发行公司债券(第一期)	17 永泰 01	150048	2017.12.18	2019.12.18	30000	7.50

此外公司还发行有诸多短期融资券,中期票据、非公开定向债务融资工具仍在存续期内。

三、永泰能源违约始末

(一) 首次违约

2018 年 7 月 5 日,永泰能源股份有限公司于 2017 年 7 月 3 日发行的 2017 年度第四期短期融资券(债券简称:17 永泰能源 CP004,债券代码:041773004),发行金额 15 亿元,发行期限 365 天,本计息期债务融资工具利率 7.00%,兑付日 2018 年 7 月 5 日,应付本息金额 16.05 亿元,未能按期进行兑付,构成实质性违约。

(二) 违约事件汇总

公司于 2018 年 7 月 5 日发布《永泰能源股份有限公司关于 2017 年度第四期短期融资券未按期足额兑付触发交叉保护条款的公告》,此次永泰能源"17 永泰能源 CP004"违约触发了公司存续期内的"18 永泰能源 CP003""18 永泰能源 CP002""18

永泰能源 CP001""17 永泰能源 CP007""17 永泰能源 CP006""17 永泰能源 CP005""18 永泰能源 MTN001""17 永泰能源 MTN001""17 永泰能源 MTN002""18 永泰能源 PPN001""17 永泰能源 PPN003""17 永泰能源 PPN002""17 永泰能源 PPN001"债券协议中的"交叉保护条款"。

7月下旬公司就以上债券偿付问题召开了持有人会议，但会议相关议案没有通过，不符合《银行间债券市场非金融企业债务融资工具持有人会议规程》及相应"募集说明书"规定的表决生效条件。"17 永泰能源 MTN001""17 永泰能源 MTN002""17 永泰能源 CP005""17 永泰能源 CP006""17 永泰能源 CP007""18 永泰能源 CP002""18 永泰能源 CP003"于会议次一工作日立即到期，构成实质违约。

截至 2018 年 10 月 22 日，"15 永泰能源 MTN001"无法按时兑付利息及回售本金。同时客观触发了公司存续期内的"15 永泰能源 MTN002"募集说明书中披露的"交叉保护条款"。截至 2018 年 12 月 10 日，"18 永泰集团 SCP001"不能按期兑付本息违约，截至 2018 年 12 月 24 日，"17 永泰能源 PPN003"不能按期兑付本息违约。截至 2019 年 1 月 22 日，"18 永泰能源 CP001"发行人未能按约定足额偿付本期短期融资券本息，发行人就此事向信用增进方控股股东永泰集团有限公司和实际控制人王广西进行了通报，提请信用增进方履行本期短期融资券本息的代偿义务，但信用增进方因近期流动性紧张而无法代偿。

（三）其他连锁反应

1. 股债停牌

由于公司对外发行的公司债券余额较大，偿付存在一定的困难，为化解公司风险，维护正常生产经营，保护投资者权益。根据《上海证券交易所股票上市规则》的相关规定，经公司申请，公司股票自 2018 年 7 月 6 日起停牌。

鉴于公司 2017 年度第四期短期融资券未能于 2018 年 7 月 5 日按期进行兑付，构成实质性违约，且公司发行的"13 永泰债、16 永泰 01、16 永泰 02、16 永泰 03"债券价格出现大幅波动。经公司申请，"13 永泰债、16 永泰 01、16 永泰 02、16 永泰 03"公司债券自 2018 年 7 月 6 日起停牌。

2. 股份冻结

2018 年 7 月 5 日，永泰集团持有的本公司全部无限售流通股 4027292382 股（占总股本的 32.41%）在中国证券登记结算有限责任公司上海分公司被冻结，冻结起始日为 2018 年 7 月 5 日，冻结终止日为 2021 年 7 月 4 日。

3. 下调评级

永泰能源主体长期信用评级由 AA+下调为 CC。公司 2013 年发行的"13 永泰债"、2016 年发行的"16 永泰 01、16 永泰 02、16 永泰 03"、2017 年发行的"17 永泰 01"公司债券信用评级由 AA+下调为 CC。公司各期债券不可作为债券质押式回购交易的质押券。

四、债券违约原因

（一）宏观经济

1. 非金融企业去杠杆

2014 年年末的中央经济工作会议首次提出"高杠杆、泡沫化"，2015 年之后由于刺激投资和宽松的货币政策，我国宏观杠杆率不断攀升，到 2018 年第三季度，中国非金融企业杠杆率高达 152.9%，位列世界第 7。随着 2016 年供给侧结构性改革的大力推进，非金融企业杠杆率有所回落，但在去杠杆的过程中，如果流动性呈现趋紧态势，那么民营企业、中小企业由于信贷约束的存在，其融资成本面临着相较于国有企业更加严重的上行压力，而财务成本的上升进一步导致了我国非金融企业利润分化，从而加重了中小民营企业面临的融资困境。此外，徐奇渊（2019）指出，很多民营企业、中小企业的现金流，通过供应链或金融关联依附于地方城投公司、地方国有企业，在去杠杆的过程中，由于融资条件收紧，由此间接恶化了这些企业的融资状况。

2. 债券市场

（1）市场整体预期下调。自 2014 年以来，由于宏观经济下行和 Shibor 等市场基准利率的提高，债券市场违约情况不容乐观，各大评级主体纷纷下调了主体评级和债券评级。从图 2-1 可以看出，发行主体评级和债券评级下调数量呈现上升趋势。虽然 2018 年被下调评级的企业数量为 127 家，较 2015 年 181 家、2016 年 224 家的情况有所改善，但市场仍然积聚着前几年积累的违约风险。从债券评级调低的次数来看，2018 年有 264 个债券评级降低，说明随着刚性兑付机制的逐步打破，以前的兜底处理不复存在，市场约束加强暴露了之前刚性兑付机制下积累的风险，评级机构对我国 2018 年债券市场发展呈现消极态度，债券违约风险整体来说增大。

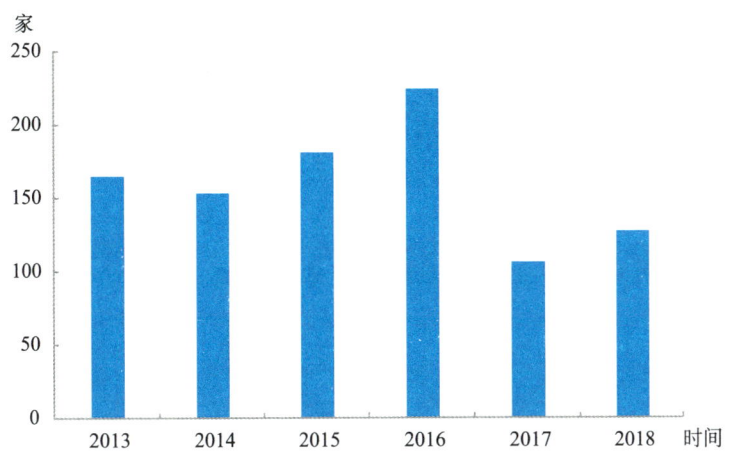

图 2-1 下调评级公司数量

资料来源:Wind。

(2)企业债券融资环境恶化。2018年全年,共有市值为1205.61亿元的债券发生违约,2015年到2017年的违约金额从100多亿元增加到340亿元左右,而2017年11月违约金额就超过了110亿元,市场违约金额呈现越来越庞大的特点。另外,债券违约数量也呈现上升趋势,单支债券违约平均金额(违约金额/违约数量)也呈上升态势,单个企业面临的平均违约金额上升(见图2-2)。由此,银行和机构投资者的风险偏好趋于风险规避,企业面临的融资环境有所恶化。

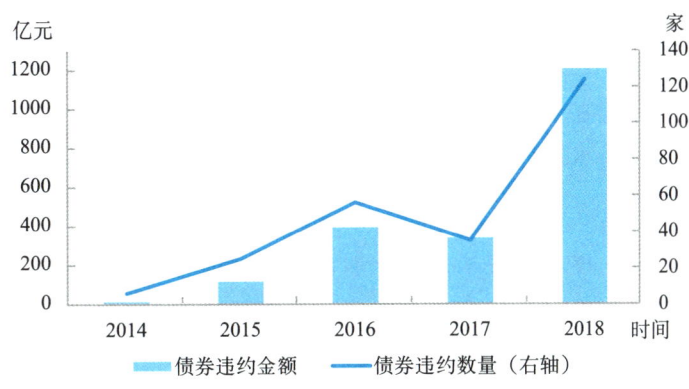

图 2-2 债券违约情况

资料来源:Wind。

3. 监管政策

随着我国去杠杆进程的推进和实体企业脱实向虚的发展现状,我国出台了一系列监管政策,以使实体经济和金融市场发展回归正常轨道,但趋严的监管措施也限制了企业的融资渠道，使企业可获资金减少，再融资压力加剧，债券违约风险随之上升。

（1）加强市场交易监管。证监会发布的 302 号文配套文件《关于进一步加强证券基金经营机构债券交易监管的通知》规范了债券市场参与者的交易业务，开始整顿债券市场存在的不规范现象，市场流动性收紧，金融不规范、高风险交易引起多方关注。尤其是 2011 年债券市场从"风险零容忍"转变为"实质性违约"后，债券市场积累的长期压力开始释放，信用风险开始暴露。银监会《关于进一步深化整治银行业市场乱象的通知》进一步明确了各监管主体的责任，对债券市场的影响也从前期情绪为主转为调整机构投资者行为，金融业的被动去杠杆暂时性加剧了企业面临的实体经济困境。

（2）规范银行经营。近年来同业、委外、理财等表内外业务的蓬勃发展虽给银行带来了巨大利润，却也积累了不少流动性风险和信用风险。监管当局也出台了一系列监管措施，如《不良金融资产处置尽职指引》(2005)、《贷款风险分类指引》(2007)、《商业银行贷款损失准备管理办法》(2011)、《商业银行流动性风险管理办法（试行）》(2015)等，以此规范银行经营。2017 年 12 月，银监会下发了关于规范银信类业务的通知，商业银行通过信托等业务规避监管的渠道减少，由此银行利润率降低，可贷资金减少。2018 年 11 月 27 日一行两会发布的《关于完善系统重要性金融机构监管的指导意见》，要求提高系统重要性金融机构资本要求，表外业务回表，企业融资困难加剧，面临的财务风险增加。

（二）企业经营历史因素

1. 公司特征及经营战略

永泰能源股份有限公司是一家在上海证券交易所上市的综合能源类企业，公司目前主要从事电力、煤炭、石化等综合能源类业务，近年来重点布局"电力、煤炭、石化"等综合能源业务，逐步实现了由单一能源企业向综合能源供应商的转型。

电力、煤炭、石化等综合能源业务所需大型机器设备较多，价格也比较昂贵，固定资产投资规模较大，决定了其需要大量资金，同时固定资产资金回收周期较长，资金投入短期内不能完全回收，因此资金链的维持就尤为重要，永泰能源面临庞大的资金缺口以及有息债务，一直依靠大量债务滚动偿还债务。此外，永泰能源近年来投资较为激进，电力业务在建项目就有 3 项，供热方面继续开发河南、江苏两地市场，寻求扩大业务范围，煤炭和石化业务也在不断推进，同时还要注意环境保护问题，费用不菲。在自身业务扩张同时，永泰能源还对外进行大量股权投资及非股权投资项目，不断并购相继涉足电力、物流、金融和医疗领域，占用大量资金。叠加以上因素，永泰能源早就已经面临严重的流动性风险。同时,由于存在严重的期限错配问题,一旦因流动性问题导致短期债务违约,就会严重影响其长期债务的评级状况。

2. 资产负债规模扩张过快

2018年以前,融资环境较为宽松,部分企业通过高负债进行快速扩张,永泰能源就是其中之一。永泰能源2011年年末总资产146亿元,2017年年末总资产跃升为1072亿元,在2011—2017年的6年时间复合增长率高达39%,在民企发行人中列于资产规模较大且增速较高的前10名。永泰能源2018年第三季度末总负债高达791亿元,资产负债率高达73.49%,其中短期借款以及1年内到期的非流动负债高达424.52亿元。永泰能源近年来资产负债率一直处于高位,高于煤炭行业平均资产负债率。如果2018年融资环境良好,或许永泰能源能够继续保持通过高负债进行快速扩张的经营模式。但是事与愿违,2018年整体融资环境变化,过去的融资模式受限,整体资金流紧张,尤其是2018年上半年,民企以及小微融资难问题尤为凸显。所以在2018年年中,正是民企融资最为艰难的时刻,永泰能源举债过高,信用风险积聚,债务续发不畅,固定资产投资及对外股权投资过多占用大量资金,导致资金链断裂,难以偿付到期债务,一朝爆发,带来连锁反应,引起多支债券交叉违约,并且原定的即将发行的债券也只能取消,使公司现金流状况雪上加霜。

3. 股权质押比例过高

除了永泰能源自身扩张过快所带来的资金压力之外,它还面临着股权质押比例过高的风险。首先,控股股东质押比例过高,截至发生债券违约当日,永泰能源控股股东为永泰集团,持股占总股本比例32.41%,质押比例高达99.92%。其次,永泰能源整体股权质押比例也过高,2018年6月30日的数据显示其整体质押93笔,质押比例高达60.96%。2018年以来,永泰能源的股价也经历了长时期的连续下跌,从每股3.3元左右下跌到1.3元左右,股权质押面临强制平仓等压力,进一步带来抛压降低股价,债券违约风险增加,形成恶性循环。股权质押比例过高会给公司带来控制权转移的风险,健康的融资结构中,股权质押比例应当保持一个较低的比例。永泰能源质押比例如此之高,说明其已穷尽了其余的融资方式而不得不承担这样的风险,在这种情况下,股权质押方式融资已经发挥到极致,难以再利用此方式获得资金,再面临即将到期的债务,永泰能源已经没有可行的融资方式来填补资金缺口,只能承担债务违约的后果。

(三) 财务分析

1. 偿债能力

根据永泰能源债务结构统计,如图2-3所示,截至2018年第三季度末总负债达到791.46亿元，资产负债率高达73.49%。其中有息负债达到708.42亿元，占比达到90%。2013—2018年第三季度，公司总负债呈不断上升趋势。其中，2015年负债出现明显上升，主要是由于2015年新并入华兴电力和华瀛石化两家子公司，导致合并范围发生变化。从结构上看，总负债中，短期负债的比率从2016年开始不断上升，2016年为49.6%，截至2018年第三季度，短期负债的比率达到58.64%。短期负债占比不断上升，使公司在短期之内面临较大的财务负担。此外，总负债中主要是有息负债，历年占比均在90%左右，说明公司面临较大刚性的偿债压力，将有较大数额的利息支出。

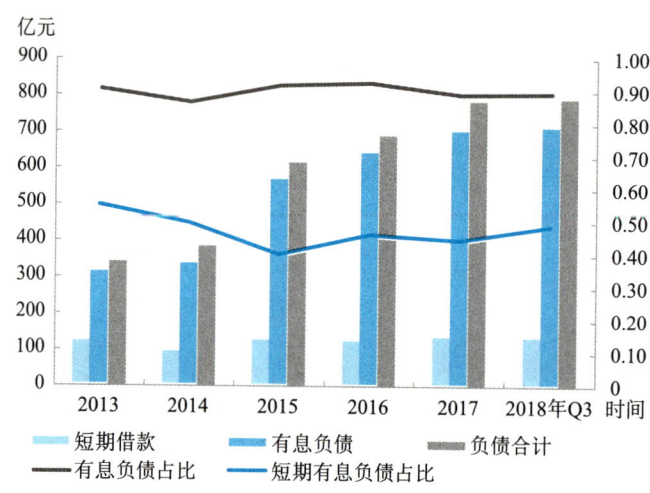

图2-3 永泰能源债务结构

资料来源：Wind。

企业通过高负债的方式进行快速多元化扩张，但是2018年整体融资环境恶化，过去的融资模式受限，导致企业现金流风险暴露。2018年第三季度报告披露了公司由于资金流动性困难，2018年7月5日，公司2017年第四期短期融资券15亿元、第五期短期融资券10亿元未能如期兑付，并触发了公司在银行间市场发行的存续期内的多支债券交叉违约。交叉违约无疑是雪上加霜，使得许多长期有息负债转化为短期有息负债，短期内严重加重了公司的偿债压力，同时1支10亿元短期融资券取消发行，滚动发行债务的不顺畅也加剧了公司的资金压力。且第三季度报告显示，公司利润总额为-1.93亿元，净利润为-2.66亿元。根据公司最新的公告，预计2018年净利润为7000万—10000万元，同比将减少83.40%—88.38%。

从财务比率上来看（见表2-2），永泰能源的短期偿债能力非常弱，长期偿债能力较强。但是从2016年开始，永泰能源的资产负债率不断攀升，2016年资产负债率为70.32%，2018年第三季度增加到73.49%。权益对负债的覆盖程度较差。流动比率和速动比率持续下降，流动比率从2013年的0.7一直下降到2018年第三季度的0.28，速动比率从2013年的0.67持续下降到2018年第三季度的0.26，其中2018年下降最为显著。从这两个比率可以看出永泰能源的流动资产明显不足以覆盖流动负债，短期偿债能力差。永泰能源的利息保障倍数在2015年之后持续下滑，2018年第三季度为1.13，略大于1。经营性现金流量与总负债的比值较为稳定。

表2-2　　　　　　　　　　　永泰能源偿债能力指标

项目	2018年Q3	2017年	2016年	2015年	2014年	2013年
资产负债率	73.49	73.14	70.31	70.32	73.80	71.81
流动比率	0.28	0.51	0.44	0.56	0.66	0.70
速动比率	0.26	0.49	0.43	0.54	0.64	0.67
利息保障倍数	1.13	1.38	1.42	1.56	1.32	1.72
经营性现金净流量/总负债	0.05	0.06	0.06	0.05	0.05	0.06

选择上市公司中煤炭与消费用燃料细分行业按市值排名前三的公司以及同行业的中位数进行比较，可以看出，永泰能源的资产负债率要显著高于行业中位数，流动比率和速动比率也显著差于行业中位数和比较的3家公司（见表2-3）。这说明公司整体的偿债负担要大于行业中位数，偿债能力又弱于行业中位数，公司的经营战略过于激进，使得公司财务风险更为严峻。

表2-3　　　　　永泰能源偿债能力同行业比较（2018年第三季度）

证券简称	资产负债率	流动比率	速动比率
永泰能源	73.49	0.28	0.26
行业中位值	58.95	0.91	0.82
淮北矿业	67.05	0.41	0.37
潞安环能	64.30	0.94	0.90
西山煤电	61.14	0.80	0.64

2. 盈利能力

2015年之前永泰能源以煤炭为主营业务，2015年永泰能源收购了华晨电力、华兴电力，增加了电力业务，电力板块的收购增加了营业收入，而煤炭收入受到煤炭价格持续下降影响而下滑，营业收入整体增加。2016年到2017年的营业收入增幅较大，主要是受到供给侧结构性改革带来煤炭价格上涨，电力板块运营规模及发电小时数增加，电力收入与煤炭采选收入上升的影响。2018年营业收入略微下滑（见表2-4）。

表2-4　　　　　　　　　　永泰能源盈利能力指标　　　　　　　　　　（单位：百万元）

	2018年Q3	2017年	2016年	2015年	2014年	2013年
营业收入	16634.99	22388.24	13699.16	10784.22	7912.06	9843.26
营业利润	423.19	1138.73	887.27	1016.6	417.57	879.44
净利润	97.84	867.12	765.35	984.33	484.33	628.07
销售毛利率	24.71	28.03	32.62	44.37	40.67	31.32
营业利润率	2.54	5.09	6.48	9.43	5.28	8.93
总资产报酬率	4.64	4.03	4.16	5.14	5.26	4.81

永泰能源的营业收入呈上升趋势，但由于对外投资激进，对煤矿、电力、石化进行大规模收购以及固定资产投资，导致债务规模快速上升，财务杠杆提高，2014—2016年，永泰能源进行大规模非公开发行股票以及收购，先后对华瀛石化、华晨电力、华兴电力实行股权收购，2015年，其负债规模达到615亿元，较2014年上升60%，主要是由短期借款、长期借款、长期应付款大幅上升所致，此后，其负债规模保持10%以上的同比增速，到2018年第三季度达到791亿元的负债规模。过高的负债导致永泰能源债务支出压力增大，债务负担加重，并且，永泰能源的带息负债率达到85%，远远超过行业整体65%的水平，公司的财务费用规模较大，财务费用率高企，侵蚀了相当大的利润（见图2-4）。2015年后，永泰能源的净利润呈下降趋势。

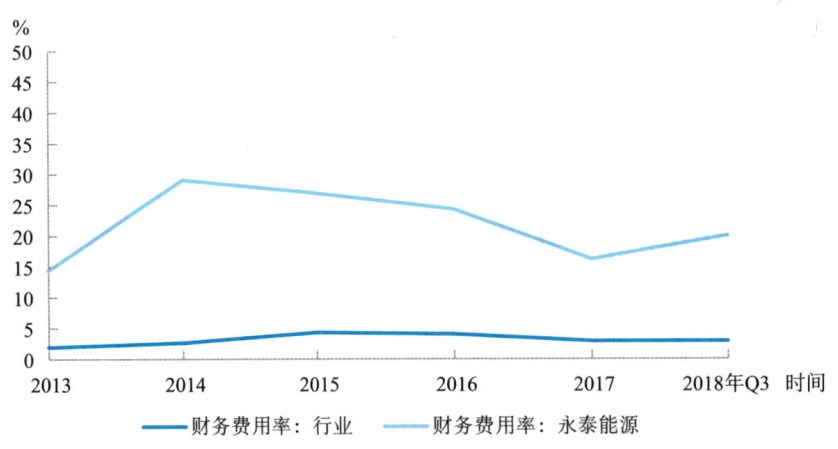

图2-4　永泰能源财务费用率

资料来源：Wind。

2015年后，永泰能源的毛利率不断下降，主要是由于电力板块的毛利率下降导致。永泰能源的两大主营业务为煤炭与电力，其煤炭业务维持着较高的毛利率水平，且呈上升趋势。但永泰能源2014年与2015年对石化与电力公司进行了收购，以实现由单一煤炭产业向综合能源企业转型，但对电力企业的收购对企业的毛利率形成负面影响，电力板块的毛利率不断下降，没有实现对企业整体毛利率水平的维持作用（见图2-5）。

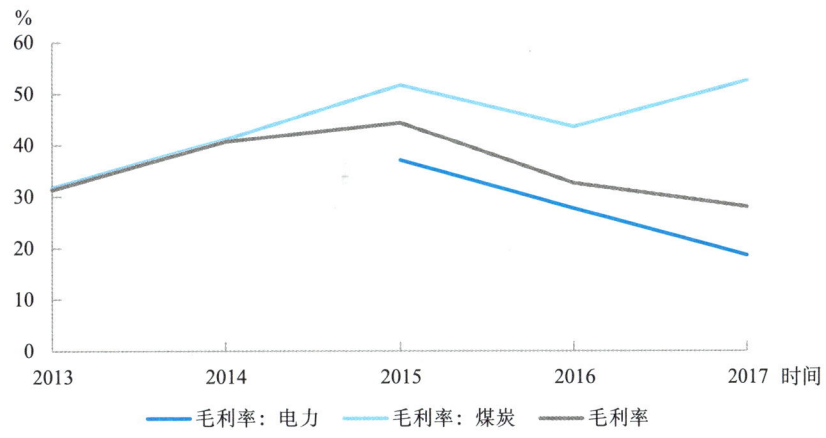

图2-5 永泰能源毛利率

资料来源：Wind。

3. 营运能力

从营运能力来看，永泰能源的存货周转率从2015年起一直呈现上升走势，在2017年达到33.23，这可能和永泰能源2016年起石化贸易收入开始明显增加有关。但在2018年出现了明显的下滑，2018年第三季度末为21.55。应收账款周转率的趋势和存货周转率相似。固定资产周转率从2013年开始持续下滑，总资产的周转率较为稳定，维持在0.15—0.2（见图2-6、表2-5）。

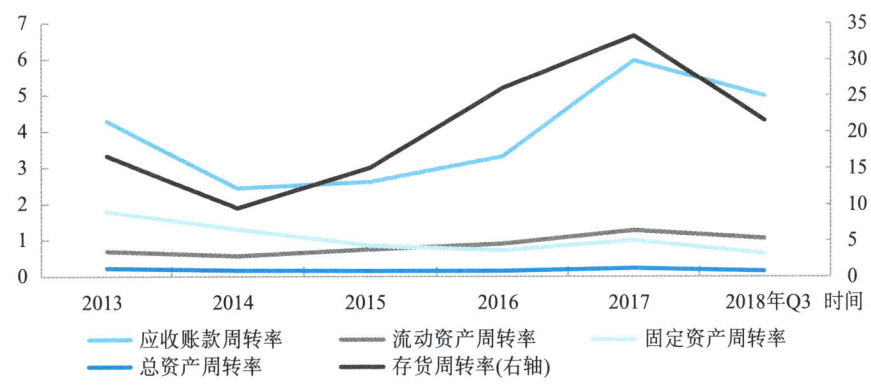

图2-6 永泰能源营运能力指标

资料来源：Wind。

表 2-5　　　　　　　　　　　　永泰能源营运能力指标

	2018 年 Q3	2017 年	2016 年	2015 年	2014 年	2013 年
存货周转率	21.55	33.23	26.01	15.01	9.46	16.61
应收账款周转率	4.98	5.96	3.31	2.61	2.44	4.28
流动资产周转率	1.05	1.27	0.9	0.74	0.56	0.69
固定资产周转率	0.63	0.99	0.71	0.85	1.29	1.79
总资产周转率	0.15	0.22	0.15	0.15	0.16	0.22

同行业对比来看，永泰能源的存货周转营运能力较强，高于行业中位值 11.48。而应收账款周转率显著小于行业中位值和同行业市值排名前三的公司，说明应收账款周转营运能力极弱。总资产周转率也低于行业中位值（见表 2-6）。

表 2-6　　　　　永泰能源营运能力指标同行业对比（2018 年第三季度）

证券简称	总资产周转率	应收账款周转率	存货周转率
永泰能源	0.15	3.68	21.55
中位值	0.34	6.00	11.48
淮北矿业	1.45	13.52	50.72
美锦能源	0.65	5.44	4.86
兖州煤业	0.60	9.97	23.10

总体来看永泰能源的营运能力、存货周转能力较强，但是应收账款的周转能力极弱。

4. 现金流量

2014 年后，永泰能源经营活动产生的现金流量净额不断上升，整体规模较大，主要是由业务规模扩大带来的销售商品、提供劳务收到的现金、收到其他与经营活动有关的现金增加所致。公司投资活动产生的现金流量净额均表现为大额净流出，主要为对外股权投资和固定资产投资，其中，2015 年净流出规模较大，是 2014 年的 2 倍，主要是由于 2015 年进行了大规模的股权投资与收购。永泰能源筹资活动产生的现金流量净额持续下降，主要是由于公司吸收投资收到的现金不断下降导致（见表 2-7）。观察永泰能源不同活动的现金流量净额，可以发现永泰能源投资现金流量过大，需要经营活动现金流补偿和筹资活动现金流解决，筹资出现问题，必然爆发危机。

表 2-7 永泰能源现金流量指标 （单位：万元）

	2018 年 Q3	2017 年	2016 年	2015 年	2014 年	2013 年
经营活动产生的现金流量净额	391688	458246	406465	285793	198005	203938
投资活动产生的现金流量净额	-540506	-800748	-1305232	-1095857	-533214	-1000896
筹资活动产生的现金流量净额	-226717	396465	922177	1044074	198355	129966
现金及现金等价物净增加额	-372564	46082	23421	233987	-136882	-666991

永泰能源经营活动产生的现金流量净额虽然表现较好，但是结合其债务水平后，会发现永泰能源的现金流规模相对欠缺，其现金流动负债比率远低于行业一般水平，表示其长期处于经营性现金流入规模无法覆盖短期债务的困境中（见图 2-7）。

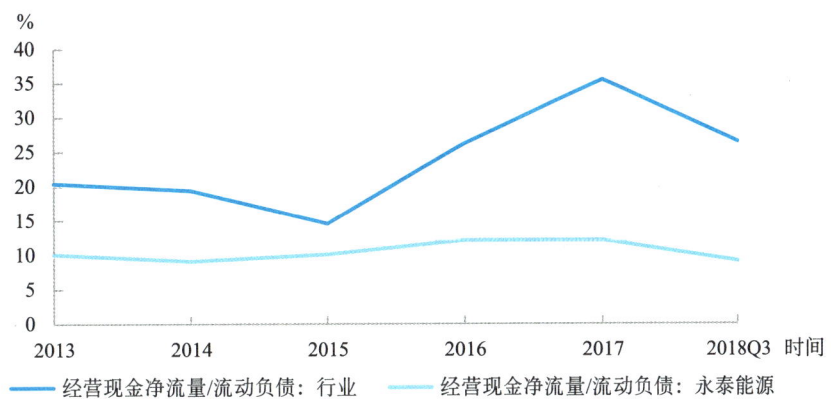

图 2-7 永泰能源现金流动负债比率

资料来源：Wind。

五、违约后续：解决措施

（一）出售资产

永泰能源股份有限公司第十届董事会第三十三次会议 2018 年 7 月 13 日以通信方式召开，经会议表决，一致审议通过了《关于公司第一批资产出售计划的议案》，为了筹措资金，偿还公司债务，切实降低公司资产负债率，董事会同意公司拟定的第一批资产出售计划,主要包括陕西亿华矿业开发有限公司股权、华瀛石油化工有限公司股权及一批发电项目和部分金融投资,评估总价值约 238 亿元。

(二) 进行战略合作申请授信

永泰能源股份有限公司控股股东永泰集团有限公司分别与国家开发银行、中信银行股份有限公司、中国民生银行股份有限公司、平安银行股份有限公司、上海银行股份有限公司签署了《战略合作协议》,建立了全面战略合作关系。为支持永泰集团及下属企业资金需要和转型发展,本着互惠互利、实现双赢的原则,上述银行同意在符合国家产业政策及相关法律法规和银行内部管理制度的前提下,向永泰集团及下属企业提供集团意向性授信额度等金融服务。

(三) 公司高管增持计划

根据公司 2018 年 12 月 25 日公告,公司董事、监事、高级管理人员及所属子公司核心管理人员和公司控股股东永泰集团股份有限公司管理层人员已于 2018 年 12 月 11 日至 12 月 24 日如期完成增持计划,增持公司股票共计 6372900 股,成交总金额 902.58 万元,占公司总股份的 0.0513%。虽然增持力度不大,但可以一定程度表明股东和管理层并未放弃扭转局面,仍愿意站在利于公司的角度解决公司困境,同时对因股价下跌造成股权质押的平仓风险有一些缓解。

(四) 成立债委会,推进债务重组

为妥善处理永泰集团债务问题,按照银保监会工作部署,2018 年 8 月 23 日成立并召开债权人委员会,银保监会、人民银行、证监会以及山西省、河南省、苏州市政府有关部门出席,70 余家金融债权机构、部分债券受托管理机构及债券持有人参会,对永泰集团债务风险化解工作进行研究部署。

债委会成立后,协调各金融机构债权人对永泰集团及永泰能源股份有限公司开展救助帮扶措施。目前,公司已运营电厂获得政府注入 3.5 亿元应急周转流动资金贷款支持,在建电厂获地方政府增资支持,煤矿所在地方政府成立处理永泰能源债券违约领导小组,有效保证了煤炭企业的持续、稳定、高效生产;公司各主要合作金融机构的存量流动资金贷款基本可实现接续,固定资金贷款短期内到期还款逐步调整。债委会聘请的第三方独立中介机构全面进驻永泰集团及本公司,开展尽职调查工作,目前尽职调查现场工作已结束,债委会正在梳理、汇总相关情况,相关尽调结果将为公司债务重组方案制定提供依据。结合战略投资引进及资产处置进展,充分协商,尽快制

定公司债务重组初步方案并提交债委会全体大会审议表决。债务重组方案拟通过多种市场化手段优化公司债务结构,降低资产负债率,减轻财务负担,提高经营业绩,增强可持续发展能力。

(五)引进战略股东,实施战略重组

2018年8月23日,永泰集团与京能集团签署了《战略重组合作意向协议》。其后,京能集团与中介机构于9月下旬对包括永泰能源在内的永泰集团及其下属企业开展现场尽调工作。意向协议计划京能集团将通过股权转让、资产重组、资产注入等多种形式,部分收购或实现对永泰集团的绝对控股,并降低永泰集团融资成本,支持永泰集团转型发展。因此,后续公司存在控股股东及实际控制人变更的可能。

京能集团是煤、电、热一体化的综合能源集团,是北京国资委控股的大型国企,主营业务与公司相近,有望助力公司发展。据统计2018年国有资本收购的民营上市公司,数量已达20余家,收购共涉及的市值为300亿元人民币。采取这种国企入股或控制民企的"混改"形式,可以让永泰能源解决短期内债务违约或股权质押平仓、资不抵债等可能情况,长期也可以起到能源行业的上下游战略协同作用,同时降低永泰能源融资成本,助其摆脱高负债形成良性的经营模式。但鉴于目前永泰集团与京能集团双方尚未签署正式合作协议,本次合作尚存在一定的不确定性。

(六)部分债务本金展期

2018年7月27日召开的2013年公司债券2018年第一次债券持有人会议上,公司与"13永泰债"持有人充分沟通与协商,形成了《永泰能源股份有限公司"13永泰债"偿债正式方案》,持有人同意永泰能源按期兑付2018年8月6日"13永泰债"的到期利息,并对其持有的"13永泰债"还本期限进行展期,本金展期合计18个月,分期兑付。其中2018年11月6日兑付本金的20%,2019年2月6日兑付本金的20%,2020年2月6日兑付剩余的60%本金。展期期间的利率按本期债券现行票面年利率即7.30%上调至9.5%计算。如展期期间内,专项偿债资金的工作进展顺利,则永泰能源可选择对债券进行提前兑付,利率计算至实际支付日。

(七)全力维持生产经营稳定,停止不必要的开支

2018年前三季度,永泰能源实现发电量251.86亿千瓦时,同比增长45.59%;实现煤炭产量692.25万吨,同比增长3.04%,暂时未受到债务风险过多影响。

六、结论与思考

永泰能源在行业中原本具有相对优势,却由于激进的扩张步伐、资产负债率不断抬高、财务负担加重,导致其盈利水平下滑,现金流不足,在信用收紧带来的再融资压力下,最终风险暴露、债券违约。其违约的直接原因虽然是资金流的断裂,但实际上与近年来我国经济金融环境、民营企业融资环境、证券市场变化、国企和民企关系转变、利率市场化发展也有着千丝万缕的联系。

永泰能源作为民企煤炭巨头,其债券违约案例也给我们留下了更广阔的思考空间:发债企业如何经营以从源头上减少违约事件,如何引导第三方机构严格执行信息披露、信用评级为投资者提供有效保护,投资者如何充分识别与分析企业信息以防范风险。对这些问题的思考将有利于在债券违约常态化下重新认识信用风险,发挥债券市场资源配置、风险管理、价格发现的功能,引导我国的债券市场走向成熟。

 案例使用说明

一、教学目的和用途

1. 适用课程:本案例适合公司金融和风险管理课程的教学。

2. 适用对象:本案例适用对象包括高年级金融专业本科生、工商管理硕士(MBA)、金融硕士和其他经济管理类研究生。

3. 本案例教学目标规划

(1)在学习案例的过程中,加深学生对公司财务风险的认识,提高学生结合宏观监管环境分析公司财务风险的能力。

(2)通过对"永泰能源"违约案例的学习,深刻体会公司债务危机形成的连锁反应,理解债务交叉违约条款设计对债务人的制约和影响;掌握债务违约的后期处置途径。

(3)通过学习永泰能源债务违约案例,深刻理解企业财务风险以及持续稳定现金流的重要性。

二、启发思考题

1. 结合永泰能源债券违约，分析金融去杠杆对企业融资有哪些影响？
2. 公司负债经营引发的财务危机成本在永泰能源违约事件中有哪些体现？
3. 思考永泰能源债券违约是个体事件还是行业风险？
4. 产能过剩行业普遍面临现金流与债务的平衡问题，如何看待？

三、分析思路

1. 教师可以引导学生从价和量两个方面分析金融去杠杆对企业融资的影响。价的角度主要看利率影响，量的角度主要看金融机构负债荒及其资产负债表扩张速度的下滑对实体企业的挤出效应。从价的角度分析：首先，同学们需要知道在基本面因素被弱化、监管态度一致趋严的情况下，Shibor 和十年期国债利率都出现上涨，由此导致融资增速从低位滑落至更低水平，同学们需要了解利率传导渠道。其次，同学们需要了解金融去杠杆对企业盈利能力和抵押物质量的影响，如金融部门去杠杆导致企业债券融资大量减少，财务费用占比上升，影响了盈利增速和 ROE 的增长，抵押能力降低，企业贷款难度增加。从量的角度分析：首先，同学们要对资产负债表渠道有一定了解，银行同业资产和委托贷款规模的缩小降低了债券市场配置需求，2017 年年底以来企业债发行量大规模减少，金融去杠杆对实体企业产生了一定冲击。其次，同学们需要了解和预判监管部门未来针对金融去杠杆的监管政策，以及对中小企业融资难境况的缓解措施，如提供优惠贷款利率、降税等。

2. 老师可以结合权衡理论模型提出的负债存在的财务危机成本，以此引导学生了解和分析现实中发生财务困境下，企业会付出什么样的成本和代价，遭受怎样的损失。通过案例分析让同学更加理解权衡理论中的财务危机成本这一概念，认识到负债管理运用不当的危害。

财务危机成本，也称财务困境成本，是在财务管理出现危机或者企业破产的情况下形成的，通常可以分为直接成本和间接成本。财务危机的直接成本是指企业在发生财务危机后，在进行重组或者破产清算时，发生的实物资产和无形资产价值的损失，以及开展破产工作时发生的费用，如审计费、律师费等。间接成本是指发生财务危机但尚未到破产的地步时，企业生产经营和资产遭到的贬损，或失去潜在的收益和市场等。如员工流失、客户流失、债务成本进一步上升，低价变卖资产偿还债务、项目生产停滞、被兼并收购等对企业价值造成的损失。

永泰能源陷入债务违约的危机，到目前为止，对应发生的则是间接成本，主要包括以下方面：

（1）公司信用水平受到影响：公司在一连串的违约后，公司主体评级从AA+被评级机构下调评级至CC，公开市场的信誉受损，进一步可能向客户、投资人等传达不好的信号，损害企业价值。

（2）承担更高的融资成本：公司在违约后，公司其他债务偿还成为难题，不得不取得新的借款或延期偿还原有负债，就目前已达成的"13永泰债"的本金展期偿还，利率则从7.3%上升至9.5%，公司将承担更高的融资成本，也为今后的偿还增加压力。

（3）变卖资产偿还债务公司价值受损：在发生违约后，公司即制定了出售资产降低负债的计划，永泰能源董事会通过了《关于公司第一批资产出售计划的议案》，为了筹措资金，偿还公司债务，切实降低公司资产负债率，拟定的第一批资产出售计划，主要包括陕西亿华矿业开发有限公司股权、华瀛石油化工有限公司股权及一批发电项目和部分金融投资。公司被动处置资产，不仅可能影响原有项目，也可能由于流动性缺乏不得不折价出售，承担损失。

（4）相关影响导致经营业绩的下滑，公司发布的2018年业绩预减公告称2018年度公司净利润将减少50235万—53235万元，同比减少83.40%—88.38%，主要原因是本期财务费用同比增长较大，影响金额约82800万元。此外扣除非经常性损益后则减少更多（出售子公司股权），公司业绩预计减少122535万—125535万元，同比减少187.49%—192.08%。

（5）计划引进战略股东，公司控制权甚至可能发生变化。由于公司整体债务问题且无法与债权人达成一致，因此组成债委会，并考虑引入战略投资者，与京能集团达成意向将通过股权转让、资产重组、资产注入等多种形式，部分收购或实现对永泰集团的绝对控股，并降低永泰集团融资成本，支持永泰集团转型发展。一旦实现控股，则原有股东将丢失控制权，某种程度上因为财务危机极大损害了原股东的价值。

3. 教师可以引导学生从煤炭行业与永泰能源自身两方面来分析行业特征与经营特征，进而分析两者与永泰能源债券违约的联系。首先，从行业角度看，供给侧结构性改革推动煤炭等产能过剩行业的盈利改善，风险溢价下降，行业基本面改善。从个体角度看，永泰能源并非一直处于行业风险区中，过度投资带来的债务问题以及混合并购的经营战略并未提高企业的盈利水平，共同导致永泰能源债务危机的发生。因此总体来说，永泰能源违约事件体现的更多的是永泰能源自身特征，行业特征因素相对较弱。

4. 教师可以引导学生思考永泰能源债务违约所反映的产能过剩行业普遍存在的一个问题，即现金流与债务的平衡问题。对于永泰能源自身来说，虽然其现金流状况处在一个较好的水平，但是由于巨额债务，以及占比较高的短期有息债务，导致其现金流难以负担短期债务带来的财务负担。此外，煤炭行业需要大量的资本投入，这也是产能过剩行业普遍存在的问题。这给所有的产能过剩行业企业敲响了警钟。首先，在制定经营战略时，需要关注现金流与债务的平衡问题，负债过高的企业要注意保证充足的现金流，在对外进行投资时，要保证一部分的易变现资产，以应对突发状况，避免发生债务违约。其次，要充分考虑到自身的财务特点，合理评估自身的偿债能力，在进行业务扩张时，考虑到业务扩张所需要的持续资金支持，建立合理可靠的资金来源，同时避免过于依赖一种融资方式而造成现金流断裂。

四、理论依据与分析

（一）资本结构理论——公司融资的权衡理论视角

资本是企业发展必不可少的源泉，通常企业可以通过自身经营形成的留存收益、折旧投入新的项目或扩大生产，形成内源融资。但这种方式比较缓慢，需要较长期的积累和发展，越来越难以跟上现如今企业快速的生产和扩张步伐以及激烈的竞争。于是企业的快速发展壮大就需要外部资本的支持，外源融资成为重要途径。

企业从外部获取资金又主要可以通过股权融资和债务融资两种途径，从而形成不同的资本结构，二者本身也有其各自的特点，因此企业如何协调好股权和债务融资的结构和比例也是值得探讨的。从最初的 MM 理论提出，到后来的权衡理论、优序融资理论等不同对于企业最优资本结构是否存在和对企业的影响都有所研究。其中权衡理论认为负债存在利弊，公司通过权衡负债的利弊，从而决定债务融资与权益融资的比例。负债可以带来节税收益，即税盾；而同时负债的成本指财务危机成本。随着负债率的上升，负债边际成本逐渐上升。通过权衡负债的收益与成本，让边际成本等于边际收益时，使得公司价值最大化，通过上述权衡为公司制定合适的权益和债务融资比例。此外有学者进一步引入由外部股权和负债相应的代理成本纳入权衡范围。通常制定公司资本结构时，这一理论也被较为广泛考虑在内。通常资本结构与公司价值关系如图 2-8 所示。

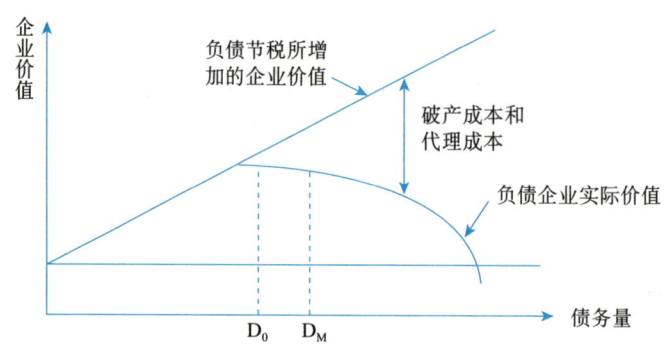

图 2-8 资本结构与企业价值关系

本案例中的永泰能源发生违约的重要因素就是没有控制好资本结构，公司债务比重过高导致公司财务危机风险增加，债务人要求回报增加，公司债务成本负担加重，最终使得公司价值受损严重。永泰能源是自身在扩大生产和业务多元扩张过程中过度使用负债，通过发行公司债券、中期票据、短期融资券等融入大量资金，同时母子公司、子公司间相互担保，从银行获取授信额度，进行大量银行贷款。伴随公司资产扩张的其实主要是负债的增加，导致资产结构的恶化，增加了公司财务风险，同时承担着较高的融资成本。总资产从 2009 年的仅 19.5 亿元增长到 2017 年的 1072 亿元，但同时伴随着负债的大幅扩张，负债从 13.5 亿元剧增至 783.8 亿元，2013 年后资产负债率更是持续保持在 70% 以上。2016 年、2017 年的总资产回报率仅有 4.16% 和 4.03%，资本的投入完全无法覆盖负债动辄 6%、7% 以上的负债成本，过度负债反倒损害了公司的利润和股东的权益。

此外公司存在资产负债结构在时间维度上一定程度的错配，流动负债占负债比例近年来均在 50% 左右，而流动资产与资产比例从 2015 年至 2017 年最高仅 18.7%，加之公司不断地投资扩张，经营现金流完全无法覆盖投资支出和偿债支出导致需要不断借新还旧偿还短期的流动负债，为债务违约埋下了隐患。

现实的经济运行和企业经营往往更为复杂，影响企业资本结构选择的因素更多，同时也在不断变化。但这一问题的重要性在本案例中已有所反映，因此需要我们结合理论和实际情况给予足够的重视。

（二）财务危机理论

财务危机是指公司在偿还债务本息上违约或者出现支付困难，通常表现为企业资产负债率高企，现金流量入不敷出，无力偿还到期债务，主营业务萎缩，庞大的资产构建等。

1. 财务危机预警

采用可靠的指标与模型进行财务危机预警,将有利于在财务危机发生之前发现潜在风险,防范危机发生。目前财务危机预警主要包括预警指标与预警方法,预警方法包括定性与定量方法。

预警指标主要为财务指标,包括盈利能力指标、偿债能力指标、现金流量指标等。良好的盈利能力是企业最稳定的现金来源,是企业偿债的保障,通常具有更强盈利能力的企业财务基础越牢靠,发生财务危机的可能性也越小,反映企业盈利能力的指标主要有净资产收益率、销售利润率等;从根本上看,企业发生风险是由于举债产生,通过偿债能力指标有利于分析企业短长期对债务的承受能力,主要指标包括资产负债率、流动比率与速动比率;现金流量指标反映了企业对现金的获得与运用能力,有利于判断企业的流动性、收益质量、现金流对负债的覆盖程度等,主要有现金流动负债比率。预警方法中,定性方法主要为专家调查法、管理评分方法,定量方法主要为 Logistics 模型、Z-Score 五变量模型等。

2. 财务危机原因

财务危机发生的原因可分为企业内部因素和外部行业因素、经济环境因素。企业的内在因素主要包括经营管理者职业素质、企业投融资决策、企业组织结构、企业财务结构等,大部分是企业可控的。企业所在行业因素主要包括行业竞争程度、景气情况等。外部经济环境主要包括宏观经济、相关政策与法律法规、信用环境等因素,大多为企业不可控因素。

3. 财务危机治理

财务危机发生后,应对策略主要包括常规策略与非常规策略。常规策略是指企业对陷入财务困境的原因进行分析,针对原因采取相应措施,当企业危机程度不深时往往可以采用此种方法。当企业无法通过内部改善脱离危机时,就需要采取非常规策略,根据不同企业的情况,主要有三种形式:资产重组、债务重组与破产清算。资产重组指企业内部调整或出售部分资产来取得现金流,这种方法有利于改善企业资产结构,提升资产质量。债务重组指企业与债权人进行协商确定新的债务合同,采取非现金资产清偿债务、债务展期、债转股等方式减轻企业的偿债压力。破产清算属于较为极端的财务危机处理方式,指在债权人的要求下,由相关机关出面清理各种债权债务关系。

(三) 企业并购理论

公司的并购形式多种多样,按行业关联性划分,根据并购双方在产业链中位置的不同,可以将并购分为横向并购、纵向并购和混合并购。这是公司并购的最基本分类。

1. 横向并购

横向并购是指为了提高规模效益和市场占有率而在生产同类产品或类似产品的企业之间发生的并购行为，这些企业在生产技术、工艺、流程及销售渠道等方面相同或相近。例如，2006年国美对永乐的并购，就是同行业的横向并购。横向并购可以实现协同效应，提高经营和管理的效率，同时也有利于实现产业垄断，提高行业集中度。

2. 纵向并购

纵向并购是指生产过程或经营环节相互衔接、密切联系的公司之间，或者具有纵向协作关系的专业化公司之间的并购。纵向并购的公司之间不是直接的竞争关系，而是供应商和需求商之间的关系，它可能是兼并所需原材料的生产企业，也可能是兼并最终销售的企业。如2009年中粮集团收购蒙牛乳业，就是一起典型的纵向并购。由于纵向并购双方位于产业链的上下游，这可以整合资源，使外部交易费用内部化，从而降低交易费用。

3. 混合并购

混合并购是指一个公司对那些与自己生产的产品不同性质和种类的公司进行的并购行为，其中目标公司与并购公司既不是同一行业，又没有纵向关系，其目的在于实施多元化经营战略。例如，20世纪80年代末期以来，首都钢铁公司并购了包括锦州电子计算机公司、镇江船舶工业公司、中国北方工业公司所属的十多个军工企业、中国核工业公司所属的十多家公司，以及北京半导体研究所等，并在美国购买了麦斯塔设计工程公司，从而发展成为一家集钢铁、电子、机械、建筑、有色金属、轻纺、化学和造船为一体的国际性大型混合联合公司，这是混合并购的典型案例。混合并购有利于增加公司营业收入来源，分散经营风险，实现资源的多方面利用，实现多元化的发展战略，扩大自己的声誉。

4. 并购对企业价值的影响

以上三种形式的并购都可以增强公司对市场的控制能力，比较而言，横向并购的效果最为明显，纵向并购次之，范从来和袁静（2002）基于我国上市公司并购案例，发现成长性行业的公司进行横向并购绩效相对最好，成熟性行业的公司宜采用纵向并购形式。混合并购的影响主要是间接的。傅传锐等（2017）发现，混合并购总体上难以为并购方创造长期的价值，而且其并购绩效要显著低于横向或纵向并购。白雪洁等（2017）也发现，混合并购带给企业生产率和市场势力的扩大影响不显著。蒋先玲等（2013）基于企业经营性现金流回报，通过对451起混合并购案例采用事件研究法发现，混合并购产生的财务协同效应较小，企业需额外承担较大的经营成本。同时，公司市场权利扩大有可能引起垄断，因此，各国反托拉斯法对出于垄断目的的并购活动都加以严格的管制。

（四）信用风险产生的理论依据

从经济实际运行情况来看，信用风险产生有债务人的主观因素和债务人的客观因素两方面原因。债务人的主观因素源于债务人本身自债务形成初始就抱有违约的预期，主观方面的原因比较复杂，涉及债务人的主观心理，一方面原因可能在于违约成本过低，债务人即使违约也不需要支付高昂的违约金，也不会承担社会的强烈的道德谴责，更不会因此承担坏名声影响后续发债，造成债务人有恃无恐，敢于违约；另一方面原因可能在于债务人对于自身道德要求过低，对于自身的信用状况完全不在意。债务人的客观因素源于企业确实存在严重的现金流问题，可能由于企业项目产生突发情况，难以获得原预计的现金回报，或者项目本身就根本无法在短期内产生现金回报，债务到期时又无可行方法筹措到资金，导致资金链断裂，产生信用违约。

从信息经济学角度来看，信用风险产生的根本原因在于信息不对称。信息不对称是指在市场经济中，由于不同经济主体对于信息的掌握程度不同而在经济活动中处于不同地位所产生的现象，通常掌握信息丰富一方会在经济活动中处于有利地位，而信息贫乏的一方在经济活动中处于不利地位。根据信息不对称的发生时间不同，信息不对称还分为事前的信息不对称即逆向选择，事后的信息不对称即道德风险。由于存在逆向选择，资质较差的借款者更愿意出较高的利率筹措资金，更容易获得资金，进入资本市场，而资质较好的借款者由于从事的经济活动本身就是资质较好而利润相对较低的活动而难以承受高昂的借款成本，不得不减少借款或者不借款，从而市场整体违约风险就更高。而道德风险的存在会使获得借款者更容易从事高风险活动，寻求获得更高利润，从而当项目成功时，付给债权人固定利息，自身获得较多利润，当项目失败时宣布破产，债权人被动承担大部分损失。因此，由于信息不对称的存在，信用风险容易产生。

五、背景信息

永泰能源股份有限公司前身为泰安鲁润股份有限公司，成立于1992年7月30日，1998年5月13日在上海证券交易所挂牌上市。公司控股股东为永泰投资控股有限公司，是一家经国家工商行政管理总局批准、集投资控股和经营管理为一体的集团化投资控股型公司。

永泰能源目前主要从事电力、煤炭、石化等综合能源类业务。在能源行业，永泰能源曾经是一颗巨星，顶着众多耀眼光环，它是 A 股唯一的民营煤炭企业，资本实力雄厚。永泰能源实际控制人是王广西，被称为"传奇煤老板"，也是一位超级富豪。在 2015 年的《胡润百富榜》上，王广西夫妇以 370 亿元的财富排在第 37 位，在当时，他的财富远超潘石屹、任正非等这些名声在外的企业家，当年的煤老板的实力可见一斑。但近些年煤老板的处境普遍大不如前，这次永泰能源债券违约事件也显示了目前王广西所处的危险处境，除了这次债券违约之外，目前，永泰能源的有息债务余额已经超过了 700 亿元，资产负债率也长期高于 70%，在能源行业企业中属于资产负债率较高企业。这次债券违约显示，永泰能源已经没有了切实可行的融资方式，缺少优质的抵押资产。按照目前情况来看，永泰能源的债务问题短期内仍十分严峻。

六、关键要点

1. 掌握民营企业信用风险产生原因及债务违约定义。
2. 了解永泰能源债务违约始末，了解一旦企业发生债务违约可能引起的连锁反应。
3. 尝试分析宏观经济以及企业经营历史对于企业债务违约事件的影响。
4. 结合实际情况分析具体企业发生债务违约后的解决措施。

七、课堂计划

本案例可作为专门的教学案例，建议使用 3—4 课时安排教学进程，也可适当进行灵活调整。案例教学过程中，授课老师保持中立立场介绍案例情况，组织同学们开展讨论，讨论结束后一定要求学生提交案例分析报告。

1. 课前计划

请学生提前阅读案例并掌握基础的背景知识，将同学们分组，布置一些启发性思考题，如永泰能源债券为什么会出现违约？如何认识和评价公司解决债券违约的措施？近年来的债券违约现象对投资者和监管者提出了哪些新的要求？同学们按照兴趣选择一道思考题，或者可以提出自己的思考，重点在于提高对债券违约的宏观背景、公司财务和监管政策的认识。

2. 课中计划

（1）老师介绍案例，提出思考题，明确学习思路（10 分钟）；
（2）讲解案例中出现的专业知识，包括信用风险、财务指标分析等（40 分钟）；

（3）组织小组汇报，要求每组针对选择的思考题深入讨论，形成发言提纲，制作PPT，每组发言时间为25分钟；

（4）自由讨论：其他小组针对该小组的汇报提出问题或者自由发言，老师进行归纳总结（20分钟）。

3. 课后计划

学员通过此次案例学习，应对我国信用债违约情况有大致的了解，并学习分析某公司债券违约风险的大小。

（1）每组针对各自的启发思考题，结合课上老师的点评与修改意见，上交案例分析报告（5000字以内）；

（2）学员选择其他债券，根据本案例所学的分析方法，探究其违约风险（2000字左右）。

有条件的学校，可在本案例教学过程中聘请债券市场分析的专业人员来课堂指导讨论。

参考文献

[1] Kraus A, Litzenberger R H. A State-Preference Model of Optimal Financial Leverage [J]. Journal of Finance, 1973, 28 (4): 911-922.

[2] Gruber M J, Warner J B. BANKRUPTCY COSTS: SOME EVIDENCE [J]. Journal of Finance, 1977, 32 (2): 337-347.

[3] 章之旺，吴世农. 经济困境、财务困境与公司业绩——基于A股上市公司的实证研究 [J]. 财经研究，2005，31 (5).

[4] Miller M H. Debt and Taxes* [J]. Journal of Finance, 1977, 32 (2): 261-275.

[5] Myers S C. Capital Structure Puzzle [J]. Social Science Electronic Publishing, 1984, 39 (3): 575-92.

[6] 卢宇荣. 资本结构的决定因素——西方资本结构理论综述 [J]. 企业经济，2004 (11): 162-163.

[7] 李延喜，郑春艳，包世泽，等. 权衡理论与优序融资理论的解释力研究：来自中国上市公司的经验证据 [J]. 管理学报，2007，4 (1).

[8] 唐国正，刘力. 公司资本结构理论——回顾与展望 [J]. 管理世界，2006 (5): 158-169.

[9] 彭静,欧阳令南,彭勇.国内外财务危机预警研究综述[J].科技进步与对策,2007(6):191-195.

[10] 赵爱玲.企业财务危机的识别与分析[J].财经理论与实践,2000(6):69-72.

[11] 王玉文.企业财务危机成因探析[J].税务与经济(长春税务学院学报),2006(2):101-103.

[12] 张学军.当前我国企业财务危机处理初探[J].成才之路,2007(8):54-55.

[13] 范从来,袁静.成长性、成熟性和衰退性产业上市公司并购绩效的实证分析[J].中国工业经济,2002(8):65-72.

[14] 傅传锐,杨群.政治关联、竞争地位与混合并购——来自中国A股证券市场的经验证据[J].北京理工大学学报(社会科学版),2017(5).

[15] 白雪洁,卫婧婧.企业并购、方式选择和社会福利影响——基于2008—2014年上市公司的实证研究[J].经济管理,2017(1):34-50.

[16] 蒋先玲,秦智鹏,李朝阳.我国上市公司的多元化战略和经营绩效分析——基于混合并购的实证研究[J].国际贸易问题,2013(1):158-167.

[17] 陈雨露.公司理财[M].北京:高等教育出版社,2008.

[18] 杜惠芬,王汀汀.公司理财[M].2版.大连:东北财经大学出版社,2017.

案例 3

从"层楼叠榭"到"大厦将倾"[①]
——东方园林财务危机分析

2018年5月21日,民营上市公司明星东方园林发布的《2018年面向合格投资公开发行公司债券(第一期)发行结果公告》显示,该期债券发行规模不超过10亿元,最终,品种一发行规模仅为5000万元,品种二无实际发行规模,此次债券发行接近"全部流标",被称为债券发行史上"最惨失败"。从发债失败到其股票停牌之前,东方园林市值蒸发超过100亿元,复牌后股价一泻千里,再加上东方园林大股东持续疯狂采取股权质押,事件背后反映了东方园林对资金的极度渴求。本案例回顾了东方园林这一财务危机的前因后果,并进行了相应分析:东方园林出现财务危机的原因是什么?其背后资金链真的十分紧张吗?

---

① 本案例由中央财经大学金融学院陈曦、谈金春撰写,韩复龄指导。

案例 3　从"层楼叠榭"到"大厦将倾"——东方园林财务危机分析

 **案例正文**

一、引言

东方园林从最初的植物摆租业务起家，发展到市政景观设计，再到如今成为环保行业企业明星，业务范围覆盖了水利工程、有色金属处理、全域旅游以及投资管理等领域，东方园林一路风风雨雨，砥砺前行。"二次创业"下的转型，借助国家环保政策与PPP模式的大力推广，东方园林一跃成为环保行业翘楚。但近年来发生的大股东质押难题、发行债券失败以及股价下挫等事件拉开了东方园林资金链紧张的序幕。

二、东方园林整体概况

北京东方园林环境股份有限公司，前身为北京东方园林有限公司，于1992年7月2日成立，控股股东何巧女。2009年11月27日，公司股票在深圳证券交易所挂牌上市。作为国际领先的生态运营商，公司以"心系地球"为使命，专注于包括水系治理、危废处理等环保业务，其业务范围涉及技术研发、投资管理、工程建设、规划设计等领域，在治理危废固废、改善生态环境、助力产业提升、促进就业等方面作出了突出贡献，以行业绝对领先的综合技术体系引领生态行业创新发展。

东方园林起初依靠植物摆租起家，随后进行战略扩张，规模逐渐壮大。从最初的白手起家，到如今旗下20多家子公司，东方园林进入了跨界多元化扩张阶段，其通过投资并购和设立新子公司来进军多个业务领域，东方园林的发展规模日益壮大。

东方园林除了经营核心园林景观业务，还不断拓展其他业务领域，如今，东方园林涉猎的行业除主营的景观设计外还包括水利工程、处理危废品、有色金属的再利用以及旅游等。例如东方园林旗下的北京东方文旅资产管理有限公司是投资于旅游行业的全资子公司，周口东方园林环保科技有限公司又是一家处理医疗废物、工业危险废物的子公司，跨界领域之广可见东方园林业务体系庞大，涉及行业众多，是一个典型的实施扩张战略的环保型园林行业公司。

（一）东方园林基本情况

1. 东方园林股权架构

东方园林股权结构集中，截至 2018 年 3 月 31 日，公司创始人何巧女、唐凯夫妇共持有公司 49.2% 股份，是公司实际控制人（见表 3–1）。

表 3–1　　　　　　　　　　何巧女唐凯夫妇历年持股情况

	2009 年	2010 年	2011 年	2012 年	2013 年	2014 年	2015 年	2016 年	2017 年	2018 年
何巧女	53.77%	53.77%	53.82%	53.75%	48.44%	48.21%	47.21%	41.60%	41.54%	38.39%
唐凯	11.34%	11.34%	11.34%	11.27%	10.15%	10.10%	10.10%	7.67%	7.66%	5.74%
合计	65.11%	65.11%	65.16%	65.02%	58.59%	58.31%	57.31%	49.27%	49.20%	44.13%

资料来源：东方园林历年年报。

公司经过多年业务发展，主要发展出 4 个业务集团，分别是环境集团、文旅集团、环保集团和设计集团（见图 3–1）。

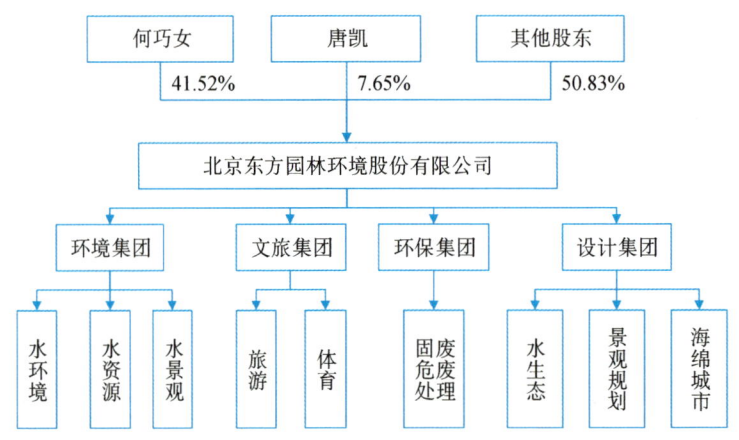

图 3–1　东方园林股权结构和主要业务

资料来源：根据东方园林年报整理所得。

环境集团是产业链完善、资质齐全的水环境综合服务商。公司创新提出水环境、水景观和水资源"三位一体"+ 城市水务综合治理理念。公司凭借设计团队整合景观设计、生态修复、污水处理等技术成为水治理行业一线品牌。公司 2015 年收购中山水务加快发展。

环保集团组建于 2015 年，主要负责固废危废处理。目前公司已经建成焚烧车间、填埋车间、废机油车间、废有机溶剂车间等 10 个车间，掌握铜泥金属资源化技术、焚烧技术、稀贵金属提取与回收利用系列技术等 10 项核心技术。

文旅集团主要布局"全域旅游"业务，公司计划将自然景区保护和发掘旅游价值结合起来打造全域旅游投资全方位发展。

设计集团主要负责公司水生态、景观规划等设计。公司目前下辖东方利禾、EDSA ORIENT、ID、TT ORIENT和东联设计集团等公司。

2. 东方园林主营业务

公司传统业务主要涉及市政风景园林设计、景观规划、苗木销售、大型绿色湿地工程以及旅游度假景观工程等园林设计与建设相关领域（见图3－2）。

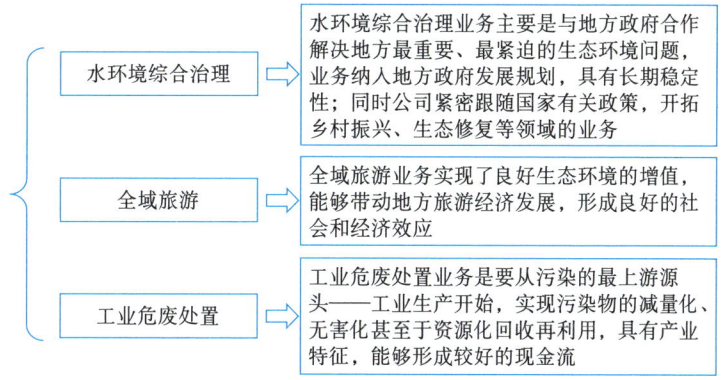

图3－2 东方园林业务体系

在多元扩张的过程中，东方园林的主营业务逐渐细分渗透至其他生态环保业务，历年主营业务构成如图3－3所示。由2009—2017年东方园林主营业务收入变化可以看出，2015年以前园林工程施工业务占据绝大比例，但其在2016年和2017年出现了大幅下降，与此同时水系治理、固废处理以及生态修复等业务开始迅速上升，其中2017年水系治理业务占东方园林主营业务总收入的近50%，园林工程施工收入逐渐下降至20%左右。

图3－3 东方园林历年主营业务构成

资料来源：Wind。

（二）环保行业发展状况

近年来，我国大力支持环保行业的发展，出台了许多有关环境保护类政策条款。环保类 PPP 项目的工程数量和投资额都呈现出快速发展的势头。据统计，截至 2018 年 10 月，全国 5 年来落地的 4302 个项目带动投资 6.6 万亿元，这些项目涉及领域包括环保、交通和市政景观等 19 个类别。这几年环保行业公司的营业收入和净利润都有较快增长，但普遍利润率均有不同程度的下滑。数据显示，环保上市公司 2017 年全年营收同比增长接近 28%，且其净利润同比平均增长 25%。与 2016 年相比，2017 年环保行业增速放缓，利润率也下滑（见图 3-4、图 3-5）。从细分板块来看，水系污染处理、监测业务发展较快。

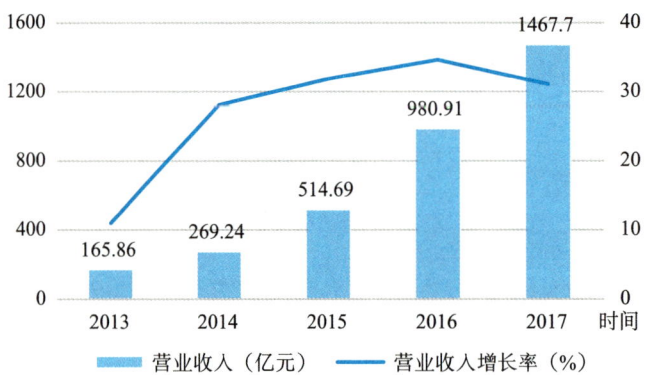

图 3-4　2013—2017 年环保板块营业收入及增速

资料来源：Wind。

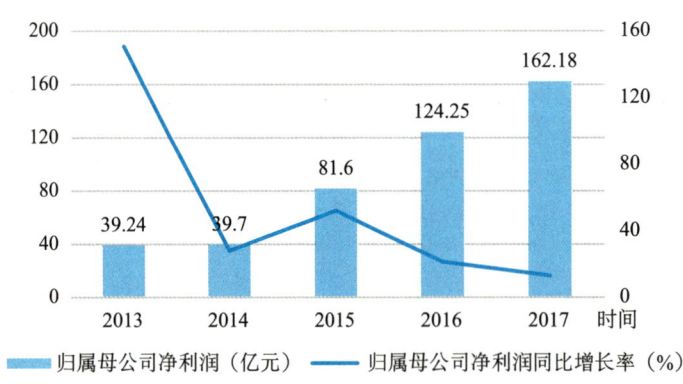

图 3-5　2013—2017 年环保行业板块净利润及增速

资料来源：Wind。

环保企业资产负债率逐年攀升。2017 年超过 56% 的主要环保行业公司资产负债率高于 55%，甚至有些公司达到了 80% 以上。近年来，随着 PPP 的大规模拓展，环保行业投资驱动的模式越发明显，企业不断融资用于投资新签的环保工程项目，企业资产负债率逐渐提升。环保板块主要公司的平均资产负债率从 2015 年的 48%，到 2016 年的 52%，到 2017 年年末增长到 54%。分板块来看，监测和水务板块公司的资产负债率较低，而水处理和园林类企业的最高，而固废企业居中。如图 3-6 所示。

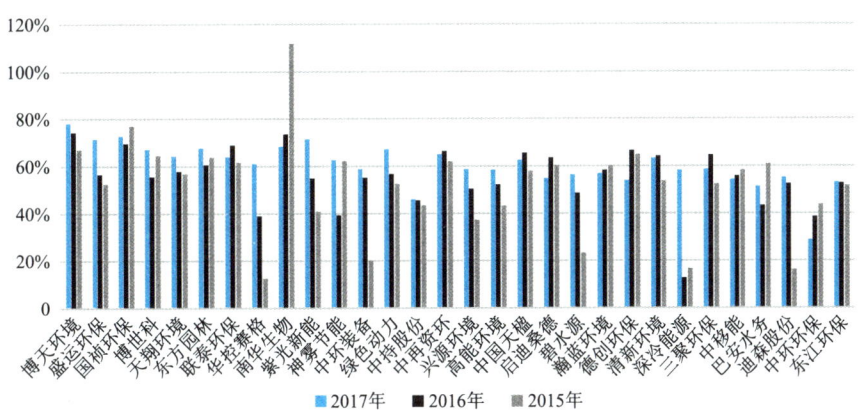

图 3-6　环保公司近 3 年资产负债率情况

资料来源：Wind。

环保板块整体经营性现金流净额的增速从 2015 年开始显著下降，而对应的净利润增速却显著上升。2017 年环保板块经营性现金流净额呈 22.7% 的下降。而从投资性现金流来看，部分原因是 2015 年环保行业开始进入 PPP 合作模式大发展时代，企业大幅增加对外投资，体现在 2016—2017 年环保行业的投资性现金流净流出保持在每年 18% 的增长。到 2017 年年底，我国统计的环保企业合计的投资性现金流流出净额已经超过经营性现金流净额的 4 倍，环保企业资金压力大。如图 3-7 所示。

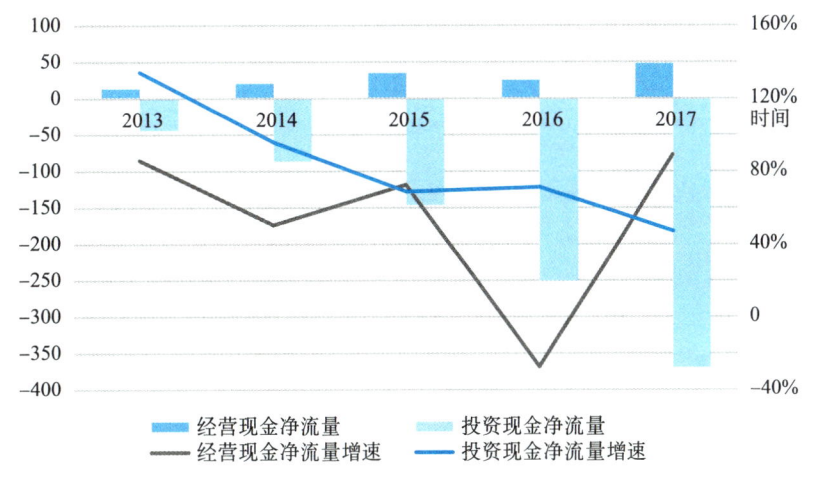

图 3-7　环保行业近 6 年现金流量情况

资料来源：Wind。

2018年以来的资金紧张情况空前严峻，上市环保公司企业本部和项目公司的贷款都非常困难，特别是工程项目公司的贷款之前一度全面停贷，给企业工程进度推进带来了严重影响。此外，由于现金流紧张，企业在投资方面也趋于谨慎，导致2018年环保工程进度全面低于预期。

三、东方园林战略扩张历程

（一）基于园林景观业务进行垂直扩张

早在1990年，东方园林依靠植物租摆起家，1992年，东方园林生态股份有限公司成立。之后历经10余年发展，公司业务从植物租摆业务延伸到地产景观，又经过5年左右时间，公司从地标景观进一步延伸到城市景观系统。第一次创业的成功推动东方园林进入高速发展的黄金期。

基于自身具备的强大的景观设计能力，东方园林于2011年并购了上海尼塔设计院，成立了东联设计集团，此举象征着东方园林向着更加完善且高端的全方位设计业务迈出坚实一步（见图3-8）。

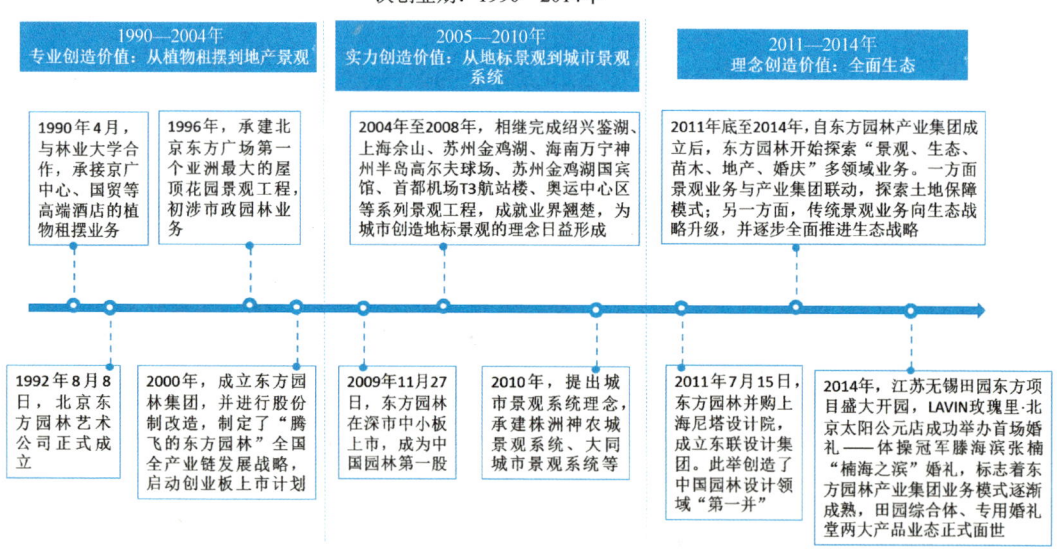

图3-8　东方园林一次创业期

2011年10月，国务院在相关政策中明确指出，要消除地方融资平台带来的地方隐性债务问题，同时推行地方政府采用合理规范的融资方式，大力推广社会资本与政府资本合作模式，也就是PPP模式。

同时，在地方政府财政紧张，而公司加速扩张承接项目的情况下，从2012年开始东方园林的应收账款及存货也呈现大幅上升趋势，周转率的急剧下降使得坏账风险成为隐忧（见图3-9）。到2014年，资产减值大幅上升，占公司归属净利润比重已高达30%，带来了较为严重的负面影响（见图3-10）。东方园林逐渐意识到，公司似乎需要进行业务转型，实现自身新的蜕变。

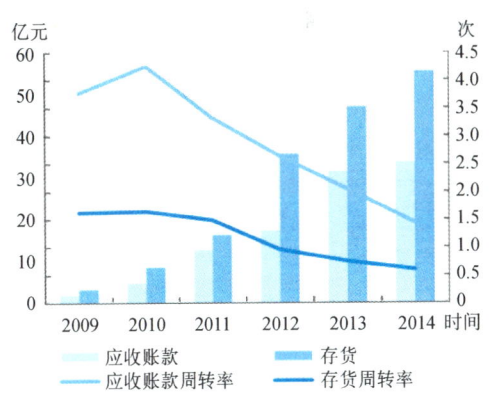

图3-9 东方园林2009—2014年应收账款及存货情况

资料来源：Wind。

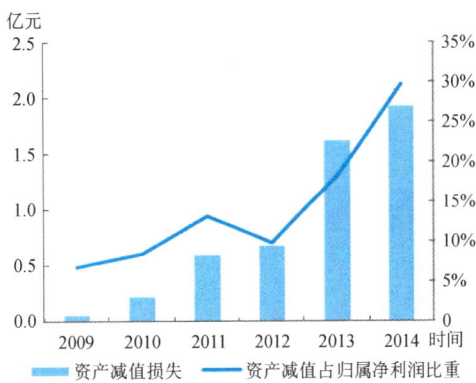

图3-10 东方园林2009—2014年资产减值损失情况

资料来源：Wind。

（二）跨界转型进行多元化扩张

在困局之下，东方园林开始谋求战略转型，从景观建设向生态环保市场拓展，开始了二次创业之路。2014年之后，东方园林迅速拓展业务，其"二次创业"乘着PPP政策东风进入跨界多元扩张阶段（见图3-11）。

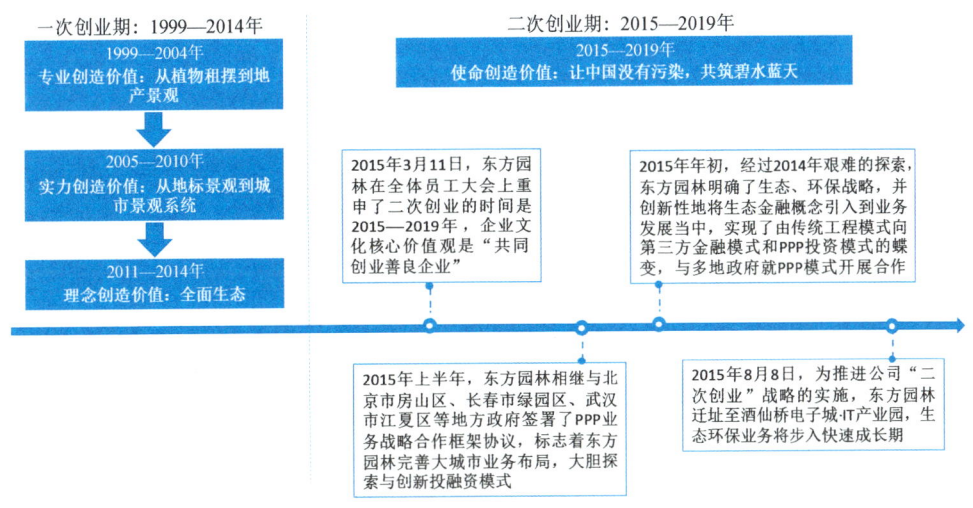

图3-11 东方园林二次创业期

同时，经过一年的生态建设理念探索，在明确了生态、环保战略后，秉持着"让地球没有污染"的理念，东方园林开始进军环保行业。2015年9月至10月，东方园林并购申能环保、吴中固废以及金源铜业，布局危废处理业务。

2014年9月，财政部印发《关于推广运用政府和社会资本合作模式有关问题的通知》，明确指出加快建设社会资本与政府资本合作的投融资模式。这被外界解读为这是国家官方第一次发布有关PPP模式的指导性文件，意义非凡。2014年以来PPP相关政策文件如表3-2所示。

表3-2　　　　　　　　　2014年以来PPP相关政策文件

发布时间	相关文件
2014.09	《关于推广运用政府和社会资本合作模式有关问题的通知》
2014.10	《国务院关于加强地方政府性债务管理的意见》
2014.12	《关于印发政府和社会资本合作模式操作指南（试行）的通知》 《国家发展改革委员会关于开展政府和社会资本合作的指导意见》 《政府和社会资本合作项目政府采购管理办法》
2015.01	《PPP项目合同指南》
2015.04	《基础设施和公用事业特许经营管理办法》
2015.09	《国务院关于调整和完善固定资产投资项目资本金制度的通知》
2015.12	《关于规范政府和社会资本合作（PPP）综合信息平台运行的通知》
2016.10	《PPP项目资产评估及相关资讯业务操作指引》 《政府和社会资本合作项目财政管理暂行办法》
2016.12	《国务院关于扩大对外开放积极利用外资若干措施的通知》
2017.05	《政府和社会资本合作（PPP）》项目专项债券发行指引
2017.07	《国家发展改革委关于加快运用（PPP）模式盘活基础设施存量资产有关工作的通知》
2017.11	《关于规范政府混合社会资本合作（PPP）综合信息平台项目库管理的通知》
2017.12	《关于坚决制止地方政府违法违规举债遏制隐性债务增量情况的报告》
2018.02	《财政部关于公布公布第四批政府和社会资本合作示范项目名单的通知》

资料来源：财政部、发改委等国家部委官网。

2015—2017年，3年内东方园林中标PPP订单总额开始呈几何式增长，订单总额在此期间从345.83亿元增长到715.71亿元，在环保行业首屈一指。根据图3-12数据显示，2015年至2017年，东方园林无论是在PPP项目订单总额和还是在订单数量上均有很大飞跃。

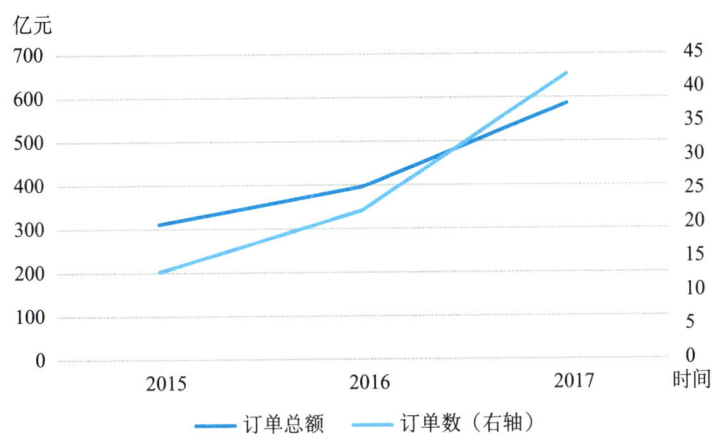

图 3-12 东方园林订单情况

资料来源：Wind。

新签订的大量项目订单为东方园林未来获利打下坚实基础，这一点反映到市场上便是其股票价格的迅速上升，与此同时，这 3 年东方园林的业绩实现跃龙门式飞跃，2015—2017 年营业收入从 53.81 亿元增长到 152.26 亿元，同时期归属于上市公司股东的净利润也从 6.02 亿元迅速增至 21.78 亿元，东方园林营业收入和净利润增长均超过 2 倍。

四、东方园林财务状况演变

（一）财务状况恶化阶段

自 2014 年开始，东方园林便开始了跨领域扩张业务，同时上马了越来越多的大规模 PPP 项目，巨额的投资性现金流和经营性现金流流出，开启了东方园林财务危机的噩梦。

东方园林在年报中多次强调本公司现金流十分充足，其发行的债券型融资工具不存在偿债风险。而且，为了抹去各大媒体的质疑，2018 年 5 月东方园林在其发布的公司公告中明确表示公司虽然有 20 多亿元债券需要到期兑付，但是每年第四季度和年中都是公司汇款高峰期，所以公司并不存在到期偿付债券风险。

但是从东方园林 2017 年年报来看，公司库存现金、银行存款以及其他货币资金加总有 34.03 亿元（见表 3-3），但是年报中显示公司存在大量的受限制的货币资金，包括银行承兑汇票保证金、保函保证金、信用证保证金以及用于担保的定期存款或通知存款，这几项加总高达 12.59 亿元，那么东方园林可以支配的资金就只有 21.44

亿元。

表3-3 东方园林2017年流动资产情况 （单位：元）

	2017.12.31
流动资产	
货币资金	3403192777.95
交易性金融资产	—
应收票据	126647530.03
应收账款	7470625325.68
预付账款	77121035.82

资料来源：东方园林2017年年报。

但是根据2018年3月季报显示（见表3-4），东方园林的年末流动负债有241.15亿元，如果除去其中的经营性负债：应付票据（29.51亿元）、应付账款（86.72亿元）、预收账款（34.70亿元）后，剩下的需要立即偿还的短期负债竟高达90.22亿元。高额的流动负债与少量的货币资金形成了较大的资金缺口。

表3-4 东方园林2018Q1流动资产情况 （单位：元）

	2018.03.31
流动负债	
短期借款	2325689454.45
交易性金融负债	—
应付票据	2951850032.58
应付账款	8672178249.09
预收账款	3470251104.79

资料来源：东方园林2018年一季报。

尽管东方园林在5月公司公告中试图用第四季度和年中的工程汇款安抚市场对其财务状况怀疑的紧张情绪，但是实际上预估一下其未来现金流，假设未来公司用来偿还有息负债和应付账款、应付票据的资金，也就是现金流量表中"销售商品、提供劳务收到的现金"在2017年12月31日的基础上继续增长33%（见表3-5），也就是达到了137.40亿元，但是这些汇款除了需要偿还短期借款和其他流动负债外，还有东方园林的各个供应商150亿元的应付账款和应付票据需要偿还，此时就有12.6亿元的资金缺口。如果从2017年年底经营活动产生的现金流量净额（29.24亿元）来看，按照与上面同样乐观估计的33%增长速度，2018年全年现金流量净额能达到38.89亿元，假设这些现金流在四个季度平均分布，那么第一季度就有9.72亿元现金流净额流入。

因此，彼时东方园林预计将有 90.22 - 21.44 - 9.72 = 50.06 亿元的资金缺口。这笔资金缺口就比东方园林在公告中说的资金状况严重得多。

表 3-5　　　　东方园林近年销售商品、提供劳务收到的现金情况　　　（单位：亿元）

报告期	2018.09.30	2018.06.30	2018.03.31	2017.12.31
销售商品、提供劳务收到的现金	70.40	50.14	0.027	103.31

资料来源：东方园林 2017 年年报及 2018 年第一、二、三季报。

根据东方园林 2015—2017 年资产负债表，应收账款增速分别为 12.43%、35.23% 和 45.8%（见图 3-13），表明公司的应收账款逐年大幅递增，且坏账可能性增大，回款压力也较大。而在半年报中，其经营性现金流似乎出现一些改善迹象，但这背后实际上是依靠催收以前年度应收账款以及加大预收账款，努力占用上游资源。考虑到目前资金链非常紧张，市场上对于东方园林发债的行为多解释为"借新还旧"。根据东方园林 2018 年三季报披露，其应收账款接近百亿元规模，增速远超其营收增速，占净资产比重超 80%，并且东方园林曾承认过应收账款无法收回的风险很大。

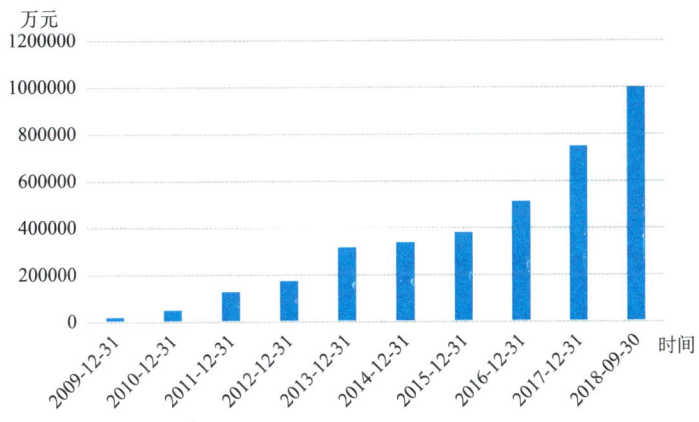

图 3-13　东方园林应收账款走势

资料来源：Wind。

由表 3-6 可知，2017 年东方园林 4—5 年等周期较长的应收账款余额增幅较大，也反映出公司在回款方面的管理不够完善。

表 3-6　　　　东方园林 2015—2017 年应收账款的账龄情况　　　（单位：亿元）

项目	2017 年	2016 年	2015 年
1 年以内	51.90	30.45	19.87
1—2 年	13.81	12.47	9.53
2—3 年	8.92	6.87	9.55
3—4 年	3.97	5.84	2.02

续表

项目	2017年	2016年	2015年
4—5年	4.31	1.64	0.86
5年以上	2.41	1.23	1.00
合计	85.32	58.50	42.83

资料来源：Wind。

根据以上可得，东方园林1年以内的应收账款未收回率为62.76%，1—2年的应收账款未收回率为71.53%。

东方园林经营活动产生的现金流量净额持续提升，在2015—2017年，经营性现金流从3.68亿元增长至29.2亿元，这样的财务数据似乎比较乐观。

但是同样在此期间，东方园林投资活动产生的现金流量净额为-16.37亿元、-26.44亿元和-45.11亿元，投资性现金流的流出额与经营性现金流的流入净额产生了缺口（见表3-7）。

表3-7　　　　　东方园林2012—2018年Q3现金流量简表　　　　（单位：亿元）

	2012年	2013年	2014年	2015年	2016年	2017年	2018年Q3
经营现金流净额	-2.51	-2.63	-3.03	3.68	15.68	29.24	0.43
投资现金流净额	-1.20	-2.51	-0.54	-16.37	-26.44	-45.11	-35.12
筹资现金流净额	2.82	26.10	1.72	7.07	10.53	16.11	18.55

资料来源：Wind。

整体来看，东方园林经营性现金流加上投资性现金流合计为负，且逐年恶化。这说明东方园林从2014年起的投资并购活动愈演愈烈，入不敷出。

此外，东方园林的财务费用也呈现了逐年增高的态势（见图3-14），一方面说明其负债规模较大，另一方面也说明，由于企业长期举债融资，其融资成本也在逐步升高。

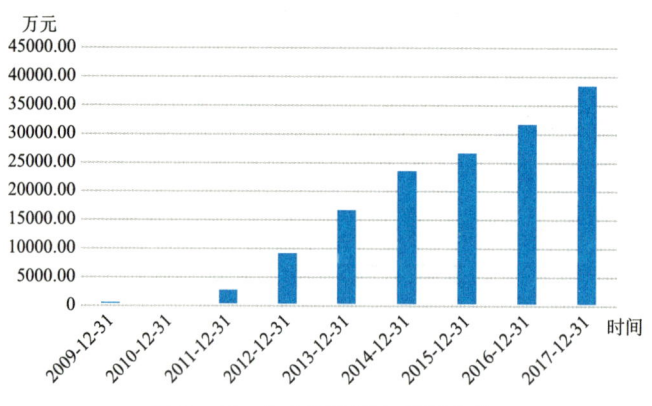

图3-14　东方园林财务费用走势

资料来源：Wind。

即使处于资金链紧张时期，东方园林在 2018 年上半年仍然上马了很多规模较大的 PPP 项目。至于其资金的来源，很有可能是因为东方园林因行业地位等因素占用较多上游资源，再利用项目运作能力，实现资本金的期限错配。与此同时，2018 年年中过后股权质押比例的陡然上升也反映出这时公司资金十分紧张（见图 3-15）。

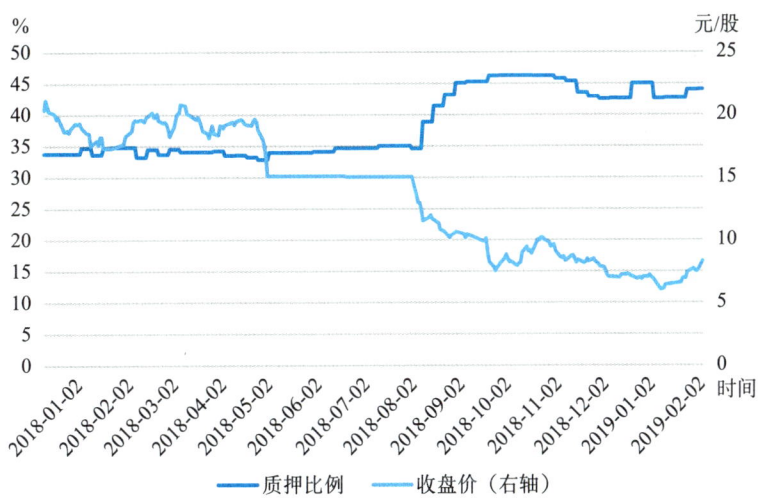

图 3-15　东方园林 2018 年股价及质押比率走势

资料来源：Wind。

依据东方园林财务数据可以得出以下结论：2017—2018 年公司应收账款从 74.70 亿元增长 91.10 亿元，同比增长了 21.95%；而应付账款（106.25 亿元）、应付票据（18.13 亿元）、预收账款（36.18 亿元）加总高达 160.56 亿元，相比 2017 年年底同比增长 90.48%。应付账款的增加幅度远高于应收账款，积极地看，东方园林在整个生产经营活动中对上下游拥有较强势的话语权，但是东方园林始终要面对需要偿付的负债。

（二）财务危机正式爆发

战略上的巨额投资、偿债风险的逐渐加大和现金流的缺口使得东方园林的财务状况持续恶化，2018 年 5 月，东方园林发债募资意外巨额缩水，引发了之后半年东方园林股价的大幅下跌，东方园林不得不停牌进行重大战略调整，大股东股权质押比例又一次创新高，这些都一一证明东方园林的财务危机已经爆发。

1. 发债失败

2018 年 5 月，东方园林拟面向合格投资者公开发行两个品种的公司债券，总体发行金额不超过 10 亿元。但其结果是，债券品种一实际上只募集了 5000 万元，品种二无实际发行额，整体上远远低于计划发行额。东方园林原计划将新募集的 5 亿元资金用于部分兑付 5 月 22 日到期的 8 亿元超短期融资券,却不曾想发债募资意外巨额缩水,最终发行债券几乎空手而归。

2. 股价腰斩

从 2018 年 5 月 17 日发债失败到 5 月 25 日停牌前,在 6 个交易日内股价从每股 19.33 元下挫至 15.03 元,累计跌幅突破 20%,当日跌幅达 8.74%,东方园林市值蒸发超 100 亿元。股价一泻千里,为了缓解市场情绪,最终东方园林以拟披露重大事项为由,在 2018 年 5 月 25 日宣布临时停牌。

3 个月后东方园林再度复牌。8 月 7 日,东方园林交出了一份看似比较亮眼的半年报:营业收入同比增长 29.67%,为 64.63 亿元,归属于上市公司股东的净利润同比增长 42.04%,达到 6.64 亿元。

之后东方园林便一直努力试图扭转股价下挫趋势。8 月 20 日,东方园林发布公告称,成功发行 2018 年第二期规模为 12 亿元的超短期融资券。不久后,东方园林与几家银行达成了总计为 64 亿元的授信。同时,东方园林与农银金融资产投资有限公司达成债转股协议,即农银金融资产投资有限公司拟出资不超过 30 亿元持有东方园林的全资子公司——东方园林集团环保有限公司不超过 49% 的股权。

原以为如此多的利好消息会对东方园林狂泻而下的股票价格起到支撑作用。然而市场再度反应消极,8 月 27 日,东方园林首日复牌出现跌停,此后,东方园林股票价格一蹶不振。10 月 16 日,收盘价每股 7.46 元相对停牌前下跌幅度超过 60%(见图 3-16)。

图 3-16 东方园林 2018 年股价走势

资料来源:Wind。

3. 大股东股权质押超 90%

股价大幅下跌,原本高额的实际控制人的股权质押风险凸显。2018 年 10 月 18

日,东方园林发布澄清公告称,何巧女及其一致行动人共质押股份 11.86 亿股,占公司总股数比例为 44.18%(见表 3-8),现在公司整体股权质押风险可控且公司方面会采取有效措施保障来股权质押安全。但是此时股价早已突破了平仓线。考虑到股权质押风险爆仓后对市场产生的不良影响,同时为了安抚东方园林投资者的消极情绪,公司除了获得国资支持外,北京市证监局也出手相救,发布建议函意在提醒东方园林的 28 位债权人谨慎行动,不轻易采取强制平仓。

表 3-8   公告披露大股东质押统计

	未解押股权质押数量(万股)	占总股本(%)	占其持有的股份数(%)
何巧女	100964.64	37.60	90.65
唐凯	6063.21	2.26	29.53
中泰创展(珠海横琴)资产管理有限公司	9907.97	3.69	100.00
何国杰	1711.49	0.64	99.35
合计	118647.31	44.18	82.66

资料来源:Wind。

五、尾声

2014 年之前,也就是东方园林"二次创业"之前,其主要坚持以市政景观设计、苗木管理为主的发展策略。在 2014 年年底以后,东方园林开始频繁地跨界采取多元化扩张行为,原先的主营业务的占比下降、泛而不深的业务布局,再加上大量投资于 PPP 项目举措的火上浇油,这些内部诱因渐渐侵蚀其财务状况,经营业绩的下滑、资金链的收紧、股价的腰斩以及实际控制人股权质押使得东方园林突然陷入财务危机的漩涡之中。

 案例使用说明

一、教学目的与用途

1. 适用课程:企业并购重组、公司金融、战略风险管理、投资学、财务报表分析。

2. 适用对象:本案例主要用于金融专业硕士相关课程。

3. 教学目的：本案例主要描述了东方园林急速多元扩张引发财务危机的始末，并深入分析了财务危机爆发的原因。该案例所述事件是上市公司大肆扩张业务版图造成财务危机的典型案例，在上市公司"跑马圈地"造成恶果的诸多案例中具有较强的代表性，能够为日后上市公司管理扩张业务提供借鉴。通过对本案例的学习，希望学生掌握以下几个方面的内容：

（1）上市公司大幅扩张业务版图，跨领域投资并购的原因，了解并购横向一体化和纵向一体化，以及上市公司扩张业务版图应该注意哪些问题。

（2）上市公司大肆"跑马圈地"的效应评价，经营协同效应、财务协同效应和管理协同效应等规模效应。

（3）上市公司股权质押率高的原因与风险管理，以及企业财务危机的形成与防范。

（4）上市公司内外部融资的利弊与择时，包括内外融资时需要注意的问题。

（5）PPP、BOT和BT等投融资模式的内涵及运用，各种模式的利弊分析。

二、启发思考题

1. 请分析东方园林大量签订PPP订单的原因以及利弊，你认为东方园林"二次创业"战略转型进军环保行业是否是直接导致其出现财务危机的原因。

2. 结合本案例，请列举未来上市公司扩张业务版图时应该注意的问题，包括在并购重组整合时如何更好地发挥三种协同效应（经营协同效应、管理协同效应、财务协同效应）。

3. 上市公司股权质押率高会对上市公司带来哪些风险？如何管理这些风险？你认为东方园林资金链紧张是否必须依靠股权质押来救援？思考近年来上市公司大股东大量股权质押的原因。

4. 请结合引发上市公司财务危机的常见因素，并从企业战略、经营状况、公司治理三个方面出发，结合东方园林的发展历程，深入剖析东方园林财务危机形成的原因，总结对于财务危机防范有关的启示。

5. PPP项目采用政府资本与社会资本合作，这种模式本身是否存在问题？请就此提出改进的措施。并比较PPP、BOT、BT等相关投融资模式的优缺点。

6. 试着按照类似的思路，分析乐视网的多元扩张过程及其财务危机情况，并与东方园林的案例进行比较。

三、分析思路

1. 东方园林决定转型的原因（分为宏观、行业、公司三个方面），以及战略转型给东方园林带来了哪些利弊，这些利弊对东方园林之后出现的财务危机又有哪些影响。

2. 东方园林大肆进行扩张并购的内因与外因，加速扩张业务版图的行为是否导致了其各种协同效应的出现，根据各类财务指标判断协同效应的发挥与否。

3. 在扩张过程中，东方园林实施股权质押行为前后的财务数据发生的变化，可从宏观经济政策、金融监管等角度分析造成大量股权质押的原因。

4. 东方园林激进的扩张性公司战略、PPP经营方式以及股权分散程度对其出现财务危机的贡献，还有其所处行业的特点对其采取多元扩张策略的推动作用等。

5. 政府资本很大程度上会受到国家相关宏观政策影响，因此具有政策风险，这种政策不确定性通常又是始料未及的，企业往往难以及时调整持续已久的业务模式，就容易造成毁灭性打击，考虑PPP等投融资模式在企业生产经营中的合理占比。

6. 乐视实施的扩张性战略模式与东方园林模式的异同，从互联网行业与环保类行业的特点等角度出发，结合彼此所处宏观大环境，分析乐视与东方园林财务危机的诱因。

四、理论依据与分析

（一）理论依据

1. 委托代理理论

委托代理理论属于制度经济学契约理论，以信息不对称为前提。该理论主要研究委托代理关系，行为主体依靠或明示或隐含的合同契约，选派其他主体为其效力，并给予其决策权，后者获得报酬的一大依据是其服务的数量和质量。

2. 优序融资理论

Meyers和Majluf（1984）在信息不对称理论和信号模型基础上，提出著名的优序融资理论，认为公司内部人比外部人有信息优势，且内部人有逐利动机，公司发行股票融资时会向市场传递负面信号导致股价下降（股价高估时更愿意发行股票融资，低估时不愿意发行股票融资），为避免股东利益受损，内部人会尽量利用对信息敏感性不强的资金来源为项目融资，先用留存收益（内源融资），再用外源融资（先债务、后股权，先低风险债务后高风险债务）。

3. 企业生命周期理论

企业生命周期理论是将企业的发展历程分成了几个阶段，分别是：发展、成长、成熟、衰退。企业生命周期理论的目的是为目标企业找到能够适应其特点的发展模式，以此来保持企业的可持续发展能力。

东方园林在"二次创业"刚进入环保新行业不久后始终在加速扩张业务版图，在企业尚处于成长时期，相关新业务领域的技术和运营尚不成熟时急速扩张很有可能给企业带来不利影响。

4. 并购重组协同效应理论

由于经济的互补性及规模经济，两个或两个以上的公司合并后可提高其各方面活动的效率，这就是所谓的协同效应。协同效应主要包括：经营协同效应、财务协同效应以及管理协同效应等。经营协同效应主要指的是通过并购其他企业，提升企业在生产经营活动中的效率，提高其营运水平。财务协同效应是指并购会使企业财务能力提高，实现合理避税，产生预期效应等有利于公司财务状况的进步。管理协同效应指并购会提升企业的组织管理能力，使其管理活动更加有效。

（二）原因探究

1. 宏观方面：宏观政策导致生存环境偏紧

（1）去杠杆风暴中，企业融资困难。在宏观去杠杆叠加金融严监管的双重压力下，导致整体社会融资规模出现大幅下滑，信贷收紧导致间接融资也呈规模下降，必定带来新增贷款额的减少。新增贷款的锐减，叠加市场民营企业债券违约大浪潮带来的不利影响，使得包括园林行业在内的大量企业出现融资难、融资贵等问题。而且为了有力防范系统性金融风险，更好地使金融服务于实体经济，2018年国家出台的一系列资管新规更是压缩了民营企业赖以生存的影子银行融资渠道，这又进一步给民营企业造成重创。

（2）政策打压地方债务问题，PPP项目生存环境收紧。PPP模式起源于2014年9月，当时财政部下发《关于推广运用政府和社会资本合作模式有关问题的通知》，鼓励推行PPP模式。随着PPP模式多领域推进（2016—2018年全国PPP项目投资额及增速情况见图3-17），PPP模式也成为园林行业生态建设项目的主要推进形式，多家园林上市公司纷纷探索PPP模式，相关订单也一路猛增。东方园林在2015—2017年期间，中标的PPP订单投资总额分别为345.8亿元、380.10亿元、715.7亿元。

图 3-17 2016—2018 年全国 PPP 项目投资额及增速情况

资料来源：Wind。

然而高速增长过后，监管也随之而来。PPP 项目自 2016 年以来爆发式增长，国家陆续出台多项文件开始规范 PPP 项目（见表 3-2）。

PPP 模式政策的收紧，使得融资环境发生变化，对于前期大量垫付工程款的园林企业而言，直接影响便是企业向外融资开始变得困难，进一步导致企业的财务危机。

2. 行业方面：园林企业盈利高度依赖 PPP

（1）环保企业业务主要来源为 PPP 项目。当时财政部下发《关于推广运用政府和社会资本合作模式有关问题的通知》，目的在于鼓励推行 PPP 模式。随着 PPP 模式多领域推进，PPP 模式也成为园林行业生态建设项目的主要推进形式，多家园林上市公司纷纷探索 PPP 模式，相关订单也一路猛增。

从表 3-9 中可以看出 6 家园林上市公司东方园林、铁汉生态、蒙草生态、棕榈股份、岭南股份、美晨生态的订单情况，2017 年以来上市公司新签订单总额分别为 886.01 亿元、439.37 亿元、440.05 亿元、289.24 亿元、178.85 亿元、38.96 亿元，其中 PPP 合同占比分别为 98.26%、88.89%、88.19%、69.71%、48.74%、77.57%。园林企业的 PPP 合同占企业所有订单的比例极高，也就是说，PPP 项目是园林企业最重要的业务来源，这是整个园林行业的突出特点。

表 3-9　　　　　　园林板块 PPP 重点公司重大订单情况　　　　　　（单位：亿元）

公司	2016 年新签订单	2017 年新签订单	2017 年以来新签订单总额	PPP 占比
东方园林	397.47	660.81	886.01	98.26%
蒙草生态	42.54	27.70	440.05	88.19%

续表

公司	2016年新签订单	2017年新签订单	2017年以来新签订单总额	PPP占比
铁汉生态	86.48	189.01	439.37	88.89%
棕榈股份	43.56	163.26	289.24	69.71%
岭南股份	21.73	102.73	178.85	48.74%
美晨生态	2.58	35.33	38.96	77.57%

资料来源：Wind。

（2）PPP项目投资周期长回款慢。PPP模式起源于2014年9月，全称为Public - Private Partnerships，是政府与社会资本为提供公共产品服务而建立的合作关系，简单来说就是一种政企合作模式。具体形式是，公司作为社会资本方，和政府共同设立项目公司（SPV），并通过项目公司实现对PPP项目的投资、融资、建设、运营等功能。

PPP项目的简要运行模式为：承接项目的公司在中标之后，和地方政府一起成立一家项目公司，由承接项目的公司先行垫资，将资金注入项目公司，只有当项目发展到相对稳定成熟的阶段，才会有现金流的收入（见图3-18）。

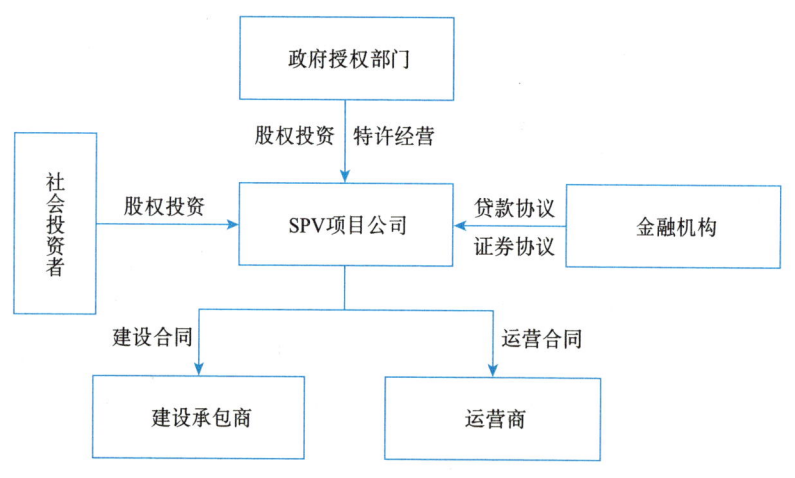

图3-18　PPP项目运作原理

PPP项目的运行模式决定了它具有以下特点：第一，启动项目需要大量的资金，项目越多，需要的资金量也越大，所以需要发债借钱。第二，PPP模式下必然会在企业的账上产生大量的应收账款，不断占用公司的现金流，在这样的情况下，一旦资金链断裂，公司就会陷入严重的财务危机甚至破产。

为了大举上马PPP项目，环保企业的投资性现金流大幅增加，造成企业现金流紧张的局面。从经营性现金流来看，虽然近年来环保企业营收和利润大幅增长，但经营性现金流的增速不及营收和利润的增速,现金回流成为业绩高速增长的环保行业的一大痛点。环保行业整体经营性现金流净额的增速从 2015 年开始显著下降,而对应的净利润增速却显著上升。2017 年,环保行业经营性现金流净额增速为 -22.7%。从投资性现金流角度,2015 年开始行业进入 PPP 模式集中爆发期,众多环保企业大幅增加其对外投资额。2016 年和 2017 年,整个环保行业投资性现金流增速达到 18%。到 2017 年年底,环保企业合计的投资性现金流流出净额已经超过经营性现金流净额的 4 倍,环保企业资金压力大。

环保企业资产负债率逐年攀升。近年来,随着 PPP 的大规模拓展,环保行业投资驱动的模式越发明显,企业不断融资用于投资新签的环保工程项目,企业资产负债率逐渐提升。环保板块主要公司的平均资产负债率从 2015 年的 48%,到 2016 年的 52%,到 2017 年末增长到 54%(见图 3-19)。

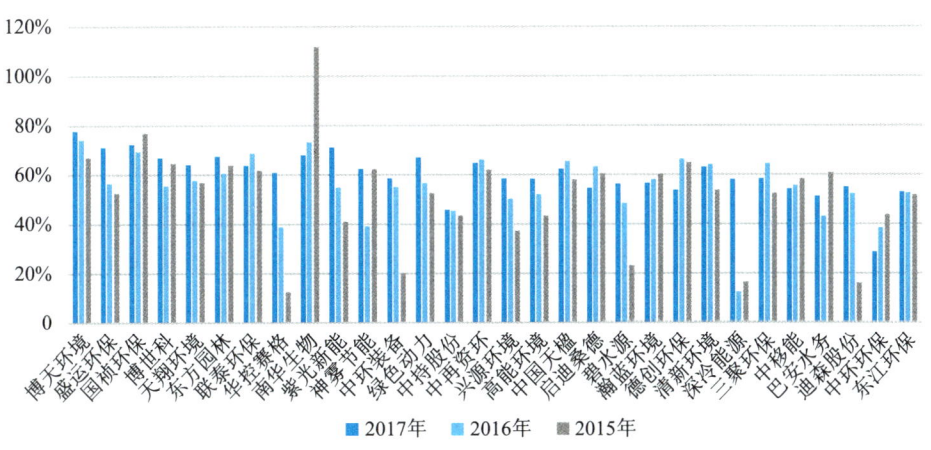

图 3-19　环保公司近 3 年资产负债率情况

资料来源:Wind。

在近几年政府大力支持生态建设的背景下,园林企业与地方政务合作的生态项目越来越多,业务模式大多为 PPP 模式。东方园林作为园林行业的龙头企业,近几年的主要业务是承接园林建设、环保项目、公共服务设施建设等 PPP 项目,主要客户是地方政府,东方园林 PPP 合同占企业所有订单的比例高达 98.26%,PPP 项目发展得好坏与公司命运紧密相连,当 PPP 模式迎来严冬,东方园林不可避免地会陷入经营危机。作为民营企业,东方园林的筹资能力远弱于国有企业,在 PPP 的业务模式下更加容易出现资金紧张的问题。

3. 企业方面:战略扩张节奏过快是主因

(1)东方园林多元扩张战略合理性分析。纵观东方园林的发展历程,可以发现,东方园林的财务状况伴随着其扩张战略的实施而发生了显著的变化。尤其是在东方园林跨界转型的多元扩张阶段,随着其迅猛的战略扩张行为,东方园林接连大举并购金源铜业、吴中固废、申能环保等企业,并乘着政策的东风巨量接手 PPP 项目,在固废处理、水系治理等多个领域同时快速进行了大规模的业务布局。在东方园林急速扩张的过程中其财务状况逐渐恶化并累积成财务危机。由此可见,东方园林财务危机爆发与其扩张战略脱不了干系。

①与融资能力不匹配的扩张规模。东方园林在多个领域同时扩张布局,导致企业对资金的需求越来越大,但在扩张的过程中,由于东方园林自身的核心业务盈利并不乐观,经营现金流量十分有限,自身的内源融资无法支撑战略扩张,企业只能依靠大量的外部融资来实现对各个领域的布局。

由表 3-10 中可以看出,从 2015 年开始,随着东方园林相继收购申能固废、金源铜业、吴中固废进入危废处理行业,收购中山环保进入小城镇污水处理行业,东方园林的经营活动现金流量、投资活动现金流量和筹资活动现金流量的特点相比之前都发生了很大的变化。从 2015 年开始,东方园林经营活动所取得的现金流量远远无法覆盖由投资活动所流出的现金流量,并且投资额呈现逐年增长的趋势。为了筹集扩张所需的资金,东方园林筹资活动的现金流量也呈现了明显的上涨趋势,从 2012 年的 2.82 亿元增长到 2017 年的 16.11 亿元,增长近 6 倍,而在最近一期的报告期即 2018 年第三季度,东方园林筹资现金流净额已达到 18.55 亿元,超过 2017 年全年筹资现金流净额而再创新高。由此可见,东方园林的经营现金流远远不能支撑其扩张所需的大额投资金额,其日常的经营活动和投资活动所用资金几乎完全依赖于筹资活动的现金流入。而自 2015 年以来,公司每年所需投资金额均超过了其筹资流入金额的 2 倍有余,可以看出,东方园林的融资能力已经无法对其投资进行有效支持,从而引发了东方园林资金链断裂的危机。

表 3-10　　　　　东方园林 2012—2018 年 Q3 现金流量简表　　　　　(单位:亿元)

	2012 年	2013 年	2014 年	2015 年	2016 年	2017 年	2018 年 Q3
经营现金流净额	-2.51	-2.63	-3.03	3.68	15.68	29.24	0.43
投资现金流净额	-1.20	-2.51	-0.54	-16.37	-26.44	-45.11	-35.12
筹资现金流净额	2.82	26.10	1.72	7.07	10.53	16.11	18.55

资料来源:Wind。

②未细化扩张周期,扩张节奏操之过急。根据东方园林的战略布局可知,在 2014 年之前,东方园林的主营业务主要集中于园林建设和市政园林业务,2009—2014 年,

东方园林如收购易地斯埃东方环境景观设计研究院42%股权等几起长期股权投资,均为园林景观产业链上的垂直扩张。当公司在2014年进入跨境转型阶段以来,其同时推进市政园林、水系治理、生态修复和固废处置等众多领域的业务布局,在2015年9月到11月短短3个月的时间内,相继收购了金源铜业100%股权、吴中固废80%股权、申能环保60%股权、中山环保100%股权和上海立源100%股权,交易总价合计30.5亿元人民币,扩张节奏极其迅猛(见表3-11)。多领域并举进行急速扩张所存在的问题在于,东方园林此前一直专注于园林建设相关业务,并没有形成成熟的环保领域业务水平。

表3-11 2010—2016年东方园林并购事件表

首次披露日	交易标的	标的方所在行业	交易总价值(万元)
2016-08-12	瑞祺再生100%的股权	环境与设施服务	3300.00
2015-11-24	中山环保100%股权;上海立源100%股权	环境与设施服务	127462.46
2015-10-29	申能环保60%股权	金属非金属	146400.00
2015-09-30	金源铜业100%股权;吴中固废80%股权	环境与设施服务	31160.00
2015-04-18	上海时代建筑	建筑与工程	1700.00
2015-04-18	中邦建设	建筑与工程	18805.00
2015-04-18	东方名源	建筑与工程	3000.00
2014-12-30	江南林交所30%股权	特殊金融服务	3000.00
2011-11-22	东联设计集团70%股权	调查和咨询服务	3000.00
2011-07-16	上海尼塔建筑景观设计有限公司75%股权	—	1875.00
2010-11-12	易地斯埃东方环境景观设计研究院42%股权	—	227.87(美元)

资料来源:Wind。

东方园林在前一个业务领域布局尚未成熟,并且对于该领域的投资还未开始取得稳定的现金收益时,就迫不及待开始其他新业务领域的扩张布局,甚至多领域同时进行扩张。在这种没有计划分期地实施多元化扩张战略的情况下,东方园林无法根据上一阶段的战略实施结果来调整以及合理规划下一个阶段的战略扩张计划,当前一周期的战略扩张带来的财务效应尚未明晰时,东方园林紧接着就开展下一个扩张计划,使得企业的资金得不到有效与合理的使用,从而陷入资金链断裂的危机之中。

③多元扩张战略中的资源分散。借政府支持PPP的政策东风,2014年,东方园林认为转型的最好时机已然出现。从2014年开始,公司的精力和资源向新业务倾斜,不仅花费巨额资金收购吴中固废、金源铜业等转型领域目标公司,还对与固废处理、污水处理等板块相关的PPP项目进行大量投资,在这个过程中,其原有核心业务园

林景观经营所需资源不足,发展开始受限,市政园林景观业务比照同业开始落后(见表3-12)。

表3-12　　　　　　　　　主营业务分板块毛利润情况　　　　　　　　（单位:万元）

业务板块	2018年1—3月		2017年		2016年		2015年	
	毛利润	比例	毛利润	比例	毛利润	比例	毛利润	比例
工程建设	75456.65	103.02%	404750.42	84.52%	227057.91	80.79%	164762.87	94.72%
其中:园林建设	21676.18	29.59%	132397.29	27.65%	88736.61	31.57%	62882.28	36.15%
水环境综合治理	41141.72	56.17%	229607.56	47.95%	138345.09	49.22%	101433.43	58.31%
全域旅游	12126.81	16.56%	38444.90	8.03%	—	—	—	—
土壤矿山修复	511.93	0.70%	4300.68	0.90%	-23.77	-0.01%	447.16	0.26%
环保业务	1521.50	2.08%	28696.54	5.99%	32095.55	11.42%	3222.56	1.85%
其他	-3734.86	-5.10%	45448.52	9.49%	21905.61	7.80%	5970.42	3.43%
其中:设计规划	-4799.79	-6.55%	29458.25	6.15%	16072.44	5.72%	5957.00	3.42%
产品销售	2.34	0.00%	880.77	0.18%	549.06	0.20%	—	—
苗木销售	1062.59	1.45%	15109.50	3.16%	5284.11	1.88%	13.42	0.01%
合计	73243.29	100.00%	478895.47	100.00%	281059.06	100.00%	173955.85	100.00%

资料来源:东方园林各年年报。

由于东方园林的战略扩张,东方园林旗下经营的业务领域涉及众多,东方园林在每个业务领域都投资了大量的资金,所以资源分散在多个业务领域,因而导致东方园林的核心业务没有得到应有的重视与资源投入。东方园林的核心业务为其经营积累多年的市政园林景观业务,而由于东方园林业务布局甚广,企业的资源逐渐转向其他业务,从而导致东方园林在核心业务园林景观上的资源投入比例越来越小。而同时,东方园林所布局的新业务发展尚不成熟,盈利能力十分有限,甚至一些项目的投资回报为负。原有核心业务发展受限叠加转型业务盈利能力弱,导致东方园林在大举进行扩张运动之后,盈利能力快速下降。

(2)东方园林融资结构与融资渠道分析。

①融资结构中外部筹资占比过大。企业的融资方式总体来说包括内部融资和外部融资两种。其中,内部融资是指企业利用自身的经营活动带来的利润留存来支持企业日常的运转活动,在这种融资条件下,企业不需要支付额外的资金使用成本,没有任何的偿债压力,也不会稀释股东权益,所以一般来说内部融资是企业首选的融资方式。而当企业的内部融资能力不足或者内部融资难以满足企业的经营资金需求时,企业将进行外部融资,外部融资将需要支付相应的融资成本。

东方园林自身经营活动的盈利能力与盈利质量不足，近几年经营利润更是出现了严重下滑，所以其内部融资水平极其有限，再加上近年不断进行的多领域业务布局扩张，东方园林的内部融资能力远不能支撑正常运营所需，只能依靠大量的外部融资来维持企业的正常活动。东方园林的资金来源主要依赖债务融资与股权融资这两种外部融资方式，其中，债务融资包括借款取得的资金和发行债券取得的资金。东方园林2009—2018年第三季度的融资情况如图3-20所示。

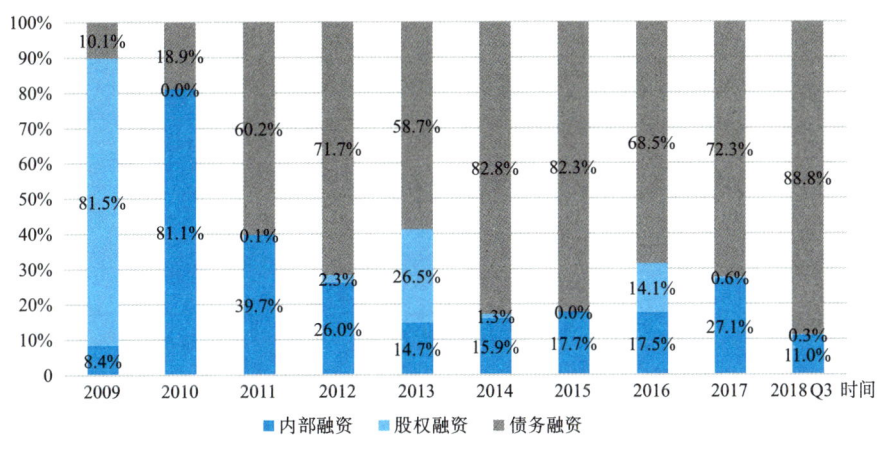

图 3-20 东方园林融资结构

资料来源：东方园林各年年报。

从图3-20中可以看出，东方园林的内部融资比例始终处于较低水平，外部融资处于主导地位，占比长期处于整体融资规模的80%以上，而在两种外部融资方式中，东方园林在股票市场上筹集的资金也十分有限，债务融资无疑是东方园林筹资的最主要手段，2018年三季报显示，东方园林的债务融资规模占整体融资规模的88.8%。东方园林极弱的内部融资能力导致其日常经常活动过度依赖外部融资行为，在这种融资结构下，东方园林面临极大的财务风险。

②大股东频繁股权质押行为。东方园林的债务水平与财务费用过高使得企业承受着巨大的偿债压力，其进一步举债融资的能力也被限制。为了缓解企业资金紧张的局面，东方园林的控股股东何巧女及其一致行动人从2014年开始不惜通过股权质押的方式融通资金，以此来维持企业的正常运转（见图3-21）。

由于股权质押在短期内不会削弱大股东的控制权，而且其融资成本也相对较低，所以何巧女开始频繁采用担保和股权质押的方式获取资金。由表3-13可以看出，截至2018年年底，何巧女所持公司37.6%的股份已经被质押，占其个人所持有股份的90.65%，其一致行动人唐凯质押公司2.26%的股份，珠海横琴资管质押公司3.69%的股份。

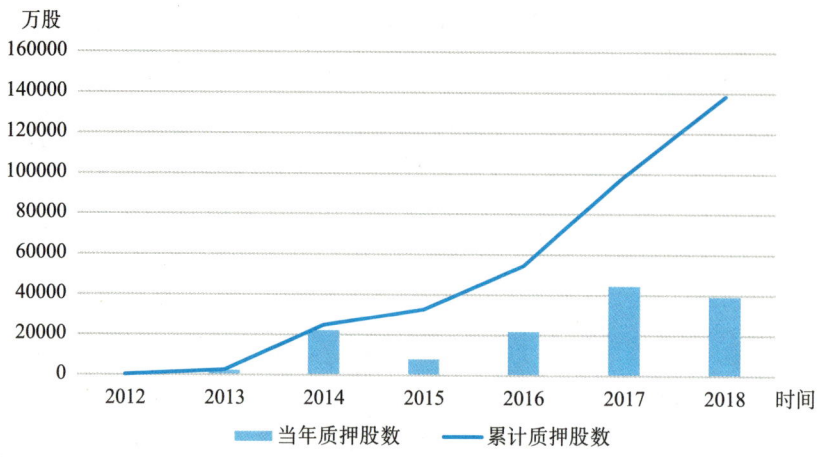

图 3-21 东方园林股权质押情况

资料来源：Wind。

表 3-13　　　　　　　　　公告披露大股东质押统计

	未解押股权质押数量（万股）	占总股本（%）	占其持有的股份数（%）
何巧女	100964.64	37.60	90.65
唐凯	6063.21	2.26	29.53
中泰创展资管公司	9907.97	3.69	100.00
何国杰	1711.49	0.64	99.35
合计	118647.31	44.18	82.66

资料来源：Wind。

虽然股权质押能够使得东方园林暂时摆脱融资困境，增加其融资渠道，但股权质押过于频繁将会使得公司的财务状况后患无穷。因为股权质押是将出质人的股权作为其债务担保，由此融通的资金一般比质押的股权的市场价值要低，一旦股价低于出借额，出借人就有权处理该抵押的股权。因此，一旦东方园林的股价触及平仓价，何巧女等人质押的股票就大概率会被抛售，过高的股权质押率就会造成大股东失去公司的控制权。东方园林大股东频繁进行股权质押行为，将企业暴露在控制人变更和被掏空的风险之下，极易引发企业的财务危机。

（3）东方园林公司治理分析。

①非常集中的公司治理结构。按照我国公司法的规定，当股东拥有企业67%及以上的控制权时，股东享有企业绝对控制权，可以随意修改公司章程以及作出重大决策；当股东拥有企业51%以上的股权时，股东处于相对控制公司的地位，可以作出重大决策；当股东拥有企业34%以上的股权时，股东对公司决策拥有否决权，股东对企业处于安全控制地位，这就会出现严重的委托代理问题。

从东方园林近几年的股权变化情况可以发现,东方园林的股权结构十分集中,东方园林创始人何巧女股份占比始终最高,根据东方园林年报披露,何巧女及其丈夫唐凯为一致行动人。在 2015 年之前,何巧女唐凯夫妇所持股份始终占据公司全部股份的 50% 以上,何巧女对东方园林的所有重大决策享有相对的控制权。在 2015 年之后,何巧女唐凯夫妇的持股比例有所下滑,但仍然对企业享有安全的控制地位,并且,除何巧女唐凯夫妇之外,其余前十大股东的股份非常分散,在 2015 年之前,第三大股东所持股份数均不超过总股份的 3%(见表 3–14)。

表 3–14　　　　　　　　　　何巧女唐凯夫妇持股情况

	2009 年	2010 年	2011 年	2012 年	2013 年	2014 年	2015 年	2016 年	2017 年	2018 年
何巧女	53.77%	53.77%	53.82%	53.75%	48.44%	48.21%	47.21%	41.60%	41.54%	38.39%
唐凯	11.34%	11.34%	11.34%	11.27%	10.15%	10.10%	10.10%	7.67%	7.66%	5.74%
合计	65.11%	65.11%	65.16%	65.02%	58.59%	58.31%	57.31%	49.27%	49.20%	44.13%

资料来源:东方园林各年年报。

相对集中的一股独大的股权结构使得东方园林的治理结构存在严重的缺陷,管理层掌握话语权,投资决策受核心人物主观意志的影响较大,这十分容易导致公司的日常运营出现过度投资以及经营决策失误等诸多问题。

②营销手段失误。在 2017 年 10 月摩纳哥举办的 IUCN 世界自然保护联盟会上,东方园林董事长何巧女宣布捐出 15 亿美元用于野生动物保护事业,以此宣传东方园林作为环保行业领军企业的愿景和使命。此举虽然能够强有力地提升公司形象,但在企业现金流已经捉襟见肘的情况下,还要进行巨额捐款来为公司的品牌形象作营销,不得不说是一种舍本逐末的行为,远谈不上明智,反而一定程度上更加将其推入财务危机的深渊。

(三) 本案例的启示

1. 完善公司治理结构

在公司的经营管理过程中,应当防止股权过度集中,避免大股东一家独大,有擅自作决策的权力。从公司的治理模式角度看,大股东的持股比例较高虽然能够带来公司股权结构的稳定,但这也可能造成公司的决策受大股东主观意志影响过大,降低了决策的科学性和准确度,而且大股东持股过于集中,就会有利用股权质押来套现的动机,中小股东的权益容易被牺牲。

2. 健全风险管理制度防范财务危机

(1) 准确评估宏观经济环境风险。企业需要时刻关注外部经济环境,在经济处于下行阶段时就需要合理收缩外部融资,降低整体资产负债率,同时关注时下相关政策,合理评估各项政策条款对公司的影响,以控制财务危机成本。

(2) 权衡内外部融资比例。企业外部融资分为股权融资和债务融资。从财务风险角度来看,由于权益资本无须偿还,所以具有较低的财务风险,而债务资本到期需要还本付息,面临较高的财务风险。在企业扩张的过程中,外部融资通常是企业所选的第一融资手段,因此,当企业在股权市场上无法融到足额的资金,便只能依靠债务筹资解决燃眉之急,频繁的融资行为加大企业的财务杠杆,导致其融资成本不断上升,在这个过程中,财务风险就会越积越大。

融资成本的高低对企业经营现金流和净利润有直接影响,因此,企业在需要融资的时候应该合理权衡内部、外部融资的效率和成本,避免因为内外部融资失衡导致自身的财务状况处于相对被动的境地,遭遇财务危机。

3. 扩张步伐应与融资规模相协调

在企业的多元化战略扩张中,短期内快速追求规模的扩大,而不考虑企业现有的资金规模与资金取得成本,是我国企业在战略扩张过程中的一个顽疾。企业的资金来源主要是依靠外部筹资所得,如果此时项目的资金筹集没有跟上企业扩张的脚步以及相应的项目投资回报率没有覆盖企业的筹资成本,那么就会给企业带来负经济增加值和不良的资本结构,严重的甚至会引发企业资金链断裂。

东方园林战略扩张速度过快是导致东方园林资金链断裂的主要原因。在企业刚刚开始转型的初期阶段,由于内部融资有限而投资需求巨大,企业的主要资金来源为外部筹资,而出于多元扩张的战略需求,东方园林不顾自身的外部融资能力与相应的融资成本,大举入手多项PPP业务甚至一度成为PPP项目的"中标王",频繁开展各种投资金额巨大、投资回收期长的项目和股权投资,使得东方园林的资金链长期承压直至断裂。

4. 扩张的新领域应与主业产生协同效应

2013年东方园林面临传统业务发展受限的问题,于是大举进行业务转型,通过并购进入危废处理行业、水处理行业和旅游行业。虽然"三位一体"的业务结构中,水景观建设能够与市政园林景观业务一定程度上存在着某种联系,但是市政园林工程主要侧重于土方工程、园路及砖石工程等工作内容,而水景观是以自然水体为主构成的景观,主要侧重于观赏、游乐、康疗、度假等旅游功能,与市政园林工程相去甚远,两种业务的关联性并不紧密,更不用提危废处理、水处理等业务。

东方园林在进行多元化战略扩张时,对自身是否具有与转型领域相匹配的资源和能力这一问题认识不足,将过多的资源投入到一些非相关和不成熟的领域,而环保与园林建设等占比较大的业务毛利率不到30%，毛利率较大的景观设计业务在整个业务体系中占比不到3%，再加上并购的企业没有产生预期的财务协同效应，这就造成了东方园林经营效率的快速下滑，为财务危机埋下隐患。

五、背景信息

本案例所涉及的东方园林激进扩张导致财务危机事件的所有公告都可以在公司官网及 Wind 金融数据终端中进行查阅，本案例使用说明（其他教学支持）亦提供关于此事件的主要公开新闻网站链接地址，以上材料以及读者从其他渠道获取的准确信息均可作为本案例的背景。

六、关键要点

1. 学会利用学过的理论知识针对某一特定案例进行分析，着重分析导致东方园林陷入财务危机的原因以及上市公司进行业务扩张时应注意的问题。

2. 了解上市公司扩展业务版图的动机，各种融资方式及其对应风险，也包括股权质押风险。

3. 掌握导致上市公司出现财务危机的各种原因，了解财务危机的各种表现及其预防措施。

七、课堂计划

本案例可以用于相关科目的案例讨论课，课堂时间建议控制在 100 分钟以内。以下是按照时间进度提供的课堂计划建议，仅供参考：

1. 案例讲述：20 分钟，教师介绍东方园林财务危机发生的过程。
2. 小组讨论：25 分钟，学生发表各自观点，准备发言大纲。可将学生分为 4 个小组，按启发思考题目分别进行讨论和发言准备。
3. 小组代表发言：20—25 分钟，每组 5 分钟。
4. 引导全班进一步讨论：15 分钟，小组之间互相讨论与提问。
5. 教师点评与答疑：15 分钟。
6. 课后：可以布置互动式课后作业。

互动式课堂作业：将学生分为若干小组，教师分别给予他们不同的近年发生的上市公司急速扩张导致财务危机事件的材料作为分析对象。每个小组设置组长一名，自行商议分工。最后，以小组为单位提交一份分析报告，该分析报告应当对导致上市公司陷入财务危机的主要原因、案例所得的启示进行分析归纳。教师对学生提交的作业深入阅读思考后于下次课前予以点评。

参考文献

[1] 霍英杰. 市值腰斩的东方园林，自救能否走出困境？[J]. 环境经济, 2018 (23)：12 – 16.

[2] 蒋豹. 去杠杆下的东方园林 [J]. 证券市场周刊, 2018 (40)：34 – 35.

[3] 胡玉玲. 东方园林短期偿债能力分析 [J]. 当代农机, 2018 (8)：67 – 69. DOI：10.3969/J. ISSN. 1673—632X. 2018.08.006.

[4] 黄思琪. 东方园林并购申能环保的动因及绩效分析 [D]. 江西财经大学, 2018.

[5] 胡林林. 我国园林行业园林项目PPP模式研究——以北京东方园林股份有限公司为例 [D]. 青岛理工大学, 2017.

[6] 杨成文，胡林林. PPP模式下企业财务报表分析——以东方园林为例 [J]. 商业会计, 2017 (16).

[7] 修鹏飞. 东方园林应用PPP模式的效果分析 [D]. 北京交通大学, 2017.

[8] 杨成文，胡林林. PPP模式下企业财务报表分析——以东方园林为例 [J]. 商业会计, 2017 (16)：106 – 108.

[9] 胡淑惠. 东方园林PPP模式案例分析 [J]. 商, 2016 (34)：115.

[10] 王东岳. 东方园林收购标的三重疑团 [J]. 证券市场周刊, 2015 (43)：40 – 41.

[11] 陈颂. 我国上市园林企业的盈利能力分析及对策研究——以东方园林为例 [J]. 当代会计, 2015 (9)：25 – 26.

[12] 本刊记者. 东方园林：市政园林项目或生变 [J]. 股市动态分析, 2013 (31)：45.

[13] 田雨鑫，李维刚. 企业集团财务风险预警机制的构建分析——以北京东方园林为例 [J]. 现代商业, 2012 (12)：208 – 209.

[14] 李雪峰. 东方园林：扩张模式单一回款缺乏保障 [J]. 股市动态分析, 2011 (25)：48 – 49.

[15] 徐沙. 乐视网财务危机案例研究 [D]. 华南理工大学硕士论文.

案例 4

"仙股"中弘难再红[①]

——"1 元退市"第一股没落之路

2018 年 11 月 8 日,深交所作出中弘股份股票终止上市的决定,标志着中弘股份成为我国 A 股市场"1 元退市"第一股。本次退市宣告了"1 元退市"时代的正式到来,对我国资本市场影响深远。发迹于北京像素、坐拥若干明星项目的中弘股份最终以"破面退市"的惨剧收场,这一结局难免引人深思。本案例回顾了中弘股份的退市始末,从多角度出发深入剖析了其退市的前因后果,并进一步结合企业项目投资决策、多元化经营战略、债务融资理论、资产重组、退市制度等理论引发学生思考。

[①] 本案例由中央财经大学金融学院王乐仪、王思洋、杨晶莹撰写,郭田勇指导。

案例正文

一、引言

2018年12月28日,中弘股份正式摘牌,股价永远地停留在0.22元/股的低位上,多家机构股东被牢牢套住,27万投资者损失惨重。连续20个交易日股价低于面值,中弘股份不得不从A股市场上遗憾谢幕,成为首支面值退市股。自2018年2月复牌以来,中弘股份在短短10个月内跌去88.14%的市值,还创下了A股历史上最低成交价记录,曾经的白马股终究还是陨落了。

冰冻三尺非一日之寒。项目停工、债务逾期、监管处分接踵而至,一步步将中弘股份推向了退市的深渊。18.85亿元营业亏损额,114亿元逾期债务,资产负债率高达85%,账面上仅余的6.42亿元现金在巨额债务面前显得杯水车薪。尽管中弘股份多番尝试重组自救,最终均以失败告吹,令人无不扼腕叹息。

遗憾的同时,中弘股份的退市不归路发人深省。坐拥600亩土地,地价飙涨10倍,自2010年借壳上市以来,中弘股份的市值一度逼近300亿元。这些年来,中弘股份究竟做了什么,一步步让自己从烜赫一时的上市房地产公司成为首支1元退市股?又是什么导致中弘股份屡屡自救却无功而返?面值退市制度首次应用,对我国资本市场影响几何?目前众多尚且存活的低价股又该何去何从?个中缘由,值得深思。

二、背景介绍

(一)行业背景介绍

房地产行业分为上游土地及原材料,中游房地产开发及运营,下游家电和家具等环节。从行业增加值与GDP占比来看,单从房地产行业自身产业增加值来说,2018年房地产业增加值达到5.98万亿元,占当年GDP的6.65%,且近10年来这个比例一直保持在5%以上并不断上升。当考虑上下游的产业增加值后,房地产行业的整条产业链占GDP的比重可以达到20%左右;从固定资产投资完成额来看,房地产行业占比基本维持在25%左右,起到举足轻重的作用。

1998年及以前,我国实行住宅分配体制,即便是房地产企业于1981年诞生后,所有的政策改革都还只是针对福利分配制的配套改革。从 1998 年下半年取消福利分房以来，房地产的价值和价格均不断攀升，发展至今日，房地产已经不单单是一个独立发展的行业，而是与金融、交通、教育、医疗等各个方面相互影响、相互牵连。信用周期和价格周期之间相互加速，可以说房地产已成为我国的经济支柱，起到牵一发而动全身的重要作用。从前期来看，住房由单位分配改变为可以买卖的商品房后，更多的土地得到利用，实现了房地产的应有价值，并满足了更多人的房屋需求，但随着商品房的投资价值逐渐显现，炒房团的出现推高了房价，甚至产生了房地产泡沫。为了抑制房地产投机和泡沫的进一步鼓吹，国家开始出台提高首付比例、叫停商改住、限购、房产税等一系列政策。2016 年国务院强力推动租售并举，以切实满足广大群众的居住需求。

房地产价格呈现明显的周期性，基本 3 年为一个小周期，且我国房地产市场一线城市涨幅高于二线城市，二线城市涨幅又高于三线城市，周期和分化背后体现的是居民资产配置。我国房价上涨较快的几个时间段分别是 2006—2007 年、2009—2010 年、2013—2014 年和 2016 年。自 2014 年起，多个城市发布了限售令，试图对房地产价格进行调控，但房价从 2015 年开始呈现出新一轮上涨的趋势，同比连续上涨 35 个月（见图 4-1）。

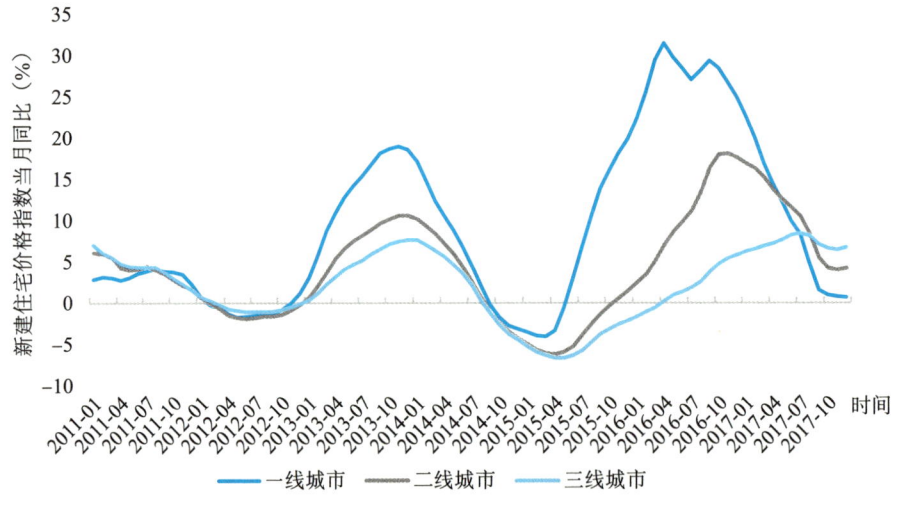

图 4-1 70 个大中城市新建住宅价格指数当月同比

资料来源：根据 Wind 资料整理。

影响房地产价格的因素主要有人口结构和收入、土地供给、政策和信贷。

从人口结构来看，过去房地产价格的持续上升很大程度上是由于"70 后""80 后"的改善型置业和"80 后""90 后"的首次置业，以及城镇化引起的大量人口涌入大城市。随着人口红利的消失和刘易斯拐点的出现，伴随着经济新常态下的去杠杆等，经济增速保持在一个较低的水平上，居民收入放缓，同时随着城镇化的逐步推进，在较短的几年内,置业人群仍然会扩大,房地产资产价格持续上升,但在长周期拐点后,房地产行业将有所下滑。

房地产行业明显受政策和信贷的影响,从2005年以来房地产市场四轮周期的形成可以看到:(1) 2005—2007年:限制房地产开发商信托融资、紧缩周期、对不满5年出售的二手房征收营业税、提高首付比例等措施导致了房地产价格的持续上升;(2) 2008—2010年:2008年降息、下调税收并且放松房贷、"四万亿刺激计划"、房贷利率优惠和营业税减免等措施引起政策宽松,房价涨幅收缩,2010年新"国十条"、差别化信贷以及货币紧缩等措施引起房价持续上升;(3) 2011—2013年:2012年连续降息引起一波房地产价格下跌,2013年"国五条"和加强限购又引起房地产价格上升;(4) 2014—2016年:2014年的江西"930房贷新政"、二套房首付降至四成、放宽限购条件等措施使得房地产价格涨幅下降的同时,甚至房价有所下降,2016年下半年多地开始限购,引起房价再度上行。

从商品房角度来看,商用房与住宅的周期基本相同,但自2017年全面叫停"商改住"后,商用房的完成投资额首次出现了下降(见图4-2、图4-3)。

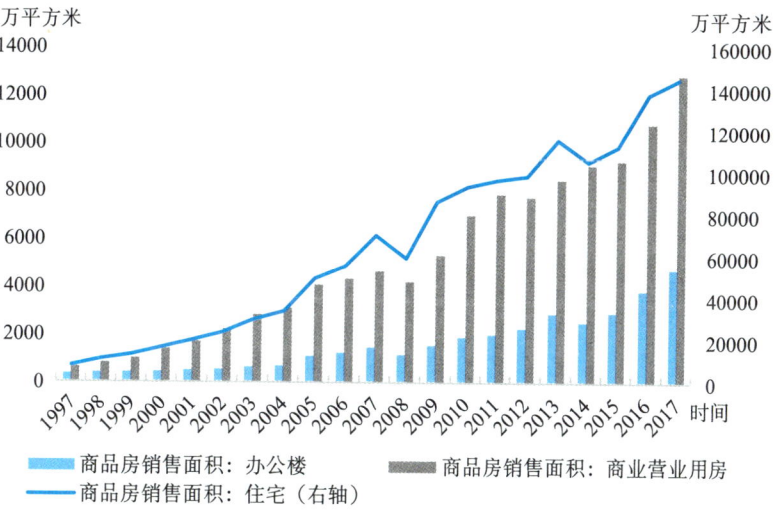

图 4-2 1997—2017年我国商品房销售面积

资料来源:根据 Wind 资料整理。

(二)公司背景介绍

中弘股份成立于2001年,注册资金为84亿元人民币,控股股东为中弘卓业集团有限公司,持股比例为26.55%,前十大股东合计持股53.64%。中弘股份于2010年借壳ST科苑上市,已成为集商业地产、文化旅游地产等核心物业开发与运营为一体的

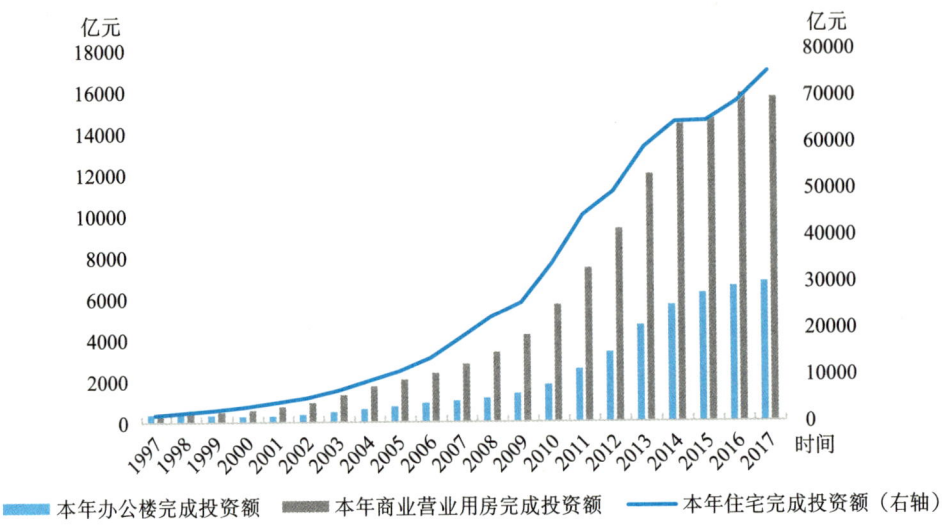

图 4-3　1997—2017 年我国商品房完成投资额

资料来源：根据 Wind 资料整理。

综合型地产企业，但其主营业务仍为房地产开发与销售，业务主要位于北京、济南、海口、安吉、长白山等城市，其中北京占比较大。

上市后，中弘股份积极进军矿产、手游、影视、贸易、物业服务、餐饮、娱乐、旅游等行业，完成了多次重大资产重组：2011 年 8 月 13 日，收购汪清鑫兴矿业有限公司 49% 的股权；2013 年 2 月 7 日，收购中弘文昌 100% 的股权；2015 年 8 月 20 日，收购 KEE 公司 72.8% 的股权；2015 年 10 月 13 日，收购卓高国际 66.1% 的股权；2017 年 10 月，收购了 A&K 公司 90.5% 的股权，并在该年度增加了 10 亿元的营业收入。到 2018 年，由于债务危机等事件爆发，中弘股份拟出售控股股东持有的 26.55% 股权给新疆佳龙，以失败告终；后拟将如意岛 100% 股权出售给罗胜特投资，再次失败。

公司自 2018 年 9 月 28 日起发布可能被终止上市的风险提示，在多方求助失败后，最终于 2018 年 12 月 28 日正式退市。退市前总股本为 83.91 亿元，收盘价 0.22 元/股，成为首支因连续 20 个交易日股价低于面值而退市的股票。

三、中弘股份退市始末

（一）经营情况每况愈下

中弘股份股价萎靡不振与其经营业绩出现重大亏损息息相关。在借壳上市之初，中弘股份取得了连续 3 年营业收入持续增长的成绩，但仅 3 年后，其业绩增长就出现了难以为继的局面。2013 年，中弘股份营业收入同比下降 70.64%，净利润也较 2012 年收缩了 78.70%，仅为 2.19 亿元，经营业绩大幅滑坡。为了维持账面营收，2014 年，中弘股份将手中持有的非中心项目和北京像素尾盘进行整体打包并对外销售，凭借出售资产的方式维持营业收入和利润。2015 年，经营情况仍未见好转，中弘股份转而采取了出售持有的安源煤业股份、获取政府补贴等措施勉强维持盈利。由于出售资产维持利润的方式不可持续，2016 年中弘股份净利润再度腰斩，2017 年更是出现业绩大变脸，爆出净利润 -25.11 亿元的巨亏，2018 年第三季度再度亏损 18.85 亿元（见图 4-4），靠资产腾挪填补利润巨亏的途径被封，暴露在投资者眼前的是中弘手中多个房地产项目遇挫、停滞的困境，加之重组多遭挫折，股价随即应声下跌。

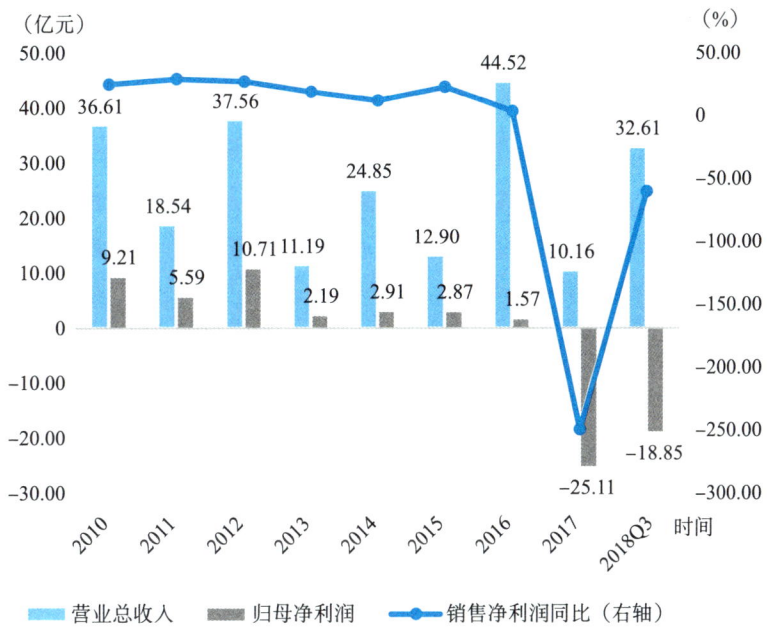

图 4-4 中弘股份 2010—2018Q3 营业收入、归母净利润及销售净利润同比
资料来源：根据 Wind 资料整理。

中弘股份经营情况不尽如人意体现在公司御马坊、如意岛等占据公司大量资金的重点项目屡屡受挫，主营业务受阻，加之战略转型失利使中弘股份业绩增长动力不足。

1. 商业地产业务受挫

在主营的商业房地产业务方面，据其年报披露，2017 年之所以出现巨额亏损是受到国家房地产调控政策的不利影响，随着 2017 年 3 月北京商住房严控政策的出台，商业项目转住宅的行为被明令禁止，与之配套的银行购房贷款也无法获批。受商办类项目限售停贷的影响，公司原有的北京御马坊项目、夏各庄项目销售阻滞，一下子从明星项目变成烂尾盘,加之年前已成功出售的御马坊项目遭遇大量退款退房,现金流一时难以周转,使得2016年的好转形势一去不返。实际上,作为中弘的明星项目,北京御马坊在2016年9月开始商住部分的销售,在当月即实现了超过600套的惊人业绩,位居北京商住房项目销售榜首,贡献了中弘股份大部分销售业绩。在御马坊项目受挫后,公司业绩急转直下,除北京外,济南中弘广场项目也无法按照约定工期竣工。

2. 旅游地产项目阻滞

除商业房地产板块之外,中弘股份的业务持续扩张,还涉足旅游地产、股权投资等其他若干业务板块,但自2015年集团提出"A+3"多元化经营战略以来,其转型之路并不顺利,其他行业板块营收不甚乐观。除北京御马坊之外,公司重点开发的旅游地产项目也屡屡碰壁。先是由于股权负债及无法按时办理土地手续而导致海南半山半岛项目收购告吹,再是浙江安吉新奇世界文旅项目涉及多个资管计划违约而被迫停工,此后又有受到环保督察组整改压力而不得不拆除投资成本高达26.4亿元的三亚小洲岛项目。更令投资者惋惜的是,2018年7月,中弘股份拟作价14亿元将明星项目海南如意岛的全部股权转让给佳兆业集团,而该项目在2017年年底累计投资金额已达44.9亿元,这宣告了中弘股份转型文旅地产战略的全面溃败。事实上,如意岛项目是中弘股份缓解财务压力的希望,但随着海南环保督查力度不断加大,如意岛项目开发多次碰壁,先有2017年9月因非法填海被罚款3700万元,紧接着又在2018年1月被海口市海洋和渔业局实施"双暂停",最终被迫割肉出售。

重点项目折戟加之公司在国内外布局的其他项目和所属子公司如亚洲旅游、中玺国际、KEE等的纷纷遇冷,中弘股份的营业收入显著下滑,最终造成了2017年、2018年第三季度分别高达25.11亿元和18.85亿元的巨额亏损,而业绩巨亏又使得公司的投资价值不被投资者认可,股价持续走低,为最终退市埋下一颗定时炸弹。

(二)债务危机频频爆发

业务持续扩张加之业绩萎靡不振使得中弘股份深陷债务泥潭,负债总额不断扩张,资产负债率高企,至2018年第三季度,中弘股份资产负债率高达85%(见图4-5)。

而对中弘股份来说,债务违约是最为致命的问题,2018年1月1日,中弘卓业对外提供2亿元债务本金及利息1350万元担保逾期违约的消息被爆出,而中弘卓业正是中弘股份的控股股东,在此负面消息的影响下,中弘股份开盘跌停,此后随着债务违约的公告越发越多,其股价持续下跌,在8月14日跌破1元大关。从年报来看,中弘股份存在严重的资金链问题,这也是债务违约的导火索之一。2013—2017年,其经营活动现金流一直为负,尤其是在2016年楼市调控趋紧后,公司财务状况越发紧张(见图4-6)。

图 4-5 中弘股份 2010—2018 年 Q3 资产负债总计及资产负债率

资料来源：根据 Wind 资料整理。

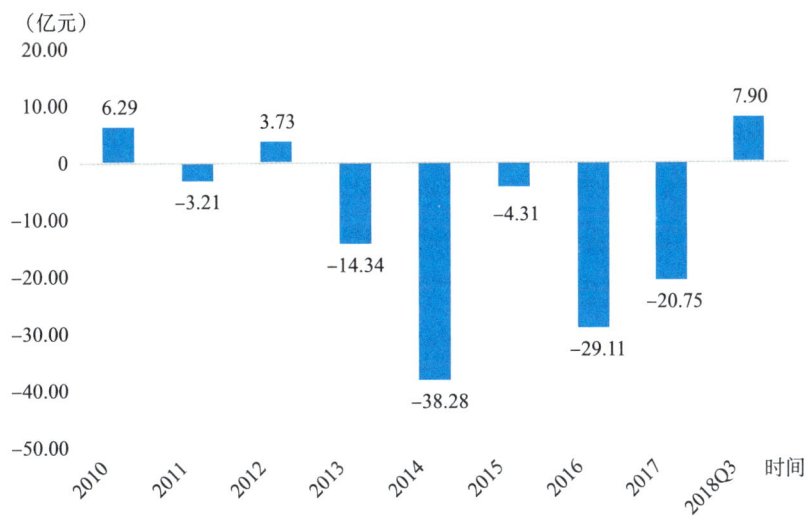

图 4-6 中弘股份 2010—2018 年 Q3 经营活动净现金流

资料来源：根据 Wind 资料整理。

实际上，中弘股份的债务违约问题早在 2017 年便初见端倪，2017 年年底中弘旗下子公司浙江新奇世界影视文化的债务利息违约；不久后的 2018 年 4 月，御马坊置业涉及的债务违约问题判决结果出炉，法院裁定冻结中弘集团银行存款 8.07 亿元，同时要求向中山证券等债权人支付 135.69 万元股权回购价款和股权维持费。此后中弘股份资金紧张的敞口彻底暴露，债务违约如连珠炮一般爆发。2018 年 6 月以来，公司连续发布了 25 个《未能清偿到期债务的公告》，而根据 2018 年 12 月 3 日公司最新发布的公告，中弘股份及下属控股子公司累计逾期债务本息合计金额高达 94.36 亿元，这对中弘股份来说是难以回避的负担。

（三）违规操作埋下隐患

在经营乏力，债务累累，难以提振资本市场信心的困局下，中弘股份还被爆出多次违规操作：未及时披露公司重大事项、违规填海、巨额投资收益无法确认、向实控人违规支付巨额款项、债务重组报告未经董事会审议、发布的定期报告涉嫌虚假记载、补流募集资金到期无法归还……如此种种更是加速了它的股价下跌。

2018 年以来，中弘股份屡次由于重大信息披露问题受到监管部门监管关注。2018 年 1 月，中弘股份因未在公告中披露控股股东股权将在近期解除查封而被出具警示函。2018 年 4 月，经监管部门专项检查，确认中弘股份存在未及时披露子公司海南如意岛旅游度假投资有限公司停工重大事项及债务逾期事项的违规行为，同时，公司未履行以签订股权收购框架协议为由支付的 61.5 亿元预付款的决策程序和信息披露义务。同年 5 月，监管部门发现中弘股份存在实际控制人凌驾于公司内部控制之上的现象，导致公司在大额资金管理、对外投资等方面存在审批程序缺失、信息披露滞后的问题，责令其改正内部控制的重大缺陷。7 月，调查发现公司募集资金使用不合规，将决议用于补充流动资金的闲置募集资金实际用于偿还短期拆借款并未能在 12 个月内足额归还补流资金。8 月，中弘股份由于 2017 年一季报、半年报、三季报涉嫌虚假记载而被安徽证监局立案调查，调查确认了如下问题：一是向 4 家联营企业合计高达 41.5 亿元的巨额投资无法确认投资收益；二是由于实际控制人权利过大，在没有经过合规审批及对外披露信息的情况下，擅自向实际控制人名下的子公司直接支付了 61.5 亿元款项；三是 2017 年 10 月完成收购的 A&K 公司未实现承诺业绩，理应计提商誉减值却以"重新进行评估难度大费用高"为由未计提。

从明面上看，中弘股份财务报表漏洞遍布，且集团内部控制存在很大的问题，这也进一步打击了投资者信心。

（四）多次重组最终未果

在业务经营每况愈下、债务危机迫在眉睫、违规操作屡遭警告之际，2018 年以来，中弘公司曾多次尝试采用重组、转让股份等方式自救，先后宣告与中国港桥、新疆佳龙、加多宝和中泰创展等公司签订协议，但 4 次自救均以失败告终。

1. 首次重组宣布终止

2018 年 3 月 19 日，中国港桥（现"港桥金融"，2323.HK）拟发起 200 亿元重组基金，对中弘股份母公司进行重组。对于此时的中弘来说，如果这次重组能够成功，无疑是救公司于水火之中。从公告披露的信息来看，此次重组有一系列先决条件，对中弘股份信息披露、中弘相关债权人的法律行动、中弘集团及掌门人王永红的合规情况都提出了要求，给重组是否成功增加了不确定性。

值得关注的是，中国港桥和华融系之间存在着密切的关系。天元锰业是中国港桥的第二大股东，截至2017年年底持股达到16.39%，其实际控制人贾天将也是华融系的上市公司——华融金控的第二大股东（见表4-1、表4-2），而且中国港桥和华融系共同成立过基金，二者之间的收购和管理层之间的重叠，让业界将中国港桥定义为华融系的"影子公司"。2017年4月，中纪委发布公告称中国华融党委书记、董事长赖小民涉嫌严重违纪，将对其展开调查。华融系掌门人落马，进而对中弘的重组计划带来影响。2018年5月27日晚，中弘股份发布公告称，由于当事人未能就偿债安排和重组事项达成一致，此次重组宣告失败。

表4-1　　　　　　　　　中国港桥股东情况（2017.12.31）

股东名称	占已发行普通股比例	备注
优福投资有限公司	41.09%	
中国天元锰业有限公司	16.39%	实际控制人：贾天将
汉荣集团有限公司	9.11%	
智胜企业投资有限公司	7.75%	

资料来源：根据Wind资料整理。

表4-2　　　　　　　　　华融金控股东情况（2017.12.31）

股东名称	占已发行普通股比例	备注
Camellia Pacific Investment Holding Limited	51.00%	
中国天元国际金融有限公司	18.01%	实际控制人：贾天将
雄连企业有限公司	3.59%	实际控制人：贾天将

资料来源：根据Wind资料整理。

2. 再度尝试遭遇搁浅

2018年6月，中弘股份的处境更加艰难。债务逾期金额超过40亿元，公司的信用等级不断被下调至CCC。股东减持、公司因违规操作而被深交所两度询问。在这危急关头，新疆佳龙出现了。29日晚，中弘发布公告称，将中弘集团所持有的占中弘股份26.55%的股份转让给新疆佳龙。若重组能够顺利完成，新疆佳龙将代替中弘集团成为中弘股份的控股股东。但是，当时签署的也只是协议框架，具体的协议条款等还没有商定,且正式协议能否顺利签署受到所涉及的股权能否顺利过户影响,存在较大不确定性。

到2018年8月27日,中弘股份宣布与新疆佳龙终止股份转让事项。关于此次重组失败的原因,公告称是由于未与中弘股份的相关债权人就债务重组达成谅解备忘,且中弘股份于8月14日被证监会调查,根据规定,在被调查期间大股东不得减持股份。

3. 一厢情愿终成闹剧

中弘股份和加多宝的这次"重组"经历,和之前相比更像是一场闹剧。2018年8月27日,就在中弘官方宣布与新疆佳龙终止重组这天,中弘还宣布了加多宝和银谊资本将对公司进行债务重组。重组之后,公司资本结构将得到完善,并以此为契机调整产业结构,从而解决流动性不足的问题,走出经营困局。

这是中弘第三次试图以重组的方式为自己寻求一线生机。然而,仅仅过了一晚,加多宝便发布了一则澄清公告。公告称加多宝并未与中弘签署过重组协议,且中弘在公告中对加多宝的信息披露不实。

在8月14日证监会对中弘立案调查后,中弘股份股价于次日跌破了面值。此次和加多宝重组的消息发出,第二日便有大量资金进入抬高了股价。深交所也因此要求中弘股份说明,是否存在通过签署协议哄抬股价的嫌疑。好景不长,加多宝的声明发出后,中弘在10点37分临时停牌,避免带给股价更大波动。

4. 垂死挣扎失败收场

在股价连续13个交易日低于面值时,中弘又迎来了一位救兵——中植系。这次,中弘又是同时发布了终止上一次重组、开启新重组的公告。2018年10月9日,公司宣布与加多宝、银谊资本终止一切形式的合作,并与宿州国厚城投、中泰创展签订了新的经营托管协议。这则消息再度使中弘股份的股价得以拉升,重回1元。

中泰创展的大股东主要有3个,其中,中植集团实际控制人解直锟的直系亲属——解茹桐持股比例达到83.65%,是公司的实际控制人。中泰创展是"中植系"的核心企业之一,而宿州国厚城投有苏州市国资参股,是公司的第二大股东。这样的组合能够对中弘股份施以援手,可谓是雪中送炭。

然而,这次合作再度以失败收场。10天之后,中弘股份宣布其控股股东——中弘卓业持有的全部股份被司法轮候冻结。"中植系"自身的危机对中弘股份的处境而言,无疑是雪上加霜。

(五) 股价破面走向退市

中弘股份自 2010 年借壳 *ST 科苑上市，此后几年的时间里，公司股价跟随大盘一路上涨，最大涨幅一度超过 200%。随着经营、债务等方面的问题不断爆发，公司股价自 2015 年高点一路下跌，从 4.29 元（前复权）到 0.21 元，最终在"面值退市"的规则之下，成为 A 股因此退市第一股（见图 4-7）。

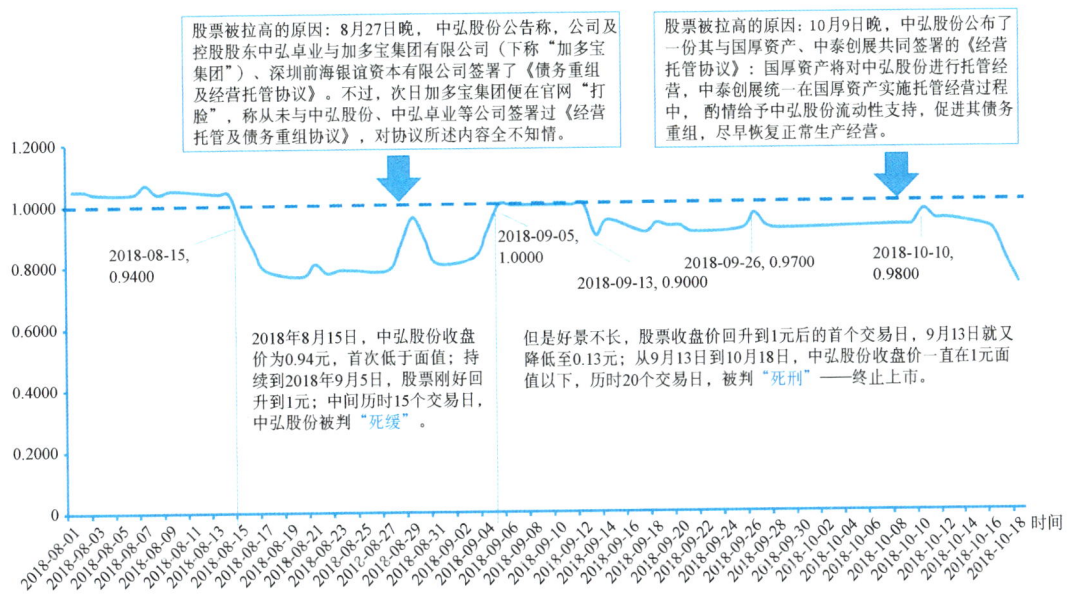

图 4-7 中弘股份股价及退市大事记

资料来源：根据 Wind 资料及公司公告整理。

1. "高送转"拉低股价

中弘股份股价走低与它热衷于利用高送转、定增等手段扩大股本有着直接联系。借壳上市以来，中弘股份合计进行了 4 次转送和 2 次增发，最近 5 年更是实施了 3 次高送转：2013 年每 10 股送 9 股、2015 年每 10 股转 6 股、2017 年每 10 股转 4 股。在多次高送转下，公司总股本从 2010 年借壳上市时的 5.6 亿股迅速扩张到如今的 84 亿股，短短 7 年时间扩张幅度高达 15 倍，而公司经营业绩却连续走低甚至巨额亏损，市值的收缩远远无法支撑股本的膨胀，直接后果就是股价的不断探底，尤其是 2017 年 7 月在连续亏损背景下实施的"10 送 4"（见表 4-3）。总之，中弘股份连续扩股，将股价基准线大幅拉低，而经营业绩却每况愈下，最终沦为"1 元股"不足为奇。

表 4-3　　　　　　　　　　中弘股份借壳上市以来股本变动

历史变动日期	变动原因	总股本（亿股）
2010-01-11	非公开增发	5.62
2011-02-24	10 转增 8	10.12
2013-08-28	10 送 9 股	19.23
2014-12-08	非公开增发	28.81
2015-05-29	10 转增 6	46.10
2016-04-20	非公开增发	59.93
2017-07-17	10 转增 4	83.91

资料来源：根据 Wind 资料及公司公告整理。

2. 回天无力最终退市

2012 年，我国 A 股市场引入了股价连续低于面值 20 天退市的规则。几年的时间里，濒于危机的公司总能想到各种办法，使自己免于"破面退市"的悲惨结局。2018 年 10 月 18 日，中弘股份发布停牌的公告，并表示公司股票存在可能被终止上市的风险，深交所将于 15 个交易日内对此作出决定。

2018 年 11 月 16 日，公司正式进入了破产重整期。冰冻三尺非一日之寒，中弘走到今天这一步，按照面值退市规则，退市已经是大势所趋，无法避免。虽然退市前夕，仍有投资者的资金出于不同考虑进入购买公司股票，但是公司股价也只是在 0.25 元附近徘徊。2018 年 12 月 28 日，中弘股份正式以 0.22 元从 A 股市场谢幕离开（见图 4-8）。

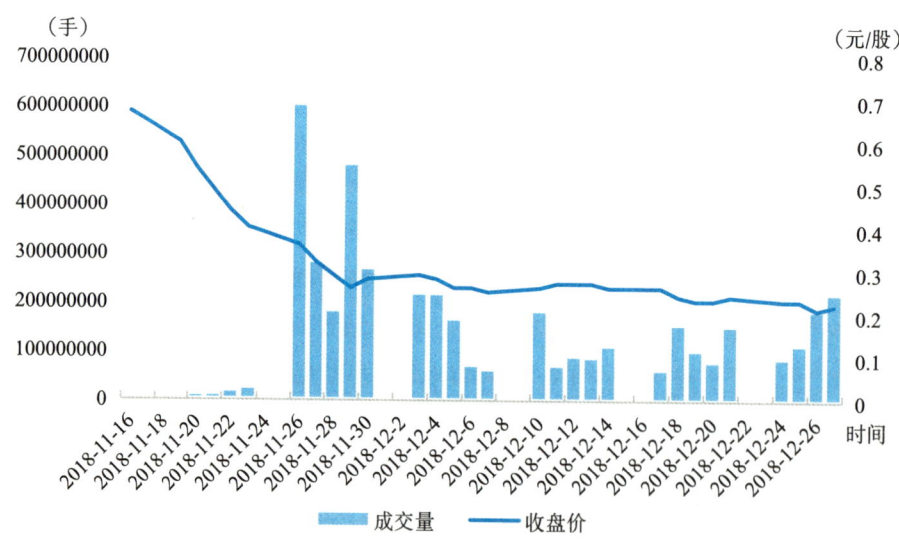

图 4-8　中弘股份退市前收盘价与成交量

资料来源：根据 Wind 资料整理。

四、尾声

至此，中弘股份退市一事落下帷幕。中弘股份成为首支因股价连续20个交易日低于面值而退市的股票，这虽然在情理之中，但还是在大多数人的意料之外。"1元退市"规则自2012年实施起，至此已有6年的时间，一直没有被真正执行过。借壳上市的中弘退市，标志着A股退出制度更加多元化，市场开始重视"1元退市"规则的约束力，也意味着壳资源的价值将被重新审视，A股壳时代随着交易制度的不断完善终将逝去。

根据相关规定，中弘股份将在退市整理期届满后的45个交易日内，进入全国中小企业股份转让系统（即新三板）进行挂牌转让。退市已是大势所趋时，仍有大量成交量，这些资金的进入一部分是为了赚取短期收益，在刀口上舔血，另一些则是抱着日后中弘重新上市能够大赚一笔的幻想。

2018年第二季度，中弘股东数新增1.11万，第三季度又增加了2.8万。中弘股份退市，总计27万多股民将遭受损失。虽然中弘涉嫌虚假披露信息，投资者可能会得到一定赔偿，但必须满足在违规行为被发现前买入，并在违规行为被发现后才卖出或继续持有，才具有获得赔偿的资格。此外，中弘的前十大股东中不乏机构投资者，除了控股股东中弘卓业、一家投资公司和两名自然人，其余均为公募基金和券商资管计划等，总计有31家金融机构的理财产品注定无法逃脱亏损的命运。中弘的退市，给广大投资者带来重大损失。

的确，长航油运作为首家从A股退市的央企，于2018年11月12日获准重新上市，这也是退市后能够重新上市的第一股。但是中弘股份日后的发展如何？究竟能否起死回生再度上市？让我们拭目以待。

五、案例正文附件

附件1：中弘股份近5年资产负债表

（单位：亿元）

年份	2014年	2015年	2016年	2017年	2018年Q3
利润表摘要					
营业总收入	24.85	12.90	44.52	10.16	32.61

续表

年份	2014 年	2015 年	2016 年	2017 年	2018 年 Q3
同比（％）	121.99	-48.08	245.09	-77.18	14.74
营业总成本	21.06	14.95	42.42	34.46	52.87
营业利润	4.32	2.63	2.07	-25.70	-19.52
同比（％）	146.48	-39.27	-21.16	-1355.51	-1306.84
利润总额	4.62	4.82	1.96	-26.10	-19.51
同比（％）	56.69	4.38	-59.40	-1432.21	-1302.79
净利润	2.94	2.92	1.46	-25.37	-19.69
归属母公司股东的净利润	2.91	2.87	1.57	-25.11	-18.85
同比（％）	33.26	-1.51	-45.28	-1699.01	-2379.61
非经常性损益	0.23	6.32	-0.09	-1.67	0.01
扣非后归属母公司股东的净利润	2.68	-3.45	1.66	-23.44	-18.86
同比（％）	150.89	-228.49	148.26	-1508.50	-3600.73
研发费用			0.05	0.03	
EBIT	4.43	-1.40	3.43	-9.40	
EBITDA	4.71	-1.12	3.94	-5.78	
资产负债表摘要					
流动资产	156.28	189.64	296.32	364.31	366.05
固定资产	4.30	3.87	5.16	6.62	6.24
长期股权投资	11.08	0.55	1.86	38.75	37.81
资产总计	178.20	200.55	332.59	451.82	449.41
同比（％）	53.50	12.54	65.84	35.85	13.66
流动负债	67.89	53.22	105.43	180.52	263.00
非流动负债	53.63	88.48	125.06	186.60	119.30
负债合计	121.52	141.70	230.49	367.13	382.29
同比（％）	35.09	16.61	62.66	59.28	33.89
股东权益	56.68	58.84	102.10	84.69	67.11
归属母公司股东的权益	56.15	58.49	98.16	73.26	56.63
同比（％）	136.53	4.18	67.81	-25.36	-46.19
资本公积金	20.01	2.58	27.82	4.10	7.85
盈余公积金	0.91	0.91	1.54	1.54	1.54
未分配利润	6.42	8.97	9.31	-16.40	-35.25
现金流量表摘要					
销售商品提供劳务收到的现金	4.54	33.63	44.33	21.18	38.25
经营活动现金净流量	-38.28	-4.31	-29.11	-20.75	7.90
购建固定无形长期资产支付的现金	1.68	0.62	1.30	0.52	0.81

续表

年份	2014年	2015年	2016年	2017年	2018年Q3
投资支付的现金	7.85	10.42	12.92	94.50	0.01
投资活动现金净流量	−5.22	6.85	−23.91	−81.20	−0.88
吸收投资收到的现金	29.63		38.78	7.42	
取得借款收到的现金	81.45	96.22	123.70	144.82	13.81
筹资活动现金净流量	49.67	−6.55	89.09	55.64	−6.50
现金净增加额	6.18	−3.91	36.11	−45.82	0.19
期末现金余额	19.85	15.94	52.05	6.24	6.42
折旧与摊销	0.28	0.28	0.51	3.62	
关键比率					
ROE（摊薄）（%）	5.19	4.91	1.60	−34.28	−33.29
ROE（加权）（%）	11.54	5.01	1.78	−29.27	−28.85
扣非后ROE（摊薄）（%）	4.78	−5.90	1.70	−32.00	−33.31
ROA（%）	2.00	1.54	0.55	−6.47	−4.37
ROIC（%）	2.61	1.97	1.00	−3.53	−0.73
销售毛利率（%）	45.87	38.18	26.73	−18.41	25.62
销售净利率（%）	11.85	22.67	3.29	−249.71	−60.37
EBIT Margin	21.08	42.22	6.87	−112.82	−7.92
EBITDA Margin（%）	22.21	44.38	8.01	−77.16	
资产负债率（%）	68.19	70.66	69.30	81.26	85.07
资产周转率（倍）	0.17	0.07	0.17	0.03	0.07
销售商品收到现金/营业收入（%）	18.25	260.71	99.56	208.47	117.28
每股指标					
EPS（基本）	0.15	0.06	0.03	−0.30	−0.22
EPS（稀释）	0.15	0.06	0.03	−0.30	−0.22
EPS（摊薄）	0.10	0.06	0.03	−0.30	−0.22
扣非后EPS（基本）	0.14	−0.07	0.03	−0.28	
每股净资产BPS	1.95	1.27	1.64	0.87	0.67
每股销售额SPS	0.86	0.28	0.74	0.12	0.39
每股经营现金流OCFPS	−1.33	−0.09	−0.49	−0.25	0.09
每股现金净流量CFPS	0.21	−0.08	0.60	−0.55	0.00
P/E（TTM）	43.39	33.55	−91.63	207.65	−2.00
P/E（LYR）	59.96	63.29	55.13	103.65	−3.07
P/B（MRQ）	2.33	3.15	1.61	2.22	1.36
P/S（TTM）	5.49	17.66	6.54	3.28	6.03
员工总数（人）	1831	2174	2543	987	987

资料来源：Wind。

附件2：《中弘控股股份有限公司关于公司股票终止上市并摘牌的公告》（摘录）

http：//pdf.dfcfw.com/pdf/H2_AN201812271279939242_1.pdf

证券代码：000979　　证券简称：中弘退　　公告编号：2018-218

中弘控股股份有限公司
关于公司股票终止上市并摘牌的公告

本公司及董事会全体成员保证信息披露内容的真实、准确、完整，没有虚假记载、误导性陈述或重大遗漏。

重要内容提示

1. 本公司股票于2018年11月16日进入退市整理期，截至2018年12月27日已满三十个交易日，退市整理期已结束。

2. 本公司股票已被深圳证券交易所决定终止上市，将在2018年12月28日被深圳证券交易所摘牌。

3. 本公司股票目前已被调出深股通标的，深股通投资者未在退市整理期出售所持公司股票的，后续进入股转系统后可能无法转让。敬请投资者及时关注后续公告，或通过相关中央结算系统参与者联系香港结算了解情况。

2018年11月8日，中弘控股股份有限公司（以下简称"公司"或"本公司"）收到深圳证券交易所《关于中弘控股股份有限公司股票终止上市的决定》（深证上[2018]540号），深圳证券交易所决定公司股票终止上市。根据《深圳证券交易所股票上市规则》第14.4.28条的规定，公司应当在股票被终止上市后及时做好相关工作，以确保公司股份在退市整理期届满后四十五个交易日内可以进入全国中小企业股份转让系统（以下简称"股转系统"）挂牌转让。相关情况如下：

一、终止上市摘牌的证券种类、证券简称、证券代码

1. 证券种类：人民币普通股
2. 证券代码：000979
3. 证券简称：中弘退
4. 终止上市决定日期：2018年11月8日
5. 终止上市及摘牌日期：2018年12月28日

附件3：《中弘控股股份有限公司未能清偿到期债务的公告》（摘录）

http：//pdf.dfcfw.com/pdf/H2_AN201812171270290205_1.pdf

证券代码：000979　　证券简称：中弘退　公告编号：2018-212
债券代码：112326　　债券简称：16中弘01
债券代码：118523　　债券简称：16弘债01
债券代码：118731　　债券简称：16弘债02
债券代码：114012　　债券简称：16弘债03

中弘控股股份有限公司
未能清偿到期债务的公告

本公司及董事会全体成员保证信息披露内容的真实、准确、完整，没有虚假记载、误导性陈述或重大遗漏。

一、未能清偿的到期债务的基本情况

（一）已公告的债务逾期情况

截至2018年12月3日，中弘控股股份有限公司（以下简称"公司"或"中弘股份"）逾期债务本息合计金额为943,619.18万元。具体情况详见2018年12月4日在《中国证券报》、《证券时报》、《上海证券报》、《证券日报》和巨潮资讯网（www.cninfo.com.cn）上发布的公司2018-209号公告。

（二）近期新增到期债务情况

2018年12月9日、12月14日、12月16日，公司及下属控股子公司新增逾期债务本息合计金额为203,695.58万元，全部为各类借款。具体新增逾期债务明细如下：

单位：万元

序号	债权人	债务人	债务余额	利率	逾期发生时间	逾期原因	逾期金额	债务期限
1	钜亿（上海）股权投资基金管理有限公司	中弘控股股份有限公司	4,445.00	13.00%	2018年12月16日	本金逾期	605.00	一年半
					2018年12月9日	本金逾期	660.00	
2	China Huarong International Holdings Limited	Zhonghong New World Investment Pte. Ltd	55,420.00	10.00%	2018年12月14日	本金逾期	55,420.00	一年
						利息逾期	5,542.00	
3	北京银行股份有限公司	中弘控股股份有限公司	189,999.94	11.60%	2018年12月14日	本金逾期	134,994.87	四年
						利息逾期	4,983.37	

附件4：《加多宝集团关于澄清中弘股份〈债务重组及经营托管〉公告中不实内容的声明》

http：//www.jdbchina.com/cn/new/jdb_news.asp? id=1539

声 明

针对中弘股份【证券代码：000979】于2018年8月27日披露关于签署《债务重组及经营托管协议》的公告【公告编号 2018-130】，加多宝集团郑重声明如下：

1. 加多宝集团从未与中弘控股股份有限公司、中弘卓业集团有限公司，以及深圳前海银谊资本有限公司签署过《经营托管及债务重组协议》，对于协议所述内容全不知情。
2. 加多宝集团从未对黄伟清先生出具任何授权。
3. 中弘股份在公告中所述有关加多宝集团的经营情况及财务数据与实际情况严重不符。
4. 加多宝集团将通过法律程序查明此事，并追究相关方法律责任。

特此声明。

加多宝集团有限公司

2018年8月28日

案例使用说明

一、教学目的与用途

1. 适用课程：投资学、企业战略管理、公司金融、金融机构与金融市场、企业并购与重组、金融理论与政策。

2. 适用对象：本案例主要用于金融专业硕士相关课程。

3. 教学目标：本案例主要描述了中弘股份面值退市的始末，所涉及的主要知识点包括：企业项目投资决策、多元化经营战略、企业融资理论、权衡理论、资产重组理论、"高送转"、上市公司退市制度。

二、启发思考题

1. 结合本案例，分析企业在进行项目投资决策时需要考虑哪些因素，并进一步思考为何中弘股份的投资项目频频爆雷，导致经营业绩每况日下。

2. 企业的经营战略有哪些？多元化经营常被认为是企业增加收入、分散风险的重要途径，但中弘股份的"A+3"多元化经营战略却在一定程度上导致了企业陷入困境，对此你有什么看法？

3. 企业为什么要进行债务融资？你认为中弘股份为什么会陷入债务危机？

4. 结合中弘股份屡次重组失败的经历，思考企业成功进行资产重组需要的条件有哪些？

5. 为什么中弘股份要在股价低迷的情况下屡次进行"高送转"？上市公司"高送转"应满足什么条件？

6. 请问你如何看待我国现行的退市制度？中弘退的出现对各方有什么借鉴意义？你认为中弘退未来可能"起死回生"吗？

三、分析思路

教师可以结合实际课程内容及教学安排从多角度使用本案例，这里提出一种可供参考的分析思路，主要是从中弘股份退市的原因及退市的影响两条思路展开：一是退市原因,根据本案例,中弘股份最终破面退市可以归结于企业经营不善、债务融资违约、资产重组未果、高送转操作不当等因素;二是退市影响,首支"1元退市股"的出现对资本市场意义深远。该分析思路与启发思考题基本保持相同逻辑。

1. 教师可以从企业经营的相关理论出发,根据投资项目决策的基本方法和步骤,启发学生总结企业进行项目投资决策时需要考虑的各种因素,并基于案例内容分析中弘股份在项目投资决策中存在的问题。

2. 教师可以引导学生对比专业化经营和多元化经营这两种经营战略的异同和利弊,并结合中弘股份的实际情况分析多元化经营战略实施的条件和要点,进一步从反面出发,假设中弘股份在进行战略转型时选择了合适的道路,就不至于被失败的多元化拖累,从而体悟多元化战略的"双刃剑"角色。

3. 教师可以启发学生从企业融资的相关理论出发,比较直接融资、间接融资等各种融资方式的特点,掌握不同融资方式的优缺点,据此判断企业采取不同融资方式的原因。再以中弘股份的债务危机为例,结合权衡理论,引导学生分析中弘股份陷入债务危机的原因,并鼓励学生进一步思考企业应该如何进行债务管理并形成合适的资本结构。

4. 教师可以从中弘股份多次重组的案例出发,通过对资产重组的方式和流程进行梳理,引导学生思考企业进行资产重组的具体原因,深入探究企业资产重组成功所需要的条件,从而加深对于企业资产重组的理解和认识。

5. 教师可以引导学生掌握送股和转增股票的定义与影响,在已知送股和转增股票会降低企业股价的前提下,启发学生思考企业进行"高送转"的原因。"高送转"在一定程度上是导致中弘股份最终退市的原因之一,应同时帮助学生明确上市公司"高送转"应具备的条件。

6. 教师应该帮助学生建立完整的退市制度的分析框架,通过对我国现行退市制度的梳理,帮助学生理解退市制度对完善资本市场的意义及当前退市制度存在的问题。在此基础上,引导学生思考中弘退对投资者、其他低股价上市公司的借鉴意义,鼓励学生探索、讨论中弘退未来的发展方向。

四、理论依据与分析

(一) 理论依据

1. 企业项目决策理论。
2. 多元化经营战略理论。

3. 企业融资理论。
4. 资产重组理论。
5. 上市公司"高送转"。
6. 上市公司退市制度。

(二) 具体分析

1. 企业项目投资决策

反思中弘股份一步一步陷入退市泥沼的历程，可以看到其借壳后的业绩变脸是退市困局的导火索，营业收入、净利润、净资产收益率的大幅下滑进一步引发了各种令人咋舌的不当操作。而究其根本，中弘股份的业绩变脸源于所投项目的频频踩雷，说明该企业在项目投资决策中存在重大问题和疏漏。

企业项目投资决策是指基于详尽的调查、分析和论证，判断拟建项目在技术、经济上是否合理可行的过程，是企业日常经营中最为关键的决策，投资决策失误极易导致公司骑虎难下，陷入困局。从程序看，项目投资决策需要依次进行宏观、中观和微观投资决策，各部分各有特色又相辅相成。首先，在宏观层面，需要依据确定好的投资目标考察宏观经济、行业前景、政策因素等。其次，在中观层面判断一个项目是否值得投资需要从以下几个方面进行考察：一是看准目标团队；二是发掘两个优势，即优势行业及优势企业；三是厘清三个模式，即业务模式、盈利模式与营销模式；四是关注四个指标，即营业收入、净利润、收益率、增长率；五是看清五个结构，包括股权结构、高管结构、业务结构、客户结构、供应商结构。最后，在微观层面则侧重投资方案的评价和选择，基本方法包括非贴现现金流量分析方法和贴现现金流量分析方法两类，非贴现方法又可分为投资期回收法和会计收益率法，贴现方法则有净现值法、现值指数法和内部报酬率法。经由以上步骤选定投资项目并进行投资后，还需要进行投后管理，根据环境条件的变化合理反馈并调整决策。

从中弘股份投资失败的若干项目来看，存在诸多显著的问题：在宏观投资决策上没有把握好政策走向，在中观投资决策上存在操作违规，在微观投资决策上错误预计项目现金流。如北京御马坊项目受到北京商住房严控政策的影响，而迫于环保督察组整改压力，三亚小洲岛项目、海南如意岛项目多次碰壁，最终面临拆除或双暂停，说明中弘股份未能根据房地产行业政策的变化及时调整经营战略，缺乏预见性和审慎性。同时，中弘股份还因违规填海多次受到处罚，说明在项目投资前没有做好业务模式的调查，所投项目从根本上存在不合理之处。最后，项目投资现金流收支不当，销售回款无法覆盖偿债要求，是引发债务危机的重要诱因。因此，企业项目投资决策的重要性不言而喻。

2. 多元化经营战略

回顾案例，中弘股份面临的业绩困局和债务危机与公司近几年颇为激进的并购扩张联系紧密，在"A+3"多元化战略转型的引导下，中弘通过频繁并购寻求业务多元化，公司先后试图进军矿业、手游、影视、互联网金融、旅游等，但多元化经营表现并不尽如人意，可见多元化战略是一把"双刃剑"，企业在选择经营战略时需要保持足够理性。

企业的经营战略指的是企业在实现长期经营目标过程中选取的具体经营模式和道路，经营战略选取的正确与否直接关系到企业能否正常存续。按业务范围划分，常用的经营战略可分为专一化经营战略和多元化经营战略，二者各有利弊。专一化经营有助于企业聚集资源于主业，进而发挥核心竞争力，但可能使企业面临过于集中的行业风险；多元化战略则可以充分利用企业资源和优势，分散经营风险，增加获利机会，但可能削弱核心竞争力，出现决策风险及财务风险。

目前，多元化已成为我国民营企业普遍选择的经营战略，且不同企业多元化的具体形式有所差异，可主要归纳为同心多元化、水平多元化、垂直多元化、整体多元化这四种具体战略。然而，并不是每个企业都适用于多元化经营战略，想要成功跨越多元化经营的门槛，需要满足若干条件：首先，企业必须具备充足的资源作为后盾，如资金、人才、技术等，才能兼顾原有主业和新产业；其次，企业主导产业需具有较强的核心竞争力，否则难以通过进入新行业降低整体风险；最后，新行业与主业应具备一定的融合度，能实现整体协调，有利于资源共享、优势互补。

反观中弘股份，其多元化战略的实施根本上缺乏合理的逻辑，更像是在盲目追逐热点。一是原有主业商业地产的核心竞争力较弱，未能形成规模优势和资源壁垒；二是公司选择的新行业方向不当，主要转型的旅游地产行业由于政策原因问题频发，其余如手游、互联网金融等行业与原有产业毫无关联度；三是本身资源积累不足，无论是在能力、财力还是人力上都没有显著优势。不利的主营业务加上失败的多元化转型，使得中弘股份错失了发展的机遇，最终走向债务危机爆发、股价萎靡不振的败局。

3. 企业融资理论

中弘股份退市的其中一个重要原因是债务危机频发，债务危机的频发一方面凸显了间接融资的缺点，另一方面则表现出企业对债务和流动性的管理不足。企业融资方式分为直接融资和间接融资，直接融资是指不通过媒介，资金借贷双方通过一定的金融工具直接形成债权债务关系或所有权关系的融资形式，通过资本市场筹集资本一般被视为直接融资；间接融资则需要金融中介机构同时扮演债权人和债务人的双重角色。

直接融资具有资金供求双方联系密切、资金配置快、筹资成本低、投资效益高等优点，缺点则是在数量、期限、利率等方面受限较多，便利程度及融资工具的流动性受金融市场发达程度制约，且具有较大的风险。与之相对应的间接融资，则具有方便灵活、安全性高、规模经济等优点，但资金供求双方的联系被割断；筹资成本高，投资效益较低；资金供求双方的供需难以匹配。我国资本市场虽然有了一定程度的发展，但企业更倾向于通过内源融资方式筹得资金，同时外源融资中又对以银行为主的间接融资有较强的依赖性。

在确定企业合适的资本结构时，常用的是权衡理论。权衡理论是指在选择资本结构时，通过权衡债务融资的收益与成本最大化公司价值。而最优资本结构则是指在某一数额的债务资本下，使债务资本的边际收益等于其边际成本，即税盾价值等于财务危机成本，此时公司价值最大而加权平均资本成本最低。

从中弘股份的外源融资结构来看，IPO、定向增发和发行公司债融资的比例为32.46%，但其间接融资达到271亿元，尤其是长期借款，在总募资中占到60.03%。从2012年以来，中弘股份的资本负债率始终维持在68%以上，在2013年达到77.48%，而到2017年和2018年，资产负债率更是突破了80%。具体看来，从资本市场筹措的资金中，70%以上是通过定向增发获得，资金用途是海南如意岛的开发项目和御马坊项目，基本是在项目产生时即相应产生资金需求，资金快速配置，且筹资成本较低。而其占比70%左右的间接融资，则几乎在每年都有巨额的借款增加，用于解决中弘股份临时的流动性周转不灵问题。但拟建项目和在建项目的失败导致中弘股份实际上并没有足够的偿债保障，在这种情况下，不断新增的借款导致利息负担越来越重，难以按期还本付息，同时巨额的利息更明显、更严重地吞噬利润，导致资金周转困难而面临破产可能。可以看到中弘股份的现金流量保障倍数从2013年以来一直为负数，表明中弘股份一直以来可用于偿还债务的现金是远远不够的（见表4-4）。

表4-4　　　　　　　　中弘股份2012—2018年相关财务数据

	2012年	2013年	2014年	2015年	2016年	2017年	2018年Q3
资产负债率（%）	68.08	77.48	68.19	70.66	69.30	81.26	85.07
现金流量保障倍数	1.68	-7.55	-57.72	-5.72	-23.97	-1.41	

资料来源：根据Wind资料整理。

房地产行业属于资金密集型行业，项目开发需要投入大量资金，周转周期较长，适当、合理的负债有利于公司快速扩张发展，整个行业的资产负债率也较高。但企业在激烈竞争的环境中，在借款前应该考虑已有项目的风险和自己的还款能力，获得借款后应积极提高现金回款率，做好现金管理，不可盲目增加借款而增加资金周转出现困难的可能性。

4. 资产重组理论

中弘股份在经营不善、遭遇财务危机时，曾4次试图以资产重组的方式进行自救，最终4次重组全部失败，中弘股份也难以逃脱退市的命运。资产重组是企业经营过程中常用的一种手段，在特殊情形下甚至可以拯救企业于水火之中，但是重组成功需要满足一定的条件。只有充分明白其中的原理并恰当运用，才不会在盲目操作下重组失败、错失良机。

资产重组是指企业对自身资产的分布状态或权利进行重新配置、组合和调整，使得主营业务、资产、收入发生变化。企业通常会在多种情形下进行资产重组：企业经营管理欠佳时，剥离出成本过高、经营不善等导致企业效益下降甚至亏损的部分；当企业规模小、业务单一时，可以通过资产重组兼并或收购其他资产，扩展经营领域，获取新的利润增长点或降低企业经营风险。资产重组对于企业调整自身经营结构、提升行业和国际竞争力具有重要意义。在我国，资产重组还在国企改制方面发挥了重大作用。

资产重组主要的方式有兼并收购、股权转让、资产剥离和所拥有股权的出售、资产置换、其他等方式。企业进行资产重组时，应充分搜集相关材料进行调查分析，明确重组思路并设计相应方案，从财务、法律、风险、定价等多个角度对方案进行讨论改进并上报管理层，通过后办理各类手续并发布公告。从上述流程可以看出，每一个环节对于资产重组成功都很重要，只有充分做好全方面准备，才能确保整个重组事项顺利完成。

中弘股份在进行重组的过程中经历了多次失败，主要原因有：公司未能和债权人协商成功、未与交易对手方达成一致、未充分评估交易对手基本情况。此外，应当认识到，资产重组并不一定会给企业带来增长，许多投资者却常常将二者画上等号。中弘股份几次资产重组的公告发布后，普遍带来了股价的上涨，但当时重组事件并没有完全确定下来，即便能够顺利完成重组，也不一定能改善中弘股份的处境，这在一定程度上体现了投资者的不理性。

5. 上市公司"高送转"

股票市场作为上市公司融资的重要来源，通过影响股价会改变投资者的投资行为和自身的财务情况。2011—2015年，中弘股份进行了3次"高送转"操作，拉低了自身股价。最终，在经营不善、债务危机等多重压力下，从A股市场谢幕退场。正确理解"高送转"，在恰当的时机正确使用"高送转"，才能更好地促进公司发展。

送股是指上市公司以留存收益向公司股东发放股票作为红利,转股则是上市公司将资本公积转增股本。由于留存收益、资本公积、股本在资产负债表中同属于权益类科目,因此送股和转股不会对公司的资产和负责造成影响,只会带来权益类科目内部的结构调整。对已经持有公司股票的投资者来说,虽然送股和转股会增加公司流通在外的普通股数量,但对其权益来说并无影响。但是由于总权益不变,每股所对应的权益会下降,股票价格也会相应下跌。

通常而言,上市公司进行送股和转增股本是因为公司业绩较好,对股东进行回馈,但是,上市公司往往会进行与业绩经营情况无关的"高送转"。其动机主要有:吸引资金炒作,借机帮助增发机构撤离,从而为再融资做准备;帮助中小企业迅速扩大股本,是上市公司做大做强的一种方式;考虑到日后可能有资产注入,需要扩大股本降低对股权分布结构的影响。许多上市公司选择在半年报和年报披露之前进行"高送转",便是试图借此传递积极信号,抬高公司股价。此外,股价下跌后,投资者可能会认为未来上涨空间增大,"填权行情"很容易使投资者丧失理智。

中弘股份的"高送转"便是与其经营情况无关的行为。一味高送转及非公开发行,在增大股本的同时,寻求的都是概念对股价的短期刺激,并没能改变公司的基本面,尤其是公司的盈利能力。频频"高送转"最后导致的结果就是,公司股价无法走出填权行情,慢慢就陷入了低价股的泥坑(见图4-9)。

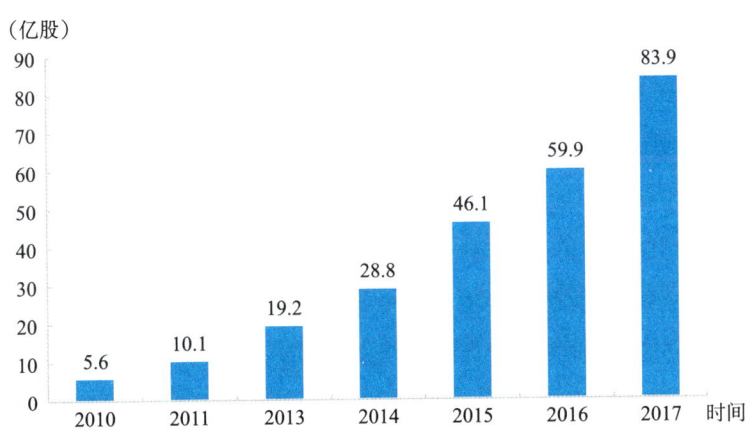

图4-9 2010—2017年中弘股份股本变化情况

资料来源:根据Wind资料整理。

上市公司使用"高送转"扩大总股本是有代价的,即使一时股价能受到股民追捧而炒高,但股本越大对上市公司经营的要求和压力也就越大。"高送转"的结果往往是上市公司短期侵蚀了投资者的利益,最终搬起石头砸了自己的脚,因此,2018年4

月沪深交易所发布《上市公司高送转信息披露指引（征求意见稿）》，规范上市公司"高送转"行为。根据规定，上市公司进行"高送转"必须满足：最近两年同期净利润持续增长，且每股送转股比例不得高于上市公司最近两年同期净利润的复合增长率；报告期内实施再融资、并购重组等导致净资产有较大变化的，每股送转股比例不得高于上市公司报告期期末净资产较之于期初净资产的增长率；最近两年净利润持续增长且最近3年每股收益均不低于1元，上市公司认为确有必要披露高送转方案的，应当充分披露高送转的主要考虑及其合理性，且送转股后每股收益不低于0.5元。

中弘股份在业绩大幅下降、连年经营活动现金流量净额为负的情况下，盲目进行"高送转"，10转增8、10送9、10送6等操作过后引起股价下跌，最终成为公司退市的原因之一。《上市公司高送转信息披露指引（征求意见稿）》的发布在中弘进行一系列"高送转"操作之后，对于早就错误使用了"高送转"的中弘股份来说，已是无力回天。

6. 上市公司退市制度

（1）退市及退市制度的概念。从发达国家的成熟股票市场来看，上市制度对应着退市制度，多层次的资本市场在服务不同发展阶段、不同成熟程度的公司并为这些处于不同生命周期的公司解决融资问题、完成不同板块市场之间的转换时，意味着公司从萌芽到成长到成熟，而退市则意味着一个衰老的企业、已难以达到资本市场要求的公司要从这个市场离场，最终的目的是促进上市公司的优胜劣汰，保证资本市场的有序发展。

退市是指原先在主板市场上交易的股票退至老三板、柜台市场甚至完全退出交易，而退市制度则是在实施退市过程中相匹配的退市标准、退市条件、处理权限、退市程序、退市处置等相匹配的制度。

上市公司退市分为主动性退市和被动性退市：主动性退市是指股东会和董事会商议后，由公司主动申请注销，并从社会公众股东手中购回股票，使之不再具备上市条件，主动摘牌退市；被动性退市又称强制退市，由监管部门吊销《许可证》，一般是由于公司若干年财务数据不达标、存在财务作假问题、有重大违法行为。

（2）退市条件及重新上市条件。我国的股市发展较晚，上交所和深交所分别于1990年和1991年成立，1993年颁布《公司法》，1994年正式实施了《公司法》并对上市公司暂停和终止上市作出了相关条件的限定，然而相匹配的《上市规则》于1998年才正式生效，在经历3年的股市动荡后，《亏损公司暂停上市和终止上市实施办法》发布，规定连续3年亏损的上市公司将暂停上市。然而，直到2001年4月23日，第一家退市上市公司水仙电器的出现，才意味着退市制度在实际意义上的实现。我国上市公司退市制度演变历程如图4-10所示。

案例4 "仙股"中弘难再红——"1元退市"第一股没落之路

1994—2000年　法律规定的备而不用
- 1994年7月1日生效的《公司法》第157条和第158条率先建立起上市公司退市制度；1999年7月1日实施《证券法》

2001—2004年　退市制度的基本建立
- 2001年11月《亏损上市公司暂行上市和终止上市实施办法（修订）》，从操作层面和自律性规则角度明确了退市相关标准及程序

2005—2011年　退市制度的精细化、法定化、多元化
- 2005年《证券法》和《公司法》修订，关于上市公司退市的规定移到《证券法》《中小企业板股票暂停上市、终止上市特别规定》《创业板股票上市规则》

2012年至今　退市制度改革大幕开启
- 2012年，深圳证券交易所首先发布《关于完善创业板退市制度的方案》及《创业板股票上市规则》后，沪深证券交易所又分别发布《关于完善上海证券交易所上市公司退市制度的方案》及相应的《股票上市规则》
- 2014年11月16日开始施行《关于改革完善并严格实施上市公司退市制度的若干意见》
- 2018年7月27日开始施行《关于修改〈关于改革完善并严格实施上市公司退市制度的若干意见〉的决定》

图4-10　我国上市公司退市制度的演变历程

资料来源：根据公开资料整理。

从三个板块具体来看：

2005年《公司法》《证券法》修订，《证券法》对退市的标准进行了更为准确的修改：财务方面，公司最近3年连续亏损的情况下，从"在期限内未能消除"更正为"在其后一个年度内未能恢复盈利"，其余几条则说明得更加清楚和严格，而"公司有重大违法行为"这一条退市标准则被取消。

2004年深交所中小企业板诞生，针对中小企业创业板的暂停上市、终止上市规定也相伴而生，规定了三大类七项退市标准，增加了净资产、审计报告类意见、对外担保余额、关联交易违法违规占用资金余额、连续受到交易所公开谴责、收盘价、成交量等指标，进一步完善了退市的情形。

2009年创业板诞生，针对创业板的暂停上市、终止上市规定也同样相伴而生，加入净资产、受到公开谴责的标准。而与中小企业板不同的是，关于成交量的规定，连续120个交易日内累积成交量由阈值300万股调至100万股。

2012年，主板、中小企业板、创业板均对退市制度进行了完善，退市标准更加多样化，如图4-11所示。

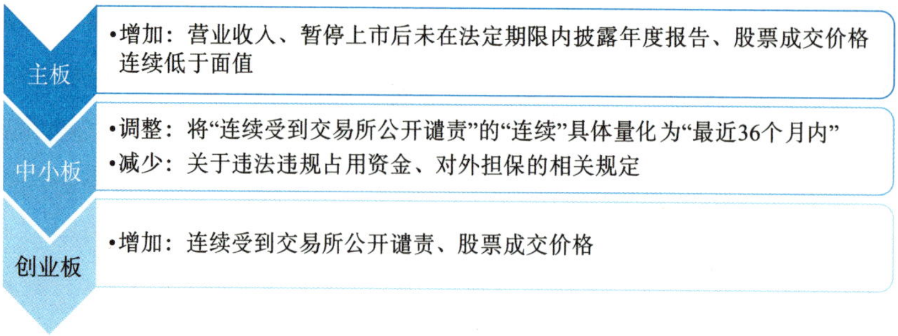

主板	• 增加：营业收入、暂停上市后未在法定期限内披露年度报告、股票成交价格连续低于面值
中小板	• 调整：将"连续受到交易所公开谴责"的"连续"具体量化为"最近36个月内" • 减少：关于违法违规占用资金、对外担保的相关规定
创业板	• 增加：连续受到交易所公开谴责、股票成交价格

图 4 – 11　2012 年退市制度变化情况

资料来源：根据公开资料整理。

另外，退市标准更有可实现性：增加了恢复上市的标准，提供了 30 个交易日的整理期，并避免公司通过借壳重新上市。

2018 年修订版中，被动退市的公司在终止上市情况已消除且同时符合《上市规则》规定的下列各项标准的，以及规定的其他条件的，可以申请重新上市，具体规定如表 4 – 5 所示。此外，主动退市公司可以随时提出重新上市申请。

表 4 – 5　　　　　　　　　　　　2018 年修订的重新上市条件

条目	标准
公司股本总额	不少于人民币 5000 万元
社会公众股持有股份占公司股份总数的比例	公司股本总额超过 4 亿元的：25% 以上 公司股本总额超过 4 亿元的：10% 以上
无违法行为、无虚假记载	公司及董事、监事、高级管理人员最近 3 年无重大违法行为，财务会计报告无虚假记载
净利润	最近 3 个会计年度均为正数且累计超过人民币 3000 万元
财务要求	最近 3 个会计年度： （1）经营活动产生现金流量净额累计超过人民币 5000 万元 （2）营业收入累计超过人民币 3 亿元
期末净资产	最近 1 个会计年度经审计后为正值
审计报告类意见	最近 3 个会计年度被出具标准无保留意见
主营业务，董事、高级管理人员及实控人变更	最近 3 年：主营业务、董事、高级管理人员没有发生重大变化，实际控制人没有发生变更
持续经营能力	保荐机构经核查后发表明确意见
公司治理结构、运作规范、无重大内控缺陷	保荐机构经核查后发表明确意见

资料来源：根据公开资料整理。

2012年的修订版则对净利润的要求较低，且可以进行重大资产重组以及实控人发生变更，只要满足借壳上市条件。强制退市公司向本所申请重新上市的，其申请时间应当在其股票进入全国中小企业股份转让系统转让之日起满足时间符合下列规定（见表4-6）：

表4-6　　　　　　　强制退市公司申请重新上市的申请时间条件

退市类型	申请时间条件
市场交易类指标	满3个月
欺诈发行	不得申请重新上市
欺诈发行之外的其他违法行为	满5个完整会计年度
其他	满12个月

资料来源：根据公开资料整理。

（3）退市制度的意义及存在的问题。退市制度的存在具有重大的实践意义：一是完善资本市场结构，形成优胜劣汰的良好局面，提高上市公司的整体质量；二是对上市公司高管层形成约束，避免操纵股价、内幕交易等损害市场环境的违规事件发生；三是强制退市避免盈利能力差、风险高的公司继续在资本市场上圈钱而损害投资者利益，主动退市使得上市公司对自身能力作出准确评估，减少各方主体对公司的干涉和制约，调整自身发展状态，达到更高的质量。

当然，目前退市制度仍存在诸多问题：一方面，退市标准不明确，诸如"重大违法行为"，没有给出具体的类别，重大与否，违法与否，都存在一定的主观色彩；另一方面，业绩亏损存在漏洞，存在通过会计做账的方式人为扭亏为盈的可能性，不少被暂停上市的企业通过这种方式而避免退市。

我国A股市场目前已有115支退市股票（见图4-12），终止上市的主要原因是连续3年亏损引起的强制退市和因吸收合并引起的主动退市（见图4-13）。中弘退的出现意味着面值退市将成为一种普遍的退市方式，截至2019年2月22日，在共计3588支股票中，收盘价小于等于3元的有148支股票，小于等于2元的有30支股票，小于等于1.5元的有11支股票，11支股票中，9支股票为ST企业，另有一支非ST股票金亚科技股价已低于1元且为连续停牌状态，ST百特也为连续停牌状态，而ST海润已进入暂停上市状态，对于这些企业来说，应引起高度关注，对债务情况和流动性做好自查工作，提高企业营业收入和净利润，有效提高股价，尤其是ST海润应引起高度注意，避免走上中弘股份的老路。

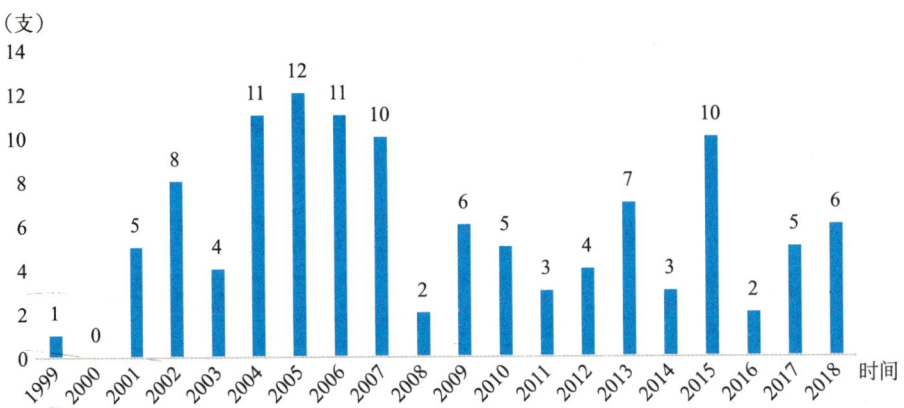

图 4-12　截至 2019 年 2 月 24 日我国 A 股退市股票数量

资料来源：根据 Wind 资料整理。

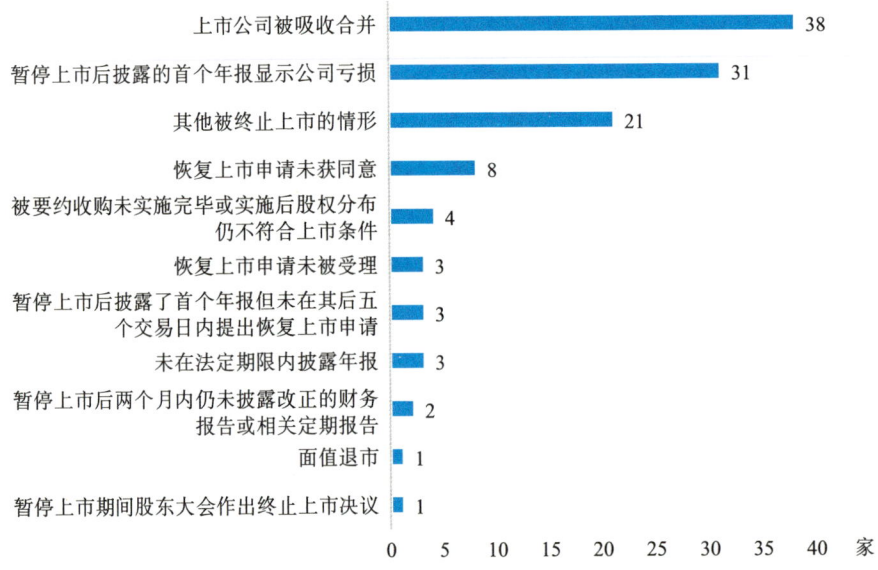

图 4-13　截至 2019 年 2 月 24 日各退市类型退市上市公司数量

资料来源：根据 Wind 资料整理。

中弘股份触发退市风险的直接原因是连续 20 个交易日股价低于 1 元，它也曾多方求助，试图通过重组等方式来提高股价，中途也在多方助推下勉强达到过 1 元，短暂地避免了退市，但不久后股价又重新跌破 1 元，在新的连续 20 个交易日后，经过整理期，成为首支面值退市股。

在中弘股份即将退市的同时，传出了 ST 长油将重新上市的消息，这使得部分投资者燃起中弘股份也可能重新上市的希望，在终止上市的倒数第二个交易日以低价大批买入股份。倘若中弘股份在退市后能够按时充分披露信息、开拓新项目扩大营收、做好现金管理并及时清偿债务、遵守一切规定,从而达到重新上市的标准,则这将是一笔盈利丰厚的投资。但若并没有进行充分的考量,评估中弘股份的自身盈利能力、偿债能力,未来的行业发展态势、政策趋向等,只是认为当前股价低廉、单纯地寄希望于重新上市的心态而带有下赌注的心理,则会带来不小的亏损,也会对市场形成一个较差的榜样。

五、背景信息

本案例所涉及的中弘股份事件相关的公开信息都可以在 Wind 数据库中股票中弘退的公司公告、财务数据等板块进行查阅,本案例中所使用的数据均标明了数据来源;本案例附件亦提供关于此案例的所有公开新闻网站链接地址;以上材料以及读者从其他渠道获取的相关信息均可作为本案例的背景。

六、关键要点

本案例分析关键在于把握中弘股份退市的背后原因以及上市公司退市制度的具体安排。教学的关键要点包括:
1. 企业项目投资决策。
2. 多元化经营战略以及该战略成功所需具备的条件。
3. 直接融资和间接融资的优缺点以及导致债务危机的原因。
4. 资产重组的原理和应用的条件。
5. "高送转"应具备的条件。
6. 退市制度的类型、退市的标准以及重新上市的条件、退市制度的意义及存在的问题。

七、课堂计划

本案例可以作为专门的案例讨论课(本案例附件提供教学配套的 ppt)来进行,整个案例讨论课的课堂时间建议控制在 100 分钟以内。以下是按照时间进度提供的课堂计划建议,仅供参考:
1. 课前准备
提前一周(即前一次课课后)将案例正文和启发思考题发给学生阅读,要求学生在了解案例始末后,独自思考启发思考题中的题目。

2. 课中计划

(1) 案例回顾:10分钟。播放案例介绍视频(其他教学支持处提供视频链接),简要总结案例内容。

(2) 小组讨论:20分钟。将学生分为4—6组,按照启发思考题进行讨论,并推选出一个代表随后对小组讨论结果进行展示。

(3) 小组代表发言:30分钟。由小组代表分别展示所在小组讨论成果,每组5分钟。

(4) 进一步讨论:20分钟。针对其他小组发言的内容,鼓励学生提出疑惑并互相讨论。

(5) 教师点评与答疑:15分钟。针对学生讨论内容,解答存疑问题,对课堂内容进行总结与点评。

3. 课后延伸

根据课堂所讲内容,请学生选取自己感兴趣的角度,结合课堂案例或其他案例进行深入研究和分析,成果以报告形式呈现。

八、其他教学支持

1. 视听辅助手段支持(视频网址)

(1) 成交价格连续低于面值,中弘股份是怎么把自己弄到退市的?(2018 - 10 - 18)

https://v.qq.com/x/cover/3hcdu70po7fiuph/l0753z8in5o.html

(2) 中弘股份或成首只退市仙股!25万股民怎么办?(2018 - 10 - 19)

https://v.qq.com/x/page/w0754z7om10.html

(3) 中弘股份股价跌破1元或成"面值退市"第一股(2018 - 10 - 19)

http://tv.cctv.com/2018/10/19/VIDEhKhQf87NvBkm7lIxgaof181019.shtml

(4) 中弘股份退市,深交所坚持退市常态化(2018 - 11 - 09)

http://tv.cctv.com/2018/11/09/VIDEKau2ykElB6MnyOxdqRhn181109.shtml

(5) 中弘股份退市一锤定音:绩差股难翻身,这些白马股业绩也要当心了(2018 - 11 - 09)

http://v.youku.com/v_show/id_XMzkxMDkxMDM2MA.html

(6) 中弘股份成首支"破面"退市股(2018 - 11 - 09)

https://www.iqiyi.com/v_19rr3ao50c.html

（7）中弘股份退市已成定局，中弘股份为什么会走到这一步？（2018-11-10）

https：//www.iqiyi.com/v_19rr3ih83o.html

2. 延伸阅读网址

（1）中弘退（000979）公告列表

http：//data.eastmoney.com/notices/stock/000979.html

（2）中弘股份退市危局（2018-08-18 中国经营网）

http：//www.cb.com.cn/gushi/2018_0818/1252275.html

（3）中弘股份退市成定局，A股首只跌破1元退市股提前诞生（2018-10-17 中国证券报·中证网）

http：//www.cs.com.cn/ssgs/gsxw/201810/t20181017_5881992.html

（4）中弘股份终止上市_专题频道（2018-11-08 东方财富网）

http：//topic.eastmoney.com/ZHGFHTSM/

（5）中弘股份打响"1元退市"头炮，34只准仙股要谨防机构踩踏（2018-11-09 澎湃新闻）

https：//www.thepaper.cn/newsDetail_forward_2616143

（6）中弘股份上市8年终退市王永红遗留77亿巨债待偿（2018-11-10 凤凰财经）

http：//finance.ifeng.com/a/20181110/16565526_0.shtml

（7）中弘股份退市，我国股市不再"退市难"！（2018-11-13 前瞻网）

https：//t.qianzhan.com/caijing/detail/181112-f28990c3.html

（8）从中弘败局看退市改革：执行力度需要审慎对待（2018-11-23 新浪财经）

http：//finance.sina.com.cn/roll/2018-11-23/doc-ihmutuec2964970.shtml

（9）中弘股份逾期债务本息破百亿安信信托等35机构踩雷（2018-12-19 界面）

https：//finance.sina.com.cn/roll/2018-12-19/doc-ihmutuee0517806.shtml

（10）首只"面值退市股"中弘股份陨落史：曾因北京像素暴得大名（2018-12-24 凤凰财经）

http：//finance.ifeng.com/a/20181224/16638738_0.shtml

参考文献

[1] 陈信元，靳庆鲁，肖土盛，张国昌. 行业竞争、管理层投资决策与公司增长/清算期权价值 [J]. 经济学（季刊），2014，13（1）：305-332.

[2] 丁丁，侯凤坤. 上市公司退市制度改革：问题、政策及展望 [J]. 社会科学，

2014（1）：109-117.

［3］丁佳新. 房地产项目投资决策分析［D］. 吉林建筑大学，2018.

［4］丁文英，王茂超. 浅析上市公司"高送转"行为后果［J］. 市场周刊，2018（12）：165-166，195.

［5］樊超纲. 我国上市公司资产重组行为的分析与探讨［D］. 山东大学，2006.

［6］冯根福，吴林江，刘世彦. 我国上市公司资本结构形成的影响因素分析［J］. 经济学家，2000（5）：59-66.

［7］傅蕴英，陈子奇. 上市公司资产重组的动因及绩效［J］. 重庆大学学报（自然科学版），2002（11）：62-66.

［8］高见，陈歆玮. 中国证券市场资产重组效应分析［J］. 经济科学，2000（1）：66-77.

［9］蒋殿春. 中国上市公司资本结构和融资倾向［J］. 世界经济，2003（7）：43-53，80.

［10］《亏损上市公司暂停上市和终止上市实施办法（修订）》中国证监会〔2001〕147号.

［11］兰卫国，张永安，杨丽. 企业多元化战略与目标行业选择研究［J］. 软科学，2009，23（4）：7-12.

［12］李善民，李珩. 中国上市公司资产重组绩效研究［J］. 管理世界，2003（11）：126-134.

［13］李心丹，俞红海，陆蓉，徐龙炳. 中国股票市场"高送转"现象研究［J］. 管理世界，2014（11）：133-145.

［14］李远鹏，牛建军. 退市监管与应计异象［J］. 管理世界，2007（5）：125-132.

［15］李自然，成思危. 完善我国上市公司的退市制度［J］. 金融研究，2006（11）：17-32.

［16］任婕. 我国上市ST公司资产重组绩效及市场反应的研究［D］. 山西财经大学，2013.

［17］《上海证券交易所股票上市规则(2018年11月修订)》上证发〔2018〕97号.

［18］《上海证券交易所上市公司高送转信息披露指引（征求意见稿)》上证公告〔2018〕13号.

［19］沈洁. 企业多元化战略的协同效应分析［J］. 经济与管理，2009，23（2）：49-54.

［20］史晓玲，柳强. 试析我国上市公司退市制度［J］. 中国证券期货，2010

(8)：46-47.

[21] 王娟，杨凤林. 上市公司筹资结构的实证研究 [J]. 经济理论与经济管理，1998 (6)：25-30.

[22] 王娟，杨凤林. 中国上市公司资本结构影响因素的最新研究 [J]. 国际金融研究，2002 (8)：45-52.

[23] 肖海莲，巫岑，唐清泉. 多元化战略类型、R&D 投资与企业绩效 [J]. 当代经济管理，2016，38 (6)：14-22.

[24] 谢凤鸣，卢致昱. 中国 A 股上市公司高送转动因研究 [J]. 时代金融，2018 (32)：362-364.

[25] 谢静. 完善我国上市公司退市制度的若干思考 [D]. 华东政法大学，2008.

[26] 熊义明，陈欣，陈普，许红伟. 中国上市公司送转行为动因研究——基于高送转样本的检验 [J]. 经济与管理研究，2012 (5)：81-88.

[27] 许强，杨静，张力维. 近十年企业多元化战略研究述评和展望 [J]. 浙江工业大学学报（社会科学版），2018，17 (1)：87-93.

[28] 杨强，汪波，吕荣胜. 企业多元化战略的动因及其风险分析 [J]. 北京交通大学学报（社会科学版），2008 (3)：85-88.

[29] 张建君，李宏伟. 私营企业的企业家背景、多元化战略与企业业绩 [J]. 南开管理评论，2007 (5)：12-25.

[30] 张妍妍. 我国上市公司退市问题及对策 [J]. 中南民族大学学报（人文社会科学版），2011，31 (3)：118-120.

[31] 张尧，关欣，孙杨，佐飞. 考虑背景风险的项目投资决策 [J]. 中国管理科学，2016，24 (9)：71-80.

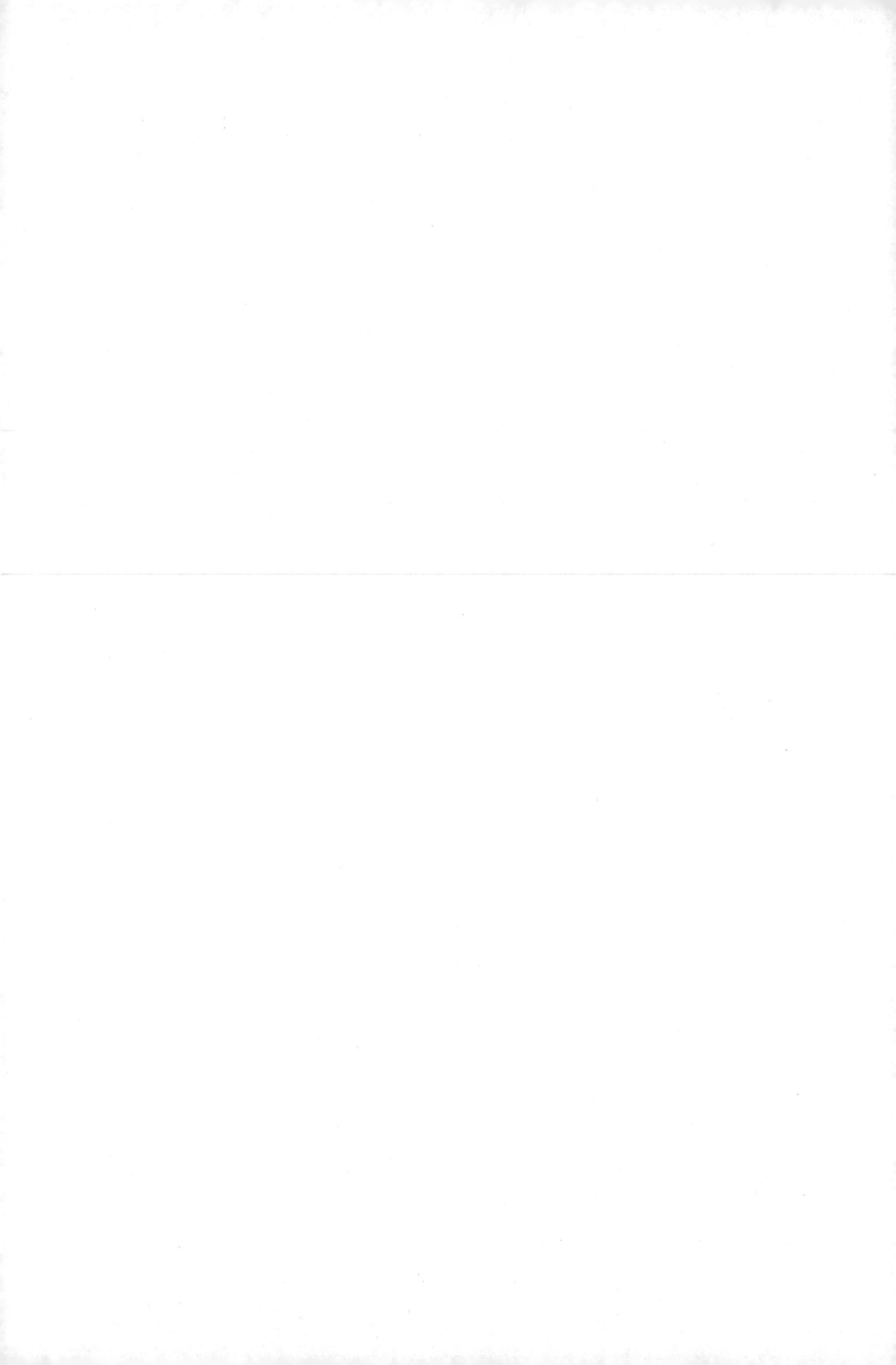

案例 5

寓见"二房东",遇见"租金贷"[①]

——长租公寓"爆雷之殇"

2018年整个长租公寓行业发生了接二连三的"爆雷",带有"小米光环"的寓见公寓作为较早进入市场且较为成功的创业系长租公寓,也不幸陷入流动性危机之中,难逃"爆雷"的厄运,究竟是什么原因导致了其失败的结局?本案例通过对寓见公寓发展背景、发展历程、经营模式等进行具体的分析来逐一揭晓答案。首先,案例分析了推动我国长租公寓市场发展的"三驾马车",并介绍了行业当前的发展现状。其次,以寓见公寓为切入点,详述寓见发展的历程及其业务模式。最后,总结梳理了导致寓见公寓"爆雷"的罪魁祸首。本案例希望以寓见为例来透视整个长租公寓行业,用寓见公寓发展中所暴露出的问题作为整个行业发展的借鉴和警示,以达到其他同行引以为鉴和改进完善的目的。

[①] 本案例由中央财经大学金融学院藏方哲、陈旰、黄腾、施雨婷、郑文豪撰写,王辉指导。

 案例正文

一、引言

"公司已经出现严重的资金短缺,股权已全部质押给贷款银行,账户管理权也已经被贷款银行全面接收,公司已经没有任何资金可以调配……濒临倒闭,已没有任何能力支付各位业主的租金。"2018 年 10 月 16 日,一份寓见公寓的《业主公告》流传开来。拖欠房东房租、无法退还租客押金、无法支付员工工资、租客银行卡资金强行被扣款……带有"小米光环"的寓见公寓似乎也难逃长租公寓行业在 2018 年这一年的魔咒,不幸陷入流动性危机之中,发生了"爆雷"。除了寓见公寓之外,2018 年整个长租公寓行业在短期内发生了接二连三的"爆雷",2018 年 8 月,杭州鼎家长租公寓"爆雷";2018 年 10 月,咖啡猫长租公寓"爆雷";2018 年 11 月,北京长租公寓昊园恒业"爆雷"……仅仅几个月的时间,我国长租公寓行业突然发生了一连串的动荡,各种问题频发,被舆论推到了风口浪尖。

长租公寓这种模式最早兴起于国外,近几年来由于我国房价攀升,地价暴涨,住房供求严重失衡,人口向一二线城市持续流动,政策支持导向等多方面原因的推动,大量的购房需求开始转向租赁市场,我国长租公寓市场开始发展起来。自 2017 年以来,在房地产行业自身的发展周期以及国家一系列"租购并举"政策的支持下,使得我国的长租公寓行业受到资本市场青睐,各路资本争相涌入,整个行业进入爆发期。寓见公寓作为较早进入行业内较为成功的创业系长租公寓,2014 年 11 月,寓见公寓获得了顺为资本以及联创策源的 A 轮融资;2015 年 3 月,再次获得联创策源投资,其"小米系"的身份一度成为竞争的优势。根据贝壳研究院在 2018 年 7 月发布的研究报告显示,寓见公寓管理的房间规模在分散式公寓行业中排名第八,2018 年 9 月的分散式长租公寓品牌影响力榜单中排名第七。那么,寓见公寓在早期的资本优势和较好的市场占有的情况下,为什么会发生资金链的断裂?究竟是什么原因导致了其失败的结局?我国长租公寓行业高速发展的背后究竟有哪些重大的隐患?在后文中会以寓见公寓为例来透视整个长租公寓行业,通过对其经营模式、经营风险和经营问题进行具体的分析来逐一揭晓答案,用寓见公寓的失败和所暴露出的问题来为整个行业的发展提供借鉴和警示。

二、行业发展的"三驾马车"

(一) 房地产市场拉动

在中国经济发展的过程中,房地产行业一直是拉动经济的支柱行业,受中国传统购房观念的影响,导致了中国高储蓄率以及买房成为刚性需求的现象,这些在一定程度上推动了中国房价的居高不下。随着人口城镇化的推进,政府从2010年开始进行房地产企业的调控,土地供给价格上涨,到2015年之后的"去库存"政策以及棚改货币化等,都导致了我国房价的不断攀升,房地产企业将高成本转移给了消费者。在图5-1的城市住宅价格从2010—2018年的变动情况可以看出,全国房价的总体增长呈现出比较平稳的态势,但是四大一线城市的房价水平和房价涨幅超过了全国的平均水平,并且维持在超过承受能力的高位,这也是造成长租公寓市场在北上广深等一二线城市出现和快速发展成长的重要原因。

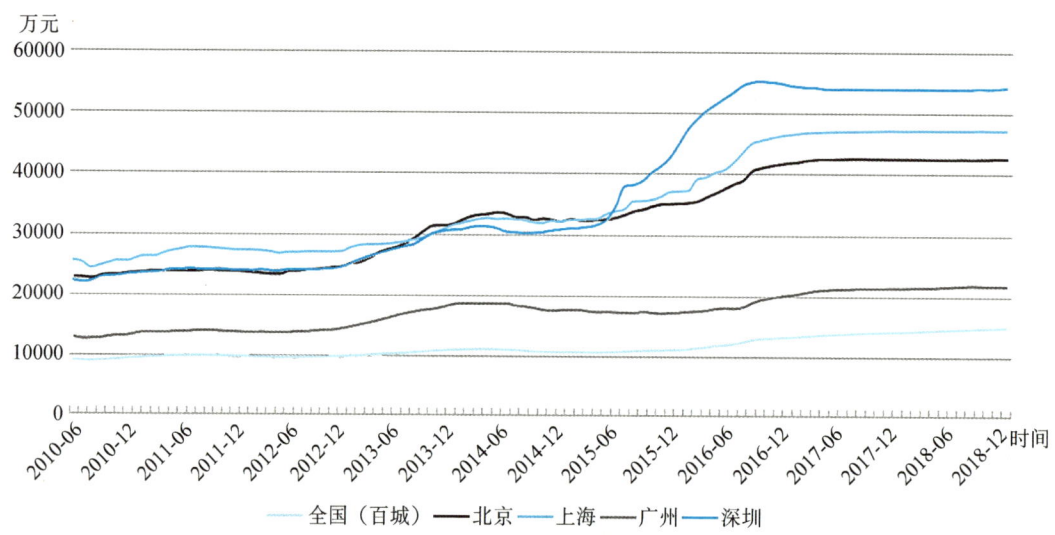

图5-1　2010—2018年我国百城平均住房价格与一线城市住房价格

资料来源:CREIS中指数据,fdc.fang.com。

近年来,虽然各项房地产的限制政策不断出台,反复强调"房子是用来住的而不是用来炒的",但如果我们从2018年年末的房价数据来看,从北京、上海、杭州这样的一二线大城市到三四线的小城市,整个房价仍然在不断上涨或者维持在高位,全国62个城市新房均价每平方米都突破万元,远远超过了普通家庭的承受能力;一二线城市的房价达到了每平方米3万元左右的水平(见图5-2),因此高房价使得大量无法解决住房问题的群体将需求转向了租房市场。除了高房价的推动作用外,房地产市场所提供的商品房,也是租赁市场得以发展的基础,为长租公寓在供给端提供了支持。

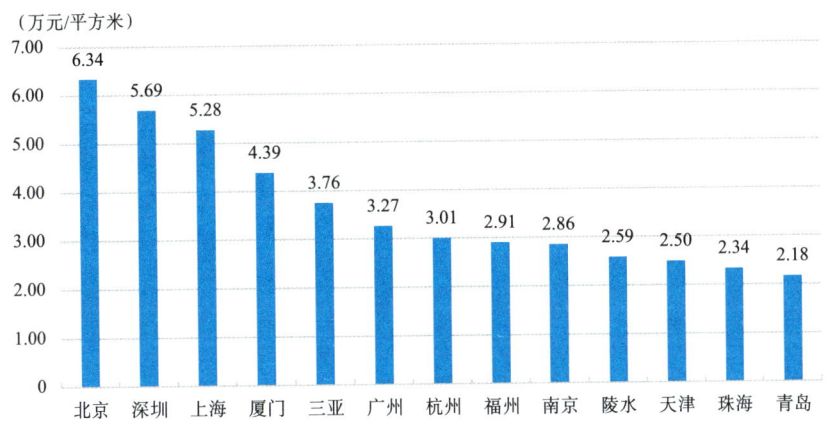

图 5-2 部分城市 2018 年的新房平均价

资料来源:Wind 数据库,作者整理。

(二)海量租房需求推动

在房地产行业的高房价远远超过人们的购买力,迫使人们将购房需求转移到租房需求的同时,也促使我国的流动人口规模变得巨大(见图 5-3),流动人口在 2012 年时达到了 2.36 亿人,2013 年和 2014 年不断增长达到 2.53 亿人,之后伴随着城市化进程的放缓开始出现小幅的下降,2017 年我国流动人口为 2.44 亿人,2018 年为 2.41 亿人,虽然有小幅的减少但规模仍然很大,一直维持在 2.4 亿人以上的流动人口规模。在近年来这种庞大的流动人口规模和房价高涨的背景下,住房租赁成为最好的选择,长租公寓市场迎来了海量的租房需求和发展机遇。

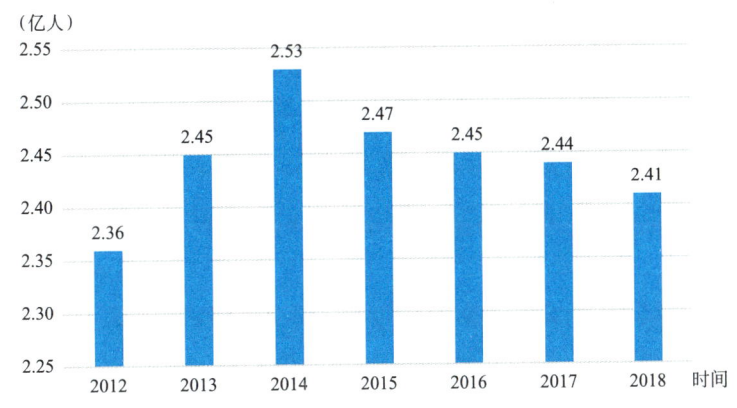

图 5-3 2012—2018 年全国流动人口数量

资料来源:国家统计局,作者整理。

根据深圳市房地产协会的研究报告（见图5-4），我国2017年的流动人口约2.44亿人，而在全国整个租房市场中，流动人口的租房占比在全部租房中高达72%。根据调查显示，其中1.7亿人有刚性的住房需求。因此，流动人口大量并且刚性的租房需求推动了我国长租公寓市场的发展。

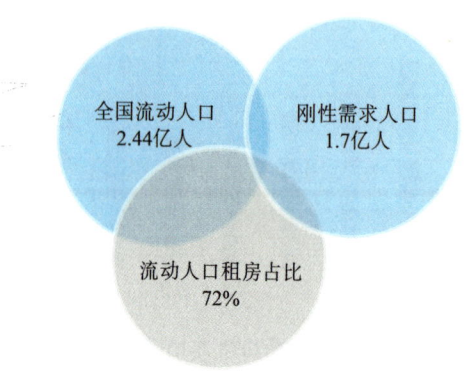

图5-4 全国流动人口与租房需求

资料来源：深圳市房地产协会，作者整理。

虽然城市化进程的放缓可能会降低流动人口对于租赁市场需求的增长，但是在当前消费观念转型以及高房价压力的影响下，越来越多的年轻人选择租房的生活方式而不是购房。从我国2010—2018年的高校毕业生人数来看（见图5-5），从最初的631万人增加到了2018年的820万人，并且每年的增长速度基本保持在3%以上，因此除了流动人口带来的海量租房需求以外，每年新增且规模不断扩大的高校毕业生群体也为长租公寓市场提供了大量的需求。

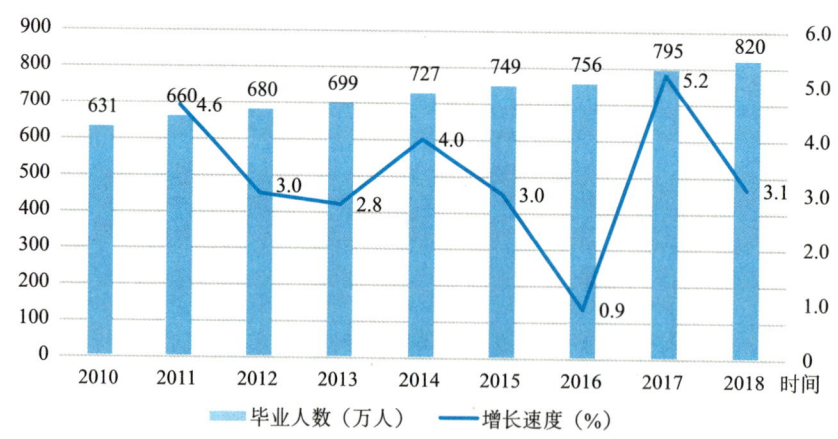

图5-5 全国普通高校毕业生人数与增长速度

资料来源：教育部教育统计数据，作者整理。

（三）政策红利助力

从 2015 年起，国家层面就开始关注并大力支持住房租赁市场的发展，提出长租公寓和短租公寓需要细分业态发展，并且在随后的几年中，陆续出台了建立地方住房租赁信息政府平台、推出租赁住房用地、加快完善立法和监管、租购并举等一系列的方针政策。我们可以将中央以及地方的相关政策措施从几个方面进行总结（见图 5-6），在我国这样的政策框架下既可以保证租赁市场的供给问题，又能够为租客提供一系列的权益保护，鼓励人们支持并信任租赁市场。国家这一系列的政策支持为长租公寓行业的创业以及资本投资等都奠定了基础，助力了我国长租公寓市场的发展。

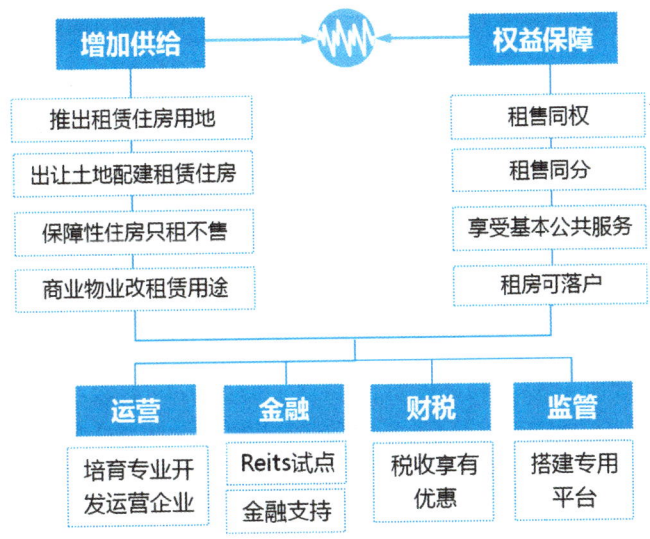

图 5-6 中央及地方主要住房租赁政策汇总

资料来源：中央及地方住房租赁政策，作者整理。

以 2016 年推出的租赁住房用地政策为例，这一政策的出台使得大量低价位纯租赁土地出现在市场上，在供给端既解决了企业拿地难的问题，又降低了企业的运营成本，从 2016 年 11 月到 2018 年 12 月，共有 22 个城市成交了 1237 万平方米的租赁用地，其中上海率先开始大力推行这一政策，成为全国成交面积最大的城市（见图 5-7）。

三、长租公寓行业"众生相"

（一）八仙过海，各显神通

在上文中讲到的高房价、政策红利、持续的人口流动等原因的驱动下，长租公寓

图 5-7 上海成交的租赁相关用地情况

资料来源：CREIS 中指数据，fdc.fang.com。

作为一个被市场所看好的行业，不断吸引着众多各种类型主体的参与，从 2017 年整个行业进入爆发期以来，目前呈现出一种多样化主体参与的状态。当前市场参与的主体或者说运营商主要有四大类：第一类是以万科、龙湖为代表的房地产商，他们通过设立住房租赁子公司来参与市场；第二类是酒店行业，如如家，这些酒店通过租赁物业或者是自己持有物业将酒店长期空置的房间变为长租公寓；第三类是房屋中介机构，如链家、自如，他们通过信息优势获得个人的住房，并在不同的地方租用零散的物业来进行服务；最后一类是创业公司，如新派公寓、YOU+公寓等，这类公司主要是利用互联网优势来进行管理，方式更加灵活，具有不同的特色。

多主体参与在一定程度上促进了我国长租公寓行业的多样化，但也造成了我国长租公寓市场的竞争十分激烈，目前全国排名前 100 名的大中型开发商中有 30 多家已经进入长租公寓行业，如万科、华润、碧桂园等，都已经拥有了自己独立的公寓品牌，这些房地产系在资本和供给端都有很大的规模优势，是创业系企业无法比拟的。同样地，中介背景的公寓企业利用其在租赁房源及客户渠道方面的先天优势，也实现了大量市场的迅速挤占，使得早期率先进入的创业公司不再占有优势，发展受阻。与此同时，这种多主体参与的行业状况也造成了各个品牌的渗透力低、地域分散等问题。

(二) 分散式独占鳌头

我国长租公寓由于获取房源的方式以及运营模式的不同可以划分为两种,即分散式长租公寓和集中式长租公寓。集中式长租公寓通常以整栋楼为基本单位,而分散式长租公寓以房间为基本单位,在上述的四种参与主体中,房地产商和酒店为集中式运营模式,房屋中介机构为分散式运营模式,创业公司中有的为集中式运营模式,有的为分散式运营模式。分散式运营模式通常对应着轻资产为主的运营模式,反之,集中式模式则可能为重资产运营也可能为轻资产运营。除此之外,在现金流、管理成本、出租方式等方面也有一定的区别(见表5-1)。根据2017年迈点的数据统计,我国当前分散式长租公寓占了80%左右的比重,在集中式长租公寓中规模最大的是魔方公寓,分散式长租公寓中规模最大的是自如。

表5-1 两种模式的长租公寓对比

	集中式长租公寓	分散式长租公寓
房源获取	通过收购、包租、开发等方式获取整栋物业	分散房东,签订长期包租合同
运营特点	重资产或轻资产	轻资产为主
现金流	前期资金投入大	前期投入相对较小,可以通过租金来实现滚雪球式包租
管理成本	集中易管理	分散化管理需要管理系统支持
出租方式	整体出租	分散出租和整合出租
市场定位	中高端	中低端

(三) 融资"三板斧"

我国长租公寓的融资方式主要有三种,即ABS、REITs以及"租金贷"。租金收益权ABS是以基础资产产生的现金流为还款来源形成的固收产品,2017年2月推出的"魔方公寓信托收益权资产支持专项计划"是我国首单公寓行业资产证券化的产品,仅2017年一年市场上就相继推出了10单长租公寓ABS产品。房地产投资信托基金REITs是我国在政策层面所鼓励和提倡的方式,在这种模式下投资者将资金汇集起来由专业的公司购买经营性房地产项目,交由专业的房地产公司进行管理以获得收益提升,这种模式对于长租公寓前期提供了重要的资金支持,2017年11月新派公寓REITs产品发行是我国首次将这种模式引入长租公寓。"租金贷"主要是租客向第三方金融机构或个体网络借贷平台申请信用贷款,然后按月付租金,每月需向贷款机构偿还贷款本息,而长租公寓运营商依托租客每月需支付的租金可以在第三方金融机构或借贷平台在期初一次性获得租客一年的租金收入。这是目前长租公寓融资最常用的方式，包括蛋壳、青客、爱公寓和已"爆雷"的鼎家、寓见公寓都采用了这种融资方式。

（四）础润而知雨？

2018年仅3个月的时间，从杭州、上海到北京，从鼎家、寓见公寓到昊园恒业，整个长租公寓行业接二连三的"爆雷"，各种问题层出不穷。2018年8月，当北京市猛涨的房租令以自如为代表的长租公寓陷入舆论风波之际，当人们开始关注长租公寓行业内利用外部融资囤积房源的经营模式可能带来的风险之时，杭州鼎家长租公寓宣布停运，成为第一家"爆雷"的长租公寓，租户、房东和消费金融机构陷入纠纷。2018年10月，带有"小米光环"的长租公寓运营商寓见公寓被爆出资金链断裂，众多租客一方面需要继续履行在早期不知情的情况下签订的贷款协议，另一方面无法继续享受租房权益。与此同时，咖啡猫长租公寓也出现资金链断裂的现象，导致租客无法退租、返押金；仅仅相隔10天，北京长租公寓运营商昊园恒业由于盲目借用租客信用融资以拓展房源和财务管理混乱也引发了资金链断裂。除了资金链的断裂问题之外，整个长租公寓行业内的道德问题和质量问题也层出不穷，自如长租公寓出现甲醛超标，房间偷拍，逃犯续租等恶劣现象，我国的长租公寓行业各方面的经营问题纷纷暴露出来，行业形势严峻。

四、寓见公寓"回忆录"

（一）"有女初长成，宠爱集一身"——"小米系"的加持

2014年长租公寓行业开始有大量的资本、风险投资进入行业内，迅速点燃了整个行业的创业激情，寓见公寓正是在这一年的3月18日成立，运营实体为上海小寓信息科技有限公司，注册资本为26万元。2014年4月，寓见公寓的客房管理系统YMS上线，这种科学有效的管理系统使其在2014年6月获得险峰华兴等天使投资；2014年11月获得顺为资本、联创策源500万美元的A轮融资，标志着寓见公寓正式成为小米家族一员，随后雷军又追加了2000多万美元的融资。2015年3月，寓见公寓再次获得联创策源投资，B轮实现了2.2亿元人民币的融资。在其整个发展运营过程中，"小米系"的光环成为其最大的噱头，也因此被市场看好和被租客所信任，成为当时具有代表性的成功创业型的互联网长租公寓平台。

（二）"起高楼，宴宾客"——多方合作共赢

寓见公寓在2015年10月与阳光城集团达成战略合作，启动第一个合作项目"阳光城MODO自由区"。一方面，阳光城为寓见公寓引入更多的地产资源；另一方面，由寓见公寓进行标准化运营和项目管理。寓见公寓通过开设专门的托管服务与管家服务，以及利用科学有效的YMS管理系统和CRM客户管理系统，来提供从售前咨询、预约看房、审核咨询、签约到售后的维修、保洁、换房等一站式标准化服务。2016年1月，寓见公寓又和京东到家展开合作，打造首家O2O场景化服务式公寓，寓见公寓的住户可以通过扫描京东到家的二维码来获得外卖、生鲜、蔬菜和洗衣等多项内容，由京东到家提供商品供应服务，寓见公寓则负责硬件设计和社区环境管理。2016年4月，寓见公寓与景瑞地产集团达成战略合作，启动运营景瑞遇道项目。2016年7月，寓见公寓携手万科Mixtown项目，万科业主可以直接将房屋托管于寓见公寓作为一种投资，寓见公寓在获得万科优质房源的基础上进一步进行运营管理，实现了房产销售和房源供应的双赢。

（三）"百尺竿头，更进一步"——借力小米布局智能化公寓

寓见公寓在O2O运营模式的基础上，还利用"小米系"的优势，积极打造智能化公寓，推出"寓见Plus"系列，在雷军品牌的支持下通过智能化的家居配置来实现智能化公寓。如在2015年10月与阳光城项目的合作中，配套了小米家居智能套装、小米智能床垫、万能遥控、智能插座、小米空气净化器、远程实时监控的小蚁摄像头等智能家居体系。寓见公寓在当时智能化产品并没有广泛进入市场的情况下，其智能化公寓的布局使其成为当时全国首家的智能化公寓。根据贝壳研究院在2018年7月发布的研究报告，寓见公寓管理的房间规模在分散式公寓行业中排名第八，在2018年9月的分散式长租公寓品牌影响力榜单中排名第七。

（四）"失足千古恨"——资金断裂，纠纷不断

2018年3月，有多名租客反映寓见公寓管理员以"财务批量打款功能坏了，只能分批打款、排队打款"等理由拖欠押金，租客甚至长达4个月无法要回押金，寓见公寓的资金链问题开始被暴露出来。寓见公寓为了解决流动性问题，在营销策略上，一方面，寓见公寓采用了"全年房租一次性付清打七五折，半年房租一次性付清打八五折，季度房租一次性付清打九折"的方式；另一方面，通过九折优惠来吸引租客通过"合作平台"进行支付，所谓的"合作平台"是租客以个人信用在金融机构或网络小

贷平台上贷款，这些平台一次性将一年租金打给寓见公寓，而租客则需要每月向贷款平台还款。

2018年6月，寓见公寓似乎终于抓住了一根救命稻草来解决自己的流动性危机，不仅商定了一笔融资，双方签订了投资框架协议，而且在2018年7月完成了投资方的尽调。眼看就要实现咸鱼翻身，2018年8月却突然发生了鼎家公寓的"爆雷"事件，直接导致了投资方对行业信心不足，放弃了对寓见公寓原本谈好的投资，寓见公寓再次陷入了危机的旋涡中。到2018年9月25日，公司资金链发生了断裂，寓见公寓还一直不放弃最后的挣扎，陆续告知租客必须更换"元宝e家"这一合作平台，却并不取消旧的贷款，导致了租客背负了新旧两份贷款，然而这些资金对寓见公寓而言仅仅是杯水车薪，截止到2018年10月15日，寓见公寓正式发生了"爆雷"，员工集体罢工，客服电话失联，多名房东围堵位于上海徐汇区的寓见公寓总部。2018年10月16日，寓见公寓发布正式无力支付的《业主公告》，17日寓见公寓总部大门紧锁，人去楼空，在寓见公寓总部紧闭的大门上，还张贴了上海华瑞银行的一张告知函（见附件1）。

2018年10月19日，寓见公寓的实际控制人林小森被相关部门要求随叫随到，汇报处置进展，上海经侦支队组织了林小森、律师、房东以及租客等各方进行谈判，由于业务还涉及众多持牌和非持牌的贷款机构，地方银监局也开始介入。林小森表示寓见已经从2018年10月开始陆续和青客公寓等机构沟通接盘，但收房、重签合同等情况比较复杂，仍在沟通解决之中，如果与青客公寓不能达成协议将会寻找自如等其他公司接盘或者申请公司破产。此外，公司在2018年10月16日和一些租金贷的公司进行了沟通，希望将租客贷款停掉并将债务转移至公司，但遭到拒绝并导致了元宝e家当晚的突袭加速扣款。随后，寓见公寓资产冻结，股权全部质押给贷款银行，账户管理权也被银行全面接收，相关政府机构已经介入，帮助其平稳过渡接盘计划，以解决多方纠纷问题。

五、左手"二房东"，右手"租金贷"

寓见公寓作为长租服务式公寓，其业务的经营开展主要依托两种核心模式：一种是其与原房东与租客之间所构成的平台式服务模式，从本质上来看也可以说是一种"二房东"模式，也是寓见公寓的管理模式。另一种是与其开展融资支持业务扩张有关的"租金贷"链条模式。这两种模式如图5-8所示。

案例 5　寓见"二房东",遇见"租金贷"——长租公寓"爆雷之殇"

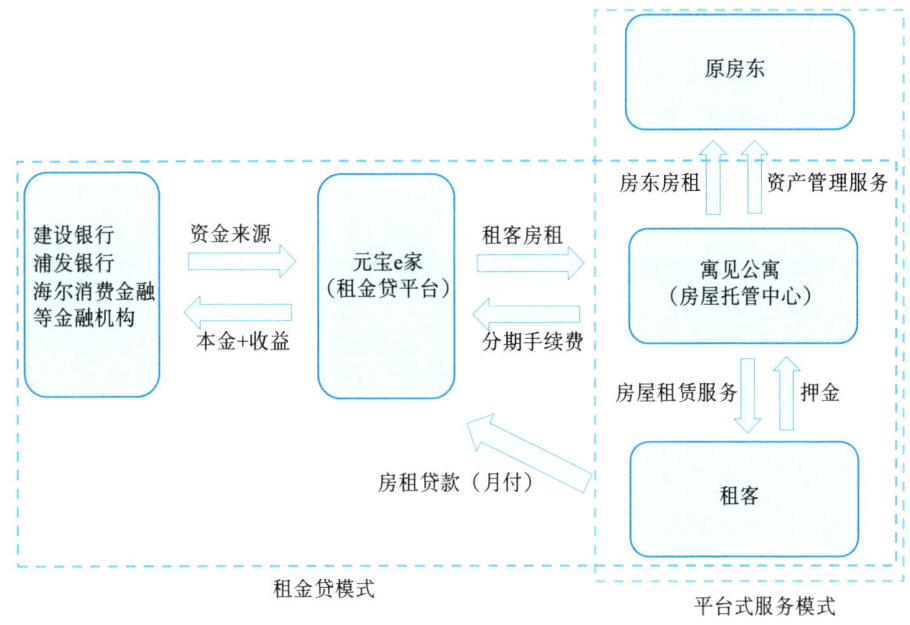

图 5-8　寓见公寓业务模式

资料来源:财新网,作者整理。

(一) 平台式管理模式——"二房东"

寓见公寓属于分散式的公寓经营模式,主要通过对于个人房东的房源进行整合以帮助其出租和管理,以解决租房难、房租不合理、房东被电话骚扰频繁、租房后续纠纷等问题。同时,寓见公寓通过其互联网平台将房屋信息数据化,将房源分为14套标准化类型,有助于租房者更加真实、便捷地了解房屋状况,同时将租户的选择进行大数据处理,以对应租户需求去寻找更加适合市场的房源。这种"房屋托管+标准化装修+租后服务"的业务模式,其实质更类似于社区管家,为住户提供更好的居住服务,企业具有"轻资产运营"的优势。作为拥有 YMS 管理系统和 CRM 客户管理系统的互联网长租公寓平台,在之后的发展中,充分利用自身的优势开始与传统的房地产行业以及互联网公司展开合作来获得优质房源,其 O2O 的运营管理模式使得更容易面向 20—35 岁的年轻上班族进行公寓服务。

与集中式经营模式前期投入资金大而后期管理成本低的特点不同,寓见公寓经营管理所采取的分散式主要特点在于房源分散,由数量众多的房东分别提供,长租公寓平台更类似于中介,将不同房东在不同区域的房源集中起来统一管理,将房屋进行标准化的设计装修。这种模式的主要优点在于前期资金需求量较小,且其房源有很高的多元性,在房屋地理位置、房屋面积以及档次等方面都会有较大的差别,因此可以满足不同经济水平的租客的不同需求。分散式也有较明显的缺点，主要是对房屋的管理较为困难，由于房源的分散及房屋品质的差异会导致管理效率偏低而管理成本较高，需要较强大的运营团队，其次在获取房源上更加烦琐，通常需要与原房东签订长期的包租合同。

在这种模式下，寓见公寓提供的产品主要是两种住房服务，即标配的寓见公寓和寓见 PLUS（即不加隔断的整组式住房，适合家庭租户）。寓见公寓需要解决的是如何获取房源的问题，如何让房东对平台产生信任，愿意签订房屋长期的托管，如何在给房屋稳定回报的同时也能实现自身的盈利。寓见公寓在发展过程中形成了自己的选址模型，由于没有类似自如有房屋中介房源信息多的优势，寓见公寓的房屋选址相对更集中，集中分布于一些小区，这些小区靠得也比较近，从而降低了运营成本。随着越来越清晰的选址策略，寓见公寓发现基于不同地理位置、不同档次小区的不同选择有着完全不一样功能以及意义，因此寓见公寓渐渐开始开发更加多元化的产品，并尝试适应不同地段以及租户不同的需求。近年来，长租公寓行业被众多资本青睐，竞争激烈，市场上可供开发的房源减少，存量房数量较大，因此寓见公寓后期也开始寻求商品类房源，在合法合规条件下，进行改装，释放出一部分存量资源。

在实际经营中，寓见公寓向原房东获取房源，按月支付租金，押一付一；向租客交付房屋使用权时，通常建议租客在初期一次性支付一年房租以享受寓见公寓提供的优惠，同时租客需押二付一，因此寓见公寓可以一次性得到 12 个月的租金加上 2 个月的押金。

这种经营模式配合合规"租金贷"业务的开展，理论上可以为寓见公寓带来稳定的租金利差收入，虽然利差很小，利润空间很窄。但在这种模式下，必然存在期限错配和资金沉淀的问题，且"租金贷"的便利性会加大资金沉淀。

（二）得心应手的融资模式——"租金贷"

这种模式在本质上是长租公寓运营商借用其租客的信用进行贷款，在期初获得资金投入，以此作为寓见平台的融资手段。为实现"租金贷"正常运转，寓见公寓通过"九折优惠"的促销手段吸引租客通过合作平台（即第三方平台）进行支付。

"租金贷"模式的开展需要以下 4 个步骤：一是长租公寓运营商作为委托代理人与原房东签订关于房屋资产委托管理的合同，取得代业主管理房屋资产的权利；二是房屋承租人及租客与运营商签订房屋租赁合同，根据合同规定缴纳租金及押金，同时与金融机构签订相应贷款合同，授权办理"租金贷"业务；三是第三方金融机构根据合同规定一次性向长租公寓支付承租人全部剩余应付租金以及中介服务费用；四是运营商与承租人分别按照其各自的合同规定，定期向原房东支付租金、向金融机构偿还贷款。

寓见公寓"租金贷"也是按照以上程序开展，向寓见公寓提供"租金贷"业务合作的机构五花八门，包括浦发银行信用卡、建设银行信用卡、平安好房金融等大型金融机构，甚至还包括元宝e家、蚂蚁借呗、分付君、应花分期、么么贷等互联网贷款机构，由于每家金融机构的贷款均有额度上限，一般为1亿元左右，一个平台额度达到上限，寓见公寓就转向另一个平台。因此，通过这种"租金贷"模式，寓见公寓运营商可以凭借租户的信用一次性拿到资金方提供的资金，并凭借这些资金扩充新房源，利用隔断将房间扩充改造，增加其所拥有的房屋数量，装修后转手将房屋出租，赚取租金差。也有租客对于寓见公寓中途更换平台的要求十分不满，认为寓见公寓这就是为了圈钱。

然而在寓见公寓实际运用"租金贷"进行融资时，寓见公寓的创始人之一林小森做出了很多在他看来是"技术操作失误"的违规决策，拖欠房东的租金、推诿退换租客押金的要求、拒绝支付员工工资……寓见公寓陷入流动性危机之中，并最终坠入"爆雷"的深渊。其实寓见公寓的流动性危机早有苗头，在2018年3月，许多租客反映寓见公寓拖欠自己押金不退，公寓管家以各种理由推诿归还押金，通常说"财务打款出现故障无法批量打款，只能排队分批打款"。危机真正爆发前几周，又有一部分租客察觉到不对，被告知必须更换平台为被寓见公寓宣称为其股东的元宝e家，但在更换平台后租客发现元宝e家根本不是寓见公寓股东，而此时原借款平台没有解除原先贷款仍旧每月催收还款，租客莫名背上两个平台的债务。房东在与寓见公寓的合作中也遭受到损失，由于寓见公寓陷入流动性旋涡，停止向房东支付租金，房东因此勒令租客搬离。

在这场没有硝烟的战争中，处于信息弱势的租客可以说是损失最惨重的一方，房东在无法收到平台所约定的房租之后选择收回房子，而租客却早已签署了"租金贷"。很多租客在签约时只是草草看了合同或者是听平台工作人员的一面之词，在缺乏金融知识的情况下，大多数人并不真正理解这种贷款的实质，以及这种模式下可能面临的风险问题，并不知道长租公寓用自己的信用做抵押，以这种期限错配的方式去实现自身的扩张。在寓见公寓"爆雷"后很多租客陷入无房可住却仍需支付贷款租金，否则就会被记入失信系统的困境之中。

六、寓见公寓"爆雷""三宗罪"

寓见公寓"平台二房东"的运营模式以及"租金贷"的商业模式导致其发展过程中积聚了许多风险,因此也形成了较为脆弱的资金链条,进一步放大了风险。由于杭州鼎家公寓"爆雷"事件,导致长租公寓行业风险上升,银行等资金供给方降低信用评级,不仅要求更高的资产抵押,同时也降低资金供给额度,因此寓见公寓陷入资金严重短缺的危机中。虽然寓见公寓将其股权全部质押给贷款银行,其账户管理权也被贷款银行全面接收,但公司仍然没有资金可以调配,无力向业主支付租金。业主由于不能按时收到租金,因此收回房屋使用权,而租户却仍需按照之前签订的合同向第三方金融机构按时偿还贷款,且无法收回向公寓运营商支付的押金。因此,寓见公寓资金链断裂,对原房东及租户都造成一定的损失,相比之下,原房东的损失相对可控,而租户的损失会更大,对其生产生活都产生很大的不利影响。

虽然寓见公寓资金链断裂的直接导火索是鼎家公寓的"爆雷",但长租公寓发展模式本身以及寓见公寓的发展战略、采取的"租金贷"均存在许多风险,下文将分析寓见公寓"爆雷"的"三宗罪"。

(一)长租公寓发展"硬伤"

首先,轻资产运营模式在本质上是将长租公寓作为房东与租客之间的中介,其收益来源是租金收入与支付的差值,扣除各种成本及运营管理费用,这实际上是一个低毛利的行业。根据乾立基金2017年《地产轻资产研究——长租公寓专题》报告显示,在出租率高达90%的情况下,利润率较低且不计装修摊销,EBATDA仅有9.4%;前期资金需求大、投入高,因此累计现金流回收期长,在运营费用占比12%且考虑未来租金剪刀差的情况下,回收初始投资的周期需要两年半;盈亏对运营依赖性很高,根据敏感性分析,出租率每下降1%,则EBATDA随之下降0.7%—0.9%;运营费用每上升1%,EBATDA随之下降1%。可见,一旦出租率降低至80%,则运营费用会从12%上升至20%,前期的投入就将无法在5年之内收回。行业报告显示,长租公寓普遍存在的一定水平的空置率以及基于租客的租金优惠,更是压低了其利润空间。

当然这种模式盛行的原因在于大量房源分散于中小业主,运营商不得不去收购使用权,但其根源在于我国的"土地财政",形成了"高地价—高房价—低资金回报率—企业不愿买楼座租赁业务"的循环,市场和资本对支持产权式物业缺乏动力,因此长租公寓平台包括寓见公寓多为轻资产式平台。

其次，租房市场需求不稳定，季节性变动较大，有明显的淡旺季之分。长租公寓的主要受众是年轻人，而年轻人口流动性较大，通常来说每年四五月份租房需求明显上升，至六七月份毕业季期间达到需求高峰随后回落，至10月以后明显下降，在春节期间达到低谷。因此，租房市场的不稳定性会导致房租水平的大幅变动，长租公寓的收入变动幅度加剧，不稳定的现金流入流出以及无法预计的收入或损失给寓见公寓等长租公寓平台的运营带来更高的难度。

（二）寓见公寓发展战略"误入歧途"

2010年长租公寓行业初露锋芒，而后随着国家房屋限购、鼓励住房租赁等政策的相继出台，众多资本进入长租公寓行业，行业迅速发展。包括寓见公寓在内的一些运营商都采取竞速赛跑，不断扩大管理房源规模，抢占市场份额，寓见公寓发展战略中产生的两个最大错误即资金挪用以及盲目扩张，这两个错误在其实际运营中也是互为因果，难以分开讨论。

寓见公寓顶着"小米系"光环上线后规模迅速扩张，A、B轮融资先后获得500万美元、2000万美元以及22亿元人民币的融资，互联网金融行业的迅速发展要求寓见公寓必须快速增长，否则继续获得融资会变得分外困难；同时，由于投资人对公司的规模存在要求，为了实现一定大规模产生后续的增值收入，寓见公寓也需要不断扩大规模。此外，由于寓见公寓的正常收入是有租金贷预收产生，预收入的结构导致已产生的收入均已投入至业务开展成本中，只有新增房源才能增加潜在客户的选择，吸引更多客源，增加收入。上述原因均导致寓见公寓在发展中不断扩张规模，甚至为了抢占房源不惜开出高价，向房东支付的租金成本与收到租客的租金收入出现"倒挂"，多个项目长期亏损十分严重。

在寓见公寓迅速扩张获得几何倍数增长的房源数量后，租房市场陷入上涨热潮。2018年上半年各大城市房租均有显著上升，而过快的房租上涨也带了"租不起房"的社会问题，因此各大城市也开始出台抑制房租上升的政策措施。在这种房租上涨受到限制的背景下，金融市场资本运作的成本也不断在攀升，超出寓见公寓能力范围的过大持房量不仅不能成为利润扩大的来源，反而成为资金链断裂的加速器。

（三）"租金贷"模式下"挂羊头卖狗肉"

如前文所说，在长租公寓行业加速发展竞争激烈的大背景下，寓见公寓不得已选择疯狂扩张的发展战略，而由于其创业系背景，寓见公寓自身实力与这种战略并不相匹配，这是导致其"爆雷"的根源性因素。另外，寓见公寓运用"租金贷"模式加剧了在长租公寓行业较为普遍的资金挪用问题。从图 5-8 中可以看出加入"租金贷"模式后,产业链条变得更加复杂,由于长租公寓运营商、原房东以及租客之间交付租金的周期不同,这使得长租公寓运营商非直接地拥有了其"资金池",运用"资金池"中的资金相当于挪用了租户的租金,可见"租金贷"给寓见公寓带来的风险实质上是现金流管理的风险。

在规范运用"租金贷"的情况下,这种金融创新可以形成对原房东、租客、长租公寓运营商、第三方金融机构均有利的"四赢"局面。问题就在于,寓见公寓自身有种种不规范行为,表面上是正当开展长租公寓业务,实际上利用平台"敛资",形成"资金池"后在未取得租客同意或授权的情况下非法挪用"资金池"内资金,用于企业扩张或是进入金融领域进行资金运作获得高风险利润。尤其是"租金贷"作为一项金融创新,并没有受到监管部门严格的监管,也没有备付金机制,利用"租金贷"形成的"资金池"成为监管盲点。

虽然"租金贷"的创新本身并无错,但是"租金贷"模式产生了严重的期限错配、投向错配的问题,以及为寓见公寓建立"资金池"提供了便利,加之寓见公寓在进行这种运作的同时,并没有建立相配套的风控机制,寓见公寓挪用租金后运用于不恰当的扩张或是投入风险过高的其他投资领域,为其"爆雷"埋下伏笔。

七、事件尾声

由于在"二房东"的租期、租金费用等问题上难以与寓见公寓以及原房东达成一致,在长期的谈判之后,青客公寓最终只接手了寓见公寓的部分资产以及部分老员工。事件发展到 2019 年 1 月,仍有部分租客居无定所却还背负着高昂的租金贷,仍有部分租客的个人征信被本不该支付的贷款而影响。

值得欣慰的是,复基集团旗下的麦家青寓已经从 2019 年 1 月接盘寓见公寓的剩余资产,后续会介入公司资金层面,这对寓见公寓、租客、房东都似乎带来一丝曙光,也许他们的纠纷未来会被解决。那么,我国的长租公寓企业是否能够从寓见公寓的悲剧中学会头脑冷静,回归理性呢?我国的长租公寓行业下一步会如何发展?"租金贷"模式后续发展过程中如何更好地改进以防范风险呢?让我们拭目以待。

八、附件及延伸材料

附件1：《业主公告》部分截图（寓见公寓，2018年10月16日）

业主公告

各位尊敬的寓见业主：

寓见公寓自2014年3月创立以来，得到了广大业主长期的信任、支持和宽容，在此表示衷心感谢和歉疚。公司自创立以来，和大多数创业公司一样，经历了创业大潮的一路起伏和坎坷。现在非常抱歉地告知大家，公司因为整个行业的深刻变化和调整，以及自身的经营管理不善，已经出现了严重的资金短缺，公司股权已全部质押给贷款银行，账户管理权也已经被贷款银行全面接收，公司已经没有任何资金可以调配。一个我们非常不愿意面对的事实是：公司濒临倒闭，已没有任何能力支付各位业主的租金，再次深表歉意。

面临如此严峻形势，公司创始团队没有放弃初心，没有回避责任，仍在以最大的努力寻求各种办法和途径维护好业主的权益。经行业指导部门、金融机构等多方面紧急协调，公司现已与沪上最具实力的本土行业机构达成合作意向，由该机构全面接手各位业主房屋的后续运营管理，现正在夜以继日地做好系统对接、数据核对和联系业主等繁重工作，力争做到无缝链接，确保各位业主的收租权利不受损失。接手机构正在逐一联系各位业主，我司前期拖欠的租金问题将很快得到解决，原房屋托管租赁合同约定内容将继续有效履行。在此，恳请各位业主能够配合将签约合同编码、签约手机号码、姓名，您的问题以邮件的方式发送到：CS@yujianjia.com，做好房屋托管租赁合同的转签和交接

附件 2:《上海华瑞银行关于敦促寓见公寓保障我行信贷资产安全的告知函》（上海华瑞银行，2018 年 10 月 15 日）

上海华瑞银行股份有限公司

关于敦促寓见公司
保障我行信贷资产安全的告知函

寓见资产管理（上海）有限公司：

我行前期向你公司发放了专项贷款，用于你公司经营的长租公寓房屋装修。

近期，我行在贷后监控过程中注意到，互联网上出现关于你公司拖欠房东租金导致房东撤租收回房屋的传闻。

鉴于：

你公司经营的部分长租公寓装修资产系使用我行贷款资金形成，相关房屋出租产生的租金收入为上述贷款的还款来源。

你公司须充分保障上述装修资产安全，未经我行允许，不得擅自处置上述装修资产，在相关贷款结清前，对于危及我行信贷资产安全的情形，我行保留诉诸于法律维护我行权益的权利。

特此告知。

上海华瑞银行股份有限公司
2018 年 10 月 15 日

附件3：相关新闻报道

1. 《长租公寓"二房东"占用房租贷频繁爆雷，租客如何维权?》

http：//companies.caixin.com/2018-11-12/101345798.html。

2. 《长租公寓连环雷，寓见公寓融资失败资金断裂》

http：//finance.caixin.com/2018-10-18/101336236.html。

3. 《长租公寓"租金贷"金融风险与监管建议》

http：//bashusong.blog.caixin.com/archives/193020。

4. 《"二房东"杠杆之危》

http：//weekly.caixin.com/2018-09-08/101323969.html。

案例使用说明

一、教学目的与用途

1. 适用课程：金融理论与政策、金融机构与金融市场、金融伦理。
2. 适用对象：本案例主要为金融专业研究生及本科生相关课程开发。
3. 教学目的：本案例聚焦于上海长租公寓行业曾经的头部企业寓见公寓，梳理了寓见公寓从头顶"小米光环"发展壮大到利用"租金贷"盲目扩张，不规范运营直至"爆雷"的过程。本案例结合金融理论，分析寓见公寓如何以"二房东"的身份运作"租金贷"这一具有特色的融资模式，"租金贷"又是如何异化积累风险以及监管在行业发展中又该扮演何种角色。

具体目标分为以下四个方面：

（1）基于金融风险与金融异化理论，使学生认识到"租金贷"是一种创新性的融资工具，长租公寓企业可以利用它快速地回笼资金并进行扩张，正是因为"租金贷"模式的"新"而且有暴利可图，很多长租公寓企业利用规则漏洞不规范使用"租金贷"带来的资金，导致金融风险迅速累积，"租金贷"本身异化成一种缺陷严重的融资模式。让学生通过案例生动地体会到金融创新的两面性，金融风险与金融异化的警钟长鸣。

（2）基于金融功能与金融结构理论，使学生从中国的金融体系与结构出发看待"租金贷"模式，即中国的金融体系是以银行为主导的，中国的影子银行体系也主要执行类似银行的功能。"租金贷"使得长租公寓能够规避如资本市场发行产品条件等的要求而轻易地拿到贷款平台尤其是互联网金融平台的资金，使学生认识到"租金贷"对长租公寓的方便之处以及其发展起来的必然性。

（3）基于资产证券化理论，使学生能够深入思考长租公寓行业常见的三种融资模式，即租金贷、ABS、REITs之间的异同点。标准的ABS与REITs都要求自持物业或以自有资产抵押，但国内的长租公寓ABS没有自有底层资产，实际上是一种创新的ABS，有更高的风险，在长租公寓企业进一步的发展运用中还有改进的空间。通过分析资金流在不同主体之间的运动，让学生认识到相较于标准的资产证券化过程，"租金贷"扭曲了公平公正性，使长租公寓处于优势地位，很容易同时伤害租户与房东的利益。

（4）基于金融监管理论，指出由于"爆雷"金融风险的负外部性、业务开展中存在的信息不对称以及"租金贷"模式内在的脆弱性等原因，外部监管必须要介入长租公寓行业的规范发展。还要使学生理解具体实施监管中要注意不同监管方之间的协调，形成更有效率的功能监管，同时监管还要注意权衡利弊，不能对不同类型的金融创新一刀切、一概抹杀，要在规范中促进引导合理的金融创新。最后还要使学生认识到由于金融在长租公寓行业的不断深入，宏观审慎监管也需要适当关注到长租公寓领域。

二、启发思考题

1. 长租公寓是如何在一二线城市中发展起来的？请从住房的供需和相关产业发展的角度展开思考。

2. 为什么我国大部分长租公寓企业以二房东的身份使用"租金贷"这种模式而不是采用ABS或REITs模式融资？二房东以及"租金贷"又是如何塑造了现有的行业生态？

3. 二房东身份的优点与缺陷在哪里？如何分析"租金贷"的异化以及由此带来的风险？

4. 展望一下长租公寓未来的发展，二房东和"租金贷"模式会以什么样的方式改变或被代替从而能更健康地促进行业的发展？从多角度提出对长租公寓行业的建议？监管将在长租公寓行业的发展中扮演什么样的角色？

三、分析思路

1. 教师可以引导学生结合案例分析，为什么在中国一二线大城市，长租房市场会快速发展，可以从住房的供需角度和相关产业的发展角度来看。首先，学生可以从住房的供需角度分析，在需求上，可以从人口流动趋势、大城市人口结构、房价租金比分析；在供给上，要明白政府打击清理群租房，长租房由专业机构进行精装修运作，房源质量明显提高。其次，从相关产业发展的角度分析，互联网金融的发展为这种业务运作模式提供了技术支持，使得这种O2O租房的商业模式得以实现。

2. 教师可以引导学生结合案例，一方面，了解"租金贷"的运作模式以及运作风险点，进而通过分析各方主体之间的微观结构来了解整个长租公寓行业的发展模式。另一方面，教师可以引导学生思考"租金贷"模式的这种特点如何契合了我国的长租公寓行业的发展，可以从业务的集中度、流动性、杠杆率的角度考虑。

3. 教师通过进一步介绍运营模式来启发学生对长租企业二房东身份优缺点的思考。一方面，在优点方面，教师可以引导学生从其解决信息搜寻困难、自有资金不足、缓解租房压力的角度思考；在缺点方面，教师可以引导学生从信息不对称的角度考虑，进而引发学生对其道德风险和逆向选择问题的思考。另一方面，在分析二房东的缺点时，教师可以着重分析租金贷给长租企业带来的风险，具体可以从信用风险、期限错配引发的财务风险、法律风险的角度展开深入思考。

4. 教师可以引导学生思考对于改善长租公寓发展状况的建议，具体可以从融资模式、经营模式、行政政策、监管模式的角度考虑。教师可以引导学生思考"租金贷"之外的替代融资方式，包括资产证券化、房地产信托基金等，并思考这些融资方式解决了"租金贷"的哪些问题，这些新的融资方式又潜藏着哪些风险。在经营模式方面，教师可以引导学生从成本控制、资金配置、资金期限管理、发展战略的角度进行分析。在行政政策方面，教师可以引导学生从规范竞争环境、各方权益保护、妥善处理纠纷等角度考虑相关法律法规的制定。在监管方面，教师可以引导学生从功能监管、资本监管、激励监管的角度，并结合中国宏观审慎监管框架考虑长租公寓行业监管框架的构建。

四、理论依据（见图5-9）与具体分析

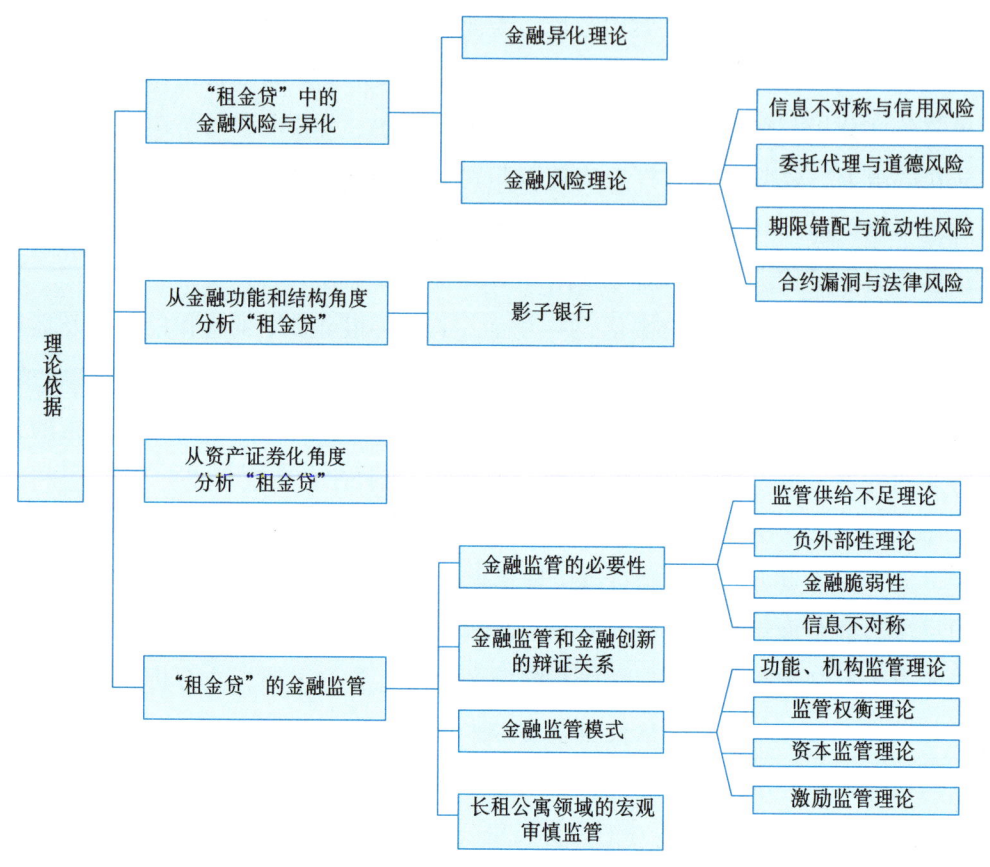

图5-9 理论依据框架

（一）"租金贷中"的金融风险与金融异化

【问题】分析寓见公寓进入住房租赁市场的营运模式，探究"租金贷"模式的原因与优势，并结合金融风险和金融异化理论，分析租金贷存在的风险和寓见公寓"爆雷"暗含的依据。

早期，寓见公寓发展主要依靠风险投资，在2014年，即寓见公寓成立的第一年，寓见公寓就获得了顺为资本A轮1000万美元的融资，之后又获得了险峰华兴、联创策源数百万美元的投资。近两年，随着政策的放松，资产证券化成为长租公寓获得资金的热门途径。寓见公寓曾一度被市场看好，然而，在2018年10月，寓见公寓却在《业主公告》中表示"公司出现严重的资金短缺，濒临倒闭"。寓见公寓已明显陷入流动性危机。那么，这个一直被市场看好的企业为何会突然"爆雷"？这和"租金贷"

是否存在关联？

近年来，我国城市化进程加快、流动人口的大量增加、房价的节节攀升，种种因素促使我国住房租赁市场上的需求快速增加，原有的个人和政府提供的房源已无法满足快速增长的需求，建立合理的住宅租赁市场已成为迫切的任务。在供求急速转换的背景下，企业开始以市场供应主体的身份进入市场，通过购买或租赁大量房屋，进行统一的装修和布置之后，再进行转租，这样，长租公寓就产生了。目前，长租公寓已占据了住房租赁市场的重要份额。

长租公寓和"租金贷"的产生都是金融创新的结果，但过度的金融创新必然会形成金融异化的风险。金融异化可被理解为原本应该为实体经济发展助力的金融部门脱离实体经济的发展，出现了膨胀，甚至反过来对实体经济产生了负面作用。金融创新本身是有利于经济发展的，但也存在着不少风险因素。而金融部门的功能就在于为经济管理风险，将金融创新所引起的风险控制在合理范围以内。但在一些特定情况下，金融部门反而会出于自身利益的考虑，选择放大风险。这就是典型的金融异化现象。金融异化会使金融风险更加隐蔽、金融机构经营风险增加等，从而对金融体系造成巨大影响。在严重的情况下，甚至可能会引起金融危机。

"租金贷"的本质是金融创新，它本身对于租客是具有积极作用的，它能够满足租客合理的贷款需求。随着我国城镇化程度的不断深化，且我国每年都有大批高校毕业生进入社会，这不仅使大量人口向一二线城市流动，且流动人口呈现出年轻化的特点，他们的收入处于中低水平，而一二线城市通常又是房租较高的城市，因此长租公寓和"租金贷"的出现不仅能满足他们的租房需求，还能较好地减轻租客的经济压力。但"租金贷"模式发展至今已集聚大量风险，其原因并不在"租金贷"自身，而是发生了金融异化。一方面，在"租金贷"业务中，长租公寓运营商通过透支信用的方式，将原来租客与房东之间的租赁关系，异化成了租客与第三方金融机构的借贷关系；另一方面，长租公寓中的"租金贷"也与传统意义上的租房分期贷款有很大区别。分期租房贷款是明确贷给租客的，且贷款对租客的要求较高，操作中信息披露较为充分。租客的租金会绕过长租公寓、通过租赁平台直接付给出租人，其中并不存在第三方金融机构给公寓方提供融资。比较之下，长租公寓中的"租金贷"业务在信息披露等方面存在明显瑕疵，"租金贷"潜藏在租客的租房合同中，而贷款合同却未披露或不存在，公寓方也不会详细向租客解释其中的借贷关系和其本质。值得注意的是，长租公寓的"租金贷"是第三方金融机构将租金贷款一次性交给公寓方，借此长租公寓得以形成"资金池"并将其运用于规模扩张，这点与贷款有很大不同。

长租公寓中的"租金贷"是金融异化的结果，其中隐藏的金融风险也成为长租公寓企业"爆雷"的主要原因。

　　随着长租公寓在我国住房租赁市场中如火如荼的发展，"租金贷"模式也应运而生。"租金贷"又称为"信用租房"，主要指租客向第三方金融机构或个体网络借贷（P2P网络借贷）平台申请信用贷款，放贷机构通常在期初将一年的租金全部支付给企业，之后租客逐月偿付贷款。"租金贷"从本质上来说是一种金融创新，通过这种方式，长租公寓公司可以快速获得大量资金快速抢占市场，实现公司的扩张。在现实情况中，即使是轻资产经营，对于企业来说前期投入的资金也是巨额的，而且租房的投资回收期较长，不利于企业的快速扩张和抢占市场份额。"租金贷"就来源于资本的目标与现实情况的不一致。资本的根本目标在于快速实现价值增值，即利润。企业要实现利润必须尽可能地压低成本，这其中自然也包含时间成本。资本的增值程度和资金的回收速度决定了企业的发展潜力和前景。但现实情况是，长租公寓的收入来源于租金收入，因此资金回收期较长，时间成本较大。长租公寓公司的利润来源只能是通过租金与拿房成本之间的差价获利，但过低的拿房成本会丢失房源，过高的租金会丢失客户，由此长租公寓公司的利润空间十分狭窄，再加上资金回收期过长，使得传统的业务模式难以满足资本的要求。因此，"租金贷"成为我国长租公寓企业运营的主要业务模式。

　　虽然"租金贷"这种业务模式满足了长租公寓企业快速抢占市场份额的资金需求，能够大大缩短资金的回收期限，但在现实情况中，长租公寓的运营商通常通过"租金贷"获得租客的预付租金，但在支付房租给房主时确是按月支付。一旦发生资金链断链或其他问题，房主无法继续获得房租，进而驱赶租客，租客无房可住但仍需偿付每月的贷款，否则会影响他们的征信记录。由此可见，一旦长租公寓发生"爆雷"，其影响不仅会涉及租客、房东等，更会对整个金融体系造成巨大冲击。下面将以寓见公寓"租金贷"业务为例详细分析这种业务模式中存在的金融风险。

　　寓见公寓采用的经营模式属于轻资产模式，即公寓采取租赁的方式获得房屋的经营权和使用权，其具体过程为：寓见公寓先与房东签订租赁合同，在获得大量房屋之后，进行统一的装修和改造之后再转租给租客。在租金支付方面，一方面，公寓在支付租金给房东时，采取月付方式，押一付一；而另一方面，公寓在收取租客的租金时，则会建议租客一次性支付一年的租金，押二付一。寓见公寓同时还会建议租客从元宝e家等第三方金融机构贷款，再由第三方金融机构将租客剩余所需支付的租金和相关费用一次性支付给公寓方，而租客需定期向金融机构还款。寓见公寓出现资金链断裂问题后，在未收到租金情况下，房东开始驱赶租客。另外，寓见公寓并未提示租客停止偿还贷款，即使租客每月按时偿还贷款，这笔钱也并不是租金，租客仍然面临无房可住的困境。

综上所述,"租金贷"业务包括以下流程:第一,长租公寓企业以委托代理人的身份与房屋所有者签订合约,从而获得房屋的经营权和管理权;第二,租客与长租公寓企业签订租房合同,并缴纳押金和租金,同时与第三方金融机构办理"租金贷"业务,并签订相应的贷款合同;第三,第三方金融机构按照合同约定将租客的剩余应付租金和其他费用一次性全部支付给长租公寓运营商;第四,长租公寓企业按照约定向房屋所有者支付租金,同时租客也按照贷款合约向放贷机构分期偿还贷款。具体情形如图 5-10 所示。

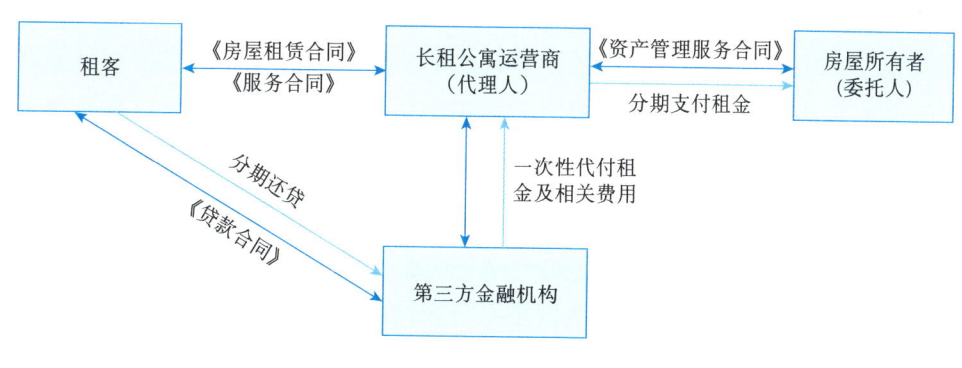

图 5-10 租金贷业务模式

资料来源:中国知网,作者整理。

为了让租客采取"租金贷"的方式支付租金,在实际的操作中,隐瞒、误导或给予一定的租房优惠等方式就成了长租公寓吸引租客办理分期贷款的有效手段。由上述的分析可知,通过"租金贷"模式引入第三方金融机构,实现了租金的"一次性垫付",长租公寓由此实现了资金的迅速回收,它们通常会利用这些大规模的资金寻找新房源和抢占市场份额,这种模式大大加剧了长租公寓行业中的竞争。在这样的大背景下,部分企业甚至开展恶意竞争,推高房租,这又进一步造成对资金的需求。与此同时,市场上也出现了与租房相关的大量信息服务平台和各类金融衍生产品,甚至通过资产证券化等方式衍生出了更为复杂的租房分期贷款模式。

通过上述对"租金贷"具体业务模式的详细介绍,我们不难看出其中隐藏的大量金融风险。金融风险是一种"事关紧要"的不确定性,只有当这种不确定性会影响福利或带来经济损失时,它才可被称为金融风险。其中具体的金融风险主要有以下几种:

1. 委托代理问题以及由此产生的道德风险

委托代理问题是指委托人委托代理人采取相应的行动,进而为委托人实现既定目标。但是由于委托人和代理人之间存在利益不完全一致的问题,且委托人和代理人存在信息不对称问题，由于无法时时刻刻监督到代理人行动的原因，在交易中，委托人处于信息劣势地位，代理人出于自身利益考虑、有动机做出不利于委托人利益的行为。具体来讲，若从委托人角度来看，委托人或由于知识和能力的限制，或由于监督的收益有限、不足以弥补成本，导致委托人未能对代理人进行完全的监督；从代理人角度来看，由于其与委托人的利益、目标不完全相同，且又处于信息优势地位，代理人可能会忽视委托人的利益、实现自身利益最大化。这种在交易中常见的问题便被称为委托代理问题。委托代理问题经常出现在公司治理等领域中，造成委托代理问题的根本原因在于不完全监督下的信息不对称，而直接原因则在于所有权和控制权的分离，即通常意义上的"两权分离"。

道德风险是指在信息不对称的情形下，从事某项经济活动的人在追求自身利益和效用最大化时做出对他人不利的行动，或者在交易一方无须承担风险后果时所采取的自私行为，其目的也在于自身效用最大化。从委托代理问题的角度出发，道德风险是指由于代理人拥有信息优势，往往会采取一些委托人无法观测或监督到的行动，从而使自身受益而委托人受损的可能。

由上述理论分析不难发现，由于信息不对称问题存在，委托代理问题中极易发生道德风险，"租金贷"业务也不例外。在长租公寓中委托代理问题最主要体现在房东和运营商之间，房屋所有者通过委托运营商出租房屋，进行标准化运营和管理，从而获得稳定收益。自这种经营模式出现以来，就在租赁市场上广受欢迎。在轻资产模式中，运营商通过长期租赁或受托管理等方式获取房源再转租。对于房东来说，通过委托不仅可以省去寻找租客的麻烦，还能够提高房租来增加收益。但随着寓见公寓"爆雷"，这种模式中隐含的风险也随之暴露。一方面，在进行委托之后，房东对于运营商如何装修和改造自己的房屋知之甚少，这很有可能会损害到房东的利益；另一方面，在现实情况中，不少长租公寓为了争抢租客，压低租金，甚至有不少是"倒贴"出租的，即只要出租，收益必定为负。但出于扩大市场份额的目的，运营商仍以这种方式勉强维持经营。这种经营方式隐含的风险不可小觑，但房东却毫不知情。综上所述，由委托代理问题所引起的道德风险是长租公寓和"租金贷"不可忽视的风险之一。

2. 信息不对称以及由此产生的信用风险

信息不对称是指在交易中的不同主体拥有不同的信息。在市场经济活动中，一些市场主体拥有其他主体无法拥有的信息，各类市场主体对相关信息的了解是有差异的；掌握更多信息的主体在交易中处于优势地位，而信息匮乏的主体在交易中则处于劣势地位。

在传统租赁市场上，信息不对称就是租客主要面临的风险之一，对于租客来说，找合适的房屋既费时又费力,对于房东来说,租客的生活习惯、对房屋的爱护程度等都是未知信息。虽然长租公寓的产生在一定程度上降低了信息不对称,但这个问题仍然是长租公寓的痛点之一。在长租公寓已暴露出的问题中,信息不对称主要体现在房屋的质量和"租金贷"业务等方面。在"租金贷"业务中,一方面,在租客和运营商之间存在严重的信息不对称,由于长租公寓运营商的故意隐瞒或误导、租客自身的风险和安全意识不强等原因,导致租客"被贷款"的现象层出不穷;另一方面,在金融机构和运营商之间也存在信息不对称的问题,运营商在利用租客的信用获得贷款时,对租客的相关信息了解不够彻底,对贷出资金的运用也知之甚少。

"租金贷"业务风险突出,不仅表现在引入第三方金融机构等其他机构使得租房流程更复杂,风险扩散和转移,更重要的是在长租公寓企业内部,资金的使用和管理能力薄弱,资金的违规挪用现象层出不穷。这些企业内部情况都是租客和房贷机构无法了解到的。一方面,企业的资金使用效率低下,由于企业盲目追求规模扩张,导致企业的履约能力和信用出现问题。另一方面,运营商内部存在资金挪用现象,部分企业为追求利润,不惜利用部分资金进行高风险投资甚至干脆私下挪作他用。由于企业内外对资金使用都缺乏有效的监管,致使企业在资金的运用方面过于随意。实现对"租金贷"业务风险的控制,主要在于两个层面:一方面,是租客的信用,即租客的还款能力和还款意愿;另一方面,则是长租公寓企业的融资能力和风险管理能力。但是在风险控制、监管和其他相关机制尚未建立或成熟的情况下,一旦企业的流动性出现问题,不仅会对企业的自身经营造成不利影响,还会波及租客、第三方金融机构等其他市场主体。在已"爆雷"的长租公寓企业中,资金运用不当毫无疑问成为导致长租公寓企业破产或者跑路的最后一根"稻草"。

3. 资金期限错配、"资金池"以及由此产生的流动性风险

期限错配在金融行业中主要表现为资金的来源和运用的期限不匹配,这种现象广泛存在P2P行业、银行业等金融机构中。期限错配的风险主要表现为流动性风险。与信用风险等其他风险相比,流动性风险的成因和影响更加广泛和复杂,是综合性风险的典型代表。除了金融机构的流动性计划不完善会造成流动性风险之外,信用、市场等其他领域的风险管理不当也同样会造成金融机构的流动性不足,甚至导致风险扩散和传染,进而对整个金融系统的流动性都造成极大的负面影响。因此,对流动性风险进行管理不仅应当做好流动性安排,还应当对其他各类风险都进行有效管理。从这个角度来看,流动性风险水平体现了一家金融机构的整体经营状况。对于长租公寓运营商来说,它获得的资金期限大多是1年,它所面临的负债即所需支付给房东的租金,期限通常是1个月或是1个季度,这中间就存在期限转换,换个角度考虑,长租公寓

运营商一边以 1 个月左右期限的负债进行筹资，一边又利用这些短期资金去进行长期投资，企业需按时"垫付"所欠房租。一旦企业无法按时将房租支付给房东，那么企业就会面临流动性危机。这种资金运作方式对于企业来说弊大于利，因为它加大企业承担的流动性风险，一旦资金垫付压力过大，资金调动不及时，短时间很容易引起"挤兑"现象，这也是很多的长租公寓企业频频出现经营困难、甚至倒闭的根源所在。

流动性风险是"租金贷"的最主要风险，形成流动性风险的主要原因有资金沉淀，以及随之而来的资金期限错配。对于长租公寓企业来说，"租金贷"业务实现了大量资金的迅速回笼，形成了一个"资金池"，这就有可能通过资金运用的期限错配进一步放大风险。首先，传统的租房合同只涉及房东和租客，权责较为明确；而"租金贷"业务在传统的租赁关系增加了长租公寓运营商、第三方金融机构这两个主体，有时还会加入租房信息服务平台，这使得租赁关系中的主体一下增加到四个甚至更多。这些主体的加入不仅使得传统的租赁合同变为双层租赁关系，还增加了借贷关系；尤其是第三方金融机构的加入使得长租公寓企业提前获得租房的剩余全部租金，这样就在企业内部形成了沉淀资金。其次，在租金的支付频率上，长租公寓也与传统的租赁大不相同。传统租房中，租客通常按月或按季度向房东支付房租，而在"租金贷"业务中，金融机构向租客发放的贷款多为按年一次性缴付。由此即便长租公寓运营商通过加杠杆的方式获得大规模资金，也无须承担相应的风险，且这种加杠杆并不是以企业自身的实力为基础，因此仅仅是将风险转移和分散到租客和原房东身上。进一步来看，若是长租公寓利用获得的资金进行投资，又有可能会形成错配。这样一来，双重的资金期限错配放大了风险的传染性，并随着长租公寓企业的频频"爆雷"波及租赁市场中的各个主体。从目前市场上已经"爆雷"的企业来看，其背后往往藏有 P2P、消费金融公司。近日，随着部分网络借贷平台"爆雷"事件现象的出现，长租公寓行业的"多米诺骨牌效应"已开始显现。

4. 法律风险

法律风险主要是指在法律范围内，合同无效而无法履行，或者合约签订不当等原因造成的风险。在金融业中，主要是由于金融创新而引起法律滞后、规范缺失。按照《巴塞尔协议》的规定，法律风险属于特殊的操作风险，从狭义上讲，法律风险重点关注金融机构在办理业务的过程中，签署的相关合同或承诺等法律文件的有效性；从广义上讲，外部合规风险和监管风险也属于法律风险的范畴。外部合规风险是指金融机构在实际业务操作中违反监管规定和原则，导致金融机构面临相关法律纠纷或遭受处罚，最终导致金融机构面临风险。监管风险是指由于法律或者监管规定的变化，影响金融机构的正常运营，或削弱其竞争能力、生存能力的风险。法律风险出现在现实经营中的各个方面，如由于金融合约不完整、金融法律法规的缺失等原因而使合约无法履行或受到相应的保护。

法律风险也是"租金贷"不容忽视的风险之一。我国住房租赁市场一直未有严格的法律规范进行约束，之前租房市场发展不温不火，这个问题体现的不明显，但自从长租公寓"爆雷"以来，这其中制度约束的缺失和法规、监管的空白已引起了各方广泛的关注。从现实情况来看，法律风险主要体现在信息披露和维权追责这两个方面：一方面，从已经"爆雷"的长租公寓企业来看，在业务中采取隐瞒、误导手段诱导租客采用"租金贷"方式租房的运营商不在少数，这与信息披露机制的不完善是分不开的。举例来说，部分长租公寓企业通过设计租赁合同，又故意隐瞒或未向租客进行风险提示，进而为租客办理"租金贷"业务。还有的长租公寓企业采用押金减免、利息优惠等方式诱导租客采用租房分期贷款，甚至以"信用租房产品"等为概念故意隐藏"贷款"字样。以上所述行为都带有较强的迷惑性和欺骗性，这极易导致租客的信用、个人征信都受到较大影响。另一方面，在某些长租公寓企业运营出现严重困难时，租客和房屋所有者等利益相关者的维权相当困难，如一旦房屋所有者因为收到房租而驱赶租客时，租客不仅无房可住，还要继续偿还贷款以免影响自己的征信记录，这样的情况下，租客因为运营商的跑路而无法寻求法律的帮助，只能自己承担损失。

（二）从金融功能与结构及资产证券化角度分析"租金贷"

【问题】目前国内长租公寓运营商主要通过"租金贷"或者发行 ABS 与 REITs 来预支资金，试着分析这三种模式之间的异同点，并思考"租金贷"模式产生的背景并指出寓见公寓采用的"租金贷"模式存在的固有缺陷？长租公寓 ABS 与 REITs 能代表长租公寓行业未来的方向吗？

目前，国内的长租公寓运营商主要通过商业银行、网贷平台、消费金融公司以及资产支持证券（ABS）来预先获得资金，基本模式分为"租金贷"以及 ABS，ABS 形式又可以分为场内与场外。一方面，场内发行的长租公寓 ABS 监管较为严格，产品信息公开透明，因此场内 ABS 的发行受到较大制约，有条件发行场内 ABS 的主体集中在行业头部企业，但即使是头部企业也未能完全利用发行额度，如自如获准发行 20 亿元场内 ABS，但目前也仅发行了几亿元。另一方面，场外发行的 ABS 则不断升温，金融风险也不断累积。场外 ABS 发行比场内发行要大很多，其名称不一定采用 ABS 的形式，可以是租金收益权等叫法，但本质上都是将长租公寓的租金收益权或者消费贷债权打包卖出去，对接银行资金或者网贷平台资金等。

就产品运作模式而言，长租公寓使用的"租金贷"是以租客未来租金流或债权利息现金流的稳定性作为筹码，通过第三方（银行或贷款平台）提前回笼资金，利用这些提前回笼的资金，长租公寓运营商可以进行其他投资活动获得高利润。国内长租公寓运营商发行的 ABS 以及传统 ABS 以底层资产产生的稳定现金流作为筹码，通过在证券市场发行证券提前回笼资金。这里面可以看出"租金贷"和 ABS 之间存在很多相似点，它们都使原始权益人得以提前回笼资金，提高了底层资产流动性，同时实现了风险的重新分配。就产品的风险而言，"租金贷"的风险实质是长租公寓现金流管理的风险，主要体现为沉淀资金的期限错配风险，甚至资金挪用风险；ABS 产品的风险与之类似，若发行人扩张无度导致资金链断裂，除租客需继续还贷且无房可住、房东面临房租受损之外，还有 ABS 投资者也要承担风险。

"租金贷"与 ABS 之间却又有着更多不同点，国内长租公寓发行的 ABS 与传统 ABS 之间也存在着很重要的不同点。可以引导学生从两个理论层面思考不同点，层面一，从不同国家金融体系与结构的角度看"租金贷"这一充满中国特色的金融产品的典型特点；层面二，从资产证券化理论的角度看租金贷与 ABS 的不同。

1. 金融功能与结构理论

判断一个国家或地区金融体系稳定性和效率性的标准是金融体系能否创造出丰富多样的金融工具，充分动员社会储蓄并将聚集的资金进行高效配置，提高资本的边际生产率和全要素生产率，并有效进行风险分散和管理，促进社会福利的增长。

根据金融功能理论，金融体系的功能包括：便利清算和支付，时空转换与配置资源，资源汇聚和股权细化，风险管理，信息提供与处理改善，监督与激励。理想情况下，国内长租公寓平台从机构或市场获得金融资源后能够推动长租公寓行业的整合与标准化管理，改善了一二线城市租房市场原来房源分散、个体房东信息不对称、市场出清效率低的状况。因此，本案例的研究是对金融如何起到资源时空转换、信息提供与处理改善以及监督与激励作用的很好诠释。

金融结构是指构成金融总体的各个组成部分的分布、存在、相对规模、相互关系与配合的状态。金融发展的实质是金融结构的变化，研究金融发展就是研究金融结构的变化过程和趋势。各国金融结构的差异反映在不同的金融工具及金融机构相继出现的次序上、他们的相对增长速度、对不同部门的渗透程度，以及对一国经济结构变化的适应速度和特点等方面。衡量金融结构演变程度的指标金融相关比率（Financial Interrelations Ratio，FIR），指全部某一时点上金融资产价值与全部实物资产（即国民财富）价值之比，这是衡量金融上层结构相对规模的最广义指标，也是最重要的一个指标。作为金融体系整体中各个部分组合的综合反映，尽管金融结构从资金价值和信用的角度反映了整个经济结构，进而涵盖了金融体系结构、金融工具结构、金融中介结构等诸多方面，但经济学家一般认为银行和资本市场在金融体系中的相对地位的差异是比较金融体制最值得关注的话题之一。

国内长租公寓运营商最青睐的租金贷模式是根植于我国以银行为主导的金融体系中的。相较于国外企业，国内的企业更容易从银行或者影子银行中获得金融资源。

据中国人民银行定义，影子银行是从事金融中介活动，具有与传统银行类似的信用、期限或流动性转换功能，但未受《巴塞尔协议Ⅲ》或等同监管程度的实体或准实体。

由于中美两国金融体系结构的差异，美国影子银行具有高度证券化、衍生化的业务模式。中国影子银行由银行主导，实质是变相放贷和银行的影子，是金融机构创新、逐利与规避监管交错共生的产物。中国影子银行涉及的机构主要包括信托、券商、基金、担保公司、小贷公司、P2P网贷平台等非银行金融机构；中国影子银行业务产品包括信托计划、信托受益权、票据买入返售、同业代付、委外投资、资管计划、同业理财、银行表外理财、票据贴现、信托贷款、信贷资产转让、委托贷款、小贷公司贷款、P2P网络贷款等。

在本案例中，与寓见公寓对接的贷款平台数量众多，表5-2中所示的互联网贷款机构是国内影子银行的重要组成部分。影子银行的发展是一把"双刃剑"，尽管在解决中小企业、初创企业融资问题方面影子银行起到很大作用，但其累积的金融风险同样不能忽视，尤其是部分互联网金融机构内部治理混乱，对整个互联网金融体系的声誉造成很大的影响。

表5-2　　　　　　　　　　　　寓见公寓对接的贷款平台

平台分类	大型金融机构	互联网贷款机构
主要代表	浦发银行信用卡 建设银行信用卡 平安好房金融	蚂蚁借呗 分付君 应花分期 元宝e家 么么贷

就本案例中"租金贷"这一模式而言，长租公寓运营商通过银行或者网贷平台等提前获得资金，这是不同于美国相似企业的ABS模式的，美国以金融市场为主导，企业在市场中发行证券筹集资金更加方便，中美企业在这方面的不同点值得关注，因此，可以引导学生思考：虽然"租金贷"目前的发展存在很多问题，但我们要完全否定这种中国特色的金融创新，视之为洪水猛兽吗？监管的介入，制度的完善，自身的改进

也许更加重要。

2. 资产证券化理论

资产证券化是指发起人将缺乏流动性但具有某种可预测现金收入属性的资产或资产组合（基础资产），出售给特定的发行人，或者将该基础资产信托给特定的受托人，通过创立一种以该基础资产产生的现金流为支持的一种金融工具或权利凭证（资产支持证券），在资本市场上出售变现该资产支持证券的一种结构性融资手段。

广义的资产证券化是指某一资产或资产组合采取证券资产这一价值形态的资产运营方式，包括以下四类：

（1）实体资产证券化：以实物资产和无形资产为基础发行证券并上市。

（2）信贷资产证券化：将大量流动性较差的信贷资产，如银行贷款、企业应收账款，集合形成"资产池"，配以信用担保进行增级，在此基础上将"资产池"形成的未来现金流收益权转变为可流动、信用等级高的债券进行发行。

（3）证券资产证券化：将证券或证券组合作为基础资产，以其产生的现金流或与现金流相关的变量为基础发行证券。

（4）现金资产证券化：现金持有者通过投资将现金转化成证券。

狭义的资产证券化是指信贷资产证券化。按照被证券化资产种类的不同，信贷资产证券化可分为住房抵押贷款支持的证券化（Mortgage-Backed Securitization，MBS）和资产支持的证券化（Asset-Backed Securitization，ABS）。本案例涉及的长租公寓行业资产证券化模式均为ABS，一般来说，一个完整的资产证券化融资过程的主要参与者有：发起人、投资者、特设信托机构、承销商、投资银行、信用增级机构或担保机构、资信评级机构、托管人及律师等。

通常来讲，资产证券化的基本运作程序见图5-11。

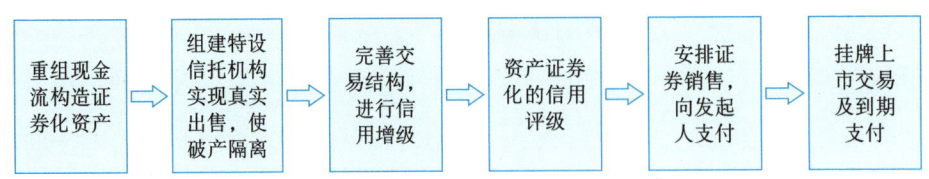

图 5-11 资产证券化基本程序

资料来源：中国知网，作者整理。

资产证券化主要功能见图5-12。

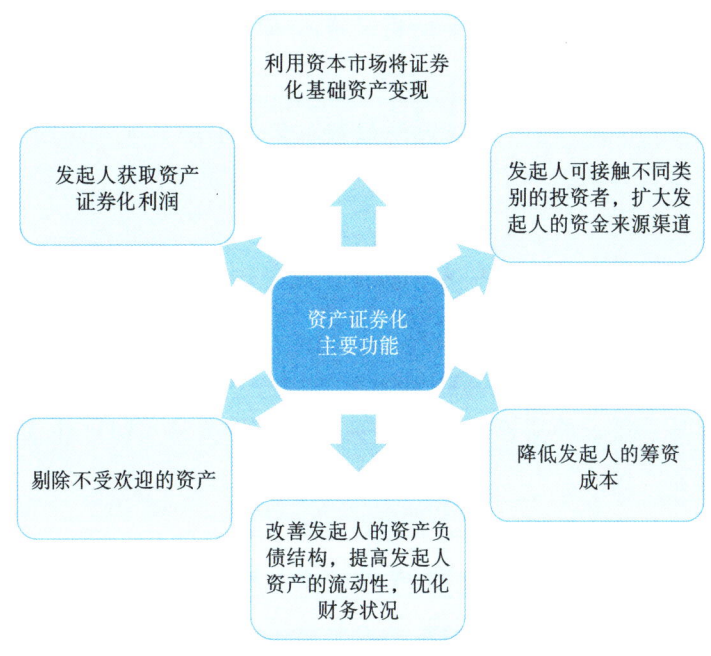

图 5-12 资产化主要功能

资料来源：中国知网，作者整理。

资产证券化过程中，有三个方面的问题值得注意：

（1）底层真实资产支持与可预期现金流；

（2）资产原所有者将资产出售给 SPV，建立风险隔离机制，实现破产隔离；

（3）建立风险隔离机制避免资产受到 SPV 破产的威胁。

对于第一个问题而言，国外产权式长租公寓的发展模式主要是以物业为真实资产作抵押来发行 ABS 产品。国内虽然也有长租公寓 ABS，但这些运营商大多是轻资产运营商，它们并不拥有真实的底层资产作为抵押，因此可以视为一种特殊的 ABS 产品。以自如 ABS 与魔方 ABS 两种 ABS 为例，自如在 2017 年 8 月发行了 ABS 产品——"中信证券·自如 1 号房租分期信托受益权资产支持专项计划"，还设计了循环放贷交易结构，底层资产的回收款将被用于循环生成新的房租分期小额贷款。魔方南京以 3.85 亿元委托中航信托成立信托计划，用于向相关 30 处物业运营的四家公司发放信托，引入信托发放贷款，再将信托受益权作为基础资产。自如发行的 ABS 本质上是消费金融 ABS，从交易结构上看，引入了自如资产管理公司，租户向资管公司借钱交房租，每期还钱给资管公司，后者将债权打包成 ABS 发售。魔方 ABS 底层资产现金流是未来的租金收入，而自如 ABS 底层资产是消费贷款未来的还款现金流（实际上是基于租金贷的 ABS）。

据业内人士指出，美国很少有类似租金贷的 ABS，因为这类产品缺少抵押品，仅有未来现金流（如租金）的 ABS 风险很大。资产证券化产品起码要求资产独立与风险隔离，如果没有资产抵押，只对现金流本身制定交易结构、法律合同是缺少落实保障的。国外长租公寓 ABS 未来现金流（如租金）需要实质抵押品，目前国内外长租公寓 ABS 是有区别的，就风险而言，国内长租公寓 ABS 更大，但同时也不失为一种金融创新。不过由于 ABS 本质上是一种债权，必须在资产产生稳定现金流后才能发行，且融资成本高，目前多数长租公寓忙于改造与扩张，根本没有足够的现金流可用。所以，目前 ABS 还不能成为主流融资模式。

值得一提的是，另一种资产证券化融资模式长租公寓 REITs 也十分重要，REITs 同样要求自持物业产权，但由于 REITs 是股权，因此对现金流要求更加灵活，理论上可在长租公寓运营的任一阶段发行，其融资成本也较为低廉。REITs 是（房地产信托投资基金）通过信托机构发行收益凭证筹集资金，投资于物业，并以物业产生的未来收益分配给投资者的信托基金。长租公寓企业新派是首家将 REITs 引入国内长租公寓行业的运营商。以新派公寓 REITs 为例，由于国内政策限制，其采用双层交易结构来替代信托机构的作用，即"资产支持计划＋私募基金"。新派公寓 REITs 专项计划管理人渤海汇金设计发行优先级与权益级证券筹集资金，然后购买由基金管理人赛富基金成立的私募基金全部份额（国内不允许证券公司直接投资于物业资产，故通过私募基金间接持有），私募基金通过 SPV 对标的资产持有者进行股权收购，从而能够最终控制新派公寓北京 CBD 店的物业产权。

后两个问题即 SPV 的设立正是资产证券化的关键之所在。其目的在于降低资产风险，提高该资产支持证券的信用等级，降低融资成本，同时有效地保障投资者的利益。然而在租金贷模式中并没有 SPV 的存在，长租公寓运营商实际上处在类似 ABS 中 SPV 的地位。

如图 5-13 与图 5-14 所示，"租金贷"模式中的房东对应 ABS 模式中的资产原持有人，在 ABS 模式中投资者资金被提前支付给资产原持有人，SPV 负责接下来现金流的分配，而在租金贷模式中，贷款机构将资金提前支付给长租公寓运营商而不是房东，这就导致了对于房东而言，既没有享受到提前回款的利益，又承担了未被隔离的风险，长租公寓运营商却"在其位，不谋其政"，利用中介地位的信息优势剥夺个体房东的提前回款利益。另外，"租金贷"模式在信息披露的完善性方面也较 ABS 相去甚远，长租公寓资金运用监督不足，这些特点使租金贷变成没有枷锁的猛兽，两端侵犯伤害着房东与租客们的利益。

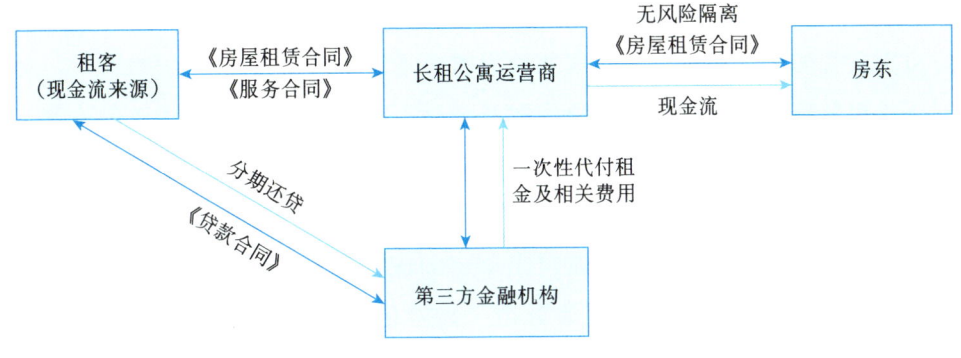

图 5-13 租金贷模式示意图

资料来源：中国知网，作者整理。

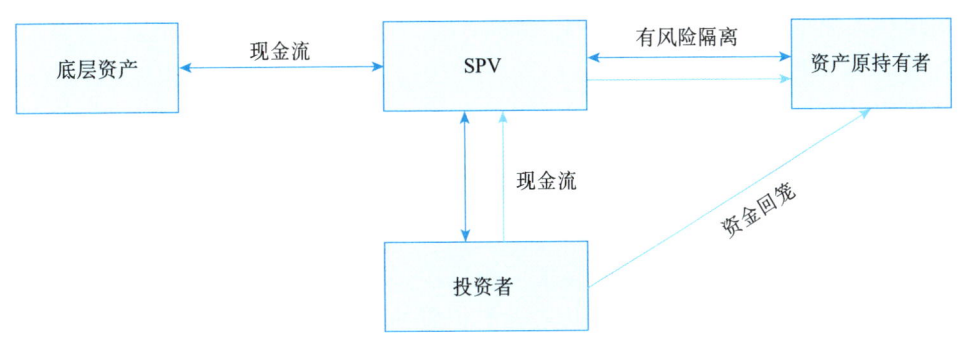

图 5-14 ABS 模式示意图

资料来源：中国知网，作者整理。

综上所述，由于没有真实底层资产的存在以及信用等级低等因素，绝大部分轻资产运营模式的长租公寓没有资格发行 ABS 或者 REITs，它们的融资只能依赖于"租金贷"这种存在很多缺陷、不规范的模式。从资产证券化的角度来看，"租金贷"模式的缺陷在于这类长租公寓没有自有资产，却利用优势地位获得提前回笼资金的好处，将未被隔离的风险转嫁给个体租户与房东，玩着"空手套白狼"的游戏。

(三)"租金贷"的金融监管

【问题】从已有监管理论的角度分析，长租公寓行业为什么需要进行外部监管？

1. 公共产品理论、金融监管供给学说、金融监管成本理论

公共产品理论认为，金融监管产生的稳定有序的金融环境是一种公共产品，金融体系的参与者都可以享受稳定的金融环境带来的好处，因而这种稳定不具有排他性和竞争性，因而在金融实际运行过程中会出现超额需求或者供给不足的现象。关于这种公共产品的供需，又出现了金融监管的供给学说，该理论认为金融监管是一种由政府提供，被个人或集团需要的公共产品，同样适用供求定律。金融监管成本理论认为，

监管的供给需要付出一定的成本,参与主体在权衡监管的成本和收益下来决定监管的供给。由于监管的成本相对较高,因此政府需要主动承担对于监管的供给。

对于长租公寓行业而言,一个稳定的行业运行环境有利于所有企业的发展,但是对于监管供需双方而言,监管的成本较高。对于监管当局而言,由于长租公寓为新兴产业,其自身又与互联网金融领域联系较为紧密,监管当局缺乏完善的法律法规和充足的监管经验,监管框架的构建需要付出一定的成本;对于长租公寓企业而言,企业的租户缺乏一定的稳定性、房源较为分散、其涉足的"租金贷"业务为非标准化产品,再加上监管会限制企业的扩张,因此对于长租公寓企业而言,应对监管所需要付出的成本也比较高。由于监管的供给和需求双方付出的成本都比较高,因此长租公寓市场上出现了监管缺失的现象,这需要政府和企业共同行动分摊成本。

2. 负外部效应

负外部性效应理论认为,金融风险的外溢效应十分明显,金融机构破产会产生传染效应,由此引发的货币紧缩会引起经济的衰退。究其原因,金融机构具有一定的高杠杆性、传染性,面对负面冲击时的抗风险能力弱、风险事件发生时的影响比较深远。

从某种角度而言,长租公寓也具有金融机构的某些性质,长租公寓也充当了信息和信用的媒介,在房源的角度而言也完成了相应的期限转换。一方面,长租公寓的运营中会涉及租金贷、ABS、REITs等债务,其自有资本占其总资产的比重较低,具有一定的高杠杆性的特点。另一方面,长租公寓企业和金融公司之间通过"租金贷"等融资关系形成一张债权债务网,金融风险在这张网上进行传递,长租公寓的企业破产会冲击金融公司引发"爆雷"事件,进而金融公司的破产又会进一步引发其他长租公寓的"爆雷"事件。此外,长租公寓企业破产也会引起租客交租但无房可住的社会现象,不利于社会的稳定。对此,北京住建委要求,在短时间内迅速新建一批、收购转化一批、改建一批租赁住房,缓解住房市场的压力。

3. 信息不对称理论

金融监管的信息不对称理论认为,金融机构和其客户两方掌握的信息数量和信息性质存在差异,两者之间存在信息不对称。在信息不对称的情况下,占据信息优势的一方会采取损害另一方的行为,会产生道德风险和逆向选择。结果导致金融体系运行的效率低下。

对于长租公寓行业而言,存在两种信息不对称的状态。第一,长租公寓掌握其租户的各种信用信息,而长租公寓企业大多没有上市,租户对企业的财务状况一无所知,企业有可能在租户不知情的情况下构造复杂合同利用租户的信用信息为自己进行信用增级,从而发生道德风险的现象。对此,2018年9月30日上海住建委等五部门出台

"沪10条"对此作出了明确规定，所有房屋租赁均使用统一的合同进行网签，并且租赁企业对"租金贷"业务负有告知义务。第二，房东不清楚长租公寓企业的财务状况，只能凭借长租公寓企业提出的租金价格来进行房屋的出租，从而成为长租企业囤积房源的工具，庞氏型的企业有可能会出更高的价格，从而导致逆向选择的风险。对此，北京住建委等部门于2018年8月17日提出的"三不得"中明确规定不得以高于市场价格的租金从房东手中抢占房源。2018年8月19日，在房地产中介协会的约谈下，北京各大长租公寓企业承诺将所囤积12万套房源投向市场。

4. 自身内在脆弱性

金融脆弱性理论认为，金融制度、金融结构与金融体系的发展水平不均衡会导致风险的集聚，导致金融功能的丧失。金融体系自身有膨胀的倾向，金融制度和结构的发展总是滞后于金融体系的发展，这种脆弱性是内生的，具体表现在金融机构的高负债经营特性。

长租公寓企业的发展也有自我膨胀的特性，长租公寓企业只要获得足够房源，取得一定的房价控制权，并找到匹配的租客就能够获得源源不断的资金，因此长租公寓企业具有扩大规模的倾向，而以负债为支撑的扩张会导致企业的脆弱性。对此，南京市住房保障和房产局于2018年8月22日的座谈会明确租赁企业不得恶性竞争、囤积房源、哄抬房价；更进一步，深圳市住建局建立了严格的租金几个管理制度，"一房一价、一年一调"，以稳定租金实现长租行业的稳定。

【问题】长租公寓是金融领域的创新，请以长租公寓行业为例，讨论金融监管与金融创新的辩证关系。

1. 金融监管刺激了金融创新的产生

在国家出台房地产限购和其他限制性措施的情况下，一方面，投机者的囤房待涨不再可行，房地产市场降温，房地产市场的投资收益下降。但与此同时，长租房市场并没有相应的政策限制，面对巨大的住房需求，房租仍有上涨的动力，投资于租房市场会获得更大收益。另一方面，由于在租房市场没有限购措施，因而长租公寓企业可以在租房市场上囤积房源，等待房租上涨。可以说，长租公寓行业的发展是为了规避政策对于房地产市场的限制。

2. 金融创新对金融监管提出挑战

由于政策在租房市场上缺乏相应的规定，相关的法律也不够完善，因此监管当局缺乏完整的监管框架。此外，"租金贷"等业务涉及多方信用，而且业务标准化程度较低，这给监管带来不小难度。而与长租公寓企业合作的金融机构多为非持牌金融机构，或者为持牌金融机构的通道，在中国机构监管的框架下，这些金融机构处于监管的空白区域,这给各个监管部门的协调监管带来不小的挑战。

3. 金融创新促进金融管制进行调整

长租公寓的出现促使监管当局进行相应的监管政策调整和监管机构调整。首先,长租公寓行业和"租金贷"业务的出现驱使监管当局推出相应的政策法规来适应行业运行模式的发展,如2018年10月18日,上海市房地产经纪行业协会发布《本市代理经租企业开展"租金贷"业务行业标准》。其次,监管机构的设置将更加重视功能监管,将与长租公寓行业相关的非持牌金融机构纳入监管框架,减少监管的空白区域。

【问题】结合长租公寓行业的案例,从已有的监管模式理论的角度探讨相应的监管将何去何从?

目前我国的各大城市都出台了房屋租赁市场的整顿监管措施整顿内容主要涉及"租金贷"、房源供给、租金价格、从业人员(见表5-3),但是这些措施仍存在不足,下文将分别从各监管模式理论的角度来论述长租公寓行业监管框架的发展方向。

表5-3　　　　　　　　　　长租公寓行业监管内容梳理

租赁市场整顿内容	城市
"三不得"、三严查,完善住房租赁法律法规体系建设	北京、南京、西安等
严防租金贷	北京、南宁、西安、深圳等
扩大房源	北京、南宁等
规范城中村租赁行为	深圳、南宁等
设立奖补措施	南宁等
加强租赁从业人员培训	西安等
编制租赁住房指导价格	深圳、南宁等
租赁合同登记备案	上海、南京、迁安等
稳租金商品房	深圳等

1. 功能监管理论

功能监管理论认为,金融机构之间的创新和竞争本质上导致金融执行其功能效率的提高,金融功能相对于金融机构更加稳定。一方面,政府基于金融功能建立的监管框架比基于金融机构更加稳健,监管方案的调节更具有灵活性,监管方案的执行效率更高。对于长租公寓行业而言,目前对房屋租赁进行监管的法律有《合同法》和《物权法》,但缺少与之相关的详细专门法律,要加快建立规范租房业务行为的专项法律,完善以租赁行为为监管标的的专项法律体系。另一方面,要加强住建部、证监会、银保监会监管的协调,建立完善的以租房融资行为为标的的监管框架,在市场秩序、租赁关系、投诉体系、惩罚机制上形成强约束。

2. 监管权衡理论

监管权衡理论认为，金融监管中的市场失灵与政府失灵同时存在，监管要对这两者进行权衡，来实现社会福利的最大化。这要求政府在积极主动进行监管的同时，还要注重市场机制的发挥，避免政府过多干预。就北京而言，目前参与监管的机构不只包括政府部门，如北京市住建委、银监局、市金融局、税务局，还包括行业自律组织房地产中介协会，但从监管的参与度而言，政府机构的监管行为仍然占据主导作用。首先，增加监管机构独立性，降低监管机构被政府和金融机构控制的可能性。其次，在构建监管框架的过程中，还要注重私人监管和行业自律。

3. 资本监管理论

资本监管理论是在金融全球化的进程中发展起来的，其目的是提高金融机构在面对金融危机时，抵御冲击的能力。具体的实践为巴塞尔三大协议、新资本协议和 MPA 监管。对于长租企业资本充足性的监管，2018 年 8 月 17 日，北京市住建委提出了"三严查、三不得"，其中着重提出了严查不按规定使用资金和不得以超出自有资金风险承受能力利用负债资金抢占房源。实施资本监管的前提是财务相对监管机构的实时透明，这需要仿照 P2P 网贷监管模式建立长租企业资金的托管制度，没有严格完善的托管制度，监管当局的监管行为将无从下手。

4. 激励监管理论

激励监管理论是信息经济学发展的结果，激励监管理论强调激发个体的积极性，使个体通过自我约束行为来达到监管的目的，该理论认为个体的自我约束能有效降低个体与监管当局之间的信息不对称性。对此，2018 年 8 月 24 日，南宁市住建局对于规范开展房屋租赁、积极提供优质房源的房东和中介给予金融和税务方面的奖补措施。激励监管理论的核心问题是选择合适有效的激励措施，上述措施仍建立在租房企业的信息优势上，对于长租公寓而言，其可以抢占房源来集中向社会提供，骗取奖补福利，因此可以辅以更加严格的资本充足的实时监管，来保证其从事业务的规范性，这需要保证其严格履行登记和披露制度。

【问题】中国的宏观审慎监管框架是什么，结合中国宏观审慎监管框架，讨论其在长租公寓监管领域的体现。

中国的宏观审慎监管框架为双支柱，包括货币政策和宏观审慎政策，监管的目标有四个，分别是经济增长、物价稳定、充分就业、金融稳定。在此框架下，宏观审慎监管主要针对系统性金融风险，维护金融稳定，它有效解决了在财政—货币政策框架下的两难政策，使得财政政策能够更加专注于经济增长和物价稳定方面。此外，在此监管框架下还建立了货币政策和资产价格的联系机制，这里资产的范畴不仅包括证券市场还包括房地产市场。对资产价格的调控具有一定的逆周期特性，具体来说，在证券市场和房地产市场火爆的时候要计提资本缓冲和动态拨备。

因此，在对长租公寓进行监管的时候要充分考虑并结合对于房地产市场的政策和货币政策。房地产销售市场和长租公寓市场处于竞争关系，两者互为住房需求的替代品，政策对于房地产交易和持有的限制则会激发租房市场的活性。此外，将货币政策与资产价格相联系使得货币政策有逆风向调整房地产市场的作用，房地产市场的低迷也将会与扩张性货币政策同时出现。在货币扩张和租房市场活力增加的同时，监管当局要注重对于长租公寓企业的资本缓冲的积累，以保证在租房市场低迷的时候，长租公寓企业有足够的抗风险能力，避免长租公寓行业的系统性风险事件的发生。

（四）寓见公寓启示录

1. 监管机构加强监管，整顿"租金贷"

从寓见公寓的"爆雷"事件中，我们必须要看到整个长租公寓行业中存在的严重不规范问题，以及在这背后所隐藏的巨大风险。一旦资金链出现断裂，就会引发连锁反应，将会给房东和租客带来难以挽回的损失，因此监管机构必须要对于"租金贷"产品加强监管，做好对于"资金池"的监管，通过建立备付金制度等加强对长租公寓的资金流监管，要求公司不得挪用"资金池"的资金进行不合规操作，不得任意挪用"资金池"的资金去进行囤房等恶性竞争。监管机构必须要通过加强对于第三方金融机构资质的审核，加强对于资金用途的监管，确保"资金池"的安全，以及通过备付金制度实现对于风险的覆盖。

2. 政府完善法规制度，加强引导

虽然政府已经出台了一系列方针政策，但是我国长租公寓市场发展时间短，还存在着很多不规范的地方，在法律法规制度方面还有很多不完善之处。正是这些不完善造成了寓见公寓在经营过程中没有考虑资金的规范运用和对房东、租户的权益保护问题，选择为了业绩不负责任的铤而走险，加上寓见公寓出现问题之后房东和租客之间的纠纷问题，这些都体现出了政府需要多方面去完善相关法律法规制度，在长租公寓经营过程中加强引导，通过严格的制度和法律约束来增加其对租客和房东的保护意识，减少行业恶性竞争，促进行业健康良性发展。

3. 企业加强自律，合理规范发展

寓见公寓的"爆雷"对于同样采取"租金贷"方式运营的企业无疑是敲响了警钟，同时对于长租公寓行业内的所有企业都是一个深刻的教训。不管是采取何种经营模式和融资方式，都必须要时刻增强风险意识，加强自律，一方面要加强成本上的控制，通过合理的资金期限配置、标准化施工和物业服务以及降低空置率等方法来解决分散式经营中成本过高的问题，提高资金的使用效率；另一方面，要时刻严格规范资金的使用，对于风险进行合理评估后再明确发展目标和战略，而不能像寓见公寓一样为了满足投资人的业绩期望而盲目扩张，一定要做到资金使用规范合理，本着对消费者和投资者负责的态度谋求长远发展，而不是毫不负责任的利用租客信用去盲目实现自己激进式的扩张。

五、关键要点

1. 本案例分析关键在于掌握长租公寓运营中的"租金贷"模式，理清寓见公寓的发展历程并结合理论分析"租金贷"经营与其最终"爆雷"的联系，探讨长租公寓如何依据现实情况和自身经营条件，选择合适的运营模式。

2. 关键知识点：

（1）了解寓见公寓的发展历程，分析其选择"租金贷"模式的原因。

（2）了解"租金贷"的业务模式，分析其背后暗含的金融风险。

（3）结合理论分析"租金贷"模式与ABS、REITs模式的区别，并思考其他模式是否具有可行性或借鉴意义。

（4）思考金融创新与金融监管间的辩证关系，了解我国住房租赁市场的监管情况，以及思考该案例对于如何完善监管的启示。

3. 能力点：归纳分析能力、独立思考能力和批判性思维能力以及解决问题的实际能力。

六、课堂计划

本案例可以作为案例讨论课程的材料来使用，预计讨论共计2个课时，时长为80分钟，具体的时间安排如下：

（一）课前安排

让学生查找并思考寓见公寓和其他长租公寓企业"爆雷"事件的行业背景和经济背景，并理解相关概念的含义，初步了解事件发生的始末，准备过程预计花费40分钟，并将学生分为4个小组以便进行课堂讨论。

（二）课堂安排

1. 案例讲述：20 分钟，教师参考案例分析正文，阐明案例的主题、分析思路。

2. 分组讨论：15 分钟，针对四个启发思考题，注意比较寓见公寓和其他"爆雷"公寓的异同。

3. 小组发言：20 分钟，按照启发思考题分为四组，小组代表发言，每组 5 分钟。

4. 组间提问：10 分钟，根据各组代表发言，互相提问质疑，一问一答，加深理解。

5. 教师点评：15 分钟，教师对各组发言进行点评，并对本节案例课程进行总结。

（三）课后作业

教师布置本案例的延伸案例分析二选一，作为课程考核的一部分。

延伸案例分析一：学生根据寓见公寓"爆雷"事件和行业的后续发展，分别从监管当局、相关企业、社会公众等多个角度提出相应的改良措施、发展建议和预计实现的效果，以案例分析报告的形式呈现，1500 字左右。

延伸案例分析二：学生在详细了解寓见公寓"爆雷"案例过程的基础上，任选一个其他的"爆雷"长租公寓企业为对象，进行延伸案例分析，从多角度分析原因，以案例分析报告的形式呈现，2500 字左右。

参考文献

[1] 周慧虹. "租房贷"纠纷 网贷平台难辞其咎 [N]. 证券时报，2018-09-13 (A03).

[2] 盘和林. "租金贷"本无罪 只因缺乏资金池"守夜人" [N]. 证券日报，2018-11-10 (A03).

[3] 余庭. 从长租公寓"租金贷"观房屋租赁法律风险 [J]. 检察风云，2018 (18)：13-15.

[4] 丁小飞. REITs 在我国长租公寓融资中的应用研究 [D]. 北京交通大学，2018.

[5] 孟瑞琦，刘亚赛. REITs 在长租公寓中的应用研究——以新派公寓为例 [J]. 天津商务职业学院学报，2017，5 (6)：32-37.

[6] 张伟. 蛋壳公寓：传统租赁市场的颠覆者 [J]. 中国经济周刊，2017 (46)：

62-64.

[7] 张慧斌. 基于房地产企业视角下服务式长租公寓商业模式的研究 [D]. 广东工业大学, 2018.

[8] 张琳. 雷军系寓见 比拼 You + [J]. 中国房地产业, 2015 (5): 24-25.

[9] 宋杰. 上海寓见公寓"爆仓", "租金贷"风险恐密集爆发 [J]. 中国经济周刊, 2018 (41): 56-58.

[10] 王昌盛, 张家春. 长租公寓发展模式分析 [J]. 上海房地, 2018 (12): 16-17.

[11] 王建红. 长租公寓行业发展现状、问题及对策研究 [J]. 住宅与房地产, 2016 (33): 237, 240.

[12] 高晓飞. 长租公寓行业现状及发展趋势研究 [J]. 企业改革与管理, 2018 (10): 202-203, 215.

[13] 杨劭妍. 浅议轻资产类长租公寓的融资模式及风险 [J]. 中国商论, 2019 (1): 58-59.

[14] 尹潇凡. 上海长租公寓的投资研究 [D]. 华东师范大学, 2018.

[15] 李晓琳. 我国长租公寓行业融资模式研究 [D]. 华东师范大学, 2018.

[16] 熊婷. 我国长租公寓运营模式研究 [D]. 华中师范大学, 2018.

[17] 王春辉. 长租公寓发展的政策环境与经营模式研究 [J]. 经贸实践, 2018 (22): 202.

[18] 张娟锋, 林甦. 长租公寓发展的政策环境、经营模式与发展趋势 [J]. 中国房地产, 2018 (21): 45-50.

案例 6

债转股化解国企债务危机：
灵丹妙药还是饮鸩止渴？[1]

——云锡集团债转股的案例启示

本案例以云锡集团为对象，首先介绍云锡集团背景及所处的债务困境，在此基础上详细描述了市场化债转股化解云锡集团债务危机的始末及后果。其次在国企去杠杆的政策背景下，对云锡集团为何重蹈债务之困、为何选择债转股化解债务危机加以分析。再次结合公司金融、金融机构与金融市场的相关理论，详细分析了云锡集团债转股模式的借鉴意义，并从短期和中长期两个角度讨论债转股的实际效果。云锡集团—建设银行债转股方案的实施，为今后银行主导型市场化债转股在降低国企杠杆率的实践提供了宝贵经验，其中包括引导债权银行成为积极股东、撬动社会基金参与、市场化定价以及交叉债转股等一系列特殊安排。

---

[1] 本案例由中央财经大学金融学院刘南村、关婷、庞歌桐撰写，应展宇指导。

案例6 债转股化解国企债务危机：灵丹妙药还是饮鸩止渴？——云锡集团债转股的案例启示

案例正文

一、引言

云南锡业集团（控股）有限责任公司（以下简称云锡集团）成立于1998年，总部位于云南省昆明市，其前身是清光绪九年（1883年）清政府创办的个旧厂务招商局，新中国成立后云锡集团成为全国156个重点投资建设项目之一。经过100多年的发展，云锡集团已成为一家以锡产业为主，覆盖矿山、冶炼、贸易三大业务板块的大型国有有色金属联合企业，拥有世界上最长、最完整的锡产业链，同时具备铜、锌、铟等其他有色金属纵深一体化的竞争优势。2017年公司锡金属中国市场占有率达43.6%，全球市场占有率达21.1%，当之无愧为中国锡工业的龙头骨干企业。

然而，从20世纪90年代中后期至今，云锡集团未曾摆脱高负债的困境。1998年，当时还名为云南锡业公司的云锡集团在亚洲金融危机的冲击下遭遇经营困难，资产负债率高达84.3%，一度濒临破产。和其他老牌国企的自救之路相似，这轮危机一方面催生了对组织结构大刀阔斧的调整，另一方面激发了债转股等一系列财务解决方案。2000年，云南锡业公司成为全国首批实施债转股的242家企业中的一员，次年与中国华融资产管理公司和中国信达资产管理公司共同出资成立云南锡业集团有限责任公司，将云南锡业公司的全部资产注入新成立的云锡集团。通过此举，云锡集团资产负债率在短短两年时间下降27个百分点。随着集团化运作的推进，云锡集团开始了大规模兼并整合、产能扩张的过程。2008年新管理层上任后，云锡集团更加追求经营板块的多元化，负债规模日益膨胀，2016年上半年资产负债率再度飙升到82.3%。2016年10月10日，以降杠杆为目的的《关于市场化银行债权转股权的指导意见》出台，6天之后云锡集团与建行签订一系列市场化债转股合作协议，这意味着时隔17年，债转股又一次为云锡集团雪中送炭。

二、参与主体背景介绍

（一）云锡集团

云锡集团当前主营业务包括有色金属、贵金属、建筑安装及房地产等，其中有色金属和贵金属是集团的核心业务，2017年两大板块的总收入占全部主营收入的91.6%。集团旗下拥有锡业股份（000960.SZ）和贵研铂业（600459.SH）两家上市公司。云锡集团经营优势之一是拥有世界最长的锡产业链，具备世界最先进的锡采、选、冶、深加工技术工艺；优势之二是资源丰富，集团核心生产基地所处的云南省个旧地区是我国锡资源最丰富的地区，锡资源占全国总量的1/3；优势之三是市场占有率高，自2005年以来，公司锡产销量稳居世界第一；优势之四是品种齐全，从图6-1分产品产量来看，主要产品包括锡锭、锡材和锡化工等，其他有色金属产品主要有铅锭、阴极铜、锌精矿等。2014年8月公司剥离了亏损严重的铅冶炼业务，回归锡金属主业。同时加大铜贸易经营量，成为带动公司收入增长的主要来源（如图6-2所示）。

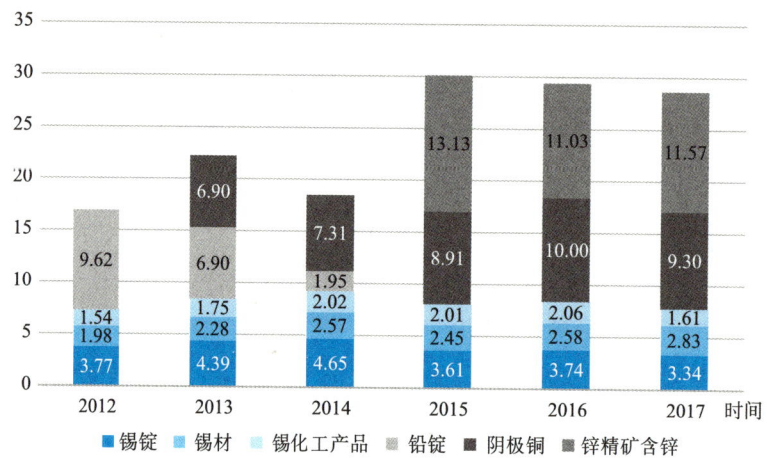

图6-1 锡业股份主营业务产品产量（万吨）变动

资料来源：锡业股份年报，Wind数据库。

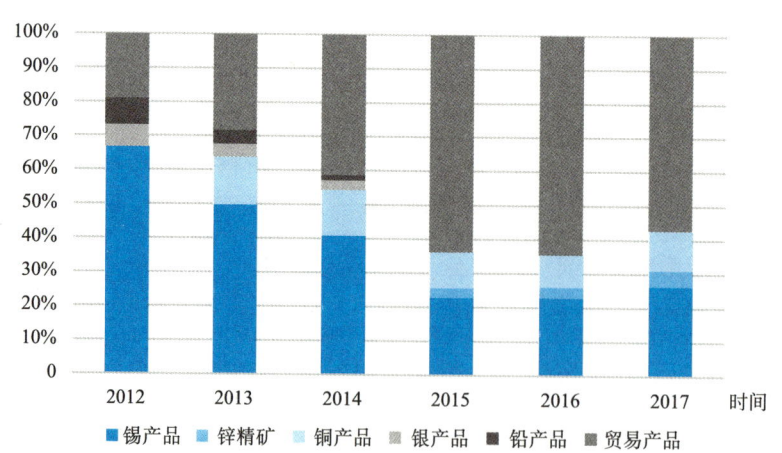

图6-2 锡业股份主营业务收入结构变动

资料来源：锡业股份年报，Wind数据库。

（二）云锡集团下属公司：华联锌铟

云南华联锌铟股份有限公司（以下简称华联锌铟）成立于 2004 年，矿区面积约 41 平方公里，资源丰富。公司现拥有四宗采矿权，分别是铜曼矿区、马关县都龙金石坡锌锡矿、小老木山锌锡矿、都龙锡矿花石头矿区，以及四宗探矿权，分别是云南省马关县辣子寨-Ⅰ铅锌矿勘探、辣子寨铅锌矿（区块Ⅱ）勘探、老寨锡锌多金属矿勘探、云南省马关县都龙水碉厂银铅锌多金属矿勘探。其中一个矿权的稀贵金属铟储量位居全国第一、锡金属储量居全国第三。

2015 年，云锡集团上市子公司锡业股份以非公开发行的股票为对价购买华联锌铟 75.74% 的股份（如图 6-3 所示），收购时承诺 2015 年、2016 年及 2017 年分别实现净利润 4.97 亿元、5.91 亿元及 6.81 亿元，均如期完成业绩承诺要求。从此，华联锌铟以其资源优势成为锡业股份最具竞争力的行业板块，2017 年其净利润高达 8 亿元，按持股比例折算后为母公司净利润贡献近 70%。

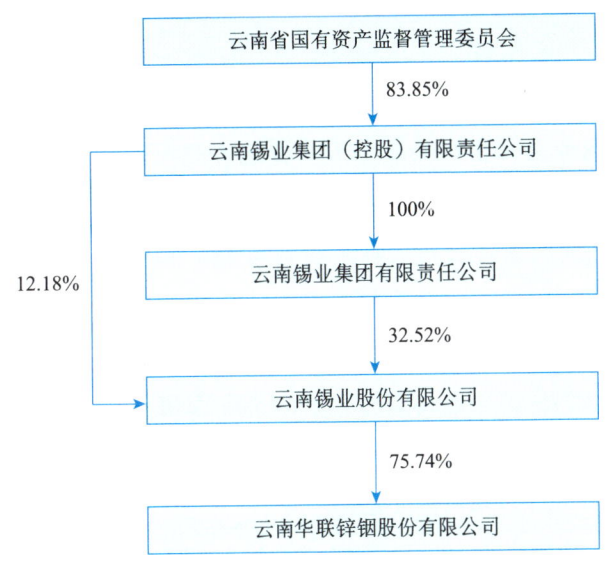

图 6-3　云锡集团股权结构

资料来源：根据锡业股份公告整理。

（三）云锡集团下属矿权：松树脚锡矿

松树脚锡矿位于云南省个旧市，为锡业集团完全控股的锡矿山，现矿区范围约 5.68 平方公里。根据《云南省个旧市高松矿田大马芦锡矿资源储量核实报告》（2012 年），截至 2011 年年底包括类锡铜矿、铜矿、银矿在内的保有矿石量共计 717.009 万吨。随着探矿工作的进行，截至 2016 年 6 月，《云南省个旧市高松矿田松树脚锡矿 2012—2016 年阶段性地质勘查工作报告》显示保有矿石量为 1354.727 万吨，总金属量 27.77 万吨，资源储量潜力巨大。根据 2013 年 4 月云南省国土资源厅《矿产资源开发利用方案评审备案登记表》的登记备案，松树脚锡矿设计利用储量 463.41 万吨，建设规模 33 万吨/年，设计服务年限 15 年。

（四）建设银行

中国建设银行股份有限公司成立于 1954 年 10 月 1 日，是一家国内领先、国际知名的国有大型股份制商业银行。中国建设银行是最早参与政策性债转股项目的银行，2017 年 7 月 26 日注册成立建信金融资产投资有限公司，这是银监会批准筹建的全国首家市场化债转股实施机构。建信投资公司以开展债转股及配套支持业务为主营，包括依法依规面向合格社会投资者募集资金用于实施债转股、发行金融债券专项用于债转股以及经银监会批准的其他业务。

三、债转股的"老伙计"

2000 年，云南锡业公司由中央交由云南省地方政府管理。同年云南锡业公司从激烈的债转股申请争夺战中胜出，成为首批实施债转股的 242 家企业的一员。2001 年，云南锡业公司、华融资产管理公司（以下简称华融）和中国信达资产管理公司（以下简称信达）共同出资成立云南锡业集团有限责任公司，注册资本 8.26 亿元，其中云南锡业公司出资 5 亿元、华融出资 2.1 亿元、信达出资 1.16 亿元，分别占比 60.6%、25.4% 和 14%。同年 7 月，云南锡业公司的全部账面资产进入云南锡业集团，标志着云南锡业公司由百年的工厂制走向了股权多元化的现代企业制度。2002 年云锡集团资产负债率相较于 2000 年下降 27 个百分点。

根据云南省国资委批复（云国资产权〔2014〕129 号）以及云锡集团与华融、信达公司等签订的减资协议及其补充协议，2015 年 6 月，云锡集团支付对价 10 亿元减资回购华融、信达所持股权。至此，历经 14 年，华融和信达实现了股权的完全退出，并以 3.26 亿元的投入获得了 10 亿元的回报，年化收益约 6%。

四、重蹈债务之困

(一) 有色金属行业周期性经营困难

从 2012 年起,世界有色金属行业进入下行周期(如图 6-4 所示),2015 年,国内外市场的有色金属需求增速明显放缓,国外企业开始减产限产,而中国有色金属产量依旧在增加,十种有色金属产量超过全球产量的一半,供需矛盾和产能过剩问题更加突出。加上国内投机资本做空有色金属期货、经济增长乏力,有色金属价格出现断崖式下跌。

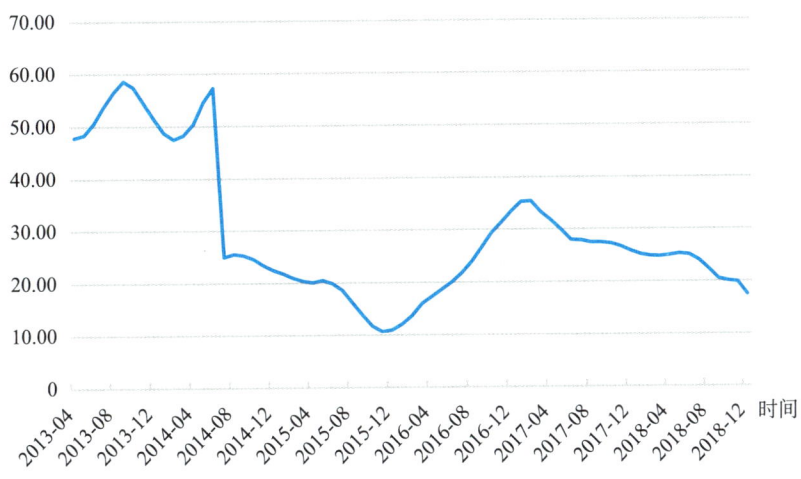

图 6-4 2014—2015 年有色金属产业景气指数持续走低

资料来源:Wind 数据库。

而云锡集团并未意识到行业拐点已至,继续秉承经营多元化的战略,于 2011 先后上马铅、铜冶炼项目。从 2012 年到 2015 年,集团主要产品的销售毛利率从 14.12% 下降到 4.05%,一定程度受到铅冶炼毛利润低的拖累。除有色金属板块毛利波动剧烈外,贵金属、建筑安装及房地产等其他业务毛利润总体呈下降趋势(如图 6-5 所示)。从净利润来看,公司从 2012 年到 2016 年持续亏损,2015 年亏损额高达 32 亿元,归属母公司所有者权益仅为 1 亿元,同比上年下降 97.7%,集团生产经营困难重重。

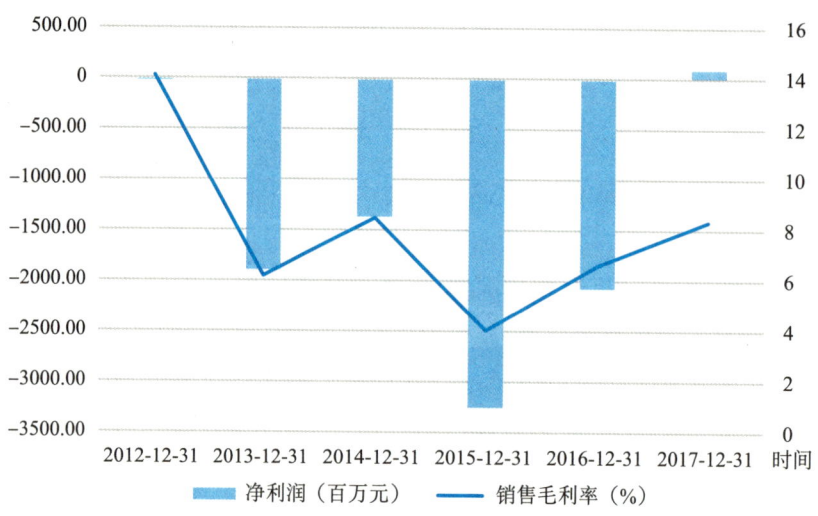

图 6-5 2012—2017 年云锡集团净利润和销售毛利率的变化

资料来源：根据云锡集团历年利润表整理，Wind 数据库。

（二）奉行多元化经营战略被迫举债

为了实现产能扩张和发展房地产、建筑、机械制造、文化教育等新业务板块的经营目标，集团从 2011 年到 2013 年大规模投入固定资产、无形资产和其他长期资产，而集团投资活动和经营活动带来的现金流入难以支撑庞大的资金需求，只能通过筹资弥补资金缺口（如图 6-6 所示）。从 2011 年到 2012 年，集团资产负债率从 71.9% 提高到 80.1%（如图 6-7 所示），2015 年资产负债率高达 82.8%，较行业平均水平高出近 30 个百分点。从 2012 年到 2015 年，集团总资产和总负债规模持续扩张，总资产从 495 亿元上升至 526 亿元，总负债从 397 亿元上升至 435 亿元。从债务期限结构来看，云锡集团债务存量中流动负债是主要部分，意味着集团存在较高的短期偿债风险和流动性风险（如图 6-8 所示）。

此外，在债务融资成本和信用等级方面，2014 年集团为调整债务结构，适度增加了长期债务比重，并通过下属子公司定向增发偿还短期负债，由于长期负债利息高于短期负债，加上集团自身财务风险较大，银行贷款利率有所提高，2015 年债务融资成本上升至 6.75%（如表 6-1 所示），较 2013 年提高了 2.32%。受公司持续亏损的影响，2015 年中诚信国际将云锡集团从评级展望"稳定"下调到"负面"，云锡集团百年声誉岌岌可危。

案例6 债转股化解国企债务危机：灵丹妙药还是饮鸩止渴？——云锡集团债转股的案例启示

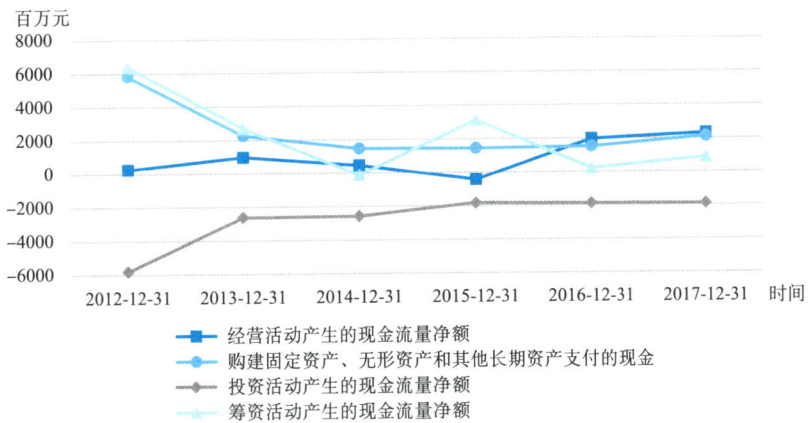

图6-6　2012—2017年经营活动、投资活动、筹资活动现金流量变化

资料来源：根据云锡集团现金流量表整理，Wind数据库。

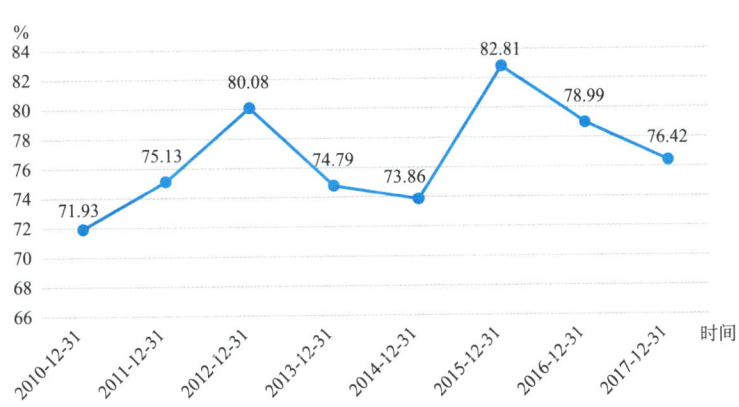

图6-7　2010—2017年云锡集团资产负债率变化

资料来源：Wind数据库。

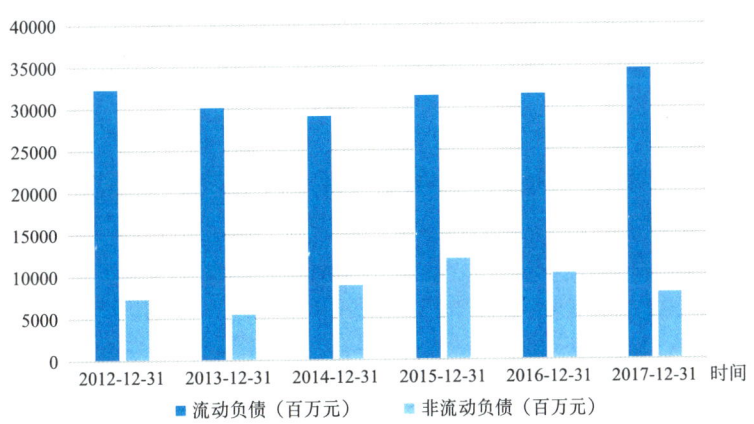

图6-8　2012—2017年云锡集团流动负债和非流动负债存量变化

资料来源：根据云锡集团资产负债表整理，Wind数据库。

181

表 6-1　　　　　　　　2013—2017 云锡集团债务融资成本变化　　　　　　（单位：百万元）

项目	2013 年	2014 年	2015 年	2016 年	2017 年
利息支出	1267.80	1541.22	1930.03	1998.39	1805.29
有息负债	28591.23	27074.00	28575.52	30768.71	32197.34
债务融资成本	4.43%	5.69%	6.75%	6.49%	5.61%

资料来源：根据云锡集团资产负债表整理，Wind 数据库。

五、意向初定

2016 年 3 月李克强总理提出"可以通过债转股方式降低企业杠杆率"后不久，建行便专门组建"春雨"项目组研究并逐步试点本轮市场化债转股项目。同时，云南省政府和云锡集团管理层改变现状的需求极为迫切，2015 年新一届管理层上任后，通过聚焦主业、优化产品结构改善经营状况，深度剖析了集团亟待解决的深层次问题和长期的发展危机，意识到依靠滚雪球式的扩大融资来维系生产经营的老路不可取，并将降杠杆作为涅槃重生的首要任务。2016 年 4 月，云锡集团成立专门的债转股工作组，积极与建行方面对接。建设银行也精准地察觉到，云锡集团引入战略投资者的需求与自身发展方向不谋而合。

2016 年 8 月 15 日，建行与云南省人民政府在昆明签署《支持云南"十三五"发展战略合作协议》，拟在未来 5 年向云南省重点建设项目和重点产业提供总额 5000 亿元以上的融资支持。同日建行与云南省国资委、云南锡业集团（控股）有限责任公司签署《关于降低云锡控股及下属关联企业杠杆率业务合作框架协议》，协议总金额 100 亿元，分两期落地，涉及云锡集团下属二级、三级子公司的 5 个子项目：项目一置换 4 笔高息债务；项目二入股增资云锡集团子公司华联锌铟；项目三投资于下属矿权松树脚锡矿收益权；项目四和五为根据前期项目情况意向性增资云锡集团或下属上市公司（见图 6-9）。预计资金全部到位后能够降低云锡集团资产负债率 15 个百分点。

六、云锡集团—建设银行市场化债转股实施方案

2016 年 10 月 16 日晚，在《关于市场化银行债权转股权的指导意见》出台 6 天后，云锡集团旗下子公司锡业股份发布公告，其控股股东云锡集团与建行在北京正式

案例6 债转股化解国企债务危机：灵丹妙药还是饮鸩止渴？——云锡集团债转股的案例启示

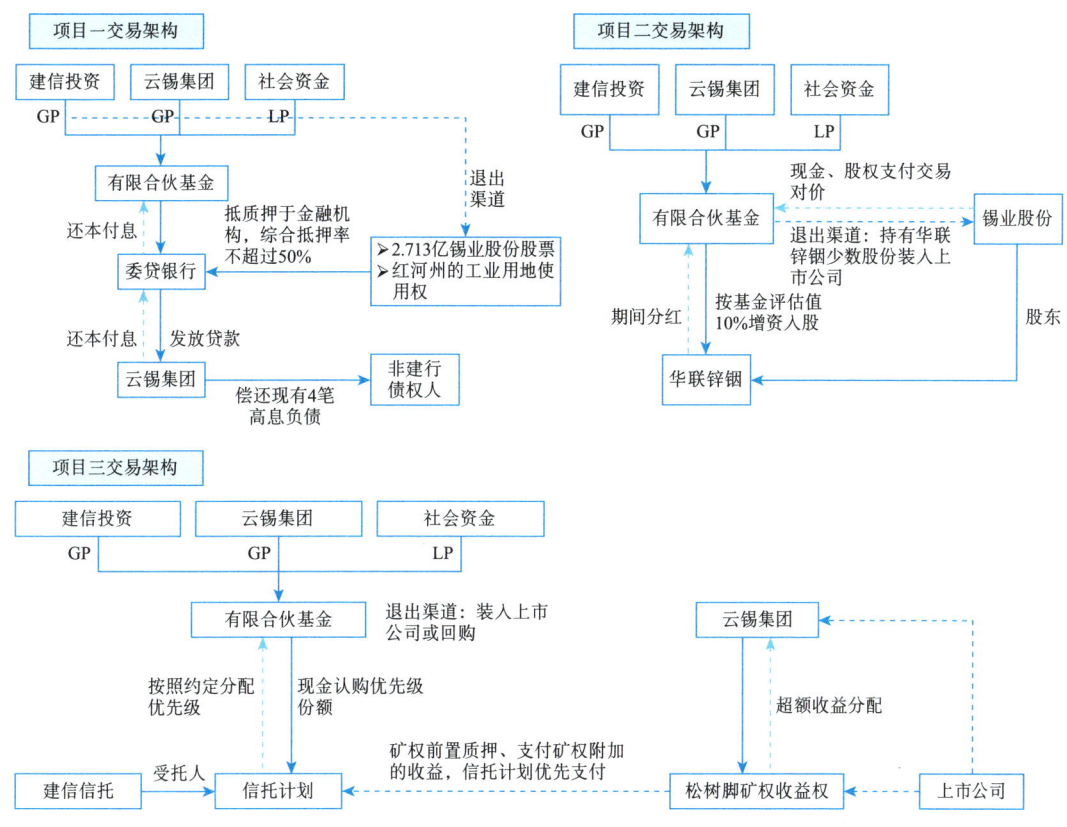

图6-9 框架协议主要项目交易架构

签署市场化债转股系列合作协议①。协议对项目资金的前期投入、中期管理、后期退出作出如下几点特殊安排：

（一）前期：资金募集、资金用途及资产定价

资金募集上，建行和云锡集团共同提供的自有资金在20%以内，主要目的是撬动社会资金参与，社会资金包括保险资管机构、建行养老金子公司的养老金、全国社保、信达AMC的资管子公司、私人银行的理财资金等。

资金用途上，云锡集团将获得建行首批注入的43.5亿元，完成此前框架协议涉及的前三个项目。其中23.5亿元用于置换利息较高、抵押条件苛刻、期限结构不匹配的债务，在偿还债务的过程中建行要求云锡集团列出具体的还债名录，严格按照利息高低排序，力求尽快降低企业财务负担；10亿元用于投资云锡控股下属关联公司（初步

---

① 包括建设银行、云南锡业股份有限公司及云南华联锌铟股份有限公司三方签署的《投资意向书》，以及建设银行与云锡集团双方签署的《关于华联锌铟的投资意向书》。

计划以业绩承诺为条件向云锡集团旗下优质子公司华联锌铟增资，持有其不超过 15% 的股份）；另外 10 亿元用于投资云锡集团下属关联公司的优质矿权（松树脚锡矿权）。

债权和股权定价上，由于云锡集团所有债务均为正常类贷款，因此基金按照 1∶1 的账面价值承接债务。股权投资标的属于非上市公司的按照评估后的公允价值确定入股价格，属于上市公司（锡业股份和贵研铂业）的参照二级市场价格定价。

（二）中期：管理方式、转股方式及出资条件的兑现

管理方式上，建行与云锡集团成立规模为 100 亿元的有限合伙基金，基金管理人为建信信托。其中 LP（有限合伙人）资金主要为社会资金，其内部根据风险和收益不同划分为不同优先级，预期收益率在 5%—15%，不承诺刚性兑付；GP（一般合伙人）由建信信托与云锡集团下属基金公司共同担任，提供的资金在 20% 之内。

转股方式上，采用交叉债转股，即建行并不是直接将对云锡集团的债权置换成股权，而是将基金募集的资金主要用于偿还云锡集团建行以外的债权，随后投资于云锡集团中有较好盈利前景的资产和板块。

建设银行以参与经营和业绩承诺为出资条件，基金向华联锌铟增资完成后将持有华联锌铟不超过 15% 的股份，并有权提名华联锌铟董事席位 1 席（总共 7 席）。同时投资人要求华联锌铟给出业绩承诺：在投资人完全退出前，公司保持主要生产经营技术指标稳定且不低于 2015 年该经营指标的 90%，两年内完成投产铜曼矿区 360 万吨采矿扩建工程等。此外要求华联锌铟实现盈利的年份均向股东进行现金分红且分红总额不低于当年净利润的 10%。

（三）后期：退出机制

退出机制以二级市场为主、附带回购条款。当增资期限满 3 年时，投资于上市公司资产的股权投资人可以通过二级市场股权转让实现市场化退出，投资于未上市公司资产的股权投资人可以将未上市资产装到上市子公司锡业股份中实现退出[①]。出于对投资者的保护，届时如果管理层业绩不达预期，投资人可以要求锡业股份回购其持有的股权，回购价格由投资人与公司共同确定的资产评估机构评估而定。

[①] 2016 年 10 月，云锡集团上市子公司贵研铂业宣布公司资产不参与集团债转股项目，因此目前未上市资产股权投资退出渠道只有锡业股份。

七、水到渠成：第一笔债转股资金落地

双方此前约定合作协议涉及的43.5亿元全部于年内落地，基本实现预期，云锡集团在2016年业绩公告称，首批用于置换高息负债的22.5亿元已经到位（20亿元于2016年11月到位，2.5亿元于2017年1月到位）。

第一笔资金落地后，2016年年末资产负债率比年初下降3.4%。信用评级方面，中诚信国际在2017年7月11日，将云锡集团的信用评级展望调回为"稳定"，维持AA信用等级；债务融资成本方面，2017年集团债务融资成本相较于2015年下降1.15个百分点；短期偿债能力方面，2017年的流动比率相较于2015年上升6.37个百分点（见图6-10）。

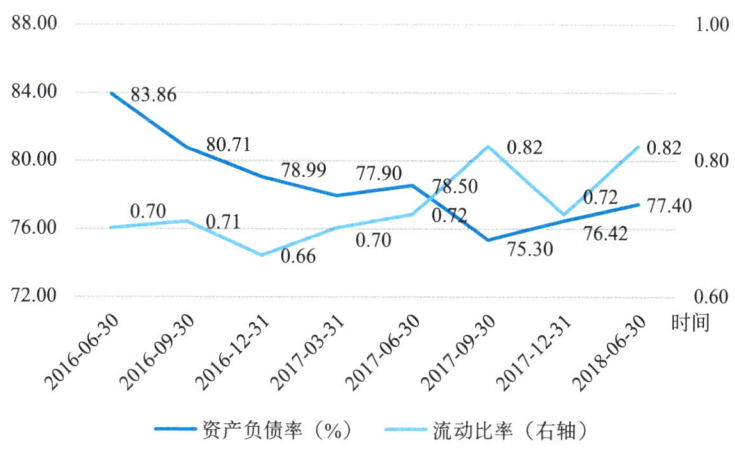

图6-10 债转股后锡业集团长、短期偿债能力变化

资料来源：Wind数据。

此外，2016年公司做出了一系列扭亏转盈的努力：优化生产布局；全要素成本控制；引入战略投资者优化资本结构；争取税收优惠政策；降低人工成本等。2017年，云锡集团进一步剥离与主营业务关联度低的房地产业务。随着2016年年末有色金属价格开始回暖，集团控股子公司锡业股份开始扭亏为盈，2016年年末归母公司净利润1.36亿元，2017年高达7.1亿元，母公司云锡集团2016年净资产达111.5亿元，相较于年初增加21.4亿元。并在2017年第一季度扭亏为盈（见图6-11）。

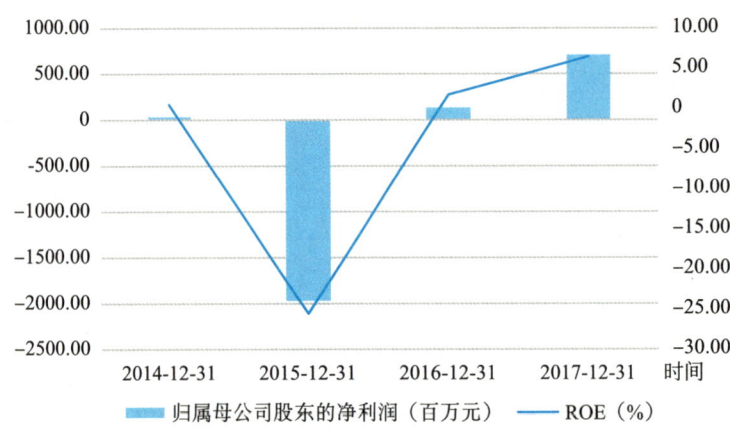

图 6-11 债转股后锡业股份盈利情况变化

资料来源：Wind 数据库。

八、望穿秋水：第二笔债转股资金迎来新进展

2018年6月29日，锡业集团发布公告，锡业股份、华联锌铟和建信金融投资有限公司（以下简称建信金融）签署《增资扩股协议》，拟引入建信金融为控股子公司华联锌铟增资不超过10亿元。本次增资以增资前华联锌铟股东权益的评估价值76.29亿元为基础，增资完成后建信金融将获得华联锌铟不超过11.59%股份。2018年12月27日，华联锌铟收到建信金融实际增资款8亿元，增资后股权结构变化如表6-2所示。

表6-2 增资后华联锌铟的股权结构变化

股东名称	增资前出资额（万元）	持股比例	增资后出资额（万元）	持股比例
云南锡业股份有限公司	21207.20	75.74%	21207.20	68.55%
其他股东	6792.80	24.26%	6792.80	21.96%
建信金融资产投资有限公司			2936.29	9.49%
合计	28000.00	100%	30936.29	100%

资料来源：锡业股份公告。

九、尾声

云锡集团—建设银行设立基金的债转股模式成为本轮市场化债转股的经典模式，截至目前首批承诺的3笔资金已有两笔落地。建行预期，到2020年云锡集团能够取得收入不低于 819 亿元、利润不低于 23 亿元的业绩，按约定实现投资者的正常退出。然而，据 2017 年年报显示，云锡集团全年营业总收入 549.53 亿元，利润总额 2.4 亿元，要想如期实现预期业绩还任重道远。

十、案例正文附件

附件 1：2016 年以来中央层面加快推进市场化债转股标志性政策梳理

附表 1　　2016 年以来中央层面加快推进市场化债转股标志性政策梳理

日期	部门/会议/文件	主要内容
2016.8.6	《关于钢铁煤炭行业化解过剩产能金融债权处置的若干意见》	支持金融资产管理公司对钢铁煤炭企业开展市场债转股
2016.10.10	《国务院关于积极稳妥降低企业杠杆率的意见》	鼓励多类金融机构以市场化、法治化的方式参与债转股，推进供给侧结构性改革
2016.10.10	《关于市场化银行债权转股权的指导意见》	明确本轮债转股政策引导、市场运作的模式，明确适用企业和债权范围，通过实施机构开展市场化债转股自主协商确定市场债转股的价格与条件
2016.12.1	《三部门关于钢铁煤炭行业化解过剩产能金融债权债务问题的若干意见》	鼓励金融资产管理公司、地方金融资产管理公司按照市场化、法治化的原则对钢铁煤炭企业开展市场化债转股业务
2016.12.19	《市场化银行债券转股权专项债券发行指引》	积极发挥企业债券融资对积极稳妥降低企业杠杆率的作用，明确债转股专项债的发行条件
2017.3.5	两会政府工作报告	提出盘活企业存量资产，推进资产证券化，支持市场化、法治化债转股，加强股权融资力度，强化国有企业财务杠杆约束
2017.5.4	《关于保险业支持实体经济发展的指导意见》	支持保险资金发起设立债转股实施机构，支持保险资管机构开展不良资产处置等业务、发起设立专项债转股基金等
2017.7.15	全国金融工作会议	习总书记指出"高杠杆是金融风险的根源，推动经济去杠杆，要把国有企业降杠杆作为重中之重，抓好落实债转股相关部署"；李克强总理指出"要把市场化债转股作为降杠杆的利器"
2017.7.15	《关于发挥政府出资产业投资基金引导作用　推进市场化银行债转股相关工作的通知》	发挥政府出资产业投资基金在市场化银行债权转股权中的积极作用

续表

日期	部门/会议/文件	主要内容
2017.8.7	《商业银行新设债转股实施机构管理办法（试行）》	明确债转股对象、实施、资金募集及退出机制的规定，规范商业银行新设债转股实施机构的管理运作
2018.1.19	《关于市场化债权转股权实施中有关具体政策问题的通知》	七部委针对市场化债转股在实施中出现的问题提出十条意见
2018.2.7	国务院常务会议	支持各类股权投资机构参与市场化债转股，督促已签订债转股协议金额尽快落实
2018.6.24	人民银行	人民银行宣布，自2017年7月5日起，定向降准支持市场化法治化债转股和小微企业融资，预计释放资金7000亿元
2018.6.29	《金融资产投资公司管理办法（试行）》	银行通过金融资产投资公司实施债转股，应当先向金融资产投资公司转让债权，再由金融资产投资公司将债权转为对象企业股权，银行不得直接将债权转为股权
2018.8.6	银保监会《关于市场债转股股权风险权重的通知》	商业银行市场化债转股持有上市公司股权的风险权重为250%，持有非上市公司股权的风险权重为400%

附件2：2012—2017 云锡集团财务报表摘要（年报）（单位：百万元）

附表2　　　　　　　　　　　　　利润表摘要

项目	2012年	2013年	2014年	2015年	2016年	2017年
营业总收入	26348.84	30879.54	36577.69	41878.64	47161.86	54953.38
同比（%）	24.51	17.88	18.45	14.49	12.62	16.52
营业总成本	26349.49	33200.52	38206.99	44978.25	49212.20	55552.21
营业利润	78.30	-2201.99	-1422.94	-2831.56	-1892.24	473.73
同比（%）	-91.93	-759.29	36.01	-91.32	33.20	125.04
利润总额	161.26	-1990.60	-1309.29	-2880.45	-1871.69	248.82
同比（%）	-83.33	-1000.88	34.93	-110.46	35.05	113.29
净利润	-20.23	-1890.47	-1366.37	-3248.00	-2070.69	92.82
归属母公司股东净利润	-276.06	-1044.27	-1365.37	-2493.38	-2170.91	-644.21
同比（%）	-214.59	-128.19	-1364.37	-92.23	12.96	70.33
EBIT			-1363.37	-965.20	185.00	1895.45
EBITDA			-1362.37	298.84	1427.58	3197.94

附表3　　　　　　　　　　　　　资产负债表摘要

项目	2012年	2013年	2014年	2015年	2016年	2017年
流动资产	26530.04	21622.19	20157.70	20757.33	21055.66	25035.20
固定资产	11794.38	15934.03	16070.85	17058.32	16604.45	16281.14
长期股权投资	1023.13	1412.85	446.58	484.88	467.82	408.97
资产总计	49536.09	47618.03	51428.74	52578.90	53053.63	55725.23
同比（%）	34.39	-4.87	6.00	2.31	0.94	5.04
流动负债	32355.24	30142.91	29101.76	31519.88	31672.88	34677.13
非流动负债	7314.09	5470.02	8883.17	12018.96	10236.08	7905.29
负债合计	39669.32	35612.94	37984.93	43538.84	41908.96	42582.42
同比（%）	43.23	-10.23	6.66	14.62	-3.74	1.61
股东权益	9866.77	12005.09	13443.81	9040.06	11144.67	13142.81
归属母公司股东的权益	3582.59	3888.75	4299.03	100.30	200.38	628.99
同比（%）	-8.87	11.46	12.13	-97.68	171.15	213.90
资本公积金	1337.07	2820.71	3776.73	2068.98	2686.06	4018.64
盈余公积金	88.73	88.73	88.73	88.73	88.73	92.93
未分配利润	759.80	-372.48	-2773.31	-5245.48	-7439.97	-8084.18

附表4　　　　　　　　　　　　　现金流量表摘要

项目	2012年	2013年	2014年	2015年	2016年	2017年
销售商品提供劳务收到的现金	23944.69	33407.32	38942.85	43045.48	52212.45	61534.85
经营活动现金净流量	277.01	990.70	476.07	-416.18	1982.27	2316.09
购建固定无形长期资产支付的现金	5856.40	2283.61	1482.64	1457.47	1528.52	2113.22
投资支付的现金	145.76	107.08	1334.34	1029.00		50.45
投资活动现金净流量	-5812.07	-2622.68	-2578.81	-1833.16	-1881.83	-1913.14
吸收投资收到的现金	165.63	5503.44	1898.19	189.01	3960.00	3382.21
取得借款收到的现金	29163.58	31195.64	30034.61	27837.28	31793.51	30713.98
筹资活动现金净流量	6403.49	2718.93	-113.10	3134.22	220.69	870.01
现金净增加额	864.53	1076.08	-2214.99	890.16	331.47	1229.91
期末现金余额	4259.56	5335.63	3120.64	4010.79	4342.26	5572.17
折旧与摊销	619.65	1168.37	961.40	1264.04	1242.57	1302.49

附表 5　　　　　　　　　　关键比率

项目	2012 年	2013 年	2014 年	2015 年	2016 年	2017 年
ROA（%）	-0.05	-3.89	-2.76	-6.25	-3.92	0.17
ROIC（%）	-0.96	-3.20	-4.14	-7.92	-6.83	1.86
销售毛利率（%）	14.12	6.20	8.49	4.05	6.62	8.34
销售净利率（%）	-0.08	-6.12	-3.74	-7.76	-4.39	0.17
资产负债率（%）	80.08	74.79	73.86	82.81	78.99	76.42
销售商品和劳务收到现金/营业收入（%）	90.88	108.19	106.47	102.79	110.71	111.98

附表 6　　　　　　　　　　每股指标

项目	2012 年	2013 年	2014 年	2015 年	2016 年	2017 年
每股净资产	2.59	2.82	1.31	0.03	0.04	0.14
每股销售额	19.08	22.36	11.13	12.74	9.57	11.87
每股经营现金流	0.20	0.72	0.14	-0.13	0.40	0.50
每股现金净流量	0.63	0.78	-0.67	0.27	0.07	0.27

案例使用说明

作为首单地方国企市场化债转股和首单 A 股上市公司市场化债转股的企业，云锡集团债转股的方案设计对深入推进本轮市场化债转股具有现实的借鉴意义。同时作为上一轮政府主导型债转股的参与企业，云锡集团在债转股中的教训经验可以为我们理解如何进一步开展国有企业降杠杆提供有益思考。

一、教学目的与用途

1. 适用课程：公司金融、金融机构与金融市场、金融理论与政策等。

2. 适用对象：本案例适用于金融专业硕士相关课程。

3. 教学目的：本案例以云锡集团为对象，首先介绍云锡集团背景及所处的债务困境，在此基础上详细描述了市场化债转股化解云锡集团债务危机的始末及后果。其次在国企去杠杆的政策背景下，对云锡集团为何重蹈债务之困、为何选择债转股化解债务危机加以分析。最后结合公司金融、金融机构与金融市场的相关理论，详细分析了云锡集团债转股模式的借鉴意义，并从短期和中长期两个角度讨论债转股的实际效

果。通过学习本案例,希望学生能够掌握以下 6 个方面的内容:

(1) 我国国有企业高杠杆形成的逻辑;

(2) 现阶段国企去杠杆的主要模式;

(3) 本轮市场化债转股的主要模式;

(4) 债转股的功能、潜在风险及多方主体参与的目的、影响;

(5) 债转股的短期财务后果及长期影响评价;

(6) 未来在债转股化解国企债务危机的应用中应注意哪些问题,如何实现效果的可持续性。

二、启发思考题

根据案例的教学目的,教师可以在教学之前让学生带着以下问题的思考,对案例进行有针对性的学习,加深学生对有关知识的印象。

1. 梳理国有企业高杠杆形成的逻辑,云锡集团为何重蹈债务之困?

2. 总结现阶段企业去杠杆的模式,云锡集团为何选择债转股的方式解决公司困境?

3. 云锡集团债转股模式相较于其他模式的优势是什么?结合债转股常见的实施困境,分析并评价云锡方案的化解之道。

4. 建设银行作为供给方为何愿意参与云锡集团的债转股?结合债转股的功能及潜在风险,分析这一选择是否合理。

5. 结合债转股落地后的实际效果分析这一方案在多大程度上实现了双方预期,建设银行是否有望取得投资回报并实现股权退出?

6. 结合云锡集团两轮债转股讨论,债转股之于国有企业高杠杆问题是灵丹妙药还是饮鸩止渴?云锡集团是否可以就此打破债务魔咒?

三、分析思路

1. 梳理国有企业高杠杆形成的逻辑,云锡集团为何重蹈债务之困?建议理解 2020 年宏观经济政策背景,结合优序融资假说和财务危机假说等理论分析国企高杠杆的症结所在,以及国企杠杆率和私企杠杆率出现分化的原因。进而抓住降低国企杠杆率的痛点。结合有色金融行业特征的背景材料理解周期性行业国企经营管理面临的困难。

2. 总结现阶段企业去杠杆的模式,通过比较探讨云锡集团为何选择债转股的方式解决公司困境。结合债转股的功能及潜在风险,分析这一选择是否合理。

3. 总结本轮债转股的其他模式,探讨云锡集团债转股模式相较于其他模式的优势是什么。结合债转股在"募投管退"各个环节常见的实施困境,对应理解云锡方案的化解之道。

4. 从理解建设银行作为供给方为何愿意参与云锡集团的债转股出发,站在其他主体及社会的角度分析债转股可能带来的其他影响。

5. 结合债转股落地后的实际效果分析这一方案在多大程度上实现了双方预期,建设银行是否有望取得投资回报并实现股权退出?

6. 结合云锡集团两轮债转股讨论,债转股之于国有企业高杠杆问题是灵丹妙药还是饮鸩止渴?云锡集团是否可以就此打破债务魔咒?

7. 结合背景资料,对比历史上两轮债转股的宏观背景和模式差异,了解债转股在我国发展的变迁,通过对比发达国家债转股的应用探讨债转股未来在我国的发展方向。

8. 结合背景资料雷毅贪腐案理解委托—代理成本理论,管理层权力滥用会给相关利益人和企业带来哪些危害。

四、理论依据与分析

(一) 理论依据

1. 股权融资与债权融资

(1) 股权融资。股权融资是由投资者向企业提供资金,企业将所得资金作为企业股本并记入所有者权益科目,投资者获得企业股权成为股东,股权融资方式主要有两种方式,包括公开市场发售以及私募发售。股权融资的优缺点如表6-3所示。

表6-3　　　　　　　　　　股权融资方式的优缺点

优点	作为永久性投入,无到期期限,使用稳定、安全
	在一定程度上降低原股东风险
	投资回报为税后利润,与利息相比不具有强制性,利润分配灵活
	公开发行股票可以大大增加公司的知名度
	公司上市获批是对公司经营状况和信誉的肯定,可以提高公司在市场上的信誉水平,有利于进一步筹资和开展商业往来
	对于生产消费品或从事服务业的上市公司来说,公众股东有可能成为未来客户

续表

缺点	产生大量的直接成本,如公开发行股票时聘请会计师事务所和律师事务所的费用、承销费用等
	产生大量的隐性成本,如向市场传递公司偿债能力不足的信号等
	如果公司原股东不能按原持股比例购入增发的普通股,则必然有新的股东进入公司,会稀释原股东的控制权和收益权

除发行普通股进行融资之外,公司还可以发行优先股进行融资,优先股介于普通股和公司债务之间,其在资本结构上属于权益资本,股东的投资在公司注册成立后不得抽回,在公司清算时其对公司财产的要求权也排在债权人之后。但是,优先股又表现出债权的特性,优先股的股利通常按照面值的固定比例支付,股利支付在普通股之前,并且在公司清算时,优先股的股东的剩余财产请求权先于普通股股东。优先股融资的优缺点如表6-4所示。

表6-4　　　　　　　　　　优先股融资的优缺点

优点	股东没有投票权,不会导致原有普通股股东控制能力的下降
	不是负债,股利支付没有强制性约束,不会加剧公司资金周转的困难
	不必以资产作为抵押,使公司可以保留资产在必要时作为抵押品借债,保护了公司的融资能力
	股利收入可能存在税收优惠,降低融资成本
	没有固定到期日,不用偿还本金;在附有收回条款的情况下能够控制公司的资本结构
缺点	成本较高,没有税收屏蔽的好处
	影响普通股股东在公司经营不稳定时的收益
	当盈利下降时,优先股股利可能会成为公司较重的一项财务负担,如果延期支付,又会影响公司形象
	通常伴有许多限制条款

（2）债权融资（Debt Financing）。债权融资是指企业通过负债的方式来筹集资金,主要的债权融资方式包括银行贷款、发行债券以及民间借款。债权融资方式中资金的提供者获得的是对企业的债权,获得的资金记入企业负债科目。债权融资的优缺点如表6-5所示。

表6-5　　　　　　　　　　债权融资方式的优缺点

优点	债权人不参与企业利润分配,债券资金的成本有确定的限制
	债券的成本低于普通股和优先股
	债权人不直接参与公司经营管理,一般情况下不分享公司股东对企业的控制权
	债务利息科带来税收屏蔽的好处
	如果发行的是可收回债券,可以利用债券的可收回性及时调整公司的资本结构
缺点	需按时还本付息,若企业一时出现资金周转困难不能按时还本付息,将陷入财务危机,甚至导致企业破产
	提高企业的财务风险,股东的投资报酬率相应提高,加大经营难度
	长期债券的不确定性使企业面临着较大的偿还风险
	严格的债券合同在一定程度上会限制企业的经营决策

2. 优序融资假说

优序融资假说（Pecking Order Theory）是在 1984 年由 Myers 和 Majuf 提出的，他们使用逆向选择模型对信息不对称对公司的再融资行为的影响进行了深入分析，他们认为，在信息不对称情况下，对信息越敏感的金融工具会对原股东的权益价值产生越大的稀释作用，公司越不愿意使用这种工具筹资。因此，公司进行再融资时，首先选择是内源融资，其次是外源融资，在进行外源融资时，公司会首选高等级债务工具，其次是低等级债务工具，最后是普通股股票。

3. 财务危机成本假说

当企业在偿还债务时遇到困难，无法按时履行偿债义务时，企业即出现了财务危机，无论企业能否成功处理财务危机，都会给企业带来损失，产生财务危机成本。财务危机成本包括直接成本、间接成本以及代理成本。直接成本是指企业为处理财务危机直接支出的费用，包括律师费、清算费、资产贬值损失等，占财务危机成本的比例较小。间接成本是指由于企业遭遇财务危机给经营管理带来的困难，以及处理财务危机的间接损失，例如企业为了避免破产所产生的边际成本及其他代价。企业的负债额越高，财务风险则越大，发生财务危机的可能性也越高，就需要付出越高的财务危机成本。

委托—代理成本是典型的财务危机成本之一，由于存在委托人和代理人利益不一致、契约不完善、信息不对称的客观情况，委托人无法对代理人的行为进行完全的约束与监督，代理人为了追求自身利益可能会损害委托人的利益，即代理问题，代理问题主要有两种表现形式，即逆向选择和道德风险。代理问题一旦发生，就会给委托人带来一定的损失，委托人为了防止代理问题发生或者为了减少代理问题带来的损失也会产生一定的成本，这些损失与成本就是委托—代理成本。

（二）具体分析

1. 梳理国有企业高杠杆形成的逻辑，云锡集团为何重蹈债务之困？

1999 年至今，我国国有企业和私营企业杠杆率水平出现分化，尤其从 2008 年之后，国有企业杠杆率节节攀升，2015 年达到 66.8%，在所有非金融企业中国有企业负债占比高达 80%（见图 6-12）。从宏观经济与政策背景的角度来看，李锦（2018）认为国企高负债率与经济增速下降相关，但国有金融机构以支持国有企业为主是更为重要的原因。从优序融资假说和财务危机成本假说的角度来看，杨楠、谭小芬（2016）认为，国有企业普遍享受政府的隐性担保和刚性兑付，缺乏为了规避财务危机而主动控制杠杆率的动力，一旦出现债务危机往往采用借新债还旧债的方式，致使杠杆率不断高企。从国企高杠杆的行业分布可以看出，化工、煤炭、钢铁等产能过剩严重的行业恰恰是资产负债率最高的行业，这类行业的企业往往有庞大的固定资产规模和明显的经营周期，具有高杠杆运行的性质，也是占用大量金融资源但经营低效、缺乏活力的"僵尸企业"聚集的行业。云锡集团重蹈债务之困是宏观经济下行压力、行业周期性困难、国企管理积弊及管理层战略决策失误共同作用的结果。

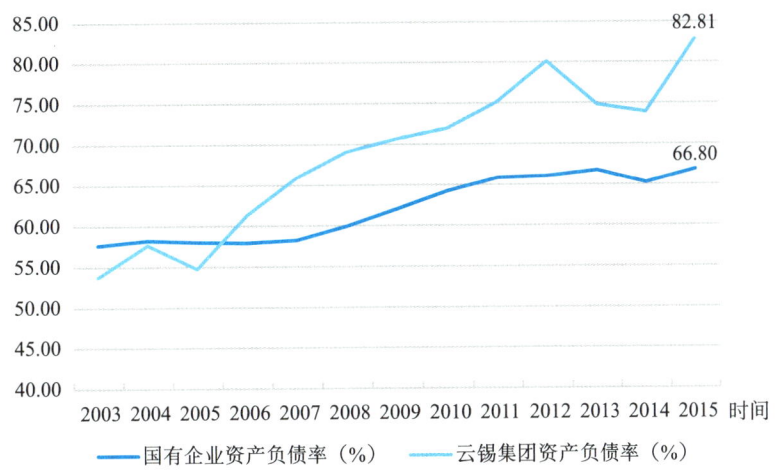

图 6-12 2003—2015 年全国国有企业与云锡集团资产负债率对比

资料来源：Wind 数据库。

2. 总结现阶段企业去杠杆的模式，云锡集团为何选择债转股的方式解决公司困境？结合债转股的功能及潜在风险，分析这一选择是否合理。

（1）现阶段企业去杠杆的模式。去杠杆是指把企业负债/资本的比例降下来。针对不同的经济环境，不同的适用对象，应选择因地制宜、因材施教的去杠杆方式。在对国内外文献进行梳理的基础上，结合本文的研究对象，现总结出以下几种可能使用的去杠杆方式（见表6-6）：

表 6-6   几种主要去杠杆方式

方式	特点	在云锡集团的适用性
债转股	将债权转换为股权，门槛高	"以时间换空间"
发行可转债	赋予投资者选择权，公司可以以更低的资本成本获取资金	未来不确定性
处置资产	募集资金速度快，但出售的资产往往是折价出售	未来不可持续性
资产售后租回	风险较小，可以获取有保障的回报	不利于企业长久发展
政府注资	通过政府手段去杠杆，结果是将杠杆转移到政府部门	同时增加了政府的资产负债率，且政府无计划
股东增资	增加所有者收益来降低杠杆率	公司股东暂时不会考虑直接引入新的投资者

①债转股。指由专门的金融资产管理公司，收购诸如银行的不良资产，将银行与企业间的债权债务关系转化为金融资产管理公司与企业间的股权关系，从而达到降低企业的杠杆水平的效果。后期在企业经营状况转好后，可以通过资产重组、转让、上市等方式实现资金的回笼。

②发行可转债。企业可以通过发行可转债的方式，在未来经济形势不尽理想时行使投资者权利，将债权按事先约定的比例和价格转为股权，从而降低企业财务杠杆，降低企业风险。

③处置资产。企业还可以通过处置自身的资产，获取足够的资本来偿还债务。由于大多资产具有较高的流动性，因此，出售资产往往可以在较短的时间内获取大量资金，但是在多数情况下，处置的资产是折价出售的。

④资产售后租回。售后租回作为一种特殊的融资租赁形式，它可以在资产所有人保留对资产的控制权、所有权和使用权的基础上，将该项资产出售之后又租回，通过上述方式，企业可以在保证正常经营的情况下，将诸多固定资产转化为现金资产，从而增加企业的偿债能力和资产流动性。

⑤政府注资。政府可以通过运用某些行政手段，向企业直接注入适量资金，利用政府手段去杠杆，但同时也将部分杠杆转移到了政府部门。采用这种方式，需要政府在较长的一段时间内做好计划，充分考虑政府预算，综合考量各方利益，才能做出一个较为合适的政府注资计划。这种方式下受到影响的利益群体相对更多。

⑥股东增资。企业在融资量一定的情况下，可以直接通过增加股东融资的数量，降低企业通过债务融资获得资金的频率，因此达到降低企业杠杆率的效果。

（2）云锡集团选择债转股的理由及潜在风险。债转股存在的理论基础源于债权融资与股权融资的差异，与股权融资相比，债务融资价值相对稳定；税盾效应可以为企业带来一定现金流；通过债权人监督减少管理层挥霍，降低股东与经理人之间的委托代理成本，并向市场传递公司财务健康的信号。但同时过高的债务融资会带来财务危机成本，加大股权人与债权人的利益冲突。此外，由于债权人不参与企业经营管理，信息不对称广泛存在于债权人和债务人之间。

基于上述差异，对于作为债务人的云锡集团来说，债转股的功能在于最快速地降低其财务危机成本，缓解企业偿债压力和短期资金流动性紧张的问题，给经营扭亏转盈赢得喘息之机。长期来看，通过债转股企业能够获得一笔长期稳定的资金，将本息偿付的硬约束转变成股息分红的软约束，利于企业进行长期的资金安排，即便附有股权回购协议，投资期内也能够减少资金调度成本。此外，银行入股企业有机会对企业深入了解并开展进一步合作，利于缓解企业中长期的融资约束。

对于云锡集团而言，债转股最大的代价是让渡了企业的控制权，尤其是金融机构缺乏企业管理的专业经验，可能出现为维护自身利益参与经营决策，对企业正常运营产生干扰。此外，从金融工具的本质来看，债转股相当于赋予债权人和债务人一种共同选择权，但实际中由于债转股供给与需求存在不平衡，债转股企业解决偿债压力的需求通常大于银行通过债转股降低不良率的需求，作为债权人的银行拥有相对更高的谈判权，而作为债务人的企业处于相对弱势的地位，那么在债转股方案的设计过程中可能出现损害企业其他股东或债权人利益的情况。另外不可忽视的一点，市场对债转股的反应具有很大的不确定性，特别是在企业并未出现不良贷款的时候，宣告债转股相当于主动向市场传递面临债务危机的信号，容易被市场投资者看作被动进行债务重组的方式。

由以上分析可见，债转股十分贴合企业尽快降低杠杆率、"以时间换空间"的迫切需求，考虑到有色金融行业迎来周期性复苏，企业对自身盈利状况的改善很有信心，愿意做出业绩承诺获得建行注资，并寄希望于引入战略投资者解决国企管理上的深层积弊。从后续方案的处置方式可以推测，建设银行在协议商定中拥有较大的话语权。

3. 云锡集团债转股模式相较于其他模式的优势是什么？结合债转股常见的实施困境，分析并评价云锡方案的化解之道。

（1）现阶段市场化债转股的典型模式。

①收债转股模式。"收债转股"模式是指实施机构先承接债权再将债权转为股权，本质上是债权债务关系存量基础上的会计调整，具体又可以细分为以股抵债和发股还债。在上一轮政策性债转股中，四大 AMC 承接对口的国有商业银行不良贷款，再对无须破产清算的债务企业实施债转股，是典型的以股抵债。但从本轮市场化债转股的签约情况来看，这种模式并没有受到债转股实施机构的青睐，主要原因在于这种模式要求银行先将债务折价出售给实施机构，在企业债转股需求明显大于供给、谈判成本高的情况下，银行参与的积极性自然不高。

②入股还债模式。从置换债权与转股的先后顺序看，"入股还债"模式与"收债转股"模式相反，一般由债转股实施机构先对企业增资扩股，企业再以该笔资金偿还债务。其中有代表性的是并表基金模式（如武钢集团），即由实施机构、债转股企业、社会资金共同发起设立有限合伙基金，基金用途既包括直接注资也包括承接债务。这样的安排有三方面的好处：第一便于市场化募集资金，可以对不同风险偏好的投资者加以区分；第二实施机构可以选择正常类或关注类贷款，企业新增资本金按照账面价值1:1全额偿还，不涉及银行债权的折价问题，减少折价条款的谈判成本；第三促进银行交叉实施债转股，从实践来看企业增资扩股后倾向于优先偿还其他银行贷款，以维护企业信用。

③股债结合模式。"股债结合"模式一般是指实施机构与企业签订债转股协议的同时为其提供综合性金融服务,通常还会为其新增授信,例如山东黄金集团—工商银行债转股方案中包括 200 亿元的战略合作融资额度、陕西建工债转股资金来源包括向机构投资者发行永续债。这种模式最大的特点是以实现企业高质量发展为最终目的,在实践中往往配套使用诸如委托贷款、股权直投、收益权转让等方式解决企业短期流动性问题。值得一提的是,"股债结合"模式允许企业灵活进行债务结构优化,企业不仅可以有条件、分阶段地实现转股,还可以用低息债务置换高息债务、长期债务置换短期债务,这让"明股实债"的伪装失去存在必要。

④"债转可转债"模式及"债转优先股"模式。在本轮债转股的实践中还出现了创新性的"中钢模式",方案中各家银行依据贷款条件不同实行差异化的留债比例和转股比例,充分体现市场化的交易原则。在发达国家优先股已成为政府应对金融危机的重要工具,比如 2008 年次贷危机中美国政府出资救助 AIG 公司,政府最大的 15 笔资产购买计划中 84% 采用优先股方式,但在我国由于优先股发行的诸多限制这种模式并未得到实践应用。这两种模式的共性在于利用多样化的产权交易工具更好地满足利益相关者的诉求。

(2) 云锡债转股模式的优势分析。云锡模式首先由建设银行、云锡集团、社会资金共同出资设立有限合伙基金(见图 6-13),在资金募集、债权定价和交叉债转股方面具备与通常的"入股还债"相同的优势。该模式中,基金名义上由建行和云锡集团共同管理,但实际中建行方面的占比较高,旨在有意引导债权银行成为积极股东,参与企业未来的经营管理。同时,以占比较少的自有资金撬动社会资金参与。其次参考"股债结合"的理念增股投资,引入建设银行成为企业优质资产和优质板块的积极股东,以业绩承诺为条件实施债转股,聚焦企业中长期高质量发展。

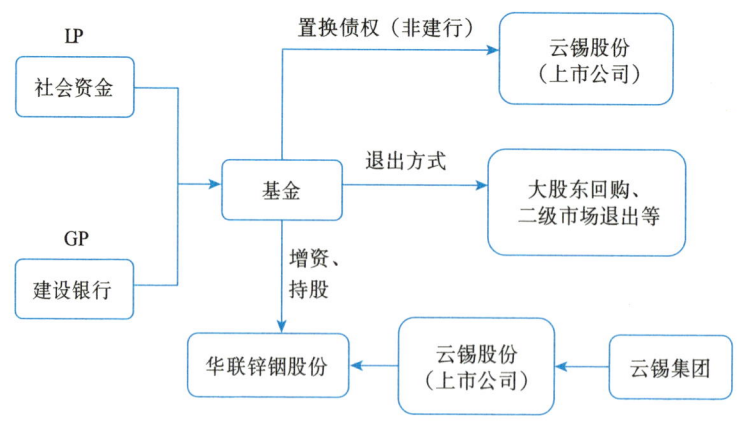

图 6-13 云锡集团—建设银行债转股的操作模式

(3) 债转股的常见实施困境与云锡方案的化解之道。

①资金募集难。资金募集方面的困境，一是缺乏低成本的市场化融资渠道，二是银行资本金占用比例大。第一，资金来源受限，除了自有资金，银行可以运用银行理财资金、保险公司资金、通过子公司设立股权投资基金或产业投资基金募集社会资金。由于股权投资的投资回报和期限的不确定性，使用理财资金可能加剧其期限错配，如果寄希望于调动社会资金，需要首先满足社会资金对高投资回报率的要求。第二，资本金占用存在政策障碍，按照现有规定，银行占用资本金的规模及未来面临的考核压力会影响银行参与债转股的积极性。

云锡模式中，建行和云锡集团以不超过20%的出资比例组成GP合伙人，建设银行以较少的出资比例获得基金管理权。同时依靠建设银行的信誉背书和企业良好的发展前景，顺利吸引到来自保险资管机构、建行养老金子公司、全国社保、信达AMC的资管子公司、私人银行的理财资金等社会资金的参与。LP资金内部根据风险和收益不同划分为不同优先级，用于对接不同风险和收益水平的投资者需求，不承诺刚性兑付。

②投资选择难。投资选择涉及标的企业选择和资金用途选择。指导意见中对本轮债转股的适用企业作出"三条件、三鼓励、四禁止"的明确规定（见表6-7），但在实际操作中，甄别企业的经营前景和债转股动机具有很大难度，银行若选择不慎将面临更大风险。

表6-7　　　　　　　　债转股指导意见明确适用企业范围

三条件	发展前景较好、具有可行性的企业改革计划和脱困安排
	主要生产装备、产品、能力符合国家产业发展方向，技术先进、产品有市场，环保和安全生产达标
	信用状况良好，无故意违约、转移资产等不良信用记录
三鼓励	因行业周期性波动导致经营困难但有望逆转的企业
	因高负债而财务负担过重的成长性企业，特别是战略新兴产业领域的成长性企业
	高负债、居于产能过剩行业前列的关键性企业
四禁止	扭亏无望、已经失去生存发展前景的"僵尸企业"
	有恶意逃废债行为的企业
	债权债务关系复杂且不明确的企业
	有可能助长过剩产能扩张和增加库存的企业

资金用途的选择需要确定转股债权、转股方式和股权投资标的。根据指导意见，转股债权质量由债权人、企业、实施机构自主商定，也就是说银行可以选择的范围包括正常类、关注类和不良类贷款。如果选择将不良债权转股会面临债权折价出售的问题，并承担高昂的折价谈判成本。而转股方式和股权投资标的的选择直接关系到银行

能否在企业经营管理中发挥作用，届时实现预期回报及股权退出。

债转股花落云锡有如下几个先决条件：第一，云锡集团完全符合指导意见对债转股企业的要求，既具备产业重要性，面临暂时性经营困难，又没有不良贷款，信用状况良好；第二，云锡集团持有建设银行40亿元正常类贷款，上一轮参与云锡债转股的资管公司此前以3倍回报实现退出，有取得建设银行信任的主客观条件；第三，集团管理层深化改革的决心明显，有正确的债转股动机，逆向选择的风险较小；第四，云锡集团不存在不良贷款，建设银行不必担心转股债权折价问题。

如此一来，建设银行只需要考虑云锡集团经营业绩是否能实现扭亏转盈，股权投资能否实现预期回报。从方案设计中不难看出建设银行对此的谨慎安排：首先，转股模式上实行交叉债转股，一方面保留作为债权人的求偿权，另一方面投资于集团优质资产和板块，债和股的业务板块并非一一对应的特殊安排利于规避企业的道德风险，让实施机构帮助企业降杠杆的同时获得可观的投资收益；其次，以参与经营和业绩承诺为出资条件；最后，附带企业业绩不达标的大股东回购协议，保证业绩不及预期时及时止损。

③投后管理难。投后管理中的一大难题是银行持有期间收益确认。银行在债转股中的收益来源可以包括基金管理费、持有期分红和退出时才能锁定的买卖价差，由于企业经营业绩具有波动性，即使遇上企业分红，也可能与银行的预期收益率相差甚远。对于此，建设银行强制要求其增资对象华联锌铟在盈利年份进行现金分红，确保收益的同时避免出现管理层挥霍等代理人冲突。诚然，强制分红也无法保证业绩亏损时银行的收益，于是，建设银行要求华联锌铟承诺在其股权退出之前保持主要生产经营技术指标稳定，两年内完成指定的采矿扩建工程。

另一大难题是银行如何参与企业经营管理，这也是健全公司治理、从根本上改善企业经营的关键。从银行角度来说，首先需要转换身份以股东视角看待企业经营并提供利于企业长远发展的融资方案，这对于一直作为间接融资机构的商业银行来说并非易事。其次银行需要能够切实影响企业融资和经营行为的股东权利，在这一方面，云锡方案中赋予建设银行在增值完成后有权提名1名董事席位。如果未来建行作为积极股东参与投资经营，将对企业提高生产经营能力、完善现代公司治理结构大有裨益。

④股权退出难。商业银行实施债转股的目的是企业经营状况好转后顺利实现退出并取得预期收益，因此能否实现退出直接影响参与主体的积极性。目前退出方式有以下4种：一是投资于上市公司的资产可以直接利用二级市场退出；二是投资于非上市公司的资产，可以并购重组将资产装入上市平台，通过股权置换转为上市公司股权实现退出；三是与企业签订回购协议，但这种模式与"明股实债"界限模糊；四是在区

域性股权交易市场实现退出。前3种模式在云锡方案中均有所体现，但由于集团参与债转股项目的上市公司只有锡业股份一家，要想实现较为顺畅地退出有赖于多层次资本市场和区域性股权交易市场的建立完善。

4. 建设银行作为供给方为何愿意参与到云锡集团的债转股中？结合债转股的功能及潜在风险，分析这一选择是否合理。

对于作为债权人的银行来说，债转股的功能一方面在于实现债权投资和股权投资之间的信息共享，通过参与企业经营管理减少单纯作为债权人的信息不对称风险，另一方面当企业盈利能力改善时有望获得可观的股权投资回报，作为战略投资者为企业提供综合性的金融服务和资金安排，实现业务多元化发展。但同时，债转股让银行一是承担逆向选择可能带来的风险，如果企业只是利用债转股解燃眉之急，银行作为债权人的投资损失仍不可避免；二是容易引发银行内部的寻租行为。

（1）建设银行降低不良率、成为战略投资者提升经营能力的需要。自2010年以来，国内经济下行压力增大，实体经济尤其是传统制造业增速放缓，商业银行的不良贷款率逐年攀升。从数据来看，建设银行的不良贷款率自2010年以来经历了先平稳下降，然后逐步上升，再略微下降的阶段，尤其是在2015年，达到了2009年以来的最高点（见图6-14）。因此，建设银行需要在此背景下未雨绸缪，提前化解部分债务风险，防止不良贷款率的进一步攀升。同时，不同于政策性债转股，此轮债转股强调"市场化、法治化"，银行具有选择标的的权利和真实股东权利，等同于银行突破了以往不能投资非金融企业的限制，拥有了股权投资牌照。因此，建设银行参与市场化债转股不仅可以化解存量债务，还可以增大权益类资产的配置，提高了银行综合化经营的能力，促进投贷联动。

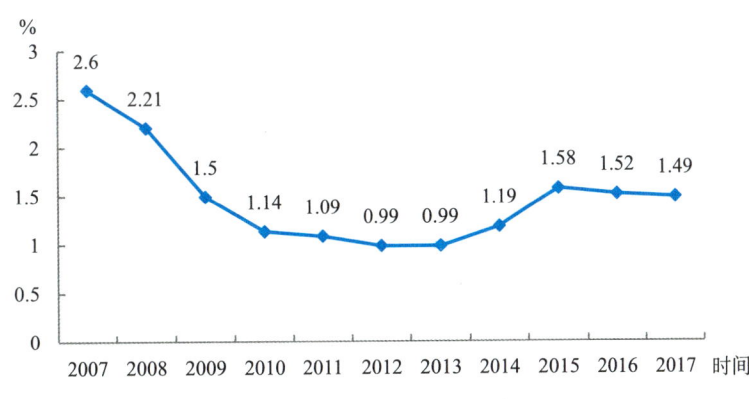

图6-14 建设银行不良贷款率

资料来源：Wind数据库。

（2）政策催生"双赢"合作。2016年10月10日，国务院出台《关于市场化银行债权转股权的指导意见》，强调本轮债转股"市场化、法治化"的特点，鼓励发展前景良好但暂时困难的优质企业开展市场化债转股。

而云锡集团一方面属于指导意见中"处于产能过剩前列的战略性企业"，具有产业重要性；另一方面，集团盈利前景依然可期，只是受行业的周期性波动、自身发展方向偏差以及负债居高不下影响出现了短期的流动性困难。从历史来看，云锡集团跨越3个世纪，经历数轮产业周期危机、经济危机依然保持行业龙头地位，且上一轮参与云锡集团债转股的两家资管公司最终以3倍回报实现股权退出，有足够能力取得市场信任。此外，云锡集团持有建设银行40亿元正常类贷款，具备较为深入的了解和合作基础。

5. 结合债转股落地后的实际效果分析这一方案多大程度实现了双方预期，建设银行是否有望取得投资回报并实现股权退出？

（1）债转股对云锡集团的影响。

①财务影响。股权结构方面，从股权融资来看，锡业股份自1999年上市以来，只有一次配股（2010年）和两次定向增发（2013年和2015年），加上首次公开发行股权融资占比仅为40%，通过债转股增加股权融资利于帮助企业获得经营发展的长期资本。从股权风险来看，发布债转股公告的首个交易日（2016年10月17日）锡业股份涨停，在此后30个交易日锡业股份市场表现一路走高，相比于同期深证综指取得30.8%的超额收益。但从事件期开始累计超额收益率持续为负，说明债转股公告虽短期提升了股价表现，市场对这一信号的反应还是以负面为主，锡业股份的股权风险有所加大。

债权结构方面，从偿债能力来看，由于本次所置换的债权主要为短期债务，短期偿债能力和现金流得到明显改善，2017年流动比率较2015年上升6.37个百分点，长期偿债能力同样得到明显改善，2017年资产负债率较2015年下降6.45个百分点。从债务融资成本来看，由于本次所置换的债权主要为高息负债，债务融资成本明显下降，相较于2015年，2017年债务融资成本下降了1.15个百分点。从信用评级来看，2017年7月中诚信将云锡集团的评级从"负面"调回"稳定"。可以说债转股在债权方面的财务效果立竿见影。

②经营和治理结构影响。债转股资金落地助力企业渡过阶段性经营困境，给企业以调整业务结构、转变经营方式的喘息之机。集团积极利用政策支持引入战略投资者，彰显改善治理结构的决心。

（2）债转股对建设银行的影响。

①更高的风险和收益。虽然对于建行来说，市场化债转股可以在企业成功脱离困境实现盈利后获得分红并且在股权退出时获得股价上涨带来的资本利得，但这轮债转股比起政策性的债转股也给银行带来了更大的风险。首先，银行会面临道德风险，债转股对于企业来说是"免费的午餐"，本来经营正常的企业为了花费较少的成本减少有息负债，可能会对银行隐瞒相关经营信息，甚至拖欠利息，损害银行利益。其次，如果在实行债转股之后，企业依旧无法改变经营困境，再次陷入债务危机，进入破产重组程序，那么作为股东的建设银行将会面临本息无法收回的风险和流动性风险。

②基金模式一定程度实现风险隔离。此次债转股的资金募集方式能够在一定程度上降低建行的风险。首先，建行只是作为普通合伙人投入一部分资金，更多的资金需求由有限合伙人承担，并且不承诺刚性兑付，即使企业在债转股之后经营情况恶化，银行也只会损失一部分资金。其次，基金由建行的子公司设立、管理，一方面满足了银行不能直接持有非金融企业股份的监管要求，另一方面，也隔离了部分风险。此外，契约设计中的其他规定，例如，在经营方面对华联锌铟的矿采选方面的要求，在分红方面的约定，都大大减少了投资者面临的风险。即便基金模式可以隔离部分风险，一旦出现违约也会对银行声誉和信用造成损失。

③资本占用问题犹存。建设银行增加对云锡集团的股权投资后会带来银行资本占用问题。根据《商业银行资本管理办法（试行）》规定，商业银行集团并表计算资本充足率时，被动持有的非金融企业股权在处置期内的风险权重为400%，两年后为1250%。目前，通过债转股方式取得的股权是否属于银行被动持有的股权投资以及是否适用相应的风险权重、是否有处置期的要求尚无明确规定。如果按此要求计提将大大增加银行的预留资本金。

2018年6月，银保监会颁布《金融资产投资公司管理办法（试行）》，规定银行的债转股专营子公司（金融资产投资公司）的资本充足率、杠杆率等参照金融资产管理公司的相关规定执行。在计算风险加权资产时，政策性债转股的股权投资是100%，市场化债转股的股权投资权重为150%。如果银行选择并表计算，则持有的股权至少需按照400%的权重计算，即使不并表，则其对金融资产投资公司的股权也要按照对金融机构的股权投资计算250%的权重。

（3）从资金落地情况推测是否符合双方预期。第二笔对华联锌铟的增资时隔两年才落地，可能的影响因素一是实施机构需要对入股资产进行考察评估，华联锌铟需要按照《投资意向书》中投资人的要求履行承诺，需要一段时间。二是银行在增加企业股权投资的同时需要顾及资本充足率的约束。无论如何资金推迟落地对云锡集团不能算作好消息。此外值得一提的是，《投资意向书》中最大的铜曼矿区扩建项目原本承诺在 2018 年投产，但实际上 2017 年 12 月才通过环境影响评价，这侧面说明华联锌铟的经营业绩承诺是有一定实现难度的。目前 2016 年 10 月 16 日承诺的资金仍有 10 亿元尚未落地，实现预期业绩还任重道远，2020 年建设银行能否实现股权退出还是未知数。

6. 结合云锡集团两轮债转股讨论，债转股之于国有企业高杠杆问题是灵丹妙药还是饮鸩止渴？云锡集团是否可以就此打破债务魔咒？

思考这一问题可以从云锡集团为何重蹈债务之困入手，云锡集团新一轮债务危机产生有如下几个原因：客观原因是遭遇大宗商品价格下行周期，有色金属行业出现周期性经营困难，主观原因一是没有及时意识到行业周期，仍然上马导致巨额亏损的铅冶炼业务，产品结构僵化、集中在中低端；二是集团管理层腐败，奉行错误的多元化经营战略，投资规模与筹资能力和盈利能力不相适应，融资难和融资贵问题突出；三是企业信用下降，员工队伍不稳，国企长期封闭的体制机制阻碍企业的创新能力。因此，集团只有充分重视产业危机、能力危机和信用危机，一方面增加企业抵御行业周期风险的能力，提高盈利的可持续性，聚焦主业，优化产业结构，提高产品创新能力；另一方面通过引入战略投资者加强对管理层的监督和约束，作出与自身积累相适应的融资安排。

五、背景材料

（一）债转股政策的宏观背景

1. 20 世纪 90 年代与政策性债转股

企业资金依赖银行贷款始于 20 世纪 80 年代的"拨改贷"，在市场化条件不充分、地方政府对银行存在行政干预、企业管理对风险认识不足的情况下，银行不良贷款开始大量形成。90 年代中后期，随着金融市场逐步规范化发展，银行信贷扩张的热潮渐渐冷却，同时中国 GDP 增速逐年下行，钢铁、煤炭、轻工等行业产能过剩严重，大量企业出现整体亏损，不良贷款给商业银行带来的风险逐渐暴露。1999 年，借鉴美国 RTC"好银行/坏银行"的不良资产处置模式，华融、东方、信达和长城四大资产管理公司（AMC）陆续成立，按账面价值 1:1 收购四大国有商业银行 1.4 万亿元不良资产。AMC 接入不良资产后，按照国家经贸委推荐的债转股企业名单，同企业确定具体实施方案。该模式从目标企业选择到方案实施全部由政府主导，将银行与企业之间的债务债权关系转变成 AMC 与企业之间的股权关系，但这种股权关系又具有特殊性：AMC

仅参与企业的重大决策，不参与企业的正常生产经营活动，在企业经营状况改善后，需要通过企业回购的方式实现退出。

这一轮的债转股曾给予很多资不抵债的企业喘息之机，使之高负债、负净利的局面有所缓解。但长期来看，企业的经营效率并没有因此得到明显改善，投资扩张往往超过与企业自身积累相适应的合理水平（如图6-15所示）。加上债转股的退出机制不够完善，政府成为最终"接盘侠"的不在少数，财政难逃为不良贷款买单。

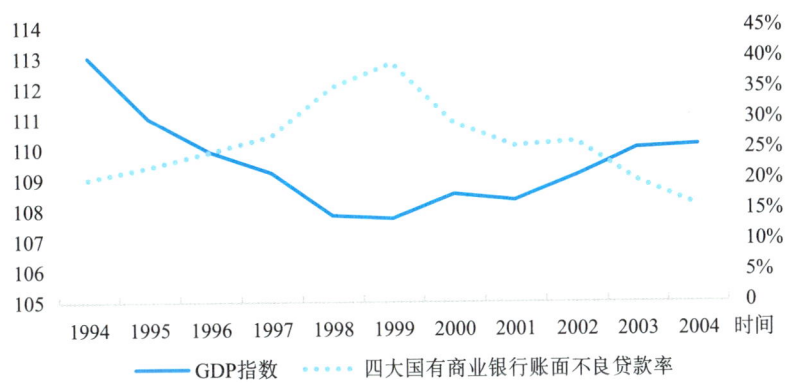

图6-15　20世纪90年代中后期GDP增速放缓、不良贷款率持续走升

资料来源：Wind数据库。

2. 2016年至今与市场化债转股

2008年11月底，国务院出台"四万亿"财政刺激计划，旨在通过高速的银行信贷扩张带动政府投资和经济增长。2010年后，伴随央行货币政策持续收紧，实体经济增速下滑，我国的债务问题特别是非金融部门的高杠杆风险日益凸显（见图6-16），商业银行不良贷款和不良贷款率逐年攀升（见图6-17）。如何降低企业杠杆、化解银行不良资产风险？如何处置违约企业、僵尸企业的大量负债？如何推进产能过剩行业的转型升级？成为经济新常态下亟待解决的难题。在此背景下，曾经担起降杠杆、化不良重任的债转股被寄予了新的厚望。2016年10月10日，新一轮债转股步入具体实施阶段，旨在通过市场化手段去杠杆，为国企进行创新和深化改革赢得时间，进而提升供给侧的整体质量。

（二）有色金属行业的特殊性

有色金属已经成为一国发展经济、科技、国防的重要物质基础，是关系到国际综合实力和国家安全的战略性资源。受宏观经济周期和行业自身的运行规律影响，有色金属行业往往表现出较强的周期性特征，一定程度上会限制企业盈利的可持续性。由

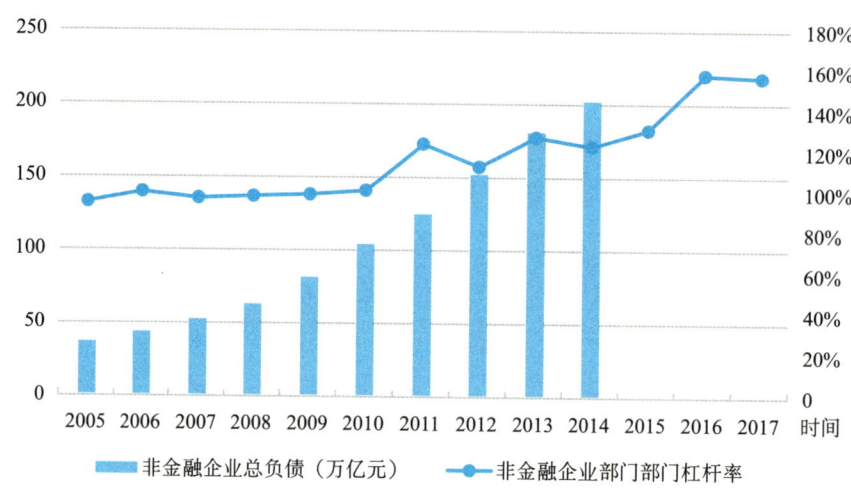

图 6-16　2005—2017 非金融部门债务余额与杠杆率

资料来源：Wind 数据库。

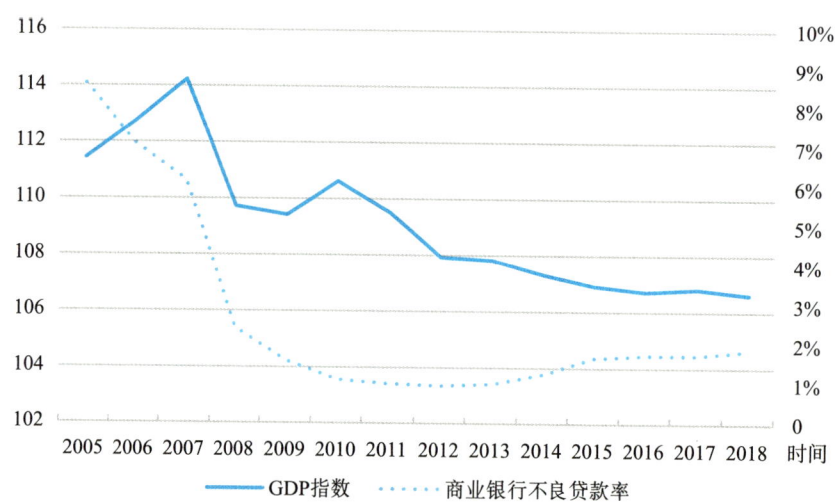

图 6-17　2010 年以来 GDP 增速放缓、商业银行不良贷款率攀升

资料来源：Wind 数据库。

于矿产资源有限，拥有资源的企业便同时具备经营的垄断权，这就决定了有色金属企业的成长性很大程度上依赖于资源的扩张整合和企业的经营战略。目前，有色金属行业的供需缺口和过剩产量的边际变动依然是主导有色金属价格走势的关键，此外，作为高污染、高耗能的产业，环保资源等政策对行业发展影响较大。有色金属产业链通常包括矿产勘探、开采选矿、冶炼加工及终端消费等环节，受制于金属资源匮乏，中国有色金属工业总体集中在国际产业链分工中的冶炼及压延加工环节。

(三) 原董事长雷毅贪腐案

云锡集团是全球最大的锡业集团，而其董事长雷毅作为这一大型国企的负责人掌握着极大的权利，其个人选择对集团的经营管理与发展影响深远。雷毅在大学毕业后即被分配到云锡研究所工作，历任研究所副所长、矿厂厂长、云锡集团副总经理、云南省政府副秘书长、玉溪市副市长等职务，直到2008年回到云锡集团担任董事长，这样的经历使他与云锡集团拥有根深蒂固的关系，担任董事长后在集团内一家独大，各项事务都由雷毅一人拍板决定，这种近乎独裁的管理，也为后来的贪腐埋下了祸根。

雷毅在任职期间利用职务之便疯狂敛财，送上门的一概笑纳，在云锡集团的各种重大业务例如配股增发、房地产开发、股权交易等过程中谋取利益，向利益相关的14人索取或者收受3000多万元的贿赂，最终一步步坠入犯罪的深渊。2015年，云南省高院对雷毅受贿案进行终审裁定，核准此前保山市中级人民法院的判定，判处雷毅死刑，缓期两年执行。

雷毅的贪腐案给云锡集团带来的影响极其严重，导致云锡集团债务高企的多元化经营战略以及管理冗余的状况与雷毅为满足私欲进行贪腐的行为密不可分，而且在雷毅受贿的消息公布之后，也对云锡集团的发展造成了毁灭性的打击。

六、关键要点

1. 我国国有企业高杠杆形成的逻辑；
2. 现阶段国企去杠杆的主要模式；
3. 本轮市场化债转股的主要模式；
4. 债转股的功能、潜在风险及多方主体参与的目的、影响；
5. 债转股的短期财务后果及长期影响评价；
6. 未来在债转股化解国企债务危机的应用中应注意哪些问题，如何实现效果的可持续性。

七、课程计划

本案例可以作为专门的案例讨论课进行，整个案例的教学进程可以分为3部分，具体安排如下，仅供参考。

1. 课前计划

课前请学生详细阅读案例并提出启发思考题，充分了解相关背景和理论知识后对案例进行认真思考。

2. 课中计划

（1）分组讨论（25分钟）：可将学生分为5—6个小组，各组根据课前准备对案例及思考题进行讨论，得出本组结论，并准备发言大纲；

（2）小组发言（25—30分钟）：各组派代表对本组观点进行阐述，每组5分钟时间，简明扼要；

（3）全班讨论（20分钟）：全班学生就之前的小组发言互相提问并讨论，引发进一步思考；

（4）归纳总结（15—20分钟）：教师对之前的发言与讨论进行点评并答疑。

3. 课后计划

将学生分为若干小组，请各小组查阅相关文献和新闻，每组确定一个近5年内具有代表性的债转股案例，联系理论知识对债转股案例（根据之前内容进行补充）进行详细分析，撰写并提交案例分析报告。教师详细阅读各组报告并进行点评，之后将点评结果反馈给学生。

八、其他教学支持

1. PPT教学支持

2. 延伸阅读网址

（1）《时代周报》：建行债转股样本破冰　万亿级市场待喷发（2017 - 08 - 16）

http：//group1. ccb. com/cn/ccbtoday/mediav3/20170816_1502869881. html

（2）创立20年资产翻30倍，曾经历三次低谷，锡业股份如何成全球行业老大（2018 - 06 - 19）

http：//finance. ifeng. com/a/20180619/16345133_0. shtml

（3）建行牵手云锡　全国首单地方国企市场化债转股项目成功落地（2016 - 10 - 16）

http：//group1. ccb. com/cn/ccbtoday/newsv3/20161016_1476590903. html

（4）云锡债转股二十年的轮回（2017 - 11 - 21）

https：//mp. weixin. qq. com/s/fMAcSfvMah6oxiZi8Niudg

（5）债转股！盛宴？鸡肋？（2016 - 04 - 16）

https：//mp. weixin. qq. com/s/5aG6hI6goM_HQdRcKC - How

（6）两年了，市场化债转股怎么样了？（2018 - 08 - 14）

https：//mp. weixin. qq. com/s/w_9nNCLRkslDtNW0j1gAxA

参考文献

[1] 钱文菁. 市场化债转股实施中的难点问题探讨 [J/OL]. 中国商论, 2019 (9): 46-47 [2019-05-19].

[2] 陈健, 赵雪. 市场化债转股的基本逻辑、现实困境与应对策略 [J]. 现代管理科学, 2019 (1): 69-71.

[3] 李广子. 市场化债转股: 理论基础与中国实践 [J]. 国际金融研究, 2018 (12): 31-39.

[4] 周晓波. 市场化债转股的基本逻辑、实施困境与应对策略 [J]. 新金融, 2018 (10): 41-45.

[5] 李锦. 国企高负债率的形成与破解 [J]. 现代国企研究, 2018 (11): 18-23.

[6] 许迅凯. 我国市场化债转股研究 [D]. 河北大学, 2018.

[7] 王在全. 对新一轮债转股的几点思考 [J]. 金融发展研究, 2018 (4): 71-73.

[8] 邹楠. 中国两次债转股分析——基于中国20世纪90年代和2016年后债转股 [J]. 纳税, 2018 (10): 188, 190.

[9] 马喜立. 两次债转股的异同及影响研究 [J]. 金融理论与教学, 2018 (1): 28-30.

[10] 陈丽君. 国有企业债转股对其资本结构的影响研究 [D]. 重庆大学, 2017.

[11] 杨楠, 谭小芬. 我国企业去杠杆的途径与建议 [J]. 中国国情国力, 2016 (11): 65-67.

[12] 李丰团. 供给侧结构性改革下非金融企业去杠杆的困境和途径 [J]. 财会月刊, 2018 (21): 163-169.

[13] 胡杨意. 我国钢铁企业去杠杆方式研究 [D]. 南京大学, 2018.

[14] 唐建伟. 关于中国企业去杠杆问题的分析 [J]. 新金融, 2018 (1): 22-26.

[15] 潘锡泉. 中国式"高杠杆"化解取向思考 [J]. 新金融, 2017 (10): 20-24.

[16] 白洋. 债转股重启的历史经验与现实问题对策 [J]. 财经界（学术版）, 2019 (2): 70.

[17] 梁劲峰. 公司治理视角下国有企业债转股相关问题探讨 [J]. 全国流通经济, 2018 (25): 44-45.

[18] 李雪娇. 债转股: 救命稻草抑或催命毒药? [J]. 经济, 2018 (10): 50-54.

案例 7

中概股回归，海外上市企业逆风翻盘？[①]

——奇虎 360 回归 A 股案例分析

奇虎 360 曾是美国投资者热捧的对象，其在万众瞩目下于纽交所上市，然而短短几年后股价开始大幅下跌，面对这一情形，奇虎 360 创始人团队决意从海外回归。经历了私有化退市、VIE 架构拆除，2018 年 2 月，奇虎 360 成功挂牌上交所。回归 A 股这一战略决策是否真的能让奇虎 360 实现逆风翻盘？本案例重点描述了奇虎 360 海外退市及回归 A 股的始末，并剖析了其回归动因、回归路径的选择、绩效结果以及带来的启示，以期启发学生对于中概股回归事件的深入思考。

---

① 本案例由中央财经大学金融学院步建霖、高雅、白杨、都佳璐、林振华撰写，王汀汀指导。

案例正文

一、引言

2011年3月30日，奇虎360在万千投资者的瞩目下，在纽约交易所成功上市，IPO总计获得40倍超额认购，受到投资者的热烈追捧，一跃成为中国互联网巨头之一。那一天，奇虎360技术起家的创始人、人称"红衣教主"的周鸿祎脱下了标志性的红色外套，破例以一袭黑色西装从容地站在纽交所大楼前，微笑回应国内外投资者的热切目光，风光一时无两。彼时的周鸿祎又怎么会想到，4年后的奇虎360将会逐渐失去美国投资者的偏爱，自己将再一次站在分岔路口，作出告别美国市场、重新征战A股的重要抉择？

奇虎360是中国互联网安全服务行业的龙头公司，纽交所上市初期，公司营收和利润实现跨越式增长，股票价格更是呈突飞猛进之势。但好景不长，2010年起的中概股信任危机持续蔓延，浑水、香橼两大公司也不断加大做空力度，中概股市场遭受重创，奇虎360也难逃"厄运"。与此同时，奇虎360的自身营收能力也开始呈现疲软态势，2014年下半年，公司营收增长率开始收窄，股价更是出现大幅度下挫，投资价值骤降。市场乌云罩顶，原本对奇虎360信心满满的周鸿祎内心也蒙上了一层阴影。

面对这一危机，周鸿祎明白，若想继续财富神话，必须尽快为公司寻找新的出路。2015年6月，周鸿祎组建的买方团向奇虎360董事会提出私有化要约，并在2015年12月正式公布私有化方案，私有化资金的来源主要为买方团自筹和银团贷款。经过设立私有化主体、股东大会和国家发改委批准等一系列程序后，奇虎360于2016年7月完成私有化交易，从美股退场。在积极推进私有化的同时，奇虎360还着手拆除自身VIE架构，逐渐转变为内资企业并解除境外子公司与境内运营实体的控制协议，以适应国内相关法规的要求，并将控股公司天津奇思更名为三六零股份有限公司准备上市。

在充分考虑自身状况后，三六零最终选择借江南嘉捷的"壳"实现回归计划。经江南嘉捷资产负债置出、与江南嘉捷实施资产置换后，三六零在2018年2月正式挂牌上交所。回归A股当日，公司市值高达3850.10亿元，接近其私有化退市时93亿美元估值的7倍之多。

经历了"上市—退市—再上市"的一番曲折后，奇虎360最终选择衣锦还乡，其"回归记"也成为2015年以来众多中概股回归的典型缩影。作为科技中概股回归的经典案例，奇虎 360 私有化退市和再上市的时机和路径选择，对未来科技中概股的进一步发展具有重要的借鉴意义。

二、案例背景

（一）中概股价值被低估，退市风潮持续升温

早在 20 世纪末，为谋求更大发展空间，同时避免过严的上市要求，中国概念股初现海外资本市场，由于数量较少，中概股公司在上市初期便广受国外投资者喜爱。近年来，中概股赴美上市热潮高涨，2007—2011 年短短 4 年内，在美国上市的中概股由 69 家飙升到 251 家，但随着时间的推移，市场越发饱和，中概股竞争日益加剧，市场热情也逐渐冷却。

与此同时，上市后的中概股开始出现"水土不服"的迹象。继大连绿诺造假被查事件后，中国高速传媒、嘉汉林业等中概股相继被查，中概股信任危机不断蔓延，投资价值普遍下跌。以浑水、香橼为代表的做空机构为获取高额利润，对中概股公司执行一系列的做空操作（见表 7-1），奇虎 360 公司同样未能幸免。短短一年时间内，奇虎 360 遭遇了美国香橼研究公司的 7 次质疑。

表 7-1 浑水做空中概股部分名单

中概股企业	时间	事件	结果
东方纸业	2010 年初	称东方纸业夸大营收并挪用资金	暴涨 37% 走出泥潭
大连绿诺	2010 年 11 月	质疑绿诺科技伪造客户关系、夸大收入以及管理层挪用上市融到的资金等行为	纳斯达克强制退市
中国高速频道	2011 年 2 月	存在虚构客户关系、夸大业务量等行为	被清理至粉单市场交易
多元环球水务	2011 年 4 月	夸大营收数据，捏造审计报告，实地调查后发现生产能力极其低下且工厂内外没有发货迹象	纽交所强制退市
嘉汉林业	2011 年 6 月	新"庞氏骗局"——夸大资产、伪造销售交易，诈骗数十亿美元的资金	多交所强制退市
新东方	2012 年	财务报告涉嫌造假	两天内市值损失过半

资料来源：根据公开资料整理。

在种种因素的影响下，中概股价值普遍被低估。以 2015 年互联网行业为例，A 股市场中大约七成的公司市盈率高于 100 倍，即使是估值较低的公司，其股票市盈率也在 30 倍左右，但同时期美股大部分公司市盈率仅 10—20 倍，二者相差甚远。公司价

值被低估，叠加上市成本、资源整合、战略调整、再融资等问题，互联网公司纷纷作出回归选择。

2010 年之前，中概股私有化退市的邀约数量常年保持在 3 个以内，多数年份并不存在退市情况。从 2011 年起，私有化退市潮开启，2015 年达到顶峰，短短一年内多达 32 家中企收到了私有化要约，其中有 27 支中概股完成退市（见图 7-1）。在这一市场环境下，奇虎 360 选择私有化退市不足为奇。

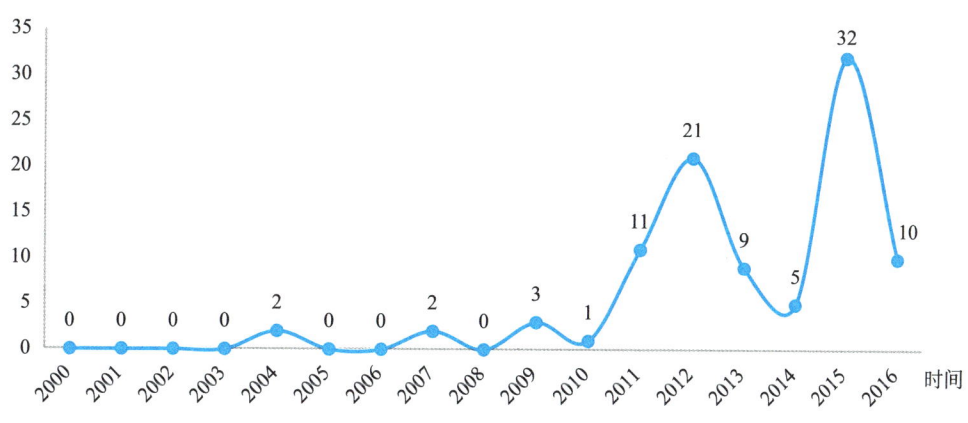

图 7-1 中概股收到私有化邀约情况

资料来源：根据公开资料整理。

（二）互联网行业大跨步，国内资本市场向好

近年来，国内政府积极引导经济转型，对新兴行业重视度不断提高，资本市场相关制度日益完善，对上市公司的吸引力逐渐提高；随着互联网科技的不断发展，网络安全问题重要性也愈发凸显，2015 年，我国迎来安全活动"爆发年"，国家陆续推出 2015 移动安全峰会（MSS）、国家网络安全宣传周、2015 中国互联网安全大会（ISC）等重要活动，并出台相关政策，鼓励支持特殊股权结构类的创新企业在国内上市。

市场利好态势同样为互联网公司的上市选择提供了契机。自 2012 年触底后，创业板率先迎来牛市，从 2012 年最低的 585 点一路上扬，到 2015 年 6 月盘中一度到达 4037.96 的历史高点，创业板平均市盈率高达 92 倍，主板市场在 2014 年也同样迎来了一段上涨行情。

自 1995 年中国互联网走上商业化征程后，互联网行业势如破竹，从图 7-2 中可以看出整个行业在 2010 年以后经历了几何式增长的快速发展。硬件及网络设施日益完善，大数据、人工智能、区块链等新兴技术的不断进步，政府政策的鼓励支持，给互联网行业带来了新机遇。

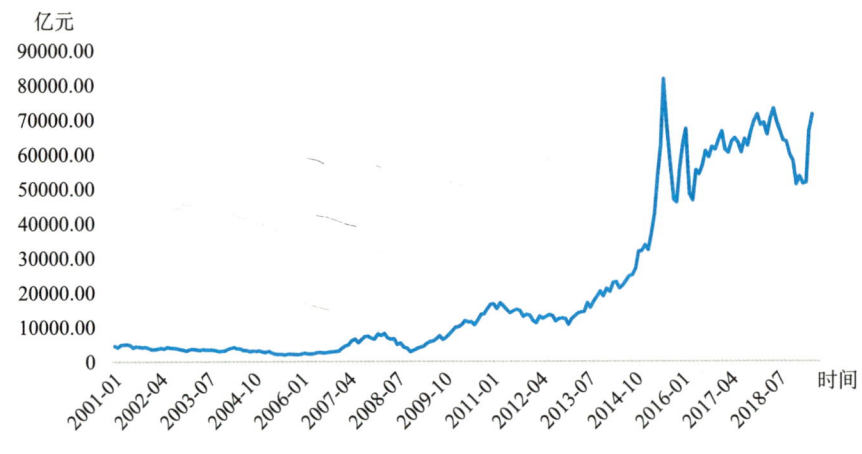

图 7-2 A 股互联网行业市值变化

资料来源：Wind 数据库。

据统计，截至 2017 年年末，在主动选择退市的中概股企业中，有 14 家公司已完成退市并成功在 A 股市场重新上市。分众传媒作为第一个通过借壳上市回归 A 股的中概股企业，在借壳七喜回归后，股价一路飙升，公司市值从上市之初的 457 亿元翻倍达到千亿元级别，相当于从纳斯达克退市的 7 倍之高；暴风科技在 A 股重新 IPO 上市后连续 29 个一字板涨停，创造了史上最长的连续涨停记录。此外还有一部分企业如去哪儿网、博纳影城、盛大游戏已完成退市，正在筹备回归重新上市，而陌陌、聚美优品、爱奇艺、欢聚时代则因为私有化失败被迫撤回，但中概股退市后回归 A 股已是大势所趋。

（三）奇虎 360 公司介绍

奇虎 360 是中国领先的互联网和手机安全产品及服务供应商，主要从事互联网技术的研发和网络安全产品的设计、研发、运营，以及基于网络安全产品的互联网广告及服务、互联网增值服务、智能硬件业务等商业化服务。面对互联网时代木马、病毒、流氓软件、钓鱼欺诈网页等多元化的安全威胁，奇虎 360 免费提供互联网安全和移动安全产品，致力于为用户提供安全的互联网活动接入点和信息内容，实现了较高的用户使用度和市场占有率。在此基础上，公司将业务拓展至互联网广告及服务、互联网增值服务、智能硬件业务等领域，构建了以核心技术为驱动、以产品体系为载体、以商业化为保障的互联网生态体系。

作为中国领先的互联网安全公司，奇虎 360 拥有 6 亿用户，市场渗透率达 96.6%；作为中国领先的移动互联网安全公司，用户数近 8 亿，市场渗透率近 70%；作为中国

案例7 中概股回归,海外上市企业逆风翻盘?——奇虎360回归A股案例分析

领先的浏览器公司之一,活跃用户达到4亿,渗透率超过70%。

奇虎360拥有国内规模领先的高水平安全技术团队,旗下360安全卫士、360杀毒、360安全浏览器、360安全桌面、360手机卫士等系列产品深受用户好评,使其成为无可争议的网络安全领先品牌。其成长历程见表7-2。

表7-2　　　　　　　　　　奇虎360公司成长历程

2006年	360安全卫士正式对外推出
2007年	360安全卫士用户量超过瑞星、金山,成为国内用户量最大的安全软件之一
2008年	完成从产品向安全平台的蜕变,相继发布360安全浏览器、360杀毒
2009年	360推出360手机卫士1.0 beta版,360正式迈入移动安全领域
2010年	360杀毒的用户规模突破2亿,市场份额达到一半以上
2011年	奇虎360正式在纽交所挂牌交易,证券代码为NYSE:QIHU,奇虎360在美国纽交所的IPO总计获得40倍超额认购,为2011年中国企业在美国最成功的IPO交易之一
2012年	360手机卫士获评第四届中国CIO年会安全领域"2011年度最佳产品奖"
2014年	360与光线传媒成立合资公司,专注以电影为主的互联网视频业务
	360投资4亿美元与酷派组建合资公司,正式进入智能手机领域
2015年	奇虎360私有化退市

资料来源:三六零官网。

2010—2014年,奇虎360资产规模和收入水平增长迅速,财务状况保持良好水平,公司的基本面整体向好(相关的会计和财务数据见表7-3)。在2011年美股上市初期,公司股价一路上涨,但2014年下半年后却出现较大幅下跌(其收盘价及增长率见图7-3)。

表7-3　　　　　　　奇虎360历年主要会计数据及财务指标

项目	2010年	2011年	2012年	2013年	2014年
会计数据(单位:亿元)					
资产总计	5.82	26.71	43.34	95.65	203.86
负债合计	0.99	3.31	13.28	49.68	133.96
所有者权益合计	4.83	23.41	30.06	45.98	69.90
营业收入	3.82	10.58	20.68	40.92	85.09
净利润	0.56	0.98	2.94	6.08	13.63
财务指标					
净资产收益率(%)	15.32	7.04	11.01	16.40	25.24
总资产报酬率(%)	12.28	6.10	8.40	8.82	9.09
资产负债率(%)	16.95	12.38	30.64	51.94	65.71
资产周转率(倍)	0.84	0.66	0.59	0.59	0.54

资料来源:Wind数据库。

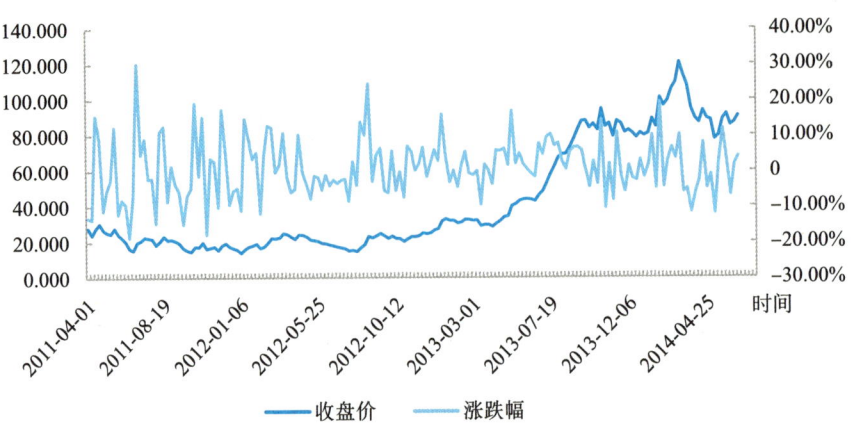

图 7-3 2011—2014 年奇虎 360 收盘价及其增长率

资料来源：Wind 数据库。

奇虎 360 股权结构较为分散，前十大股东持股比例不足 50%，且外国机构投资者占比较大，私有化退市前奇虎 360 的股东结构如表 7-4 所示。

表 7-4　　　　　　　　奇虎 360 前十大股东（截至 2015 年 3 月 31 日）

排序	股东名称	持股比例
1	周鸿祎	17.30%
2	齐向东	8.10%
3	MANNING & NAPIER ADVISORS LLC	5.71%
4	DAVIS SELECTED ADVISERS	4.06%
5	TB PARTNERS GP LTD	2.95%
6	OVERLOOK HOLDINGS LTD	2.41%
7	OZ MANAGEMENT LP	2.29%
8	MORGAN STANLEY	2.27%
9	KYLIN MANAGEMENT LLC	2.15%
10	NEUBERGER BERMAN GROUP LLC	1.93%

资料来源：Wind 数据库。

（四）江南嘉捷公司介绍

江南嘉捷是奇虎 360 回归 A 股时选择的壳公司，全称为苏州江南嘉捷电梯股份有限公司。其是一家拥有高科技电梯和自动扶梯、自动人行道技术的上市公司。公司主要从事电梯、自动扶梯、自动人行道等产品的研发、生产和销售及相关产品的安装、改造和维修。江南嘉捷创建于 1992 年，2012 年 1 月在上海证券交易所主板成功上市，其上市辅导机构为华泰联合证券,与奇虎360选择的财务顾问相同。

江南嘉捷所处的电梯行业是一个市场化程度很高、完全竞争的行业。经过多年快速发展,我国电梯行业竞争不断加剧,行业竞争倾斜为品牌和价格竞争。据中国电梯协会统计,我国电梯行业年产量于2012年告别了持续十多年的增幅20%以上的历史,进入增幅10%以上的换档期,2015年进入10%以下的微增长期。

在电梯行业普遍面临下行压力且利润空间越来越小的背景下,再加上营销网络薄弱、代理销售模式和低价竞争策略失误等自身原因,江南嘉捷陷入了经营不善的困境。2017年,公司仅实现营业收入21.84亿元,同比减少9.63%;营业成本15.37亿元,同比减少7.15%;截至2017年12月31日,公司总资产26.25亿元,比年初减少6.85%,总负债8.94亿元,比年初减少15.89%;实现净利润0.68亿元,同比减少57.28%。作为一家处于成熟期的上市民企,江南嘉捷未来大幅改善经营情况的可能性不大。

江南嘉捷公司的基本会计财务数据和股权结构如表7-5、表7-6所示。

表7-5 江南嘉捷历年主要会计数据及财务指标

项目	2012年	2013年	2014年	2015年	2016年
会计数据(亿元)					
资产总计	22.91	24.86	28.24	28.07	28.18
负债合计	9.46	10.75	12.58	11.68	10.62
所有者权益合计	13.45	14.11	15.67	16.39	17.55
营业收入	19.92	24.23	27.34	26.61	24.17
净利润	1.54	1.88	2.43	2.34	1.69
财务指标					
净资产收益率(%)	15.51	13.46	16.16	14.56	9.76
总资产报酬率(%)	8.77	8.75	10.18	9.44	6.72
销售净利率(%)	7.71	7.74	8.88	8.81	7.01
资产负债率(%)	41.30	43.24	44.53	41.61	37.70
流动比率	2.06	1.94	1.77	1.66	1.83

资料来源:Wind数据库。

表7-6 江南嘉捷2017年前十大股东持股情况

排名	股东名称	持股数量(股)	占总股本比例(%)
1	金志峰	82410872	20.7489
2	金祖铭	35032800	8.8203
3	吴炯	18932880	4.7668
4	钱金水	13530928	3.4067

续表

排名	股东名称	持股数量（股）	占总股本比例（%）
5	王惠芳	12976000	3.2670
6	魏山虎	11664000	2.9367
7	张礼宾	7479059	1.8830
8	费惠君	7000000	1.7624
9	吕伟	6038719	1.5204
10	潘光宇	5653928	1.4235
合计		200719186	50.5358

资料来源：Wind 数据库。

三、奇虎 360 私有化退市及 VIE 架构拆除流程

（一）设立私有化主体

2015 年 6 月，周鸿祎买方团向奇虎 360 董事会提出了私有化要约。买方团具体包括周鸿祎、CITIC Securities Co. Ltd.、Golden Brick Capital Private Equity Fund I L.P.、China Renaissance Holdings Limited 和 Sequoia Capital ChinaI, L.P.，提出的私有化报价为每股 51.33 美元。奇虎 360 的私有化退市也自此开始。

依据先前的私有化提案，周鸿祎牵头设立了 4 家持股公司：2015 年 10 月设立境外主体 New Summit 和 True Thrive；2015 年 11 月和 2015 年 12 月依次设立奇信通达和奇信志成。此时 True Thrive 由周鸿祎 100%持股，New Summit 为 True Thrive 的全资子公司；奇信通达和奇信志成股权结构相同：周鸿祎持股 99%，金明义持股 1%。

2015 年 12 月，天津奇瑞（后更名为天津众信）作为受让方从周鸿祎获得奇信通达 16.95% 的股份，从金明义获得奇信通达 1% 的股份；齐向东（前 360 总裁）作为受让人从周鸿祎获得奇信通达 11.75% 的股份。

2016 年 3 月，奇信志成、天津众信等 42 名股东增资认购奇信通达的股份。

2016 年 4 月，周鸿祎将其持有的所有 True Thrive 股份转让给奇信通达，True Thrive 成为后者的子公司。

2016 年 5 月，金明义将其持有的 1% 奇信志成股份转让给周鸿祎；同月，36 名新股东增资认购奇信志成 82.62% 的股份，周鸿祎持有剩下的 17.38%；同月，周鸿祎受让齐向东和天津众信又持有了奇信通达 2.17% 的股份。

至此，私有化的股权架构基本稳定，具体如图 7-4 所示。

案例 7　中概股回归，海外上市企业逆风翻盘？——奇虎 360 回归 A 股案例分析

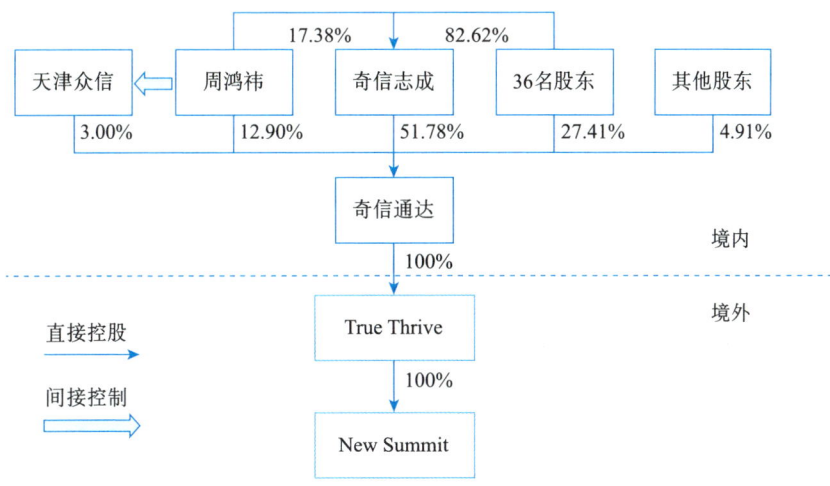

图 7-4　截至 2016 年 5 月奇虎 360 的股权结构

（二）完成私有化退市

2015 年 12 月，奇虎 360 的私有化方案被正式公布，奇虎 360 的整体估值为 99.66 亿美元，考虑买方团已有持股后所需的私有化资金为 94 亿美元。私有化资金的来源除买方团自筹，还包括了招商银行作为牵头行承诺提供的 34 亿美元银团贷款，其中 30 亿美元为 7 年期贷款，4 亿美元为过桥贷款。此次交易成为目前在所有中概股私有化交易中规模最大的，使用的银团贷款也最多，贷款的承担方为奇信志成，预计偿还时间自 2018 年 12 月至 2023 年 6 月。

2016 年 3 月，公司股东大会批准此私有化方案。

2016 年 4 月，奇虎 360 私有化项目获国家发改委审批通过。

2016 年 7 月，奇虎 360 与 New Summit 完成合并，存续主体为奇虎 360，且成为 True Thrive 的全资子公司，次日，奇虎 360 宣布私有化交易完成，其股票停止交易。

私有化交易完成后，奇虎 360 相应的主要股权架构如图 7-5 所示。除图中所示 Qiji International 和天津奇思外，奇虎 360 还拥有多个全资境外子公司并间接控制着多个境内子公司，出于简洁考虑，仅标出了与之后 A 股上市关系最为紧密的两家公司。

（三）拆除 VIE 架构

VIE 架构是指境外注册的上市企业通过一系列协议，而非股权，来控制境内的业务实体企业。在中国，由于《外商产业投资目录》和相关法律禁止外商投资于音乐外的互联网文化经营行业，故而这一架构被广泛用于中概股赴美上市。然而当中概股要

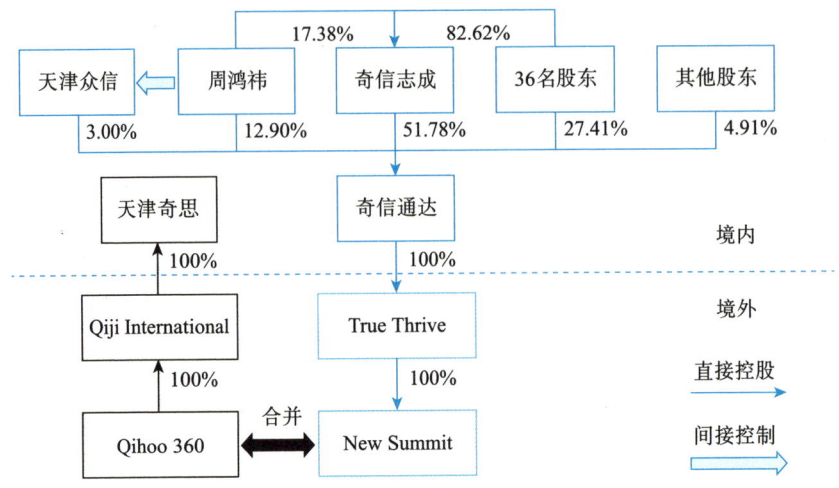

图 7-5 私有化交易完成后奇虎 360 的股权架构

资料来源：根据公开资料整理。

从美股退市并重返 A 股时，国内相关条文要求其股权清晰，故而需要拆除 VIE 架构，要求境外投资者退出、境外控股主体转让股权、改造上市主体的股权结构使其成为内资企业并解除原有控制协议。具体到此案例中奇虎 360 拆除 VIE 架构，就是让天津奇思由外商独资企业转变为内资企业、解除天津奇思和境内对应运营实体的协议控制条款。其 VIE 架构拆解前的股权架构如图 7-6 所示。

奇虎 360 的相关操作是：

1. 2016 年 7 月，Qiji International 与奇信通达签订协议，将其所持有的 100% 的天津奇思的股份转让给奇信通达，通过这一方式天津奇思由外商独资企业转变为内资企业。

2. 2015 年 360 集团就开始陆续终止和境内运营实体企业的控制协议并转变为股权控制，2016 年 7 月后才终止控制协议的境内子公司包括：世界星辉、奇虎科技、奇虎健安、鑫富恒通和北京远图。其中世界星辉和奇虎科技本身就是天津奇思业务体系下的公司，而鑫富恒通和北京远图原本属于 360 集团控制的其他公司，是因为和天津奇思主营业务相关而被拆去 VIE 架构并纳入天津奇思框架下的。

3. 此外，为使天津奇思顺利上市，奇步天下等与天津奇思主营业务不相关的主体被移出了天津奇思体系。2017 年 2 月，天津奇思吸收合并奇信通达，存续主体为天津奇思。合并完成后天津奇思更名为三六零股份有限公司，准备上市。

案例7 中概股回归，海外上市企业逆风翻盘？——奇虎360回归A股案例分析

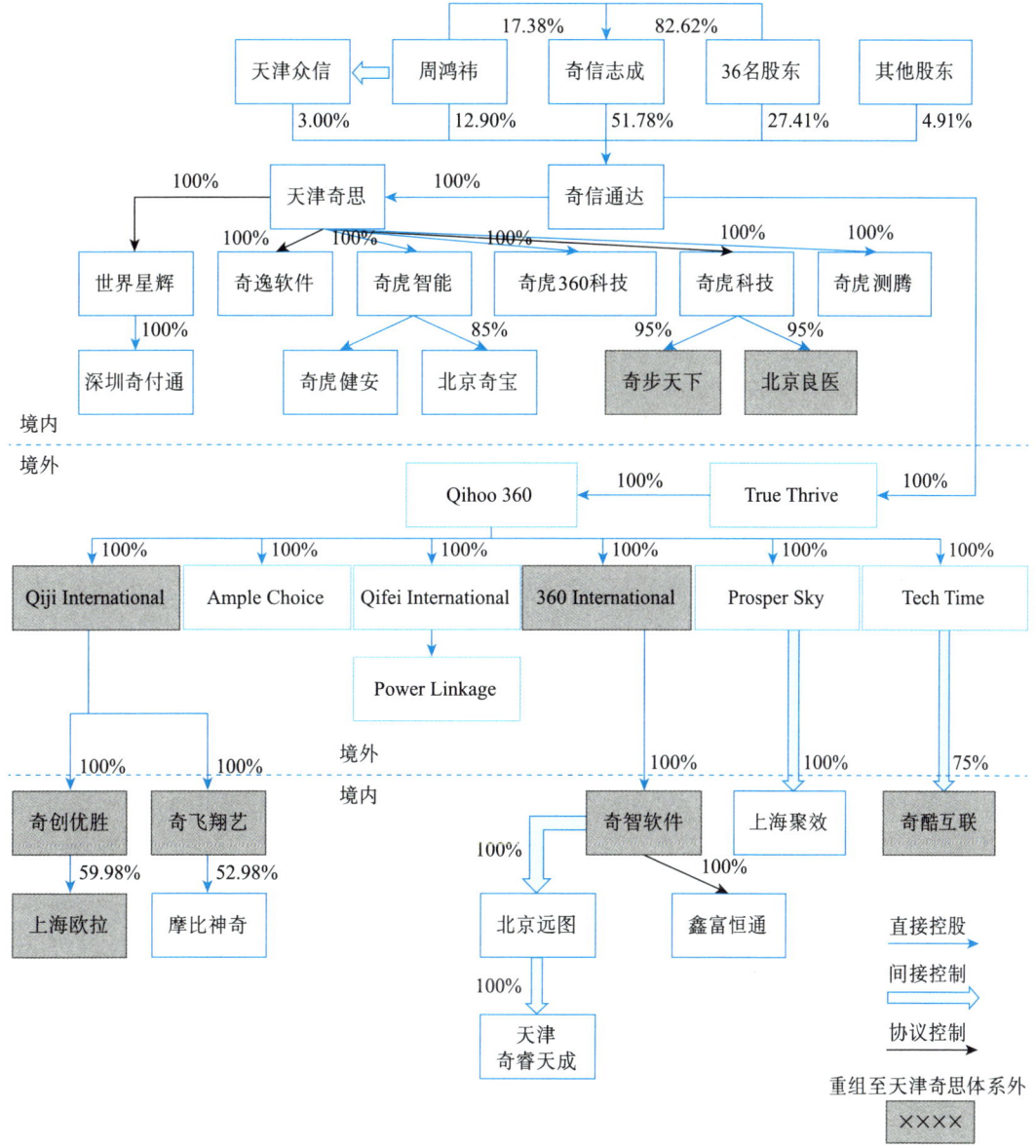

图7-6 VIE架构拆解前图示

资料来源：根据公开资料整理。

四、奇虎360重返A股方案

（一）奇虎360A股上市历程

中概股回归A股有多种途径，主要包括：IPO整体上市、借壳上市以及分拆上市。

基于自身财务状况及未来发展,综合考虑各个上市途径的成本和耗时后,奇虎360选择的路径为分拆业务后借壳上市,选定的壳资源为江南嘉捷。其回归历程较为顺利,具体如图7-7所示。

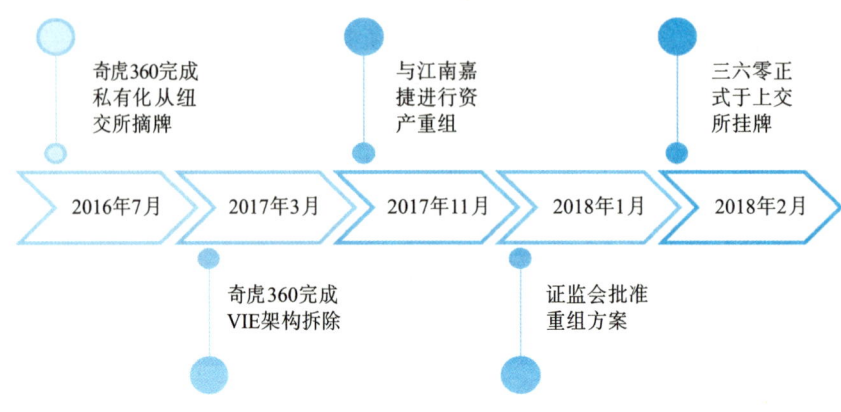

图7-7　奇虎360回归A股历程

资料来源:根据公开资料整理。

(二) 具体实施方案

实施借壳上市需要经历取得控制权、完成资产重组两大关键步骤,具体环节如图7-8所示。

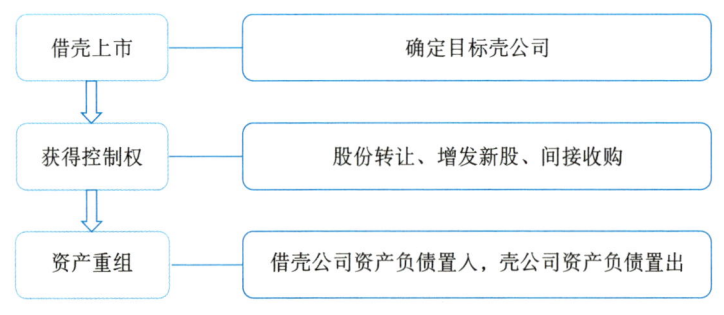

图7-8　借壳上市一般流程

奇虎360借壳江南嘉捷的方案实施经历了如下过程:

江南嘉捷首先将其全部资产、负债等方面重组到子公司嘉捷机电中,腾出一个干净的壳,方便以后的资本操作;接下来就是重大资产出售:江南嘉捷以现金方式将子公司嘉捷机电90.29%的股权作价16.9亿元转让给金志峰、金祖铭或其指定的第三方,其余的9.71%股权作价1.82亿元转让给360公司的全体股东,与360公司全部股权的等值部分进行置换,360公司拟置入资产最终价值为504.16亿元;最后就是重大资产置换及发行股份购买资产:通过重大资产置换与拟置入资产的价款等值部分抵消后有 502.35 亿元的拟置入资产,剩余差额由江南嘉捷以发行股份的方式以 7.89 元/股的价格从 360 全体股东处购买,向 360 全体股东共计发行 63 亿股。

1. 江南嘉捷资产负债置出(见图 7-9)

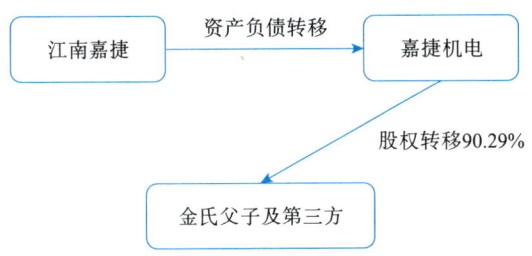

图 7-9 江南嘉捷资产出售流程

截至 2017 年 3 月底,除去其子公司嘉捷机电 100% 股权外,江南嘉捷将其全部资产负债转移重组到子公司嘉捷机电,这样江南嘉捷直接拥有的资产仅为嘉捷机电 100% 股权,从而使之形成一家更为简洁的壳公司,方便日后各项业务操作。

之后江南嘉捷将嘉捷机电股权的 90.29% 以现金方式转让给了金志峰、金祖铭父子或者其指定第三方,其中交易作价为 169000 万元。剩余股权转让给了三六零的全体股东。

2. 三六零与江南嘉捷实施资产置换(见图 7-10)

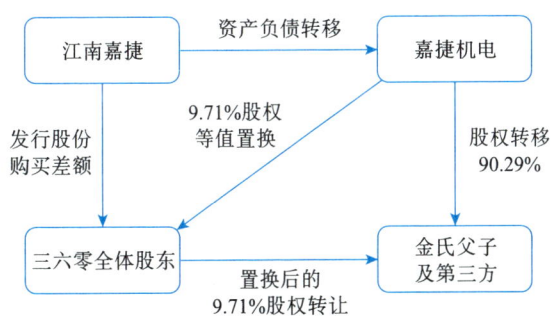

图 7-10 江南嘉捷资产置换流程

此时三六零全体股东拥有嘉捷机电 9.71% 股权,将该股权与三六零股东拥有的三六零全部股权的等值部分进行置换,之后再将嘉捷机电 9.71% 股权转让给金氏父子或其他指定第三方。该项交易中,拟出售资产 9.71% 股权最终价值 1.82 亿元,拟置入资产最终作价为 504.16 亿元,通过重大资产置换与拟置入资产的价款等值部分抵消后,拟置入资产剩余差额部分为 502.35 亿元,该差额由公司以发行股份的方式按照

7.89元/股从三六零全体股东处购买，共发行股数63亿股。

3. 交易结果

本次交易后股权结构发生重大变化。该过程增发63.67亿股，收购完成后总股本为67.64亿股。天津奇信志成科技有限公司持股占比48.74%，为江南嘉捷控股股东。周鸿祎自身直接持有江南嘉捷股权12.14%，另外其通过奇信志成间接持有48.74%的股份，通过天津众信间接持有2.82%的股份，合计控股63.70%，成本公司的实际控人。与此同时金氏父子的持股比例则下降为1.74%，前十大股东具体情况如表7-7所示。

表7-7　　　　　　　　交易后十大股东情况

排名	股东名称	持股数量（股）	占总股本比例（%）
1	天津奇信志成科技有限公司	3296744163	48.7400
2	周鸿祎	821281583	12.1400
3	天津欣新盛股权投资合伙企业（有限合伙）	277307438	4.1000
4	天津众信股权投资合伙企业（有限合伙）	190878127	2.8200
5	北京红杉懿远股权投资中心（有限合伙）	185795997	2.7500
6	天津信心奇缘股权投资合伙企业（有限合伙）	144646170	2.1400
7	齐向东	121207120	1.7900
8	浙江海宁国安睿威投资合伙企业（有限合伙）	110922953	1.6400
9	天津聚信股权投资合伙企业（有限合伙）	105908028	1.5700
10	深圳市平安置业投资有限公司	88738428	1.3100
	合　　计	5343430007	79.0000

资料来源：Wind数据库。

2018年2月28日，历经近3年的努力，奇虎360终于完成私有化退市和股权过户，更名"三六零"，以崭新面貌重新登陆A股市场。三六零集团创始人、董事长兼CEO周鸿祎再次换上红衣，率领公司高管在上交所敲响金锣，锣声响起的瞬间，似乎也在向所有人宣告：今时今日，三六零将迎来一个崭新的开始。

五、尾声

（一）市场价值实现飞跃

早在江南嘉捷发布重组公告之时，市场便已察觉到三六零回归丰厚的潜在回报。

2017年11月7日复牌伊始，江南嘉捷股票价格随即飙升并连续出现17个涨停板，最终以11月30日第18个涨停板的巨额放量出现，财富神话暂时告一段落，股票价格累计涨幅高达456%。2018年1月4日，公司股价再次达到61.19元/股的高点，上涨6.3倍。2018年1月30日，江南嘉捷发布公告称三六零借壳重组事项已获得证监会批复，当日股票收盘价53.5元/股，较上一交易日再次上涨10%（见图7-11）。

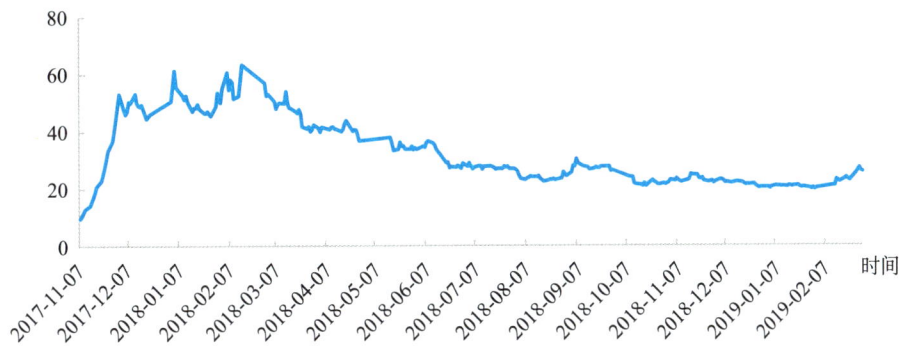

图7-11　2017年11月—2019年3月三六零公司股价变动趋势

资料来源：Wind数据库。

股价的"大跨步"助力了市值的"飞跃"。私有化退市前一交易日，三六零市值99.60亿美元，市盈率32.71倍，退市估值93亿美元，市盈率45倍；回归A股当日，公司市值达到3850.10亿元，与中金公司此前估值基本一致，是私有化退市时的近7倍，此后更是一度超越4000亿元，实现企业市场价值大幅提升。截至2019年2月28日，公司股票收盘价26.12元/股，尽管较上市初期出现下跌，但1747.83亿元的市值仍是私有化退市时的近3倍，市净率更是扩大到近5倍（见表7-8）。

表7-8　　　　　三六零私有化退市和回归A股前后市场价值

时间	股价（元/股）	总市值（亿元）	市盈率（TTM）	市净率（MRQ）
私有化退市：				
纽交所上市（2011.03.31）	29.59	USD39.60		
私有化退市（2016.07.15）①	76.92	USD99.60	32.71	8.35
再上市：				
上交所上市（2018.02.28）	56.92	3850.10RMB		
最新交易日（2019.02.28）	26.12	1747.83RMB	51.83	38.68

资料来源：Wind数据库，公司年报。

---

① 选择退市前一交易日进行比较。

(二) 参股公司获利颇丰

私有化退市和再上市期间，买方财团通过多层分销引入大量投资者，在股东收益一片向好、公司市值大幅增加的同时，这部分投资者一时之间也是赚得盆满钵满。

江南嘉捷复牌首日，中信国安、天业股份、雅克科技、电广传媒股价便传出涨停的利好消息，涨幅均在10%以上，其中前三家投资者在次日继续维持涨停态势，而中南文化等其他公司股价也出现了明显上涨（见表7-9）。

表7-9　　　　复牌首日三六零主要参股公司（2017.11.07）股价所受影响

参股公司	出资额	复牌首日股价涨跌幅	影响
中信国安	10亿元以上	10.02%	连续两个交易日一字板涨停
天业股份	6亿元以上	10.04%	连续两个交易日一字板涨停
中南文化	2亿元以上	0.22%	股价上升
电广传媒	2亿元以上	10.03%	一字板涨停
雅克科技	2亿元以上	10.00%	连续两个交易日一字板涨停
浙江永强	2亿元以上	9.87%	股价上升
三七互娱	2亿元以上	4.63%	股价上升
爱尔眼科	2亿元以上	4.59%	股价上升

资料来源：Wind数据库。

(三) 风险因素逐渐凸显

正当市场纷纷猜测三六零将成为中概股回归的"明星模范生"之时，2018年4月16日，三六零却传出副总经理廖清红、CFO姚珏双双离职的消息，更甚的是，高管离职风波并未被时间平息，而是持续"升温"，截至目前三六零已有5名高管人员主动辞去核心职务。2018年12月12日，公司聘请张矛作为新任CFO。人才资源对于互联网行业尤为重要，再上市号角刚刚吹响，三六零便迎来高管"离职潮"，难免会对其股价走势和后续发展产生扰动。目前三六零尚未对高管频繁变更事件作出解释。

而纵观三六零回归后的股票价格走势，三六零"归乡"之路似乎也并非是一路高歌。回归当日，三六零股价以65.67元/股高位开盘，却在二级市场"遇冷"跌停，最终以56.92元/股收盘。此后一年内，三六零股价震荡下行，从2018年初最高点66.5元/股一度跌至20元/股以下，直至2019年初才出现小幅回调。截至2019年2月28日，三六零收盘价为26.12元/股，较回归首日跌幅60.72%，市值蒸发2100亿元左右（见表7-10）。

表 7-10　　三六零在上市后高管变更情况及变更当日股价波动

姓名	变更时间	变更情况及原因	当日股价[①]（元）	涨跌幅（%）
廖清红	2018.04.16	个人原因辞去副总经理职务	40.01	-1.89%
姚钰	2018.04.16	个人原因辞去副总经理兼财务负责人职务	40.01	-1.89%
杨超	2018.06.30	个人原因辞去副总经理职务	27.80	-3.80%
张帆	2018.08.29	个人原因辞去董事会秘书职务，继续担任首席法律顾问	23.44	-3.63%
曲冰	2018.12.12	个人原因辞去副总经理职务	22.09	0.82%
张矛	2018.12.12	公司新聘财务负责人	22.09	0.82%

资料来源：Wind 数据库及公开资料。

高管频繁变更究竟是重新上市后的正常"换血"还是公司成长性透支的信号？巨额市值蒸发是否预示三六零市值虚增过多终现疲软之态？在新任高层的带领下，三六零又能否续写中概股逆风翻盘的市场神话？或许，一切都还要等待市场给出答案。

同样值得关注的是，如今许多中概股公司仍在"归乡"之路探索前行，等待他们的是又将是荣归故里还是无人问津？我们依旧无法过早地给出判断。但反观奇虎360"回归记"，我们不难发现，管理层回归路径和方式的选择将发挥至关重要的作用，奇虎360在这一过程中所凝结的经验和智慧依然值得我们不断汲取和学习。

六、案例正文附件

附件1：中概股相关背景资料

中概股即中国概念股的简称，是指在国外上市的中国注册公司，或虽然在国外注册但实际业务仍在大陆的公司股票。随着我国经济发展步伐加快，企业上市融资的需求不断增大，但面对A股上市门槛高、发行审核周期长、再融资程序复杂、政策波动性强等因素的制约，一批中国企业转而选择到海外市场上市。全球范围内共有12家交易所包含中国企业，中概股在美国纽约证券交易所、纳斯达克证券交易所、香港联合证券交易所以及新加坡证券交易所的数量在所有海外上市企业总数中占比超九成。

1. 中概股发展历程

第一阶段：大型国有制造企业成为探索海外IPO的领头羊。中企海外上市的起源可追溯至20世纪90年代，华晨汽车通过设立合资企业、股权重组等操作，历经两年

[①] 若当日非交易日，则顺延至下一交易日。

筹备，于 1992 年在美国纽交所成功上市，成为第一支中概股。此后，青岛啤酒、马钢股份、上海石化、东方电机等企业逐渐走出国门，到境外发达资本市场筹集资金。由于政府助力，20 世纪末的这段时间，境外上市企业大多为资本实力雄厚的国企，行业也集中于制造业。

第二阶段：互联网浪潮兴起，开辟境外上市新渠道。进入 21 世纪后，互联网产业在国内迅速发展，这一类科技公司迫切需要资金，但 A 股严格的审核制度、漫长的排队等待使得其在国内资本市场融资频频受挫。此时，广东乔兴环球作为民营企业境外上市第一股，为众多互联网公司打开了新思路，新浪首创的"VIE 模式"更是推动了网易、搜狐、百度的相继上市，引领了此后十余年的互联网企业赴美上市浪潮。

第三阶段：政策开放，民营企业百花齐放。随着我国实质性加入 WTO，75 号文件出台，民营企业海外 IPO 获得了进一步发展。教育、农业、医疗等服务类企业也开始进入境外资本市场，其中新东方教育便是最具有代表性的企业之一。

2. 中概股上市情况

如图 7-12 所示，近 10 年来我国企业上市数量分别在 2010 年和 2017 年达到高峰。2018 年我国企业境外上市数量反超境内，A 股上市企业共 103 家，融资额为 1386.62 亿元，共有 127 家中企在海外上市，数量接近历史高点，同比增加 92.42%，融资额达 2913.26 亿元，平均每家公司融资额为 23.12 亿元，约为同年境内上市融资水平的两倍。这一现象与国内 IPO 市场的环境密切相关，2018 年 A 股的 IPO 审核趋严，过会率大幅下降。

图 7-12　2007—2018 年中国企业境内外上市数量分布

在近 5 年内，赴美上市的中企数量合计 92 家，其中在纳斯达克交易所上市的企业占比近六成。如图 7-13 所示，中概股的行业集中于金融、互联网、IT、教育，2014

年阿里巴巴、京东商城、聚美优品等国内著名的互联网巨头赴美上市,金融领域的企业则多为从事 P2P 网贷类业务的互联网金融企业,如拍拍贷、宜人贷、和信贷等。

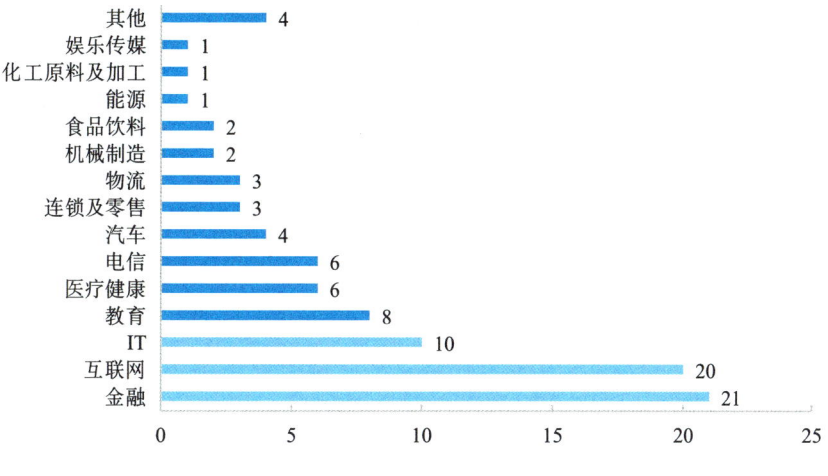

图 7-13 近 5 年美国中概股上市行业分布

分行业来看,美股市场呈现出新兴产业偏好,生物医药领域的市值涨幅最高,达到 148.6%,其次是教育、IT 等行业。上市数量最多的金融和互联网领域却表现平平,市值变动幅度不大。传统行业的中概股缩水严重,化工原料及加工业、能源行业跌幅近 70% (见图 7-14)。

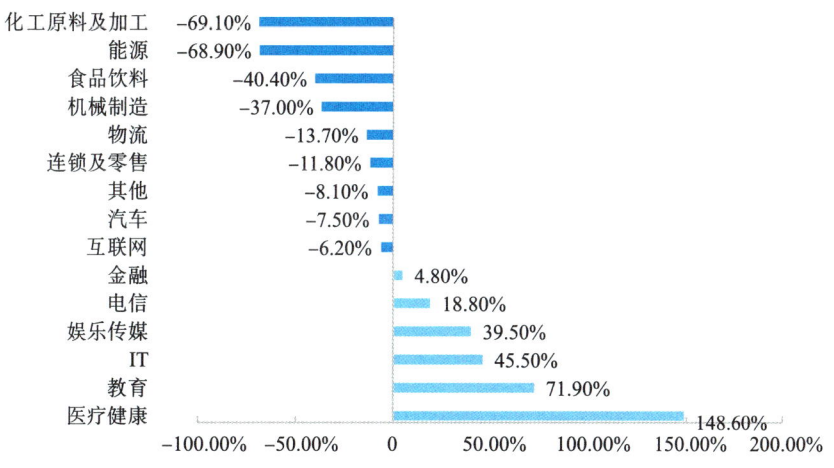

图 7-14 近 5 年美国中概股市值涨跌行业分布

3. 中概股退市情况

Wind 统计表明截至 2017 年年末,境外上市(不含香港)的中概股共 334 支,其中 242 支中概股已经摘牌退市,占比高达 72.46%。其中从美国纳斯达克证券交易所和新加坡证券交易所退市的中概股数量最多,分别为 62 支、59 支(见图 7-15)。

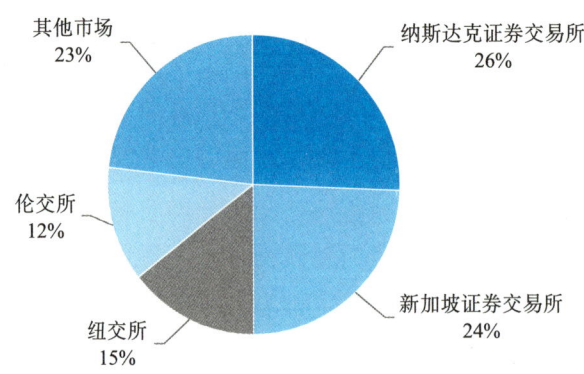

图 7-15　中概股退市市场分布

(1) 中概股退市路径。中概股退市的典型路径为"私有化+拆除 VIE 架构+借壳上市 A 股",这种方式的时间线较长,整个流程长 3—5 年。相比于主板、中小板和创业板的高标准,新三板对挂牌公司的盈利要求相对较低、监管更灵活,因此创造出通过新三板回归的路径,如世纪佳缘 2015 年与同行业的百合网达成合并协议,于 2016 年从纳斯达克退市,同年 2 月在新三板挂牌上市。此外,"私有化+直接 A 股 IPO 上市"的路径兼具回归便捷性与股票流动性,药明康德 2015 年完成私有化从纽交所退市后,2018 年获得证监会批文,成为中概股 IPO 回归 A 股的第一家上市公司。

(2) 中概股退市原因。对中概股回归国内 A 股市场的原因进行汇总,结果如图 7-16 所示,企业价值被低估表现为首要原因。以 2015 年的数据为例,计算机行业在国内外市场的市盈率呈现出显著差别,A 股市场中大约七成的企业市盈率高于 100 倍,即使估值较低的公司股票市盈率也在 30 倍左右,同时期境外资本市场计算机行业公司的市盈率大部分仅为 10—20 倍,相差甚远。在这段时间,众多大型互联网公司纷纷选择回国,如巨人网络在纽交所退市前市值不足 200 亿元,2015 年借壳世纪游轮登陆 A 股市场后,市值暴涨至 1485 亿元。此外,出于资源整合、战略调整、解决再融资问题的需要也推动了一部分中概股退出海外资本市场。

(3) 中概股退市行业特点。对已退市的中概股进行行业归类统计可以看出(见图 7-17),互联网和消费行业公司之和达到六成。互联网企业回归除去自身的发展选择,国内政策导向的改变也是功不可没,支持互联网产业发展为其提供了成长空间,李克强总理明确表示已要求有关部门完善"互联网"+企业境内上市规则,欢迎互联网企业回归境内,为其上市创造有利的环境。

案例7　中概股回归，海外上市企业逆风翻盘？——奇虎360回归A股案例分析

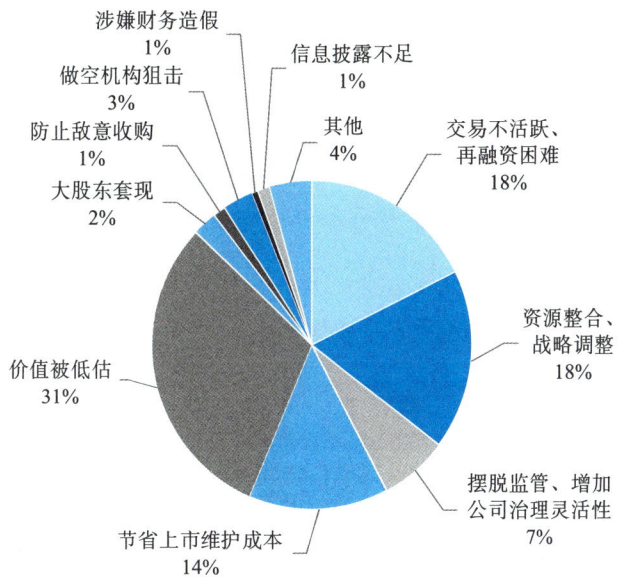

图7-16　中概股退市原因汇总

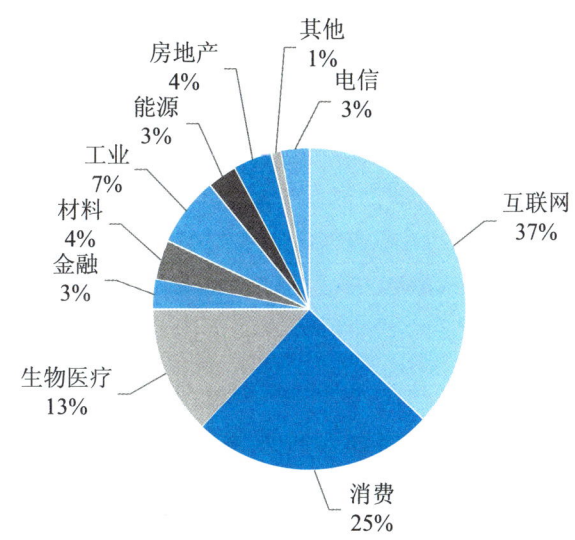

图7-17　退市中概股行业分布

与此同时，对于中概股中的互联网巨头企业，经历海外市场上市后的长期发展，现有市值已经处于相当高的水平。截至2019年3月4日，阿里巴巴市值达到4854亿美元，百度、网易、京东市值分别为562.2亿美元、283.4亿美元和418.08亿美元。如此高额的市值令其私有化退市之路难以实现。

附件 2：我国证券市场退市制度介绍（以 A 股为例）

目前我国 A 股市场的退市方式主要有主动退市和强制退市。

1. 退市标准

主动退市是指上市公司权衡维持上市地位的成本和收益，比较在不同层次证券市场的优缺，或者为了公司的长期健康发展，可以按照《证券法》和所在交易所的规定，实现主动退市。主动退市可以分为以下三种模式：上市公司主动申请退市、上市公司回购或收购股票、上市公司因合并或解散而退市。证监会具体给出了 7 种退市情形，如表 7 – 11 所示。

表 7 – 11　　　　　　　　　　　上市公司主动退市的 7 种情形

模式	主动退市具体情形
主动申请	1. 上市公司在履行必要的决策程序后，主动向证券交易所提出申请，撤回其股票在该交易所的交易，并决定不再在交易所交易
	2. 上市公司在履行必要的决策程序后，主动向证券交易所提出申请，撤回其股票在该交易所的交易，并转而申请在其他交易场所交易或者转让
回购/收购	3. 上市公司向所有股东发出回购全部股份或者部分股份的要约，导致公司股本总额、股权分布等发生变化而不再具备上市条件，其股票按照证券交易所规则退出市场交易
	4. 上市公司股东向所有其他股东发出收购全部股份或者部分股份的要约，导致公司股本总额、股权分布等发生变化而不再具备上市条件，其股票按照证券交易所规则退出市场交易
	5. 除上市公司股东外的其他收购人向所有股东发出收购全部股份或者部分股份的要约，导致公司股本总额、股权分布等发生变化而不再具备上市条件，其股票按照证券交易所规则退出市场交易
合并/解散	6. 上市公司因新设合并或者吸收合并，不再具有独立主体资格而被注销，其股票按照证券交易所规则退出市场交易
	7. 上市公司股东大会决议解散，其股票按照证券交易所规则退出市场交易

强制退市是指上市公司因不满足相关标准或出现重大违法行为，并非出于公司自身的意愿而被交易所和监管部门强制被动退市的情况。强制退市可以具体分为 4 种模式：出现重大违法行为、不满足交易标准、不满足财务指标的标准和证监会规定的其他情况。强制退市的大体情形如表 7 – 12 所示。

表 7 – 12　　　　　　　　　　　上市公司强制退市的大体情形

模式	强制退市大体情形
违法行为	1. 上市公司欺诈发行
	2. 上市公司重大信息披露违法
	3. 上市公司其他涉及国家安全、公共安全、生态安全、生产安全和公众健康安全等领域的重大违法行为

续表

模式	强制退市大体情形
不满足交易标准	1. 上市公司不满足关于股本总额、股权分布的指标：社会公众持股比例不足公司股份总数的25%；股本总额超过人民币4亿元，社会公众持股比例不足公司股份总数的10%
	2. 上市公司不满足关于股票成交量的指标：一定期限内股票累计成交量低于交易所规定的最低限额，股票流动性严重不足
	3. 上市公司不满足关于股票市值的指标：公司股票连续20个交易日（不含停牌交易日）每日收盘价均低于股票面值
不满足财务状况	1. 上市公司不满足关于公司净利润、净资产、营业收入、审计意见类型的指标
	2. 上市公司不满足关于未在规定期限内依法如实披露的指标
其他规定情况	1. 上市公司被暂停上市后，未能在规定期限内恢复上市
	2. 上市公司被法院宣告破产
	3. 证券交易所规定的其他情形

2. 退市流程

我国A股上市公司主动退市的流程如图7-18所示，大致可以分为内部决策阶段和外部申请决定阶段。在内部决策阶段，上市公司应充分披露公司退市的原因以及退市后的发展战略，独立董事应基于披露的信息，权衡利益相关者意见后公布独立意见。随后在召开的股东大会上，如果经过出席会议并拥有表决权的2/3以上的股东和2/3以上的中小股东通过，则上市公司可以作出终止上市的决议，随后进入外部申请决定阶段。上市公司应在规定期限内（15个交易日），向所在的证交所提出退市申请。证交所根据提交材料和对公司状况的考量，作出是否受理的决定。如果受理退市申请，证交所会从保护投资者权益和审查退市程序是否合规两个角度出发，最终公平公正公开地作出是否同意其申请的决定。

我国A股上市公司强制退市的流程如图7-19所示，可以大致分为风险警示、暂停上市和终止上市3个阶段。若上市公司出现重大违法行为，则证交所依法暂停上市、终止上市。当上市公司触发非违法类退市标准（交易或财务标准）时，证交所对上市公司进行风险警示。如果公司在证交所规定的期限内仍不能达到规定，则证交所对其作出暂停上市的决定；同理，若公司在规定期限内仍不能达到上市条件，则证交所应当严格依法，按照"出现一家、退市一家"的原则，作出终止上市的决定。相反地，如果在规定期限内，上市公司通过实质性整改，能够达到规定条件，则可以申请撤销警示、恢复上市或者重新上市。

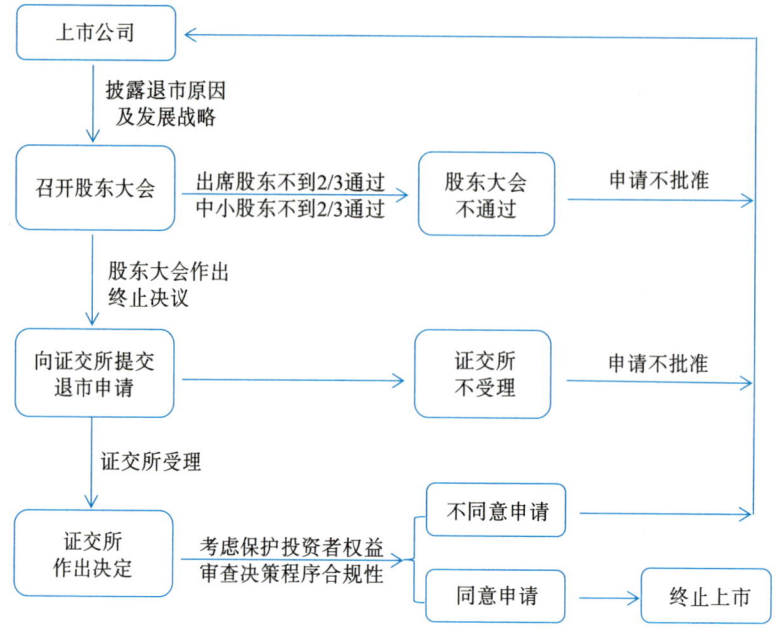

图 7-18　A 股主动退市流程

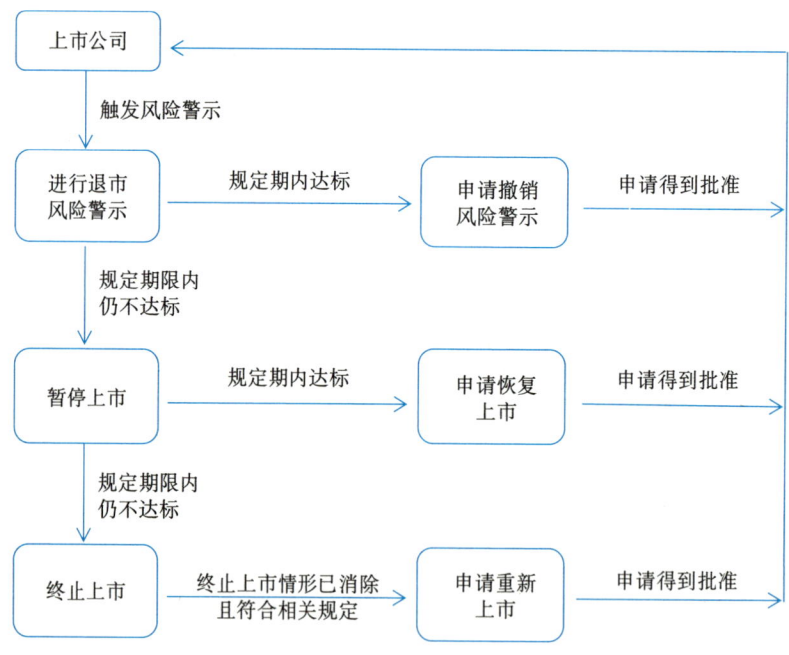

图 7-19　A 股强制退市流程

3. 配套制度

我国 A 股上市公司退市的相关配套制度主要包括保护投资者利益、退市后去向、重新上市的规定等。

在保护投资者利益方面,主要包括退市前的信息披露制度,退市过程中限制相关主体的股份减持行为,退市后尽可能进行偿付的机制。

关于退市后股票交易流向,首先,证券交易所为强制退市的公司设置"退市整理期",即在上市公司真正退市前预留出 30 个交易日的时间,公司的股票进入退市整理板(或风险警示板)进行交易。其次,在 A 股退市的上市公司可以选择在新三板挂牌,或者在规定的间隔期届满后申请重新上市,证交所可以根据当初退市的具体原因不同做出差异化安排。

附件 3:2013—2018 年奇虎 360 财务报表摘要(见表 7 - 13、表 7 - 14)

表 7 - 13　　　　　　　　　　2013—2015 年奇虎 360 财务报表摘要　　　　　　　(单位:亿元)

	2013 年	2014 年	2015 年
资产负债表摘要			
流动资产:			
现金及现金等价物	61.79	100.67	70.97
应收账款及票据	3.33	9.44	16.96
其他应收款	4.56	14.13	25.02
存货	0.00	0.00	0.00
流动资产合计	0.86	0.42	0.64
非流动资产:			
固定资产净值	9.99	16.65	17.86
权益性投资	2.33	7.97	53.14
持有至到期投资	0.00	0.00	0.00
可供出售投资	0.00	2.92	2.33
商誉及无形资产	2.81	8.39	11.16
非流动资产合计	25.07	75.60	121.64
资产总计	95.65	203.86	237.35
流动负债:			
应付账款及票据	1.53	7.41	9.49
短期借贷及长期借贷当期到期部分	0.08	0.00	106.17
流动负债合计	12.72	33.06	153.33
非流动负债:			
长期借贷	36.58	100.05	0.00
其他非流动负债	0.38	0.86	1.37
非流动负债合计	36.96	100.91	1.37
负债合计	49.68	133.96	154.70

续表

	2013 年	2014 年	2015 年
所有者权益：			
普通股股本	0.01	0.01	0.01
储备	43.68	63.66	87.42
库存股	0.01	0.01	6.34
普通股权益总额	44.93	62.94	77.40
归属母公司股东权益	44.93	62.94	77.40
少数股东权益	1.05	6.96	5.26
所有者权益合计	45.98	69.90	82.65
负债和所有者权益总计	95.65	203.86	237.35
利润表摘要			
营业总收入	40.92	85.09	117.18
营业总成本	34.72	69.74	101.61
营业利润	6.20	15.36	15.58
除税前利润	7.39	16.37	24.20
净利润	6.08	13.63	19.93
归属普通股东净利润	6.08	13.40	19.77
现金流量表摘要			
经营活动产生的现金流量净额	12.82	23.27	28.07
投资活动产生的现金流量净额	-12.00	-40.48	-43.44
筹资活动产生的现金流量净额	37.40	56.28	-18.69
现金及现金等价物净增加额	38.58	38.66	-35.86
年末现金及现金等价物余额	23.21	62.01	106.83

表 7-14　　　　　　2016—2018 年三六零财务报表摘要　　　　　　（单位：亿元）

	2016 年	2017 年	2018 年
资产负债表摘要			
流动资产：			
货币资金	24.71	100.13	149.77
应收账款	18.99	24.38	23.46
其他应收款	5.77	1.28	5.17
存货	0.48	1.04	1.23
流动资产合计	56.83	133.05	185.57
非流动资产：			
长期股权投资	38.74	44.31	44.27
固定资产	7.35	3.56	4.82

续表

	2016 年	2017 年	2018 年
在建工程	0.10	1.19	2.37
无形资产	3.70	3.14	3.39
商誉	8.69	8.64	10.35
非流动资产合计	81.61	77.45	107.91
资产总计	138.44	210.50	293.48
流动负债：			
应付账款	17.00	21.21	23.50
预收账款	4.44	5.58	5.88
其他应付款	54.54	9.52	10.27
一年内到期的非流动负债	0.02	0.14	0.18
其他流动负债	0.21	0.02	0.04
流动负债合计	82.83	43.69	49.01
非流动负债：			
长期应付款	0.27	0.19	0.11
其他非流动负债	2.90	2.07	
非流动负债合计	4.63	3.65	1.68
负债合计	87.46	47.34	50.69
所有者权益：			
实收资本/股本	1.26	20.00	67.64
资本公积	27.96	97.46	70.32
盈余公积	0.63	1.64	3.09
未分配利润	18.72	43.93	77.65
归属于母公司的所有者权益合计	47.93	160.48	239.82
少数股东权益	3.06	2.67	2.97
所有者权益合计	50.98	163.15	242.79
负债和所有者权益总计	138.44	210.50	293.48
利润表摘要			
营业总收入	99.04	122.38	131.29
营业总成本	30.27	87.42	94.03
营业利润	21.12	40.50	41.74
利润总额	24.11	41.19	41.86
净利润	18.48	34.22	35.08
归属母公司股东的净利润	18.72	33.72	35.35
现金流量表摘要			
经营活动产生的现金流量净额	51.57	41.43	37.48

续表

	2016 年	2017 年	2018 年
投资活动产生的现金流量净额	0.48	90.46	-40.42
筹资活动产生的现金流量净额	46.80	-119.81	-2.47
现金及现金等价物净增加额	4.43	11.62	-5.01
年末现金及现金等价物余额	20.73	32.35	27.34

附件4：推荐学生课前阅读文献

[1] 杜晓君，史艳华，杨勃. 信息缺失对外来者劣势的影响机理——以海外上市的中国公司为例 [J]. 产经评论，2016，7 (1)：101-110.

[2] 冯果，李安安. 上市公司主动退市过程中的利益冲突及其法律规制——以中小股东权益维护为中心 [J]. 南都学坛，2011，31 (5)：68-72.

[3] 郭施亮. 中概股回归政策不变，这意味着什么？ [J]. 金融经济，2016 (19)：31-32.

[4] 胡昌生，池阳春. 投资者情绪、资产估值与股票市场波动 [J]. 金融研究，2013 (10)：181-193.

[5] 胡国强，肖志超. 媒体关注、资本市场错误定价与企业投资 [J]. 广东财经大学学报，2019，34 (2)：60-73.

[6] 胡海峰，陈明哲. 关于我国优质企业境外上市的思考 [J]. 经济纵横，2016 (3)：85-91.

[7] 李文莉. 上市公司私有化的监管逻辑与路径选择 [J]. 中国法学，2016 (1)：194-209.

[8] 王铭丽. 中概股私有化回归的路径研究 [D]. 对外经济贸易大学，2017.

[9] 周煊，申星. 中国企业海外退市思考：进退之间的徘徊 [J]. 国际经济论，2012 (4)：135-146，8.

[10] 朱伟骅，张宗新. 投资者情绪、市场波动与股市泡沫 [J]. 经济理论与经济管理，2008 (2)：45-50.

[11] 邹高峰，张维，王慧. 新股发行估值、首日收益与长期表现 [J]. 系统工程理论与实践，2015，35 (4)：828-836.

案例 7　中概股回归，海外上市企业逆风翻盘？——奇虎 360 回归 A 股案例分析

 **案例使用说明**

一、教学目的与用途

1. 适用课程：企业并购与重组实务、公司金融、金融市场与金融机构、财务报表分析、投资学、金融企业战略等课程。

2. 适用对象：本案例主要用于金融专业硕士相关课程。

3. 教学目的：本案例重点描述了奇虎 360 海外退市及回归 A 股市场的始末，并剖析了其回归动因、回归路径的选择、绩效结果以及带来的启示，以期启发学生对于中概股回归事件的深入思考。通过本案例的学习，希望学生掌握以下 4 个方面：

(1) 上市公司退市的方式及主动退市动因；
(2) 上市途径及其选择依据；
(3) 壳公司选择依据；
(4) 企业的绩效评价及财务指标计算。

二、启发思考题

1. 上市公司退市的方式一般有哪些？奇虎 360 公司选择的是哪一种退市方式？奇虎 360 在 2015 年为什么选择在美国退市并回归 A 股市场？

2. 奇虎 360 回归 A 股市场历程与其他中概股相比较为顺利，其选择的路径为分拆业务后借壳上市。回归 A 股市场有多种途径，这些途径主要包括哪些？你认为奇虎 360 为什么选择借壳上市？其选择壳公司时所考虑的因素主要是什么，为什么最终确定江南嘉捷所为目标壳公司？

3. 从短期和长期来看，奇虎 360 私有化退市并重返 A 股市场的绩效表现如何？奇虎 360 回归是否是一个完全利好的消息？在后续运营和发展过程中，公司又面临着哪些风险因素？

4. 分别从公司管理者、政府监管者、个人投资者等角度出发，通过奇虎 360 回归 A 股市场的案例分析，你能从中获得哪些启示，在今后的实践过程中应当注意哪些问题？

三、分析思路

1. 教师应当鼓励学生对退市相关的基础知识和补充资料进行学习与拓展，帮助学生了解我国现行的退市制度，即强制退市和主动退市的概念、方式、特点。基于退市的理论基础，教师可以引导学生对奇虎360的私有化退市方式进行界定，明确奇虎360是通过回购/收购股票进行的主动退市，进而对其退市过程中的具体操作展开深入探讨。

教师应该引导学生以退市理论为基础，结合案例正文，思考奇虎360私有化退市并回归A股市场的动因。首先，奇虎360回归之前，我国已有关于中概股回归的案例，教师可以鼓励学生自主查阅相关资料，总结中概股回归的普遍原因；其次，从奇虎360自身展开分析，基于可获得的数据资源寻找其回归A股市场的深层次原因。在具体分析中，可以从中国资本市场整体环境、中美市场估值差异和上市成本差异等方面切入。

2. 教师应该引导学生梳理中概股回归的路径选择基本逻辑。首先，考虑IPO整体上市、借壳上市、分拆上市等不同回归路径的方式、特点、优势及劣势；其次，教师可以启发学生联系企业自身状况和所处环境，基于借壳上市相关理论，从上市途径、企业自身等多角度分析奇虎360选择借壳上市这一路径的原因。对于壳资源的选取，教师可指导学生查阅相关资料，尝试总结同类公司选取壳资源的一般规律，并结合案例正文、公开资料和公司运营状况，探究奇虎360借壳上市路径选择是否遵循这一普遍规律，江南嘉捷是否是奇虎360的良好选择。

3. 教师可以引导学生基于收益—成本理论、财务分析理论、企业并购理论对奇虎360私有化退市和再上市的绩效表现进行分析。短期绩效分析可以从是否带来积极市场反应、是否实现价值创造、有无发挥成本优势等角度入手。长期绩效分析主要借助财务数据和财务指标进行，教师可以鼓励学生综合运用绝对值、横向比较、纵向比较等多维度指标，以提高绩效分析的全面性。

可以启发学生思考奇虎360回归后的风险因素，以辩证思维看待中概股回归。中概股回归的一大动因是美股市场的价值低估，这也可以解释为何回归当日公司市值便呈现翻倍式增长。但这并不代表中概股回归完全利好，教师应引导学生考虑市场成熟程度、投资者情绪、政府干预等多个方面，剖析估值膨胀背后是否隐藏价值泡沫。与此同时，回归初期高级管理层的频繁变更同样需要引起关注。

此外，在教学过程中，教师可以引导学生积极利用中外文数据库、公司发布的定期财务报告、招股说明书、评级报告等查找所需数据资源。

4. 本问属于开放性问题，无标准答案，教师可以根据课程内容及时间安排，基于不同利益主体角度，灵活选择侧重点启发学生进行思考。例如：作为奇虎360公司的管理者，2011年应该选择海外上市还是留在国内等待A股上市机会；在海外退市以及国内重新上市过程当中，需要考虑哪些问题。作为政府监管者，对中概股回归浪潮的兴起应当持有怎样的态度，如何分析中概股大规模回归给A股市场带来的冲击，为实现维护市场平稳运行的目的，政府可以采取何种措施进行监管。作为个人投资者，奇虎360私有化过程是否会使自身利益遭受侵蚀，中小投资者可以通过何种途径避免控股股东的利益侵占。

四、理论依据与分析

（一）理论依据

1. 私有化退市相关理论

根据发展体制不同，在我国"私有化"一般是指国有企业私有化，即国有控股企业或者国有独资企业将控股权转让给私人组织或个人，从而使其变成私人控股企业的过程。而在欧美国家，上市公司私有化退市一般是指将上市公众公司退市变成非公众企业。私有化退市主要方式分为上市公司收购、换股合并和资产置换，其中上市公司收购根据收购方发起人不同又可分为管理层收购、控股股东收购、外部接管者收购。上市公司私有化退市动因理论主要包含代理成本理论、价值重估理论、规避监管理论、收购防范理论以及财富转移理论。

2. 企业并购理论

企业并购是指企业通过购买目标企业的股权或资产，控制、影响目标企业，以增强企业的竞争优势、实现价值增值。当前，并购已成为企业外部扩张与成长的重要途径之一。企业并购是现代经济生活中企业自我发展的一个重要内容，是市场经济条件下企业资本经营的重要方面，通过并购，企业可以有效实现资源合理配置，扩大生产经营规模，实现协同效应，降低交易成本，并可以提高企业的价值。伴随四次大规模并购浪潮的出现，企业并购理论逐步发展为横向并购理论、纵向并购理论、混合并购理论以及效率理论、控制权市场理论、自由现金流假说等新的理论。

3. 财务分析理论

财务分析是以会计核算和报表资料及其他相关资料为依据，采用一系列分析技术和方法，对企业等经济组织过去和现在有关筹资活动、投资活动、经营活动和偿债能力、盈利能力和营运能力状况等进行分析与评价，为企业的投资者、债权人、经营者及其他关心企业的组织或个人了解企业过去、评价企业现状、预测企业未来，作出正确的决策提供准确的信息或依据。企业财务分析由基础分析和综合分析两部分组成，从绝对值和相对值两个角度对公司财务进行量化分析，从资本结构和资产结构了解企业风险，从利润构成和成本构成了解企业经营，从收益质量和投资融资了解企业资金。

（二）退市方式分析

退市的相关资料已放在案例正文后的附件 2 中，可以简要总结为：目前我国 A 股市场的退市方式主要有主动退市和强制退市。主动退市是指上市公司权衡维持上市地位的成本和收益，比较在不同层次证券市场的优缺点，或者为了公司的长期健康发展，可以按照《证券法》和所在交易所的规定，实现主动退市。主动退市可以分为以下 3 种模式：上市公司主动申请退市、上市公司回购或收购股票，上市公司因合并或解散而退市。强制退市是指上市公司因不满足相关标准或出现重大违法行为，并非出于公司自身的意愿而被交易所和监管部门被动退市的情况。强制退市可以具体分为 4 种模式：出现重大违法行为、不满足交易标准、不满足财务指标的标准和证监会规定的其他情况。

本案例中奇虎 360 公司的退市方式为主动退市中的上市公司回购或收购股票。

（三）奇虎 360 退市动因分析

退市动因主要有 5 点：

1. 美国资本市场吸引力降低，中概股投资价值下跌（本要点可以从前面案例背景中归纳总结得到）

早期在美国上市的企业，由于数量较少，在一段时间内受到了国际投资者的追捧，但随着中概股数量的增加，中概股之间竞争加剧，叠加 2010—2014 年中概股遭遇了信任危机，市场对于中概股的预期降低，这使得美国资本市场对中概股的吸引力下降，中概股退市风潮愈演愈烈。

2. 国内资本市场环境改善，政策环境支持回归（本要点可以从前面案例背景中归纳总结得到）

随着国内政府对新兴行业愈发重视，积极引导经济转型，国内资本市场相关制度不断完善，牛市的到来也影响了互联网企业的上市选择。

随着互联网科技的不断发展，网络安全问题重要性凸显。国家在宏观上鼓励创业科技公司回归 A 股市场，且推出了相关政策——鼓励支持特殊股权结构类的创新企业在国内上市。而奇虎 360 主营业务之一是以 360 杀毒等为代表的网络安全平台，它可以轻易地获取个人和企业信息，这就要求奇虎 360 应当与中国国家利益保持一致。

3. 国外市值长期被低估，A 股美股存在估值差异（本要点的前半部分可以基于公司介绍部分的相关数据得出，后半部分需要基于学生自主查询资料或通过讨论得出）

在美国上市期间，奇虎 360 业绩一直表现优秀，IPO 首日收益率高达 133.5%，随后每年的营业收入及净利润也快速增长，2011—2014 年同比增长率高达 100% 及以上，股价也随之升高，从最初的 20 元一度突破 100 元。

但从 2014 年开始，奇虎 360 却陷入了怪圈——营业总收入和净利润持续增长，但股价不涨反而大幅下跌。2014 年奇虎 360 的营业总收入和净利润增长率均超过 100%，但是股价却由 109 美元跌倒 57 美元，跌幅高达 48%，公司市值大幅缩水，而这一状况在 2015 年年初仍然没有得到改善。

究其原因，奇虎 360 市值明显被低估可能是由于存在信息不对称，中美资本市场对于互联网企业盈利模式认知存在着差异，美国投资者难以完全理解中国特殊国情下奇虎 360 提供的渠道和入口对其营收的重要意义，再加上这段时间中概股的信任危机，最终导致了奇虎 360 业绩良好时股价却被低估的现象。

另外，除了奇虎 360 公司本身被低估以外，美股和 A 股对互联网行业的估值存在差异，美股估值远低于 A 股，这也是奇虎 360 公司估值偏低的重要原因。这部分的具体支撑数据可以见案例使用说明附件 3。

4. 美股上市成本较高，遭遇香橼公司恶意做空（本要点的前半部分可以基于推荐阅读文献得出，后半部分需要在案例背景的基础之上学生自主查询资料得出）

是否维持公司的上市地位，取决于公司对上市的收益和成本的权衡，若上市的成本远高于上市可以获得的收益，则理性的公司会选择退市。美股上市的成本及后续维持上市地位的成本远高于中国 A 股，如表 7-15 所示，这也是奇虎 360 公司选择回归 A 股市场的原因之一。

表 7-15[①]　　　　　国内外资本市场上市成本及维持上市成本比较　　　　　（单位：万元）

预估费用	国内 A 股	香港主板	香港创业板	纽交所	纳斯达克
上市费用率	4%—5%	15%—20%	10%—15%	15%—25%	9%—16%
年均投资者关系维护费	5—10	25	25	630	630

---

① 数据来自：周煊，申星. 中国企业海外退市思考：进退之间的徘徊 [J]. 国际经济评论，2012 (4)：135-146，8.

续表

预估费用	国内A股	香港主板	香港创业板	纽交所	纳斯达克
上市年费	0.6—3	8—90	6—18	24—315	17—63
年均法律顾问费用	10	60—100	40—100	160	160
年均审计费用	30—40	100	60—100	160	160
年均信息披露费用	12	30—50	30—50	50—100	50—100

除了上述显性成本以外，奇虎360还遭遇了美国空头调查机构——香橼研究公司的恶意做空行为，如表7-16所示。

表7-16　　　　香橼研究公司针对奇虎360发布的7次负面报告

时间	事件
2011年11月1日	质疑商业模式
2011年11月15日	质疑管理层信用
2011年12月6日	认为奇虎360可能存在财务欺诈
2011年12月8日	质疑财报数据
2012年2月23日	质疑财务报告并认为美证监会很可能调查奇虎360
2012年3月16日	称奇虎360主管会计有历史财务丑闻
2012年8月24日	发文强调奇虎360必然存在财务欺诈

资料来源：根据公开资料整理可得。

从2011年11月至2012年8月，香橼研究公司先后7次质疑奇虎360的商业模式、财务数据、管理层信用等方面，试图做空奇虎360。在此之前，香橼研究公司攻击过的22家中概股企业，共计16家中概股企业股价大幅下跌，下跌概率超过72%，下跌幅度可达60%。奇虎360面临着恶意做空行为，为了稳定股价，不得不加强与投资者的沟通和信息的披露，而这又加剧了奇虎360维持美股上市的隐形成本。

5. 集中经营决策权，实现战略发展目标（本要点可以从前面公司介绍和三六零回归结果中的股权结构归纳总结得到）

在奇虎360私有化退市之前，前十大股东如案例正文中表7-4所示，公司的股权较为分散，前两大股东持股比例仅占25.4%，剩余则为外国机构投资者。而面临激烈的市场竞争和企业转型的需要，奇虎360需要集中经营决策权以便于进行企业转型和改革。另外，奇虎360主营业务之一是互联网安全服务，在一定程度上关乎国家的根本利益，而外国投资者持股比例较大则不利于奇虎360的后续发展。

三六零回归A股市场之后，公司的前十大股东如案例正文中表7-7所示，公司的股权较为集中，第一大股东是天津奇信志成科技有限公司，持股比例高达48.74%，其中第一大股东是周鸿祎，这保证了企业的决策权的集中性；另外，三六零的机构投资者主要为国内机构投资者，这也在一定程度上有利于国家安全，同时为三六零在中国业务扩张扫清了一些不必要的障碍。

（四）奇虎360选择借壳上市的原因分析

1. 回归途径

中概股回归A股市场有多种途径，主要包括：IPO整体上市、借壳上市以及分拆上市。

（1）IPO整体上市。IPO即首次公开募股，若公司达到上市条件，即可按照法定程序提出上市申请，经过审查批准后便可获得上市资格。就中概股退市后回归来说，通过IPO上市有利于获得巨大的融资规模，与此同时也可提升公司知名度，并且近些年来我国A股市场也在不断走向成熟。但是，IPO对于盈利指标有较严格的要求；另外在我国核准制下，发行过程受到较大的行政干预和政策影响，使得整个过程持续时间较长。

（2）借壳上市。借壳上市是指非上市公司选择一家拥有上市资格的公司作为壳公司，通过购买其股权获得实际控制权，将资产注入壳公司以实现最终上市。很多无法达到IPO要求的企业往往选择借壳的方式回归A股市场。

企业通过借壳上市可以极大地降低不确定性，且持续时间较短。可以有效节约时间成本。因此综合来看，借壳上市与IPO相比更有利于中概股高效回归。

（3）分拆上市。分拆上市即母公司将一部分业务或者子公司分离出去，母公司以及脱离的部分分别单独上市。通过进行分拆使得各部分的估值更为准确，有利于抓住核心业务实现战略聚焦；并且分别上市可以使得母子公司选择不同板块上市。但是母子公司分拆或部分业务分拆会使得日后的管理难度加大，增加管理成本，一定程度上也会影响公司的风险抵御能力。

2. 奇虎360借壳上市原因

根据不同途径的特点及优劣势，结合三六零自身状况，其借壳原因主要如下：

（1）上市途径角度。首先从上市途径的角度来看，借壳上市对于奇虎360回归A股市场更为高效有利。

若企业急需上市融资，通过IPO的方法会使得持续时间较长，时间越久会对企业越不利；而分拆上市则会带来较大的成本和手续上的麻烦。奇虎360主攻互联网安全业务，其他方面的业务表现平平，没有分别上市的必要；另外奇虎360作为一个急需上市融资的企业，需要更为高效的上市手段，并且2015年后恰逢中国A股市场低迷，获得壳公司的成本较低，借壳上市便成为最为有效的手段。

(2) 企业自身角度。从企业自身的角度来看，由于奇虎 360 较高的估值使得壳公司的选择受到一定限制，因为壳公司的社会公众股市值应高于公司估值。所以为了寻找到体量匹配的壳公司，扩大选择余地，奇虎 360 决定精简股权，拆分不良业务，使得估值比例得到降低，业务拆分过程主要保留了互联网安全技术及网络安全产品子公司，而剔除了关于健康、互联网金融、手机研发及销售的子公司，剔除部分经营状况较差，也侧面彰显了公司的未来定位。

另外，私有化为奇虎 360 带来了巨额负债，其急需通过上市获得资金，以实现企业的改革扩张，因此周鸿祎最终选择了借壳上市的回归途径。

（五）壳目标（江南嘉捷）选取原因分析

对于壳公司的选择有一定规律可循：壳公司往往具有较为单一的股权结构和较高的股权集中度，市值较小，盈利状况下降，上市 3 年以上等。中概股借壳回归时对于壳公司的选择，通常会考虑其财务顾问做过上市辅导的上市公司，这样更易于获得详细全面的信息，有利于提高借壳成功的概率。

在本案例中，奇虎 360 选择的壳公司江南嘉捷的上市保荐人便是其财务顾问——华泰联合证券。除此之外，江南嘉捷的其他诸多特征也符合作为壳公司的特点。

1. 壳公司的市值低

在江南嘉捷停牌之时，其总市值仅为 34.91 亿元。壳公司市值较小的情况有利于降低借壳成本，减轻奇虎 360 的负债压力。

2. 较高的股权集中度

如附录所示，江南嘉捷实际主要控制人是金祖铭和金志峰父子，两人合计持股约 30%，可见具有较高的股权集中度。该公司历史沿革较简单，也没有重组历史，借壳概率往往更高。

3. 市场竞争激烈，盈利状况下行

图 7-20 显示了江南嘉捷 2012—2016 年的盈利状况走势，可看出其处于微盈利且盈利能力下行的阶段。

4. 上市时间

一般企业上市时间较短的话，往往卖壳意愿不强烈，并且存在大股东限售股还未解禁的情况。江南嘉捷于 2012 年 1 月在上交所上市，上市时间远超 3 年。

5. 企业性质

江南嘉捷作为民营企业而非国有企业，其卖壳审批流程相对来说更为方便。

综合上述各方面来看，江南嘉捷无疑是一个良好的壳公司选择。

图 7-20 江南嘉捷 2012—2016 年盈利状况走势

（六）三六零绩效分析

1. 短期绩效

（1）市场反应积极，股价连续涨停。股票价格是衡量公司投资价值的重要指标，也是市场投资态度最直接的反应器。江南嘉捷发布重组公告消息后，投资者的积极态度便已经在股价中得到较为充分的反映，复牌当日，江南嘉捷的股票价格实现了 18 个连续涨停板，创造了较高的溢价收益（参考案例正文图 7-11，附录）。

若要评判再回归后三六零①表现如何，除纵向分析外，通过可比公司之间的比较分析，我们可以得到更具说服力的答案。根据 2019 年 2 月证监会发布的《2018 年 4 季度上市公司行业分类结果》，三六零属于信息传输、软件和信息技术服务业门类下的互联网和相关服务行业，分类结果显示，该行业共有 60 家上市公司。因此，我们可以参考上市公司市值、利润、收入等指标，同时考虑公司业务相似性，选取巨人网络和完美世界两家公司，与三六零进行横向比较。直到 2017 年 11 月初，江南嘉捷股价仍远低于巨人网络和完美世界，但随着重组消息扩散，公司股价一路上行并迅速反超，截至 2019 年 2 月始终保持领先状态（见图 7-21）。

图 7-21 2017 年 11 月—2019 年 3 月 3 家上市公司股价变动趋势
资料来源：Wind 数据库。

---

① 根据案例正文可知，奇虎 360 回归 A 股后，改名"三六零"，后文分析中将以 2018 年 2 月 28 日再上市为事件节点，该时间点之前表述为"奇虎 360"，之后表述为"三六零"，但分析的实质主体一致。

由此可见，回归A股的利好消息使得原公司股东的投资收益实现大幅提升，也将吸引更多投资者进入市场，进一步为公司提供了资金支持和发展动力。

（2）市场价值提升，投资红利丰厚。奇虎360回归给公司自身和其参股公司都带来了丰厚的回报。一方面，根据奇虎360私有化退市和回归A股市场前后的市场价值（参考案例正文表7-8）可以看出，回归当日三六零收盘价高达52.92元，公司市值升至3850.10亿元，是私有化退市时的近7倍。另一方面，以中信国安为首的参股公司在江南嘉捷复牌首日便迎来股价大幅上涨甚至出现一字板涨停的重大利好，在短期内创造了较高的溢价（参考案例正文表7-9）；从成本角度来看，中信国安等参股价格在每股9.15元左右，持股成本与江南嘉捷股价（8.79元）基本相当，具有较大的盈利空间（教师可引导学生自行查阅参股公司相关资料进行补充分析）。

2. 长期绩效

（1）发挥成本优势，多重节约效应。

①市场时机与回购成本。根据案例正文介绍，私有化要约中奇虎360股份回购的要约价为51.33美元/股（77美元/ADS），结合附录中股票收盘价数据计算得到，回购要约价较前一交易日、前30个交易日、前60个交易日和前90个交易日收盘价分别溢价16.58%、25.43%、32.48%和26.79%，但以2014年1月2日—2015年6月17日作为参考期，77美元的回购价格远低于该时期的最高收盘价121.53美元，与平均收盘价76.46美元基本相当，尚属合理。从2014年3月起，奇虎360股价开始下行并一路走低，2015年3月触底，此后虽出现小幅回调但力度较小；与之截然相反的是，中国资本市场改革的快速推进带来了强劲的"牛市"行情，为互联网行业提供了极具潜力的发展环境。因此，在这一市场时机下开展回购，对境外投资者和买方财团均不失为一个恰当的选择。

从以周鸿祎为首的买方财团来看，较为合理的要约价格节约了大量现金支出，降低了回购的融资压力；从境外投资者来看，股价下行趋势下的溢价回购能够带来更加直观的确定性收益，进而缩短双方达成共识的时间，一定程度上节约了回购的时间成本。

②杠杆收购与节税效应。在股权回购过程中，奇虎360选择了杠杆收购方式，94亿美元的私有化资金分别来自买方团自筹、30亿美元7年期贷款和4亿美元过桥贷款（参考案例正文）。与股权融资相比，债务融资具有3方面的优势：首先，公司能够以较低成本完成收购；其次，减少了对股权的稀释，抑制了控制权分散，投资者利益得以保障；最后，34亿美元银团贷款形成的高额利息可抵扣部分应纳税额，从而发挥较明显的节税效应，使得公司利润得以留存。不过需要注意的是，杠杆收购可能放大私

有化的风险,给公司带来一定的偿债压力。

③市场选择与维护费用。维护费用大幅下降同样发挥了积极的节约效应(教师可引导学生自主阅读相关参考文献或查找相关数据)。纽交所上市公司每年需支付1000万元以上的维护费用,是中国 A 股上市公司的近 20 倍。因此,奇虎 360 在纽交所退市并在上交所回归将在很大程度上节约上市维护费用,大幅提升公司的资金利用效率,缓解资金支出压力,增强营收能力,进一步促进公司的可持续发展。

(2) 财务指标优化,盈利整体改善。财务指标能够从偿债能力、营运能力、盈利能力等多个维度衡量公司在一定时期内的发展状况和经营绩效,具有较强的真实性;为了提高分析的全面性和科学性,在对单个财务项目绝对值和财务指标纵向分析基础上,我们可以再次引入巨人网络、完美世界和行业平均值、中位数等,通过横向分析讨论奇虎 360 回归后的财务绩效表现(分析所用资料等均可根据附录中提供的 2016—2018 年三六零①财务摘要原始数据整理、计算得到;具体项目变动原因的分析可参考三六零年报、招股说明书、评级报告等资料自行分析)。

①偿债能力。基于纵向比较,2016—2018 年三六零流动比率和速动比率呈上升趋势,资产负债率持续下降;基于横向比较,2016 年三六零流动比率、速动比率、资产负债率表现均与可比公司、行业均值、行业中位数存在较大差距,但从 2017 年开始,流动比率、速动比率呈现反超态势,短期偿债能力提高;2018 年,资产负债率也降至 17.27%,财务杠杆大大缩减,长期偿债能力居行业领先水平(见表 7-17)。

表 7-17　　2016—2018 年三六零、巨人网络、完美世界及行业偿债能力比较

指标	名称	2016 年	2017 年	2018 年
流动比率	三六零	0.69	3.05	3.79
	巨人网络	7.21	3.34	5.21
	完美世界	2.65	1.96	2.75
	行业平均值②	3.25	2.97	3.07
	行业中位数	2.24	2.19	2.02
速动比率	三六零	0.68	3.02	3.76
	巨人网络	—	—	—
	完美世界	2.54	1.66	2.20
	行业平均值	3.08	2.72	2.37
	行业中位数	2.01	1.91	1.76

① 为方便后文叙述,在财务分析部分将公司名字统一为"三六零"。
② 行业分类参考《2018 年 4 季度上市公司行业分类结果》,中位数、平均值计算范围包含所有公司。

续表

指标	名称	2016年	2017年	2018年
资产负债率	三六零	63.18	22.49	17.27
	巨人网络	12.30	29.02	14.96
	完美世界	48.13	47.02	41.74
	行业平均值	32.23	33.58	37.80
	行业中位数	29.28	29.75	33.60

资料来源：根据财务报表计算得出。

三六零偿债能力的增强，主要来自私有化退市后奇信通达等对其超过30亿元的现金增资，还有上市后货币资金继续增加，截至2018年年末，三六零货币资金为149.77亿元，较上年同期增加49.64亿元，同比增长50%左右。

②营运能力。基于纵向比较，2016—2018年三六零总资产周转率呈现持续下降趋势，主要是由于其他应收款增速远超营业收入增速，截至2018年，三六零营业收入131.29亿元，同比增长7.28%，而其他应收款为5.17亿元，同比增长303.91%，系2018年该公司会计政策变更后，"应收利息"项目归并到"其他应收款"项目所致；应收账款周转率先升后降，不过整体波动不大。基于横向比较，2016—2017年三六零总资产周转率始终高于可比公司、行业平均值和中位数，但2018年表现欠佳；与之不同的是，应收账款周转率2017年起成功反超，尽管2018年略有下降，但仍远高于行业平均水平（见表7-18）。

表7-18　2016—2018年三六零、巨人网络、完美世界及行业营运能力比较

指标	名称	2016年	2017年	2018年
总资产周转率	三六零	1.43	0.70	0.52
	巨人网络	0.49	0.27	0.22
	完美世界	0.63	0.48	0.34
	行业平均值	0.59	0.55	0.53
	行业中位数	0.48	0.46	0.46
应收账款周转率	三六零	5.83	6.41	5.87
	巨人网络	13.63	3.85	1.94
	完美世界	4.68	4.38	3.28
	行业平均值	7.34	6.08	5.02
	行业中位数	3.20	3.02	2.74

资料来源：根据财务报表计算得出。

③盈利能力。基于纵向比较，2017年三六零销售净利率、营业利润率、ROA较上

年明显上升。截至 2017 年年末,公司营业收入和净利润分别达到 122.38 亿元和 33.72 亿元,同比增长 23.56% 和 85.17%。基于横向比较,2016—2018 年三六零上述财务指标始终位于行业较高水平,且在 2017 年行业盈利整体下行的态势下仍实现了较大增长,公司整体盈利能力较强。但需要注意的是,受私有化退市的影响,近年来三六零 ROE 波动较大,与其他指标变化趋势存在差异,2018 年更是降至行业均值以下,股东获利能力有待进一步考量(见表 7-19)。

表 7-19   2016—2018 年三六零、巨人网络、完美世界及行业盈利能力比较

指标	名称	2016 年	2017 年	2018 年
销售净利率	三六零	18.66	27.96	26.72
	巨人网络	49.33	47.73	31.00
	完美世界	18.56	18.56	22.02
	平均值	12.81	10.64	-25.60
	中位数	13.11	11.69	8.85
营业利润率	三六零	21.32	33.09	31.79
	巨人网络	40.67	33.46	26.03
	完美世界	20.6	21.12	18.06
	平均值	10.65	10.13	7.06
	中位数	11.51	10.71	8.78
ROA	三六零	13.35	16.26	11.95
	巨人网络	22.99	11.99	9.17
	完美世界	12.07	9.15	10.48
	平均值	6.57	5.29	-1.11
	中位数	6.04	5.33	3.80
ROE	三六零	36.25	20.97	14.45
	巨人网络	26.27	16.04	12.27
	完美世界	28.31	19.83	20.80
	平均值	9.84	7.15	21.40
	中位数	9.36	8.28	6.57

资料来源:根据财务报表计算得出。

(七)三六零风险分析

1. 巨额市值迅速蒸发

与国外成熟资本市场相比,在市场制度不完善、货币增速较高、投资者非理性、政府干预等多重作用下,中国资本市场存在高估值现象,使得股票价格与正常投资范围出现偏离。奇虎 360 等中概股回归的核心动因之一便来自中美资本市场的估值差异,

回归 A 股市场后也往往会产生较高的流动性溢价，公司价值大幅提升。高溢价回归一方面反映了公司较强的成长能力，提高了市场的积极预期，有利于吸引投资，但另一方面，投资者情绪在公司价值高估时期更容易带来股价波动（胡昌生、池阳春，2013），进一步放大了公司价值泡沫，投资风险增加。高达 2100 亿元市值的大幅缩水，在一定程度了印证了上市初期三六零价值被高估的事实，投资者的狂热情绪骤降，也将对其后续发展提出挑战。

2. 公司高管频繁变更

高管离职可能会给市场带来两种不同的反应：一方面，公司主动解雇无作为的高管有利于发挥真实效应，有利于实现其股东利益最大化的目标，对股价有较为积极的影响（Campbell 等，2011）；另一方面，高管离职具有信息效应，这一重大事件将会给市场传递负面信息，并产生不利影响（Warner 等，1988），而新成立公司的高管离职将会产生更大的负面效应（Bamford，2006）。当上市公司披露离职消息时，继任者消息的同时发布有利于减小高层离职带来的影响（Reinganum，1985）。

高管离职当日，三六零股票价格均出现不同程度的下跌（参考案例正文表 7-10），传递出市场的恐慌情绪和消极反应，而继任者消息的公布在一定程度上缓解了这一负面效应，但不可否认的是，高管频繁离职这一风险因素对公司未来发展的影响在短期之内无法得到完美化解，后续发展仍需关注。

（八）启示类开放性问题

1. 对公司来说，首先可以对比分析海外上市与 A 股上市在上市条件、运作机制、监管体制等方面的异同，分析境内外上市的优劣势，公司在境外上市过程中会面临国外的制度文化差异，提高融资成本，资本市场中母国偏见现象的存在也会使得企业在海外市场受到当地投资者的歧视。与此同时，国际市场的开拓、公司声誉的提升、在较短时间内获得股权融资等好处也在吸引着国内企业奔赴海外上市。需要公司综合考虑海外上市的成本与所能获取的收益作出选择。

其次，中概股回归不仅需要国内市场的支持，更为重要的是企业应当具备价值内涵，对国内市场的投资者具备吸引力。公司在退市及重新上市过程中需要制定适合的回归方案，其中面临着多重选择：回归路径、退市及在上市的时机、合适的战略投资者、国内上市的市场等。

2. 中概股多属于新经济行业，在 A 股上市会改变资本市场的行业结构，将科技股纳入 A 股指数中，更利于反映我国未来经济增长的拉动因素。同时，中概股回归能给境内市场投资者提供投资机会，分享企业的成长价值。但中概股集体回归也会带来一些危害，首先利用私有化价格与二级市场价格之间存在较大价差进行套利，存在着一些投机性炒作或是并购重组利益输送等问题。其次中概股私有化之风促使 PE 资金在境内外股东层面流转，恶化我国金融系统脱实向虚的问题。

作为政府部门，应当严格把控中概股回归上市资格，出台相关的法律法规规定中概股上市条件，避免出现跟风上市、盲目回归的情形，对于那些真正有回归价值、符合国家发展战略的企业也要给予合适的回归平台。加快建设多层次资本市场，适当放松上市监管力度，给予新兴产业的中小企业更多的发展机会。一直以来监管层对中概股回归采取谨慎态度，不是要限制中概股回归，而是抑制中概股回归过程中对"壳"资源疯狂炒作，保证投资者的权益不受侵害。

3. 中小投资者在中概股回归过程中可能面临两方面的利益损失。一方面，在私有化退市过程中，控股股东掌握私有化交易的条款制定权，交易本质上是强制性的，对中小股东来说极为不公平，存在被迫接受低于市价的收购价格造成直接损失，即使收购价格高于市价，有限的"溢价"也可能无法弥补中小股东被挤出带来的损失。

另一方面，中概股完成私有化回归 A 股市场后，真正获益的是原股东和参与私有化的新股东，中小投资者往往是溢价"接盘"或蒙受损失。对于借壳上市过程中容易出现的暗箱操作，需要监管部门加强对公司信息披露和上市流程的监管，对会计师事务所和资产评估机构等第三方机构深入调查，落实"全面监管、依法监管、从严监管"。

五、背景信息

本案例所涉及的奇虎 360 私有化退市及借壳江南嘉捷回归 A 股事件的所有资料和公告均可在各种公开数据库资料、新闻和企业官网中查阅。本案例附件亦提供关于相关参考资料的来源及网站链接地址；以上材料以及读者从其他渠道获取的相关信息均可作为本案例的背景。

六、关键要点

1. 在掌握理论知识的基础上，学会利用相关理论对本案例进行分析。着重了解企业退市及再上市的流程及相关理论。
2. 分析奇虎 360 退市动因。
3. 掌握多种回归途径，分析奇虎 360 选择借壳上市的原因。
4. 掌握绩效评价相关理论，分析奇虎 360 回归 A 股后绩效表现。

5. 从多角度思考中概股回顾的启示。

七、课堂计划

本案例可以作为专门的案例讨论课（附件提供教学配套的 PPT）来进行，课堂计划分为课前准备、课中讨论和课后延伸三部分，以下安排仅供参考。

1. 课前准备

提前一周下发案例正文、案例正文后的附件以及相关启发思考题，以便于学生对于奇虎 360 私有化退市回归 A 股案例有初步的认识，鼓励学生们提前查阅相关的文献资料。将同学们分为 6 组（可基于学生总数，分成 3n 组），以便进行课堂讨论。

2. 课中讨论

整个案例讨论课的时间控制在 90 分钟左右（两节课）。

（1）视频播放：在上课前 10 分钟教师可以播放相关视频（可以参考本案例提供的视频网址）。

（2）案例讲述：10—15 分钟（教师可以使用本案例提供的教学配套的 PPT）。

（3）小组讨论：25 分钟，每个小组分到一个启发思考题（1—3 题）和思考题 4 中的一个角度（政府、公司、投资者），分别进行讨论和发言准备。

（4）小组代表发言：20 分钟左右，每组 3 分钟。

（5）引导全班进一步讨论：15 分钟，小组之间互相讨论，完善观点。

（6）教师点评与答疑：15—20 分钟，教师对同学们的观点进行点评与总结。

3. 课后拓展

请同学们依据本案例的相关内容，可从任一角度出发，撰写一篇 3000 字以上的课程论文。教师可以择优在下次上课时展示和点评。

八、其他教学支持

1. 教学配套 PPT 支持

2. 视听辅助手段支持（视频网址）

（1）奇虎 360 纽交所上市首日股价翻番：

http：//news.cntv.cn/20110331/109544.shtml

（2）奇虎 360 私有化交易接近完成：

http：//news.cntv.cn/2015/12/03/VIDE1449072721283802.shtml

(3) 奇虎360"出口转内销":

http://tv.cctv.com/2017/11/06/VIDE2t3JDOzgwvhadOYHIW3c171106.shtml

(4) 证监会回应奇虎360公司借壳上市:

http://tv.cntv.cn/video/C10375/325768a5e6c343cdb48684d804aa4e16

3. 板书设计

4. 案例分析附件(见附件)

附件1:美股和A股估值差异

附件2:基于事件研究法评估奇虎360私有化退市和借壳上市短期绩效

附件1:美股与A股估值差异

通过图7-22和表7-20可以看出,截至2016年4月,奇虎360的市盈率低于美股同行业平均值,并且远远低于国内A股同行业平均值;在与同行业公司对比时,奇虎360市值处于中间偏后的位置,这与其良好的财务业绩和互联网安全行业的领军地位不想符合,奇虎360市值被严重低估。

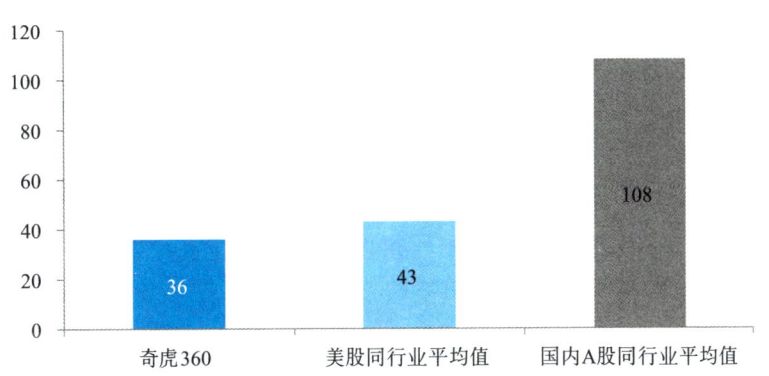

图7-22 互联网软件及服务行业PE值比较

资料来源:根据公开资料整理。

表7-20 国内外同行业企业与奇虎360的估值对比(截至2016年6月1日)

市场	证券简称	收盘价	市盈率PE	市净率PB
美股	奇虎360	$75.27	31.37	8.01
	FACEBOOK	$112.08	70.68	6.99
	百度	$159.12	11.18	4.51
	EBAY	$23.13	17.39	4.35
	网易	$172.09	18.31	4.68
	微博	$27.00	129.96	9.11
	Amazon	$698.96	289.89	22.91

续表

市场	证券简称	收盘价	市盈率 PE	市净率 PB
A 股	启明星辰	25.64	83.43	10.45
	乐视网	26.44	166.02	24.47
	顺网科技	37.34	75.40	13.16
	暴风集团	60.32	111.54	27.79
	数知科技	20.17	189.34	5.72
	中国软件	24.78	178.51	6.44

资料来源：Wind 数据库。

在奇虎 360 回归 A 股之前，同行业的暴风科技、分众传媒、巨人网络和完美世界已经回归 A 股，如表 7-21 所示，它们回归前后的市值变化接近 4—6 倍。由此推测，奇虎 360 公司回归 A 股后的市值也将会有大幅提升。中金公司曾对此作出预测，见表 7-22，奇虎 360 公司若回归 A 股，则市值可能达到 3800 亿元（折合 613 亿美元），是原来美股市值的 6 倍左右。

表 7-21　　　　　　　　四家同行业中概股回归前后市值变化

证券简称	回归 A 股时间	美股市值（亿元）	A 股市值（亿元）	A 股市值/美国市值
暴风科技	2015-03	40	263	6.6
分众传媒	2015-12	245	1063	4.3
巨人网络	2016-04	180	670	3.7
完美世界	2016-04	66	421	6.4

资料来源：Wind 数据库。

表 7-22　　　　　　　　中金公司对奇虎 360 按业务分类的估值

业务种类	估值（亿元）
PSP 业务	1400
搜索业务	1100
游戏业务	740
企业安全业务	420
智能手机业务	140
净现金	10
合计	3800

资料来源：中金公司报告。

附件2：基于事件研究法评估奇虎360退市、上市短期绩效

1. 奇虎360私有化退市成效分析

我们可以采用事件研究法分析奇虎360私有化退市这一事件给市场带来的影响。在事件研究参数设定上，选取2015年6月17日（奇虎360接受私有化要约的时间）作为事件点，记为0；选定估计期为事件点之前的4个月到前1个月，即（-120，-30）；选定窗口期为事件点前后10天，即（-10，+10）。

基于奇虎360的收盘价数据，计算其对数收益率，如图7-23所示。

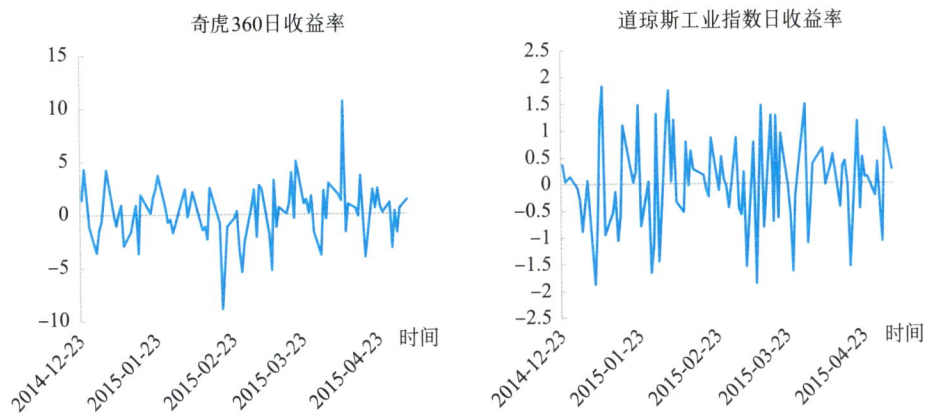

图7-23 奇虎360日收益率（左）和道琼斯工业指数日收益率（右）

经检验，两者收益率均具有平稳性，选择市场模型作为估计期基本模型，即：

$$R_t = \alpha + \beta R_{mt} + \varepsilon_t$$

其中，R_t表示奇虎360的日收益率，R_{mt}表示道琼斯工业指数日收益率，α, β为待估计参数，ε_t为白噪声过程、均值为0。

运用Eviews软件进行回归，得到如下估计期市场模型，R_{mt}在10%的水平下显著，模型拟合效果较好。

$$R_t = 0.056567 + 0.621330 R_{mt} + \varepsilon_t$$
$$(0.8376) \quad (0.0602)$$

计算事件窗口期内每日异常收益率并对其进行累计，得到累计异常收益率，即$AR_t = R_t - (\alpha + \beta R_{mt})$，$CAR_t = \sum_t AR_t$，从而直观反映私有化退市这一事件对奇虎360股价和收益率的影响情况。最终计算得出的CAR如图7-24所示。

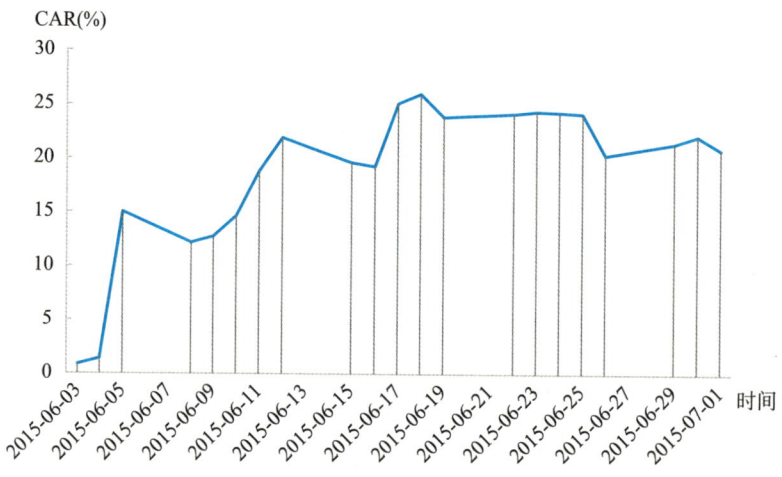

图 7-24 奇虎 360 私有化退市前后 CAR

通过实证分析可得,在选择的窗口期(-10,+10)内,私有化退市所导致的累计异常收益率显著为正,最大可达 26%,窗口期中后阶段稳定在 20% 左右,这也说明市场对于奇虎 360 私有化退市这一消息做出了积极的反应。

2. 三六零借壳上市成效分析

本案例接着分析三六零借壳上市、重回 A 股市场这一事件对公司带来的影响。在事件研究参数设定上,选取 2017 年 11 月 7 日(江南嘉捷复牌时间)作为事件点,记为 0;由于江南嘉捷在 2017 年 6 月 9 日就已停牌,因此选定估计期为停牌之前的 100 天;选定窗口期为事件点后 15 天,即(0,+15)。

与上文事件研究法同理,本案例计算出三六零和沪深 300 指数的对数收益率,并验证其平稳性,如图 7-25 所示。

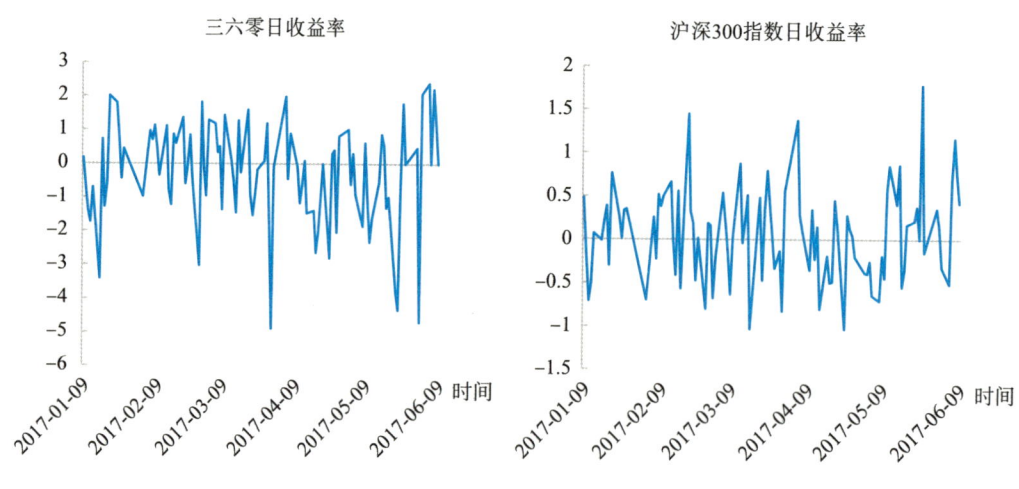

图 7-25 三六零日收益率(左)和沪深 300 指数日收益率(右)

基于 Eviews 的回归分析，本案例可以得出事件估计期的市场模型如下，且均通过了 5% 的显著性水平，拟合效果较好。

$$R_t = -0.364031 + 1.027631 R_{mt} + \varepsilon_t$$

$$(0.0110) \quad (0.0002)$$

同理，可以计算出三六零借壳上市、重回 A 股这一事件的累积异常收益率，结果如图 7-26 所示。

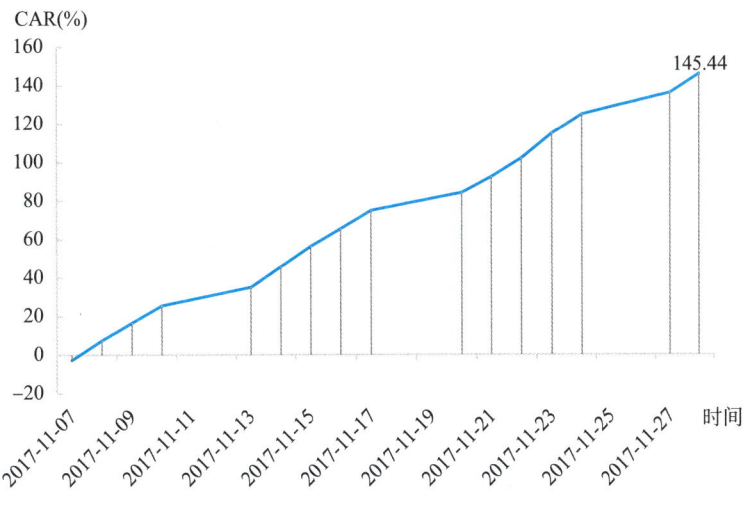

图 7-26 三六零重回 A 股前后 CAR

通过实证分析可得，在选择的窗口期（0，+15）内，私有化退市所导致的累计异常收益率显著为正，且在窗口期内保持上升趋势，最大达到 145.44%，这是一个十分惊人的结果。这充分地说明市场对于三六零重回 A 股这一消息做出了强烈的积极的反应，也为股东带来了丰厚的利益回报。

综上所述，短期来看，奇虎 360 先私有化退市、后重回 A 股的行为是比较成功的。

案例 8

CDR 是独角兽回归的"橄榄枝"吗?[1]

——小米集团 CDR 推迟之谜

2018年6月7日,小米集团向中国证监会递交了CDR(中国存托凭证)发行的第一单申请。按照最初设想,小米集团将通过CDR,实现中国内地+中国香港的双地点上市。出人意料的是,在即将创造12天的最快过会记录时,小米集团急流勇退,主动推迟了CDR发行,其背后的逻辑为何?为此,本案例首先梳理了小米集团的发展历程和业务条线,讲述了其CDR申请及中国香港IPO的过程,之后从公司自身及外部条件探讨了小米集团推迟CDR背后的原因,进一步引申出对我国证券市场制度建设的思考。

---

[1] 本案例由中央财经大学金融学院陈方正、郭佳佳、郭亦婷、贺之瑶、马云飞撰写,杜惠芬指导。作者拥有著作权中的署名权、修改权、改编权。本案例所涉及为真实事件,案例主要根据小米集团招股说明书等公开资料整理而成。本案例只供课堂讨论之用。

案例 8 CDR 是独角兽回归的"橄榄枝"吗？——小米集团 CDR 推迟之谜

案例正文

一、引言

对于国内资本市场来说，中国存托凭证（CDR）并非新事物。早在 2002 年举办的"中国金融创新与中国存托凭证国际研讨会"上，便有不少专业人士建议开发 CDR，以吸引一批优质的境外上市公司，提高中国证券市场在国际上的竞争力。但考虑到国内证券市场制度建设尚不完善，以及发行 CDR 可能对 A 股市场带来的冲击等问题，CDR 迟迟没有推出。

2018 年 3 月 30 日，国务院办公厅转发证监会《关于开展创新企业境内发行股票或存托凭证试点的若干意见》，在经过了十几年的研究讨论之后，CDR 终于正式与公众见面，为境外上市独角兽企业的回归开辟了一条新通道。南方基金透露，小米集团位列 CDR 第一批名单首位。2018 年 6 月 7 日，小米集团递交了《小米集团公开发行存托凭证招股说明书（申报稿）》。6 月 15 日，证监会发布消息称，将于 6 月 19 日对小米集团公开发行存托凭证进行审核。按照最初的设想，小米集团将在中国香港 IPO 的前一天发行 CDR，实现中国香港+中国内地的双地点上市，并创造短达 12 天的"最快上会纪录"。然而就在"小米将成 CDR 第一股""CDR 第一单花落小米"等诸如此类的报道铺天盖地，公众翘首以待之时，小米却"激流勇退"，主动申请推迟 CDR 上会。

虽然各方对小米集团的估值争议不断，其在中国香港市场的 IPO 仍在紧锣密鼓地进行着。2018 年 7 月 9 日 9 点 30 分，在万众瞩目之下，创始人雷军激动地敲响了港交所新换的开市锣，宣告小米集团正式上市。

那么，小米集团为何选择在中国香港上市？其 IPO 估值如何？内港两地对 IPO 的要求有哪些不同？为何在得到证监会的极速回复后，小米又主动提出推迟 CDR 发行上会时间？CDR 的推出将对我国证券市场、投资者、上市公司分别产生何种影响？它是否能形成一架连接国内外证券市场的坚固桥梁，为更多的独角兽回归内地开拓道路？CDR 橄榄枝已抛出，我们离独角兽回归有多远？

二、发家于 MIUI，发际于手机，发展于 IoT

（一）"歃血为盟"：一碗小米粥孕育的独角兽

2010年4月6日，在喝完一碗小米粥后，雷军与当初仅有9人的创始团队歃血为盟，创立了北京小米科技有限责任公司（简称"小米科技"），即小米集团的前身。公司最早的业务并非以手机为主的硬件，而是一款第三方系统——MIUI，它用于对安卓系统进行深度优化，主要根据中国用户的使用习惯进行更新和调整。凭借简洁明了的操作界面和高效率的系统，MIUI很快便为小米集团吸引了大量忠实用户，这也使公司萌发了制作智能手机的念头。2011年8月16日，小米科技发布小米1。自此，以高性价比闻名、"为发烧而生"的小米开始走入用户视野，并逐渐在硬件制造、互联网服务等领域占有了一席之地。

（二）小米集团的主要业务线

1. 主营业务整体状况

目前，小米集团的主要业务是智能手机业务、物联网及消费品业务和互联网服务业务（见图8-1）。其中，智能手机业务的收入占比最大，不过自2015年以来，其占营业收入的总比例呈现逐步下降的趋势，物联网和消费品业务收入份额则在稳步增长。对于占比最大的硬件部分，小米集团坚持低利润，智能手机和IoT与生活消费产品毛利率一直低于10%。

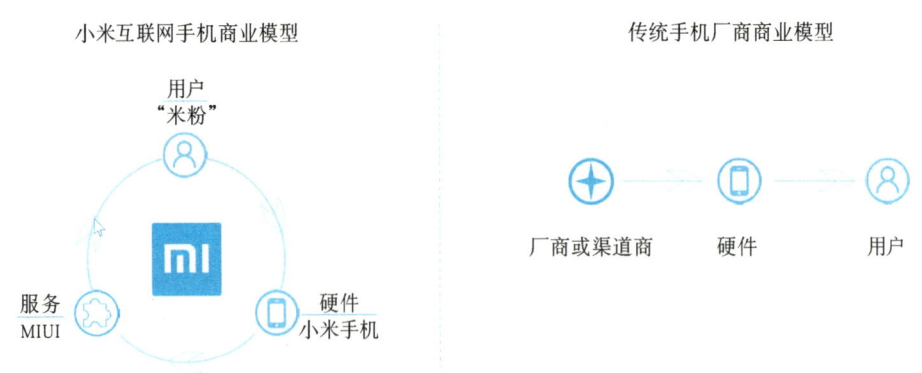

图8-1 小米主营业务模式

资料来源：艾瑞咨询。

2. 智能手机业务：行业竞争激烈，走红印度市场

2011年，小米集团开始进入国内手机市场，其采取的"高性价比"策略使得小米手机得到了迅速的品牌扩张效应，在2011—2014年小米手机系列的销量得到了迅猛增长，小米手机很快成为我国智能手机出货量第一的品牌。但由于小米手机的目标市场是中低端机型，随着华为和OPPO等品牌销量的增长，原有的小米手机市场受到了一定程度的冲击，2016年小米手机的出货量开始呈下降趋势。幸运的是，2017年小米高层制定了新的公司发展战略，在维持原有的低端品牌市场的同时，积极研发创新型的高端手机品牌并积极开拓海外市场，这使得小米移动恢复了出货量的快速增长（见图8-2）。

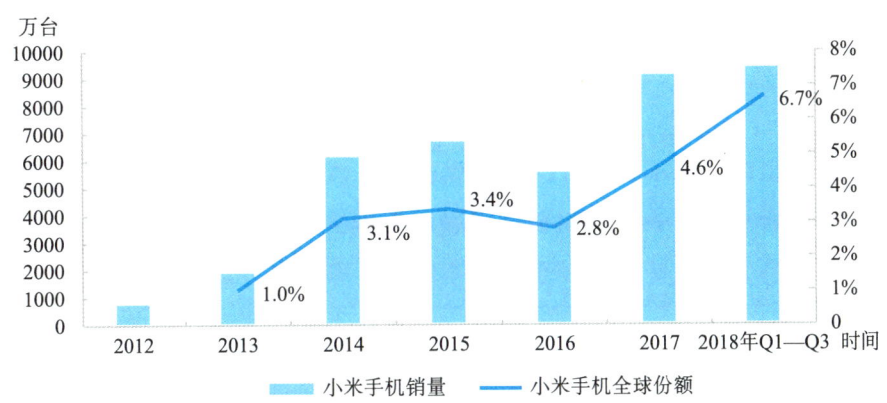

图8-2 2012—2018年Q3小米集团手机销量及全球份额

资料来源：IDC、申万宏源。

根据IDC的统计，在2016—2018年小米手机的市场占有率是不断上升的，尽管在此期间全球手机市场处于一个较为低迷的阶段，小米手机的海外销售仍保持着较高的增速。市场占有率提升了近6.7%，创下了历史新高。

小米集团在制定公司发展战略之初就积极拓展海外市场，截至2018年3月31日，小米智能手机在全球74个国家和地区均有市场业务（见图8-3）。根据IDC统计（见表8-1），就2017年第四季度出货量而言，小米手机的海外市场主要集中在印度、缅甸、俄罗斯以及埃及等市场，尤其受到印度消费者的欢迎。根据IDC的统计，2018年第一季度，小米手机占据了印度智能手机出货量市场之首，市场份额达到了30.3%，比位居第二的三星手机高出了5.2%。

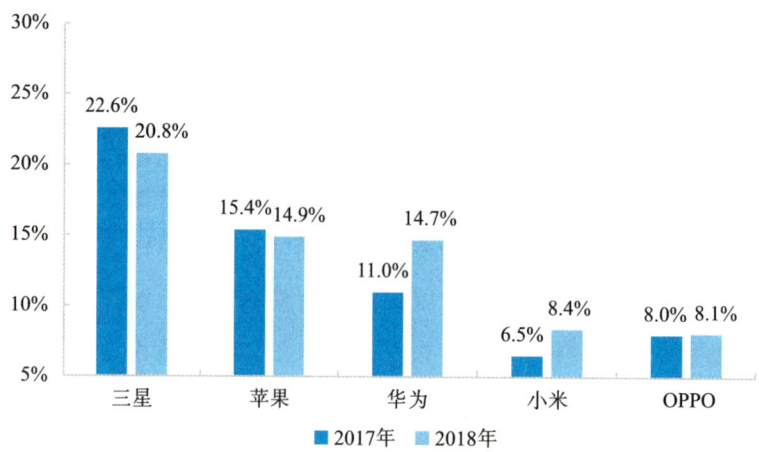

图 8-3 2017—2018 年全球智能手机出货量 TOP5 品牌市场份额

资料来源：艾瑞咨询。

表 8-1　　　　　　2018 年 Q1 印度各品牌智能手机市场占有情况

智能手机厂商/品牌	市场占有率
小米	30.30%
三星	25.10%
OPPO	7.40%
Vivo	6.70%
Transsion	4.60%
其他	25.90%

资料来源：IDC。[①]

虽然小米手机在 2017 年实现了较大的突破，销售收入实现了较大幅度的增长，但无论从销售数量还是销售收入来看，中低端机型仍是小米主要的销售产品。而与高端机型相比，中低端机型的利润率普遍偏低。小米手机的销量、价格及代表产品见表 8-2 和图 8-4。

表 8-2　　　　2015—2018 年 Q1 小米集团各类智能手机的收入和销量情况　（单位：万元、万部）

价格区间	2018 年 1—3 月		2017 年度		2016 年度		2015 年度	
	收入	销量	收入	销量	收入	销量	收入	销量
高端旗舰机	131525	50	400245	139	24942	8	—	—
旗舰机	284024	158	1224486	601	1074461	692	1967699	1250

---

① 转引自《小米集团公开发行存托凭证招股说明书（申报稿）》P1-1-156。

续表

价格区间	2018年1—3月		2017年度		2016年度		2015年度	
	收入	销量	收入	销量	收入	销量	收入	销量
中高端机	480087	428	1238423	1022	724713	640	367199	325
中端机	886122	1099	3588436	4330	2239032	2678	1682325	2402
入门机	542192	1107	1604770	3049	813267	1524	1354319	2678
总计	2323949	2841	8056359	9141	4876414	5542	5371541	6655

资料来源：小米集团。

图8-4 小米集团各类手机的价格与代表产品

3. IoT业务：坚持高性价比，市场份额可观

截至2018年3月31日，艾瑞咨询统计数据显示，小米IoT平台的联网设备数量达到了1亿台（见表8-3）。2018年第一季度，以连接互联网设备（不包括智能手机及笔记本电脑）的数量口径统计，小米IoT联网设备的市场份额为1.9%，居同行业的第一位。其独特的竞争优势在于IoT联网设备可以凭借厚道的价格优势（见图8-5）在米家APP对智能硬件进行全方位的控制。

表8-3　2018年Q1全球消费物联网硬件厂商市场份额

消费物联网企业	小米	亚马逊	苹果	谷歌	三星
以联网设备数量口径统计的市场份额	1.90%	1.20%	1.00%	0.90%	0.80%

资料来源：小米集团。

	智能电视	智能音箱	路由器	平衡车	可穿戴设备	空气净化器	智能电饭煲	扫地机器人	智能摄像头	智能净水器	总售价
小米产品											
型号名称	小米电视	小爱音箱	小米路由器	九号平衡车	小米手环	米家空气净化器	米家IH电饭煲	米家扫地机器人	米家智能摄像头	小米净水器	—
售价（美元）	138—1492	26—46	15—107	308	23	108—231	62—154	260	15—62	230—307	1185—2990
操作系统				可通过米家APP实现统一控制							
可比产品											
型号名称	三星UA系列电视	Sonos One音箱	TP-Link DR系列路由器	乐行V系列平衡车	iWatch智能手表	霍尼韦尔KJ空气净化器	松下SR系列净化器	Roomba扫地机器人	亚马逊Cloud摄像头	飞利浦WP4170净水器	—
售价（美元）	446—3333	279	13—230	508	249	325—833	156—586	741—1304	22—81	461	3200—7864
操作系统	三星Smarthings	亚马逊Alexa	TP-Link Mobile APP	INMOTION Mobile APP	Watch OS 4	JD Smart	松下Smart	iRobot	Ezviz Cloud	Ali Smart Cloud	—

图 8-5 小米集团消费物联网产品与规格相似的可替产品的售价比较分析

资料来源：小米集团。

4. 互联网服务业务：软硬件相结合，用户基础深厚

小米集团的互联网服务业务主要由互联网广告业务和网络游戏运营业务构成。小米集团开拓互联网服务业务的敲门砖是MIUI，作为主要端口和平台，MIUI为小米集团带来了一批具有很高忠实度的用户资源。截至2018年3月，小米集团已拥有38个月活跃用户超过1000万的应用程序，其中18个应用程序的月活跃用户超过了5000万，包括购机时自带的小米应用商店、小米浏览器、小米音乐和小米视频等（见图8-6）。

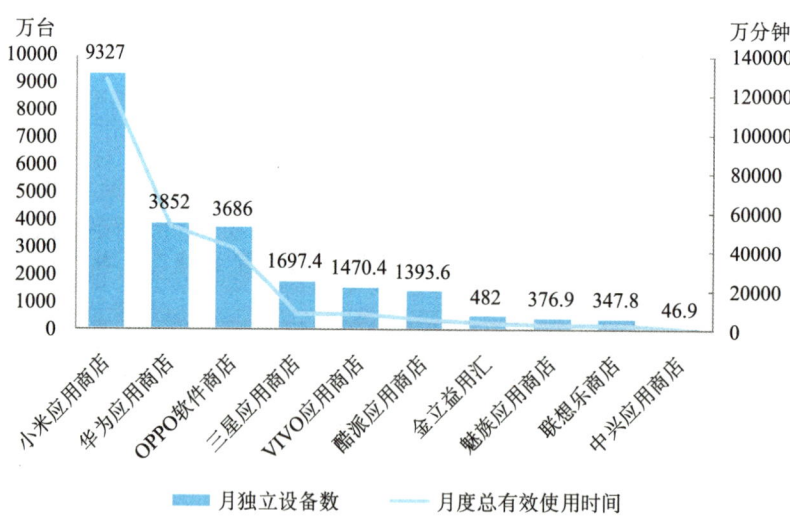

图 8-6 2016年10月中国手机应用商店与月度总使用时间TOP10

由于可以自主生产硬件设备，通过硬件设备的用户迁移，小米集团有超越纯互联网公司的获客成本优势，并能通过软硬件相结合的方式向用户提供体验感更好的多元

化互联网服务,不断增加用户黏性。

三、首战 CDR:首次申请与主动推迟

(一) CDR 试点的第一单

2018 年 3 月 30 日,国务院办公厅转发证监会《关于开展创新企业境内发行股票或存托凭证试点的若干意见》,CDR 首次在我国得到确认。CDR 又称中国存托凭证[①](Chinese Depository Receipt)。由于能够实现股票的异地买卖,因此发行 CDR 成了中概股回归 A 股市场,为国内投资者提供分享公司收益机会的重要方式,亦是小米集团等独角兽公司实现境内上市的不二途径。

2018 年 6 月 6 日,证监会发布了包括《存托凭证发行与交易管理办法(试行)》在内的 9 份文件。文件发布的次日,证监会官网便发布了接收并受理小米集团《首次公开发行股票并上市》申请的消息,这是证监会受理的第一单 CDR 试点申请。

(二) 证监会的极速反馈

2018 年 6 月 14 日,即在受理小米集团公开发行存托凭证申请一周之后,中国证监会对小米的 CDR 发行申请做出了 2 万多字的首次反馈。反馈分为三类:规范性问题、信息披露问题和其他问题、共 84 问。证监会针对市场关注的优先股对赌、同股不同权、公司定位与估值等问题在反馈意见中提出了疑问。

接着,2018 年 6 月 15 日,证监会发布消息称,将于 2018 年 6 月 19 日召开 2018 年第 88 次发行审核委员会工作会议,对小米集团公开发行存托凭证进行审核。这意味着若无意外,小米集团将创造一个从提出发行申请到 CDR 过会仅用 12 天的"最快过会纪录"。

(三) CDR 上会的主动推迟

意料之外的是,就在"小米将成 CDR 第一股""CDR 第一单花落小米"等诸如此类的报道铺天盖地、公众翘首以待之时,小米却"激流勇退",于 2018 年 6 月 18 日主动向证监会递交了《关于推迟召开发审委会议的申请》(见图 8-7)。并在官方微博

---

① 存托凭证是一种由境外的上市公司将部分公开发行的股票进行银行托管,同时境内的银行在 A 股市场发行上市供国内投资者进行买卖的投资凭证。

中表示,"公司经过反复慎重研究,决定分步实施在中国香港和中国境内的上市计划,即先在中国香港上市之后,再择机通过发行 CDR 的方式在中国境内上市。"2018 年 6 月 19 日,证监会官网对小米的推迟申请做出了回馈,表示尊重小米集团的选择,取消第十七届发审委对其发行申报文件的审核。小米集团的 CDR 发行计划被暂时搁置。一时间,猜测四起,一片哗然。

图 8-7 小米集团《关于推迟召开发审委会议的申请》

(四) 小米集团为何推迟 CDR?

2018 年 6 月 14 日晚,证监会在官网上公布了关于小米集团公开发行存托凭证(CDR)申请文件反馈意见,提出了规范性问题、信息披露问题、其他问题三类共计 84 个问题。这 84 条反馈意见全方位地反映了小米公司上市存在的诸多问题,这些问题可能导致其无法回复证监会质询,从而主动推迟 CDR 发行。

1. 互联网经营资质

根据小米集团招股说明书,公司目前尚未取得游戏和在线阅读《网络出版服务许可证》《信息网络传播视听节目许可证》《互联网新闻信息服务许可证》。这些尚未取得的互联网经营资质将会导致公司面临严重的法律问题,对公司的持续经营不利,甚至存在行政处罚风险或停业风险。

2. 专利权纠纷

2014 年 12 月 5 日,Telefonaktiebolaget LM Ericsson(PUBL)(简称"爱立信")向

印度新德里德里高等法院（High Court of Delhi）提起民事诉讼，公司控股子公司小米科技及小米印度科技等作为被告。爱立信声称小米公司在印度销售手机及配件包含其在印度注册的 ARM、3G 等八项专利技术但未获得其有效许可，侵犯了相关专利。最终，小米集团妥协，在满足每台设备向法院预缴 100 卢比（当时约折合 10.12 元人民币）提存的前提下，小米才能够继续在印度市场销售搭载高通芯片的手机。

2018 年 1 月 12 日，宇龙计算机通信科技（深圳）有限公司（简称"宇龙"）向广东省深圳市中级人民法院提起诉讼，声称小米公司生产及销售的产品包含其所持三项发明专利所涵盖的技术，侵犯了相关专利。

尽管小米公司不断加大研发投入，研发出了澎湃处理器，但是距离其大规模商用化还有一定时间。为了避免法律纠纷，小米集团同时大量购买专利。2015 年 10 月，小米收购了博通公司 31 项无线通信专利；2016 年 2 月，小米从美国芯片巨头英特尔公司购买了 332 项美国专利；2016 年 6 月，小米从微软手中购得 1500 项专利等。从购买知识产权到自主研发，民族高科技企业，尤其是小米公司，还有很长一段路要走。

3. 同股不同权对公司治理的影响

小米集团采用特殊投票权结构，即公司的股份分为 A 类普通股和 B 类普通股两类，在股东大会上行使表决权时，每股 A 类普通股拥有 10 份投票权，每股 B 类普通股拥有 1 份投票权，但是在对公司章程明确规定的少量保留事项进行表决时，无论股份的类别，每股均只有 1 份投票权。公司发行上市后，雷军和林斌共同拥有公司全部已发行的 A 类普通股，雷军和林斌对公司的经营管理以及所有需要股东批准的事项（如董事选举及资产重组等重大交易事项等）拥有重大影响。在上述情况下，雷军和林斌将对公司的事务施加重大影响，并能够影响股东大会表决结果，中小股东的决策能力将受到严重限制。在特殊情况下，如果雷军和林斌的利益和公司其他股东的利益不一致，可能因此损害中小股东的利益。

4. 大额股权激励

2018 年 4 月 2 日，小米集团召开董事会，向雷军控制的 Smart Mobile Holdings Limited 发行 63959619 股 B 类普通股，并支付 98.3 亿元股权激励费用，这笔费用会计入当期损益。小米的招股说明书中也提示，由于高额的股权激励，当年财务报表净利润可存在大额为负的风险。

证监会要求公司对此事的决策程序，是否符合公司章程和关联交易制度及公司治理有关规定，对公司的具体影响做出解释。

小米总裁林斌表示："这次股权激励是在雷军完全不知情的前提下，几个董事开会大家一致赞成通过做出的决定。目的是为了对雷军过去八年带着团队，把小米从零开始做到今天这个规模,同时还改变了中国制造业付出的努力的肯定和感谢。"但是,考虑到雷军拥有公司 50% 以上的控制权,巨额股权激励竟然在实际控制人不知情的情况下做出,这引发了社会对小米集团在公司治理,实际控制人雷军的控制能力和社会责任感方面的担忧。

5. 致命的对赌协议

对赌协议,又称为"估值调整机制",是投资方与融资方在达成融资协议时,对于未来不确定的情况进行一种约定。如果约定的条件出现,融资方可以行使一种权利;如果约定的条件不出现,投资方则行使另一种权利。

根据小米集团招股说明书,如果公司在约定时间 2019 年 12 月 23 日内没有实现合格上市,优先股股东有权要求公司以下列两者中孰高的价格赎回其持有的优先股:投资成本加年复利 8% 加已宣布但尚未支付的股息,或者赎回时点市场公允价值。

根据公司章程的约定,"合格上市"的上市地限定于香港证券交易所、纽约证券交易所以及纳斯达克或经公司持股 50% 以上的 A 轮、B 轮、C 轮、D 轮、E 轮和 F 轮优先股股东或该等优先股转换后的 B 类普通股股东同意的其他相似法域的证券交易所,且要求公司上市时的估值达到一定水平。

A 至 F 轮六轮优先股融资,使得小米集团在上市前股东共 71 席,其中 A 类普通股占比 31.97%,B 类普通股股东占比 17.87%,其余六轮优先股总共占比 50.16%(见图 8-8)。

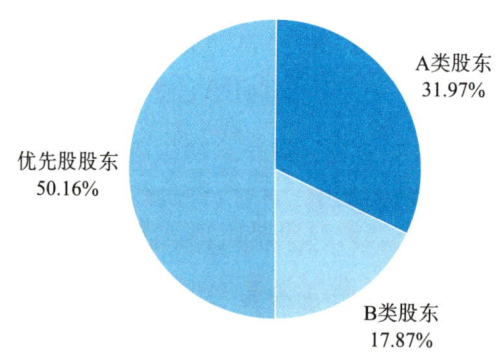

图 8-8 小米集团股东类型

小米集团在《小米集团公开发行存托凭证招股说明书(申报稿)》中没有公布"上市前估值达到一定水平"具体为多少金额。随着上市的临近,公司的估值不断上升,小米集团由于可转换可赎回优先股公允价值变动导致的亏损幅度不断扩大。截至 2018 年 3 月 31 日,公司的净资产为 -1280 亿元,累计亏损为 1352 亿元,导致上述巨额净资产为负及累计亏损的主要原因是可转换可赎回优先股以公允价值计量。若公司未能在限定时间内实现"合格上市",优先股赎回导致的公司经营和财务风险将会给股东权益带来严重损害。

6. 主营业务发展空间有限

小米集团手机业务收入和毛利均居各业务板块之首,且是互联网业务的最主要平台,近年来国内手机市场总体趋于饱和,出货量减少,未来几年国内手机市场增长率将步入低速增长甚至负增长。近年来发行人手机业务虽然不断开拓海外市场,但境内仍然为第一大市场。结合境内手机行业 2017 年和 2018 年第一季度出货量下降,市场饱和的情况,小米集团受到的行业风险加大,主营收入面临重大挑战(见图 8-9 和图 8-10)。

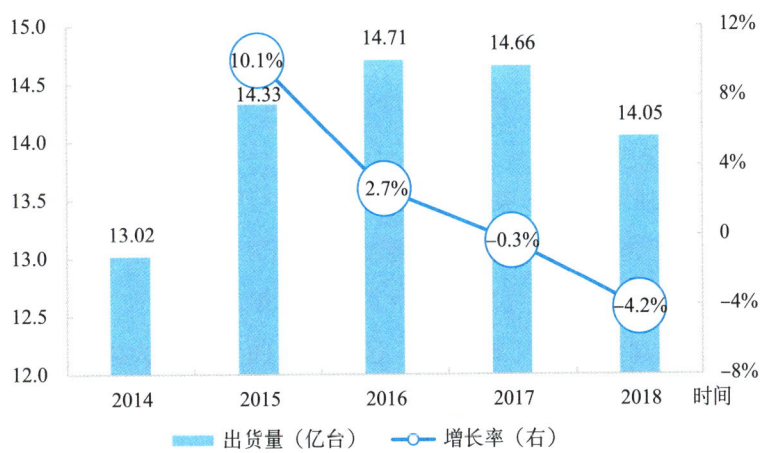

图 8-9 2014—2018 年全球智能手机品牌出货量

资料来源:艾瑞咨询。

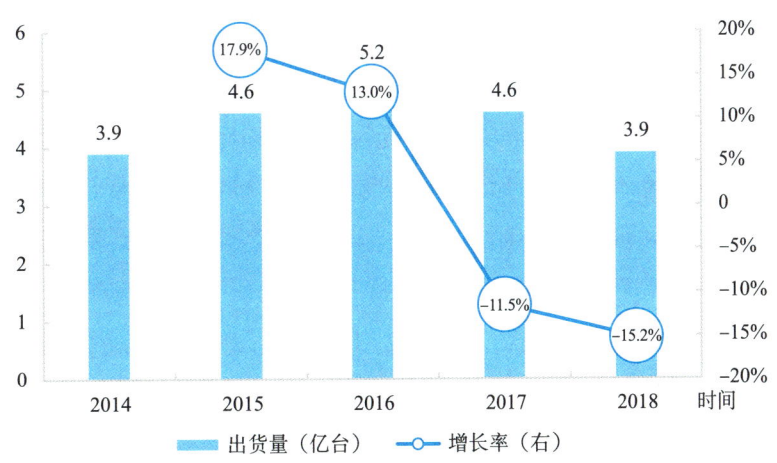

图 8-10 2014—2018 年中国智能手机出货量

资料来源:艾瑞咨询。

7. 互联网公司定位存争议

小米集团在招股说明书中称，小米是一家以手机、智能硬件和 IoT 平台为核心的互联网公司。

从小米公司的毛利率来看，小米集团确实有互联网公司的属性。2018 年第一季度，小米集团互联网服务收入为 32.31 亿元，毛利 21.19 亿元，毛利率达到了 65.58%，毛利占比达到 40%，超过了智能手机、IoT 业务成为最大的获利来源（见图 8-11）。

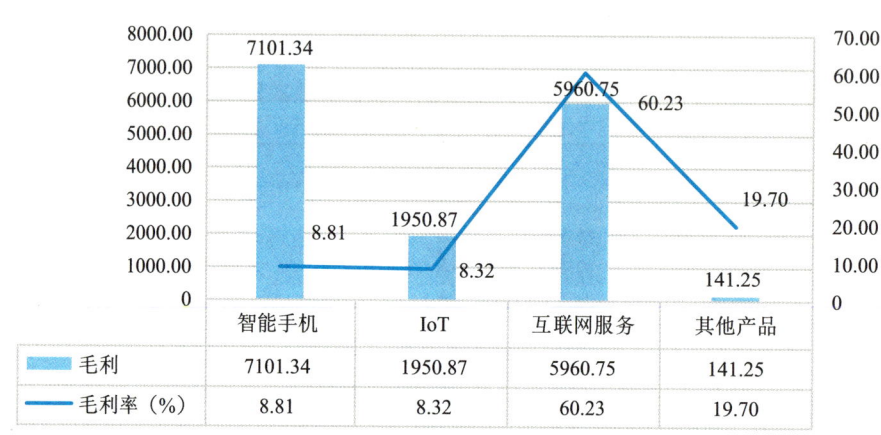

图 8-11　2017 年小米集团各业务毛利率

资料来源：Wind 数据库。

但是从 2017 年的收入构成来看，小米集团更像一家硬件公司。小米集团以手机为核心的硬件业务占比为 70.3%，新零售（物联网和智能硬件）占比 20.5%，互联网服务仅占 8.6%，互联网业务收入主要来自游戏联运和 MIUI 广告。从公司的主要产品、业务实质、收入占比和利润来源等方面看，小米集团更像一个硬件公司而非互联网公司。另外，即使公司将自身定位为一家"硬件引流、互联网变现"的科技创新公司，小米集团互联网获客方式仍然存在隐忧。小米集团难以通过硬件引流以外的其他互联网方式获客，伴随着国内智能手机增长趋势下滑、市场接近饱和的情况，未来小米集团的互联网业务增长空间和可持续增长能力有限（见表 8-4 和图 8-12）。

表 8-4　　　　　2015—2018 年 Q1 小米集团营业收入构成情况　　　　　（单位：亿元）

项目	2018 年 1—3 月		2017 年度		2016 年度		2015 年度	
	收入	占比	收入	占比	收入	占比	收入	占比
智能手机	2332.39	67.53%	805.64	70.28%	487.64	71.26%	537.15	80.40%
IoT 及生活消费产品	76.97	22.37%	234.48	20.46%	124.15	18.14%	86.91	13.01%

续表

项目	2018年1—3月		2017年度		2016年度		2015年度	
	收入	占比	收入	占比	收入	占比	收入	占比
互联网服务	32.31	9.39%	98.96	8.63%	65.38	9.55%	32.39	4.85%
其他	2.45	0.71%	7.17	0.63%	7.17	1.05%	11.66	1.74%
总计	344.12	100%	1146.25	100%	684.34	100%	668.11	100%

资料来源：小米集团招股说明书。

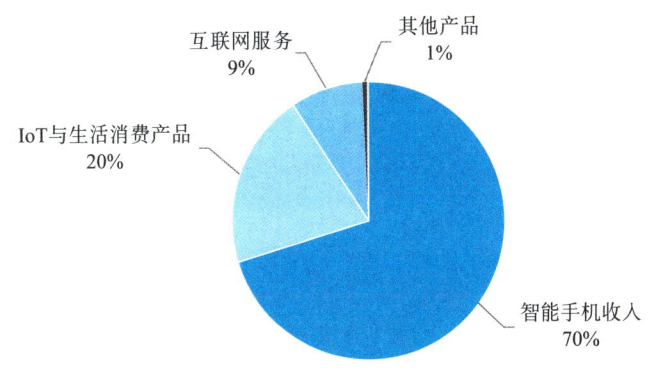

图8-12　2017年小米集团营收占比

资料来源：小米集团招股说明书。

由于互联网公司和硬件制造商在资本市场上截然不同的市盈率，互联网公司的市盈率远高于硬件制造商，所以小米集团更愿意将公司定位于一家互联网公司。以占据全球智能手机总利润86%的苹果手机为例，苹果公司的市盈率仅为18倍。而互联网公司的市盈率通常可以达到其预期利润的40—60倍，中国的互联网巨头公司腾讯市盈率约为41倍，百度25倍，微博59倍，阿里巴巴51倍，京东88倍，可见定位于互联网企业对公司估值有较大利好。

对赌协议中，如果小米集团在规定时间前完成"合格上市"，优先股可以赎回，赎回价格是发行价加上8%的应计利息和已宣派但未支付股息。以2014年小米集团上市前E轮融资的450亿美元为例，按照8%的对赌年利息计算，到2018年450亿美元变为550亿美元，折合每股17港元才能达到E轮投资者的期望收益。每股17港元正是小米上市时的真实IPO定价，市值接近539亿美元，对应的市盈率高达91倍，大约为当时腾讯的2倍、百度的3倍。可见，小米集团为了完成六轮融资时签署的对赌协议，只有把自己包装成互联网公司才有可能做到。

8. 高估值担忧

早在上市之前,小米就曾引发市场的广泛关注,小米 CEO 雷军在接受媒体采访中曾透露,在小米刚开始进行 IPO 路演时就有众多投资者向小米寻求投资额度,在当时市场对小米的估值基本保持在 1000 亿美元之上,甚至有的金融机构做出了 2000 亿美元的估值预测。

我国 IPO 定价主要采用询价制。摩根士丹利是小米上市过程的主承销商之一,其对小米集团的估值研究报告中曾表示,小米集团具有高成长性的特点,且市场份额在全球市场中具有较快的增长速度,因此其股票交易价格应高于全球其他手机品牌的交易价格,并最后做出了 650 亿—850 亿美元公允价值的预测。

在主承销商高盛的研究报告中,分析师对小米做出了 700 亿美元至 860 亿美元的估值预测,相当于小米 2019 年预测调整后净收入的 26 倍至 32 倍,根据这一估值水平,远远超过了苹果手机品牌以及阿里巴巴和百度等互联网巨头。

在德意志银行的研究报告中,运用了 DCF 现金流折现模型、相对估值法以及 DEV 三种方式对小米集团进行了估值分析,通过分析计算了市盈率、毛利率、净利率以及 EBITDA 等财务指标,给出了 847 亿美元的估值预测。此外,有美国风险投资互联网女皇之称的 Mary Meeker 在最新的互联网估值排名报告中将小米集团排在第 14 位,达到了 750 亿美元的估值水平。

如此高的估值给 A 股市场带来巨大的压力。如果按雷军期望的估值 1000 亿美元计算,小米在沪深两市的排名中,高居第 11 名,仅次于中国人寿的 6978 亿元市值。目前 A 股一共 3000 多家公司,小米集团直接超过了 99% 的 A 股上市公司(见图 8-13)。

虽然独角兽企业回归 A 股,让独角兽企业"获利在本土,收益返还给本土"的愿景是合理的,但是估值如此之高的独角兽企业一旦登陆 A 股,对我们股市震荡也非常剧烈。

9. 协议控制模式(VIE 模式)争议

小米集团的股权结构属于协议控制(VIE,Variable Interest Entities)模式。VIE 模式本质上是由外国投资者和中国创始股东共同成立一个离岸上市公司,再由该公司在中国境内设立一家外商独资企业(从事外商投资不受限制的行业),而中国的创始股东则设立一家完全由中国人投资的公司,该公司可以持有各种外国人不能持有的牌照。外商独资企业对境内运营的牌照公司没有股权关系但是实际提供出资、共负盈亏,并通过协议的方式拥有公司的控制权,最终实现外国投资者间接投资原本被限制或禁止的领域。

序号	代码	名称	市值
1	601398	工商银行	21206.17亿元
2	601939	建设银行	18625.82亿元
3	601857	中国石油	14092.62亿元
4	601288	农业银行	12472.09亿元
5	601988	中国银行	11245.61亿元
6	601318	中国平安	11231.38亿元
7	600028	中国石化	8474.98亿元
8	600519	贵州茅台	8427.58亿元
9	600036	招商银行	7389.41亿元
10	601628	中国人寿	6978.56亿元
11	601328	交通银行	4567.16亿元
12	601088	中国神华	4067.43亿元
13	600104	上汽集团	3869.56亿元
14	002415	海康威视	3626.32亿元
15	600900	长江电力	3515.6亿元

图 8-13 2018 年 A 股上市公司

由于内地上市制度有"连续 3 年盈利"和"同股同权"的要求，很多处于初创期的亏损状态、急需融资又不想分散公司控制权的 TMT 企业，只能寻求在美股上市。自从 2000 年新浪公司第一个通过"协议控制"的方式在美国成功上市后，"协议控制"架构几乎成为中国互联网企业海外上市的唯一方式。但是，截至目前，我国法律法规尚未明确允许外商投资企业通过协议控制架构控制从事限制业务的境内实体，从政策导向来看，未来很有可能颁布法律法规明确禁止这一架构的存在。

综上所述，小米自身存在种种问题，加之 CDR 刚刚推出，市场反应存在很大的不确定性，因而其选择了"急流勇退"。

四、出征港交所：引人注目的 IPO 之路

虽然 CDR 的发行告一段落，小米集团的中国香港 IPO 事宜仍在有条不紊地开展着。就在证监会受理 CDR 申请的同时，小米集团通过了港交所的上市听证会。

(一) 港交所与双重股权结构公司的首次"拥抱"

根据我国公司法，股份有限公司只能"同股同权"[①]。在发布 IPO 新规之前，港交所与国内股票交易所一致，都禁止双重股权结构，当年阿里巴巴放弃在我国香港地区上市的原因之一是港交所不接受其具有双重股权结构特征的合伙人制度，这也成为港交所的一大憾事。

与阿里巴巴等许多新经济公司类似，小米集团也采取了双重股权结构，即将公司的股份分为两类——A 类和 B 类，不同类型的股份代表不同的投票权。具体来说，除涉及少数保留事项（修改公司章程）外，对于公司的议案，A 类股份代表每股 10 个投票权，而 B 类股份代表每股 1 个投票权，对于保留事项则两者一致均为 1 个投票权。在股权结构方面（见附件1），小米集团执行董事、董事长兼首席执行官雷军持股比例为 31.4124%，若将员工持股计划的期权池考虑在内，则其持股比例为 28%。在控制权上，根据小米的特殊投票权安排，雷军对 A 类普通股和 B 类普通股的投票权占公司全体股东的 55.7%。同时，作为受托人，雷军还实际控制着另外 2.2% 的投票权，总控制权为 57.9%，是小米的实际控制人。

可见，双重股权结构的设置使得雷军牢牢地把握住了小米集团的控制权，决定着集团重大事项的决策，关乎着集团的未来发展与兴衰存亡。双重股权结构为小米集团打开了两权分离的公司治理大门，同时却关闭了其在内地上市的天窗。

幸运的是，2018 年 4 月 24 日，为了振兴资本市场并吸引"新经济"力量的注入，香港交易所发布了新的 IPO 规则，允许双重股权结构公司上市。港交所行政总裁李小加曾表示，"我们无意改变任何投资者对于这类多元化公司的既定喜好，我们只是想把上市的大门再开得大一点，给投资者和市场的选择再多一些，因为不想把非常有发展前景的新经济公司关在门外"。借此契机，仅 1 个月后，小米向港交所提交上市申请，成为港交所历史上首例采取双重股权结构的上市公司。

(二) 上市"折戟"，首日"破发"

2018 年上半年，港股市场上近百家新上市公司首日破发的占比高达 70%，尽管在估值从 2000 亿美元一折再折，降至不到 550 亿美元后，小米也未能幸免。

[①] 《中华人民共和国公司法（2004 修正）》第一百三十条规定：股份的发行，实行公开、公平、公正的原则，必须同股同权，同股同利。

就在小米上市的前几天,港交所发布公告称,IPO 当天,小米股份将纳入认可卖空指定证券名单,小米期货和期权也于同日推出。这种上市首日就推出期货期权的做法在港股市场并不多见。这种安排也使得小米一上市就迎来了强烈的多空激战。上市首日,小米集团的开盘价为每股 16.60 港元,总市值为 473.3 亿美元,最终,小米集团当日股价收于 16.80 港元,跌 1.18%,振幅 5.88%。虽然收盘价略低于发行价,但却远低于年初市场对小米的估值。

五、思考:小米集团离 CDR 回归有多远

中国香港 IPO 大幕已落,小米集团的上市故事仍未完待续。

读完本案例,我们可以尝试进行以下思考:小米集团上市前的高估价究竟是因为作为"新物种"[①] 而物有所值,还是一场单纯的资本狂欢?更令人关注的是,小米集团为何在证监会极速回馈之后选择了推迟 CDR?其又将于何时重启 CDR 申请事项,回归大陆 A 股市场?小米集团离 CDR 回归有多远?

近 5 年来,我国已出现了超过 60 家的独角兽公司,数量仅次于美国,占全球独角兽公司的 26%[②]。从制度建设来看,无论是中国香港还是中国内地市场,都向创新企业张开了怀抱:港交所修改《上市规则》,以更加包容的姿态面对双重股权结构的公司及生物科技公司;证监会也于 2018 年发布了《存托凭证发行与交易管理办法(试行)》《首次公开发行股票并在创业板上市管理办法》和《试点创新企业境内发行股票或存托凭证并上市监管工作实施办法》等若干规章及规范性文件,以支持创新企业在境内发行股票或存托凭证。

可以预见,在未来的一段时间内,市场中将不断涌现出各类独角兽公司的上市案例,小米集团 CDR 申请和中国香港 IPO 事件对后来者的借鉴意义不言而喻,亦为独角兽回归之路建设的探讨提供了素材。

---

① 雷军表示,小米是独一无二的"新物种" http://tech.163.com/18/0623/10/DKVSPTUA00097U7R.html。
② 鲁桐. 香港交易所 IPO 新规解读及思考[J]. 中国国情国力,2018(6):23-25.

六、案例正文附件

附件1：小米集团股权结构

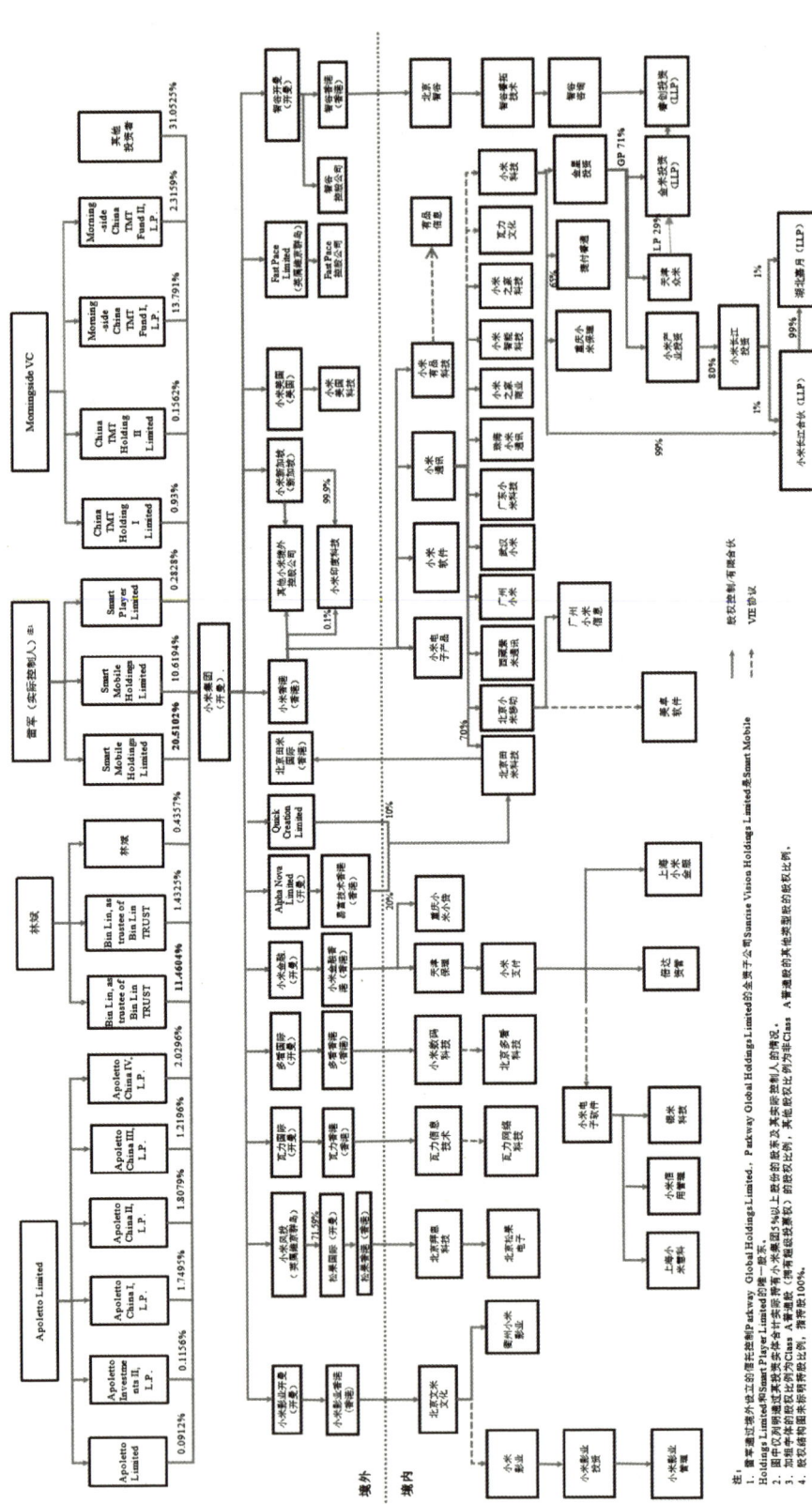

附件 2：我国与 CDR 有关的法规梳理

法规名称	效力级别	发布部门	发布时间	主要内容
《存托凭证发行与交易管理办法（试行）》	部门规章	证监会	2018.06.06	未对具有股东投票权差异的企业进行存托凭证发行方面的限制 总则第三条中对境内投资者权益的保护进行了强调 第四章第十七条和第十九条等对具有股东投票权差异、企业协议控制架构或者类似特殊安排的企业在信息披露方面做出了要求
《试点创新企业境内发行股票或存托凭证并上市监管工作实施办法》	部门规范性文件	证监会	2018.06.06	总则第三条：中国证券监督管理委员会根据公开、公平、公正的原则选取试点企业，依法审核和核准试点企业公开发行股票或存托凭证申请 第二章第六条，从所处行业、规模、社会形象、商业模式和盈利模式等方面对试点企业提出了要求 第三章第十二条，对存在股东投票权差异、企业协议控制架构或类似特殊安排的试点红筹企业的信息披露和特殊股票权的转让等内容进行了规定
《保荐创新企业境内发行股票或存托凭证尽职调查工作实施规定》	部门规范性文件	证监会	2018.06.06	对保荐人保荐创新企业境内发行股票或存托凭证的尽职调查工作进行了规范指导
《存托凭证存托协议内容与格式指引（试行）》	部门规范性文件	证监会	2018.06.14	对存托凭证存托协议的订立进行了规范性说明
《创新企业境内发行股票或存托凭证上市后持续监管实施办法（试行）》	部门规范性文件	证监会	2018.06.14	对境内注册的试点创新企业和注册地在境外、主要经营活动在境内的试点创新企业（即红筹企业）在境内证券市场公开发行股票或者存托凭证上市后相关各方的行为进行了规定
《关于商业银行担任存托凭证试点存托人有关事项规定》	部门规范性文件	证监会 保监会	2018.06.15	从资本净额、境外机构数和托管资质、部门团队等方面对申请担任存托人的商业银行的资质进行了规定

附件 3：港交所《上市规则》新变动

2018 年 4 月 24 日下午，港交所发布上市规则修订咨询总结，新规则将于 2018 年 4 月 30 日生效。本次修改主要包括以下三个方面的内容：

一是容许未有收入的生物科技发行人在主板上市；

二是容许不同投票权架构的创新产业及高增长发行人在主板上市；

三是吸引在合资格交易所作主要上市的创新产业发行人来港以第二渠道上市。

对于具有不同投票权架构的创新产业及高增长发行人在主板上市提出了如下要求：该种申请人必须符合"创新型公司"的定义，要提供依据，支持该公司创办人及主要行政人员因过往对公司发展的贡献及对公司未来发展的重要性而享有不同投票权。

对于该类不同投票权架构的新经济公司上市，除现行主板上市的要求外，还需要符合以下要求：

（1）预期最低市值不得低于 100 亿港元；

（2）如预期市值少于 400 亿港元，则最近一个经审核财政年度最少有 10 亿港元收入；

（3）如果不同投票权架构极不符合管治常态（例如普通股完全没有投票权），则联交所保留拒绝其上市申请的权利；

（4）只有新申请人方可采用不同投票权架构上市，上市后不同投票权架构发行人不得提高已发行的不同投票权比重；

（5）不同投票权受益人只限于现时是（及继续担任）发行人的董事；

（6）不同投票权股份的投票权不得超过普通股投票权的 10 倍，而非不同投票权股东所持有股东大会合资格投票权不得少于 10%；

（7）如果不同投票权受益人转让其股份附带不同投票权的能力，或者受益人不再是董事、不再符合董事规定、身故或成为无行为能力人，则不同投票权将失效（换言之，不同投票权不会无限期存在，亦即"日落条款"）；

（8）按"一股一票"原则持有不少于 10% 投票权的同股同权股东必须有权召开股东大会；

（9）发行人组织章程文件的变动、任何类别股份所附带权利的变动、委任及罢免独立非执行董事委聘及辞退核数师以及发行人清盘等事宜。必须按"一股一票"原则决定。

 ## 案例使用说明

一、本案例适合用途

1. 适用课程。本案例主要适用于金融市场学、公司财务学、资产评估学、战略管理等课程中，也可作为证券投资学的辅助案例。

2. 适用对象。本案例主要适用于高年级金融、管理相关专业本科学生及硕士研究生。

3. 本案例教学目标规划。本案例在《金融市场学》《公司财务学》《资产评估学》中主要涉及的知识点有：中国存托凭证（CDR）的基本概念及相关法规要求；双重股权结构的特点和优劣势；中国香港与中国内地上市制度存在的差异；公司价值的估值模型；针对互联网公司的特殊估值方式。

二、本案例的教学目的

（一）知识目标

1. 通过案例讨论，让学生了解互联网公司的运作模式与业务体系。

2. 通过案例讨论，让学生对公司股权架构模式有所熟悉，了解双重股权结构的优劣势。

3. 通过案例讨论，学生可以了解首次公开发行（IPO）的一般流程，以及不同交易所上市条件的差异。

4. 通过案例讨论，让学生对中国存托凭证（CDR）的概念、推出的背景意义以及现存问题有所了解。

5. 通过案例讨论，让学生认识到估值在 IPO 过程中的重要地位，引导学生尝试使用不同的方式对小米集团的价值进行评估。

（二）能力目标

1. 培养学生独立思考与分析现实问题的能力。

2. 提高学生阐释观点，发表自己看法的能力，使学生能够通过本案例的学习和讨论，提高自己的辩论能力，可以快速准确地把握案例的脉络，较为清晰地论述自己的看法。

（三）思维与方法目标

1. 通过本案例的学习，希望学生可以掌握研究问题的方法与技巧。
2. 通过本案例的学习，培养学生的创新思维与辩证看待事物的思维能力。
3. 通过本案例的学习，使学生形成举一反三的思维习惯。

三、启发式思考题

本案例的启发思考题主要是针对小米集团的自身业务情况以及上市的整体流程而

提出的，启发思考题和案例同时布置，有助于学生对基础知识的消化吸收，也有助于引发学生对于案例内容的深入思考，还有助于课后学生对于相关知识的自主探索与汲取，因此，本案例的启发思考题给出如下：

1. 小米集团所采取的双重股权结构与传统的同股同权相比具有哪些优劣势？企业对股权结构的选择受到哪些因素的影响？

2. 为何小米集团的性质定位会成为市场和证监会的关注重点？其属于真正意义上的互联网公司吗？

3. 定价是 IPO 的永恒话题，估值牵动着上市公司、投资者及监管当局的神经。从路演初期到中国香港上市，各方对小米集团的估值结果存在较大差异。请结合相关估值方法，尝试解释差异存在的原因。

4. 结合小米集团的案例，考虑我国为什么要推出 CDR，以及当前 CDR 存在的问题。

5. CDR 推出之前，已上市的独角兽公司通常选择先退市，拆除 VIE 等特殊股权结构之后再在 A 股市场进行借壳上市。相较于借壳的老路，CDR 这条新路有哪些特点和优势？

6. 2019 年 3 月 2 日凌晨，证监会正式发布了《科创板首次公开发行股票注册管理办法（试行）》和《科创板上市公司持续监管办法（试行）》，科创板为我国科技创新型企业在国内实现 IPO，开辟了一条全新的道路。那么科创板相对于同样面向科技创新型企业的香港主板市场和纳斯达克市场有什么不同？上市公司选择在科创板、香港主板、纳斯达克 IPO 的主要考量因素有哪些？

四、分析思路

1. 从公司治理、投资者角度、外部监管等层面分析小米集团采取双重股权机构的优势与劣势，进而引发公司在进行股权结构选择时需要考虑因素的问题的思考。

2. 以互联网公司的角度，分析小米集团的商业模式，考虑其是否为真正意义上的互联网公司，并分析这一定性对小米集团及证监会和投资者的影响。

3. 从业务布局和发展前景来看，小米集团与传统制造企业不同，其具有高投入、高收益、高风险等特点，亦被部分主体视作互联网公司。在使用传统的绝对估值法和相对估值法的同时，思考有无其他的估值方式。

4. 自 21 世纪初以来，新浪、网易、搜狐三大门户"出走"纳斯达克之后，一批批以互联网公司为代表的独角兽投入了中国香港或大洋彼岸的怀抱。以此为背景，考虑 CDR 推出的必要性和重要性。

5. 不论已在境外上市的独角兽企业股权结构的变更成本和汇率冲击，单纯从借壳操作来说就存在着炒壳资源、影响资本市场价格发现功能等问题，原有回归道路似乎并不好走。而 CDR 新路柏油未干，仍要些许时日才能担此重任。

6. 可从上市门槛、上市成本、上市效率等角度思考公司选择上市地点的考量因素。

五、基本概念与理论

（一）存托凭证（DR）

存托凭证（Depository Receipts，DR），又称存券收据或存股证，是指在一国证券市场流通的代表外国公司有价证券的可转让凭证，属公司融资业务范畴的金融衍生工具。存托凭证一般代表公司股票，但有时也代表债券。1927 年，J. P. 摩根公司为了方便美国人投资英国的股票发明了存托凭证。

以股票为例，存托凭证是这样产生的：某国的一家公司为使其股票在外国流通，就将一定数额的股票，委托某一中间机构（通常为一银行，称为保管银行或受托银行）保管，由保管银行通知外国的存托银行在当地发行代表该股份的存托凭证，之后存托凭证便开始在外国证券交易所或柜台市场交易。从投资人的角度来说，存托凭证是由存托银行所发行的几种可转让股票凭证，证明一定数额的某外国公司股票已寄存在该银行在外国的保管机构，而凭证的持有人实际上是寄存股票的所有人，其所有的权力与原股票持有人相同。存托凭证一般代表公司股票，但有时也代表债券。存托凭证的当事人，在本地有证券发行公司、保管机构，在国外有存托银行、证券承销商及投资人。

按其发行或交易地点之不同，存托凭证被冠以不同的名称，如美国存托凭证（American Depository Receipt，ADR）、欧洲存托凭证（European Depository Receipt，EDR）、全球存托凭证（Global Depository Receipts，GDR）、中国存托凭证（Chinese Depository Receipt，CDR）等。

（二）独角兽企业（Unicorn Company）

独角兽为神话传说中的一种稀有且高贵的动物，独角兽企业（Unicorn Company）通过对公司价值的高界定来体现这种稀缺性。该词于 2013 年由美国著名 Cowboy Venture 投资人 Aileen Lee 提出，用来指代估值超过 10 亿美元的创业公司（非上市公司），后被作为投资行业的术语。Google、Facebook、阿里巴巴（Alibaba）等在内的顶尖企业都是曾经的独角兽企业，小米集团同滴滴、蚂蚁金服、商汤科技等作为当前热议的独角兽企业而备受关注。

从 21 世纪开始，中国的互联网公司追随"中国互联网第一股"中华网先辈的脚步，前赴后继地出海上市，先后形成了四波浪潮（见表 8-5）。中国股市的 IPO 渠道在行政干预下屡次被暂停，加之高企的上市门槛，让这些互联网新贵对国内上市望而却步，纷纷"离家出走"，赴海外上市。

表 8-5　　　　　　　　　　"独角兽出走"的四个阶段

阶段	时期	代表公司	上市时间	上市地点	主要业务
第一阶段	21 世纪初	新浪	2000 年 4 月 13 日	纳斯达克	提供包括地区性门户网站、移动增值服务、微博、博客、影音流媒体、相册分享、网络游戏、电子邮件、搜索、分类信息、收费服务、电子商务和企业电子解决方案等在内的一系列服务
		网易	2000 年 6 月 30 日	纳斯达克	提供在线游戏业务、电子邮件、新闻、博客、搜索引擎、论坛、虚拟社区等服务
		搜狐	2000 年 7 月 12 日	纳斯达克	提供媒体资讯、无线增值、互动沟通扩展到产业服务、搜索引擎、网络游戏和生活服务等互联网服务
第二阶段	2004—2007 年	携程网	2003 年 12 月 9 日	纳斯达克	主要从事向超过 5000 万注册会员提供包括酒店预订、机票预订、度假预订、商旅管理、高铁代购以及旅游资讯在内的全方位旅行服务
		腾讯	2004 年 6 月 16 日	香港联交所	在中国为用户提供互联网增值服务、移动及电信增值服务、网络广告服务以及电子商务交易服务
		百度	2005 年 8 月 5 日	纳斯达克	提供互联网搜索产品及服务
第三阶段	2010—2012 年	世纪佳缘	2011 年 5 月 11 日	纳斯达克	为单身人士提供严肃婚恋交友服务
		人人	2011 年 5 月 4 日	纽约证券交易所	以人人网、人人游戏、糯米网（团购业务）和经纬网（商务 SNS）为平台，引领和定义中国的社交网络产业，不断地给中国用户的沟通、娱乐和购物带来革命性的变化
		当当网	2010 年 12 月 8 日	纽约证券交易所	以销售图书、音像制品为主，兼具发展小家电、玩具、网络游戏点卡等其他多种商品的销售

续表

阶段	时期	代表公司	上市时间	上市地点	主要业务
第四阶段	2013—2014年	阿里	2014年9月19日	纽约证券交易所	阿里巴巴集团是中国最大的电子商务企业。集团经营多个领先的网上及移动平台,旗下业务9个、关联企业2个,分别是:阿里巴巴国际交易市场、1688、全球速卖通、淘宝网、天猫、聚划算、一淘、阿里云计算、支付宝,其中来往、菜鸟网络为关联企业,业务覆盖零售和批发贸易及云计算等。向消费者、商家及其他参与者提供技术和服务,让他们可在阿里巴巴的生态系统里进行商贸活动
		京东	2014年5月22日	纳斯达克	京东商城电子商务有限公司是中国最大的自营式电商企业。集团旗下设有京东商城、京东金融、拍拍网、京东智能、O2O及海外事业部。主要销售:数码产品、家电、配件、生活用品、食品、书籍等
		聚美优品	2014年5月16日	纽约证券交易所	首创"化妆品团购"模式:每天在网站推荐十几款热门化妆品,并以远低于市场价折扣限量出售

(三) 单位用户平均贡献值 (ARPU)

ARPU 即 Average Revenue Per User,它最初是电信运营企业的测算指标,后来被广泛用于互联网等各个行业。其指的是一个时期内(通常为一个月或一年)电信运营企业平均每个用户贡献的通信业务收入。从计算的角度看,ARPU 值的大小取决于两个因素,业务收入和用户数量(见图 8-14)。相对用户数量,业务收入越高,ARPU 值越大。同时 ARPU 值也反映企业的用户结构状况,当用户构成中高端客户占的比重越高,ARPU 值就越高。

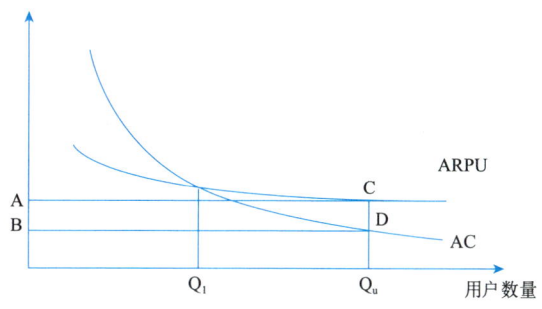

图 8-14 单位成本、用户数量与利润关系示意图

以电信企业为例,为了分析 ARPU 值对于电信企业利润的影响,可以把电信企业的业务收入表示为 ARPU 值与用户数量的乘积(见图 8-15)。对应的电信企业的成本则可以选择与用户数量相关的表达方式,即可用固定成本 + 单位用户的变动成本 × 用户

数量或用单位用户平均成本×用户数量来表示。两者相减,则电信企业的利润可以表示为:

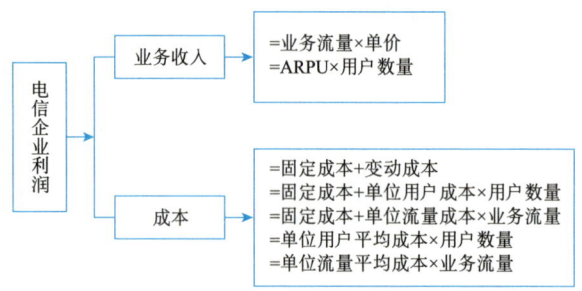

图8-15 ARPU值与电信企业利润的关系

电信企业利润=(ARPU-单位用户平均固定成本-单位用户平均变动成本)×用户数量=(ARPU-单位用户平均成本)×用户数量

从以上公式可以看出,电信企业利润取决于两大变量因素,一是用户数量,二是ARPU值和单位用户成本的差值。

(四)梅特卡夫定律

梅特卡夫定律,又名 Metcalfe's law,它是一个关于网络的价值和网络技术的发展的定律,由乔治·吉尔德于1993年提出,但以计算机网络先驱、3Com公司的创始人罗伯特·梅特卡夫的姓氏命名,以表彰他在以太网上的贡献。

梅特卡夫定律的内容是:一个网络的价值等于该网络内的节点数的平方,而且该网络的价值与联网的用户数的平方成正比。该定律指出,一个网络的用户数目越多,那么整个网络和该网络内的每台计算机的价值也就越大。

网络价值与用户数的平方成正比。网络使用者越多,价值就越大。换句话说,某种网络,如电话的价值随着使用用户数量的增加而增加。

即网络的价值 $V = K \times N^2$;(K 为价值系数,N 为用户数量)。

网络的价值与网络规模的平方成正比。具体表现是网络价值与网络节点数的平方,与联网用户的数量的平方成正比。

六、具体分析

(一)小米集团所采取的双重股权结构与传统的同股同权相比具有哪些优劣势?企业对股权结构的选择受到哪些因素的影响?

1. 小米的股权结构解析

（1）什么是双重股权结构？双重股权结构，通俗地讲，就是将股票分为投票权不同的 A 股和 B 股，享有普通投票权的 A 股上市销售，而享有较高投票权的 B 股由公司创始人等管理层持有，这样可以保证融到资金，又可以保证创始人团队的绝对控制权。双重股权结构最大的特点即"同股不同权"。小米此次港交所上市选择这种股权架构模式，在实现资源优化配置、减低融资成本的同时，也将自己团队对小米集团的控制权牢牢攥在手里，奠定了小米未来高速增长的基础，可谓是一举多得。

（2）双重股权结构的立法依据。2018 年 4 月 30 日，港交所开始实行新的《主板上市规制》，接受双重股权结构公司上市。港交所新规的创新之处可以从三个方面来阐释：首先是对表决权的限制，A 股股东必须有权在上市公司大会上就决议投出至少 10% 的选票，而 B 类股东不能违规获得超过 90% 以上的股权；其次表现在对 B 类股票的限制，在上市时，任何 B 股的受益人必须是申请人的董事会成员；最后是从公司治理角度给出的限制。

（3）B 股具有不在市场中流通的特性。B 股的受益人在已去世、不再是发行人董事会的成员、被联交所视为因履行董事职责而丧失行为能力、将其所持有的 B 股的实益拥有权、经济利益或股票所附带的表决权转让他人后，B 股的效力终止。若代发行人的 B 股受益人所持的 B 股的工具不符合规定，此发行人与受益人的 B 股效力亦终止，同时受益人与发行人必须将详细数据尽快通知港交所，否则将面临巨额罚款以及相对的禁入限制。

2. 双重股权结构的优势

（1）防止恶意收购。在双重股权结构中，股东由于拥有大量具有较高投票权的 B 类股票进而拥有重要的交易权力，这便为股东带来更高的收购溢价，并减少被收购的概率。

（2）缓解有效投资不足的问题。企业与投资者之间往往存在信息不对称的问题，易导致管理层为了不被解雇而选择放弃能提升企业长期价值的项目，选择那些能提升短期绩效的项目上来，甚至导致投资不足现象的发生。双重股权结构解决了管理层的这种担心，缓解了这种问题。

（3）保障创始人团队掌握公司控制权。双重股权结构可以在融资的同时保证创始人团队掌握控制权，保障公司原来的发展方向，从而使长期规划得以在公司继续传扬。因此在股票市场上，即使有机构对小米集团大量购买股票，占据主要份额也不会影响雷军等对公司的实际控制权。

3. 双重股权结构的劣势

（1）代理成本的增加。掌握控制权的创始人很有可能利用控制权来谋取私利，甚至不惜牺牲公司的利益。创始人也很有可能为实现自身利益最大化而放弃对公司发展的正确选择,从而增加了代理成本。

(2) 利用控制权掏空公司。采取双重股权结构的公司中所有权和经营权是分离的,这表明创始人团队很有可能只占有很少部分股权,但是却掌握着公司的控制权。这就造成公司盈利和他们通过剩余价值索取获取的利益不成正比。就有可能出现创始人采取各种手段来挖空公司,损害其他中小股东利益的现象。

(3) 监督机制的失效。在双重股权结构的情况下,由于创始人掌握大量的投票权,因此即使做出了欠佳的经营决策,造成公司股价下跌,也并不会给并购方发出并购的信号,只会给非控制股东发出损失的信号,这就造成敌意收购不能起到监督创始人或者管理者的作用。

4. 小米选择双重股权结构需要考虑的因素

小米集团在上市时采取双重股权结构的模式,主要是出于对公司原有控制权不变更的考虑,这样可以使得公司的发展方向继续保持不变。

公司在选择股权机构时,往往会受到内部和外部两个方面的影响。内部因素有:对管理层专用人力资本的激励,对公司的控制权以及发展方向的把控,自身信息披露的完善性等;外部因素包括法律制度对股权结构的完善规定,股票交易所对于公司上市的具体规定以及外部融资的可获得性等。

(二) 为何小米集团的性质定位会成为市场和证监会的关注重点?其属于真正意义上的互联网公司吗?

作为一家上市企业,其定位关乎着监管当局对其采取的适用监管条例;除此之外,不同行业上市公司的市盈率通常存在一定差距,反映了投资者的预期差异。无论是金融机构还是投资者,往往倾向于高估以互联网公司为代表的新经济公司,所以确定小米集团的定位尤为重要,成为市场和证监会的关注重点。

当前对于互联网公司未有明确的标准和规定,我们可以从小米集团的业务结构和收入贡献等方面来分析,判断小米集团是否为真正意义上的互联网企业。

1. 业务结构与主要产品

小米具有特殊的商业模式,主营业务包括智能手机业务、IoT 及生活服务业务和互联网业务。前两项业务结构较为复杂和成熟,且在相应市场上具有客观的份额和较强竞争力,而互联网服务业务结构较为单一,主要依靠广告推送和代理游戏运营,虽然也有包括小米视频等在内的一系列服务,但是在市场上明显尚未形成较强的竞争力。

主要产品方面,小米集团互联网服务的产品主要分布在广告推广、游戏代理、互联网金融这三个领域，业务领域较为单一；而手机以及 IoT 及生活服务产品较为丰富，手机有包括高端机、旗舰机、中端旗舰机、中低端机等一系列产品多达数十款，IoT 及生活服务产品也有小米手环等穿戴型和小米扫地机器人等家居型产品在内的丰富类型。

2. 收入占比

营收占比方面，从 2015—2017 年，互联网服务业务占营业收入的比例分别为 4.8%、9.6% 和 8.6%，主要来自于广告推广和移动游戏业务。同时期公司来自智能手机的销售收入分别为 537.15 亿元、487.64 亿元和 805.64 亿元，占主营业务收入的比例分别为 80.40%、71.26% 和 70.28%。从这个角度我们可以看出手机业务，即硬件业务仍为小米集团的主营业务，为其主要营收来源。

3. 利润来源

利润来源方面，从 2015—2017 年，互联网业务的毛利为 2078.7 百万元、4208.5 百万元和 5960.8 百万元，毛利率为 64.2%、64.4% 和 60.2%，同时期公司来自手机业务的毛利为 -170.7 百万元、1681.8 百万元、7101.3 百万元，毛利率为 2015 年为负，2016 年、2017 年分别为 3.45%、8.81%，由此可知，小米集团的主要利润来源于互联网服务，而手机业务的毛利率很低。

综上所述，目前而言，小米并不算一家真正意义上的互联网公司，更像一家提供互联网服务的手机及 IoT 产品硬件厂商，正如小米自称的特殊的铁人三项①商业模式所说。当然我们也能看出小米集团的互联网服务存在很大的发展空间和利润空间，将来的小米必将成为一家标准互联网企业，且是作为独角兽的互联网企业。

（三）定价是 IPO 的永恒话题，估值牵动着上市公司、投资者及监管当局的神经。从路演初期到中国香港上市，各方对小米集团的估值结果存在较大差异。请结合相关估值方法，尝试解释差异存在的原因。

IPO 之前，各方对小米集团的定价存在一定差异：CEO 雷军在接受媒体采访中曾透露，在小米刚开始进行 IPO 路演时有众多投资者向小米寻求投资额度，当时市场对小米的估值基本保持在 1000 亿美元之上，甚至有的金融机构做出了 2000 亿美元的估值预测。然而随着时间的推移，各金融机构给出的报告中给出的估值有所下降：其中，主承销商摩根士丹利和高盛分别给出了 650 亿—850 亿美元和 700 亿—860 亿美元的估

---

① 小米的"铁人三项"商业模式主要由三个相互协作的支柱共同构成——硬件、新零售以及互联网，该商业模式的核心竞争力是进化力，即提高为用户服务的效率。

值区间。最后，综合各种因素，小米集团上市的最终定价范围为17—22港元，并最终决定以定价范围的下限17港元作为发行价，这意味着已将估值降到了550亿美元以下。其实，无论采取何种方式，估值都不可避免地存在着一定的主观性。下面，尝试用三种方式对小米集团的价值进行估计。

1. 相对估值法

鉴于小米集团独特的商业模式以及考虑到其成长性、盈利能力等属性，我们可以采取SOTP分部估值法对其进行估值分析。我们将小米集团的业务拆成智能手机业务、IoT及生活消费品业务、互联网增值服务三个板块，其中由于互联网业务的分类也较细致，因此也将其分为广告服务、线上游戏营运、付费内容及直播、互联网金融分别进行估值。

(1) 智能手机业务。在智能手机业务方面，我们可以选取苹果、三星、LG等作为可比公司，全球智能手机行业成熟度较高，2018年行业平均PE为12倍，平均PEG为0.9倍。我们预计未来三年内小米出货量维持健康成长，于机产品结构有所改善进而利润率会小幅度提升。我们预计2018—2020年的智能手机业务Non-GAAP净利润分别为23亿元人民币、31亿元人民币、38亿元人民币。又考虑到小米的手机业务主要聚焦中低端市场，我们认为给予18倍PE较为合理，对应2018年的0.6倍PEG，可得智能手机业务估值462亿元人民币。

(2) IoT及生活消费品。IoT及生活消费品方面，考虑到小米自主研发的能力较强，且在不断拓宽生态圈扩充产品种类，再加之IoT平台的规模效应正在显现出来，能带来小幅度的净利率改善，我们预计2018—2020年这一业务的Non-GAAP净利润分别为18亿元人民币、24亿元人民币、31亿元人民币。鉴于IoT市场前景广阔，单纯IoT等产品销售收入有望延续高速成长，IoT平台变现价值日后有待释放，我们认为给予40倍PE较为合理，对应2018年0.7倍PEG，可得IoT及生活消费品业务估值707亿元人民币。

(3) 互联网增值服务。广告服务方面，我们可以选取百度、谷歌、Facebook、推特、腾讯作为可比公司，全球这一行业仍处于快速成长阶段，2018年平均PE为34倍，对应2018年1.2倍PEG。考虑到小米在国内的广告业务变现能力较高，海外的广告变现正逐步增强，我们预计2018—2020年广告服务业务Non-GAAP净利润分别为33亿元人民币、39亿元人民币、52亿元人民币。我们认为给予30倍PE为合理估值水平，对应2018年1.0倍PEG，得到广告服务业务估值976亿元人民币。

线上游戏营运方面，我们选取动视暴雪、网易、NETMARBLE、腾讯、完美世界作为可比公司，2018年的平均PE为22倍，PEG为1.1倍。小米游戏运营业务将维持平稳发展，我们预计2018—2020年线上游戏营运业务Non-GAAP净利润分别为8亿元人民币、9亿元人民币、11亿元人民币。考虑到小米游戏平台的用户基础高以及利润率水平，我们认为给予20倍PE较为合理，对应1.2倍PEG，得到线上游戏营运业务估值161亿元人民币。

付费内容及直播方面，我们选取NETFLIX、搜狐、虎牙直播、陌陌、掌阅科技作为对比，同业盈利能力及业绩成长性差异较大，2018年平均PS为6倍，同业18—20EEPS复合增速为45%，2018年平均PE为57倍，PEG为1.0倍。我们预计2018—2020年这一业务的Non-GAAP净利润分别为3亿元人民币、4亿元人民币、6亿元人民币。考虑到小米缺乏自主内容，差异化竞争力尚未形成，我们认为20倍PE为合理估值水平，对应2018年0.44倍PEG，可得付费内容及直播业务估值66亿元人民币。

互联网金融方面，预计小米互联网金融业务营收会实现高速成长，2018—2020年营收分别为16亿元人民币、29亿元人民币、43亿元人民币。考虑到当前其互联网金融业务仍处于亏损状态，我们认为5倍PE为合理估值水平，得到互联网金融业务估值80亿元人民币。

基于以上各项业务分部估值，我们可以得到小米集团核心业务估值应该在2450亿港元左右，再考虑到股权投资等方面的估值，总价值应该在3360亿港元，对应股价为15港元。

2. 绝对估值法：基于自由现金流（FCFF）折现法的估值

（1）估值的框架思路。自由现金流（FCFF）在企业的估值中有着重要的作用。由于小米的商业模式、市场位势、成长性和盈利能力等属性各不相同，因为我们首先可以按照小米不同的业务类型进行盈利预测，从其三大主营业务智能手机、IoT及生活消费品、互联网服务进行分拆预测其营业收入。根据既定的相关估值假设，将已披露的营业收入与预测的营业收入等财务数据进行自由现金流（FCFF）的计算，并对小米集团的加权平均资本成本进行敏感性分析。最后，将小米集团的自由现金流（FCFF）按照加权平均资本成本进行折现，求得其估值结果。

为了进行合理的估值与预测，在小米集团未来发展的业绩表现和资本结构的基础之上，我们做出了以下假设，作为估值的基础（见表8-6）：

①假设小米集团的营业收入增长分为两个阶段：快速增长至2022年，于2023年后步入稳定增长阶段。

②长期增长率：由于小米迅速拓展IoT市场，互联网变现空间逐步打开，所以假设长期增长率为1.5%。

③通过将Wind数据库中的二级行业分类—技术硬件及设备的行业β作为公司无

表 8-6　　　　　　　　　　　　　估值的假设基础

要素	快速增长	稳定增长
时期	2017—2022 年	2023 年以后
营业收入增长	67.5%	19%
营业成本增长	70%	21%
税率	17%	17%
财务费用	不变	0
折旧和摊销	不变	不变

资料来源：本小组成员。

杠杆 β 的近似值，β = 1.02。

④税率：假设公司未来税收政策稳定，结合小米集团过去几年的实际税率，假设公司未来的税率为 17%。

（2）盈利预测。

①智能手机业务。2018 年小米智能手机出货量为 11500 万台，同比上升 26%，因此我们预计在 2019 年小米凭借其中高端产品以及迅速拓展的海外市场能够继续保持较为高速的增长水平；随着海外出货基数的扩大、印度智能手机的普及，海外增速预计在 2022 年开始有所回落，放缓至稳定增长水平，维持在 13%—15%。

2018 年小米智能手机的 ASP 为 885 元，随着国内外红米系列客群向更高端的 Max 系列迁移、旗舰机型继续放量，我们预计在 2019—2022 年小米手机 ASP 会逐步提升，同比增速预计为 5%—8%（见表 8-7）。

表 8-7　　　　　　　　　　　　小米智能手机业务盈利预测

	2017 年	2018 年	2019 年	2020 年	2021 年	2022 年
营业收入（亿元）	806	1022	1236	1503	1704	1942
YOY	65.2%	26.8%	21%	21.6%	13%	14%
出货量（百万台）	91	115	133	150	172	201
YOY	64.9%	26.3%	14.9%	13.2%	15%	17.1%
ASP（元）	881	885	932	1001	1078	1176
YOY	0.2%	0.4%	5.3%	7.4%	7.9%	8.9%

资料来源：小米招股说明书，本小组预测。

②IoT 及生活消费品业务。IoT 及生活消费品业务主要包括：自主研发的产品，如智能电视、笔记本电脑、人工智能音箱等产品，2018 年该类业务营业收入为 173 亿元，同比增长 78%，鉴于核心品类智能电视销售强劲、笔记本电脑快速成长、新品类

AI音箱迅速爆发,我们预计该部分在2019—2022年的增速分别为48%、25%、22%、28%;与生态链协同生产的产品包括手机周边、智能硬件、生活消费品等,2018年该类业务实现收入192亿元,同比增速40%,考虑到小米集团有望实现量价驱动增长加速,同时其他品类维持较快成长,我们预计该部分在2019—2022年的增速为27%、21%、32%、29%(见表8-8)。

表8-8　　　　　　　　　小米IoT及生活消费品业务盈利预测　　　　　　(单位:亿元人民币)

	2017年	2018年	2019年	2020年	2021年	2022年
营业收入	234	393	520	635	768	960
YOY	89%	67%	32%	22%	21%	25%
自主研发的产品	97	173	256	320	390	499
YOY	138%	78%	48%	25%	22%	28%
与生态协同产品	137	192	244	296	390	504
YOY	65%	40%	27%	21%	32%	29%

资料来源:小米招股说明书,本小组预测。

③互联网服务业务。互联网服务业务主要包括广告业务、互联网增值服务(线上游戏营运、付费内容及直播、互联网金融等方面)。广告方面,考虑到国内MAU、ARPU双向提升推动快速变现,同时海外广告变现逐步推进,因为我们预计2019—2022年的该类业务营业收入增长率为32%、31%、36%、32%;互联网增值服务方面,小米互联网平台的作用日益彰显,用户需求日益旺盛,因为我们预计2019—2022年的该类业务营业收入增长率为39%、33%、38%、35%(见表8-9)。

表8-9　　　　　　　　　小米互联网服务业务盈利预测　　　　　　(单位:亿元人民币)

	2017年	2018年	2019年	2020年	2021年	2022年
营业收入	99	137	185	244	329	454
YOY	51%	38%	35%	32%	35%	38%
广告服务	56	76	100	132	179	236
YOY	46%	36%	32%	31%	36%	32%
互联网增值服务	43	61	85	112	154	208
YOY	59%	42%	39%	33%	38%	35%

资料来源:小米招股说明书,本小组预测。

④整体营业收入预测。结合小米集团主营业务的拆分盈利预测,我们可以得到小米集团整体的营业收入预测(见表8-10)。

表 8-10　　　　　　　　　　小米互联网服务业务盈利预测　　　　　　　　（单位：百万元人民币）

	2017 年	2018 年	2019 年	2020 年	2021 年	2022 年
主营收入	114625	155839	194804	238964	257812	299182
营收增速	67.5%	36%	25%	22.7%	24%	25.3%
毛利率	10.6%	13.2%	13.1%	14.1%	14.5%	14%
Non-GAAP 净利润	5362	8100	10231	13121	15012	17821
Non-GAAP 净利率	4.7%	5.2%	5.4%	5.8%	5.1%	5.5%

资料来源：小米招股说明书，本小组预测。

(3) 自由现金流的估计。计算自由现金流的公式为：

FCFF = 息税后利润 + 折旧与摊销 - 营运资本变动 - 资本性支出

息税后利润 =（营业收入 - 营业成本 - 其他营业费用 - 财务费用 + 财务收入）×（1 - 税率）

在我们的预测分析框架中，将小米集团分为快速增长阶段和稳定增长阶段。快速增长阶段的平均营业收入增长率为 67.5%，进入稳定增长阶段后为 19%；同时，营业成本的增长率均略高于营业收入增长率；资本结构方面，假设小米集团维持当前的负债水平保持不变，税率采用 17%，折旧与摊销也保持不变。

在稳定增长阶段的增长率为 19% 的假设下，我们可以计算得到小米集团自由现金流（FCFF）的预测结果（见表 8-11）：

表 8-11　　　　　　　　　　小米集团 FCFF 预测　　　　　　　　（单位：百万元人民币）

	2017 年	2018 年	2019 年	2020 年	2021 年	2022 年
息税前利润	5680	2555	10819	14253	17821	21928
折旧与摊销	439	349	386	420	432	456
营运资本变动	(434)	(143)	2628	3056	3712	2981
资本性支出	2	(85)	(105)	(125)	(149)	(134)
FCFF	6551	2434	8682	26415	14392	19537

资料来源：小米招股说明书，本小组预测。

(4) 加权平均资本成本的估计。在快速增长期，WACC 的计算公式为：

$$WACC_1 = \frac{E}{D+E} \times R_E + \frac{D}{D+E} \times R_D$$

$$R_E = R_f + \beta \cdot (R_M - R_f)$$

$$R_D = \frac{I}{D}$$

其中，E、D、R_E、R_D、R_f、R_M 分别为股权价值、债权价值、利息、股权资金成本、债权资金成本、无风险利率、市场利率。它们的值可以通过以下方式估计：

①在假定理想资产负债比的情况下，我们假定未来股权价值与债权价值的占比为 4:6；

②无风险利率设定为当前十年期国债利率 3.16%；

③市场风险溢价（$R_M - R_f$）为 4.84%；

④根据 Wind 数据库中的小米集团 β 为 1.02；

⑤将 R_D 近似定义为 $\dfrac{I}{D}$，取值为 4.9%；

最终计算得到快速增长期的 WACC 约为 8%。

在稳定增长期，WACC 的计算公式为：

$$WACC_2 = R_E = R_f + \beta \cdot (R_M - R_f)$$

若假定稳定增长时期没有债务融资，则此时的股权资金成本即为 WACC，计算得到结果为 8.09%。

（5）估值结果。基于上文预估的自由现金流及 WACC 的结果，我们对小米集团 2019 年进行估值预测，计算公式如下：

$$V_{2019} = \frac{FCFF_{2020}}{1 + WACC_1} \sum_{i}^{n} \frac{FCFF_{2020} \times (1 + g_2)^i}{(1 + WACC_2)^i} / (1 + WACC_2)$$

其中，$FCFF_{2020} = FCFF_{2018} \times (1 + g_1)^3$

同理可得，所有预测年份的估值结果，最终结果见表 8-12。

表 8-12　　　　　　小米集团自由现金流（FCFF）估值预测　　　　（单位：百万元人民币）

	2017 年	2018 年	2019 年	2020 年	2021 年	2022 年
FCFF	6551	2434	8682	26415	14392	19537
企业价值	412021	358123	439722	10671298	7281823	8976123

资料来源：小米招股说明书，本小组预测。

（6）基于实物期权模型的修正。我们进行的前述估计仅涉及小米集团自身的业务收入，而忽略了其所扮演的投资者角色。为了布局生态链，小米集团参与了一系列股权投资，所投企业包括棉糖、CIGA Design、熵简科技、文采实业、遍宇科技等，涉及网络建设培训、原创设计、文具、智能服务提供等诸多领域，尤其聚焦在和 IoT 有关的智能硬件上。这些投资对象多处于初创阶段，具有一定的风险投资特征，因而可以运用实物期权模型对投资价值进行量化。

本部分选择用经典的 Black – Scholes – Merton 模型对小米集团风险投资的价值进行估计，模型表达式为：

$$C = SN(d_1) - Ke^{-rT}N(d_2)$$

$$d_1 = \ln\left(\frac{S}{K}\right) + (r + \frac{\sigma^2}{2})/\sigma^2$$

$$d_2 = d_1 - \sigma\sqrt{T}$$

对传统模型中的变量赋予表 8 – 13 中的新含义：

表 8 – 13　　　　　　　　　实物期权模型变量说明

符号	新含义	取值依据/数值
S	风险投资预期回报	参考国内私募股权投资案例的平均回报水平[1]，取 32% × K
K	投资成本	取 2018 年 Q1 小米集团的普通股权投资总额，为 75.44 亿元
r	无风险收益率	取当前十年期国债收益率，为 3.16%
σ	风险投资波动率	参考国内私募股权投资案例平均回报水平[2]，取 1236.62%

代入以上数值之后，得到风险投资板块的理论估值约为 2414 百万元人民币。将该数值加入前面的估值中，得到小米集团的最终企业价值。用实物期权模型进行修正前后对应的公司股价分别为 18.71 港元和 18.83 港元。

3. 基于用户价值的修正 DEVA 模型

该方法也是小米集团总裁雷军对自己公司的估值方法。

活跃用户：活跃用户是指在使用网络的过程中能完成关键的有效操作的用户群。对于小米公司，活跃用户是指下载并使用 MIMU 手机操作系统的用户。MIMU 系统是小米公司基于 Android 系统自主研发的一款手机操作系统，除了小米旗下手机使用该系统之外，非小米手机用户也可以将自己的手机系统更改成 MIUI 系统。根据小米的上市招股说明书，2018 年小米已有 1.9 亿名月 MIUI 活跃用户，年活跃用户数用 YAU 来表示活跃用户，YAU 为 22.8 亿名。

我们采用单位用户平均贡献值（Average Revenue Per User，ARPU）来量化活跃用户对互联网企业的价值贡献。ARPU 指每个用户在一段时间内为企业创造的价值。

ARPU =（企业年营业总收入/年累计平均用户数）/月份数

---

[1]　参考由中金公司发布的《中国财富管理市场产品白皮书 2007—2017》，取 2016 年国内私募股权投资案例平均 IRR 值 32%。

[2]　参考《中国财富管理市场产品白皮书 2007—2017》，取 2012—2016 年五年国内私募股权投资案例平均 IRR 值 × 75.44 亿元之后求得标准差 1236.62%。

年累计平均用户数 = （年初用户数 + 本年各月累计用户数）/（月份数 + 1）

设年初用户数为 a_0，本年第 n 个月月末的用户数为 a_n，每月的用户增加数为 β_n，则第 n 月月末用户数为：

$$a_n = a_{n-1} + \beta_n$$

将公式不断迭代，得：

$$a_n = a_0 + \sum_{i=1}^{n} \beta_n$$

年累计平均用户数 = $(a_0 + a_1 + a_2 + \cdots + a_n)/(n+1)$

$= (a_0 + a_0 + \beta_1 + \cdots + a_0 + \beta_n + \cdots + \beta_1)/(n+1)$

$= [(n+1) \times a_1 + n \times \beta_1 + (n-1) \times \beta_2 + \cdots + \beta_n]/(n+1)$

当 $\beta_1 = \beta_2 = \cdots = \beta_n = \beta$ 时，公式可化简为：

年累积平均用户数 = $[a_0 + (a_0 + n\beta)]/2$

根据上述分析，ARPU 的计算可以简化为本年累计营业总收入与各月用户增加数以 $n/(n+1)$ 比例调整后的累计平均用户数的比值。

对用户价值修正后，DEVA 估值模型就变为：

$$V = M \cdot (ARPU \cdot YAU) \cdot (ARPU \cdot YAU)$$

其中，M 为单位投入的初始资本。

根据 Zipf 的词频分布定律，最常见的三个单词 the、of 和 and 分别占比 7%、3.5% 和 2.8%。各个单词所占比例的顺序（7.0，3.5 和 2.8）对应 $1/k$ 顺序（1/1，1/2，1/3）。如果将互联网企业的每个用户作为一个元素，按照元素的价值对其排序，第 2 个元素对集合的贡献是第 1 个的 1/2，第 3 个元素对集合的贡献是第 1 项的 1/3，以此类推，第 n 项的元素对集合的贡献将是第 1 项的 $1/n$，最终该元素对集合的贡献之和为 $1 + 1/2 + 1/3 + \cdots + 1/(n-1) \approx ln(n)$，所以 n 个元素的贡献就是 $nln(n)$。

对互联网价值与用户贡献之间关系修正为 $nln(n)$ 后，DEVA 估值模型就变为：

$$V = M \cdot (ARPU \cdot YAU) \cdot \ln(ARPU \cdot YAU)$$

U_i 为第 i 个产品或服务的用户覆盖数；

i 为某产品或服务在同类产品或服务中的排名；

n 为该类产品或服务的总个数；

$\sum_{j=1}^{n} U_j$ 为该类产品或服务的总体用户覆盖数。

小米集团在 2015 年、2016 年、2017 年三年中，智能手机为总营业收入分别贡献 80.4%、71.3% 以及 70.3%，所以我们用智能手机的市场占有率作为市场占有率 P 的参考指标（见表8-14）。

表8-14　　　　　　　2015—2017年小米的营业收入　　　　　　（单位：千元人民币，%）

项目	2015-12-31		2016-12-31		2017-12-31	
	营业收入	占比	营业收入	占比	营业收入	占比
智能手机	53715410	80.4	48764139	71.3	80563594	70.3
IoT与生活消费产品	8690563	13.0	12415438	18.1	23447823	20.5
互联网服务	3239454	4.9	6537769	9.6	9896389	8.6
其他	1165831	1.7	716815	1.0	716936	0.6
总计	66811258	100.0	68434161	100.0	114624742	100.0

资料来源：小米上市招股说明书。

ARPU为每用户平均贡献值；

YAU为年活跃用户量。

根据小米上市招股说明书，我们用每用户平均互联网服务收入作为ARPU，即每用户平均贡献值，2018年ARPU为57.9元；YAU为MIUI年活跃人数，为22.8亿名（见表8-15）。

表8-15　　　　　2017年及2018年一季度小米的营业收入　　　　（单位：千元人民币，%）

项目	2017-3-31		2018-3-31	
	营业收入	占比	营业收入	占比
智能手机	12193852	65.8	23239490	67.5
IoT与生活消费产品	4160665	22.5	7696566	22.4
互联网服务	2029637	10.9	3231350	9.4
其他	147639	0.8	244956	0.7
总计	18531793	100.0	34412362	100.0

资料来源：小米上市招股说明书。

小米A轮、B轮融资为1.31亿美元，折合人民币8.78亿元人民币，除以22.8亿年活跃用户，单位投入的初始资本M为0.38元/人。

根据修正的DEVA模型，小米集团的估值为：

$$V = M \cdot (ARPU \cdot YAU) \cdot \ln(ARPU \cdot YAU)$$
$$= 0.38 \times 57.9 \times 22.8 \times \ln(57.9 \times 22.8) = 3604 \text{（亿元人民币）}$$
$$= 4174 \text{（亿港元）}$$

小米有224亿股，小米集团的小米每股估值18.63港元。

4. 小结

运用传统的相对估值法和绝对估值法，我们得到了对小米集团的三种估值结果，分别为 3360 亿港元、4849 亿港元和 4174 亿港元，对应的股价分别为 15 港元、18.83 港元和 18.63 港币。

从数目上我们可以看出，这三种方法得出的估值结果相差较大，且与实际的小米集团市值也存在较大差别。主要原因有：一是我国股票 IPO 主要是询价制度，投资者的主观态度对股价具体制定影响较大；二是三种估值方法都不可避免地存在着一定的主观性，参数的微小调整都可能会对结果产生重要影响。

（四）结合小米集团的案例，考虑我国为什么要推出 CDR？发行 CDR 能实现"独角兽"回归 A 股吗？CDR 还有哪些问题需要完善和改进？

1. CDR 推出的原因

在目前阶段，推出 CDR 的重要原因是在一定程度上绕过或者回避企业重新在 A 股上市必须符合中国《证券法》和《公司法》的相关规定。基础性上市制度变革需要过程，对《公司法》的修改需要耗费大量时间，而发行金融工具则会便利灵活。因此，中国发行 CDR 的本质就是短期利用金融工具代替长期基础性上市制度变革的"权宜之计"。

境外上市公司可以在内地发行 CDR，以实现"独角兽"回归 A 股。例如，CDR 为阿里、腾讯这类境外上市公司提供了一个成本相对低廉的新融资途径。阿里、腾讯在扩张过程中需要大量资金支持，融资渠道越多、成本越低，越有利于公司发展。另外，CDR 的发行为券商、投资银行提供了新的利润增长点。最后，CDR 作为新的资产配置途径，对于投资者完善投资组合、分散风险也具有积极意义。

2. CDR 目前存在的问题

（1）监管不够完善。发行 CDR 金融工具的主体是在境外上市的新经济企业，但是相应的 CDR 流通业务在中国内地。这里就会出现监管真空的问题，国内金融监管部门会因公司在境外注册上市而无法跨越法律和技术的监管困难。CDR 由此特别容易成为市场投机和套利的工具，特别是当 CDR 与"阿里""腾讯""独角兽""新经济"这类词语联系起来时，投机的意味就显得特别浓。

（2）公司治理保障机制缺乏。从投资者角度来看，投资者持有的 CDR 是金融工具，并非公司股票，因此投资者不是公司股东，也不具有表决权。股东背后体现的是所有者权益，以在股东大会上表决的方式实现对利益诉求的保护。持有 CDR 的投资者表面上可以一起分享新经济企业发展的红利，但并不享有保障投资者权益之"实"。例如，由于 CDR 没有健全的公司治理保障机制，如果境外上市公司的股东方或管理层不执行红利的发放，CDR 的投资者缺乏相应的途径与股东和管理层制衡以保障自己的权益。

（五）CDR 推出之前，已上市的独角兽公司通常选择先退市，拆除 VIE 等特殊股权结构之后再在 A 股市场进行借壳上市。相较于借壳的老路，CDR 这条新路有哪些特点和优势？

过去的独角兽回归路径，通常是先在美股或港股市场进行私有化，然后退市，拆除 VIE 结构，再重新来 A 股进行借壳上市。以 360 公司为例，2016 年在美股退市时，市值折合人民币不足 600 亿元，而借壳江南嘉捷回归 A 股后，其总市值接近 3300 亿元，估值增长超过 5 倍，周鸿祎的身价一度超过马云。

借壳上市具有上市周期快，要求低，可以绕过发审委的审查，省去 IPO 上市环节的费用，同时也可以控制上市时的定价等优点。但在境外企业私有化随后境内借壳上市这一过程中的拆 VIE 架构，有可能衍生出份额私售、估值炒作、跨境套利、外汇冲击等问题，会对我国的市场秩序造成较大干扰，因而受到了监管当局的高度重视，监管力度逐步加强，使得独角兽借壳回归的道路越来越窄。

CDR 的放开可以有效解决这些问题。除此之外，CDR 还具有以下优势：第一，拓宽投资者的投资渠道，为投资者提供直接投资境外优质企业的机会；第二，境内市场能够吸引更多境外企业，从而提升其国际化水平和知名度；第三，可以保留境外上市的企业主体和股权稳定性，而且由于当前可能实行 CDR 的公司都在境内有投资项目，因此汇率冲击有限；第四，CDR 的发行有利于增强我国银行的业务及盈利能力。

（六）2019 年 3 月 2 日凌晨，证监会正式发布了《科创板首次公开发行股票注册管理办法（试行）》和《科创板上市公司持续监管办法（试行）》，科创板为我国科技创新型企业在国内实现 IPO，开辟了一条全新的道路。那么科创板相对于同样面向科技创新型企业的香港主板市场和纳斯达克市场有什么不同？上市公司选择在科创板、香港主板、纳斯达克 IPO 的主要考量因素有哪些？

科创板，相对于同样面向科技创新型企业的香港主板市场、纳斯达克市场在企业上市条件、上市成本、融资效率等方面具有很大的不同，具体对比见表 8-16。

表 8-16　科创板、香港主板、纳斯达克三地上市对比分析总结

三地	上市条件			上市成本		融资效率		
	行业定位	发行制度	上市指标	时间成本	财务成本	IPO 融资定价	再融资原则	持股锁定期
科创板	精准针对科技创新	趋向成熟	针对快速成长期	最快 6 个月	相对较低	趋向市场化	一次一审	较严格

续表

	上市条件			上市成本			融资效率	
香港主板	宽泛	成熟	针对快速成长期	9—12个月	相对较高	市场化	一次授权，多次募集	较宽松
纳斯达克	宽泛	成熟	全周期	6—9个月	相对较高	市场化	一次授权，多次募集	较宽松

1. 上市条件对比

（1）行业定位。行业定位均明确瞄准了新兴科技创新型企业，科创板更加精准、细分，香港主板及纳斯达克行业定位更宽泛。其中，科创板重点支持新一代信息技术、高端装备、新材料、新能源、节能环保以及生物医药等高新技术产业和战略性新兴产业，推动互联网、大数据、云计算、人工智能和制造业深度融合。纳斯达克的定位较为宽泛，立足于服务生化、生技、医药、科技、加盟、制造及零售连锁服务等公司，具有创新性、反传统商业模式新兴企业。相较于前两者，香港主板对于行业并没有特殊规定，"港股新政"针对生物科技公司、同股不同权架构的科技创新型企业在门槛上有一定的放宽（见表8-17）。

表8-17   科创板、香港主板、纳斯达克三地上市行业定位

三地	行业定位
科创板	符合国家战略、突破关键核心技术、市场认可度高
	新一代信息技术、高端装备、新材料、新能源、节能环保以及生物医药等高新技术产业和战略性新兴产业
	推动互联网、大数据、云计算、人工智能和制造业深度融合的科技创新企业
香港主板	无特殊行业规定
	"港股新政"针对生物科技公司、同股不同权架构的科技创新型企业在门槛上有一定的放宽
纳斯达克	定位宽泛
	立足于服务生化、生技、医药、科技、加盟、制造及零售连锁服务等公司，具有创新性、反传统商业模式新兴企业

（2）发行制度。香港主板及纳斯达克更成熟，科创板正在逐步向国际成熟市场看齐。纳斯达克市场1971年成立至今，经历了两次市场分层，不同层级的发行上市制度不断细化，其目前已成为全球科技创新型知名企业的聚集地；香港主板市场也于2018年4月30日起正式实施"港股新政"；2018年，我国更多的优秀科技创新型企业选择登陆港股上市，其中包括小米、美团等新经济独角兽。

科创板及试点注册制作为中国A股市场发展近30年来的重大改革，其发行制度

的重大突破包括：首次将 A 股 IPO 的核准制改为注册制；允许尚未盈利的企业在科创板上市；允许同股不同权、VIE 架构及红筹股在满足一定条件下上市；承销环节定价采取询价机制；保荐机构子公司跟投等。这些制度的改革也使得科创板进一步与港股和纳斯达克市场等成熟资本市场制度靠拢（见表 8-18）。

表 8-18 　　　　科创板、香港主板、纳斯达克三地上市发行制度

三地	发行规模	投资者门槛	定价方式	保荐机构子公司跟投	交易制度
科创板	发行后股本总额不低于人民币 3000 万元 公开发行的股份达到公司股份总数的 25% 以上 公司股本总额超过人民币 4 亿元的，公开发行股份的比例为 10% 以上	个人投资者参与科创板股票交易，应满足前 20 个交易日证券账户及资金账户内的资产日均不低于人民币 50 万元，且参与证券交易 24 个月以上。不满足要求的中小投资者也可通过公募基金等产品参与科创板	询价	有	竞价交易 20% 涨跌幅限制，上市后的前 5 个交易日不设涨跌幅限制 T+1
香港主板	市值 100 亿元以下的企业，发行股数必须占已发行总股数的 25% 市值 100 亿元以上的企业，可以发行 15%—25% 新股	无门槛	询价	无	无涨跌幅限制，不设做市商 T+0
纳斯达克	需符合上述各分层市场要求	无门槛	询价	无	多做市商制度 T+0

（3）上市指标。从上市指标来看，科创板及香港主板偏向处于快速成长期、有一定规模的科技创新型企业，纳斯达克市场涉及企业阶段更广。上交所科创板市场五套上市指标中最低市值要求为预计市值不低于人民币 10 亿元，最近两年净利润均为正且累计净利润不低于人民币 5000 万元，或者预计市值不低于人民币 10 亿元，最近一年净利润为正且营业收入不低于人民币 1 亿元；香港主板市场三项财务准则中最低市值要求为市值/收入测试/现金流量测试：上市时市值至少为 20 亿港元，经审计的最近一个会计年度的收益至少为 5 亿港元，新申请人或其集团拟上市的业务于前 3 个会计年度的现金流入合计至少为 1 亿港元；纳斯达克市场三个层级中吸引大盘蓝筹企业的全球精选市场四项标准中最低市值要求为不低于 1.6 亿美元、总资产不低于 8000 万美元、股东权益不低于 5500 万美元，除全球精选市场以外还有吸引中等规模企业的"全

球市场"及吸引规模较小、风险较高企业的"资本市场",其上市指标要求更低。通过以上最低市值要求相比,可以看出,科创板及香港主板市场相较于纳斯达克市场而言,更加偏向助力处于快速成长期的科技创新型企业对接资本市场、融资发展。

2. 上市成本对比

(1) 上市时间成本。此前国内 A 股上市相比香港主板、纳斯达克上市时间成本较高,也曾多次经历 IPO "堰塞湖",而科创板及注册制的落地将改变这一局面。以往中国企业若想在 A 股主板、中小板及创业板实现上市短则需要 3—4 年(包括三年财务规范期),对企业发展而言时间就是机遇,无法快速实现上市、融资发展,会错过更多的商业机会。香港主板及纳斯达克上市比国内 A 股上市手续简便、周期短。在纳斯达克上市,从拟写可行性报告准备上市时起,到通过审核上市,需 6—9 个月。而在香港主板上市时间则一般在 9—12 个月。科创板企业上市采取注册制,完成注册制上市需经历八个步骤(见图 8-16)。

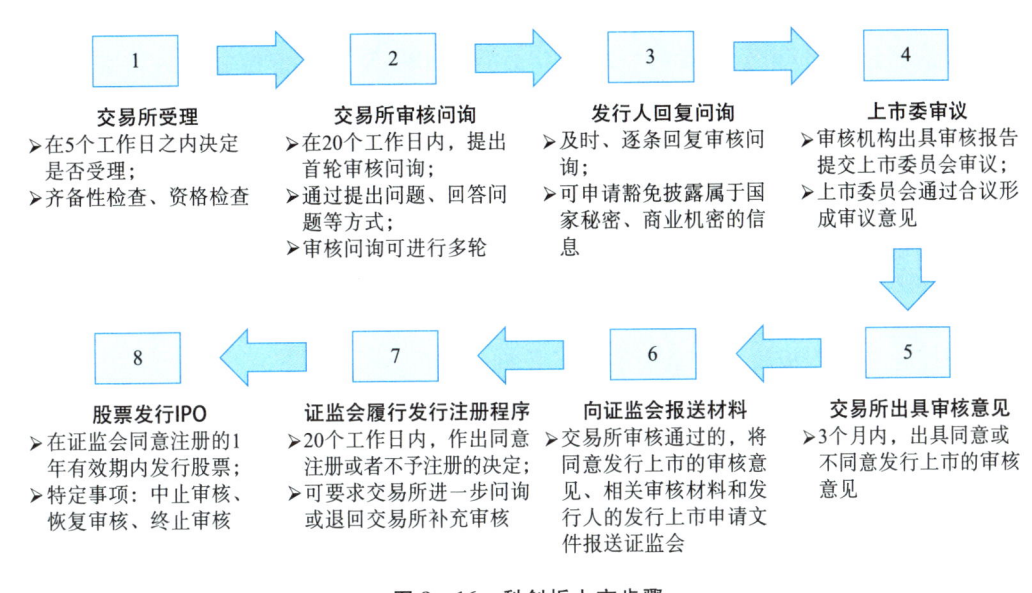

图 8-16 科创板上市步骤

科技创新型企业通过以上八步实现科创板注册上市最快仅需要不到 6 个月的时间,其大幅降低了科技创新型企业在国内 A 股市场上市的时间成本,提高了上市效率。

(2) 上市财务成本。科创板及香港主板上市财务成本相对较低,纳斯达克市场财务成本相对较高。企业上市成本包括申请上市初费、上市中介服务费用以及上市年费,在上市初费方面,上交所暂免总股本 4 亿股(含)以下的上市初费与年费。在上市中介服务费方面,一般而言,券商需要 2500 万—5000 万元的保荐与承销费,会所需要 100 万—500 万元审计费,律所需要 150 万—300 万元费用。不过,相较于纳斯达克或香港主板市场，券商、会所、律所相对选择范围宽泛，收费相对低。在美国资本市场，中介费用要比国内收费高，同时，上市初费根据发行的股票数量不同费用最低在100万美元以上。在上市年费方面，如五年期限，一家流通盘超过2亿股的上市公司，纳斯达克需缴纳30万美元的年费。香港上市成本则较美股低，其支付给港交所的首次上市费用及中介费用平均在2000万—3000万元港元、上市年费则需15万港元。与此同时，为鼓励当地企业赴科创板上市，多个省市出台多项补贴政策。上海市最高补贴达到2000万元，补贴最低的省市也有100万—200万元。多个省市出台多项补贴政策，可见各地方政府对科创板的重视程度，其也将大大减少科创板上市财务成本。

3. 融资效率对比

（1）IPO阶段融资。香港主板及纳斯达克市场更加成熟完善，科创板将引领我国A股市场走向市场化发行定价之路。香港主板及纳斯达克市场因其投资者结构中更多是价值投资型的机构投资者，IPO融资阶段通过市场化的询价制进行IPO估值定价，其IPO定价融资功能更加完善。而我国A股IPO市场在1990—2000年的审批制下是由政府指导的固定价格/市盈率发行。2000年，我国IPO制度从审批制改为核准制。IPO定价机制得到进一步发展，2004年开始，我国IPO定价机制逐步走向市场化的询价制度。此后经历了新股发行定价由证监会窗口指导，2009年取消窗口指导，2014年指导新股定价23倍市盈率等阶段。我国A股IPO定价机制虽在不断完善，向市场化的询价定价机制看齐，但都并非真正意义上实现了市场化的询价定价，而科创板注册制发行阶段，将由券商投行进行市场询价，询价对象仅为机构投资者，定价将更加趋向价值化、理性化，科创板将迎来全面的市场化询价制度。

（2）上市后再融资。科创板依照主板再融资，实行"一次一审"原则，香港主板、纳斯达克实行"一次授权，多次募集"原则。在再融资政策方面，我国A股市场施行"一次一审"的原则，企业每次进行股权再融资时均需要经过证监会的核准方可实行。再融资的条件主要参照A股首次公开发行的条件设置，要求同样较高，就一般性规定而言，对上市公司的盈利能力是否具有可持续性做出了严格的规定。要求上市公司最近三个会计年度连续盈利；业务和盈利来源相对稳定；现有主营业务或投资方向能够可持续发展；高管和核心技术人员稳定，且最近12个月内未发生重大不利变化；上市公司最近24个月内曾公开发行证券的，不存在发行当年营业利润比上年下降50%以上的情形等。在香港主板市场和纳斯达克市场，纳斯达克市场和香港主板市场依托于证券注册发行制，企业均可采用"一次授权，多次募集"的证券再发行制度。以香港主板的配售再融资为例，香港主板市场的配售类似于A股的定向增发，均是向指定的机构或投资人发行新股并募集资金。但与A股定向增发不同的是，当香港主板上市公司获得一般性授权后,只要增发的比例不超越批准当天股本的20%,同时发行价折让不超过20%,就可在该年度内进行任何次数的配股。

(3) 锁定期情况对比。香港主板市场和纳斯达克市场更为灵活。A股的锁定期相对香港主板市场、纳斯达克市场时间较长。科创板应当遵守交易所有关减持方式、程序、价格、比例以及后续转让等事项的规定。即按A股锁定期规定(见表8-19):上市前持有股份的股东,上市交易之日起1年不得转让;公司董事、监事、高级管理人员,上市交易之日起1年不得转让;控股股东和实际控制人,上市交易之日起36个月不得转让。在申报材料前6个月内突击入股的股东,该增资部分的股份自完成增资工商变更登记之日起应锁定36个月。另外,上市时未盈利的科创公司,其控股股东、实际控制人、董事、监事、高级管理人员、核心技术人员所持首发前股份的股份锁定期应适当延长,具体期限由交易所规定。科创公司核心技术人员所持首发前股份的股份锁定期应适当延长,具体期限由交易所规定。

表8-19　　　　　　　　　　A股锁定期规定

股份持有者	限售期
上市前持有股份的股东	上市交易之日起1年不得转让
公司董事、监事、高级管理人员	上市交易之日起1年不得转让
控股股东和实际控制人	上市交易之日起36个月不得转让

香港主板市场锁定期要求方面,规定IPO项目必须有锁定期,要求控股股东在公司上市之日起6个月内不得转让,7—12个月内不得丧失控股地位。纳斯达克市场方面,美国证监会规定了原始股东在上市、管理层股权激励和并购后一定时期内不得售出其持有的股票在二级市场上套现,即锁定期或限售期,一般为6个月。

在上交所科创板尚未推出之前,香港主板和纳斯达克是我国快速成长期科技创新型企业的唯二选择。科创板作为助力科技创新型企业发展的精准市场,无疑也是国内资本市场改革的一块试金石,其将引领我国资本市场向成熟资本市场看齐。但对企业上市市场选择而言,还是需要根据企业自身的情况、实力和长期发展战略规划等多种因素来进行综合理性考虑。

七、关键要点

本案例的关键在于把握小米集团独特的商业模式、特殊的股权架构以及以IPO和CDR申请为主的融资历程。在此基础上探索独角兽公司与传统企业在公司估值方面的差异，对小米集团估值的特殊性及其未来发展、回归国内 A 股市场的途径有较为清晰的认识。教学中的关键要点包括：

1. 对比传统股权架构与双重股权结构模式的优劣势，探讨小米集团选择双重股权结构的原因。

2. 理清几种公司估值模型的区别与联系，分析不同主体对小米集团估值差异较大的原因。

3. 分析我国科技企业境外上市的机遇与风险，以及上市时机的抉择问题。

4. 结合典型例子总结互联网等新经济公司在营运模式和估值方式方面的特点。

5. 了解中国存托凭证（CDR）的产生背景与演变以及发展现状。

6. 了解港交所对 IPO 规则的修正内容，探讨国内 A 股市场是否应向具有特殊股权结构的公司开放。

八、背景分析

本文所涉及的小米集团上市的所有信息都可以在招股公告和相关网站上查询，本案例使用说明提供了相关信息的链接网址。以上材料以及读者从其他渠道获取的准确信息均可作为本案例的背景。

九、课堂计划

本案例可以作为专门的案例讨论课来进行，整个案例讨论课的课堂时间建议控制在 100 分钟以内。以下是按照时间进度提供的课堂计划建议，仅供参考：

1. 案例讲述：20 分钟（可结合案例正文、附件及参考文献的链接）。

2. 小组讨论：25 分钟，学生发表各自观点，准备发言大纲。可将学生分为 4 个小组，按启发思考题目分别进行讨论和发言准备。

3. 小组代表发言：20—25 分钟，每组 5 分钟。

4. 引导全班进一步讨论：15 分钟，小组之间互相讨论与提问。

5. 教师点评与答疑：15 分钟。

6. 课后：可以布置互动式课后作业。

互动式课堂作业：将学生分为若干小组，每组选取一个中国独角兽企业境外上市的案例进行分析。每组设置组长一名，负责团队分工和成果汇总。最后每组提交一份分析报告，该分析报告应涉及中国独角兽企业境外上市的动因、前后发展状况的对比、风险点以及如何进行上市安排等。教师对学生提交的作业深入阅读思考后于下次课前予以点评。

参考文献

[1] 宋立丰,祁大伟,宋远方.中国新兴独角兽企业估值比较基础与分析框架[J].科技进步与对策,2019,36(3):70-76.

[2] 李真真.新经济时代独角兽企业的估值评估问题浅析[J].环渤海经济瞭望,2018(12):51-52.

[3] 杜佳佳,吴英霞.双层股权结构的价值、风险与规范进路[J].南方金融,2018(8):90-98.

[4] 张继德,陈昌彧.双重股权结构相关理论综述与国内推行展望[J].会计研究,2017(8):62-67,95.

[5] 葛翔宇,周艳丽.企业并购中目标公司价值的实物期权定价新方法——基于前景理论的行为分析[J].数量经济技术经济研究,2017,34(3):145-161.

[6] 高锡荣,杨建.互联网企业的资产估值、定价模型构建及腾讯案例的蒙特卡洛模拟分析[J].现代财经(天津财经大学学报),2017,37(1):90-100.

[7] 杨成炎,张洁.现金流折现法与实物期权估价法之比较及运用——以隆平高科公司价值评估为例[J].财会月刊,2016(19):26-31.

[8] 张晖明,邓霆.企业估值中的定性分析方法[J].复旦学报(社会科学版),2010(3):77-85.

[9] 港交所主板上市规则 https://www.hkex.com.hk/listing/rules-and-guidance/listing-rules-contingency/main-board-listing-rules/main-board-listing-rules?sc_lang=zh-hk.

[10] 港交所宣布新订的《上市规则》条文于2018年4月30日生效 https://sc.hkex.com.hk/TuniS/www.hkex.com.hk/News/News-Release/2018/180424news?sc_lang=zh-HK.

[11] 证监会发布《存托凭证发行与交易管理办法(试行)》等规章及规范性文件 http://www.csrc.gov.cn/pub/newsite/zjhxwfb/xwdd/201806/t20180606_339319.html.

[12] 证监会发布《小米集团公开发行存托凭证申请文件反馈意见》http://www.csrc.gov.cn/pub/newsite/fxjgb/scgkfxfkyj/201806/t20180614_339904.html.

[13] 证监会披露小米集团公开发行存托凭证招股说明书 http://www.csrc.gov.cn/pub/zjhpublic/G00306202/201806/t20180614_339903.htm.

案例 9

国内首单商业银行永续债正式落地[①]

——中国银行无固定期限资本债券成功发行

2019 年 1 月 25 日，中国银行发行了我国首单商业银行永续债券"19 中国银行永续债 01"，规模 400 亿元。作为我国第一单真正意义上的永续债券，中国银行永续债为其在新 TLAC 等监管框架下补充资本发挥了重要作用，对银行业金融机构永续债融资具有指导和示范意义。本案例围绕中国银行永续债展开，首先介绍了中国银行永续债的发行背景，其次对中行永续债的基本概况与特殊条款进行了分析阐述，在此基础上对中行永续债的相关政策工具进行了介绍与总结。

[①] 本案例由中央财经大学金融学院李泽丰、郑文欣、范馨月、王墨琳撰写，李建军指导。

案例9 国内首单商业银行永续债正式落地——中国银行无固定期限资本债券成功发行

案例正文

一、引言

2019年1月25日,中国银行(简称"中行")发行了我国国内首单商业银行永续债,规模400亿元。作为我国首单银行永续债,中国银行永续债的发行在银行界乃至金融界引发了不小的轰动,区别于传统的"类永债",中国银行永续债是我国银行业乃至金融市场中首单真正意义上的永续债券。中国银行为何选择发行永续债进行筹资?中行永续债的条款如何,与普通债券相比有哪些独特之处与优点?中行永续债筹资的成本如何?本案例将从中国银行的发展背景讲起。

二、百年发展中国银行

中国银行,全称中国银行股份有限公司,成立于1912年2月,是我国商业银行体系中发展历史最悠久的银行之一,为目前我国六大国有大型商业银行之一。

在逾百年的发展历程中(见图9-1),中国银行实现了稳健而持续的发展,新中国成立前中国银行曾依次履行中央银行、国际汇兑银行、国际贸易专业银行职能,新中国成立后为我国国家外汇外贸专业银行,1994年分离为国有独资商业银行。目前中国银行业务范围广泛,涵盖商业银行、投资银行、保险、基金、融资租赁等多项业务,为社会各主体提供多样化的金融服务,在银行业乃至金融业中均占据重要地位。中国银行盈利能力较强,根据该公司2018年年报,中国银行2018年加权权益净利率ROE为12.06%,摊薄每股收益为0.61元。

中国银行在我国银行业中占据着重要地位,为我国首家入选全球系统重要性银行的商业银行。2011年首次被金融稳定委员会FSB评为全球系统重要性银行,截至2018年中国银行已连续8年入选。根据金融稳定委员会FSB与中国银行国际金融研究所发布的数据,2018年中国银行G-SIBs系统重要性得分为253.5分,为G-SIBs第二级系统重要性商业银行。

长期以来,中国银行重视自身资本发展,维持资本水平稳定与提高,以满足国内外资本监管要求。根据2018年中国银行年报,截至2018年12月,中国银行总资产为212672.75亿元,资本净额为16129.80亿元,总资本充足率14.97%,其中一级资本

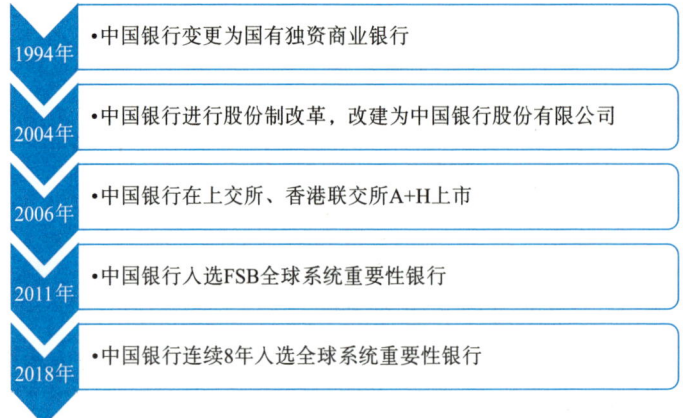

图 9-1 1994—2018 年中国银行发展历程

充足率 12.27%、核心一级资本充足率 11.41%，满足巴塞尔协议Ⅲ等国内外监管标准要求。

中国银行作为我国国有大型商业银行重要机构，其资本在长期中实现了有效的补充与发展，满足巴塞尔协议Ⅲ等传统监管标准要求。然而，随着 TLAC 等新型资本监管框架的推出，作为全球系统重要性银行，中国银行原先的资本组成已无法满足监管标准要求，中国银行的资本结构亟待优化提高。

三、新 TLAC 监管规则下中国银行面临资本压力

TLAC（总损失吸收能力）监管规则，由金融稳定理事会（FSB）于 2014 年提出，目的是有效解决银行业一直存在的"大而不能倒"问题。总损失吸收能力（TLAC）是指，可以通过减记或转股方式，在银行进入处置流程时，能够吸收银行所损失的资本与债务工具的总和。具体而言，TLAC 监管规则主要包括三点：最低 TLAC 要求、杠杆率最低标准、合格的债务工具，该规则于 2019 年生效。

与巴塞尔协议Ⅲ相比，TLAC 的监管规则更加严格。它适用于包括我国四大行在内的 30 家全球重要性银行的处置实体。我国为发展中国家，按 FSB 规则可延期 6 年达标，2025 年起我国将正式适用 TLAC 规则。

图 9-2 为 TLAC 监管工具构成情况图，从图中我们可以看出，TLAC 工具既涵盖原有的巴塞尔协议Ⅲ监管框架下的大多数资本工具（除资本缓冲部分），同时包含资本型合格债务工具和非资本型合格债务工具。新 TLAC 监管框架下，中国银行是否能够达标？原有的资本总量与资本构成能否满足新 TLAC 监管要求？本案例接下来将根

图 9-2 TLAC 监管工具构成情况图

据 TLAC 监管规则中"最低 TLAC 要求""杠杆率最低标准""合格的债务工具"三点,进行具体分析阐述。

(一) 最低 TLAC 要求:中国银行达标略有压力

TLAC 监管规则的第一项指标为"最低 TLAC 要求",最低 TLAC 要求为总损失吸收能力 TLAC 与风险加权资产 RWA 的比率。

$$最低\ TLAC\ 要求 = \frac{总损失吸收能力\ TLAC}{风险加权资产\ RWA}$$

根据金融稳定理事会 FSB 的规则,TLAC 监管规则在 2019 年起将正式实施,根据相关要求,对于全球发达经济体的系统重要性商业银行,2019 年最低 TLAC 要求需达到 16%,2022 年最低 TLAC 要求需达到 18%。而我国属于发展中经济体,我国的系统重要性商业银行可以延迟 6 年达标 TLAC 要求,即中国银行 2025 年最低 TLAC 要求需达到 16%,2028 年达到 18%。

由于我国商业银行的最新年报中尚未披露 TLAC 相关指标数据,本案例拟根据现有的资本充足率数据,推算目前中国银行 TLAC 监管规则下的资本缺口情况。根据总损失吸收能力 TLAC 构成结构,TLAC 工具可以粗略划分为三部分构成:一是巴塞尔协议Ⅲ下资本工具;二是剔除巴塞尔协议Ⅲ资本缓冲部分;三是合格债务工具。

目前,中国银行合格债务工具相对较少,占风险加权资产的比重较低,传统的巴塞尔协议框架下的资本补充工具仍为中国银行的主要选择。根据模拟测算,2025 年,在传统的巴塞尔协议资本补充工具下,为同时满足巴塞尔协议Ⅲ和 TLAC 监管规则,中国银行的资本充足率需达到:20% = TLAC 最低要求 16% + 留存资本缓冲 2.5% + 系统重要性银行附加资本 1.5%。

根据中国银行 2018 年年报,截至 2018 年年底,中国银行资本充足率为 14.94%,在此测算下,中国银行"最低 TLAC 要求"达标存在压力(见图 9-3)。

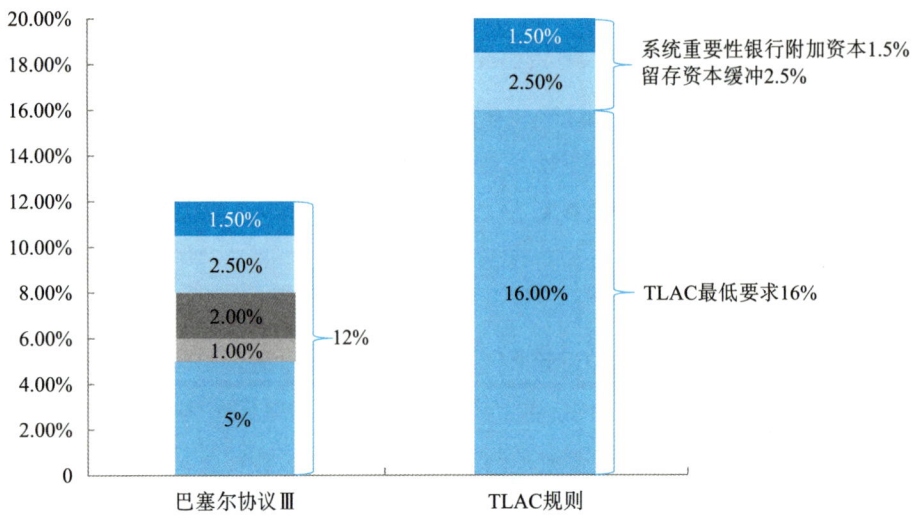

图 9-3 巴塞尔协议和 TLAC 规则下的资本充足率要求

(二) 杠杆率要求：中国银行已经达标

TLAC 监管规则的第二项监管指标为杠杆率，等于总损失吸收能力 TLAC 与银行表内外资产余额的比率：

$$\text{TLAC 杠杆率} = \frac{\text{总损失吸收能力 TLAC}}{\text{银行表内外资产余额}}$$

根据金融稳定理事会 FSB 要求，自 2019 年 TLAC 规则正式实施开始，2019 年全球系统重要性商业银行 TLAC 杠杆率需达到 6%，2022 年需达到 6.75%。与上文所述相似，中国作为发展中国家可以享受延期 6 年达标，即中国银行需在 2025 年前 TLAC 杠杆率达到 6%，2028 年达到 6.75%。

TLAC 杠杆率与原巴塞尔协议Ⅲ下的杠杆率有部分相似之处但又存有区别，巴塞尔协议Ⅲ下的杠杆率为：

$$\text{巴塞尔协议Ⅲ杠杆率} = \frac{\text{一级资本净额}}{\text{银行表内外资产余额}}$$

根据上述公式及前文分析，总损失吸收能力 TLAC 已包含巴塞尔协议框架下的一级资本净额，因此，从某种意义上讲，TLAC 杠杆率恒高于巴塞尔协议Ⅲ杠杆率。

根据中国银行 2018 年年报，截至 2018 年年底，中国银行在巴塞尔协议Ⅲ下的杠杆率为 6.94%（见图 9-4），满足巴塞尔协议Ⅲ要求的基础上也已超过了 TLAC 杠杆率 6.75% 的要求，也就是说，中国银行的 TLAC 杠杆率定高于 6.94%，中国银行目前已满足 TLAC 杠杆率要求。

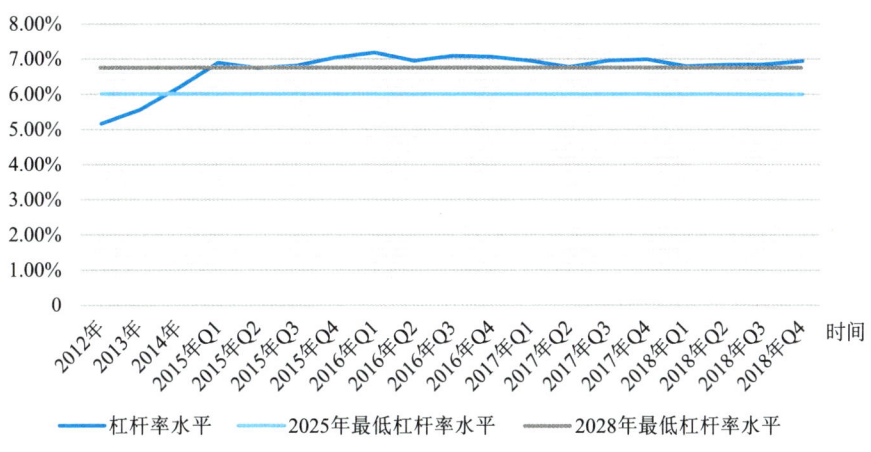

图 9-4 2012—2018 年中国银行杠杆率水平

(三) 合格的债务工具：中国银行达标压力大

TLAC 监管规则的第三项监管指标为合格债务工具，等于合格债务工具净额与 TLAC 工具净额的比率：

$$合格债务工具比率 = \frac{合格债务工具净额}{TLAC 工具净额}$$

根据 FSB 要求，TLAC 规则要求"合格的债务工具"占 TLAC 工具的占比不得低于 1/3；根据相关数据资料与参考文献，目前中国银行符合要求的债务工具品种单一，仅有可转债、减记型二级资本债，且所占比例较小。

表 9-1 是不同机构对中国银行 TLAC 与合格债务工具缺口的测算结果，在考虑留存资本和附加资本的前提下，以最低 TLAC 要求为 16% 测算，可以看到每年需要补充的 TLAC 合格债务工具占每年 TLAC 工具补充量的一半以上，而目前中国银行补充资本方式较为局限。因此本案例认为，中国银行合格债务工具的达标压力大。

表 9-1　　　　　　　　　中行 TLAC 及合格债务工具缺口测算　　　　　　　（单位：亿元）

测算机构	资本充足率（2018 年 9 月）	TLAC 工具补充量（以最低 TLAC 要求 16% 计算）	每年补充量（2025 年达标）	TLAC 合格债务工具缺口（以 16% 计算）	每年缺口（2025 年达标）
东吴证券	14.16%	6324	1054	3462	577
申万宏源	14.16%	6180	1030	—	—

根据本案例上述分析可以得出，新 TLAC 监管规则不同于传统的巴塞尔协议 Ⅲ 监管规则，中国银行在新 TLAC 监管规则约束下面临诸多挑战。

在 TLAC 三项要求中,中国银行仅"杠杆率要求"一项指标已达标,"最低 TLAC 要求""合格债务工具要求"则存在较大的缺口,中国银行面临较大的资本缺口挑战,中国银行在新 TLAC 监管规则下面临较大的资本补充压力。

四、中国银行成功发行永续债

(一) 中国银行永续债发行情况

经历了 2018 年国内经济形势的严峻考验,寒冬之后,金融业似乎也在翘首以盼春天的到来,而 2019 开年便迎来了国内商业银行首单永续债的发行,无疑是一阵吹向金融市场的暖流。"19 中国银行永续债 01"是首单永续债的简称,它由中国银行发行,是一种只需定期支付利息,不需偿还本金的永久型债务资本工具,可以有效补充中国银行的其他一级资本,使其满足 TLAC 等国内外监管要求。图 9 - 5 为本次中国银行永续债发行历程。

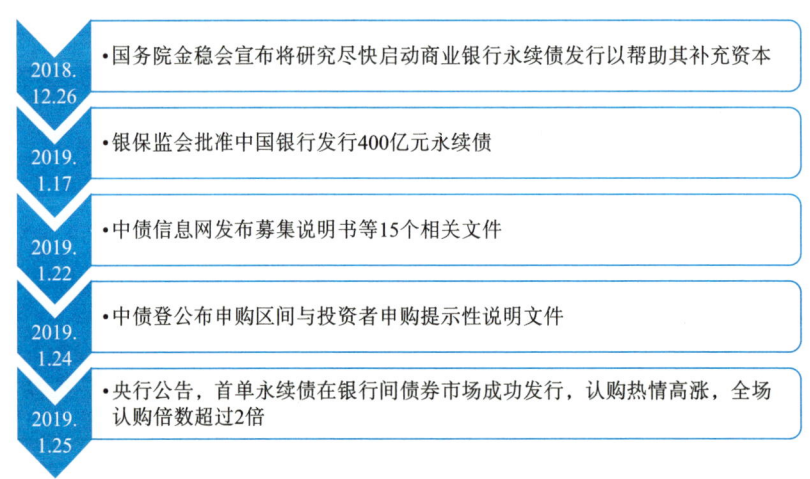

图 9 - 5 中国银行永续债"19 中国银行永续债 01"发行历程

表 9 - 2 展示了本次中行永续债的基本条款。

(二) 中国银行永续债的独特之处

中国银行永续债作为我国首单银行永续债,区别于目前市场中存续的"类永债",不存在固定到期期限及利率跳升机制,是真正意义上的永久性资本债券。中行永续债作为我国第一单真正意义上的永续债,与常规的企业债券有哪些不同?与传统的永续

案例 9　国内首单商业银行永续债正式落地——中国银行无固定期限资本债券成功发行

表 9–2　　　　　中国银行永续债（1928001.IB）基本条款

债券简称	19 中国银行永续债 01	债券代码	1928001.IB
发行日期	2019 年 1 月 25 日	上市日期	2019 年 1 月 30 日
规模	400 亿元		
债券期限	债券期限永续，与发行人经营持续期一致 发行人 5 年后满足监管要求，有权提前赎回部分或全部债券		
首期利率	4.50%		
后期利率分阶段调整	后期利率分阶段调整，每五年进行利率重置 票面利率 = 基准利率 + 固定利差。其中， ①基准利率：为利率重置日前 5 交易日 "5 年期中债国债到期收益率" ②固定利差：根据首期发行结果确定为固定值 157bp （固定利差 = 首期票面利率 4.50% – 基准利率 2.93% = 1.57%）		
主体评级	AAA	债项评级	AAA

债相比有哪些创新？本文认为，中行永续债的特性主要体现为以下几点基本条款：

1. 弹性发行规模条款

中国银行永续债的发行规模采用弹性发行量确定机制，区别于普通债券，最终发行规模按照实际全场申购倍数的情况确定。根据中行永续债募集说明书①，在发行前中国银行确定了"基本发行量 + 上、下弹性发行量"的发行规模确定条款，中国银行永续债的基本发行量为 300 亿元，其最终实际发行量按照全场申购倍数动态决定，具体而看，发行规模包含以下四种情形：

（1）当实际全场申购倍数 α（全场申购量/基本发行量）大于等于上弹触发倍数 T = 1.4 时，即全场申购量大于等于 420 亿元时，投资者申购热情较高，发行规模确定为上弹发行量 400 亿元；

（2）当实际全场申购倍数 α 处于下弹触发倍数 T = 1.1 与 T = 1.4 之间时，即全场申购量大于等于 330 亿元小于 420 亿元时，发行规模为基本发行量 300 亿元；

（3）当实际全场申购倍数 α 小于下弹触发倍数 T = 1.1 时，即全场申购量小于 330 亿元时，发行规模确定为下弹发行量 200 亿元；

（4）当全场申购量低于下弹发行量 200 亿元时，发行规模为实际全场申购量。

为更清晰地说明中行转债的弹性发行规模条款，本文根据募集说明书，绘制了弹性发行规模确定规则表（见表 9–3）。

---

① 《中国银行股份有限公司 2019 年无固定期限资本债券（第一期）募集说明书》。

表 9-3　　　　　　　　　　中行永续债发行规模确定规则

	实际全场申购倍数 α （全场申购量/基本发行量）	对应全场申购量	最终实际发行规模
上弹发行量	α≥1.4	≥420 亿元	400 亿元
基本发行量	1.1≤α<1.4	330 亿—420 亿元	300 亿元
下弹发行量	α<1.1	≤330 亿元	200 亿元
实际申购量	全场申购量低于下弹发行量 200 亿元	<200 亿元	实际全场申购量

中国银行永续债的发行规模偏大，采用弹性发行规模条款可以有效保证大额永续债的成功发行。弹性发行规模条款为中行永续债的成功发行奠定了良好基础。

2. 利率与利息支付条款

中国银行本次发行的永续债不同于普通债券或优先股，不存在利率跳升机制或其他赎回激励，票面利率的确定方式较为简单，易操作且易理解。总体来说由两部分构成，第一部分为基准利率，参考"5 年期中债国债到期收益率"，取其在利率重置日前 5 交易日的算术平均值；第二部分为固定利差，根据首次发行结果利率倒算出来，且不再变更。由于永续债券无到期时间，规定每 5 年为一个利率重置期，同时在这 5 年之内票面利率将不会发生改变。

本次债券发行后，每年支付一次利息，并且不可累积，即当年因为各种原因没有发放的利息在之后也不会进行补充发放。

3. 期限与有条件赎回条款

由于永续债的特点，债券的发行期限不像普通债券有明确的偿还期限，中国银行永续债的存续期理论上与中国银行持续经营存续期一致。在一定条件下，中国银行可以赎回债券的全部或一部分，条件是要保证其有同样或者更好的资本工具来替代永续债，或者赎回后仍然在较高水平上满足了监管指标；此外，还有一种特殊情形，即不可预计的监管规则变化导致本期债券不再计入其他一级资本时，中国银行有权全部赎回本期永续债。

4. 清偿顺序条款

永续债的无固定期限发行的特点也决定了其特殊的清偿顺序，若今后发生极端情况需要清偿时，最先得到偿付的是存款人，接下来是一般债权人，然后偿付次级债务，永续债及同等地位的其他一级资本在这之后同等受偿，最后若还有剩余，再偿付股东。

5. 减记条款

减记条款是为发行方在一定条件下注销债券而设定的（见表 9-4）。

表 9-4　　　　　　　　　　中行永续债具体减记条款

触发事件	具体触发条件		审批	减记方式
其他一级资本触发事件	核心一级资本充足率降至 5.125% 或以下		报银保监会并获得同意，无须经债券持有人同意	按票面总金额全部或部分减记
二级资本触发事件	取较早发生者	银保监会认定若不减记发行人将无法生存	无须经债券持有人同意	按票面总金额全部减记
		相关部门认定若不进行公共部门注资或等支持，发行人没有办法生存下去		

（三）中行永续债风险

第一是因为本次发行的永续债含有减记条款，具有一定程度的减记风险。触发事件会不会发生以及在何时发生都是不可预测的，因此当不利情况真实发生时，债券可能被减记注销，投资者将会面临损失，投资者应考虑到债券减记风险所带来的影响。

第二是永续债和普通债券一样，都将不可避免地受到市场利率波动所带来的影响，此为利率风险。由于本期债券的利率在 5 年内都不会发生变动，而市场利率的变化无法预测，如果市场利率上升，目前所确定的利率就会偏低，导致投资者的收益相对于新发行的高利率债券来说较低。

第三是永续债在债券市场上的流动性风险，债券的持有者有将债券变现的需求，而变现成功的可能性取决于市场对于债券的接受程度，若市场不愿接受将会导致债券的流动性水平较低。

第四是非累积利息支付方式带来的付息和利息不可累积风险。经营环境变幻莫测，发行人在今后的生产经营中可能会出现无法支付债券利息的情形，由于条款规定没有支付的利息在今后也不会再补充支付，因此，如果发行人在特定年度未能向本期债券持有人支付或足额支付利息，由于该部分利息无法累积到之后的计息年度，投资者将面临利息损失的风险。

五、监管部门支持永续债发展

中国银行宣布发行首单永续债之后，监管部门纷纷出台政策来增加永续债的流动性，促进永续债的发展。

（一）设立央行票据互换工具 CBS

为了促进永续债的发行和发展，提高其流动性，央行创设了央行票据互换工具（Central Bank Bills Swap，CBS），如果一家交易商持有的永续债是符合条件的银行发行的，并且该交易商是符合条件的一级交易商，该交易商可以将自己手中所持有的的永续债和央行进行互换，将永续债换为央行发行的央票。从具体操作来看，CBS 操作在进行招标时，采用的招标方式为固定费率数量招标。中标机构换出永续债，同时从央行处换入等额央票，到期时，中标机构再和央行换回永续债，但互换期间债券利息仍归原一级交易商，因而风险也是由原购入银行承担，原购入银行仍需要计提风险资本。CBS 的期限限制在 3 年以内，央票的期限和 CBS 的期限相同，同时，进行 CBS 操作后，一级交易商可将手中持有的央票作为抵押获取资金，但不可用于现券买卖、买断式回购等交易。但并非所有永续债以及永续债的持有者都可进行互换，进行 CBS 操作需要满足以下条件（见图 9-6）。

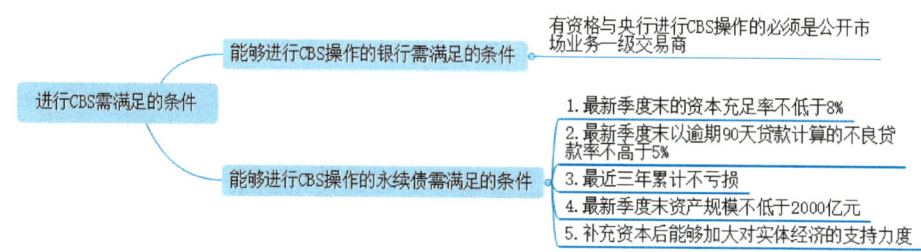

图 9-6　永续债现券 CBS 操作准入资格

（二）将符合条件的银行永续债纳入合格担保品范畴

此外，央行也提出，对于评级不低于 AA 级的银行，其发行的永续债可作为 SLF、MLF、TMLF，以及再贷款的合格担保品，央行这一举措，使得永续债更受机构投资者欢迎，从而促进了永续债的发行和交易，大大提升了永续债的流动性。

（三）银保监会允许险资配置永续债

银保监会也提出，为了缓解商业银行面临的资本压力，增加永续债的流动性，并且丰富保险资金的投资渠道，保险机构可以将资金投向合格的永续债。但保险资金能够投资的永续债需要满足以下要求（见图 9-7）。

案例9 国内首单商业银行永续债正式落地——中国银行无固定期限资本债券成功发行

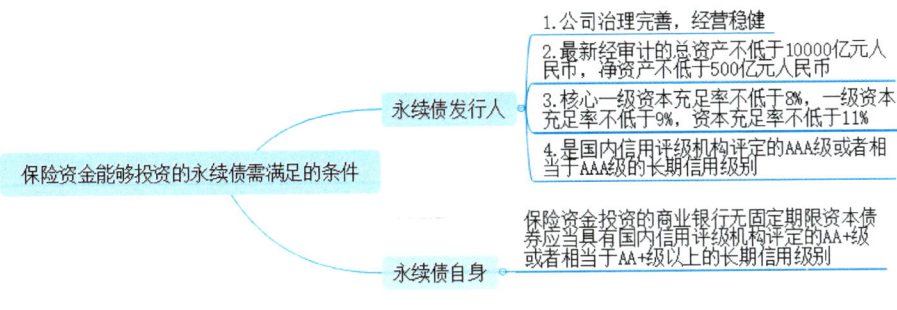

图 9-7 保险公司永续债投资现券条件

银保监会的这一举措,深刻地影响了永续债市场。保险资金的加入将会极大地增加对永续债的需求,保险资金对永续债的追捧使得未来发行的永续债可以进一步降低利率,对发行银行而言,通过永续债进行融资的成本得以减少,进而提高银行发行永续债的意愿,增加永续债的供给。并且对银行而言,补充的这一部分资本其成本在银行总的融资中成本最高,因而这一部分成本的降低将会使银行总的融资成本也有所下降。上市银行发行永续债情况见表9-5。

表 9-5 上市银行发行永续债,满足央行"票据互换工具"、保险资金投资要求的情况

	资本充足率 (2018年)	一级资本 充足率 (2018年)	核心一级 资本充足率 (2018年)	净资产规模 (2018年, 亿元)	资产规模 (2018年, 亿元)	最新 主体评级	是否符合保险 投资、央票互换 工具要求
工商银行	15.39%	13.45%	12.98%	23448.83	276995.40	AAA	均符合
建设银行	17.19%	14.42%	13.83%	19915.94	232226.93	AAA	均符合
农业银行	15.12%	12.13%	11.55%	16747.87	226094.71	AAA	均符合
中国银行	14.97%	12.27%	11.41%	17253.97	212672.75	AAA	均符合
交通银行	14.37%	12.21%	11.16%	7053.08	95311.71	AAA	均符合
招商银行	15.68%	12.62%	11.78%	5436.05	67457.29	AAA	均符合
浦发银行	13.67%	10.79%	10.09%	4783.80	62896.06	AAA	均符合
兴业银行	12.20%	9.85%	9.30%	4725.84	67116.57	AAA	均符合
中信银行	12.47%	9.43%	8.62%	4530.86	60667.14	AAA	均符合
民生银行	11.75%	9.16%	8.93%	4310.01	59948.22	AAA	均符合
光大银行	13.01%	10.09%	9.15%	3224.73	43573.32	AAA	均符合
平安银行	11.50%	9.39%	8.54%	2400.42	34185.92	AAA	均符合
北京银行	12.07%	9.85%	8.93%	1941.34	25728.65	AAA	均符合
华夏银行	13.19%	10.43%	9.47%	2187.15	26805.80	AAA	均符合
上海银行	13.00%	11.22%	9.83%	1617.69	20277.72	AAA	均符合
江苏银行	12.55%	10.28%	8.61%	1245.05	19258.23	AAA	均符合

续表

	资本充足率（2018年）	一级资本充足率（2018年）	核心一级资本充足率（2018年）	净资产规模（2018年，亿元）	资产规模（2018年，亿元）	最新主体评级	是否符合保险投资、央票互换工具要求
南京银行	12.99%	9.74%	8.51%	787.66	12432.69	AAA	均符合
宁波银行	14.86%	11.22%	9.16%	812.29	11164.23	AAA	均符合
杭州银行	13.15%	9.91%	8.17%	571.64	9210.56	AAA	不符合保险资金投资要求
贵阳银行	12.97%	11.22%	9.61%	358.43	5033.26	AAA	不符合保险资金投资要求
常熟银行	15.12%	10.53%	10.49%	135.36	1667.04	AA+	均不符合
无锡银行	16.81%	10.44%	10.44%	109.29	1543.95	AA+	均不符合
江阴银行	15.21%	14.04%	14.02%	106.39	1148.53	AA+	均不符合
苏农银行	14.89%	10.99%	10.99%	95.21	1167.82	AA+	均不符合
张家港行	15.65%	11.94%	11.94%	100.11	1134.46	AA+	均不符合

案例使用说明

一、教学目的与用途

1. 适用课程：商业银行经营管理、金融学、金融监管学。
2. 适用对象：本案例适用于金融专业硕士学位研究生、MBA学习。
3. 教学目标：本案例论述了中国银行发行国内首单商业银行永续债的事件，对中国银行在新TLAC等监管框架下发行永续债补充资本的全流程、中行永续债的基本条款、中行永续债特点，以及央行与银保监会等相关政策操作进行了较为全面的分析阐述。本案例的教学目标主要包括以下四点：

（1）使学生学习并掌握中国银行永续债的基本概况与相关内涵，了解中国银行永续债的发行演进流程、中国银行永续债的基本内涵。

（2）对中国银行永续债的具体条款基本掌握，掌握中国银行永续债的弹性发行规模条款、期限条款、利率与利息支付条款、减记条款等。

（3）理解中国银行发行永续债的动机，对中国银行可用于补充资本的工具简要了解，掌握中行永续债与其他资本工具的对比之处。

（4）了解央行、银保监会等部门针对永续债出台的各类工具以及相关政策，并掌握央行CBS、纳入合格担保品等政策的内涵与影响。

二、启发思考题

1. 中国银行发行永续债背后的深层次原因是什么？仅仅是为了提高中国银行资本充足率吗？
2. 中国银行永续债的"永续"有哪些特点？
3. 中行永续债的利率如何确定？相比较中行其他资本工具成本筹资成本如何？
4. 央行针对永续债的CBS操作是否意味着量化宽松？如何评价CBS的作用？

三、分析思路

本案例针对中国银行发行国内首单商业银行永续债的事件进行了较为全面的分析阐述，案例研究分析框架主要从以下四个方面进行：

第一，针对中国银行发行国内首单商业银行永续债的原因与背景进行了分析阐述。首先，对中国银行的发展历程、资本发展状况进行了分析介绍，中国银行已成为全球系统重要性银行；其次，对中国银行发行永续债的原因进行了分析，对新TLAC监管框架进行了介绍，指出中国银行的现有资本无法满足监管要求，从监管约束、中国银行资本现状、两者之间差距等方面对中国银行永续债发行背景分析阐述。

第二，对中国银行永续债的基本概况进行了全面的分析与介绍。根据永续债发行说明书与认购书，本案例首先介绍了中国银行本次发行永续债的基本概况与发行结果；在此基础上，对中国银行永续债的特殊之处即永续债具体条款进行了分析阐述，指出存在弹性发行规模条款、利率与利息支付条款、减记条款等特殊条款，对商业银行优先股、永续债进行了分析比较；同时，对永续债的风险尝试分析论述。

第三，在此基础上，对中国银行发行永续债的融资成本进行了分析论述，列举中国银行的部分其他资本管理工具，横向比较中国银行的各类资本管理工具融资成本，指出中国银行永续债的融资成本中等偏低，不会对银行的资本管理乃至经营运作造成过大压力，是中国银行进行资本管理配置的有效工具。

第四，根据前文分析，对目前央行以及银保监会等针对永续债创立的金融工具与金融政策进行介绍与解读，对央行票据互换工具CBS进行了分析介绍，提出CBS的概念、央行设立原因、具体操作流程、CBS评价，并指出CBS操作并不意味量化宽松，总结出其在提升永续债流动性、微观层面、宏观层面的作用；并对合格永续债纳入合格担保品，允许险资配置等永续债的相关工具与政策分析解读。

四、理论依据与分析

（一）理论依据

1. 债务融资相关理论

资本结构是组成公司的各种资本的价值及比例构成，一般公司的资本可分为债务资本和股权资本，如何在不同的资本补充方式中进行选择是学者们研究的重点。

（1）MM 理论。1958 年，Modigliani 和 Miller 提出了 MM 定理，认为在不存在个人所得税和公司所得税时，借债公司与不借债公司的价值相等；之后放松了假设，存在公司所得税时，负债支付的利息计入了公司的费用，会带来给政府缴纳税金的减少，此时借债公司价值大于不借债公司的价值；若进一步放松个人所得税假设，缴纳的税款又会带来公司价值的下降。

（2）权衡理论。1966 年，Robicheck 和 Myers 提出了权衡理论，认为负债会带来风险和破产成本，因此会存在一个最佳的负债比率，使得公司价值在债务融资带来的收益扣除增加的风险成本后达到最大。

（3）优序融资理论。1984 年，Myers 和 Majluf 提出了优序融资理论，认为股票融资会被市场误解，因为投资者通常认为只有当现行股票价值较高时才会增发股票，公司融资时会首先考虑内部资金，之后在外部融资方式中优先考虑债务融资，最后才会考虑股权融资。

2. 商业银行资本管理战略

（1）分子策略。商业银行的资本组成较为复杂，但大体上可以分成两部分，即核心资本和附属资本。所谓的分子策略就是使分子更大，从而提高资本充足率水平。因而分子策略的核心内容就是使商业银行的资本更多，增加商业银行的资本可以通过两种渠道：

一是提高商业银行的盈利能力，从而提高内源资本积累能力。商业银行应从自身出发，完善自身业务，提高盈利能力。具体来看，商业银行应该增加对中间业务的重视程度，可以依据自身的定位和特点，挖掘中间业务的盈利能力，通过业务创新和服务优化提升本银行对客户的吸引力；此外，商业银行也应该注重零售业务，重视客户需求，真正做到以市场为导向，进行差异化服务。

二是拓展外部筹资渠道。①公开上市募集资本金。②发行可转债。③发行长期次级债。④发行永续债。⑤发行混合资本债券。⑥积极引进战略投资者。

合理引进战略投资者既可以使银行增加资本，提高资本充足率，又可以使各方资本参与到金融业的发展中,获得盈利,实现多方共赢。

(2)分母策略。分母策略是指相对于银行的资本而言,降低银行的风险资产规模。有两种方式:一是直接减少资产规模;二是从资产结构入手,控制风险,降低资产的风险权重,使不良资产所占比重进一步下降,从而使分母减小。具体措施包括:首先,处置并盘活不良资产,在实际处理中,可以采用债务置换和债转股等措施。其次,对于风险高的资产,进行资产证券化,将不良资产从表外转到表内,从而降低风险资产的规模;在优化资产结构方面,商业银行在发放贷款、投资时,应该在考虑收益的同时也更多地倾向于一些流动性高、具有风险缓释作用的资产,这些资产风险权重低,提高这类资产所占比重,从结构上减少分母规模。

3. 商业银行监管理论

2008年金融危机后宏观审慎监管体系应运而生。

(1)巴塞尔协议。巴塞尔协议是巴塞尔委员会为了增强全球金融体系安全性制定的全球银行资本和风险监管标准,目前版本为第三版,它将微观审慎监管与宏观审慎监管结合了起来,构建了一个新的商业银行监管模式。

与之前的巴塞尔协议相比,巴塞尔协议Ⅲ的变化主要有:最低资本要求:强调提高资本构成的质量,调整不合理的风险比重(调整核心一级资本和其他一级资本比重),建立流动性风险监管标准(流动性要求、偿债能力指标);监督检查强调宏观审慎监管,减少顺周期性(建立资本缓冲机制);市场约束强调信息披露和信息透明度,尤其是核心信息。

为了应对巴塞尔协议Ⅲ,中国在此基础上,建立了中国版巴塞尔协议Ⅲ(见表9-6)。

表9-6 巴塞尔协议Ⅲ关键指标要求表

指标	巴塞尔协议Ⅲ	中国版巴塞尔协议Ⅲ
最低核心一级资本	4.5%	5%
最低一级资本充足率	6%	6%
最低资本充足率	8%	8%
最低流动性覆盖率	100%	100%
最低净资金稳定性	100%	100%
最低杠杆率要求	3%	4%
留存资本缓冲不低于	2.5%	2.5%
逆周期缓冲资本	0—2.5%	0—2.5%
系统重要性银行体加附属资本	1%—3.5%	1%
拨备率		≥2.5%,对非系统重要性银行做差异化安排

（2）TLAC 监管规则。TLAC 监管规则由金融稳定理事会（FSB）针对全球的 30 家系统重要性银行提出，目的是有效解决银行业一直存在的"大而不能倒"问题。TLAC 规则于 2019 年 1 月 1 日生效，其监管约束主要包括：TLAC 最低标准、杠杆率最低标准和合格的债务工具。

①TLAC 最低标准（TLAC/风险加权资产 RWA）。2019 年起 ≥16%，2022 年起 ≥18%。

②杠杆率要求（TLAC/银行表内外资产余额）。2019 年起 ≥6%，2022 年起 ≥6.75%。

③合格的债务工具：TLAC 规则要求"合格的债务工具"占 TLAC 工具的占比至少为 1/3。

（3）宏观审慎评估体系（MPA 评估体系）。2008 年次贷危机的爆发使得各个国家的监管当局开始反思传统的微观审慎监管。2015 年人民银行推出 MPA 评估体系，其适用群体是全国存款类金融机构。人民银行根据存款类金融机构在全国范围的重要程度将其分为了全国性系统重要性存款类机构、区域性系统重要性存款类机构、普通存款类金融机构。其评估指标共七项：资本和杠杆率情况（一票否决制，只要该项不及格即打入 C 类）、资产负债情况、流动性情况、利率定价行为（同一票否决制）、资产质量、跨境融资风险、信贷政策实施。各项指标采取打分制，满分 100，优秀 90，及格 60。根据评分将各机构分为 A（全部优秀）、B、C（一票否决或者其余五项中两项及以上不及格）三档，给予"A"奖励性法定准备金率、"B"标准法定准备金率、"C"约束性法定准备金率。

注：人民银行可以对上述指标、评分规则、评估等级、奖惩等根据宏观需要进行调整。

（二）具体分析

1. 中国银行发行永续债背后的深层次原因是什么？仅仅是为了提高中国银行资本充足率吗？

中国银行永续债的推出，为中国银行在多方面创造了价值与意义。在"非标回表"压力与新 TLAC 监管压力下，中行永续债的发行可以使中国银行资本得以有效补充；可以创新资本补充工具，扩大资本补充渠道；有利于银行实现强有力的筹资，有利于险资的大额配置。

（1）减轻中国银行资本补充压力。中国银行作为全球系统重要性银行，2025 年起开始适用 TLAC 规则，其监管约束包括三个，即 TLAC 最低标准、杠杆率最低标准和合格的债务工具。目前中国银行只有杠杆率达标,其余两项都不达标。中国银行2025年资本充足率至少需要达到20%。中国银行2018年年底的资本充足率为14.94%,这6年时间,中国银行需要提高将近5%的资本充足率,这给中国银行带来了巨大的资本压力。并且在当前的监管政策下,银行需要将表外非标转回表内,这又会使银行计提一部分风险资产,银行的资本缺口进一步扩大,这加剧了银行的资本补充压力。

中国的商业银行资本补充工具单一,这些二级市场工具给资本市场带来的冲击过大,并不适合短时间内补充大量资本。永续债的发行可以缓解中国银行的资金压力。

(2) 创新资本补充工具,扩大资本补充渠道。TLAC规则下合格债务工具需要占据TLAC工具的1/3以上,但是由于目前中国银行补充资本方式有限,中国银行的合格债务工具仅有减记型二级资本债和可转换债券,距离TLAC的监管要求差距较大。经过测算,中国银行每年需要补充的合格债务工具占每年TLAC工具补充量的绝大部分,所以当前中国银行急需既可以提高资本充足率又可以作为合格债务工具的一种融资工具。

同时,我国银行缺乏合格的工具来补充其他一级资本,对于各方面条件较差的中小银行而言,其可以用来补充资本的工具更为稀少。因此,目前中国的银行业也迫切需要创新资本补充工具,增加补充资金的渠道。中国银行永续债的发行可以视作为"创新资本补充工具"试水,相当于"试验田"的角色,这对中国银行业资本补充工具的创新和资本补充渠道的扩张具有重大意义。

(3) 永续债的推出有利于银行实现强有力的高效筹资,有利于保险资金的大额配置。永续债在中国银行间市场发行,符合保险资金的投资交易规则;存续期限较长,符合险资负债端久期长的特性,这使得险资资产负债端相互匹配。在投资标的安全性较高、期限理论永续的前提下,永续债的回报率高于同期其他投资标的水平,保险公司有动机亦有意愿进行资产配置。永续债的推出有利于银行吸引险资投资,有利于银行实现强有力的高效筹资。

2. 中国银行永续债的"永续"有哪些特点?其与优先股存在哪些区别?

(1) 永续债的"永续"。

①从期限条款上看"永续"。本次中国银行发行的2019年无固定期限资本债券(第一期),简称为"19中国银行永续债01",顾名思义,名称中的"无固定期限"和"永续"都体现出了本次债券在期限上远超出具有明确偿还时间的普通债券。根据中国银行发行文件中对债券期限的说明可以认为,中国银行若能一直持续经营下去,其发行的永续债就会一直存在。

②从赎回条款看"永续"。从有条件赎回条款中我们可以看出,在一定条件下,中国银行可以赎回债券的全部或一部分,条件是要保证其有同样或者更好的资本工具来替代永续债,或者赎回后仍然在较高水平上满足了监管指标。此外,还有一种特殊情形,即不可预计的监管规则变化导致本期债券不再计入其他一级资本时,中国银行有权全部赎回本期永续债。可以看出,有条件赎回条款主要是在保证银行资本充足的条件下对永续债进行赎回。

③减记条款看"永续"。减记条款的设定意味着在一定情况下永续债会产生价值损失甚至消失。它是在不利情形发生的情况下为保全银行资本而设定的,这也是在监管政策的要求下制定的。本次中行永续债的减记条款规定,当触发事件发生时,发行方可以全部或部分减记债券的票面总金额。触发事件主要指的是银行核心一级资本充足率下降至较低的水平或者银行被认定为经营困难,减记条款可以帮助银永续行维持充足率,满足监管要求。但同时也给债券投资人造成损失,债券被永久注销,永续债也不再"永续"。

(2) 永续债与优先股对于商业银行的区别。

①从发行主体上看。优先股的发行主体只能是上市银行,而银行永续债的发行主体则没有限制,涵盖了全部银行,因此可以惠及非上市的中小银行,帮助他们补充其他一级资本。

②从发行和流通场所来看。优先股在交易所发行,审批流程较慢,周期较长,并且仅可在交易所非公开转让,因此其流通的范围受到了限制;而永续债是在银行间市场发行,审批流程没有那么复杂,发行效率也较高。同时,永续债的流通场所更大,包括了银行间市场,所以其流动性更高。

③从转股和减记条款来看。优先股都设置有转股条款,无减记条款设置,而永续债既可以设置转股条款,又可以设置减记条款。本次永续债采用了减记条款。对于银行来说,作为发行者,发行优先股一旦达到优先股的转股触发条件,会增加银行的股本,每股指标会被稀释,而发行减记型永续债达到减记触发条件后可以直接改善核心一级资本充足率等指标。

3. 中行永续债的利率如何确定?相比较其他资本工具筹资成本如何?

中国银行发行的永续债——19 中国银行永续债 01 (1928001.IB),是我国历史上第一支银行永续债,也是我国金融市场中首单真正意义上的永续债。区别于过去国有企业发行的传统"类永债",中国银行永续债不存在"利率跳升机制"与其他赎回激励条款,并且新纳入"减记条款",是真正意义上的无固定期限资本债券。中行永续债的筹资成本如何确定?中行永续债相比较其发行的其他资本工具成本如何?下面将就此进行分析阐述。

(1) 中行永续债的利率确定机制。中行永续债的利率确定机制,与其他传统融资工具相比,存在创新之处。根据《中国银行永续债募集说明书》,中行永续债在利率确定方面,采用了"首期利率簿记建档确定"与"后期利率分阶段调整"的利率确定条款。中行永续债的利率确定机制,包括首期利率确定机制、后期利率分阶段机制两种。

一是首期利率确定机制。在首期利率确定方面,中行永续债的票面利率通过簿记建档集中配售的方式确定,申购方可以在"4.2%—5.2%"的利率区间中提交申购申请,申报申购利率、申购数量;后中国银行与主承销商通过簿记建档确定本期利率。根据《中国银行永续债发行情况公告》,本次"19中国银行永续债01"的首期票面利率确定为4.50%。

二是后期利率分阶段调整机制。根据募集说明书披露,中国银行自发行缴款截止日(2019年1月29日)起每5年进行利率重置——新一期的票面利率等于"基准利率+固定利差"两部分之和。

$$票面利率 = 基准利率 + 固定利差$$

其中,基准利率为利率重置公告日前5日"5年期中债国债到期收益率"算数平均值;固定利差为永续债首期利差,即"永续债首期利率-基准利率"之差。

由于中行永续债尚发行不久,未进入首次利率重置调整期,本文对首期的永续债利率进行了相关分析。根据《发行情况公告》,中国银行本次发行的永续债票面利率最终确定为4.50%,其中基准利率为永续债申购文件公告(2019年1月24日)前5日的"5年期中债国债到期收益率"——对应的基准利率水平为2.93%,对应的固定利差为"首期票面利率4.50% - 首期基准利率2.93% = 1.57%"。

在首次票面利率调整日(2024年1月29日),中行永续债的新一期票面利率等于对应的前5交易日"5年期中债国债到期收益率"加上157bp的固定利差。例如,若2024年1月29日向前5个交易日的基准利率为3.50%,则对应的新一阶段票面利率为3.50% + 1.57% = 5.07%。

(2) 中行永续债与其他资本工具筹资成本对比。银行永续债作为银行的新型资本工具,在资本工具性质与相关条款方面有较大差别。永续债相比较其他资本管理工具筹资成本如何?发行永续债筹资是否给银行带来了较大的筹资成本乃至经营运作压力?本案例针对中国银行在近期发行的各类资本工具进行了统计比较(见表9-7)。

表 9-7　　　　　　　　　　中国银行部分资本工具情况

	证券简称	发行日期	利率类型	票面利率/股息率	债券期限（年）	规模（亿元）
永续债	19 中国银行永续债 01	2019/1/25	分阶段调整利率	4.50%	—	400
二级资本债	18 中国银行二级 01	2018/9/5	固定利率	4.86%	10	400
优先股	中行优 1	2014/11/21	固定利率	6.00%	—	320
境外优先股	BOC 2014 PREF	2014/10/24	固定利率	6.75%	—	399.4
普通股	中国银行	2006/7/5	普通股	4.80%	—	10347.3

目前，中国银行的资本补充工具主要包含次级债、减记型二级资本债、可转换债券、优先股、普通股等，在新 TLAC 监管框架下中国银行创新设立我国第一单永续债。中国银行永续债因具有"债券之名，权益之实"的特征，理论上中行永续债没有到期日，且特别是在减记等条款下，其永续债权益性质十分强烈，在发行前其融资成本受到了社会的广泛猜疑。本案例对中国银行近年来发行的部分补充资本工具进行了统计分析。

表 9-7 为中国银行近年来发行的部分资本工具情况表，中行目前发行并存续普通股、优先股、二级资本债、永续债等用以补足资本充足率。最近一期的中行二级资本债为 18 中国银行二级 01，期限 10 年，总规模 400 亿元，其票面利率为 4.86%；而目前中行存续的优先股股息率分别为 6%（中行优 1）/5.5%（中行优 2）/6.75%（BOC 2014 PREF）；普通股成本方面，本案例选取中国银行 2017 年股息率作为普通股的筹资成本，对应普通股筹资成本为 4.80%。

中国银行永续债的总发行规模为 400 亿元，对应首期票面利率为 4.50%，作为"债券之名，权益之实"的新型混合筹资工具，中行永续债相比传统的普通股筹资与优先股筹资，成本更为低廉；相比较二级资本债，成本相对持平甚至较低，而其同时还具有了普通债券不存有的"无到期期限"特征，相对二级资本债条款更为丰厚，融资成本可观。

中行永续债的融资成本低于同期中行的其他资本工具。与此同时，永续债的利息，根据国家有关规定，可以进行税前扣除，与无法进行税前扣除的优先股与普通股相比，永续债的融资成本更为低廉。在永续债允许保险资金进行配置投资等新政策的推动下，中国银行永续债的筹资成本相对可观。因此，本案例认为，中行永续债的利率相比较同期其他资本工具持平同时相对偏低，有利于中国银行有效低成本补足长期资本。

4. CBS 操作是否意味着量化宽松？如何评价 CBS 的作用？

（1）CBS 并不意味着量化宽松。

首先，央行之所以创设 CBS 是为了促进永续债的发行和交易，从而增加其流动性,并且以央行信用作为背书,降低了永续债的风险,从而可以减少其票面利率,对发行方而言,可以减少其融资成本。并且当永续债的市场接受程度逐渐提高,其流动性达到一定程度时,央行很有可能停止 CBS 操作。

其次,在实际操作中,CBS 其实只解决了接受质押一方的风险资本占用问题,对于进行互换的一级交易商,即使通过互换能够从央行获得流动性,但是永续债的收益和风险仍然归其所有,并没有转交给央行,因而仍然需要计提风险资本,因而从这个角度来看,并非量化宽松。

(2) CBS 的作用。

第一,CBS 可提高银行发行永续债的积极性。CBS 使央行承担了永续债部分风险:央行创设 CBS 之后,购入永续债的银行可将手中持有的永续债跟央票进行互换,相当于央行以自身信用作为担保,这意味着该永续债的部分风险已经由央行进行承担,并且永续债的利息仍然归原购买银行所有,对于银行而言,风险大幅度降低,收益仍归属自身,从而增加了永续债的吸引力。

央行创设 CBS 操作之后,永续债吸引力大幅增加,市场上将会有更多的资金配置于永续债,极大地增加了市场对永续债的需求,这种情况下,将会有更多的永续债得以发行,从而有利于缓解银行的资本压力。

符合条件的银行进行 CBS 操作之后,换到的央票可以用于抵押,这又进一步增加了永续债的吸引力。

第二,在微观层面,CBS 对商业银行、央行资产负债表及风险资本计提的影响。在答记者问中,央行发言人明确指出,永续债的利息仍然归属于原购入银行,从这个角度来看,即使进行了 CBS 操作,但是永续债仍然体现在原购入银行的报表中,并且央票也不会进入原购入银行的报表。

央行之前所发行的央票,已经全部到期,因而央行需要重新发行,以便于进行 CBS 操作。之前发行的央票是为了冲减不断增加的外汇占款,因而在央行报表中,负债端增加"货币当局:债券发行",减少"储备货币"。但此次发行的央票并非是为了调节基础货币,因而在计入央行报表时,计入原则可能会有所变化,多方推测认为会调减负债端的其他科目,但目前央行尚未出台具体文件,因而要等央行资产负债表公布之后才能得知。

如前文分析,即使永续债购入银行进行 CBS 操作,永续债仍然会体现在其报表中,因而仍然需要计提风险资本,至于风险资本权重,根据监管政策,次级债的权重为 100%,而股权的权重为 250%,永续债作为兼具债券和股票双重性质的资本工具,其清偿顺序也介于两者之间,因而计提比例也应该在 100%—250%,但目前尚未出台相关政策,因而具体比例还需要看各行的具体操作以及监管部门的相关规定。

第三,从宏观层面看,CBS使社融规模增速和广义货币增速企稳。购入永续债的合格银行在进行CBS操作时,是将永续债换为央行的票据,如前文分析,此种操作并不会增加基础货币的发行规模,对流动性的影响是中性的。央行进行CBS操作的目的是为了提高永续债的流动性,从而缓解银行的资本压力,有利于银行补充其资本金。银行资本金充裕之后,银行的信贷供给能力和信贷意愿也会大幅提升,从而能够疏通货币政策的传导渠道,促进宽货币稳步过渡为宽信用,从而使社融规模增速和广义货币增速企稳。

五、关键要点

本案例分析的关键在于了解新资本监管压力下,中国银行发行永续债补充资本的全流程与相关知识点,具体而言,教学中的关键要点包括:

1. 了解中国银行发行永续债补充资本的背景、国际新TLAC监管框架,并能够分析以中国银行为代表的国内银行资本管理现状及可用于补充资本的工具。

2. 掌握中国银行永续债的基本概况与特殊条款,对弹性发行规模条款、减记条款等能有所掌握,认识永续债"永续"的性质。对永续债与优先股的对比有所了解。

3. 掌握央行、银保监会针对永续债的工具设计与政策支持,掌握央行票据互换工具CBS的基本概况与运作流程,了解永续债纳入合格担保品、银保监会允许险资配置等相关监管政策。

4. 能够对中国银行永续债乃至银行业永续债的发展做出客观评价。

六、课堂计划

本案例适用于金融专业硕士课程相关案例讨论课,下文为本案例提供的课程安排建议,建议占2课时,仅供参考。

1. 课前计划:课程开展前一周将案例基本资料提供给学生进行阅读,根据案例讨论课分设的小组分组研读,学生对中国银行永续债的案例背景与基本特征有基础性了解;并布置启发思考题:中国银行永续债的发行背景是怎样的?中行永续债的"永续"有哪些特点?指定小组制作关于中行永续债发行背景、中行永续债基本内容的汇报PPT,完成有关工作。

2. 课中计划:

（1）背景分析：15分钟。由其中1个小组对中国银行永续债的案例背景进行展示介绍与简要分析，使学生对中国银行永续债的发行背景有基本掌握。

（2）具体内容介绍：25分钟。由2个小组与任课教师共同完成，2个小组分别对中行永续债的基本概况与特殊条款、央行银保监会相关工具与政策进行展示，由教师对上述小组展示进行评价与补充，使学生对中行永续债的具体内容与相关政策工具有较为清晰的了解。

（3）小组分组讨论：25分钟。任课教师提出启发思考题：中国银行发行永续债仅仅是为了提高资本充足率吗？相比较中行其他资本工具筹资成本如何？央行针对永续债的CBS操作是否意味着量化宽松？如何评价CBS的作用等，要求小组进行分组讨论，并形成汇总结果进行分组汇报。

（4）学生自由讨论：20分钟。学生可针对各小组分组汇报情况，进行自由讨论，并提出其他问题，自由讨论得出有关结论。

（5）教师点评与答疑：15分钟。

3. 课后计划：请学生整理完成启发思考题，并论述我国商业银行永续债存在哪些问题，论述永续债在各类别商业银行中补充资本的可行性与适应性。

七、案例后续进展

1. 关注工、农、中、建四家全球系统重要性商业银行的永续债发行动向，持续跟踪永续债对其资本影响状况。

2. 对永续债的二级交易制度、央行票据互换工具CBS等政策工具进行跟踪研究。

参考文献

[1] 冯斯健. 总损失吸收能力监管对中国银行业的影响分析 [D]. 外交学院，2017.

[2] 郭伟，刘扬. 关于G-SIBs审慎监管框架的新进展及影响分析 [J]. 国际金融，2015（6）：65-69.

[3] 贺建清."中国版巴塞尔协议Ⅲ"对银行业的影响分析 [J]. 金融论坛，2011（16）：25-32.

[4] 李彩艳. 借鉴国外经验发展我国公司债券市场 [D]. 西南财经大学，2006.

[5] 廖志明，林瑾璐. 专题研究：TLAC规则带来多大银行资本压力？[R]. 天风

证券研究所，2018：4.

[6] 刘明康. 商业银行资本充足率管理办法释义 [M]. 北京：经济科学出版社，2004.

[7] 刘全雷，徐惊蛰. 系统重要性银行 TLAC 债务工具创新研究 [J]. 债券，2015（6）：69-74.

[8] 马婷婷，蒋江松媛. 银行行业专题报告再融资专题四：TLAC，并不可怕 [R]. 东吴证券研究报告，2018：12.

[9] 宁喆敏. "中国版巴塞尔协议Ⅲ"对银行业的影响 [J]. 开放导报，2012（2）：52-55.

[10] 中国银行业监督管理委员会. 商业银行资本充足率管理办法 [Z]. 2004.

[11] 石爱民. 我国公司债券的发展与对策研究 [D]. 复旦大学，2008.

[12] 孙国峰. 解读 MPA：不断完善的宏观审慎评估体系 [J]. 中国银行业，2017（11）：44-47.

[13] 王凤岩，鲁政委. 总损失吸收能力（TLAC）的框架及其内容 [R]. 兴业研究，2016：11.

[14] 王丽. 资本结构、商业模式创新与公司成长性关系 [D]. 对外经济贸易大学，2016.

[15] 王敏慧. 公司债券融资及其风险管理研究 [D]. 浙江大学，2008.

[16] 王秀华. 发挥企业债券融资优势：理论分析与政策建议 [J]. 上海立信会计学院学报，2006（6）：46-50.

[17] 肖晶. 大型商业银行资本监管框架及对策研究 [J]. 青海金融，2017（11）：17-21.

[18] 杨荣，方才. TLAC 的来龙去脉：金融严监管为资本补充让路 [R]. 中信建投证券，2018：5.

[19] 张晓伟. 我国商业银行资本充足率管理研究 [D]. 西南财经大学，2009.

[20] 郑慧开. 基于融资效率评价的房地产企业债务融资结构优化研究 [D]. 湖南大学，2016.

附件：

[1] 中国人民银行准予行政许可决定书（银市场许准予字〔2019〕第 8 号）.

[2] 中国银保监会关于中国银行发行无固定期限资本债券的批复（银保监复

〔2019〕71号）.

［3］中国银行股份有限公司2019年无固定期限资本债券（第一期）偿债计划及保障措施专项报告.

［4］中国银行股份有限公司发行2019年无固定期限资本债券（第一期）的法律意见书.

［5］中介机构承诺函.

［6］中国银行股份有限公司2019年无固定期限资本债券（第一期）募集说明书.

［7］中国银行股份有限公司2016年年度报告.

［8］中国银行股份有限公司2017年年度报告.

［9］中国银行股份有限公司2018年年度报告.

［10］中国银行股份有限公司2019年无固定期限资本债券（第一期）信用评级报告及跟踪评级安排说明.

［11］中国银行股份有限公司2019年无固定期限资本债券（第一期）发行公告.

［12］中国银行股份有限公司2019年无固定期限资本债券（第一期）簿记建档发行承诺函.

［13］中国银行股份有限公司2019年无固定期限资本债券（第一期）申购区间与投资者申购提示性说明.

案例 10

A 股首单定向可转债问世[①]

——赛腾股份试水新政

2018年11月1日,证监会出台新政,鼓励民营控股上市公司发行定向可转债进行融资。一周后,赛腾股份宣布将发行我国A股市场首单定向可转换债券,其条款设计可谓亮点频出,颇具借鉴意义。赛腾公司对定向可转债新政的迅速反应,也在一定程度上暴露出民营企业对创新融资工具的迫切需求。本文回顾了这一事件并对以下问题加以分析:作为A股市场首单定向可转债,其条款有哪些显著特征?又能为后续市场提供哪些经验?

① 本案例由中央财经大学金融学院董宇佳、刘佳楠、徐嘉莫撰写,陈颖指导。

 **案例正文**

一、引言

2018年11月1日，证监会出台新政，鼓励包括民营控股上市公司在内的上市公司通过发行定向可转债进行融资。这一新政出台7日后，赛腾股份提交了通过发行定向可转债进行资产收购的预案，该预案仅用22个工作日就完成了从受理到过会，用3个月便走完了从预案提交到审核批准的全流程。A股市场首单定向可转债的发行为何如此迅速？一系列新政出台的背后又揭示了怎样的市场痛点？未来定向可转债又将在何领域大放异彩呢？且看下文细细道来。

二、定向可转债前景广阔

2018年11月，证监会发布《证监会试点定向可转债并购支持上市公司发展》的公告，并明确表示"要在上市公司并购中进行试点，把定向可转债作为支付工具之一"[1]；2019年2月，国务院在《关于加强金融服务民营企业的若干意见》中再度提出"研究扩大定向可转债适用范围和发行规模，支持民营企业发行私募可转债"[2]。定向可转债的频繁提及体现了国家支持上市公司，特别是民营控股上市公司通过多层级资本市场来发展壮大的积极态度，与此同时，这一融资工具也为解决民营企业融资难融资贵的问题提供了良好方案。

定向可转债是指向特定投资者发行的、债券持有人可在未来选择按照约定发行价格将债券转换成普通股的债券，是一种介于优先股和公司债之间的非公开定向融资工具，其可以通过条款设计解决交易双方对价格的分歧、加快并购市场升温。定向可转债作为一种完全市场化的工具，在企业并购重组过程中优于现金和发行股份的支付方式，其内涵期权的形式构建了"保底收益+向上弹性"的组合，使得可转债有望取代定增成为再融资市场的核心品种。

近5年来，可转债市场越发火爆，其规模呈现出明显的增长趋势，截至目前可转

---

[1] 引用自《证监会试点定向可转债并购支持上市公司发展》。
[2] 引用自《关于加强金融服务民营企业的若干意见》。

债发行量已达 2261 亿元，单笔发行规模略高于 10 亿元，票面利率在 0.3% 左右（见表 10-1）。定向可转债作为"可转债家族"的一员，主要区别在于投资者范围较小且相对确定，据业内人士估计，定向可转债在未来几年内有望发展至万亿元规模。

表 10-1　　　　　　　　　　　近 5 年来市场可转债发行情况

年份	发行总额（亿元）	发行均额（亿元）	平均票面利率（%）
2015	93.80	16.90	0.33
2016	179.72	19.97	0.37
2017	587.03	12.48	0.31
2018	1064.55	12.53	0.36
2019	336.33	7.63	0.38
总计	2261.43	12.74	0.35

三、赛腾股份拔得头筹

苏州赛腾精密电子股份有限公司（简称"赛腾股份"）发行的定向可转换债券作为 A 股市场首单，自发布预案起就引发众多关注，其"闪电过会"更是为上市公司在并购重组时使用定向可转债树立了良好的榜样效应。

赛腾股份系高新技术企业，主要经营范围为自动化设备的研发、设计、生产、销售及技术服务，企业的长期目标是力争在国家产业升级及智能装备制造行业大发展的背景下成为国内智能装备制造业的领导企业。其发展历程如图 10-1 所示。

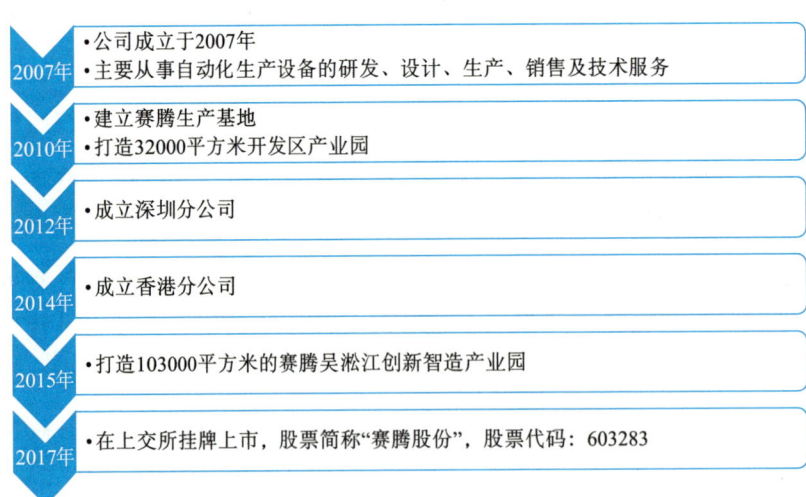

图 10-1　赛腾股份发展历程

综合分析赛腾股份各方面的财务数据可得出，公司的盈利能力很强，但同时其债务量在近几年内显著增长，亟须权益性质的融资工具助其进一步扩大规模、缓解债务压力。在盈利能力方面，赛腾股份与同行业其他企业相比具有明显优势，从图10-2可以看出赛腾股份净资产回报率显著高于行业平均水平，维持在30%左右，近3年来有所下滑。在偿债能力方面，从图10-3可以看出3年来赛腾股份资产负债率快速增长，流动比率和速动比率由稳转降。

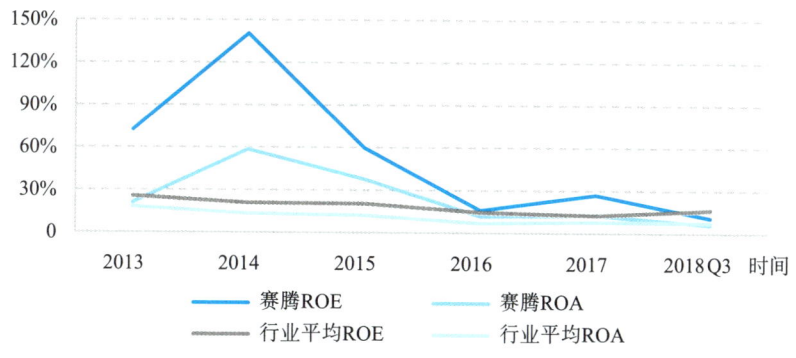

图 10-2　赛腾股份 ROE、ROA 高于行业平均水平

资料来源：Wind 数据库。

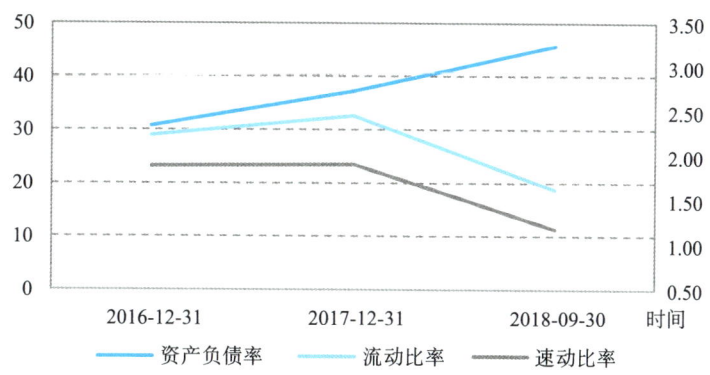

图 10-3　赛腾股份负债水平显著提高

资料来源：Wind 数据库。

为积极拓宽产品种类及应用领域、拓展非消费电子行业的应用客户及销售渠道，赛腾股份通过并购积极推进外延式发展。苏州菱欧自动化科技股份有限公司（简称"菱欧科技"）作为业内领先的自动化设备供应商，具备优秀的产品质量、过硬的技术实力及与日本电产、索尼等稳定的客户关系，无疑成为赛腾股份外延式发展战略的首选目标。作为本次并购交易的标的公司，菱欧科技共有张玺、陈雪兴、邵聪三名股东，三名股东亦成为本次并购交易的交易对手（简称"交易对手"，亦为定向可转债的投资者）。

"定向可转债新政"出台一周后,赛腾股份迅速提出了收购菱欧科技的预案,宣布拟主要通过定向可转债、辅之以股权和现金的支付结构来收购菱欧科技100%股权,合计交易金额为2.10亿元,其支付对价的具体方式及结构见表10-2。

表10-2　　　　　赛腾股份收购菱欧科技支付对价的金额及具体方式

交易对方	所持菱欧科技股权比例	可转债支付对价（万元）	现金对价（万元）	股份对价（万元）	总对价（万元）
张玺	41.00%	5166.00	2583.00	861.00	8610.00
陈雪兴	37.50%	4725.00	2362.50	787.50	7875.00
邵聪	21.50%	2709.00	1354.50	451.50	4515.00
合计	100.00%	12600.00	6300.00	2100.00	21000.00

2019年1月23日,证监会做出批复,称"首单试点定向可转债"的赛腾定向可转债重组方案无条件通过;2019年3月1日,证监会发文,赛腾股份并购菱欧科技这一交易正式获得核准,这标志着A股市场的首单定向可转债试点已获成功。

四、可转债设计方案简述

本次方案发行定向可转债的总金额为12600万元,初始转股价格定为19.30元/股;转股价格定价标准为:不低于定价基准日前60个交易日股票均价的90%,即19.29元/股;转股的股份来源为公司发行的股份或公司因回购股份形成的库存股;存续期为自发行之日起3年;利率为0.01%/年,约定到期一次还本付息;定向可转债不含评级和担保。

转股锁定期为12个月,在此期间不得转让债券及转股("限制期"),12个月后按30%、30%、40%比例分三期解锁。此外,菱欧科技需要达到一定的业绩要求才能解锁可转债,具体细节见表10-3。

表10-3　　　　　　　　　　　转股的解锁条件

期数	解锁条件	累计可解锁的可转债
第一期	指定媒体披露2018年度盈利预测实现情况的专项审核报告;并且12个月限制期届满后,标的公司[①] 2018年的实际净利润达到2018年承诺净利润	可解锁的可转债=本次发行可转债×30%-当年已补偿的可转债（如有）

---

① 本文中标的公司均指菱欧科技。

续表

期数	解锁条件	累计可解锁的可转债
第二期	指定媒体披露 2019 年度盈利预测实现情况的专项审核报告后,标的公司 2018—2019 年实现净利润之和达到 2018—2019 年承诺净利润之和	可解锁的可转债＝本次发行可转债×60％－累计已补偿的可转债（如有）
第三期	指定媒体披露标的公司 2020 年度盈利预测实现情况的专项审核报告和承诺期间减值测试报告后,标的公司 2018—2020 年实现净利润之和达到 2018—2020 年承诺净利润之和,本次向交易对方发行的全部可转债均可解锁	可解锁的可转债＝本次发行可转债×100％－累计已补偿的可转债（如有）[①]

交易各方约定了转股价格向上/向下修正条款、有条件强制转股条款、提前回售条款等特殊安排（见表 10-4）。

表 10-4　　　　　　　　　　可转债的特殊条款

转股价格修正	双向转股价格修正 向上修正：在本次发行的可转换债券存续期间,当交易对方提交转股申请日前 20 日赛腾股份股票交易均价不低于当期转股价格 150％时,则当次转股时应按照当期转股价格的 130％进行转股,但当次转股价格最高不超过初始转股价格的 130％ 向下修正：在本次发行的可转换债券存续期间,当上市公司 A 股股票在任意连续 30 个交易日中至少有 15 个交易日的收盘价低于当期转股价格的 90％时,上市公司董事会有权提出转股价格向下修正方案并提交上市公司股东大会审议表决,修正后的转股价格不得低于董事会审议修正方案的决议公告日前 20 个交易日、60 个交易日或者 120 个交易日交易均价的 90％ 修正后的转股价格应不低于上市公司最近一期经审计的每股净资产值和股票面值
有条件强制转股条款	在本次发行的可转换债券存续期内,如上市公司 A 股股票连续 30 个交易日的收盘价格不低于当期转股价格的 130％时,上市公司董事会有权提出强制转股方案,该方案须经出席股东大会的股东所持表决权的 2/3 以上通过方可实施,股东大会进行表决时,持有上市公司本次发行的可转换债券的股东应当回避 通过上述表决程序后,上市公司有权行使强制转股权,将满足解锁条件的可转换债券按照当时有效的转股价格强制转化为上市公司 A 股普通股股票
提前回售	当交易对方所持可转换债券满足解锁条件后,如公司股票连续 30 个交易日的收盘价格均低于当期转股价格的 80％,则交易对方有权行使提前回售权 在各年度首次达到提前回售权行使条件时起,交易对方的提前回售权进入行权期,行权期长度为 10 个交易日 行权期满后,交易对方所持满足解锁条件的可转换债券中未回售的部分,自行权期满后第一日起,按照 0.5％年利率计算利息

---

① 表 10-3 引用自《苏州赛腾精密电子股份有限公司发行可转换债券、股份及支付现金购买资产并募集配套资金报告》。

续表

业绩对赌	定向可转债部分参与业绩对赌,"补偿时,先以补偿义务人因本次交易取得的可转债进行补偿,不足部分以本次交易取得的上市公司股份进行补偿,仍不足的部分由补偿义务人以现金补偿"①

五、条款设计亮点分析

与传统可转债相比,此次赛腾股份定向可转债主要设计了三个特殊条款,分别是双向转股价格条款、强制回售条款和有条件强制赎回条款,其精髓在于不同条款的组合。这些组合可以兼顾多方利益,协调方案所涉及的众多利益相关者之间的分歧,为赛腾股份和张玺等交易对手之间提供充分的博弈空间,对后续设计定向可转债的公司而言,具有重要的借鉴意义。

(一)双向转股价格调整机制

为了保证债券持有人的权益,在可转债的条款中设计了转股价格向下修正条款。在首单定向可转债的方案中,赛腾股份既包含了转股价格向下修正条款,又创新性地设计了转股价格向上修正条款,打出了一记"双重组合拳"。

当赛腾股份股价持续下跌至原转股价格的90%时,转股价格向下修正条款赋予了公司向下调整转股价格的权利。下调转股价格对交易双方都有益处:对于赛腾股份而言,转股价格的下调可以促使交易对手转股,从而减轻其期末偿还现金债务的压力;对于债券持有人而言,转股后能获得更多数量的股票,因股价下跌所导致的利益损失也可得到补偿。因此,向下修正条款平衡了赛腾股份和交易对手的利益,不过值得注意的是,转股价格并不可以无限下调,修正后的转股价格不得低于转股前一段时间交易均价的90%。

在交易对手提交转股申请前,如果赛腾股份的股票交易均价达到或者超过合同约定的当期转股价格的150%时,向上修正条款被自动触发,此时可转债的实际转股价格应该调整为当期转股价格的130%。在可转债存续期内,如果赛腾股份的股票价格大幅上涨,那么交易对手在这时进行转股就会显著影响赛腾股份原有股东的利益,使得他们的股份被严重稀释。向上修正条款的设计使得在股价上涨幅度较大时,赛腾股

---

① 表10-4引用自《苏州赛腾精密电子股份有限公司发行可转换债券、股份及支付现金购买资产并募集配套资金报告》。

份原股东可以通过上调转股价格分享股价上涨的收益、减轻股权稀释带来的负效应。

(二) 强制回售条款代替赎回条款

赛腾股份定向可转债实行的是有条件强制回售条款,即在交易对手方的业绩达到解锁条件标准后,就有权将满足解锁条件的可转换债券的部分或全部以面值加当期应计利息回售给赛腾股份,由此可见,这一条款的主动权掌握在交易对手手中。在传统可转债的条款中包含赎回条款,该条款赋予上市公司可按事先约定的条件和价格赎回尚未转股的可转换公司债券的权利,此条款的主动权掌握在上市公司手中。

如果赛腾公司的股价连续走低,同时交易对手方本期业绩达到可转债解锁的标准,那么交易对方转股即面临损失。由于赛腾股份定向可转债为到期一次性还本付息,可转债存续期间交易对手也无法得到现金收益,如其在满足提前回售条款行权条件时行使该项权利,就可以提前获得一笔现金以应对公司现金紧缺的情况。如交易对方在满足提前回售条款行权条件时却未全部行使该项权利,那其所持的满足解锁条件的份额中未回售的部分,将按照0.6%/年利率计算利息,起息日为自行权期满后第一日至可转债到期日,增加债券利息是赛腾股份对交易对方继续持有可转换债券的补偿。

(三) 有条件强制转股条款

赛腾股份发行的定向可转换债券在存续期间实行有条件的强制转股条款,如果公司股票在连续一个月内收盘价格达到或超过当期转股价格的130%,公司董事会有权提出强制转股方案,并提交股东大会进行决议。强制转股方案通过后,赛腾股份有权将所有满足解锁条件的可转换债券按照当时有效的转股价格强行转化为赛腾股份普通股股票。

当股价长期显著运行在转股价以上时,转股对于交易对方来说更有利,因此其将选择把满足解锁条件的可转换债券转换为普通股股票实现收益。如果赛腾股份的偿债能力下降,或者预计未来股价还会继续上涨,公司可以进行强制转股,以此来减轻自身的潜在现金偿付压力,提高公司的财务稳健性,保护公司中小股东的利益。

六、定向可转债助力民企融资

(一) 定向可转债为民企融资开辟新渠道

定向可转债作为一种发行对象事先确定的可转换债券,是拓宽企业融资渠道的有效工具。在经济下行的大背景下，民营企业特别是其中一些中小型企业的融资形势变得十分严峻。一方面，大多数企业自身实力有限，不像大型国企和央企那样有丰厚的资产支持，因而在发债融资时债券违约风险高，需要设定较高的利率来吸引投资者，相应的资金成本随之上升；另一方面，因为股票对于投资者来说无法得到确定的收益，一些成长型民企未来的股价不稳定性较高，无法对接大多数投资者的风险偏好，通过股权融资的方式往往无法满足其资金需求。可转债兼具"债性"与"股性"，投资者可在转股前获得固定的利息收益，当公司未来业绩变好时，又可以将其转换为公司股票，享受公司发展带来的红利，因而，民营企业利用此种工具进行融资时对投资者更有吸引力。

（二）定向可转债可作为更优质的支付工具

与现金和股权支付相比，企业在购买资产时以定向可转债作为支付工具优势显著。首先，相较于股权支付，定向可转债通过设置内含期权和灵活的行权价格解决了价格走势不明的核心问题，降低了价格风险；其次，与股票回购结合在一起的形式可以熨平股价波动，库存股制度的设立也为股票回购和发行可转债购买资产配套使用提供了一个三年的过渡期，有利于公司统筹安排各项资本运作；最后，相较于现金支付，定向可转债放弃转股时，买方相当于可以较低成本融取资金，对公司后续税务筹划和经营发展都能起到积极作用。

七、赛腾定向可转债的经验启示

截至目前，市场中已有超过五家企业在其资产购买方案中引入了定向可转债，赛腾定向可转债的引领作用十分明显，当然，其本身也可为后续发行定向可转债的企业提供了诸多值得借鉴的经验。

第一，定向可转债这一工具更适用于发展前景广阔、经营状况良好但是融资渠道有限的中小型企业。虽然国家目前还未出台关于定向可转债发行条件的各项细则，但参考传统可转债的约束条件可知，发行可转债对于公司的盈利能力、可用债务余额等都有一定的要求，只有经营状况良好，发展潜力可观，公司才能具备运用这一工具的实力，从而避免给投资者带来不必要的风险。另外，当前支持可转债的政策致力于解决包括民营控股上市公司在内的上市公司融资难问题，因此通过传统融资渠道难以获得足够资金的主体也可以积极运用定向可转债这一工具来满足自身的融资需求。

第二，定向可转债在方案设计时需综合多方面考虑。在进行可转债条款设置时，可以直接对向下修正与提前回售条款、向上修正和强制转股条款的组合进行效仿,但对于具体触发条件的设置,则需要结合本公司的整体实力、公司以往股价的波动率高低、整个市场在发行时期的行情等因素综合考虑,以切合自身特点、最大化交易双方的利益。

第三,发行定向可转债的公司要提前对市场的反应做出合理预测。赛腾股份在最终交易方案公布之前,曾因害怕公司股价受发行消息影响波动太大而做出停牌决定,后发行市场表现平稳又重新复牌。接下来,发行定向可转债的公司可以此为鉴,通过合理预测市场反应来进行相应安排。

如今多个包含定向可转债的交易方案接连涌出,这是市场对其作用的肯定,与此同时,政策端的支持也证明企业发行定向可转债的这条路已经亮起绿灯,可以预计,这一融资工具将在未来得到更充分的运用,助力更多企业顺利实现其融资目的,最大化发挥其应有作用,且让我们拭目以待。

 案例使用说明

在经济下行、A股震荡的背景下,民营企业融资难融资贵的问题愈发凸显,扩大民营企业直接融资、推动创新型融资工具设立迫在眉睫。充分利用创新支付工具积极推进上市公司并购重组市场化进程迫在眉睫。而创新设计定向可转债条款、实现稳健又富有弹性的方案设计不仅有利于此次债券的推出,更是为后续可转债条款的设计提供了新的想象空间和思路。

一、教学目的与用途

1. 适用课程:固定收益证券、企业并购与重组、金融学等。
2. 使用对象:本案例主要为MBA、EMBA、金融硕士(MF)专业学位研究生学习,也适合具有一定工作经验的金融管理者阅读。
3. 教学目标:本案例描述了"赛腾股份发行定向可转债"的主要内容,分析了定向可转债条款的设计艺术及推动民营企业融资的重要意义。本案例的教学目标有四个方面:
(1) 学习定向可转债的含义及作用,了解当前定向可转债市场的基本情况;
(2) 分析定向可转债发行的条件与目的;
(3) 掌握定向可转债条款的基本内容及灵活条款的设计方案,主要包括双向转股价格调整机制和强制回售条款，尤其注意各条款设计的配合问题；

（4）结合民营企业特征，分析定向可转债在民营企业融资方面的重要意义和显著优势。

二、启发思考题

1. 定向可转债的特点及作用有哪些？企业、政府对定向可转债发行持何态度？
2. 企业发行定向可转债的基本条件有哪些？发行定向可转债的原因？
3. 向上向下价格修正条款、强制转股条款及回售条款的设计如何消除并购双方价格分歧？对并购双方各有什么影响？
4. 与现金支付和股权支付相比，定向可转债在民营企业融资方面的显著优势是什么？

三、分析思路

本案例分析的基本思路是：

第一步：分析定向可转债发行的政策背景，梳理基本含义、特点及作用，了解当前定向可转债市场的基本情况，包括企业、政府的态度；

第二步：结合可转债发行条件和企业财务状况、战略规划，分析企业发行定向可转债的可行性和必要性；

第三步：分析定向可转换债券基本条款，尤其关注价格向上修正条款及有条件强制转股条款这两个创新条款设计的意义；

第四步：分析总结 A 股首单定向可转债的借鉴经验及重要意义。

四、理论依据与分析

（一）理论依据

可转换债券投资价值主要由债券本身价值与内涵期权价值两部分构成。股票价格较低时，可转债的投资价值由债券价值决定；股票价格较高时，可转债的投资价值由股票期权价值决定；当股价处于中间水平时，可转债的投资价值由债券价值和股票期权价值共同决定（Reilly 和 Brown，2000）。

在不同类型市场中，可转债价值的表现特征也有所不同。以实证分析为基础得出，可转换债券在熊市环境中更多表现为债券特性，在牛市环境中更多表现为股票特性，在平衡市场环境中则表现为债券和股票双重特性（王铁锋，2003）。除市场以外，投资者在投资定向可转债时还应考虑发行主体的行业景气度、盈利能力和偿债能力等（马雪金，2006）。

在发行可转换债券带来财富效应的方面，国内外学者从各类角度进行了理论研究。从信息传递角度，公司的外部融资传递了现金流不足的信号，易引起股民恐慌抛售、公司股价下跌（Miller 和 Rock，1985）。而信息不对称理论认为，在公司经理人掌握大量信息且以股东价值最大化为目标的基础上，只有证券价值被高估时才会在市场上发行证券，因而公开发行证券会对公司股票价格产生负面影响（Myers 和 Majluf，1984）。

在可转换债券影响因素方面，公司盈利能力对可转换债券的债性和股性具有重要影响，良好的业绩支撑是股价上涨的有效保障（李鹰，2003），净资产收益率、每股收益、每股净资产和每股现金流量是影响股票价格的重要因素且呈正相关关系，而财务指标与股价波动越显著，则 A 股市场越成熟。

（二）可转债定义和特点

可转换债券是指在一定条件下投资者手中持有的债券可在未来转化为对应公司的股票，其每张面值为一百元，存续期限在一年到六年之间，具有债券及股票的双重特性。定向可转债作为"可转债家族"中的一员，除其发行方向事先确定外，其他性质与别的可转债并无二致。

可转债的"债性"，指的是其像普通债券一样能获取相对稳定的利息收入，到期还可以收回本金。利息作为税前支付的费用可带来税盾效应，而股利则在税后提取，所以在同等融资规模下，可转债的成本较低。

可转债的"股性"，是指可转换债券持有人在行使转换权后成为公司的股东，可以取得股东所拥有的各项权利，获得股利或者资本利得。由于可转债条款中存在无法转股的保护期限，并且在转股期内正股股价也不一定能够达到吸引持有人转股的水平，所以与直接发行股票相比，对每股收益等影响股价的指标的影响将会有所延迟，在再融资时对发行主体维护股价十分有利。

由于可转换债券的"双性"，其售价也由两部分组成：一是债券本金与利息按市场利率折算的现值；二是转换权的价值。

可转换债券包含的基本要素有以下几个方面：

1. 有效期与转换期。可转换债券的有效期指债券从发行日至兑付本息日的时长总和。转换期限是指可转换债券转换为普通股票的起始日至结束日的期间。发行人通常提前规定转换期，只有在该期限内，持有人才可以按转换比例将债券转换成对应股票。

2. 股票利率。可转换公司债券的票面利率指其相当于一种债券时的票面利率，由发行人根据市场利率水平、公司债券评级状况等条件确定，一般低于相同条件的不可转换债券。

3. 转换比例。转换比例是指一定面值的可转换债券按事先约定的转换价格可转成股票的股数。

转换比例 = 可转换债券面值/转换价格

4. 赎回条款与回售条款。这两项条款是可转换债券在发行时规定的相应行为发生的具体市场条件。

赎回是指发行人在发行后可以提前购回未到期的可转换公司债券。一般当公司股票在一段时间内连续高于转换价格某一幅度时，公司会行使其赎回权。

回售是指公司股票在一段时间内连续低于转换价格一定幅度时，可转换公司债券持有人按事先约定的价格将所持可转换债券卖给发行人的行为。

5. 转换价格修正条款。转换价格修正是指发行公司在发行可转换债券后，由于某些原因导致发行人股份发生变动，引起公司股票名义价格下降时而对转换价格所做的必要调整。

6. 可转换债券的发行流程（见图 10-4）。

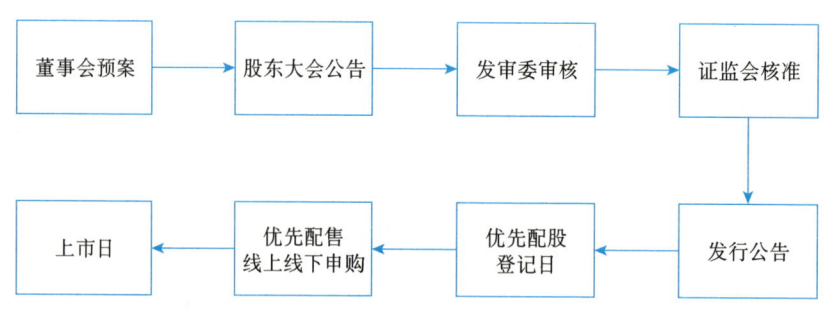

图 10-4　可转债发行流程

（三）赛腾股份夺得先机的原因探究

第一，赛腾股份经营情况良好，且符合发行可转债的相关条件。目前，我国还没有出台有关定向可转债发行条件的规定，定向可转债的发行条件会略低于普通可转债，目前参考可转换债的发行条件对本案例进行分析。

根据《上市公司证券发行管理办法》的相关规定，可转换债券的发行需满足的主要财务条件如下列示：一是最近3个会计年度持续盈利；二是最近3个会计年度净资产利润率平均超过10%；三是本次可转债发行后，债券余额累计不超过公司最近一期期末净资产额的40%；四是最近三个会计年度可分配利润的平均值不少于公司债券一年的利息金额；五是最近一年有现金股利。①

赛腾股份盈利情况良好，满足发行可转债的条件：一是2015—2017年的净利润分别为12471万元、6578万元和8814万元；二是净资产收益率分别为60%、16%和27%；三是公司债券余额为零；四是赛腾股份定向可转债发行的规模为1.26亿元、票面利率为0.01%/年，因此一年利息为1.26万元人民币，公司近2015—2017年年均可分配利润在2060万元左右，足以覆盖可转债利息；五是2018年现金股利为2880万元。赛腾股份财务指标见表10-5。

表10-5　　赛腾股份财务指标

定向可转债发行条件	赛腾股份财务指标					是否满足发行条件
	科目	2018/9/30	2017/12/31	2016/12/31	2015/12/31	
最近3年连续盈利	扣非后归母净利润（万元）	8066.64	8814.01	6578.56	12471.93	是
最近3年平均ROE大于10%	ROE（加权）（%）	11.31	27.4	16.35	60.09	是
公司债券余额大于最近一期末净资产额	公司债券余额（万元）	0	0	0	0	是
最近1年有现金股利	现金股利	—	2880	3000	3000	是
平均现金股利＞债券年息	平均现金股利（2960万元）＞定向可转债年息（1.26万元）					是

第二，赛腾股份并购菱欧科技不构成上市公司重大资产重组行为且属于小额并购，因而作为并购支付方式的定向可转债的规模较小，使得证监会乐于接受由赛腾股份试水新政。

从表10-6可知，菱欧科技经审计的最近一期资产总额、资产净额及最近一年的营业收入占赛腾股份最近一个会计年度经审计的合并财务报告相关指标的比例分别为20.78%、33.15%和15.08%，均未超过50%。赛腾股份并购菱欧科技不构成上市公司重大资产重组行为。赛腾股份本次发行的定向可转债总金额为1.26亿元，规模较小，不超过该公司最近一期期末净资产的40%（即2.83亿元）。对于证监会而言，从小规模定向可转债开始进行尝试，更易于监管，维护市场稳定。

---

① 引用自《上市公司证券发行管理办法》。

表 10-6　　　　　　　菱欧科技、赛腾股份财务指标占比　　　　　　（单位：万元）

项目	赛腾股份	菱欧科技	交易对价	占比
资产总额/交易对价	101071.67	8137.95	21000	20.78%
资产净额/交易对价	63351.22	3217.61	21000	33.15%
营业收入	68317.54	10302.67	—	15.08%

（四）新政放宽发行条件促成首单

《证监会试点定向可转债并购支持上市公司发展》《关于加强金融服务民营企业的若干意见》等一系列文件的出台，显示出国家高度重视民营企业融资难问题，鼓励民营企业进行并购重组体制机制的改革创新，进一步扩大定向可转债在并购重组中的应用。证监会为了促成首 A 股单定向可转债，对赛腾股份适当放宽了一些发行要求。

第一，赛腾股份定向可转债的利率几乎可以忽略不计。目前，我国境内可转债的利率普遍实行 0.3%—2% 的累进利率，每年还息；海外市场可转债的利率则更高，在 3% 左右。而赛腾股份的定向可转债利率为 0.01%/年，偿付方式为到期一次还本付息，相比之下几乎可以忽略不计。

第二，赛腾股份发行定向可转债未提供担保和进行评级。根据《上市公司证券发行管理办法》的相关规定，可转债融资人最近一期末经审计的净资产如果低于 15 亿元，需提供担保；强制要求评级。而赛腾股份最近一期末净资产仅为 7 亿元，而且并未提供担保，也没有进行评级。

（五）定向可转债条款亮点分析

定向可转债条款设计兼顾多方利益，可以解决众多利益相关者之间的分歧。其精髓在于不同条款的组合，为赛腾股份和张玺等交易对手之间提供了博弈的平台。与传统可转债相比，此次赛腾股份定向可转债主要设计了三个特殊条款，分别是双向转股价格条款、强制回售条款和有条件强制赎回条款。这三个条款的设计对后续其他公司进行定向可转债设计具有重要的借鉴意义。在以下对交易双方的收益率的数量分析中，均假设初始转股价格＝初始股价。

1. 向下修正与提前回售的"黄金搭档"

转股价格向下修正条款与提前回售条款的组合，在股价下跌时权衡了赛腾股份和交易对手的利益，增加了交易谈判弹性。如果股价下跌，交易对手不愿意按照原来的转股价格进行转股，赛腾股份需要在债券到期时支付本息。因此，当股价下跌并且触发向下修正的条件时，若赛腾股份进行向下修正，可以增加转股的吸引力，避免期末支出大量现金；若赛腾股份不进行向下修正，可以避免支付更多的股份，减少对原股东股份的稀释。对于交易对手而言，如果股价下跌但是转股价格没有及时修正，转股对自己不利；债券利息太低，持有债券也对自己不利。为了在这种情况下保障交易对手的权益，交易对手拥有是否行使提前回售条款的权利，主动选择是否将可转债回售给赛腾股份。

当转股价格下跌至原转股价格的90%时，下修条款的条件被触发。若赛腾股份进行转股价格的向下修正，交易对手从下调转股价格中所获得的收益由下调幅度决定。若赛腾股份没有进行转股价的向下修正，股价持续下跌以及超低的票面利率都使得交易对方利益受损。

当股价下跌至原转股价格的80%，强制回售条款的条件被触发。此时交易对方有权行使强制提前回售，将满足解锁条件的可转换债券的全部或部分以面值加当期应计利息的金额回售给赛腾股份。若交易对方的业绩满足解锁条件，但没有行使或没有全部行使提前回售，可转换债券中未回售的部分应按照0.6%/年利率计算利息。假设初始股票市价为10元/股，初始转股价格为10元/股，则交易对手方的收益情况见表10-7[1]。

表10-7　　　　　　　　股价下跌时交易对手收益　　　　　　　（单位：元/股）

股价	触发条款与前提条件	初始转股价	当期转股价	实际转股价	收益率
9	触发向下修正	10	10	取决于修幅度	取决于修幅度
8	董事会提出向下修正但未得批准或未提出→触发回售	10	10	—	按照0.6%计提利息

2. 向上修正和强制转股的"最佳组合"

转股价格向上修正条款和有条件强制转股条款，在股价上涨时，为双方博弈提供了平台，更有益于交易的达成。强制转股条款可简要概括为：当赛腾股份股票收盘价格不低于当期转股价格的130%，赛腾股份有权决定是否进行强制转股；上修条款可简要概括为：当赛腾股份股票交易均价不低于当期转股价格150%时，则当次转股时应按照当期转股价的130%进行转股。

当股价上涨至超过原转股价格的130%、但未达到原转股价格的150%，此时强制转股条款被触发，上修条款尚未被触发。若公司决定实施强制转股，交易对手的收益率为30%。若公司未实施强制转股，交易对手的收益率将超过30%，小于50%，由股价上涨幅度决定。

---

[1] 转股价格的计算未考虑发行定向可转债后，赛腾股份若发生派送红股、转增股本、增发新股、配股以及派发现金股利等情况。若上述情况发生，按照附件7中所示公式对转股价格进行调整。

当股价上涨至原转股价格的150%，恰好第一次触发上修条款，转股价格自动修正为原转股价格的130%。若交易对手主动转股或者赛腾股份进行强制转股，回报率为15.38%。若未进行转股，随着股价进一步上升，交易对手转股的回报率逐渐增加至50%。直到股价上升至原转股价格的195%，恰好第二次触发向上修正条款，转股价格自动修正为原转股价格的169%。此时若交易对手主动转股或者赛腾股份进行强制转股，交易对手的回报率为15.38%。

综上所述，对于交易对手方而言，虽然转股价格向上修正会降低其转股的收益率，但事实上仍在一定区间内。当向上修正条款未被触发时，转股后交易对方的收益率为0—50%，当向上修正条款被触发，转股后交易对方的收益率为15.38%—50%。假设初始转股价格为10元/股，则交易对手方的收益情况见表10-8①。

表10-8　　　　　　　　　　股价下跌时交易对手收益　　　　　　　　　　（单位：元/股）

股价	触发条款与前提条件	初始转股价	当期转股价	实际转股价	收益率
股价=13	触发强制转股条件实行强制转股	10	10	10	30.00%
13<股价<15	持续触发强制转股条件，但并未实行强制转股；未触发转股价格向上修正	10	10	10	30%<收益率<50%
股价=15	持续触发强制转股条件，但并未实行强制转股；第一次触发转股价格向上修正	10	10	13	15.38%
15<股价<19.5	持续触发强制转股条件，但并未实行强制转股	10	10	13	30%<收益率<50%
继续猛涨	持续触发强制转股条件，但并未实行强制转股；第二次触发转股价格向上修正	10	10	16.9	15.38%

五、背景信息

（一）证监会积极改革创新

近年来，为激发上市公司活力，拓宽企业融资渠道，维护我国资本市场持续健康

---

① 转股价格的计算未考虑发行定向可转债后，赛腾股份若发生派送红股、转增股本、增发新股、配股以及派发现金股利等情况。若上述情况发生，按照附件7中所示公式对转股价格进行调整。

的发展,中国证监会积极改革创新,通过持续深化发行制度改革、完善市场准入和市场退出制度建设、积极推进上市公司并购重组、加大信息披露等相关基础性制度改革力度、增强对投资者权益的保护,多措并举进行市场监管及引导。

定向可转债的适时推出首先体现了国家支持国有控股、民营控股等企业通过资本市场并购重组发展壮大的积极态度,在客观和长远上有助于提振资本市场吸引力和投资者信心,可视为证监会改革框架中的重要一环。自2014年国务院明确"允许符合条件的企业发行优先股、定向发行可转换债券作为兼并重组支付方式",到2018年11月证监会再次向市场表明其将结合具体公司的实际情况和市场的需求、积极推进以定向可转债作为并购重组交易支付工具的试点,定型可转债时隔四年再次回到公众视野表明了证监会的改革决心,政策端信号释放十分明显。定向可转债政策颁布历程见表10-9。

表10-9 定向可转债政策颁布历程

日期	文件	内容
2014/3	《关于进一步优化企业兼并重组市场环境的意见》	允许符合条件的企业发行优先股、定向发行可转换债券作为兼并重组支付方式
2014/6	《上市公司重大资产重组管理办法》	上市公司可以向特定对象发行可转换为股票的公司债券、定向权证用于购买资产或者与其他公司合并
2015/8	《关于鼓励上市公司兼并重组、现金分红及回购股份的通知》	大力支持上市公司回购股份
2018/4	《上市公司重大资产重组管理办法》	上市公司可以向特定对象发行可转换为股票的公司债券、定向权证用于购买资产或者与其他公司合并
2018/10	《全国人民代表大会常务委员会关于修改〈中华人民共和国公司法〉的决定》	完善了允许股份回购的情形;同时建立了库存股制度,因发行可转债等情形回购的股票,应当以集中交易的方式进行,公司合计持股数不得超过10%,并应当在三年内装让或者注销
2018/11	《证监会试点定向可转债并购支持上市公司发展》	要在上市公司并购中,试点把定向可转债作为支付工具之一
2019/2	《关于加强金融服务民营企业的若干意见》	研究扩大定向可转使用范围和发行规模,支持民营企业发行私募可转债

(二) 定向可转债有例可循

定向可转债在海外市场已发展多年,当前美国的定向可转债占全部可转债发行额的80%以上,已达到了相当大的市场规模,各项条款设计也十分成熟。如2011年

Horsehead Holding 公司公布的私募可转债协议中就对转换条件和回售条款做出了明确规定。

定向可转债在国内私募市场也曾有过简单"试水",但由于规模较小,市场关注有限。2002 年中国青岛啤酒与美国安海斯—布希公司在纽约签署《战略性投资协议》,约定安海斯—布希公司将在未来分三期认购总价值高达 15 亿元人民币的"青岛啤酒可转换债券"。协议同时规定,在成交后 7 年内,该可转债将强制转换为约 3.08 亿元新港股股份,比例约合现有股份数的 30%。

这些成功的国内外经验都为我国定向可转债的发展奠定了理论上的基础,其细节设计也为实践安排提供了方向性的指导,具有重要的借鉴意义。

(三) 重组双方的博弈诉求增加

在国际金融市场波动加大、国内 A 股市场行情不稳的背景下,A 股上市公司在并购重组交易中博弈诉求增加,因而交易双方的谈判难度增大,往往无法通过现金支付和股权支付的传统途径轻易协调。在企业并购交易中,并购方往往因担心股价处于地位而不愿行使股权支付,又因现金流不足、税收筹划等问题而不愿行使现金支付;被并购方则担心股价在未来出现下行将导致资产减值。

上市公司在并购重组中以定向发行可转换债券作为支付工具,往往可以设置多个兼顾上市公司、原股东、交易对手方利益的博弈条款,平衡各方需求、促进并购重组顺利实现。

(四) 银行信贷无法满足中小企业融资需求

我国商业银行在信贷投放对象上的结构分层问题非常明显,特别是在经济形势不佳时期,中小企业融资变得更加困难。由于国有企业和地方政府作为预算软约束部门,实际上享有中央和地方政府的隐性担保,具有融资规模大、违约风险小、贷款利率敏感度低等特点,这些特点使得银行具有非常高的意愿向其提供贷款。而中小民营企业作为经营效率更高的市场主体的融资需求,在国有企业和地方政府占用大量信贷资源的情况下很难被满足。在流动性收紧期间,大中型企业、地方政府和国有企业的融资需求基本不会受到较大的影响,依然能够得到满足。而处于最外层的中小企业往往会最先受到流动性收紧的冲击,融资将变得更加困难,融资成本也将显著提升。2018 年央行流动性管理的目标从"合理稳定"调整为"合理充裕",市场利率明显出现下行趋势。但是这种"宽货币"向银行体系信贷"宽信用"的传导就面临着这种结构上分层的约束,中小企业融资难的问题变得更加突出。从图 10-5 中可以看出,银行信贷投放增速明显放缓。

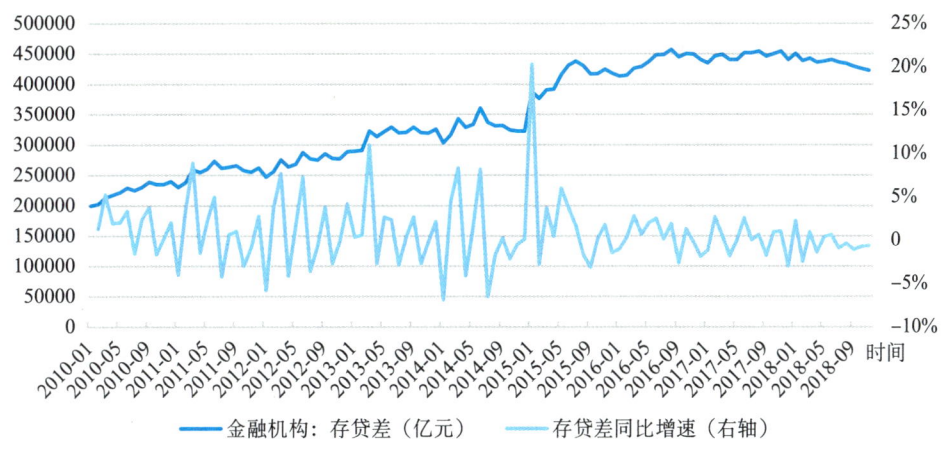

图 10-5　银行信贷投放能力

资料来源：Wind 数据库。

而根据银监会网站披露测算，截至 2017 年年末，小微企业贷款户数为 1520.9 万户，在全国小微企业总量中（约 9000 万户）仅占比 16.9%，大量小微企业不在银行信贷覆盖范围内，整体覆盖率低。

从贷款余额增速看，2012 年第一季度至 2018 年第一季度（大型和中型企业未获得第二、第三季度数据），小微企业的贷款增速始终领先于大型企业和中型企业，甚至在某些年份，领先了大型企业近 10%；从贷款余额总量看，2009—2016 年，小微企业的贷款余额逐年上升，且从总体上看，与中型企业、大型企业的贷款余额差距缩小。综合贷款增速和贷款余额来看，尽管加大了扶持力度，但小微企业获得贷款的能力仍然弱于大型企业，且 2018 年增速大幅下滑（见图 10-6 和图 10-7）。

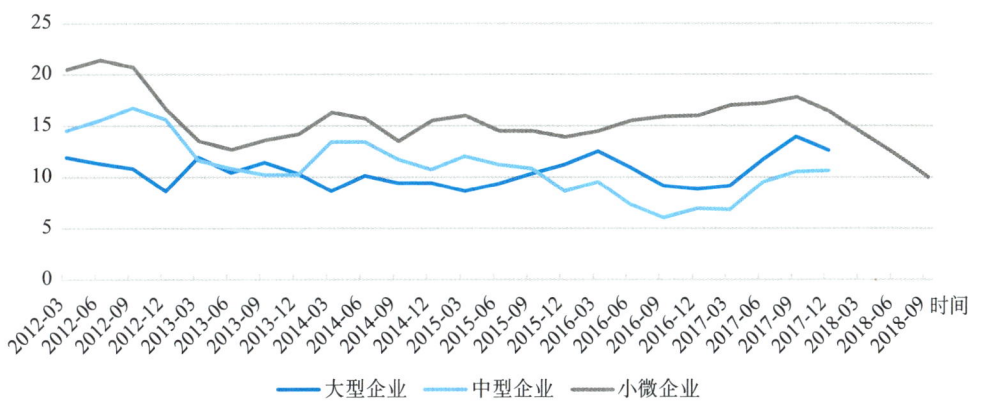

图 10-6　2012—2018 年不同规模企业贷款余额同比增速（%）

资料来源：Wind 数据库。

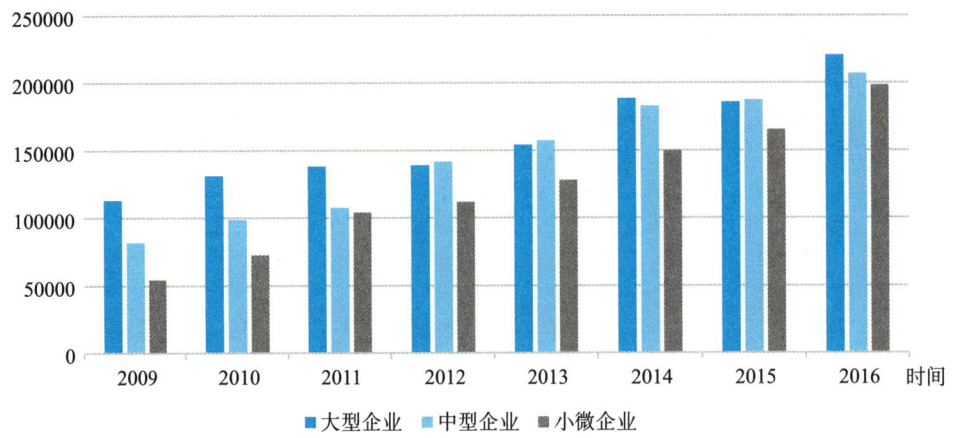

图 10-7 2009—2016 年不同规模企业贷款余额总量（亿元）

资料来源：Wind 数据库。

六、关键要点

1. 案例关键点：本案例以政府积极推进定向可转债、解决民企融资难融资贵问题为背景，选择 A 股首单定向可转债"赛腾股份"为对象，描述了定向可转债案例的发行背景和基本内容，分析了定向可转债条款的亮点之处，探讨了定向可转债在民企融资过程中的重要意义。

2. 关键知识点：掌握定向可转债的含义、特点及作用；了解定向可转债发行的理论基础及基本流程。

3. 关键能力点：综合考虑定向可转债票面利率、价格修正条款、强制转股和赎回条款对并购双方价格博弈空间的构建；分析未来股价在不同情况下，可能会形成的各类条款的触发情况，以及该种情况对并购方与被并购方的影响；掌握定向可转债在民营企业融资过程中的重要意义，并与现金支付和股权支付进行比较。

七、课堂计划

建议使用 2—3 课时进行讨论，事先发放案例材料。在案例教学过程中，授课老师要保持中立立场，组织同学们开展讨论，尤其是站在决策者的立场上进行讨论。讨论结束后要求学生提交案例分析报告。

1. 课前计划：先布置启发性思考题，如赛腾股份为什么要采用定向可转债方式购买资产？为什么会设置价格修正条款？定向可转债亮点之处主要在哪里？请学生在课前完成相关资料阅读，特别是借此案例熟悉定向可转债募集说明书。

2. 背景分析：简明扼要、把握形势、提出问题。

3. 分组讨论：可以将学生分为3组，分别负责讨论定性可转债发行的背景、定向可转债基本条款及亮点、定向可转债在并购重组中作为支付工具的意义。要求每一小组准备发言提纲，制作PPT展示，每组发言控制在30分钟。

4. 自由讨论：学生们依据各组讨论情况，自由发言，最后进行归纳总结（30分钟）。

5. 课后计划：要求学生在课堂讨论后采用报告形式给出赛腾股份定向可转债条款详细分析，写出2000字左右的案例分析报告。

建议有条件的学校，在本案例教学过程聘请投行中从事债券承做的专业人员来课堂指导讨论。

参考文献

[1] REILLY F K, BROWN K C. Investment analysis and profile management 6th [M]. Boston: Cengage Learning, 2000.

[2] 王铁锋. 中国可转换公司债券投资价值研究 [J]. 财贸经济, 2003 (8): 60-64.

[3] 马雪金. 浅析我国可转换债券的投资价值 [J]. 财会月刊, 2006 (20): 17-18.

[4] MILLER M H, ROCK K. Dividend policy under asymmetric information [J]. The Journal of Finance, 1985, 40 (4): 1031-1051.

[5] MYERS S C, MAJLUF N S. Stock issues and investment policy when firms have information that investors do not have [Z]. NBER Working paper No. wo884, 1984.

[6] 李鹰, 徐璇. 浅谈我国可转换债券的债性和股性 [J]. 市场周刊：理论研究, 2006 (6): 107-108.

[7] 文海涛, 倪晓萍. 我国上市公司财务指标与股价相关性实证分析 [J]. 数量经济技术经济研究, 2003 (11): 118-122.

附件

附件 1：苏州赛腾精密电子股份有限公司主要产品

自动化检测设备		自动化组装设备		治具类产品	
全自动多功能测试设备		三合一电池组装设备		主板电性能测试治具	
超高精度按压力度测试设备		高精度组装贴合设备		气密性测试治具	
翻转手机测试设备		自动覆膜包装设备		机械性能测试治具	
气密性检测设备		自动贴标设备		屏幕压合治具	

附件 2：定向可转债相关政策出台情况

1. 《国务院关于进一步优化企业兼并重组市场环境的意见》

http：//www.gov.cn/zhengce/content/2014—03/24/content_8721.htm。

2. 《上市公司重大资产重组管理办法（2014年修订）》

http：//www.csrc.gov.cn/pub/newsite/flb/flfg/bmgz/ssl/201505/t20150511_276598.html。

3. 证监会、财政部、国资委、银监会四部委联合发布《关于鼓励上市公司兼并重

组、现金分红及回购股份的通知》

http：//www.csrc.gov.cn/pub/newsite/zjhxwfb/xwdd/201508/t20150831_283500.html。

4.《上市公司重大资产重组管理办法》

http：//www.csrc.gov.cn/pub/jilin/xxfw/gfxwj/201806/t20180611_339657.htm。

5. 全国人民代表大会常务委员会关于修改《中华人民共和国公司法》的决定

http：//www.npc.gov.cn/npc/xinwen/2018—10/26/content_2064464.htm。

6.《证监会试点定向可转债并购支持上市公司发展》

http：//www.csrc.gov.cn/pub/newsite/zjhxwfb/xwdd/201811/t20181101_346074.html。

附件3：赛腾股份及行业财务信息

	2018/9/30	2017/12/31	2016/12/31	2015/12/31	2014/12/31	2013/12/31
营业总收入	64524.29	68317.54	40302.26	48894.77	38066.81	11125.98
营业总收入同比（%）	37.72%	69.51%	−17.57%	28.44%	242.14%	0.00%
ROE（加权）（%）	11.31	27.4	16.35	60.09	140.81	72.84
ROA（%）	6.53	12.97	12.19	38.13	58.86	21.31
销售毛利率（%）	48.4	49.14	49.83	54.24	56.11	48.78
销售净利率（%）	11.72	14	11.92	25.98	34.9	20.96
同行业ROE（加权）（%）						
	2018/9/30	2017/12/31	2016/12/31	2015/12/31	2014/12/31	2013/12/31
智云股份	6.88	10.75	7.25	9.77	4.99	6.69
田中精机	25.13	6.57	4.49	8.53	13.83	17.83
联得装备	13.02	11.63	13.23	25.94	30.1	30.5
精测电子	20.49	21.08	33.71	37.57	34.74	47.47
行业平均	16.38	12.51	14.67	20.45	20.92	25.62
同行业ROA（%）						
	2018/9/30	2017/12/31	2016/12/31	2015/12/31	2014/12/31	2013/12/31
智云股份	5.25	7.28	4.17	4.55	4.06	5.03
田中精机	8.19	4.5	3.93	7.9	11.73	14.85
联得装备	6.27	6.83	8.43	17.05	17.69	19.87
精测电子	11.81	15	12.7	21.02	21.45	33.54
行业平均	7.88	8.4	7.31	12.63	13.73	18.32

附件4：《上市公司证券发行管理办法》中定向可转债发行条件

中国证券监督管理委员会
证券期货监督管理信息公开目录

索引号：40000895X/2006-00507　　　　分类：发行相关规定；证监会令
发布机构：证监会　　　　　　　　　　 发文日期：2006年05月06日
名　称：【第30号令】上市公司证券发行管理办法
文　号：中国证券监督管理委员会令第30号　　主题词：证券发行

【第30号令】上市公司证券发行管理办法

中国证券监督管理委员会令
第30号

《上市公司证券发行管理办法》已经2006年4月26日中国证券监督管理委员会第178次主席办公会议审议通过，现予公布，自2006年5月8日起施行。

中国证券监督管理委员会主席：尚福林
二〇〇六年五月六日

上市公司证券发行管理办法

第三节　发行和转换公式债券

第十四条　公开发行可转换公司债券的公司，除应当符合本章第一节规定外，还应当符合下列规定：

（一）最近三个会计年度加权平均净资产收益率平均不低于百分之六。扣除非经常性损益后的净利润与扣除前的净利润相比，以低者作为加权平均净资产收益率的计算依据；

（二）本次发行后累计公司债券余额不超过最近一期末净资产额的百分之四十；

（三）最近三个会计年度实现的年均可分配利润不少于公司债券一年的利息。

前款所称可转换公司债券，是指发行公司依法发行、在一定期间内依据约定的条件可以转换成股份的公司债券。

第十五条　可转换公司债券的期限最短为一年，最长为六年。

第十六条　可转换公司债券每张面值一百元。

可转换公司债券的利率由发行公司与主承销商协商确定，但必须符合国家的有关规定。

第十七条　公开发行可转换公司债券，应当委托具有资格的资信评级机构进行信用评级和跟踪评级。

资信评级机构每年至少公告一次跟踪评级报告。

第十八条　上市公司应当在可转换公司债券期满后五个工作日内办理完毕偿还债券余额本息的事项。

第十九条　公开发行可转换公司债券，应当约定保护债券持有人权利的办法，以及债券持有人会议的权利、程序和决议生效条件。

存在下列事项之一的，应当召开债券持有人会议：

（一）拟变更募集说明书的约定；

（二）发行人不能按期支付本息；

（三）发行人减资、合并、分立、解散或者申请破产；

（四）保证人或者担保物发生重大变化；

（五）其他影响债券持有人重大权益的事项。

第二十条　公开发行可转换公司债券，应当提供担保，但最近一期末经审计的净资产不低于人民币十五亿元的公司除外。

提供担保的，应当为全额担保，担保范围包括债券的本金及利息、违约金、损害赔偿金和实现债权的费用。

以保证方式提供担保的，应当为连带责任担保，且保证人最近一期经审计的净资产额应不低于其累计对外担保的金额。证券公司或上市公司不得作为发行可转债的担保人，但上市商业银行除外。

设定抵押或质押的，抵押或质押财产的估值应不低于担保金额。估值应经有资格的资产评估机构评估。

第二十一条　可转换公司债券自发行结束之日起六个月后方可转换为公司股票，转股期限由公司根据可转换公司债券的存续期限及公司财务状况确定。

债券持有人对转换股票或者不转换股票有选择权，并于转股的次日成为发行公司的股东。

第二十二条　转股价格应不低于募集说明书公告日前二十个交易日该公司股票交易均价和前一交易日的均价。

前款所称转股价格，是指募集说明书事先约定的可转换公司债券转换为每股股份所支付的价格。

第二十三条　募集说明书可以约定赎回条款，规定上市公司可按事先约定的条件和价格赎回尚未转股的可转换公司债券。

第二十四条　募集说明书可以约定回售条款，规定债券持有人可按事先约定的条件和价格将所持债券回售给上市公司。

募集说明书应当约定，上市公司改变公告的募集资金用途的，赋予债券持有人一次回售的权利。

第二十五条　募集说明书应当约定转股价格调整的原则及方式。发行可转换公司债券后，因配股、增发、送股、派息、分立及其他原因引起上市公司股份变动的，应当同时调整转股价格。

第二十六条　募集说明书约定转股价格向下修正条款的，应当同时约定：

（一）转股价格修正方案须提交公司股东大会表决，且须经出席会议的股东所持表决权的三分之二以上同意。股东大会进行表决时，持有公司可转换债券的股东应当回避；

（二）修正后的转股价格不低于前项规定的股东大会召开日前二十个交易日该公司股票交易均价和前一交易日的均价。

第二十七条　上市公司可以公开发行认股权和债券分离交易的可转换公司债券（简称"分离交易的可转换公司债券"）。

发行分离交易的可转换公司债券，除符合本章第一节规定外，还应当符合下列规定：

（一）公司最近一期末经审计的净资产不低于人民币十五亿元；

（二）最近三个会计年度实现的年均可分配利润不少于公司债券一年的利息；

（三）最近三个会计年度经营活动产生的现金流量净额平均不少于公司债券一年的利息，符合本办法第十四条第（一）项规定的公司除外；

（四）本次发行后累计公司债券余额不超过最近一期末净资产额的百分之四十，预计所附认股权全部行权后募集的资金总量不超过拟发行公司债券金额。

第二十八条　分离交易的可转换公司债券应当申请在上市公司股票上市的证券交易所上市交易。

分离交易的可转换公司债券中的公司债券和认股权分别符合证券交易所上市条件的，应当分别上市交易。

第二十九条　分离交易的可转换公司债券的期限最短为一年。

债券的面值、利率、信用评级、偿还本息、债权保护适用本办法第十六条至第十九条的规定。

第三十条　发行分离交易的可转换公司债券，发行人提供担保的，适用本办法第二十条第二款至第四款的规定。

第三十一条　认股权证上市交易的，认股权证约定的要素应当包括行权价格、存续期间、行权期间或行权日、行权比例。

第三十二条　认股权证的行权价格应不低于公告募集说明书日前二十个交易日公司股票均价和前一个交易日的均价。

第三十三条　认股权证的存续期间不超过公司债券的期限，自发行结束之日起不少于六个月。

募集说明书公告的权证存续期限不得调整。

第三十四条　认股权证自发行结束至少已满六个月起方可行权，行权期间为存续期限届满前的一段期间，或者是存续期限内的特定交易日。

第三十五条　分离交易的可转换公司债券募集说明书应当约定，上市公司改变公告的募集资金用途的，赋予债券持有人一次回售的权利。

附件5：赛腾股份近三年普通股股利分配方案

2017年年度报告

(二) 公司近三年（含报告期）的普通股股利分配方案或预案、资本公积金转增股本方案或预案

单位：元　币种：人民币

分红年度	每10股送红股数（股）	每10股派息数（元）（含税）	每10股转增数（股）	现金分红的数额（含税）	分红年度合并报表中归属于上市公司普通股股东的净利润	占合并报表中归属于上市公司普通股股东的净利润的比率(%)
2017年	0	1.80	0	28800000	95669093.20	30.10
2016年	0	2.50	0	30000000	48048733.98	62.44
2015年	0	2.50	0	30000000	127046462.07	23.61

附件6：苏州赛腾精密电子股份有限公司发行可转换债券、股份及支付现金购买资产并募集配套资金报告书（修订稿）

http：//quotes.money.163.com/f10/ggmx_603283_4988117.html。

附件7：派送红股、转增股本对于转股价格的影响

在发行定向可转债后，赛腾股份若发生派送红股、转增股本、增发新股（不包括因本次发行的可转换债券转股而增加的股本）、配股以及派发现金股利等情况，都应当对转股价格进行调整。

赛腾股份转股价格的调整公式如下：

发生情况	转股价格调整
派送红股或转增股本	$P_1 = P_0 \div (1 + n)$
增发新股或配股	$P_1 = (P_0 + A \times k) \div (1 + n)$
派送红股或转增股本并且增发新股或配股	$P_1 = (P_0 + A \times k) \div (1 + n + k)$
派送现金股利	$P_1 = P_0 - D$
三项同时进行	$P_1 = (P_0 - D + A \times k) \div (1 + n + k)$

上表中，P_1 为调整后转股价；P_0 为调整前转股价；n 为派送红股或转增股本率；A 为增发新股价或配股价；k 为增发新股或配股率；D 为每股派送现金股利。

案例 11

平安—四川广电供应链金融 1 号 ABS 案例[①]

从 2018 年 2 月 2 日 "平安—四川广电供应链金融 1 号资产支持专项计划"公告成立，到 2018 年 11 月 27 日项目到期、资金全部兑付完毕，我国首单传媒行业供应链金融 ABS，也是首单通过金融创新、精准扶贫的供应链融资项目顺利结束。本案例对四川广电一力串起上中下游供应链、发起该项目的始末进行了回顾并对该资产支持专项计划的基础资产、交易结构等内容进行了详细地介绍，着力于分析该 ABS 中的风险点、相对优势以及发行成功的经验，最后提出对供应链金融 ABS 创新与推广的建议和思考。

[①] 本案例由中央财经大学金融学院朱安琪、侯程瑞、李禹霏、王乐仪、马霄撰写，陈颖指导。作者拥有案例中的署名权、修改权、改编权。本案例所涉及事件为真实事件，案例主要根据平安证券平安—四川广电供应链金融 1 号资产支持专项计划公告等公开资料整理而成。本案例只供课堂讨论使用。

案例正文

一、引言

2018年2月2日,由平安证券担任计划管理人、平安银行担任托管人的"平安—四川广电供应链金融1号资产支持专项计划"正式发行落地,这一项目的成立通过金融创新和实体产业需求的充分结合实现了实体领域和金融领域内的诸多第一,它不仅是我国首单传媒行业的供应链金融ABS,也是首单通过金融创新、精准扶贫的供应链融资项目。它不仅突破了我国反向保理模式下房产行业"一枝独秀"的局面,助力我国中小微企业融资,而且响应了国家关于发挥资本市场作用服务国家脱贫攻坚战略的号召,完成了153个村级综合文化服务中心广播室建设、20多万户广播电视"户户通"和1100多个行政村广播"村村响"建设,在扶贫重点县实现了宽带接入22万户,行政村里光缆通达率超过80%。

那么,这个集诸多"首单"于一身、一举实现精准扶贫和缓解当地中小微企业融资难的项目是如何成立并发行落地的呢?它的交易模式是什么?它发行成功的经验有哪些?它存在怎样的风险?它对推广供应链金融ABS产品又有怎样可借鉴的地方?

二、行业和企业介绍

(一)传媒行业介绍

传媒行业,更准确的来说是传媒产业,是指生产、传播各类信息产品以及提供各种增值服务的特殊产业,其提供的产品多以文字、影像、数码等形式存在。我国的传媒产业格局由广电媒体、移动互联网、PC互联网、印刷媒体四大部分构成,涵盖广播、电视、电影、音像、互联网、移动媒体、期刊等十大行业(见图11-1)。

中国传媒行业的发展遵循着报纸、音像、有线电视等传统产业形态向线上流媒体、物联网等新兴产业形态发展的逻辑链条。报纸、期刊、广播等"旧媒介"发展动力疲软,缺乏活力,而电影、移动互联网和互联网等"新兴传媒体"则表现出旺盛的生命力。随着互联网的普及、5G技术的发展以及国家政策的大力支持,我国互联网行业也许会呈现"马太效应",即移动互联网与PC互联网保持高速增长的态势,而传统传媒

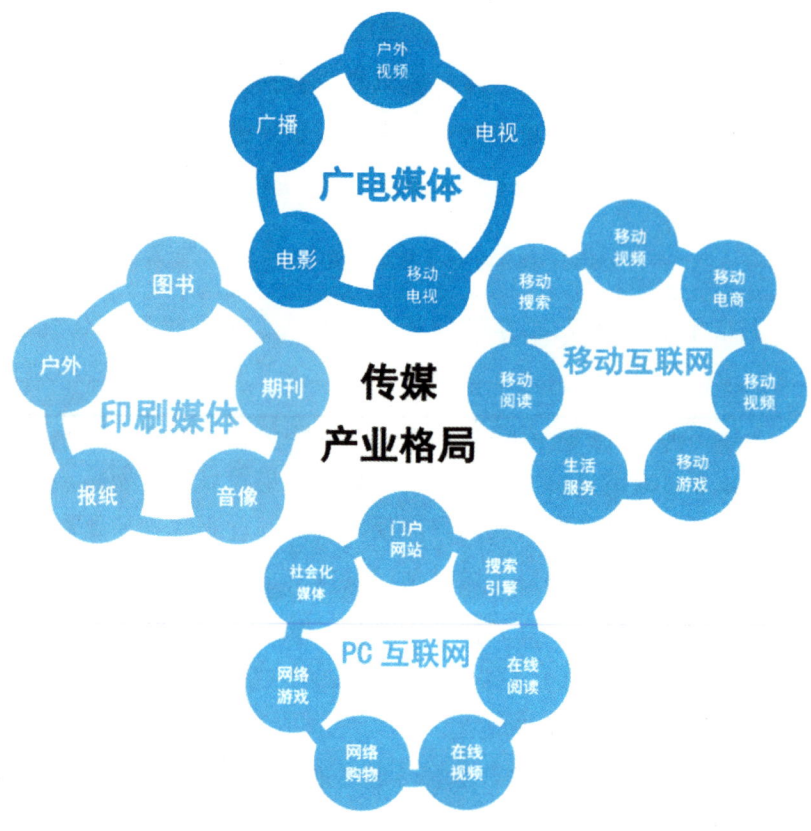

图 11-1 我国传媒产业格局

资料来源：作者根据相关资料整理。

行业则面临新时代的挑战。

传媒行业中移动互联网与 PC 互联网的高速发展可从我国网民规模的增长中窥见一角，我国的网民数量从 2011 年的 5.1 亿人增加至 2018 年的 7.7 亿人，年平均增速约为 5.96%，在 2018 年网络高度发达的时代，网民及移动网民同比增长率仍然达到 1.40% 和 4.11%（见图 11-2）。

（二）四川广电上游供应商

四川省有线广播电视网络有限公司各供应商，作为供应链的上游企业，为四川广电提供货物贸易而享有其应收账款债权，是整个供应链金融运行过程中必不可少的一环。

在此次平安—四川广电供应链金融 1 号资产支持专项计划中，上游供应商企业共计 31 个，经营范围涉及有线电视器材生产和经销，无线广电电视发射设备的制造和销售，电信设备及其配件的研发生产、安装、技术咨询及销售等多个领域，持有的应收

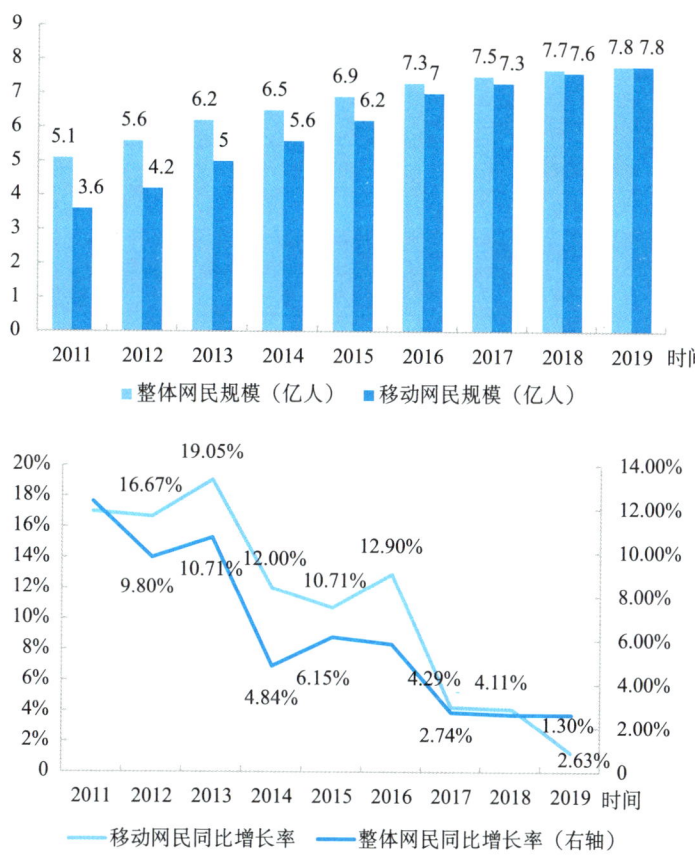

图 11-2　2011—2019 年中国整体网民及移动网民规模及同比增速

资料来源:《中国互联网络发展状况统计报告》(中国互联网络信息中心,2019)。

账款涉及四川广电多家下属分公司,其中 19 家位于宣汉、古蔺、北川羌族自治县、马边彝族自治县等国家级贫困县。

这 31 家供应商中,县市级中小微企业持有的应收账款占总规模的 12.30%,他们整体经营规模不大,与其他企业业务往来较少,部分企业甚至还要依靠政府的扶持,因此在经营的过程中面临融资难的困境。而通过此次供应链金融资产支持专项计划,上游的小微企业可将核心企业(四川广电)给它的赊账凭证,也就是其持有的应收账款,转让给金融机构(明生保理)以降低融资的难度,从而更好地周转自身的运营。

(三) 四川广电股份有限公司

四川广电股份有限公司于 2011 年 1 月 1 日起正式运营,是由四川全省广电系统 118 家发起人单位共同设立的股份制公司(股本结构见表 11-1),是四川省国有控股的大型文化企业,全国最大的地方广电网络运营商之一,下设 137 家分公司。

表 11-1　　　　　2017 年四川广电股份有限公司主要股本结构构成

股东名称	持股比例（%）
四川广播电视台	20.703
成都广电网络投资有限公司	19.377
简阳市广播电视台	2.437
射洪县广播电视台	2.255
绵阳市广播电视台	1.996
隆昌县文化体育广播影视和新闻出版局	1.754
宜宾市广播电视传输网络中心	1.689
三台县广播电视台	1.682
泸州市广播电视监测台	1.676
乐山广播电视台	1.443

资料来源：《平安—四川广电供应链金融 1 号资产支持专项计划说明书》。

经过 5 年的发展，四川广电已经完成四川省县级以上（除甘孜、阿坝、凉山州以外）有线电视网络整合，并基本完成四川省城市有线数字电视整体转换，在有线电视网络运营方面积累了丰富的经验，整体运营水平在国内同行业中处于领先地位。在公司运营的过程中，主要存在四个转变：第一，从投资和要素驱动向改革和创新驱动；第二，从提供传统有线电视业务向三网融合全产业布局发展；第三，从单一封闭的有线电视传输机构向开放竞合的全业务信息服务主体；第四，从综合运营服务商向综合媒体。这四个转变使得四川广电股份有限公司走向提供综合业务及网络媒体运营服务的新型传媒集团。

在业务方面，四川广电实现了网络业务"有线+无线""城市+农村""视频+宽带""个客+集客""客户+政府"五个双轮驱动；大力发展广电网络特色的智慧城市、智慧社区、视听乡村服务，积极开拓围绕主业的多业发展生态；并且在互联网发展的东风下，加速产品创新，推动传统媒体与新媒体相融合，实现广电新业态与互联网的充分融合。

三、供需匹配——四川广电串起供应链

（一）上游中小微企业供应商融资"难上加难"

中小微企业融资难融资贵在我国特殊的金融发展制度背景下已成常态，这些企业受制于抗风险能力弱、经营规模小、抵押品少而审贷成本高等因素，很难得到银行的

信任与青睐，作为体制外的一员，即使能够提供较高的融资利率，也几乎无法拿到银行提供的贷款。而对于那些位于四川省不发达地区的中小微传媒行业上游供应商来说，融资更可谓是"难上加难"。

他们大多毗邻宣汉、古蔺、北川羌族自治县、马边彝族自治县等国家级贫困县，地理位置与交通运输限制了他们的对外发展。虽说这些地区的文化传媒市场不发达，具有很广阔的发展空间，但是贫困县的收入实在有限，用于文化传媒行业的更是少之又少。即使与当地的四川广电分公司达成合作意愿，几个项目下来，供应商们发现应收账款的回收速度实在是跟不上资金的流出速度。

在这种发展环境下，这些地区的中小微传媒行业上游供应商企业规模做不大，收入少，自然给不出银行合适的抵押品与高利率，反而被一股脑认定为信用风险高的小微企业，何谈融资呢？供应商们愁容满面，对企业的发展问题可谓一筹莫展。

（二）下游农村文化传媒市场发展"困中之困"

上游供应商的困扰与四川贫困地区的文化传媒市场的"文化贫困"现状可谓是息息相关。随着我国经济的发展以及精准扶贫政策的推动，四川省这些贫困县村民的生存和基本温饱问题大都解决，但至于农村公共文化服务方面，却是这些贫困县里的"困中之困"。

一方面，上游供应商供给不足，大型上游供应商不会将目光投向这些偏远贫困地区的文化传媒市场，而小型供应商不仅能力有限，且对应收账款较为敏感，一旦有更好的项目摆在眼前，它们就没有什么供给意愿了；另一方面，县级广电部门身背高负债，期间费用高而盈利少，资产又主要以没什么流动性的固定资产为主，能够投入的用于农村文化传媒市场建设的资金也很有限。

文化脱不了贫就不是真正的脱贫，正如四川邻水县九龙镇镇长周云建所说，"我们一定要通过文化扶贫，解放群众思想，拓宽群众发展思路，全面清除等、靠、要等落后思想，增强贫困群众自立自强、勤劳致富的思想意识"。

（三）四川广电：关键项目呼之欲出，核心企业串起供应链

上游中小微企业供应商具有融资的急切需要，下游农村文化传媒市场又具有发展的迫切需求，恰巧此时，作为这条供应链的核心企业四川广电集团由于负债过高[①]，正准备发力降杠杆，而四川省又从2017年起便启动"千村文化扶贫行动"等一系列

---

① 资产负债率连续三年高达70%，具体分析参见《案例使用说明》启发思考题4。

力求补齐四川贫困地区文化基础设施短板的文化扶贫专项活动，要求四川广电立足行业特点、发挥行业优势，精准发力，助力四川的脱贫攻坚战。对于四川广电来说，降杠杆、精准扶贫一时间全部摆在眼前，让人措手不及，一个能够解决多方问题的关键项目呼之欲出。

幸运的是，四川广电找到了常年合作的平安银行成都分行，而平安银行又提到平安证券正在全力投入包括"三村工程"在内的产业、消费、教育等扶贫工作，与四川广电可谓是不谋而合。平安银行与平安证券经过研讨后，认为根据国务院于2016年9月22日下发的《关于积极稳妥降低企业杠杆率的意见》（国发〔2016〕54号）倡导有序开展资产证券化、为国企降杠杆的指导意见，认为四川广电可通过发起一款反向保理模式的供应链金融ABS产品，在满足自身降杠杆的诉求的情况下，一举实现精准扶贫，还可以借此机会响应国家缓解民营企业融资难的号召。此后三方会面，一拍即合。

平安证券在研究了四川广电集团的具体情况后，将目光锁向了31家持有四川广电各级分公司应收账款的上游供应商企业，认为他们手中持有的应收账款符合基础资产的遴选标准。于是平安证券和四川广电携具有丰富经验的保理公司明生保理联系了包括中小微供应商在内的31家供应商，向其说明该产品的合作模式，并特别向中小微供应商指明，四川广电应向他们支付的采购款项，经资产证券化后会在深交所发行，发行得来的资金，将直接支付给他们，以保证这些中小微企业快速回款，且这种直接融资的方式，成本较低，同样减轻了他们的负担。

经过多方的协商探讨，项目的大体雏形已经具备。此后，又经过风险评级等工作，到2018年2月2日项目最终敲定，"千呼万唤始出来"——至此，平安—四川广电供应链金融1号ABS经过多方筹备终于发行落地。

四、千呼万唤始出来——资产支持专项计划发行落地

上游中小微供应商企业融资"难上加难"亟待解决，下游农村地区文化传媒市场发展"困中之困"让人心痛，作为核心企业的四川广电一力串起供应链上中下游，发起了平安—四川广电供应链金融1号ABS。该ABS项目创新性地缓解了中小微企业融资难的困境并响应精准扶贫的号召改善了农村地区薄弱的传媒基础设施建设，以下部分将从资产支持计划的基础资产、流程设计和增信安排三个方面对其展开介绍。

(一) 基础资产

基础资产为应收账款债权，包括对于债务人履行相应的付款义务及支付滞纳金、违约金、损害赔偿金的请求权，以及基于该等请求权而可能享有的全部附属担保权益。

从地域分布看，入池的应收账款对应的债务人均为四川广电下属的分公司，分布于四川省各州、市、县，其中成都地区占比最高，其次为绵阳地区。从业务类型看，本期证券入池的应收账款均为四川广电及其下属分公司向31家供应商采购设备形成的设备应收货款，隶属于制造业。地域分布和业务较为集中，便于管理，但分散化程度不够高，存在一定风险。

在本期专项计划中，现金流入为原始权益人（明生保理）转让于专项计划的应收账款债权的到期还款。债务人四川广电将于应收账款到期还款日向计划管理人（平安证券）按照应收账款债权本金账面价值支付设备采购货款28653.90万元。而本期专项计划的现金流出为资产支持证券到期后的本息，以及在本次专项计划中产生的管理费、托管费、税费、登记托管机构费用等各项费用。

本期证券发行总规模为27300.00万元，其中，优先级资产支持证券规模为25800.00万元，采用固定利率，于到期日一次性偿付本息，次级资产支持证券规模为1500.00万元，在存续期间没有设置预期收益率。同时，在本次计划中，需要由评级机构对本次基础资产产生的现金流在正常情况及压力情景下对优先级资产支持证券本息的覆盖程度进行评估。评估结果显示，整体上基础资产能够覆盖优先级证券本息，但保障程度一般。

(二) 交易流程设计

1. 交易结构图

相关交易结构见图11-3。

2. 交易流程设计

在平安—四川广电供应链金融1号ABS中，四川广电上游供应商为四川广电提供货物和服务而享有应收账款债权；明生保理作为原始权益人受让这31家上游供应商对四川广电的应收账款债权，在为上游供应商提供保理服务的同时将应收账款债权归集为基础资产池；其后，明生保理将基础资产转让给平安证券设立的SPV以实现风险隔离，并由平安银行对SPV所涉及的全部资金进行托管；最后，SPV以基础资产的未来现金流作为支撑发行资产支持证券，由投资者进行认购。到期后，四川广电支付货款产生的现金流将对投资者进行偿付。具体拆解来看：

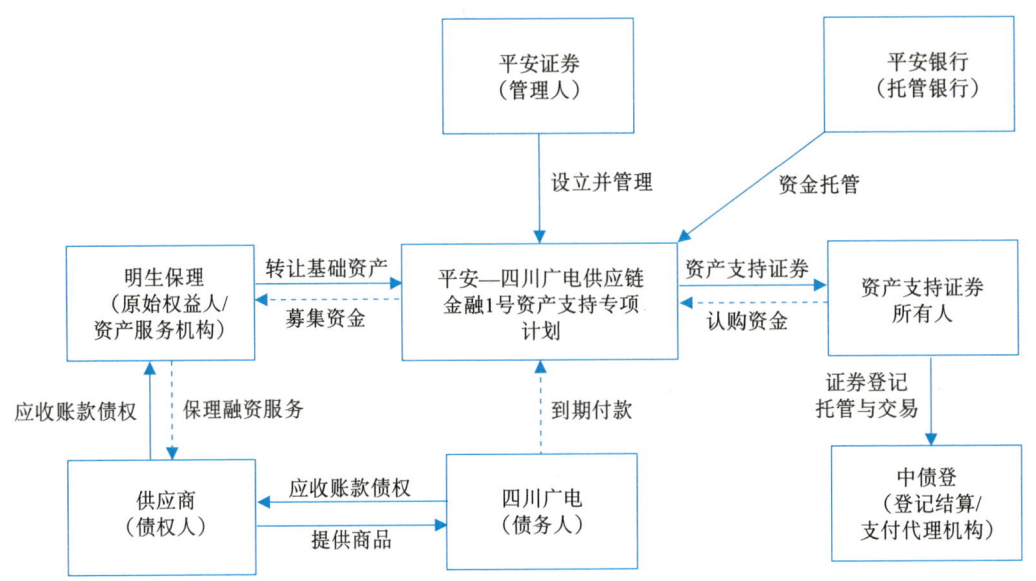

图 11-3 平安—四川广电供应链金融 1 号 ABS 交易结构

资料来源：根据相关交易文件整理。

（1）真实的债权债务关系是基础。供应商与四川广电各下属分公司存在业务联系，供应商提供货物和服务，享有应收账款债权，四川广电负有到期清偿应付款的义务，通过出具《付款确认书》的方式确认付款金额并做出到期清偿应付款的付款承诺。

（2）转让增加了资金周转效率。为了获取流动性，供应商将对四川广电享有的应收账款债权转让给明生保理，明生保理作为原始权益人与供应商签订保理协议，受让未到期的应收账款债权，提供贸易融资、销售分户账管理、应收账款催收、信用风险控制与坏账担保等综合性服务。值得关注的是，采用反向保理模式，供应商在首次转让时需要书面通知债务人并收取回执，核心企业即四川广电会加入债务中，债务人、核心企业和明生保理达成合意。

（3）再转让使得专项计划成为最后的债权人。经过供应商的同意，明生保理把债权进行再转让，与平安证券签订《基础资产买卖协议》，将应收账款债权按照一定的折价率转让给平安证券。

（4）设立专项计划引入投资者。平安证券作为专业的计划管理人，将设立资产支持专项计划，一方面通过发行资产支持证券向投资者募集资金，另一方面按照专项计划文件的规定，将认购资金用于购买基础资产，即明生保理转让的未到期应收账款债权。为了保护广大普通投资者，防控风险，发行的资产支持证券分为优先级和次级两档，原始权益人明生保理全额认购次级资产支持证券，除非根据已生效判决、裁定，或经计划管理人事先书面同意，明生保理不得转让其持有的任何部分或全部次劣后级资产支持证券。

（5）资产服务机构使整个流程更平滑、更规范。平安证券与明生保理签订《服务协议》，委托明生保理担任资产服务机构，为专项计划提供基础资产管理服务，包括基础资产筛选、基础资产文件保管、履行债权转让通知义务、基础资产池监控、基础资产债权清收、基础资产的应收账款催收、记录专项计划基础资产池中应收账款所产生的回收资金归集等。除此之外，平安证券还委托平安银行股份有限公司成都分行担任托管银行，签订《托管协议》，平安证券将在托管银行开立专项计划账户，对专项计划资金进行保管。

（6）到期还款付息为供应链金融 ABS 项目画上圆满的句号。债务人到期按时偿还应付款项后，平安证券将根据《计划说明书》《标准条款》《托管协议》及相关文件的约定，向平安银行发出分配指令。托管银行将根据指令，将专项计划资产扣除专项计划费用和税费等的剩余资金划拨至指定账户用于支付资产支持证券投资人的投资收益。

（三）信用增级安排

本计划的流程设计有序而顺畅，债权债务关系是起点，反向保理模式是亮点，信用增级安排是关键点。增信措施是否有效直接决定了参与方承担风险的程度，影响了投资者购买的积极性，是交易流程顺利运行的关键。

1. 增信措施

传统债券由证券发行人还本付息，信用级别与发行人的信用评级挂钩；资产支持证券现金流回收则依靠 ABS 产品中的基础资产池，其使用资产信用替代了主体信用，其中债权类基础资产的信用情况受原始债务人的还款情况影响，权益类基础资产现金流回收情况则与基础资产的经营情况相关。

在基础资产从原始权益人向 SPV 完成真实出售后，一方面，实现了破产隔离，保证了原始权益人的其他债权人在其破产时对 ABS 资产没有追索权；另一方面，基础资产没有了传统债券发行人的连带责任，信用风险较高，因此需要信用增级（见表 11-2）。较高的信用评级，对于投资者来说更具吸引力；对于发行方来说，可以降低发行成本，保证发行的顺利完成。

表 11-2　　　　　　　　　　ABS 产品信用增级措施

内部增信措施	外部增信措施
优先/次级分层结构	第三方担保
超额利差/现金流覆盖	差额补足承诺

续表

内部增信措施	外部增信措施
超额抵押	回购承诺
建立储备基金账户	收益权质押/基础资产抵押
信用触发机制	提供保险

资料来源：作者根据相关资料整理。

根据平安—四川广电供应链金融1号资产支持专项计划的《计划说明书》，本专项计划采用优先级/次级分层结构设计和现金流超额覆盖两项内部增信措施。

优先级/次级分层结构设计是ABS产品中最常见、最基本的增信措施之一，但对于引入银行信用的供应链金融项目，由于信用级别较高，无须再通过内部分层进行增信。本专项计划中，由于持有应收账款的原始权益人为中小型上游供应商（后由明生保理提供保理服务受让所得）而非商业银行，因此进行优先级和次级两级简单分层（见图11-4），其中优先级额度为25800万元，占比94.51%，次级额度为1500万元，占比5.49%。不发生违约事件时，现金流分配顺序为支付各项税金和执行费用，支付优先档证券利息，支付次优档证券利息（设置该档次时），支付储备金及其他费用，支付优先档证券本金，支付次优档证券本金（设置该档次时），最后支付次级档本息（见图11-5）。而在资产池出现违约损失，触发优先级/次级的内部增信安排时，次级证券将为优先级提供相当于基础资产池余额5.49%的信用支持，此时专项计划在缴纳完税费后，将首先支付优先档的本息，再向次级资产支持证券持有人分配专项计划的剩余资产。

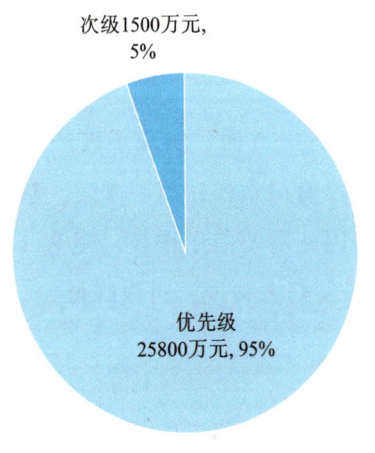

图11-4 平安—四川广电供应链金融1号证券分层结构

图11-5 无违约事件时现金流分配顺序

在本专项计划中,由原始权益人明生保理全额认购次级资产支持证券并持有至到期,为优先级证券投资者提供信用担保。

除分级结构设计外,专项计划还采用了超额现金流覆盖的内部增信方式,即通过投资者对共计28653.90万元的应收账款余额的折价购买(折扣率为基础资产购买价款/应收账款账面价值之和,约为27300/28653.90＝95%),形成基础资产对优先级资产支持证券本金及收益的超额覆盖,保障优先级资产支持证券的本息偿付。

2. 信用评级

2017年12月11日,上海新世纪资信评估投资服务有限公司对"平安—四川广电供应链金融1号资产支持专项计划"资产支持证券进行了信用评级,通过考察债务人四川广电的业务运营状况、基础资产现金流入的稳定性、交易结构、风险因素及增信措施和重要参与人的履约能力等信用评级因素,新世纪评级给予优先级资产支持证券AA_{sf}^+级的信用评级。信用评级结果见表11-3。

表11-3　　　　　　　　　　　信用评级结果

产品	评级	额度（万元）	占比	利率类型
优先级	AA_{sf}^+	25800.00	94.51%	固定
次级	NR[①]	1500.00	5.49%	—
合计	—	27300.00	100%	—

资料来源:《平安—四川广电供应链金融1号资产支持专项计划信用评级报告》。

五、尾声

平安—四川广电供应链金融1号资产支持专项计划ABS于2018年11月27日到期,资金全部兑付完毕。至此,这一专项资管计划的历史使命便完成了,该供应链金融ABS的帷幕就此圆满落下。"1号"产品已经结束,未来"2号、3号"供应链金融ABS产品将持续推出,为各行各业的发展不断提供新的动能,更有效地服务实体经济。

此次供应链金融ABS的推出,尽管为期不足一年,但是实现了"承上启下",对于解决四川省传媒行业的上下游发展困局有着全方位的贡献。上游中小微供应商融资的"难上加难",下游文化传媒市场的"困中之困"都得到了极大地缓解。

---

① NR:未经鉴定。

(一)"承上"——盘活上游实体企业流动性

此次专项支持计划的基础资产均为四川广电下属分公司向供应商采购设备形成的应收账款。这些上游供应商多为中小微企业,涵盖有线电视器材生产和经销,无线广电电视发射设备的制造和销售,电信设备及其配件的研发生产、安装、技术咨询及销售等多个领域,在进行传统银行借贷时由于存在资信不足、抵押品欠缺、信息不对称强的问题,难以获得资金。而在与四川广电下属分公司进行贸易往来时,又面临应收账款还款周期较长的不利状况,短时间内难以发展壮大、做大企业规模,进一步加剧了融资的困难性。

该供应链金融 ABS 项目使得上游各供应商依靠核心国企四川广电的资信,更有效地以较低成本实现总计约 3524 万元的资金融通,盘活自身资金流动性的同时缩短了应收账款回收期限,从而更有力地支持自身经营和发展。

(二)"启下"——助力下游农村地区文化脱贫

该供应链金融专项支持计划实施后,项目所涉及的四川省国家级贫困县的文化扶贫项目得以更好地开展,精准扶贫工作蒸蒸日上。

四川省委与四川省扶贫开发局联合下发《关于坚决打赢广播电视脱贫攻坚战的通知》,全力推进全省范围内广播电视脱贫攻坚项目的开始,树立了贫困户"户有广播电视"和贫困村"村有广播系统"的目标。四川广电以供应链金融 1 号资产支持专项计划 ABS 项目为代表的统筹力量、整合资源、助力文化扶贫,推动实现了四川省 153 个村级综合文化服务中心广播室建设、20 多万户广播电视"户户通"和 1100 多个行政村广播"村村响"建设,在扶贫重点县实现了宽带接入 22 万户,行政村里光缆通达率超过 80%。以四川德阳旌阳区为例,积极开展"回头看""回头帮"活动,让建档立卡贫困户充分享受广播电视服务,成立 6 个农村流动电影放映队,深入 39 个贫困村总计播放电影 76 场,共有 4560 名群众观影。

(三)未来可期

本案例中的供应链金融 ABS 发挥了在金融和实体领域的诸多功能,具有重要的现实意义和大力推广的必要性。从金融领域来看,它以供应链上核心企业(国企)的资信为保障,实现信用转换,缓解了投资者与中小企业的信息不对称问题、破除了大型国企与中小民企的资金垄断壁垒,降低了经济运行中的交易成本,对缓解我国当下中小企业以及民营企业融资难、融资贵具有重要的现实意义;从实体领域来看,它可推动供应链上具有真实贸易基础的实体企业的经营运作,并通过选择不同的行业进行投资从而助力实体经济发展。

随着供应链金融 ABS 的不断推广和深入应用,它在金融与实体部门将发挥更积极的作用。未来,供应链金融 ABS 又会在哪些领域大展身手,让我们拭目以待。

六、案例正文附件

附件 1:四川广电资产负债表、利润表、现金流量表摘要(见表 11 – 4、表 11 – 5、表 11 – 6)。

表 11 – 4   资产负债表摘要   (单位:万元)

报告期	2018 – 09 – 30 三季报	2017 – 12 – 31 年报	2016 – 12 – 31 年报	2015 – 12 – 31 年报	2014 – 12 – 31 年报
流动资产	250397.78	265694.08	267314.78	263999.87	231469.57
固定资产	611613.85	647142.80	640140.76	606018.11	539289.07
长期股权投资	153.00	—	—	—	—
资产总计	1246160.58	1264657.00	1269370.49	1249000.51	1144494.64
同比(%)	– 1.08	– 0.37	1.63	9.13	17.61
流动负债	435529.81	486872.56	541918.54	607428.83	573488.23
非流动负债	509650.42	475499.80	408125.73	324398.53	244875.07
负债合计	945180.24	962372.36	950044.27	931827.36	818363.30
同比(%)	0.66	1.30	1.96	13.86	21.15
股东权益	300980.35	302284.64	319326.22	317173.15	326131.34
归属母公司股东的权益	292996.90	301427.75	318466.48	316439.13	325546.38
同比(%)	– 8.40	– 5.35	0.64	– 2.80	9.55
资本公积金	– 14356.52	– 18243.44	– 18243.44	– 18243.45	– 18243.45
盈余公积金	17421.39	17421.39	17317.46	15441.65	13606.94
未分配利润	– 3395.50	9722.27	27460.02	33624.70	44566.05

表 11 – 5   利润表摘要   (单位:万元)

报告期	2018 – 09 – 30 三季报	2017 – 12 – 31 年报	2016 – 12 – 31 年报	2015 – 12 – 31 年报	2014 – 12 – 31 年报
营业总收入	279314.28	480793.03	494879.89	472140.03	492761.72
同比(%)	– 14.11	– 2.85	4.82	– 4.18	10.71
营业总成本	301135.89	491628.10	483540.61	460917.45	465436.12

续表

报告期	2018-09-30	2017-12-31	2016-12-31	2015-12-31	2014-12-31
	三季报	年报	年报	年报	年报
营业利润	-21819.97	-4189.48	11343.16	11222.91	27327.81
同比（%）	-359.78	-136.93	1.07	-58.93	-38.92
利润总额	-13398.15	1089.73	19032.51	18846.08	35802.04
同比（%）	-1024.44	-94.27	0.99	-47.36	-23.73
净利润	-13398.15	1046.99	18970.22	18654.95	35498.91
归属母公司股东的净利润	-13199.81	1049.84	18888.90	18506.48	35411.82
同比（%）	-1042.53	-94.44	2.07	-47.74	-24.37
EBIT	—	7503.62	34086.25	—	—
EBITDA	—	168773.13	193699.32	—	—

表 11-6　　　　　　　　　现金流量表摘要　　　　　　　　　（单位：万元）

报告期	2018-09-30	2017-12-31	2016-12-31	2015-12-31	2014-12-31
	三季报	年报	年报	年报	年报
销售商品提供劳务收到的现金	224962.92	427218.49	489826.23	477900.33	497874.62
经营活动现金净流量	72792.52	38843.32	116748.07	71703.55	100367.32
购建固定资产、无形资产、长期资产支付的现金	138491.13	85011.29	96677.86	121169.79	160403.48
投资支付的现金	153.00	120.00	500.00	1900.00	—
投资活动现金净流量	-138642.90	-85101.03	-96823.02	-122987.7	-158724.3
吸收投资收到的现金	11974.80	—	2272.47	—	7444.60
取得借款收到的现金	131788.60	94298.27	119500.00	146500.00	133500.00
筹资活动现金净流量	71825.26	13196.83	-16878.38	72102.26	92038.27
现金净增加额	5974.88	-33060.88	3046.66	20818.10	33681.22
期末现金余额	89338.83	83363.94	116424.82	113378.16	92560.06
折旧与摊销	—	161269.51	159613.07	—	—

附件2："平安—四川广电供应链金融1号资产支持专项计划"发行相关文件

1. 专项计划成立公告

https：//stock.pingan.com/static/webinfo/assetmanage/securitizationInfoDetail.html?id=25355。

2. 专项计划说明书

https：//stock. pingan. com/upload/20180326/201803261522029860949. pdf。

3. 资产支持证券评级报告

https：//stock. pingan. com/upload/20180326/201803261522029820207. pdf。

4. 风险揭示书

https：//stock. pingan. com/upload/20180326/201803261522029905443. pdf。

5. 2018 年第 1 期收益分配报告

https：//stock. pingan. com/upload/20181122/201811221542848344294. pdf。

6. 资产管理清算报告

https：//stock. pingan. com/upload/20181212/201812121544588662072. pdf。

附件 3：相关新闻报道

1.《首单国企传媒供应链金融 ABS 发行落地 深交所助力四川广电精准扶贫》

https：//www. sohu. com/a/224585440_451230。

2.《全国首个传媒供应链资产证券化产品发行》

http：//epaper. scdaily. cn/shtml/scrb/20180329/188518. shtml。

3.《平安证券荣获"最具品牌竞争力券商"等两项大奖》

http：//dy. 163. com/v2/article/detail/DSO9T80Q0519QSGQ. html。

案例使用说明

一、教学目的与用途

1. 适用课程：金融机构与金融市场、固定收益证券、公司金融学等。
2. 适用对象：金融专业硕士相关课程。
3. 教学目标：

（1）掌握 ABS 产品关键要素基础资产的入池标准以及常见的增信措施等；

（2）学会对基本的供应链金融 ABS 产品进行交易结构、交易模式、潜在风险的分析；

（3）了解供应链金融 ABS 产品在缓解中小微企业融资难中发挥的作用，尝试对产品进行创新、结合应用以便更好地在我国进行推广。

二、启发思考题

1. 选择基础资产信用质量较好的资产池是最为重要的风险防范措施之一，结合本案例分析基础资产的入池标准有哪些？

2. 信用增级、风险隔离是资产证券化中两个重要原理，信用增级的措施有哪些？通过本案例描述风险隔离与信用增级的关系。

3. 供应链金融ABS有多种模式，本案例中平安—四川广电供应链金融资产支持专项计划采用的什么模式？并阐述供应链金融ABS的优势。

4. 结合案例正文第二部分等内容，试揭示本案例中ABS产品存在哪些风险点？

5. 你认为本案例中供应链金融ABS发行成功的原因有哪些？

6. （开放性问题）平安—四川广电供应链金融ABS是首单发行落地的传媒行业供应链金融ABS，其在传媒行业尝试的成功与响应国家精准扶贫的政策密不可分，除传媒行业外，供应链金融ABS还可以与哪些行业结合以更好地进行推广？除此之外，你认为供应链金融还有哪些需要注意的事项以及可以结合的创新？

三、分析思路

1. 结合平安—四川广电供应链金融1号计划的交易结构与交易流程，可见在资产证券化的过程中，组建资产池与确定基础资产的入池标准是非常重要的，因此在案例分析中需要分析哪些因素是基础资产入池的必要条件。在分析入池标准时，结合案例正文中入池的基础资产，从而进一步检验本次计划的基础资产是否满足入池条件。

2. 首先要明确信用增级存在内部增信和外部增信两种类型，然后通过对风险隔离原理的认识，结合本案例中各主要参与方对风险隔离以及信用增级的实现过程，把握风险隔离作用于信用增级的两面性。

3. 供应链金融ABS在2018年来迎来大爆发，成为应用广泛的一种融资工具，因此了解供应链金融ABS的优势具有重要意义。此外，通过学习不同模式下供应链金融ABS的特点，对不同模式进行对比分析，掌握案例中产品所采用的模式，有助于进一步理解与运用供应链金融ABS。

4. 在进行风险分析时，应重点要把握资产证券化产品存在风险点的几个方面，以达到从较为全面的角度进行风险的揭示，如分别进行与基础资产、与主要参与人、与资产支持证券有关的风险分析，再结合本案例中的产品进行具体说明。

5. 平安—四川广电供应链金融 1 号计划作为首单发行落地的非地产企业供应链金融 ABS，它的成功发行综合了诸多的因素。从产品自身出发，分析底层资产作为 ABS 产品的核心要素所需要具备的条件，并结合信用增级方式的安排和产品风险识别与控制，梳理出本单产品自身方面可以成功发行的逻辑链条。除此之外还应当注意到，该项目也是全国首单通过金融创新、精准扶贫的供应链融资项目，它的成功发行离不开政策环境的支持，结合产品发行背景和政策导向，对产品成功发行的外界原因进行梳理。

6. 关于供应链金融 ABS 的推广，需要从推广的意义、推广的实现性和怎样进行推广三个层面进行分析。首先，结合平安—四川广电供应链金融 1 号计划的优势分析供应链金融 ABS 具有哪些优势，是否有推广的意义。其次，还应进一步结合发行情况和推广难点，分析供应链金融 ABS 的可实现程度，判断推广是否具有可行性。最后，从行业和创新的视角出发，分析供应链金融 ABS 可以与哪些具体行业和技术相结合，进行推广。

四、理论依据与分析

（一）理论基础

1. 新制度经济学与交易成本理论

新制度经济学将制度分析纳入了经济学领域，交易费用作为该理论的基础概念，被认为是制度变迁的重要动因之一。肯佩斯·阿罗将交易成本定义为经济制度的运行成本，制度对交易成本施加了重大影响，交易成本继而作用于经济效益，那么新制度下交易成本的节约带来的制度效益的提升与制度成本的降低，最终会带来规则的改进与制度的补充和完善。

从制度经济学的视角进行分析，供应链金融 ABS 作为一种创新型金融产品，对于现有规则下的市场失灵与政策失灵具有很好的机制补充意义。从市场失灵的角度来看，一方面，在贷前中小微企业财务制度不完善、无法提供规范的财务报表，在贷后又无法做到有效的资产监控以防范风险转移，严重的事前事后信息不对称，使得资金出借方对其望而却步；另一方面，国企在资金市场上的垄断地位使得民营中小微企业无法享有"竞争中性"的公平地位。从政府规制失灵的角度来看，利率未完全市场化导致银行在向中小微企业贷款时风险收益不匹配，显著降低了银行发放贷款的积极性，同时货币政策传导渠道的堵塞使得资金从央行经大型银行到中小银行再到券商流向中小、民营企业不畅。这些均导致中小企业的融资成本上升，进而造成整个供应链的上中下游企业的交易成本上升。

供应链金融 ABS 的推行正是对现有规则下交易成本的一种节约。第一，它降低了信息不对称带来的效率低下。供应链金融仅要求资金融出方对资信较好的核心企业的运营状况进行监控，而核心企业对上下游企业提供担保正是基于贸易往来使得供应链上的企业相互之间的信息不对称程度更低。第二，作为大型国企的核心企业为上下游中小微企业提供担保，打破了国企在资金融通中的垄断壁垒。第三，由于核心企业提供的信用转换，供应链金融 ABS 给予中小企业更低的融资利率，缓解了利率管制带来的融资成本过高。

因此，制度经济学和交易成本理论框架下的供应链金融满足如下逻辑：市场失灵（信息不对称与国企资金垄断）与政府规制失灵（利率管制）导致现有体制下企业的交易成本上升，带来除产权调整外的各种规则改进的需要。供应链金融 ABS 通过降低信息不对称、破除大型国企与中小民企的资金垄断壁垒以及利用信用转换缓解利率管制，实现了经济运行制度的改进与完善。综上所述，对供应链金融 ABS 的深入研究与推广从制度层面来讲具有重要的现实意义，这也正是本案例中的 ABS 发行成功的原因与研究意义所在。

2. 启发思考题逻辑框架（见图 11-6）

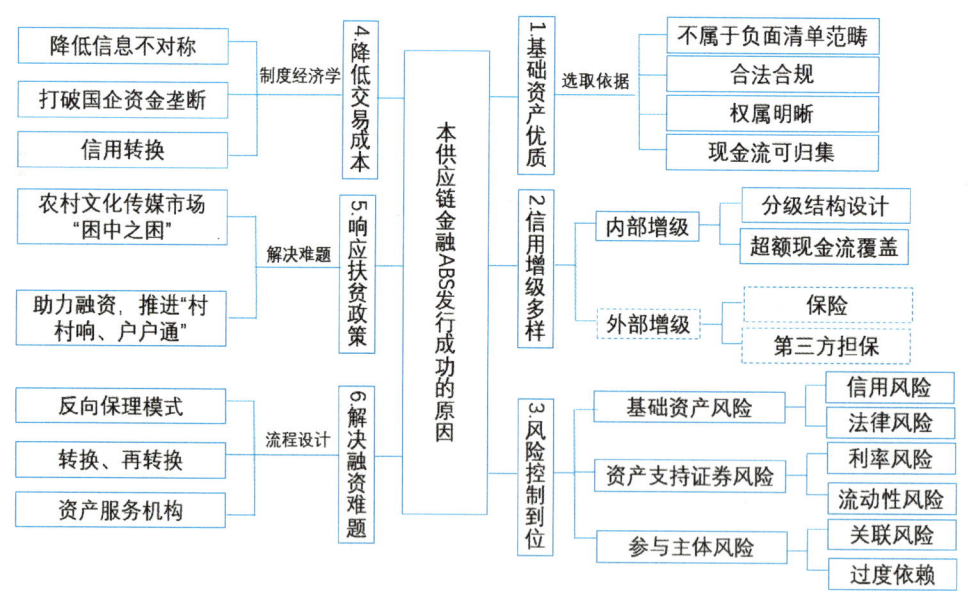

图 11-6 启发思考题逻辑框架

（二）具体理论依据与分析

1. 选择基础资产信用质量较好的资产池是最为重要的风险防范措施之一，结合本案例分析基础资产的入池标准有哪些？

理论依据：

基础资产是指在符合法律规定的范围内，并且权利属性明确，可以产生独立、可预测的现金流且可特定化的财产或财产权利，这里的财产或财产权利既可以是单项财产，也可以是多项的组合。

能够成为基础资产的财产或财产权利应该满足两个维度的条件：第一，不存在负面清单；第二，符合相应的管理规定，这里的管理规定具体来说就是：是否符合法律法规的规定；是否是权属明确的；是否在未来可以产生独立的、可预测的现金流；是否是可特定化的。因此，确定基础资产的入池标准，首先要考察该计划中拟选定的基础资产是否在负面清单中，若不在，则继续考察相关的管理规定，即以上四点。

具体分析：

本案例中资产池内的基础资产包括：按《基础资产买卖协议》约定原始权益人明生保理出售给本次专项计划并完成交割的应收账款债权，即原始权益人对债务人四川广电享有的，对于债务人履行相应的付款义务及支付滞纳金、违约金、损害赔偿金的请求权，以及基于该等请求权而享有的全部附属担保权益。具体概况见表 11-7。

表 11-7　　　　　　　　　　专项计划资产池概况

项目	规模
应收账款笔数	1081 笔
应收账款债权余额	28653.90 万元
单一债权人平均余额	924.32 万元
单笔应收账款平均余额	26.51 万元
前五大债权人应收账款余额占比	46.67%
单笔应收账款加权平均剩余期限	375 天

资料来源：《平安—四川广电供应链金融 1 号资产支持专项计划说明书》。

本案例中选取基础资产的依据：

（1）基础资产是否存在负面清单。根据基金业协会颁布的《资产证券化基础资产负面清单》，逐条对比禁止开展资产证券化的基础资产类型，本专项计划的基础资产不属于《资产证券化基础资产负面清单》的范畴。

（2）基础资产的合法合规性。根据对债权人，即各供应商和债务人，即四川广电股份有限责任公司进行针对抽样基础资产的适当核查，就每一笔基础资产而言，债权人与债务人之间的交易均具有真实的交易背景，同时债权人与债务人双方签署的基础交易合同及其他相关法律文件在适用法律下均合法及有效，不存在违反法律、行政法规强制性规定的情形，因此抽样基础资产真实、合法、有效。

（3）基础资产的权利负担/限制。原始权益人，即明生保理，是拟作为基础资产的应收账款债权的唯一合法所有权人，因此该应收账款债券权属明确，符合标准。

（4）基础资产的现金流及是否可特定化。本期证券通过引入优先级/次级内部分层的信用支持措施，由四川广电出具《付款确认书》从而成为各笔入池应收账款债权的共同债务人，并在资金管理、收益分配、信用触发机制等方面设置了较为完善的交易安排，以保障优先级证券的安全性。基于上述因素，通过对四川广电的相关财务报表分析，对其盈利、运营情况及履约能力进行考察、对本期证券资产池信用质量分析及现金流覆盖倍数测试，可以认为优先级证券利息获得及时支付和本金于专项计划到期日或之前获得支付的能力很强，违约风险和违约损失风险很低，因此其具有稳定的现金流。同时，本次专项计划中的基础资产是独立且不依附其他财产而存在的，因此也满足可特定化的条件。

2. 信用增级、风险隔离是资产证券化中两个重要原理，信用增级的措施有哪些？通过本案例描述风险隔离与信用增级的关系。

理论依据：

（1）信用增级包括内部增信和外部增信。内部增信是指通过对基础资产池以及证券化产品结构的设计与配置进行自身信用的提升，而外部增信则常常借助第三方的力量，表现为保险、企业担保等形式，会带来额外的发行成本。

（2）风险隔离是指原始权益人将基础资产真实出售给SPV后，发起机构即使破产清算，其债权人也无权追索资产支持证券。

具体分析：

常见的内部增信措施除了本案例中优先级/次级分层结构设计以及超额现金流覆盖，还包括超额抵押、储备基金账户等。超额抵押指将基础资产池总值超出资产支持证券的部分作为抵押，为ABS产品提供信用担保，发生违约事件时，由超额抵押部分首先承担损失，如梅赛德斯—奔驰汽车金融公司发行的"速利银丰中国2016年第一期汽车贷款支持证券"。但应注意，除不良资产等信用级别非常低的资产以外，超额抵押率不能过高，否则可能满足《破产法》中的"以明显不合理的价格交易"，导致基础资产转让可能被认定无效，无法满足破产隔离的条件。储备基金账户（现金储备账户/保证金账户），类似于准备金机制，发起人/原始权益人将储备现金放入现金抵押账户中，为投资者提供流动性支持，如德宝天元 2016 年第一期个人汽车贷款资产支持证券化信托。

当通过内部增信依然无法达到合适的信用水平时，采取外部增信措施。保险和第三方担保都是较为传统的外部增信措施，即由保险公司或者信用良好的第三方机构对资产支持证券进行信用担保。差额支付承诺与回购承诺是由原始权益人对资产支持证券提供的担保，在一定程度上降低了真实出售的效力。差额补足承诺是指原始权益人承诺当专项计划账户中的资金余额不足以支持对优先级证券的本息时，将差额补足，如世联小贷一期资产专项计划；回购承诺是指当触发无法偿还等条件时，原始权益人有义务回购基础资产，如南山租赁二期资产支持专项计划。

资产重组、风险隔离与信用增级是资产证券化的三个重要原理。在本案例中，即明生保理提供保理服务受让各中小上游供应商对四川广电的应收账款，作为原始权益人，将其真实出售给资产支持专项计划 SPV，实现资产支持证券与明生保理及上游供应商的破产隔离。可以看到，破产隔离保证了原始权益人明生保理/上游供应商的其他债权人在其破产时对 ABS 资产没有追索权，可以近似看作一种内部增信方式；但从相反的一面看，基础资产没有了传统债券发行人明生保理的连带责任，信用风险一般呈现较高状态，因此需要其他信用增级措施。

3. 供应链金融 ABS 有多种模式，本案例中平安—四川广电供应链金融资产支持专项计划采用的什么模式？并阐述供应链金融 ABS 的优势。

理论依据：

（1）供应链金融 ABS 是在传统供应链金融的基础上，结合资产证券化的优势而形成的创新型产品。因此，供应链金融 ABS 可以说是综合了供应链金融与资产证券化的双重优势。

（2）根据原始权益人的不同，可以将供应链金融 ABS 分为四大模式，每种模式下又有不同的种类。首先了解供应链金融 ABS 的基本模式，在此基础上对各种模式进行比较分析，可以厘清案例中供应链金融 ABS 的应用模式，增强对于供应链金融 ABS 的基本理解和认知。

具体分析：

供应链金融 ABS 的出现，主要是为了解决我国"两多两难"的困境。一方面，我国中小企业数量众多，这些中小企业融资困难；另一方面，我国并不缺乏民间资本，但是这些资金却面临着投资困难。在此背景下，供应链金融 ABS 应运而生，这类产品是带有供应链金融的资产证券化产品，以真实交易为背景，为供应链上的非核心企业提供便利。

相较于传统的供应链金融和单纯的资产证券化，供应链金融 ABS 有其独特的优势。以核心企业上下游的交易为基础，基于交易实现后产生的现金流，可以通过资产证券化的方式来募集资金。受益于资产证券化，企业融资的规模和效率大大提高，资金成本也随之降低，并作用到整个供应链中。此外，由于拥有了核心企业的信用保障，通过将整个供应链上下游的企业相联系起来，产品的信用等级大幅提升，融资能力的得到增强。处于供应链上下游的中小企业，可以不用基于自身的资产、产品或信用，而是以核心企业的信用为依托，有利于缓解中小企业融资难题。

供应链金融 ABS 就是以真实交易为背景，为供应链上下游企业提供金融产品和服务的证券化产品。根据原始权益人的不同，供应链金融 ABS 可以分为贸易类应收账款 ABS、银行主导供应链金融 ABS、保理 ABS 和新经济企业供应链金融 ABS。

（1）贸易类应收账款 ABS。贸易类应收账款 ABS 通常是以核心企业对下游企业的应收账款为基础资产，其原始权益人多为信用级别较高的核心企业。这类主体可以通过差额支付承诺和分级分层方式来实现增信。2014 年 12 月，五矿发展发行的应收账款专项计划是我国首单贸易类应收账款 ABS。据统计，到 2018 年 5 月 7 日，以发行的贸易类应收账款 ABS 项目总计 53 单，发行总额达到了 630.64 亿元。

（2）银行主导供应链金融 ABS。银行主导供应链金融 ABS 是以商业银行为原始权益人的代理人发起，通常是以银行对于多个中小企业的贸易类应收债权或票据收益权为基础，基于商业银行的信用进行增级。据统计，截至 2018 年 5 月 7 日，已有 12 家银行开展过此类业务。

根据基础资产的不同，银行主导的供应链金融 ABS 又可以细分为票据收益权 ABS 和贸易融资 ABS 两种。以票据收益权作为基础资产，银行作为原始权益人的代理人，通过提供票据承兑、背书、保兑函等方式为基础资产增信；而以贸易融资类应收账款作为基础资产时，商业银行通常会开具信用证或付款保函。

（3）保理 ABS。保理 ABS 的原始权益人为保理公司，保理模式下的供应链金融 ABS 通常对于基础资产的要求较高。根据保理模式的不同又可细分为正向保理 ABS 和反向保理 ABS。在正向保理模式下，基础资产为保理公司持有的中小企业贸易类应收账款债权或保理合同债权。与关注于卖方/债权人的正向保理不同，一般而言反向保理关注的是买方/债务人，以核心企业的资信为上下游中小企业作保。在反向保理供应链金融 ABS 中，基于核心企业的信用对供应链上下游的中小企业进行支持，对核心企业的经营水平和发展前景具有较高要求，因此核心企业多为房地产企业。

（4）新经济企业供应链金融 ABS。随着技术水平不断提升，新经济形式不断出现，成为人们生活中必不可少的组成。原始权益人为新经济领域企业的供应链金融 ABS 划归到这一类别中。目前，供应链金融 ABS 已经应用于新经济制造业、新能源汽车、互联网电商等多个新经济行业。对于这一类供应链金融 ABS，由于企业自身的资质相对较低，风险较大而评级较低，因此传统融资方式更加难以实现。在此背景下，供应链金融 ABS 产品的应用价值得以进一步体现。

本案例中的四川广电集团作为信用等级较高的核心企业，以其上游供应商对自身持有的应收账款作为基础资产发起供应链金融 ABS 项目（而非上游供应商以其持有的对四川广电的应收账款发起 ABS 项目），从上述分类可以看出，是典型的反向保理模式。值得注意的是，在目前已发行的 80 单供应链金融反向保理 ABS 中，仅有"平安—四川广电供应链金融 1 号资产支持专项计划"这一单产品的核心企业不是房企。这充分说明了此次专项计划不单对于解决四川省传媒行业发展困局具有重要意义，对于供应链金融 ABS 未来的发展和延伸同样具有深远影响。

4. 结合案例正文第二部分等内容，试揭示本案例中 ABS 产品存在哪些风险点？

理论依据：

资产证券化产品作为一种金融创新的产物，在不同层面存在诸多风险隐患，按照产品的构成逻辑，可以提取出以下几个风险要素：

（1）与基础资产相关的风险，包括核心企业由于各种原因可能导致违约的信用风险以及与基础资产贸易真实性相关的法律风险等。基础资产池的质量直接影响着未来现金流的回收状况，进而影响了整个 ABS 产品的运行状况。

（2）与主要参与人相关的风险，最直接相关的是项目的计划管理人与托管人，他们可能带来未能尽职履约的道德风险以及操作风险，直接影响专项计划的正常运行。

（3）与资产支持证券相关的风险，主要针对持有证券的投资者可能面临的利率风险和流动性风险等。

具体分析：

（1）与基础资产相关的风险。信用风险，包括四川广电由于经营能力、盈利能力、履约能力受损等各种导致无法还款的情况。从行业层面来看，从"一市一网"的行业监管政策到"三网融合"①的政策趋势，公司面临经营模式需要调整、行业竞争环境恶化、市场环境更加复杂的局面，如果在电视传输、视频点播、网络服务业务上不能与电信运营商、互联网运营商、直播卫星电视运营商形成有效对抗，将造成客户流失，前期固定资产投入无法收回，经营能力与盈利能力双双下降。从公司层面来看，四川广电具有总资产规模小（120亿元左右），非流动资产占比高达78%、79%，部分应收账款回收不畅，资产变现能力差；负债水平较高，近三年资产负债率均超过70%；人工成本高导致期间费用高、盈利水平低的特点（见表11-8）。

表 11-8　　　　　　　　　　　　四川广电信用风险因素来源

风险因素		解释
行业层面	行业政策	"一市一网"到"三网融合"的政策调整
公司层面	资产	总资产规模小
		非流动资产占比高：固定资产及在建工程占比高
		部分应收账款回收不畅：21个地州市广电公司应收账款整合留下的历史遗留问题
	负债	负债水平高：资产负债水平超过70%
	股东权益	期间费用高：业务拓展、有息债务增加、人工成本高
		盈利水平低：固定资产折旧金额大，期间费用高

资料来源：根据相关交易文件整理。

法律风险，主要指基础资产的法律合规风险以及带来的债务人付款抗辩风险。本专项计划的基础资产为上游供应商对四川广电的应收账款，该债权是基于上游供应商对四川广电提供的贸易服务而享有的，若基础交易合同存在合法合规性问题可能引发债务人主张商业纠纷抗辩而不履行付款义务的风险。

（2）与资产支持证券相关的风险。利率风险。本专项计划采用固定利率，当市场利率随宏观经济环境变化而呈上升趋势时，优先级资产支持证券持有人的收益相对降低。因此，专项计划在发行定价时一定程度上纳入了对利率波动风险的考虑，同时发行利率设定为6.65%，相对于同期限的信用债券②收益率较高（见图11-7），可弥补

---

① 广播网、电视网、互联网三大网络系统的融合。
② 从2018年2月2日起息，到11月27日还本付息，期限约为9个月，信用评级为AA+。

部分投资者损失。投资者自己也可通过及时转让证券进行止损。

图 11-7　资产支持证券到期收益率走势

资料来源：Wind 数据库。

流动性风险与评级风险。二者分别指投资者持有的资产支持证券无法在合理的时间内以公允价格转让出去遭受的损失以及评级机构调低 ABS 产品评级可能带来的一系列负面影响。这两种风险都是投资者持有证券可能面临的风险，在本专项计划从发起设立到第 1 期清算完成，并未出现相应的问题。

（3）与主要参与主体相关的风险。关联风险，主要指在本专项计划中，计划管理人平安证券与托管银行平安银行为同一实际控制人控制的企业，二者的关联关系可能使其存在一定的道德风险。

专项计划的正常运行依赖于原始权益人、管理人与托管人等的尽职履行，若他们未能尽责履约，如原始权益人不履行或延迟履行对不合格基础资产的赎回义务，将给投资者带来损失。因此，各主要参与主体应积极沟通；加强内部控制，避免操作风险；严格执行信息披露制度，及时披露专项计划资产管理报告与收益报告。

5. 你认为本案例中供应链金融 ABS 发行成功的原因有哪些？

理论依据：

基础资产的真实性是指作为基础资产应建立在真实合法合规的交易基础之上，通过核查底层材料，如合同、发票，以及债务人确权等方式验证资产真实性。基础资产的真实性是供应链金融 ABS 产品得以成功发行的重要因素。此外，通过产品制度设计，确保基础资产的独立性，即基础资产独立于托管人、原始权益人等参与主体，同样是供应链金融 ABS 发行的重要保障。

信用增级作为资产证券化发行过程中的核心技术，由于部分机构投资者在投资时只能投资一定信用评级级别以上的金融产品,为了缩小投资人需求和产品基础信用级别之间的差距,需要通过一系列的内部和外部增信措施来保证资产支持证券现金流回收的确定性,提升产品信用质量。多样化的信用增级方式安排是确保产品顺利发行的重要前提保障。

底层资产现金流及时归集是产品运作的必要前提,也是产品的潜在风险点之一,机制的设计能否做到基础资产可以与原始权益人其他财产明显区分,并实现对回收款的有效监管尤为重要,同样对于隔离风险、缓释风险发挥着重要保障作用。

具体分析:

(1) 优质基础资产提供发行的基础保障。优质的基础资产是 ABS 可以成功发行的重要前提之一,基础资产是资产证券化交易安排的基础,须具备可产生独立且可预测的现金流、权属明确、可特定化、具有可转移性等特征。该 ABS 项目的基础资产是由原始权益人出售予专项计划并交割完成的应收账款债权。

本次入池的应收账款对应的债务人均为四川广电下属的分公司,均分布于四川省各州、市、县,其中成都地区占比最高,其次为绵阳地区。在本次计划中,针对应收账款的业务类型,可以发现,本期证券入池的应收账款均为四川广电及其下属分公司向 31 家供应商采购设备形成的设备应收货款,四川广电稳定的收入来源对应收账款的可靠性提供了可靠的保证。此外,经过管理人及律师对抽样基础资产的适当核查,基础资产真实、合法、有效,这对发行成功提供了另一保证条件。

本期证券发行总规模为 27300.00 万元,其中,优先级资产支持证券规模为 25800.00 万元,采用固定利率,于到期日一次性偿付本息,次级资产支持证券规模为 1500.00 万元,在存续期间没有设置预期收益率。同时在本次计划中,需要由评级机构对本次基础资产产生的现金流在正常情况及压力情景下对优先级资产支持证券本息的覆盖程度进行评估。评估结果显示,整体上基础资产能够覆盖优先级证券本息,但保障程度一般。

(2) 多样化信用增级措施优化发行条件。根据平安—四川广电供应链金融 1 号资产支持专项计划的《计划说明书》,本专项计划采用优先级/次级分层结构设计和现金流超额覆盖两项内部增信措施。

优先级/次级分层结构设计是 ABS 产品中最常见、最基本的增信措施之一,但对于引入银行信用的供应链金融项目,由于信用级别较高,无须再通过内部分层进行增信。本专项计划中,由于持有应收账款的原始权益人为中小型上游供应商(后由明生保理提供保理服务受让所得)而非商业银行,因此进行优先级和次级两级简单分层,其中优先级额度为 25800 万元，占比 94.51%，次级额度 1500 万元，占比 5.49%。

不发生违约事件时，现金流分配顺序为支付各项税金和执行费用，支付优先档证券利息，支付次优档证券利息（设置该档次时），支付储备金及其他费用，支付优先档证券本金，支付次优档证券本金（设置该档次时），最后支付次级档本息。而在资产池出现违约损失，触发优先级/次级的内部增信安排时，次级证券将为优先级提供相当于基础资产池余额 5.49% 的信用支持，此时专项计划在缴纳完税费后，将首先支付优先档的本息，再向次级资产支持证券持有人分配专项计划的剩余资产。

在本专项计划中，由原始权益人明生保理全额认购次级资产支持证券并持有至到期，为优先级证券投资者提供信用担保。除分级结构设计外，专项计划还采用了超额现金流覆盖的内部增信方式，即通过投资者对共计 28653.90 万元的应收账款余额的折价购买（折扣率为基础资产购买价款/应收账款账面价值之和，约为 27300/28653.90 = 95%），形成基础资产对优先级资产支持证券本金及收益的超额覆盖，保障优先级资产支持证券的本息偿付。

（3）风险隔离手段弱化归集风险。专项计划明确了基础资产回收资金的归集路径，为了确保专项计划资金回收的实现，就每一笔入池应收账款债券而言，债权人在向债务人发出债权转让通知的同时，要求债务人于应收账款债权到期日将应付款项直接付至专项计划账户。

明生保理作为专项计划的资产服务机构，对于入池应收账款债权建立基础资产账台进行主笔登记，并对债权资金回收进行逐笔登记与有效标记，从而实现每一笔入池应收账款债权的特定化，保证基础资产与明生保理自有资产或其他资产相独立，以保证基础资产的独立性。通过对专项计划资金归集风险的具体控制安排，保证专项计划基础资产的独立性，专项资金归集风险得到一定程度的缓释。

（4）积极响应资本市场服务国家脱贫战略号召。2016 年 9 月，证监会发布《中国证监会关于发挥资本市场作用服务国家脱贫攻坚战略的意见》，明确提出"贯彻精准扶贫基本方略，发挥资本市场行业优势，支持贫困地区企业利用多层次资本市场融资"的工作思路。如何发挥好资本市场的扶贫功能是对资本市场提出的新要求，资本市场也在积极探寻扶贫路径助力国家脱贫攻坚战的顺利完成。

本项目是全国首单通过金融创新、精准扶贫的供应链融资项目，四川广电作为四川省脱贫攻坚战中的排头兵，承担着重要作用。该 ABS 项目的推出从资金层面支持完善农村地区广电设施的建设，有利于改善农村居民生活水平、落实精准扶贫政策。

长期以来，四川广电网络公司全面承建四川省新闻出版广播影视精准扶贫项目，大力推进产业扶贫，促进网络扶贫、信息扶贫，大力推进"智慧广电"向贫困农村延伸，投资并启动实施"智慧广电 文化惠民"工程，让贫困地区与全省各地享受同等的文化信息服务。

（5）创新金融支持积极探索中小微融资难解决路径。中小微企业融资难已经成为阻碍行业发展的一大痛点，广电上游供应商因产业自身特点多为中小微企业，无法及时、低成本地从传统渠道获得企业运营所需要的资金，在融资渠道、融资成本和信贷支持等方面，不具有市场优势。融资难、融资慢等问题逐渐成为影响行业良性发展的掣肘性因素。

广电上游中小微企业是广电产业群中的重要组成部分，这一项目的推出在很大程度上缓解了诸多中小微供应商融资难问题，向其提供高效、低成本的资金来源，对于优化产业成本结构，助推行业发展具有积极的促进意义，进一步落实了中央提出为民营企业解难纾困的政策号召。

6.（开放性问题）平安—四川广电供应链金融ABS是首单发行落地的传媒行业供应链金融ABS，其在传媒行业尝试的成功与响应国家精准扶贫的政策密不可分，除传媒行业外，供应链金融ABS还可以与哪些行业结合以更好地进行推广？除此之外，你认为供应链金融还有哪些需要注意的事项以及可以结合的创新？

理论依据：

根据供应链理论，供应链金融ABS可以降低交易成本，进一步推广具有意义。正如克里斯多夫所言，市场上没有企业只有供应链，真正的竞争是供应链与供应链之间的竞争。中小企业与大企业相比规模小，制度不够完善，抵御风险的能力差，融资面临困难。如果从供应链的角度出发，促进供应链上的核心企业与众多中小企业进行合作和协同运营，将有可能实现供应链系统的成本最小化。

根据新制度经济学理论，供应链金融ABS的推行是对现有规则下交易成本的一种节约，进一步推广具有意义。第一，它可以降低信息不对称带来的效率低下。供应链金融仅要求资金融出方对资信较好的核心企业的运营状况进行监控，核心企业对上下游企业提供担保基于贸易往来，降低了资金需求方和供给方之间的信息不对称。第二，核心企业为上下游中小微企业提供担保，可以打破国企在资金融通中的垄断壁垒，可以满足小微企业融资需求。第三，核心企业提供信用转换，供应链金融ABS给予中小企业更低的融资利率，缓解了利率管制带来的融资成本过高。

具体分析：

（1）向哪些行业推广。本供应链金融ABS是传媒行业首单供应链金融ASB，打破了房地产行业一枝独秀的局面，回顾平安—四川广电供应链金融 ABS 的发行过程，可以看出，供应链金融 ABS 在传媒行业发行成功绝非偶然。第一，传媒行业上下游体系完整；第二，融资需求难以得到满足；第三，乡村文化脱贫受到政策重点支持；第四，传媒行业和乡村文化领域发展前景良好。

借鉴在传媒行业发行成功的经验，可以总结出供应链金融 ABS 推广的行业适用性规律，供应链金融 ABS 适合在上下游体系完善、融资需求难以得到满足、受到政策重点支持、发展速度快的行业进行推广，如房地产行业和新经济行业。

一是房地产行业。从上下游体系、融资需求和发展经验的角度看，房地产行业适合推广供应链金融 ABS。

上下游体系上，房地产行业供应链完整，适合推广供应链金融 ABS。房地产行业涉及企业众多，上游是材料供应商、建筑公司、设计公司，下游有中介服务和物业服务企业、装修公司和家具公司。鼓励房地产核心企业参与，采用供应链金融 ABS 模式能有效盘活资产，解决中小企业融资问题。

融资需求上，房地产企业融资过于依赖银行信贷，适合推广供应链金融 ABS 使融资渠道多元化。银行信贷仍是目前房地产企业融资最主要的模式。在供给侧改革、抑制资产泡沫、防控金融系统性风险的背景下，2018 年上市的房地产企业中，多家债务被中止，资金总额超过 500 亿元，这预示着银行信贷对房企收紧的态势可能持续，房企的融资需求难以得到满足。供应链金融 ABS 为房地产企业融资提供了新渠道。

发展经验上，房地产行业通过供应链金融 ABS 融资早有先例，且已经形成了较成熟的模式，进一步推广有可实践性。早在 2017 年下半年，万科、碧桂园等房地产企业已率先参与到供应链金融 ABS 项目中，目前发行量最大的供应链金融 ABS 产品也是地产类。

二是新经济行业。从政策支持、发展前景和发展经验的角度看，新经济行业适合推广供应链金融 ABS。

政策支持上，新经济行业受到政策支持，适合推广供应链金融 ABS。新经济发展是中国经济转型的关键，支持新经济发展、服务实体经济是主要的政策导向。2017 年 3 月，五部门联合发布了《指导意见》，提出加强对制造业科技创新和技术改造升级的金融支持，拓宽技术密集型和中小型制造业企业的多元化融资渠道；2018 年证监会明确提出要以建设现代化经济体系为导向，加大对新技术、新产业、新业态、新模式的支持力度。

发展前景上，应用高新技术、发展新经济是大势所趋，适合推广供应链金融 ABS。近几年，以传统制造业为基础的旧经济发展遭遇瓶颈，以新能源、新一代信息技术、互联网电商、智能家居等为代表的新型经济形态不断出现并逐步渗透到传统行业，成为人们生活中不可或缺的部分。以知识、技术、信息、数据等新生产要素为支撑的新经济发展势头良好，市场占比不断增大，是未来经济的增长点。

发展经验上，新经济行业有供应链金融 ABS 发行成功的先例，进一步推广有可实践性。2018 年 3 月，小米、比亚迪、蚂蚁金服、滴滴等新经济企业的供应链 ABS 项目相继获得了交易所的无异议函。互联网供应链金融 ABS 的基础资产一般为小额贷款，东证资管—阿里巴巴系列产品中，东方证券资产管理公司充当计划管理人，购买了阿里小微金融集团旗下小贷公司的小额贷款资产，合计募集资金规模达到上限 50 亿元，为淘宝、天猫等电商平台的小微企业提供了融资服务。

（2）怎样进行推广。

第一，采用储架式发行，提高发行效率。2015 年央行宣布信贷 ABS 实行注册制，传统的资产支持证券发行时，每次都要重新注册，发行程序繁杂。而储架式发行是一种"一次注册，多次发行"的发行机制，发行人不用立即发行有关证券，可以把公开招募书"储"于"架"上，寻求合适的市场环境再正式发行。储架式发行机制不仅赋予了发行人择时发行的权力，提高发行人融资灵活度，而且可以简化发行程序，宽松的发行环境助推了供应链金融 ABS 市场的繁荣。

第二，采用反向保理模式，用信用置换解决小微企业融资难。平安—四川广电供应链金融 1 号 ABS 采用了反向保理模式，以供应链核心企业四川广电信用替代上游中小微供应商信用，实现供应链上下游资金融通。上游企业中小供应商授信额度不高、融资规模较小，正是因为核心企业四川广电的参与，才利用信用替代机制对供应商进行增信，串起了整条供应链。反向保理模式是本资产支持专项计划的亮点，值得推广。

反向保理是一种新兴保理业务模式，该模式的核心是关注核心企业而非融资企业，通过让知名度高、资金实力强的核心企业介入，大大降低中小企业的融资难度，增加供应链金融 ABS 的信用质量。

第三，采用新型交易结构，弱化期限错配。循环购买的设计能有效解决资产端和产品端的期限错配问题，满足各方需求。供应链金融 ABS 的基础资产通常单笔金额小、贷款笔数多、期限较短、早偿率较高，但发行人倾向于获得期限较长的融资，投资人也期望购买中长期产品获得较高的收益率。循环购买的模式下，特定期限内基础资产收回款项产生的现金流不完全分配给投资者，而是用于持续购买新的符合标准的基础资产，形成动态的基础资产循环池。

红黑池的结构设计能大幅提高资产的使用效率。供应链金融 ABS 审批备案的时间较长，从启动到报送监管再到发行有时间间隔，此种情况下可以设立报送的"红池"

和实际发行的"黑池",保证两个资产池的筛选标准和选取方法一致,选取账龄、剩余期限、分散度、信用质量等相同的基础资产,通过置换提高基础资产的使用效率。

第四,采用区块链技术,创新性解决信息不对称。只有真实的贸易背景、真实的应收账款,才能真正有利于中小企业降低融资成本,提高供应链稳定性。建立适当的机制对贸易真实性和贸易规模做出评断,防止核心企业和上游供应商串谋欺诈是保证此类业务健康发展的重要前提。在供应链金融 ABS 中往往通过核查底层材料,如合同、发票,以及债务人确权等方式验证资产真实性,但是材料的真实性和债务人是否配合仍然存在问题。

针对应收类 ABS 普遍存在的信息不对称等信用问题,可以利用区块链技术加以解决。区块链技术可以作为承载信用记录的分布式"账本",无须借助第三方呈现交易对手的信用历史,去中介信任、防篡改、交易可追溯等技术特点与 ABS 行业相结合,使得供应链上每笔交易都得以录入并开放给所有参与者,增加底层资产质量透明度和可追责性,解决各方对底层资产质量真实性的信任问题。随着区块链和科技金融技术的快速发展,未来的供应链金融 ABS 将不断创新,成为新蓝海。

五、背景信息

本文所涉及的平安—四川广电供应链金融 1 号资产支持专项计划从发行落地到第一期清算完成的所有公开信息均可在平安证券官方网站资产管理—资产证券化—产品文件中进行查阅,案例附件 2 亦提供了关于此项目的部分公开新闻网站链接地址,以上材料以及读者从其他渠道获取的相关信息均可作为本案例的背景。

六、关键要点

对 ABS 产品关键要素基础资产的入池标准以及常见的增信措施的掌握,对基本的供应链金融 ABS 产品进行交易结构、交易模式、潜在风险的分析,对供应链金融 ABS 产品在缓解中小微企业融资难中发挥的作用的了解,对产品进行创新、结合应用以更好地在我国进行推广尝试。

七、课堂计划

本案例可用于案例讨论课的素材,下面以时间进度按课前、课中、课后三部分提供课堂计划建议，仅供参考。

1. 课前计划：提前一周下发案例正文，将同学分为四组，要求每组在阅读案例后，分别选择发行背景、企业分析、交易模式介绍、风险与优势分析中的一部分制作 PPT 并就各自部分提出相关问题。

2. 课中计划：

（1）各组按照案例顺序进行本部分 PPT 内容讲述（每组 10 分钟，共计 40 分钟）。

（2）各组给出自己的问题，由其他组解答（每组 5 分钟，共计 20 分钟）。

（3）各组对其他组讲解内容提出问题，双方讨论（每组 5 分钟，共计 20 分钟）。

（4）老师就互动环节进行点评并提出案例中所述问题、进行解答（20 分钟）。

3. 课后计划：老师提供除应收账款模式外的其他各种模式下供应链金融 ABS 的相关案例，请同学们以小组为单位按照课堂案例的分析思路提交相应的案例报告。

案例 12

互联网消费金融资产证券化案例分析[①]

——以蚂蚁花呗为例

  本文以蚂蚁花呗分期应收账款 ABS 为例,研究互联网消费金融资产证券化的发展。案例正文部分以当前的宏观政策、行业状况为背景,主要介绍了花呗消费贷款 ABS 的产品要素、证券结构、交易模式、资产池结构和增信模式,引导同学思考资产证券化产品在企业融资和居民投资方面的优势、风险和防范措施,分析蚂蚁金服消费金融 ABS 成功的关键因素和可借鉴之处。

[①] 本案例由中央财经大学金融学院李媛、吕越撰写,顾弦指导。

案例12 互联网消费金融资产证券化案例分析——以蚂蚁花呗为例

案例正文

一、引言

近些年来,互联网金融行业的发展势头越来越盛,互联网消费金融、第三方支付平台、众筹、网贷等互联网金融形式层出不穷,深入到我们的日常生活当中,超过半数的人使用第三方支付平台进行支付结算,随着科技的发展,购买互联网金融产品进行理财也成为常见的现象。互联网金融行业已经成为传统金融行业的重要补充,满足了人们不同的金融需求。

传统金融的服务门槛比较高,尤其在贷款方面,由于传统金融机构的资本管理要求以及较高的违约风险,通常集中服务于优质的企业以及个人客户,这一特点使得普通民众难以从传统的金融机构获得较低成本的融资,相对融资的渠道也比较狭窄。针对这一问题,从2015年开始,多个电商平台面向用户推出了信贷服务,实现了先消费后买单的消费模式。将商品销售、资金流动以及信用借贷融合在一起,为电商平台的进一步发展创造了有利的条件。在电商平台为客户提供金融服务的同时,也形成了数量极大的金融资产,对于电商平台而言,盘活大量的金融资产显得尤为重要,将流动性较低的互联网金融资产通过资产证券化的形式转化成现金流成为电商平台的重要融资方式。

本案例专注于互联网消费金融资产证券化,以蚂蚁花呗为例,介绍了消费贷款ABS专项计划的推出与快速发展,梳理产品要素、证券结构、交易模式、资产池结构和增信模式,以此研究资产证券化方式对于互联网金融行业投融资的重要意义以及风险防范。

二、消费金融行业的基本情况

我国消费市场的规模庞大,并且随着消费观念以及手段的不断变革,通过互联网进行消费成为普遍的现象,而通过电商平台进行借贷实现先消费后付款也被越来越多的人接受。目前我国的消费金融市场的参与者主要有银行、消费金融公司以及众多的网络平台。相对于银行等传统的金融机构,互联网平台机构在消费金融方面具有门槛低、手续办理简便易行、借款利率低等特点,因此在消费者中间具有广阔的市场。对于电商平台而言,一方面,提供信贷服务形成了巨大的资金缺口,因此基于互联网消费金融的资产证券化应运而生,各平台纷纷发行 ABS 进行融资;另一方面,通过资产证券化的方式,能够帮助公司把贷款资产转移出表,通过资产出表,表内资产转化为现金,可以进行再次放贷,形成循环,这样的模式使得小贷公司快速地实现了贷款规模以及经营杠杆的增长,互联网消费金融的资产证券化逐渐成为一种主流的融资方式。图 12-1 为个人消费贷款 ABS 年末存量。

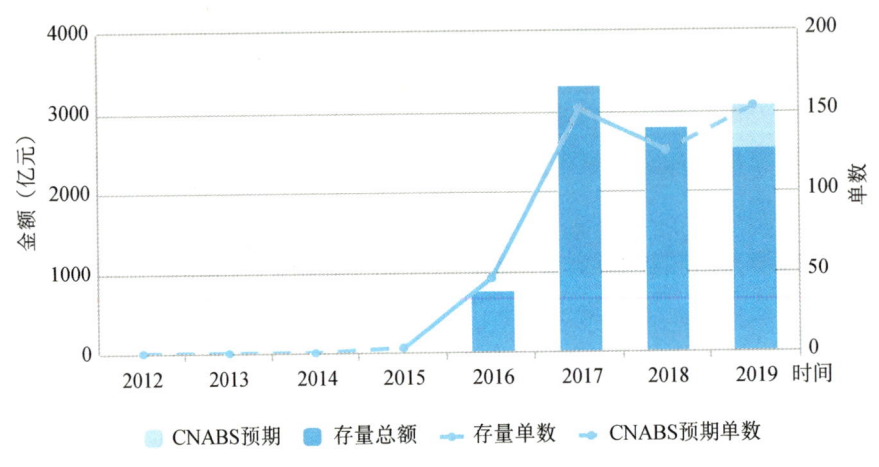

图 12-1 个人消费贷款 ABS 年末存量

资料来源:CNABS。

三、消费金融 ABS 的政策前景

我国的消费金融能够快速发展的重要原因是政策的推动。2009 年,银监会开始着手进行消费金融市场的改革,并颁发了《消费金融公司试点管理办法》,推动了我国消费金融公司的成立与发展,此后的几年间,银监会不断修订管理办法,推动消费金融公司的扩容。2016 年,中国人民银行与银监会联合颁布了新消费金融领域的指导意见,这些法律法规的颁布进一步促进了消费金融的发展。

自 2017 年以来,我国提出建设普惠金融、金融服务实体经济的政策方针,实体经济的发展至关重要。此外,我国已经进入了消费拉动经济的时期,因此利用资产证券化这一金融基础设施,拉动消费经济的增长,无疑是符合我国国情的正确选择。通过消费金融 ABS,将债权资产化,促进资金回流到实体经济,这是符合中央政策方针的,消费金融 ABS 这种方式拥有良好的政策前景。表 12-1 为消费金融的相关政策。

表 12-1　　　　　　　　　　消费金融相关政策

时间	内容
2009 年	银保监会颁布《消费金融公司试点管理办法》
2014 年	国务院常务会议明确提出要"推进消费升级，创新金融服务"
2015 年	《关于积极发挥新消费引领作用，加快培育形成新供给动力的指导意见》
2016 年	《关于加大对新消费领域金融支持的指导意见》
2016 年	《G20 数字普惠金融高级原则》等
2017 年	《互联网金融信息披露标准——消费金融》
2017 年	《网络借贷资金村官业务指引》

四、蚂蚁花呗 ABS 的基本情况

蚂蚁花呗诞生于 2015 年 4 月，是蚂蚁金服推出的一款消费信贷产品，基于支付宝支付体系，为客户提供"先消费后还款"的超前消费服务。客户每月可获得 500—50000 元不等的支付额度。尤其是在 2015 年"双十一"，淘宝订单默认支付方式为"花呗"，使得"花呗"得到了迅速推广。随着花呗规模的扩大，2016 年，蚂蚁小贷公司在德邦证券的协助下，以花呗消费贷款为资产池，发行了消费信贷资产支持证券项目，并于 2016 年 8 月 4 日在上海证券交易所正式挂牌交易，成为上交所首单消费金融 ABS。CNABS 数据显示，在过去的三年中，作为行业翘楚，蚂蚁小贷 ABS 发行规模快速扩张，2016 年发行 24 单，发行规模 477.8 亿万元；2017 年处于峰值，发行 70 单，发行规模 1464 亿元；受制于政策影响，2018 年有所下降，发行 ABS 产品 50 单，共计 1129 亿元，加权平均利率为 4.915%。图 12-2 为 2018 年前十原始权益人情况，图 12-3 为蚂蚁小贷 ABS 发行量情况，表 12-2 为 2018 年蚂蚁花呗发行情况。

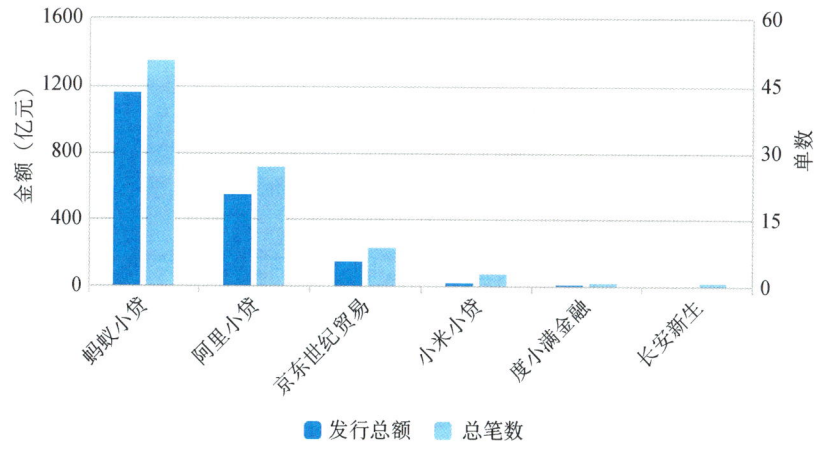

图 12-2　2018 年前十原始权益人

资料来源：CNABS。

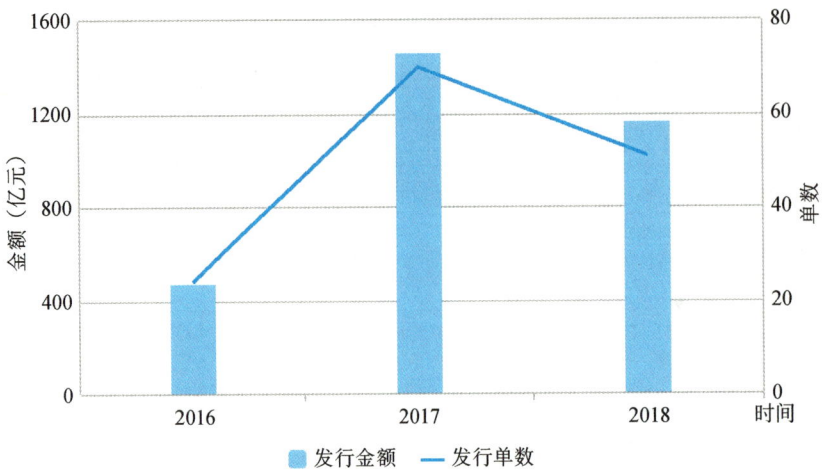

图 12－3　蚂蚁小贷 ABS 发行量

资料来源：CNABS。

表 12－2　　　　　　　　　　2018 年度蚂蚁花呗发行情况　　　　　　　　　（单位：亿元）

产品简称	发行规模	优先级利率	产品简称	发行规模	优先级利率
花呗（东方）2018－1	10	4.60%	花呗（光大）2018－1	10	5.78%
花呗（光大）2018－2	25	5.36%	花呗（光大）2018－3	10	5.10%
花呗（光大）2018－4	35	5.45%	花呗（光大）2018－5	10	4.65%
花呗（光大）2018－6	40	4.54%	花呗（光大）2018－7	10	4.37%
花呗（光大）2018－8	20	5.20%	花呗（光大）2018－9	34	3.70%
花呗（国开）2018－1	20	3.98%	花呗（国开）2018－2	40	4.70%
花呗（中建）2018－1	20	5.00%	花呗（中建）2018－2	30	4.90%
花呗（中建）2018－3	30	4.20%	花呗（中金）2018－10	30	5.33%
花呗（中金）2018－11	10	5.03%	花呗（中金）2018－12	30	4.92%
花呗（中金）2018－13	40	4.88%	花呗（中金）2018－14	10	4.30%
花呗（中金）2018－15	10	4.08%	花呗（中金）2018－16	20	4.60%
花呗（中金）2018－2	40	5.94%	花呗（中金）2018－3	17	5.88%
花呗（中金）2018－4	30	5.79%	花呗（中金）2018－5	33	5.79%
花呗（中金）2018－6	30	5.43%	花呗（中金）2018－7	30	5.24%
花呗（中金）2018－8	20	5.18%	花呗（中金）2018－9	30	5.37%
花呗 2018－55	13	5.97%	花呗 2018－56	30	5.85%
花呗 2018－57	12	5.74%	花呗 2018－58	10	5.18%
花呗 2018－59	28	5.18%	花呗 2018－60	15	5.65%
花呗 2018－61	40	4.95%	花呗 2018－62	20	4.90%
花呗 2018－63	5	4.08%	花呗 2018－64	25	4.90%
花呗 2018－65	25	4.95%	花呗 2018－66	22	4.00%

续表

产品简称	发行规模	优先级利率	产品简称	发行规模	优先级利率
花呗 2018-68	10	4.59%	蚂蚁花呗 2018-6	30	3.68%
花呗 2018-69	40	5.15%	蚂蚁花呗 2018-1	10	5.08%
蚂蚁花呗 2018-2	10	4.90%	蚂蚁花呗 2018-3	30	4.93%
蚂蚁花呗 2018-4	20	4.19%	蚂蚁花呗 2018-5	10	3.69%
总计/加权平均	1129	4.92%			

资料来源：CNABS。

（一）产品要素

以中信建投花呗第 3 期消费授信融资资产支持专项计划为例，本部分分析 ABS 产品要素。花呗（中建）2018-3 的发行金额为 30 亿元，当前处于存续期，起息日为 2018 年 10 月 16 日，存续期为 5 年，原始权益人为蚂蚁小贷公司，部分财务数据如表 12-3 所示，计划管理人和主承销商为中信建投证券，该产品上市地点为上海证券交易所。

表 12-3　　　　　　　　　蚂蚁小贷部分财务数据　　　　　　　　　（单位：亿元）

蚂蚁小贷	2015 年	2016 年	2017 年	2018 年上半年
总资产	2.26	111.43	293.89	270.49
所有者权益	2.26	7.49	51.76	118.28
营业收入	0.09	1.30	65.96	10.54
净利润	0.07	-2.77	34.16	6.48

资料来源：Wind 数据库。

（二）产品结构

产品主要由三部分构成，优先级、次优先级和次级，分别占据 89%、4% 和 7%，证券基本信息见表 12-4。

表 12-4　　　　　　　　　　证券基本信息

证券名称	证券代码	发行量（万）	发行利率	当前利率	利率类型	加权年限	参考净价	还本方式	当前评级
A	156081.SH	267000.00	4.20%	4.20%	固定	0.52	100.1007	到期还本	AAA
B	156082.SH	12000.00	4.80%	4.80%	固定	0.52	100.0985	到期还本	AA+
Sub	156083.SH	21000.00	0.00%	0.00%	—	0.52	—	到期还本	NR

资料来源：《中信建投花呗第 3 期消费授信融资资产支持专项计划信用评级报告》。

其中，优先级产品的认购者为合格投资者，次级产品由小贷公司自身持有或者通过发起人寻找的投资者进行认购。三种级别证券都是每年偿付一次，按照之前约定的偿付顺序，在扣除税费和发行费用后，优先级首先获得收益的偿付，其次是次优先级，本金的偿付顺序也是先优先级、后次优先级，次级收益和本金的偿付排在最后。这种偿付顺序使次级为次优先级资产支持证券提供7.5%的信用支持，次级和次优先级为优先级资产支持证券提供11%的信用支持。

(三) 交易结构（见图12-4）

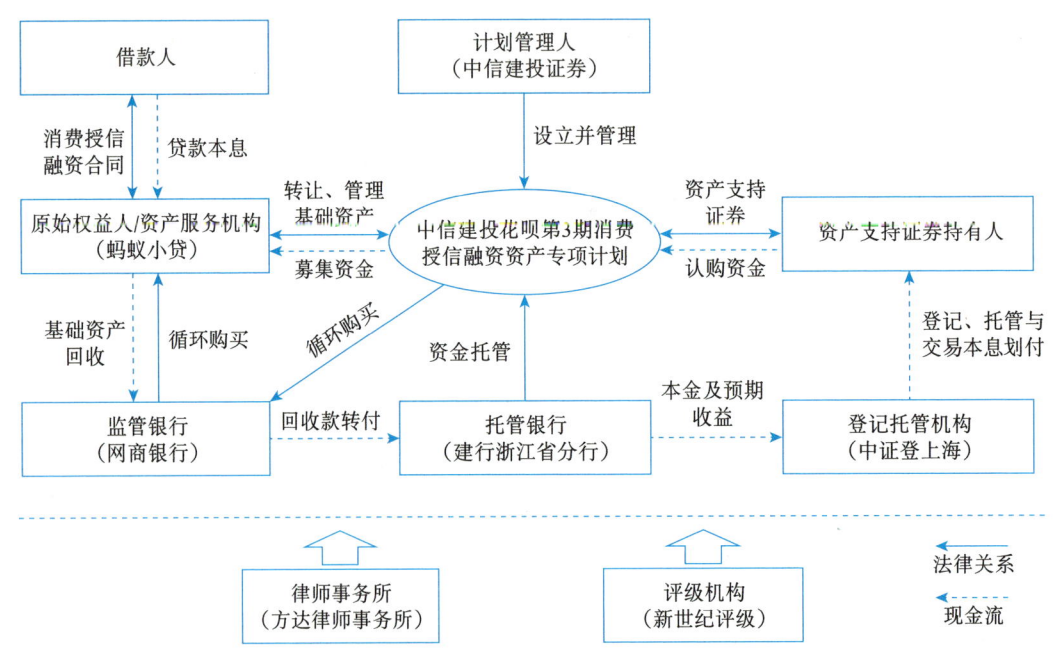

图12-4 交易结构

花呗2018-3这一产品发行的证券在交易所流通转让，投资人缴纳认购资金后获得资产支持证券，在偿付日和到期日获得利息和本金。原始权益人重庆蚂蚁小贷公司既是基础资产的所有者，也是基础资产的出售者，只有做到主动经营、积极管理，才能产生偿付的现金流，保证专项计划的运转。中信建投承担计划管理人的角色，在拿到认购人的认购款后，参与基础资产的购买和基础资产回收款的再投资。也就是说，计划管理人在期初购买原始权益人的所有资产并打包出售，在获得底层资产每月到期偿付的现金流后，进行再投资，并按照合约的规定，在偿付日支付利息，在到期日还本，从而对专项计划进行管理。托管银行、监管银行和登记结算机构分别负责资金的托管、监管和兑付，其他参与机构还包括法律顾问、评级机构、会计顾问和评估机构。

(四) 资产池结构

1. 基础资产情况

随着第三方支付方式的普及，资产抵押证券的基础资产不再受限于消费者在淘宝上购物所形成的应收账款，越来越多的APP在线交易支持花呗支付方式，凡是通过花呗支付的订单金额，以及由此形成的分期手续费、逾期费用和违约金构成了ABS的底层资产现金流来源，这些基础资产金额小，用户来源广，加之期限较短，需要进行频繁的回收和再投资。

2. 动态循环结构

基础资产静态池是指在存续期内池内资产不发生变化，而花呗消费贷款ABS采用了动态的资产池，也就是说在偿付期内，提前收回的现金流不完全用于对投资人的偿付，而是继续购买符合入池标准的基础资产，实现资金再投资，形成了一个动态的循环池。这一循环结构被划分为循环期和摊还期：循环期内，现金流只用于向投资者支付利息，多余的现金流继续购买符合标准的资产；摊还期内，基础资产产生的现金流不再用于购买新的资产，而是累积用于偿还本息。

(五) 增信措施

1. 现金流超额覆盖

在ABS专项计划中，"花呗"消费信贷这一基础资产全部转移给了计划管理人，在存续期内"花呗"用户还款的现金流也全部属于专项计划内的计划管理人，通过测算，资产支持证券中的优先级和次优先级证券在1%的不良率和95%的资金利用率的情况下，合计收到的现金流对基础资产的覆盖率达到了110%，此种方式可以增加信用评级。

2. 优先/次级分层

从上文对产品结构的分析可知，资产支持证券被划分为优先级、次优先级和次级，次级产品占据7%，由原始权益人持有或者由发起人寻找的机构认购，按照本息的分配顺序，扣除税收和费用后，优先级先获得预期的收益，其次是次优先级，进而是对优先级和次优先级的本金偿付，最后是对次级的本金和收益的偿付。若发生风险事件，导致现金流偿付出现困难，由次级优先承担损失，从而对优先级起到保护作用。因此，在结构化的设计下，排名靠后的证券就为排名在前的证券提供了信用增级的作用。图12-5为证券分层结构。

图 12-5 证券分层结构

案例使用说明

一、教学目的与用途

本案例适用于金融工程课程中的资产证券化部分的教学辅助案例，适用对象包括高年级金融专业本科生以及金融专业研究生。

二、启发思考题

1. 了解消费信贷 ABS 的基本框架以及各部分要素发挥的作用。

2. 分析消费信贷 ABS 对于投融资的作用。
3. 考虑蚂蚁花呗 ABS 存在的问题。
4. 针对蚂蚁花呗 ABS 存在的问题有哪些解决方法。
5. 蚂蚁花呗 ABS 的成功之道和可借鉴之处。

三、分析思路

教师可以按照自身的教学需求灵活运用本案例进行教学。以下针对思考题提出供参考的案例分析思路。

1. 教师可以引导学生先从互联网金融消费市场的现状入手，从不同的角度对蚂蚁花呗 ABS 进行分析。首先，从消费金融市场分析的角度，蚂蚁花呗 ABS 属于个人消费贷款，近几年，消费市场的潜力巨大，对于实体经济的拉动作用不容忽视，加之阿里旗下平台众多、业务各异，在 ABS 产品市场具有垄断优势，同时蚂蚁花呗 ABS 的循环发行又能够进一步促进消费市场的潜力；其次，从资产质量的角度分析，无论是考虑贷款余额，还是业务的地域分布，蚂蚁花呗的违约率都被控制在一定幅度内，资产质量较高；最后，从融资成本分析，发行 ABS 有优质资产形成的资产池作为支持，能够获得较高的信用评级，帮助企业取得低成本的融资。

2. 教师可以启发学生在资产证券化融资优势理论的基础上，思考互联网消费金融行业进行资产证券化的动因，即消费信贷 ABS 所具有的优势。可以与传统的融资方式进行对比，从融资渠道、融资成本、融资的自由度以及风控能力等几个方面进行分析。引导学生灵活思考问题，将所学理论运用到具体的案例以及现实的问题当中。在教学过程中，教师应鼓励学生查找其他的文献、资料等补充相关知识。

3. 教师可以引导学生回忆课程所学知识，建立有关资产证券化的知识框架，理解资产证券化的运行过程、需要特别注意的细节以及可能运用到具体案例中时可能存在的问题。教师应当启发学生思考蚂蚁花呗在资产证券化的过程中所存在的一些问题，并引导学生结合我国当前的政策环境背景，针对案例所出现的具体问题，给出相应的解决方法。

4. 教师在帮助学生建立了资产证券化的理论框架之后，应该针对具体案例，引导学生对蚂蚁花呗 ABS 的成功经验进行思考，具体可以从风控手段、储架式的发行方式以及申请在交易所挂牌交易等几个方面进行分析。同时，教师可给出类似其他案例供学生进行异同对比，并深入思考，如京东白条的资产证券化等。此外，在教学过程中，教师可以引导学生积极的使用学校的数据资源以及网络上的各种资源，也要引导学生学会独立思考。

四、理论基础与分析

（一）蚂蚁花呗 ABS 因素分析

1. 消费金融市场分析

资产证券化产品共分为三种类型：信贷资产证券化、企业资产证券化和资产支持票据，花呗 ABS 属于企业 ABS 当中的个人消费贷款 ABS。个人消费贷款市场发展潜力巨大，带来了个人消费 ABS 的蓬勃发展，虽然在 2017 年年底受制于政策影响，发行一度放缓，但是在 2018 年 3 月后又重现活跃，其中阿里系的蚂蚁小贷和阿里小贷近乎占据了 ABS 产品市场的垄断地位。互联网巨头具有丰富的场景数据，能够实现精准营销、便捷支付和信用评估为一体的消费闭环，为消费金融的发展提供技术支撑，因此具有金额小、期限短的消费还款现金流成为 ABS 的优质基础资产，反过来，互联网消费金融 ABS 的发展极大降低了非持牌机构的资金成本，进一步激发了消费金融市场潜力。

2. 资产池质量分析

截至 2018 年 6 月末，蚂蚁小贷通过蚂蚁花呗账单给用户提供的贷款金额平均在 1000 元以内，贷款余额占比前五大省份是广东省、江苏省、河南省、浙江省和湖北省，占到了贷款余额的 35.92%。从不良率来看，北京市、上海市、天津市、浙江省等地区都处于较低水平[①]。花呗用户的地域分布广，借款金额较低，主要用于日常消费，这种分散性可有效降低违约风险。且互联网平台具有丰富的场景消费数据，能够测度用户的消费能力和信用等级，随着风控体系的完善，花呗的违约率被控制在了一定范围内，所以资产池的底层资产质量处于较好的水平。

3. 融资成本分析

花呗（中建）2018 - 3 证券发行成本优先级为 4.2%，次优先级为 4.8%，均高于 2018 年三年期国债利率 4%，但低于三年期银行贷款基准利率 4.9%，可见发行 ABS 融资具有成本优势。

由图 12 - 6 可知，评级越高的债券发行利率越低，不同级别债券之间的利差反映了信用风险的大小，这些结构性证券的发行利率均高于一年期 AAA 级公司债和两年期

---

① 资料来源于《中信建投花呗第 3 期消费授信融资资产支持专项计划信用评级报告》。

AAA 级公司债,说明 ABS 发行成本高于公司直接发债。从图 12-7 可以看出,个人消费贷款 ABS 中 AAA 级债券的发行利差位于同评级其他债券发行利差之间,可能是由于名誉高低、是否上市等其他风险因素影响。除上文分析到的显性成本,本案例还考虑了隐形成本,即扣除发行费用、税费、中介费后的其他费用,如信用体系和风控平台的搭建和维护费用。蚂蚁金服与阿里巴巴旗下电商平台合作,形成消费、支付的商业闭环,由于大数据的量和维度在不断地积累更新,平台的搭建和维护需要巨大的人力和财力成本。

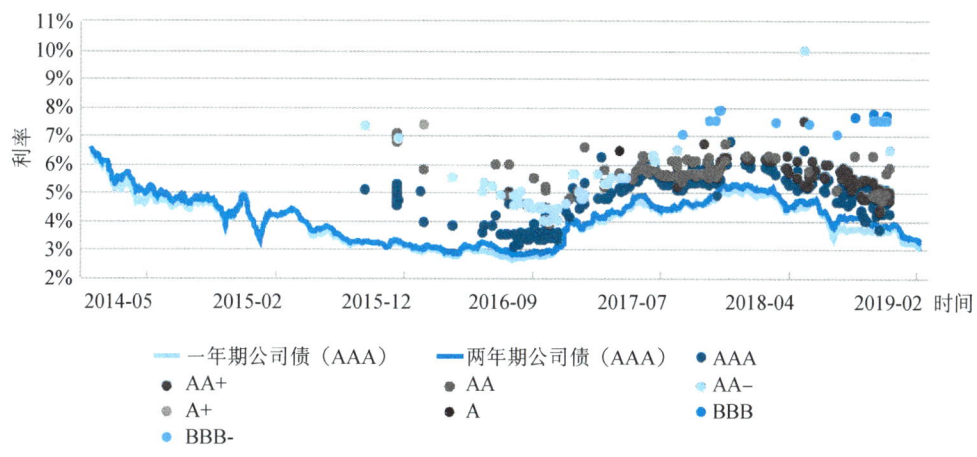

图 12-6 发行利率

资料来源:CNABS。

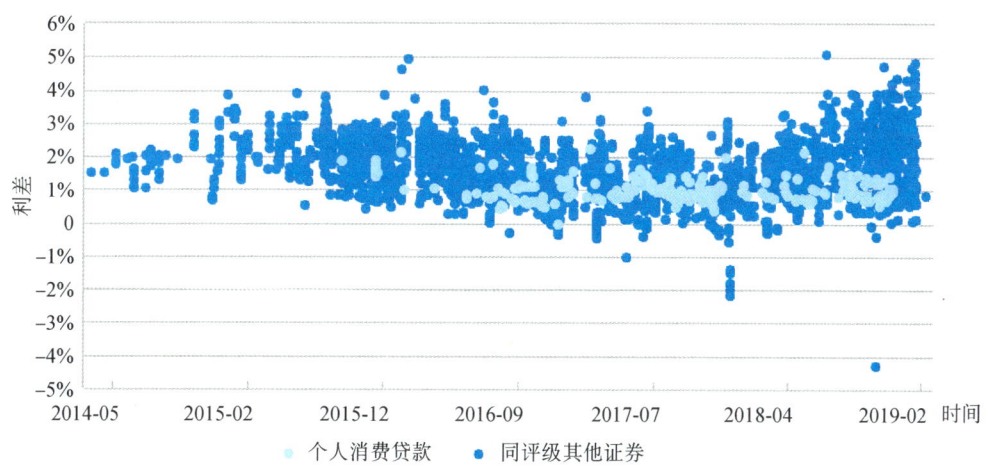

图 12-7 AAA 级证券发行利差

资料来源:CNABS。

（二）互联网金融行业 ABS 优势

1. 拓宽融资渠道

资产证券化作为一种融资手段，能够将缺乏流动性的资产转化为现金。相对于银行贷款、发行股票等传统的外源融资方式，具有较低的进入门槛。因为资产证券化的融资方式是通过将具有稳定现金流收益的优质资产打包加入资产池中，这样的资产池容易获得较高的信用评级，通过资产证券化的方法，将资产与发行方的信用进行了剥离，也就是说，只要具有优质的资产形成资产池作为保证，无论发行方的信用如何，都能够通过这种方式进行融资。而贷款等传统的融资方式，通常要求发行方具有很高的信用评级，进入的门槛较高，同时由于我国股票市场的不完善，导致众多的互金行业小微企业难以通过发行股票的方式获得融资；此外，因为互联网金融行业受到监管部门的监管以及法律法规的约束，电商平台也难以从传统的融资渠道快速获得能够满足发展需求的大量资金。资产证券化的出现能够帮助互金行业解决大量的资金需求。

2. 降低融资成本

目前，我国互联网金融行业的小微企业普遍存在着杠杆较高的情况，形成了较大的债务负担，同时由于小微企业自身资本有限，缺乏担保物，因此，互金行业的小微企业难以获得较高的信用评级，这就导致了小微企业难以从传统的融资渠道获得较低成本的资金，难以满足自身发展的需求。而资产证券化作为一种直接融资的方式，通过打包优质资产形成资产池作为担保的方式进行融资，这一方式将发行方的信用与资产剥离，是将优质资产作为主体进行融资，融资成本通常低于发行主体融资。这样的方式对于那些未来具有稳定现金流的互联网金融行业小微企业而言，能够帮助企业大幅地降低融资成本。

3. 扩大融资自由度

传统的融资方式中，通常会改变企业的资产负债结构，进而会制约企业的进一步融资决策，影响企业的发展。例如，在通过发行股票的方式进行融资时，会直观的体现在企业的资产负债表当中，即资产负债表右侧的"所有者权益"增加，在银行贷款的融资方式中，则会增加资产负债表右侧的"负债"，这样一来，就会增加企业的债务负担，制约企业的决策。而资产证券化是一种表外融资的方式，通过这种方式进行融资具有较大的自由度，资产证券化实质上是将资产转移的过程，会引起资产负债表左侧某项资产下降的同时增加现金收入，不会影响企业的财务机构，加重债务负担，这种方式有利于企业的进一步决策。

4. 风险转移

资产证券化的融资方式具有转移风险的优点。首先，资产证券化是将优质的资产作为主体进行融资，这种方式将资产池中的资产与原始权益人通过设立 SPV 的方式进行了风险隔离；其次，资产证券化的过程当中，通常会将资产池中的资产进行结构分层，从而通过区分风险体系的方式来满足不同的投资者，投资者能够通过自身的风险偏好情况，选择层次结构进行投资，如在蚂蚁花呗 ABS 当中就分为优先级、次优级和次级三个不同的结构，这样的分层不仅能够避免信用过度集中，提高资本使用率，也能够扩大 ABS 的受众。

（三）互联网金融行业 ABS 存在的风险

1. 基础资产质量下降

控制基础资产质量下降的风险，要加强前端和后端的控制。前者表示对于进入资产池的资产，要利用历史数据所反映的违约率、回收率、违约损失率、违约迁徙情况以及损失的分布来测评是否符合入池标准；后者表示在循环期，对于新进入的资产，计划管理人会委托原始权益人以用户大数据为基础，对新增资产进行筛选工作，而原始权益人的尽职程度直接决定了新入资产的质量。

2. 循环操作新购入基础资产的规模不足

循环期内，管理人利用到期的可支配的现金流继续向原始权益人购买符合标准的资产，但也可能出现合格资产匮乏的情况，导致现金流限制，资产池的整体收益达不到预期标准，影响优先级的利息偿付。因此，计划管理人应该重点关注原始权益人所处的行业发展现状，权益人的资产状况以及产品的可持续性。同时，也可以设定触发机制来控制基础资产不足的风险。

3. 消费者无法按时偿付

"花呗"使用者若采取了最低还款额度或使用分期还款的服务，可能会使还款日超过了分配日，使分配期内回收的现金流无法满足本息的偿付。因此，可设置超期资产提前变现机制，按期摊还优先级债券的本息。

（四）互联网金融行业 ABS 风险防范措施

1. 严格要求入池资产的质量

资产证券化融资方式相较于传统的融资方式的优势就在于，具备优质的资产作为保证，帮助发行主体获得低成本的融资。因此，应高度重视入池基础资产质量下降的现象，针对这一问题，首先要严格要求入池资产的质量，可以通过制定严格的标准来实现，尽可能地减少资产池中逾期未还现象，进而降低资产风险。对于电商平台而言，还可以建立个人征信体系，对个人消费贷款的发放严格把关，将违约信息公布在征信体系中，对有过违约前科的申请者减少授信额度，以求提高资产的质量，降低账款难以回收的风险。

2. 完善贷款的审核机制

蚂蚁花呗主要针对的是通过平台支付的消费者，因此消费者的信用对于资产证券化的顺利进行至关重要，一旦发生信用风险，循环将难以进行。消费者的信用风险主要从还款能力以及还款意愿两个方面考虑。为避免信用风险的发生，首先应对消费者的还款能力进行把关，具体的措施有：要求消费者提供工资认证、建立个人征信体系、根据消费者的收入情况分层次设定授信额度；其次，也要谨防消费者不愿还款现象的发生，具体可以通过大数据来加强对于客户的了解，要求客户提供能够证明还款能力的有效证明、增加担保人。这些措施都能够在一定程度上避免信用风险的发生。

3. 避免计划管理人过于集中

原始权益人在发行产品时容易过于集中的选择计划管理人，这可能引起某一个计划管理人在利益的驱动下进行逆向选择，一旦发生逆向选择，将直接提高违规成本，因此为避免这一风险的发生，应从监管的层面制约原始权益人集中选择计划管理人的权力。此外，应当将资产证券化产品的管理与销售分离开来，由不同机构进行管理，各自分工，提高专业化程度，有效地降低逆向选择的风险。

（五）蚂蚁花呗消费贷款 ABS 的成功经验

1. 运用大数据风控技术

蚂蚁花呗资产证券化是利用优质资产形成的资产池作为支持进行融资，因此资产的质量十分重要。蚂蚁花呗在保证资产质量方面，充分的利用阿里旗下平台众多、功能各异的优势，依托于阿里旗下的多个平台反馈的数据，在大数据的基础之上进行风险控制，并对资产进行分级，针对不同的客户制定适合的风控方法，避免信用风险的发生。

2. 蚂蚁花呗 ABS 产品在交易所挂牌

蚂蚁花呗 ABS 产品是针对互联网消费贷款产生的融资方式，由于电商平台消费用户众多，贷款的额度较大，因此产生了巨大的融资需求。通过在交易所挂牌上市，使用交易所中先进的交易制度以及交易设施，能够提高产品的流动性，扩大投资者的范围，快速地从市场上获得大量低成本的融资，完成产品大规模的发行要求。

3. 申请储架式发行方式

蚂蚁花呗 ABS 在发行中使用的是储架式的发行方式,即一次核准多次发行。这样的方式首先能够提高审批效率,避免了多次发行所浪费的审核时间;其次,发行主体能够较为灵活地选择发行时间,根据自身的资金需求以及金融市场、利率变动的情况进行融资,可以提高资金的使用效率,此外,在利率较低的时点发行还能够有效地降低融资的成本。

五、关键要点

1. 在接触过金融工程课程中资产证券化的理论知识后,学生应当具备运用所学知识独立分析相关案例的能力,着重分析蚂蚁花呗发行 ABS 进行资产证券化融资的必要性与重要性。

2. 理解相关企业进行资产证券化的动因,即资产证券化的融资方式相对于传统的融资方式所具备的优点。

3. 理解资产证券化过程的运作方式与细节,以及某个企业进行风险控制的具体方法。

4. 积极思考蚂蚁花呗在资产证券化过程中存在的问题并提出相应的解决措施和政策建议。

5. 思考蚂蚁花呗资产证券化成功的经验与启示。

六、课堂计划

本案例可以在教授完资产证券化相关课程后的案例讨论课上进行,课堂时间建议控制在 1 个课时。同时,可以辅助其他相关的案例同时进行讨论,目的是探讨互联网金融行业的资产证券化。

1. 课前计划:教师可提前布置讨论题目,由学生自行查找相关文献做好准备,以启发思考题分成若干学习小组,要求学生进行思考。

2. 课中计划:

(1) 由教师引入案例,介绍案例的基本情况,明确本节讨论课的主题(4 分钟)。

(2) 教师应就案例中的相关问题进行答疑(5 分钟)。

(3) 按照课前分组进行案例讨论,着重要求讨论启发思考题(10 分钟)。

(4) 要求小组代表就启发思考题结果进行解答,同时教师同其他小组同学可对小组的讨论结果进行提问并补充（20分钟）。

（5）教师应起到引导作用，同时进行本案例的归纳总结（6分钟）。

3. 课后计划：学生继续搜集有关案例的信息资料，针对启发思考题完成小组的书面作业，同时，根据本案例的特点，与同行业其他单位的类似案例进行异同对比，针对问题提出建议措施，形成小组形式的书面材料。

参考文献

［1］黄佑军，马毅，周启运. 互联网金融模式探究及案例分析［M］. 广州：暨南大学出版社，2016.

［2］茹赵阳. 互联网消费金融资产证券化的动机理论探析［D］. 2018.

［3］李佳珂. 基于互联网金融的资产证券化优化研究——以阿里小额贷款为例［J］. 财会通讯，2017（8）：105-107.

［4］李雅静. 互联网消费金融资产证券化创新模式研究［D］. 2016.

［5］张清然. 互联网小贷公司资产证券化融资的研究分析——以蚂蚁小贷为例［D］. 2016.

案例 13

租赁风口下的百万公寓资产变现术[①]

——碧桂园租赁住房 REITs 案例分析

2018 年 2 月，碧桂园租赁住房 REITs 在深交所获批，产品规模达到 100 亿元，采取储架—分期发行机制，这是国内首单达到百亿级规模的租赁住房类 REITs 产品，引起了业界的广泛关注。本案例基于住房租赁的风口和当前 REITs 产品存在的困境，对产品的发行始末展开了简要介绍，并围绕 REITs 产品设计中的收益、风险、规模、模式几大核心问题和发行 REITs 产品对碧桂园变现能力的影响进行了重点分析。最后结合现有金融理论，提出了 4 个启发思考题，并逐一阐述了分析思路及结论，以供教学使用。

[①] 本案例由中央财经大学金融学院聂政、阮志朋、赵雯婷、李梓玉、刘钊颖撰写，陈锐指导。作者拥有著作权中的署名权、修改权、改编权。本案例涉及碧桂园地产集团的真实事件，案例主要根据碧桂园租赁住房 REITs 说明书等公开资料整理而成。本案例只供课堂讨论之用。

案例 13 租赁风口下的百万公寓资产变现术——碧桂园租赁住房 REITs 案例分析

 **案例正文**

一、引言

2018 年 4 月 27 日,碧桂园百亿级规模的租赁住房 REITs 产品第一期发行成功,这也是我国住房租赁市场上第一个达到 100 亿元规模的 REITs 产品,一举创造了最大规模记录。该 REITs 产品的融资规模达 100 亿元,采取储架式、分期式的发行机制,其中第一期的产品规模已达 17.17 亿元,优先级被评为 AAAsf 级别,发行利率为 5.75%,底层资产为碧桂园拥有的租赁物业资产。碧桂园百亿级 REITs 产品的发行在租赁住房市场上引发了激烈的讨论,为什么碧桂园集团可以如此轻易地通过 REITs 产品拿到 100 亿元的融资?2018 年以来 REITs 产品被众多企业追捧有什么更深刻的原因吗?REITs 究竟是名噪一时还是未来将前景无限?该产品是否确实对碧桂园公司本身的财务状况起到了改善的作用?这一切都值得我们深究。

二、案例背景

(一)住房租赁:风口下的冷思考

1. 住房刚需+政策支持创造"大机遇"

近些年,伴随着城市人口净流入和房价居高不下,越来越多的人选择房屋租赁替代购房,住房租赁市场如雨后春笋一般快速地发展起来。截至 2017 年年底,我国流动人口达 2.44 亿人,占总人口比重为 17.72%,由此产生的租赁人口达 1.91 亿人。截至 2018 年,我国四个一线城市的流动人口占比均在 35% 以上(见图 13-1)。

在城市流动人口占比不断提高的同时,房价却一路攀升,一线城市的房价更是上涨到了令绝大多数人望而却步的水平,买房成为压在大城市奋斗的年轻人肩上的一座大山。在这样的情况下,住房租赁市场中租金的涨幅却远不及房价涨幅,由此直接导致买房成本与租房成本差额不断扩大。2018 年 6 月的数据显示,北京、上海、广州、深圳的租售比分别为 1/594、1/644、1/600 和 1/627。在同一时期,纽约,伦敦,巴黎和其他国际大都市的平均租售比为 1/240,约为中国一线城市的 2.5 倍。这表明在中国,特别是一线城市,租金和房价差异很大,导致部分群体居住需求从购房市场溢出

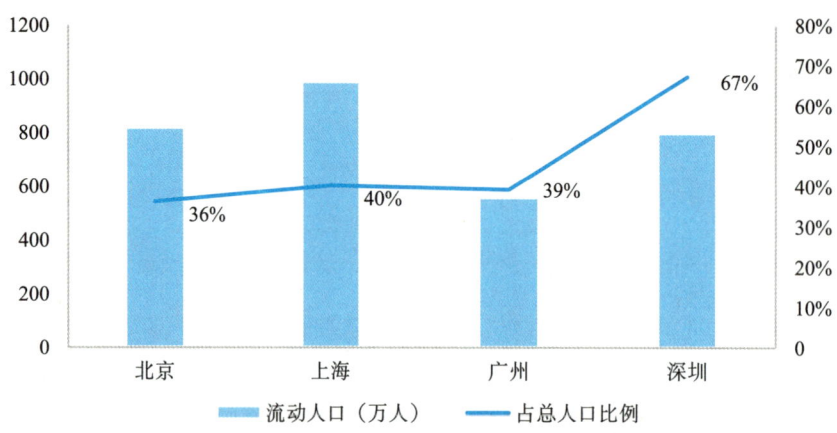

图 13－1　2018 年我国一线城市流动人口数量及占比

资料来源：中国产业信息网。

到租赁市场，住房租赁市场未来的发展潜力巨大。

在政策层面，党的十九大报告提出，"房子是用来住的、不是用来炒的"，加快建立租购并举的住房制度是实现"让所有人民住有所居"目标的重要途径。自 2015 年以来，国家层面积极推动住房租赁市场的发展，先后出台了多项政策，为租房租赁市场健康、快速发展保驾护航（见表 13－1）。

表 13－1　　我国 2015—2018 年住房租赁市场相关政策梳理

时间	相关文件	下发部门	重要内容
2015 年 1 月	《住房城乡建设部关于加快培育和发展住房租赁市场的指导意见》	住建房	政府要发展好住房租赁信息服务平台的建设、培育住房租赁经营机构、引导开发商将其持有房源在社会上出租、鼓励开发商将存量房转型为租赁型的养老或旅游地产、推进开展房地产投资信托基金试点。主要目的在于推动发展住房租赁市场
2016 年 6 月	《国务院办公厅关于加快培育和发展住房租赁市场的若干意见》	国务院	为我国城市住房租赁市场提供了规范性指导，指出了实行购租并举、培育和发展住房租赁市场的政策总基调
2016 年 10 月	《关于积极稳妥降企业杠杆率的意见》	国务院	提出"鼓励房地产企业通过发行 REITs 向轻资产经营模式转型"的意见
2017 年 5 月	《住房租赁和销售管理条例（征求意见稿）》	住建部	明确国家鼓励发展规模化、专业化的住房租赁企业，住房租赁企业依法享受有关金融、税收、土地等优惠政策
2017 年 8 月	《利用集体建设用地建设租赁住房试点方案》	国土资源部	选取第一批利用集体建设用地建设租赁住房试点城市，包括北京、上海、沈阳、南京等 13 个城市

续表

时间	相关文件	下发部门	重要内容
2017年10月	十八届中央委员会	十九大报告	坚持房子是用来住而不是用来炒的定位，加快建立租售并举的住房制度
2018年10月	《完善促进消费体制机制实施方案》	国务院	提出2018—2020年要大力发展住房租赁市场

资料来源：根据新闻和相关报道整理。

市场的需求和政策的支持促使我国的住房租赁市场将迎来几十年一遇的重大机遇。一方面，一些城市房价过大的"泡沫"使得一些楼盘短期内难以卖掉，房地产企业库存高垒，面临资金链断裂危机，急需盘活资产，实现"资产出表"，而"转卖为租"就是很好的资产变现方式；另一方面，在居住刚需和政策支持下住房租赁市场未来有着可预期的广阔需求，这也使得很多房地产企业提前开始战略性布局。综上所述，我国住房租赁市场的重大机遇已经"呼之欲出"。

2. 模式弊病＋融资不易带来"大挑战"

纵然当下住房租赁市场迎来重大利好，但机遇下也"危机四伏"。由于相对于买卖而言租赁的特殊性，住房租赁通常面对标的资产投资回收期过长、收益率较低以及由此导致的融资成本过高问题。同时，作为一个相对新兴的市场，融资渠道狭窄也是阻碍住房租赁市场发展的重大难题。

（1）住房租赁模式弊病：投资回收期过长、收益率低。对于投资链条还未成熟、资产变现能力较差的投资标的而言，过长的投资回收期往往是限制其融资的核心因素。对于住房租赁企业而言，无论是重资产模式还是轻资产模式，在获取房源时都需要一次性付出大量现金（重资产模式下需要买断物业产权，轻资产模式下通常需要一次性向房东支付押金和部分租金）。而相对于卖房，租赁住房的回收期较长，前期大量的资金投入伴随较长的回收期严重限制了住房租赁市场的发展。

与此同时，相对于住房出售，住房租赁的收益率较低。当下房价高企，租金率相对较低，租售比很低，因此用常规住宅用地做住房租赁的相对收益率直观上是较低的。同时，由于标的资产的投资回收期较长，尤其是在重资产运营模式下前期需要大量投入，在考虑货币时间价值的基础上，住房租赁的实际相对收益率会进一步降低。

（2）融资不易：成本高、渠道窄。一方面，过长的投资回收期蕴藏的高风险是住房租赁企业融资成本较高的重要原因；另一方面，由于目前信用评级及债券市场更有利于规模较大、制度完善的大型房地产公司，对于中小型的住房租赁企业而言只能选择对于信用主体级别要求偏低的融资工具，这使得中小型住房租赁企业在融资时常面临估值较低、融资利率高等问题。这也极大地制约了住房租赁市场的发展。

近年来,随着我国金融市场功能及监管逐渐完善,住房租赁市场融资规模逐渐增长,融资手段也成多样化趋势,主要形成了风险资本股权融资模式、产业基金融资模式、传统信贷模式、互联网金融融资模式、租金收益权等债权 ABS 模式等融资手段,但主要仍是以银行贷款融资为主。据统计,2018 年我国房地产企业通过银行贷款融资近 4.9 万亿元,占比 24%,与此同时境内外股权融资加总占比仅 0.2%。与国际房地产市场融资结构相比(见表 13-2),我国的融资结构仍比较单一化。

表 13-2　　　　　　　　国际上房地产市场融资主要模式

融资模式	国家	融资方式
以银行存款融资为主型	中国	银行存款融资为主,辅之股权融资、债券融资、ABS 等
证券化融资为主型	美国	房地产抵押贷款证券化融资;房地产投资的权益证券化融资,其中房地产投资信托基金(REITs)是房地产投资权益证券化的主要形式
储蓄融资为主型	德国	第一抵押贷款;第二抵押贷款;浮动利率的短期抵押或无抵押贷款;低息、无息贷款
社会福利基金融资为主型	新加坡	公积金制度;银行、金融公司和邮政储蓄信贷机构贷款

资料来源:根据相关资料整理。

(二) REITs:融资"新宠"的成长与困境

1. REITs 的"前世今生"

作为一项重要的创新型金融工具,REITs(房地产投资信托基金)最早产生于美国 20 世纪 60 年代初,本质上是房地产证券化的一种形式,将流动性较差的房地产分割为较小的投资单位,降低房地产的投资门槛,因而是开发商自持物业或产业基金理想的退出方式。目前,我国 REITs 工具的应用尚在探索中,与国际成熟市场上的标准 REITs 产品仍有一定差异。美国的 REITs 和国内 REITs 产品的比较见表 13-3。

表 13-3　　　　　　　　美国的 REITs 和国内 REITs 的对比

交易结构 组织形式	美国 REITs	国内 REITs
税负水平	享受"穿透性税收待遇",企业的损益可以冲抵持有人的应纳个人所得税;REITs 收益分配大于 90% 后,投资者所分配的收益免征公司层面所得税	由于大陆法系"一物一权"的原则,存在多环节同一笔收入重复征税问题,需缴纳公司所得税、个人所得税、土地增值税、印花税等较多税负,税负较重

续表

交易结构 组织形式	美国 REITs	国内 REITs
运营方式 收入来源	具有法律法规相关要求，REITs 公司或计划会购入新资产，但大部分收入来源于可产生稳定收入的房地产租金、相关处置收入或其他合格投资收益	未设法律法规相关要求，目前大部分来自于项目成立时的基础物业公司运营收入，处置收入等
收益分配方式	90% 收益分配给投资者，可长期持有	分设优先级和 B 级或次级，优先级享有固定收益，B 级或次级可享有物业处置收益，但通常期限较短
募集形式	具有公募 REITs 的形式，成立时在 100 人以上，上市公开发行时股东数量要求更高	未实现公募，一般在 200 人以下，原始权益人拥有优先回购权，可能影响最后以公募 REITs 形式退出

资料来源：根据新闻和相关报道整理。

从 21 世纪初至今，我国 REITs 的发展经历了从无到有、不断探索的过程。2014 年 5 月，国内首单物业资产中心启航 REITs 在深交所挂牌上市。作为证监会 REITs 试点产品，该项目拉开了我国 REITs 发展序幕。在过去 4 年间，国内 REITs 市场发展迅速，截至 2017 年，国内 REITs 产品的规模达到 379.67 亿元，较 2016 年的 14825 亿元增长了 231.42 亿元，涨幅为 156.10%（见图 13-2）。

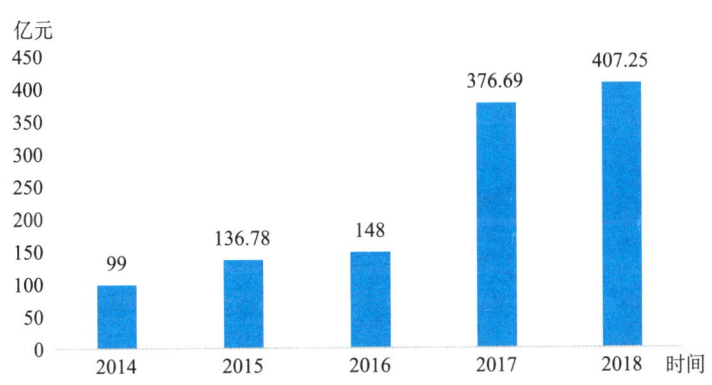

图 13-2 我国 2014—2018 年 REITs 产品发行规模

资料来源：根据 Wind 数据库和 REITs 行业研究整理。

2. REITs 产品面临的税收及单支发行规模困境

（1）税收困境。中国对信托业税收政策的研究和制定一直处于滞后阶段，尚未引入信托业的特殊税收法规。在中国目前的税收环境中，仅在建立 REITs 时产生的税负已达到 REITs 市场价值的 21%。

REITs 在国内的税收困境主要存在于 REITs 的建立，持有和终止等环节。在建立

REITs 时，为了达到成功目的，目标资产必须进行破产隔离。但是，现行税收政策并未考虑这一因素，资产转让被视为不动产转让，导致对资产转让方征收土地增值税和企业所得税，对资产接收方征收契税；在 REITs 持有过程中，国内 REITs 大多以建立项目公司的形式存在，其收到的租金收入须缴纳企业所得税，当税后利润分配给个人或机构投资者时，还需要征收个人所得税或企业所得税，因此存在双重征税的问题。在 REIT 终止时，当委托人撤回信托财产或受益人接受信托财产时，双方都需要缴纳契税和印花税。同时，受托人也需要支付相应的营业税。由于上述问题，REITs 的税负高于直接投资房地产，过高税负的存在极大地限制了 REITs 在国内的发展。

（2）单支发行规模困境。由于国内 REITs 以私募为主，投资门槛及流动性问题尚无可行路径，缺乏"扩募"机制，一直以来难以实现大规模的发行，极大地制约了国内 REITs 服务住房租赁市场效用的发挥。

由图 13-3 可知，国内 REITs 产品的单支规模主要集中在 10 亿—15 亿元、25 亿—30 亿元，平均规模仅有 22 亿元，而同期亚洲的规模约为 90 亿元人民币，美国约为 90 亿美元。与国际水平相比，国内 REITs 的单支规模整体上偏小，缺乏大规模的发行。

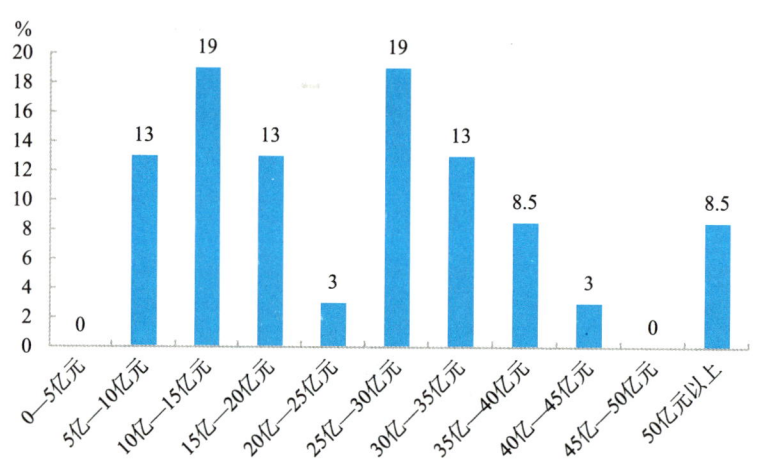

图 13-3　国内 REITs 产品单支规模分布占比

资料来源：根据 Wind 数据库和 REITs 行业研究整理。

三、案例介绍

（一）精打细算与高瞻远瞩——发行动机

1. 盘活存量地产

一直以来碧桂园走的都是高周转的发展战略。当周转速度不断加快时，碧桂园账上的土地和开发项目不断累加，一旦遇上销售行情不好，大量地产便会囤积在资产负债表上，无法产生现金流。此次碧桂园用来发行住房租赁REITs产品的底层标的资产均是一些城市偏僻郊区"卖不掉"的公寓、酒店和写字楼。通过将这些资产打包放进资产池，利用如火如荼的REITs产品将百亿元资产变现，实现"资产出表"，优化财务结构。

2. 利用REITs进行轻资产运营

在发行之前，碧桂园用来发行的底层资产的运营模式是重资产长租运营，运营成本较高，收益很低。重资产运营模式下的底层资产是非常适合发行REITs的，碧桂园通过发行REITs可以转重资产模式为轻资产模式，降低运营成本。

3. 打造"长租城市"的战略布局

碧桂园发行REITs产品进军住房租赁市场是顺应当前国家政策的选择，也是提前进行住房租赁市场战略布局的选择。当前，碧桂园正在试图打造"长租城市"，整合住宅、物业、金融、商业娱乐、健康等多元化内容，提供跨区域和跨行业的多元化"寓乐"体验，将在三年内努力建成100万套长租公寓。碧桂园此次发行既响应了国家"租购并举"政策，也是其战略布局的关键一环。

（二）初识碧桂园REITs——产品主体与要素

碧桂园盘活资产的变现术就是发行REITs产品，想要成功发行REITs产品，原始权益人、基金管理人、计划管理人、托管银行、评级机构等产品主体不可或缺（见表13-4）。

表13-4　　　　　　　　　　本产品相关发行主体介绍

原始权益人	**本产品的原始权益人为碧桂园地产集团有限公司**，注册资本为1394084万元人民币。其母公司碧桂园控股有限公司是一家在中国香港主板上市的大型企业集团，位列财富世界500强、福布斯全球上市公司300强
基金管理人	**本产品的基金管理人为中联前源不动产基金管理有限公司**，其不动产金融团队为国内领先的REITs团队，在国内资产证券化领域实操经验丰富，创造了国内REITs市场的多项第一。具体操盘项目覆盖银行间及交易所两个市场，基础资产类型涵盖写字楼、商业零售、物流仓储、销售尾款及应收账款等各类资产类型
计划管理人	**本产品的计划管理人为前海开源资产管理有限公司**，其经营范围是为特定客户资产管理业务以及中国证监会许可的其他业务
托管银行	**本产品的托管银行为招商银行股份有限公司广州分行**，其资本充足率、净资产收益率、贷款投放能力、盈利能力等主要经营指标均居全国股份制商业银行前列，获得"世界最具投资价值上市公司"称号

续表

评级机构	本产品的信用评级机构为中诚信证券评估有限公司，是我国首家按照公司债券新的发行机制取得证券市场评级业务许可的评级公司

资料来源：根据《碧桂园租赁住房REITs说明书》整理。

其中，最重要的角色便是原始权益人碧桂园集团。碧桂园是我国房地产龙头企业，其实际控制人为杨惠妍女士，控股股东为宙华投资。截至2017年6月30日，宙华投资持有公司100%的股权（见表13–5）。

表13–5　碧桂园地产集团有限公司控股股东

股东名称	出资额（万元）	持股比例
宙华投资	1394084.0339	100%
合计	1394084.0339	100%

资料来源：根据碧桂园官网整理。

截至2017年6月30日，公司股权结构图情况见图13–4。

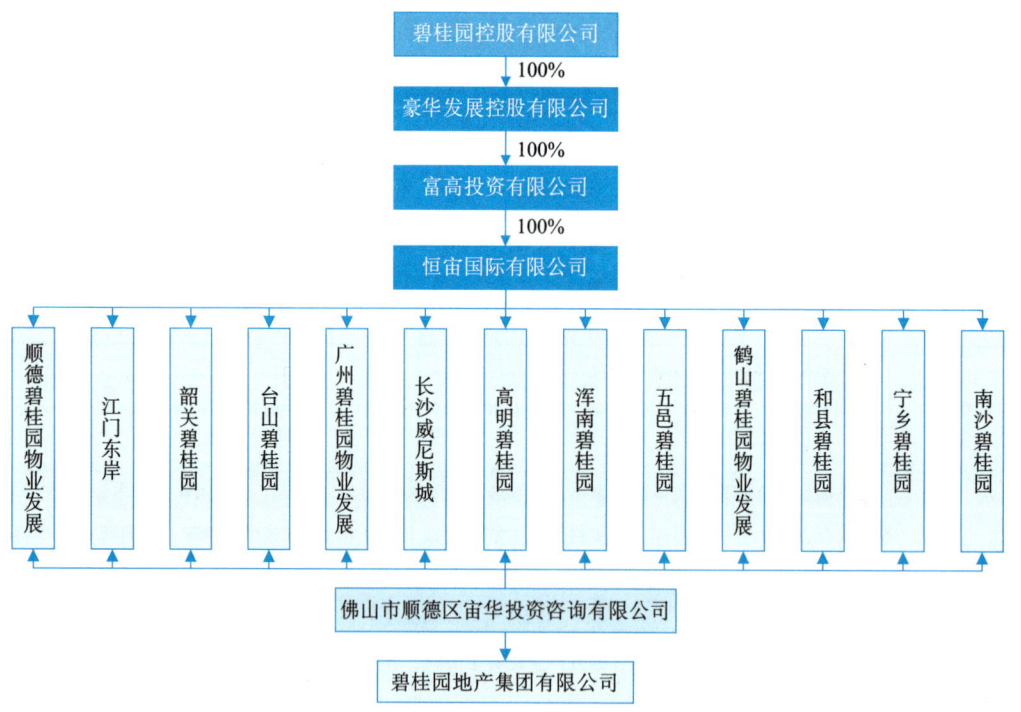

图13–4　碧桂园地产集团有限公司股权结构

资料来源：根据碧桂园官网整理。

除了必要的参与主体,REITs 产品要实现变现之术,还需要一些要素的参与。本产品的要素表见表 13-6,该产品各项保障措施完善,投资价值突出。

表 13-6 产品要素表

原始权益人	碧桂园地产集团有限公司	
基础资产	由原始权益人依据《基金合同》享有的基金份额所有权和其他附属权益及衍生收益	
产品总规模	拟于深交所申请储架额度 100 亿元,其中第一期产品发行规模为 17.17 亿元	
挂牌场所	深圳证券交易所	
产品底层物业资产	位于北京、上海和厦门三地的租赁住房物业	
产品分层	优先级资产支持证券	次级资产支持证券
	90%(21.76 亿元)	10%(2.42 亿元)
信用等级	AAAsf	未予评级
产品期限	预期 18 年(可提前结束)	预期 18 年(可提前结束)
利率类型	固定利率/按年付息	不设预期收益/按年支付剩余收益
还本方式	期末一次性还本	

(三)揭开 REITs 的"神秘"面纱——交易结构

有了必需的产品主体与要素之后,想要真正实现变现,需要将主体与要素之间的关系进行重新梳理,设计出产品的交易结构。产品交易结构见图 13-5,相关交易内容概述如下:

首先,认购人(市场投资者和碧桂园房地产集团)与计划管理人(前海开源)签订认购协议,以专项的资产管理方式将认购资金委托给前海开源管理。前海开源建立并管理该专项计划,认购人取得资产支持证券。

其次,原始权益人(碧桂园房地产集团)共持有私募股权基金 241.300 万份,其中已实缴出资 100 万份。前海开源自专项计划成立之日起,获得私募基金份额,成为基金份额持有人,享有私募基金的投资收益。

此外,当私募基金的资金实缴到位后,私募基金将在全资设立和发放贷款的基础上投资 SPV,持有 SPV 全部的股权及债权。同时,私募基金以贷款形式投资厦门丰创投资等五家项目公司,最后由 SPV 从各项目公司的原股东收购全部股权。

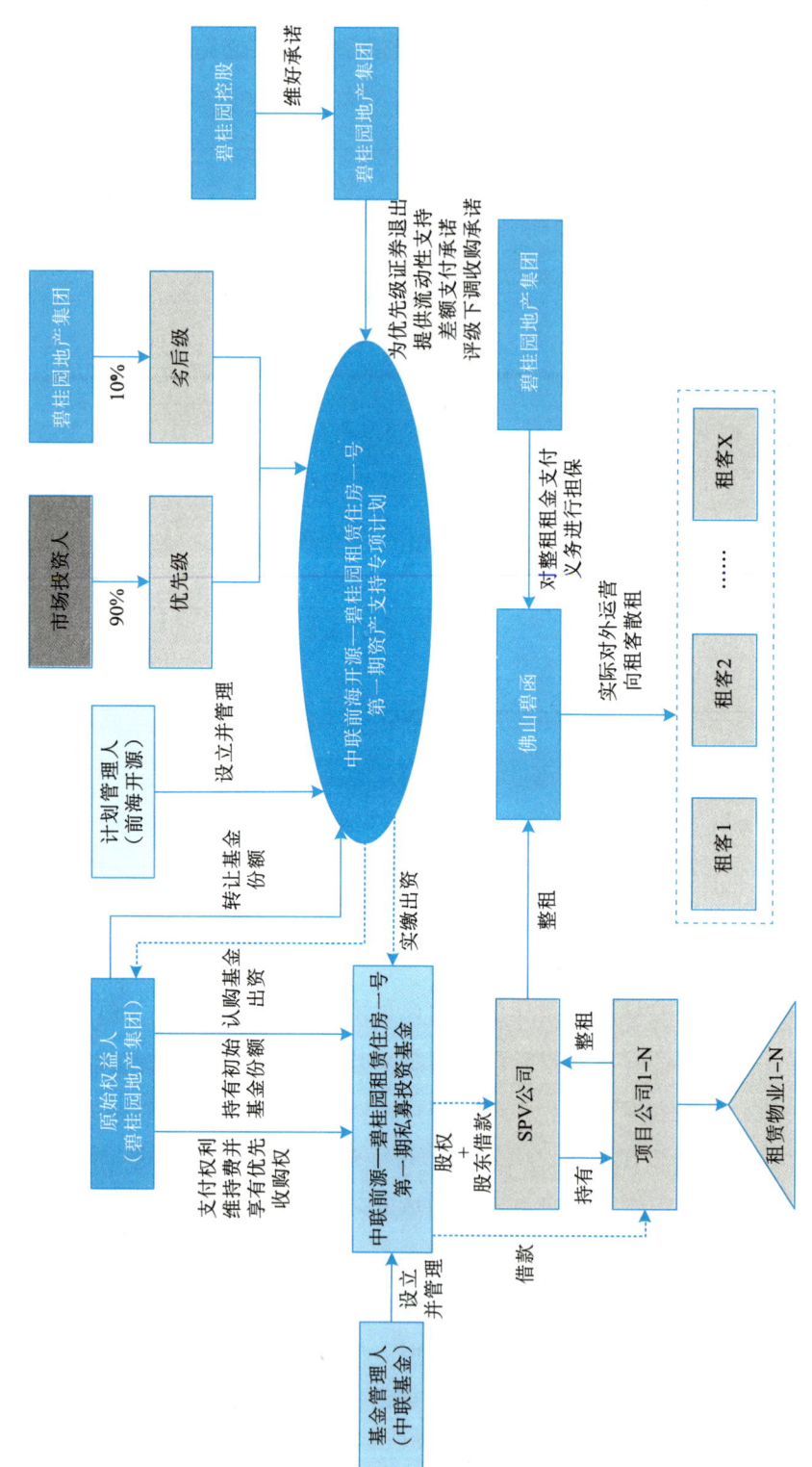

图 13-5 产品交易结构

（四）REITs 的"破壳"与"孵化"——发行历程（见表 13-7）

早在该产品发行成功的半年之前，碧桂园就已经开始其在发展住房租赁市场的部署。

表 13-7　碧桂园 REITs 产品发行历程

时间	事件
2017 年 10 月 30 日	碧桂园与中信银行签约成立 300 亿元长租保障金基金
2017 年 12 月 5 日	碧桂园与中国建设银行上海分行，签订战略合作协议，重点用于长租公寓建设
2017 年 12 月 20 日	碧桂园发布长租公寓品牌——"BIG+碧家国际社区"，宣布未来三年计划提供 100 万套租赁房源
2018 年 2 月 2 日	"碧桂园租赁住房 REITs"获得深圳证券交易所审议通过
2018 年 4 月 27 日	"碧桂园租赁住房 REITs"首期成功发行，总规模 17.17 亿元，优先级 15.453 亿元，发行利率 5.75%
2018 年 5 月 25 日	正式于深交所挂牌上市交易

四、案例分析

（一）产品核心问题的解决

在介绍了碧桂园住房租赁 REITs 产品的发行始末后，我们开始产生了一些疑问，REITs 产品在设计过程中的几大核心问题分别是什么？如何在现有监管体制下解决这些核心问题的？这对于我们探究碧桂园在住房租赁风口下的变现术十分关键。

1. 保障收益——合理安排现金流

REITs 产品对投资者的支付能力，通常用利息覆盖倍数这一指标来衡量，即每年可分配净现金流除以优先级证券投资收益。根据现金流的测算，可得出，优先级证券持有者的利息覆盖倍数在 1.1—1.3，第 1—9 年基本维持在 1.1 左右，自第 10 年开始逐渐稳步上升。说明到了后期，随着产品可分配净现金流的增长，针对优先级证券利息的偿付能力在不断增加，证明在产品的存续期内，该项目具有对于优先级证券持有者的偿付能力，保证了投资者的投资收益，控制投资风险，一定程度上降低了融资难度。

2. 投资风险——三大法宝齐把关

在该产品发行的相关条款设计中，通过三大举措有效控制了投资风险，增加了对投资者的信用保障，降低了融资难度。

第一，实现有效的破产隔离。在本次案例中，原始权益人将资产真实出售，这也是实现破产隔离的必要条件。在该产品的发行计划中,具体的破产隔离机制见图 13-6。

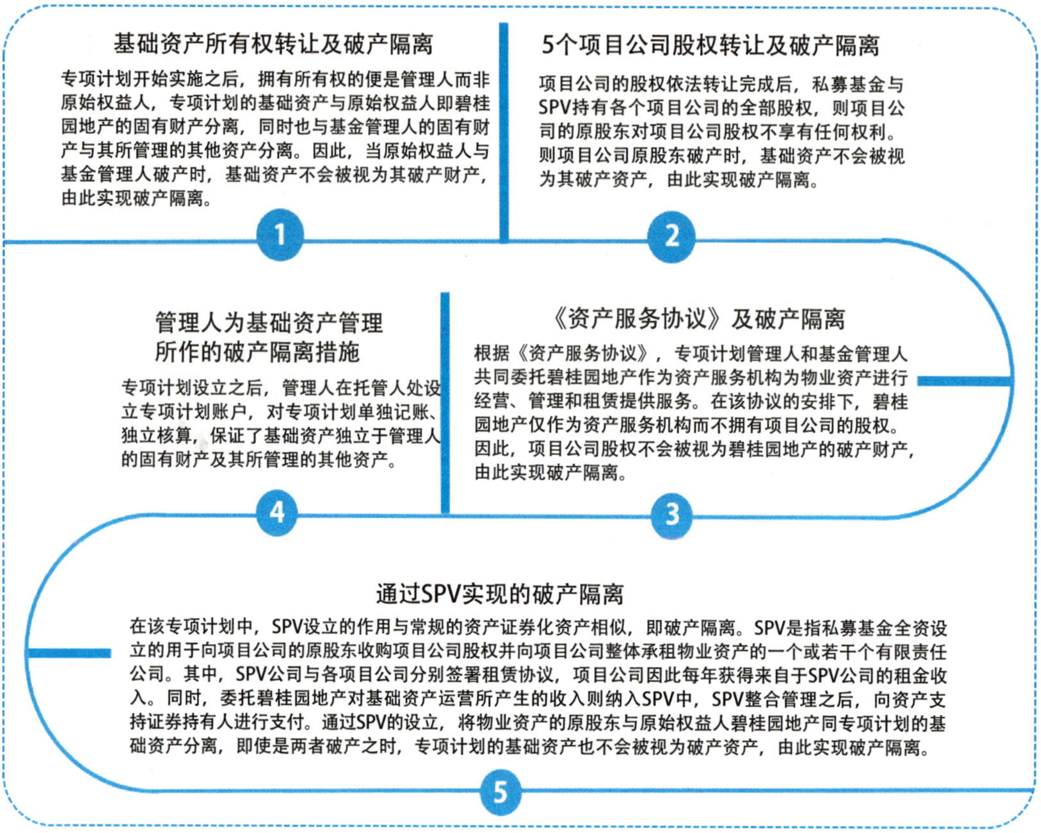

基础资产所有权转让及破产隔离
专项计划开始实施之后,拥有所有权的便是管理人而非原始权益人,专项计划的基础资产与原始权益人即碧桂园地产的固有财产分离,同时也与基金管理人的固有财产与其所管理的其他资产分离。因此,当原始权益人与基金管理人破产时,基础资产不会被视为其破产财产,由此实现破产隔离。

1

5个项目公司股权转让及破产隔离
项目公司的股权依法转让完成后,私募基金与SPV持有各个项目公司的全部股权,则公司的原股东对项目公司股权不享有任何权利。则项目公司原股东破产时,基础资产不会被视为其破产资产,由此实现破产隔离。

2

管理人为基础资产管理所作的破产隔离措施
专项计划设立之后,管理人在托管人处设立专项计划账户,对专项计划单独记账、独立核算,保证了基础资产独立于管理人的固有财产及其所管理的其他资产。

4

《资产服务协议》及破产隔离
根据《资产服务协议》,专项计划管理人和基金管理人共同委托碧桂园地产作为资产服务机构为物业资产进行经营、管理和租赁提供服务。在该协议的安排下,碧桂园地产仅作为资产服务机构而不拥有项目公司的股权。因此,项目公司股权不会被视为碧桂园地产的破产财产,由此实现破产隔离。

3

通过SPV实现的破产隔离
在该专项计划中,SPV设立的作用与常规的资产证券化资产相似,即破产隔离。SPV是指私募基金全资设立的用于向项目公司的原股东收购项目公司股权并向项目公司整体承租物业资产的一个或若干个有限责任公司。其中,SPV公司与各项目公司分别签署租赁协议,项目公司因此每年获得来自于SPV公司的租金收入。同时,委托碧桂园地产对基础资产运营所产生的收入则纳入SPV中,SPV整合管理之后,向资产支持证券持有人进行支付。通过SPV的设立,将物业资产的原股东与原始权益人碧桂园地产同专项计划的基础资产分离,即使是两者破产之时,专项计划的基础资产也不会被视为破产资产,由此实现破产隔离。

5

图 13-6 破产隔离手段设计

资料来源:根据碧桂园租赁住房 REITs 发行计划说明书整理。

该产品的发行通过私募基金及 SPV 依法持有各项目公司的全部股权,项目公司真实持有标的物业的产权。在碧桂园地产破产的情形下,项目公司的资产或股权不会被视为碧桂园地产的破产财产,通过完全隔离控制了风险。

第二,科学的内外部信用增级措施设计。该产品采用内部与外部增级相配合的方式,有效防止该产品发生一定的道德风险,优先级资产也获得了中诚信证券评估有限公司给予的 AAAsf 级信用评级。具体信用增级措施和对应内容见表 13-8。

表 13-8 信用增级措施和主要内容

	信用增级措施	主要内容
内部增级	优先/次级分层	优先级资产支持证券预期收益和本金的偿付优先于次级资产支持证券
	现金流超额覆盖	专项计划各期净现金流对优先级资产支持证券本息覆盖倍数均大于 1.10

续表

	信用增级措施	主要内容
外部增级	评级下调收购承诺	若优先级资产支持证券的评级若低于 AA+（含），增信安排人碧桂园地产集团应在评级下调日后的 8 个工作日无条件收购全部优先级证券
	差额支付承诺	若发生差额支付启动事件，差额支付承诺人碧桂园地产集团应将差额补足款项支付至专项计划账户
	维好承诺	维好承诺人碧桂园控股有限公司将采取一切合理及有效方式确保碧桂园地产良好运营
	保证金机制	若发生保证金触发事件，保证金支付义务人碧桂园地产集团应及时保证金账户追加资金
	优先级证券的开放退出及流动性支持	若优先级资产支持证券未完成开放退出，增信安排人碧桂园地产集团应于开放退出行权日完成买入该类资产
	优先级证券的终止退出安排	专项计划终止事件后，碧桂园地产集团有义务在终止退出行权日买入全部优先级证券

资料来源：根据碧桂园租赁住房 REITs 发行计划说明书整理。

信用增级的合理设计在碧桂园租赁住房 REITs 的成功发行中扮演着非常重要的角色，通过信用增级，控制了投资风险。

第三，退出机制为公募 REITs 上市打下基础。碧桂园租赁住房类 REITs 设置了四种退出机制：一是发行公募 REITs，碧桂园租赁住房 REITs 的投资人可选择出售份额或成为公募 REITs 的股东；二是增信安排人碧桂园地产及指定主体收购优先级证券的份额；三是碧桂园地产以行使优先收购权的方式退出，按固定金额 24.1 亿元收购私募基金持有 SPV 及项目公司的各类投资；四是市场处置，将物业资产或项目公司股权以市场价格向市场投资者，如地产基金、商业地产商、机构投资者和个人投资者等销售。同时，发行周期上采取的"3+3+3+3+3+3"的形式，每三年提供一次退出机会，控制投资风险，降低了融资难度。

目前，我国未实现公募 REITs，但政府在积极地推动公募 REITs 的发行，党的十九大提出未来将加快建立多主体供给、多渠道保障、租购并举的住房制度，随之万亿元租赁市场的立法正在加速，众多房地产商参与住房租赁市场，这无疑将倒推公募 REITs 的出现。因而，碧桂园租赁住房类 REITs 在设计退出机制时，首先考虑了公募 REITs 的上市，这很好地顺应了未来 REITs 公募化的趋势。对于投资者来讲，公募 REITs 的退出机制也将使其持有的 REITs 权益份额拥有更强的流动性。本产品结构设计之时考虑到了 REITs 产品的发展，以便在未来享有公募 REITs 的政策红利优势，更好地完成融资的闭环。

3. 扩大规模——储架发行显神通

储架—分期发行制度是一次核准、多次发行的融资制度。在此次的REITs产品中，碧桂园利用这种发行机制，先申报融资额度100亿元，但却并非一次全部发行，而是在将来分多次完成全部额度的发行。这种机制极大地缓解了大规模一次性发行所带来的销售压力。本次，碧桂园先向深交所申请100亿元的储架额度，计划依照3+3+3+3+3+3的期限结构分六次完成全部额度发行，首期发行17.17亿元。

目前，我国的REITs以私募为主，投资门槛及流动性问题尚无可行路径，缺乏"扩募"机制，难以实现大规模的发行，制约了国内REITs服务住房租赁市场效用的发挥。目前，我国单只REITs的平均规模仅有22亿元，通过储架—分期发行的模式，可以实现"扩募"机制，有效地解决我国REITs发展面对的规模困境。

4. 合理避税——巧借"股+债"

目前在我国，REITs的发展面临税收政策的"天花板"，即在设立环节交易税费高、运营持有环节重复征税设立和持有环节印花税较大的问题。高昂的税费在很大程度上提高了REITs的成本，降低各个环节的税费是保证REITs成功发行的又一个关键。

该产品在设计过程中采取的是"股+债"的模式，可以较好地实现合理避税。相比较纯权益类REITs，"股+债"REITs最大的特点是，首先利用私募基金通过出资购买的方式取得项目公司股权或直接发放委托贷款，然后专项计划将融得的资金分拨给融资主体，项目公司获取不动产的产权，同时抵押给委托贷款的方式转让至类REITs，成为其还款来源。其关键是构建项目公司存量债务，而没有现金留存在账面上。运用这一模式，较大程度上减轻了在REITs设立存续期间的税收负担，降低了项目成本，保障了投资收益，这也是该产品可以成功发行的重要原因之一。

（二）REITs对碧桂园变现能力的三大影响路径

发行REITs产品能够很好地帮助碧桂园达到"变现"的目的，在这里我们所谈及的"变现"是广义上的变现，指的是如何将僵化的基础资产盘活为现金流，同时涵盖了对公司盈利能力的影响。我们分析后认为，REITs将从短、中、长期三大路径来影响碧桂园的变现能力。短期路径是基础资产变现，中期路径是商业模式优化，长期路径则是公司战略调整。

1. 短期：打包出售基础资产换取流动性

在REITs产品设计中，房企可以将基础资产打包出售给SPV公司，将现存资产中很多限售、限价、尾盘类型等流动性较差的资产进行及时变现，即通过盘活资产的方式实现资产出表融资，在现金流增加的同时实现了资产转移，而负债并没有相应增加，使得优化财务报表得到优化。这是在发行 REITs 产品之时即可实现的变现手段。

2. 中期：商业模式大变革

中期来看，传统模式向 REITs 模式转变，导致融资端和收益端均发生变化。融资端的变化使得碧桂园的资本结构得到优化，而收益端的变化则保障了碧桂园能够享有源自于基础资产的现金流。不同模式下房企融资模式差异如图 13-7 所示。

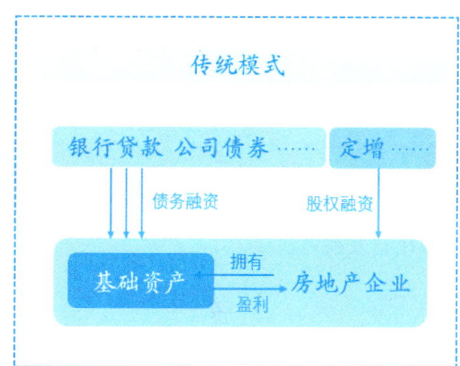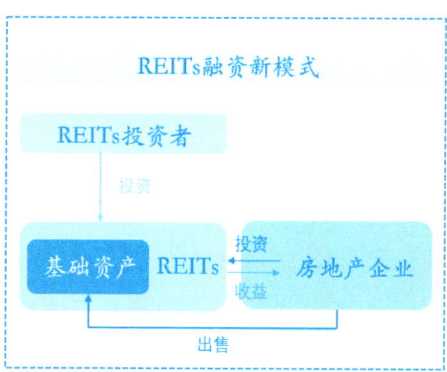

图 13-7 不同模式下房企融资模式差异

从融资角度来看，本案例中碧桂园作为劣后级投资者购入 REITs 约 10% 的份额，而剩余 90% 则向市场投资者发行，相当于在传统模式下制造了 1:9 的融资杠杆。采用 REITs 模式后，在现金流层面实际与传统模式差异不大，却切断了债权人与房企的直接联系，避免了公司的资产负债率进一步增高，进而使公司的资本结构获得优化，降低了公司的偿债压力。

从收益角度来看，REITs 产品的优先级证券投资者取代了传统模式下房地产企业的债权人，如贷款银行或公司债持有者，优先级证券投资者所获得的收益分配类似于传统模式下的借款利息，而房企所获得的 REITs 收益现金流分配取代了传统模式下房企从房屋运营中所获得的扣除利息后的利润。REITs 项目的交易结构较为复杂，收益分配链条也更长。根据测算，在向优先级证券投资者支付利息后，劣后级投资者碧桂园集团 18 年累计可获得的剩余收益达 3.6 亿元。因此，总体而言，在 REITs 模式下碧桂园的收益依旧能够获得较好的保障（见图 13-8）。

3. 长期：借力 REITs 接轨长租公寓战略

目前长租公寓恰恰位于政策风口，亦满足了当下广大民众的住房需求，因此具有非常好的发展前景，借力 REITs 切入长租公寓市场，能够推进实现"长租公寓"到"长租城市"等更具备想象力的战略布局，开创长租领域银企合作的新路径，提升碧桂园租赁住房品牌影响力。这都在长期角度下加强了碧桂园公司的竞争优势，为公

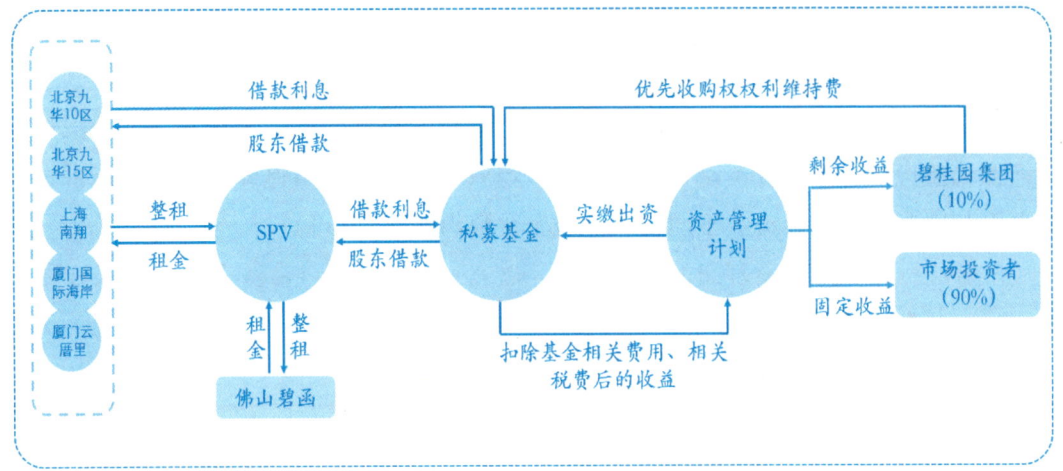

图 13-8 碧桂园 REITs 项目收益过程

盘活乃至更好地运营底层资产做好了铺垫。

五、尾声

碧桂园首期租赁住房类 REITs 产品已经在深交所成功上市，此次产品发行的规模之大在我国租赁住房市场发展的历史上都是空前的。从 2017 年我国租赁住房元年开始，国家政策一直都在大力推动住房租赁市场的发展，同时资本市场也充分认可住房租赁市场，由此引发了住房租赁类 REITs 产品的蓬勃发展。在住房租赁的风口下，碧桂园此次百亿级产品的发行，其核心机制的设计有利于在监管层面规范 REITs 产品的发行，同时租赁住房类 REITs 产品可以有效盘活房地产企业内部存量资产，为房地产企业在融资难问题和重资产运营模式方面提供重要的借鉴意义。

 案例使用说明

一、教学目的与用途

1. 适用课程：金融市场学、公司金融、投资学、基金投资与管理、企业战略。
2. 适用对象：用于金融学、证券投资学专业硕士相关课程。
3. 教学目的：本案例主要介绍了碧桂园地产集团联合中联基金和前海开源资产发起的碧桂园 REITs 的发行背景，包括国内住房租赁市场发展现状和 REITs 发展现状，并在此基础上提出了当前存在住房租赁市场的融资困境、REITs 的税收困境和单支规模困境，然后探讨了产品的发行动机，并围绕着产品主体、产品要素和产品交易结构对产品的发行始末展开了简要介绍，重点阐述了碧桂园租赁住房 REITs 得以成功发行的四大关键点以及对碧桂园变现能力产生的影响。所涉及的知识点包括：住房租赁市场背景、公司金融中的融资和资本结构相关理论，REITs 产品特点、投资学中的收益、风险、规模和成本分析相关理论，REITs 产品交易结构、公司金融中的现金流管理理论、房地产企业战略相关理论，基金投资与管理中的基金发行和税收相关理论。

二、启发思考题

1. 本案例中，碧桂园为什么会选择发行 REITs 产品进行租赁住房项目融资？

2. 本案例中，REITs 产品在设计过程中的几大核心问题分别是什么？是如何解决这些核心问题的？

3. 本案例中，REITs 产品的发行将对碧桂园的变现能力产生何种影响？

4. 本案例中，REITs 产品的发行对其他房地产企业有何借鉴意义？

三、分析思路

1. 基于住房租赁市场现状和碧桂园自身情况，结合自身所学的相关知识，多角度分析发行 REITs 产品动因。首先，分析碧桂园在当下进入住房租赁市场的必要性与可行性；其次，分析我国住房租赁市场所面临的融资困境以及 REITs 作为一种解决途径的优势；最后，结合碧桂园自身情况，解释发行该产品对其资产与运营的改善效果。综合分析，得出碧桂园发行该产品的动因。

2. 结合产品特点，提出产品的四个核心问题，即收益、风险、规模和成本，分别回答碧桂园如何通过机制设计处理好四大核心问题。第一，深入理解 REITs 产品的交易结构，厘清不同几大主体间的交易关系，分辨现金流的起点和终点，然后以流程图等可视化方式将各层级的现金流安排进行展示，并且利用公开信息和数据对现金流进行量化处理；第二，介绍在信用增级、破产隔离及退出机制下对风险的控制效果；第三，关注碧桂园 REITs 产品的设计亮点部分，研究该 REITs 产品是如何通过储架—分期发行的机制实现发行规模的扩大；第四，解释该产品如何通过"股+债"的发行机制设计避免了国内 REITs 产品重复征税的问题，降低运营成本。

3. 结合 REITs 产品交易结构，分别从短、中和长期三类视角来分析发行 REITs 产品对碧桂园变现能力产生的影响。首先，在短期视角下，房地产企业直接通过打包出售基础资产的方式进行变现；其次，在中期视角下，房地产企业在传统模式和REITs模式中不同的融资诉求以及收益实现方式；最后，将视角拓展至长期，即本产品在碧桂园开展住房租赁业务中的定位及战略核心，结合所学企业战略相关理论，从战略布局、银企合作和品牌影响力等角度出发分析本产品对于碧桂园发展战略的影响。

4. 基于住房租赁市场面临的融资困境和REITs产品面临的税收及规模困境，结合所学的基金投资与管理相关知识，从碧桂园REITs产品核心机制的设计和国内发展REITs的难点出发，分析碧桂园REITs产品在监管层面对REITs后续规范发行的意义，更进一步分析对其他房地产企业的借鉴意义，以及其如何更好地实现推广和应用。

四、理论依据与分析

（一）理论依据

住房租赁市场背景、公司金融中的融资和资本结构相关理论。
REITs产品特点、投资学中的收益、风险、规模和成本分析相关理论。
REITs产品交易结构、公司金融中的现金流管理理论、房地产企业战略相关理论。
基金投资与管理中的基金发行和税收相关理论。

（二）具体分析

1. 碧桂园发行REITs产品进行租赁住房融资的动因

首先，碧桂园发行该产品是顺应当前我国住房租赁市场发展的选择。在我国，尤其是一线城市房价高起的大背景下，租金与房价产生较大背离，部分居住需求从购房市场外溢到租房市场，住房租赁市场拥有广阔发展空间。同时，在政策层面，党的十九大报告提出，"房子是用来住的、不是用来炒的"，加快建立租购并举的住房制度是实现"让所有人民住有所居"目标的重要途径。自2015年起，中央层面积极推动住房租赁市场发展，国务院办公厅以及住建部、财政部、人民银行等多部委相继出台了多项政策，共同大力推进住房租赁。因此，碧桂园发行租赁住房REITs以进入住房租赁市场，是顺应时代需求的选择。

其次，REITs产品在解决租赁住房市场融资方面具有较大优势。尽管目前住房租赁市场需求广阔，同时在政策支持和金融创新的背景下，先后产生了多种形式的融资模式，但投资回收期长、融资成本高和融资渠道窄等融资困境仍旧尖锐，严重制约我国住房租赁市场的发展。为解决这一困境,发行 REITs 就是一种有效的方式,它集合了多数投资者的资金,由专业的管理者进行基础资产的运营,并将运营收入的大部分用于分配。第一,REITs 使得回报期长的物业资产尽快变现实现资金回流,增加其原有资产的流动性,间接降低了房地产企业的融资难度;第二,REITs 将原本价值巨大的房地产证券化,降低了房地产投资的门槛,便于中小投资者参与到房地产市场;第三,相比其他证券化产品,如 CMBS、REITs 本身也有一些优势。REITs 是通过专项计划设立的 SPV 以收购股权的方式全资收购基础物业资产,在同原物业资产持有人之间实现有效的破产隔离,提升信用评级,降低在发行环节相关成本,有利于融资贵问题的解决。除此之外,REITs 作为一种比较新的融资模式,可以拓宽房地产租赁企业。

最后,REIITs 产品的发行,对于优化发行方碧桂园的资本结构也有诸多好处。发行 REITs 产品可以实现其利益的最大化。由于与售房相比,住房租赁存在着投资回报周期长、企业盈利压力大的问题,因此降低企业租赁住房的持有成本是发展住房租赁市场的重中之重。通过发行 REITs 产品可以使碧桂园走轻资产运营之路,有效解决碧桂园租赁住房投资回收周期过长的后顾之忧。除了未来将形成的大量租赁住房资产外,碧桂园现存资产中很多限售、限价、尾盘类型的资产均可以通过 REITs 工具进行有效盘活。并且在租赁住房政策风口下,底层资产中存在的各种现实问题(如尚未完成竣工备案、商改住审批沟通等)均有可能通过监管部门的积极协调予以解决。另外,对于碧桂园地产集团而言,选择权益型的 REITs 形式,可以将资产移出表外,有利于财务结构的调整。

综上所述,出于以上多个因素的考虑,碧桂园发行 REITs 产品,以便顺利地进入住房租赁市场。

2. 本案例 REITs 产品的设计中几个核心问题的解决方式

在碧桂园所发行的该 REITs 产品过程中,涉及四项核心问题,分别是如何合理保障投资者收益、如何控制投资风险、如何扩大发行规模和如何实现合理避税。就以上四个核心问题,分别予以解答。

(1) 如何保障投资者收益。通过专项计划每年可分配净现金流除以优先级证券投资收益可计算得利息覆盖倍数,从图 13-9 中可看出,利息覆盖倍数在 1.1—1.3,第 1—9 年基本维持在 1.1 左右,自第 10 年开始逐渐稳步上升,说明到了后期,随着产品可分配净现金流的增长,针对优先级证券利息的偿付能力在不断增加。

针对优先级证券利息的偿付风险可能来自于两个方面:一是该产品可分配现金流下降,二是随着市场利率上升,未来发行的优先级证券票面利率可能随之上升进而导致利息偿付压力加大。图 13-10 和图 13-11 分别就以上两种情况对利息覆盖倍数进

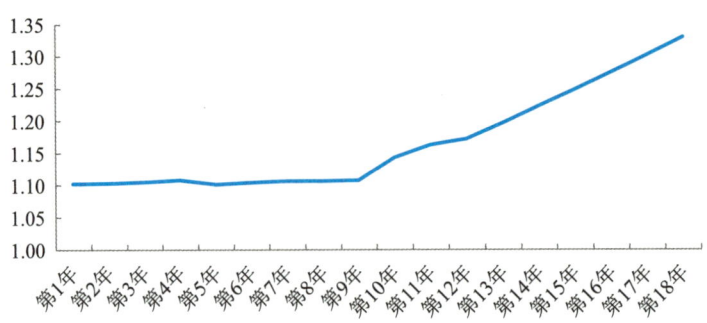

图 13-9 各年优先级证券利息覆盖倍数

行了简单的压力测试。图 13-10 显示的是当产品可分配现金流下降不同百分点时，优先级证券利息覆盖倍数的变动情况，可以看出当下降 9pct 时，优先级资产支持证券利息可能出现兑付风险。图 13-11 显示的是当优先级证券票面利率上升时利息覆盖倍数变动情况（假定项目的现金流入情况不变），当优先级证券票面利率提升 60bp 时，对优先级资产支持证券利息可能出现兑付风险，且碧桂园地产作为增信安排人，将为专项计划费用、优先级证券本息偿付提供差额支付。总体来说，投资该产品优先级证券的收益可以得到较为有效的保障。

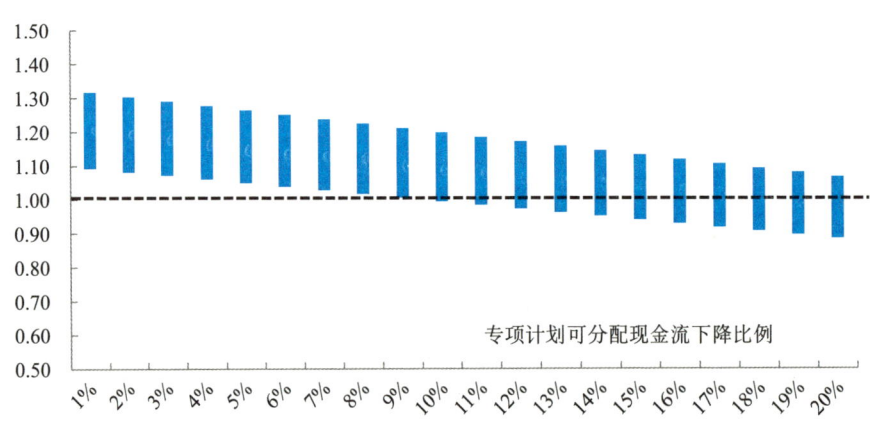

图 13-10 压力测试一（产品可分配现金流下降时利息覆盖倍数变动情况）

（2）如何控制风险。从投资风险角度来看，此次 REITs 项目的三大要素，即破产隔离、信用增级、退出机制都是规范而完善的，因而最小化了项目各类主体特别是市场投资者所面临的风险。

破产隔离：在该产品中，除了基础资产所有权转让实现的对于原始权益人和基金管理人的破产财产的隔离，还有 5 个项目公司股权转让实现的对于项目公司原股东的

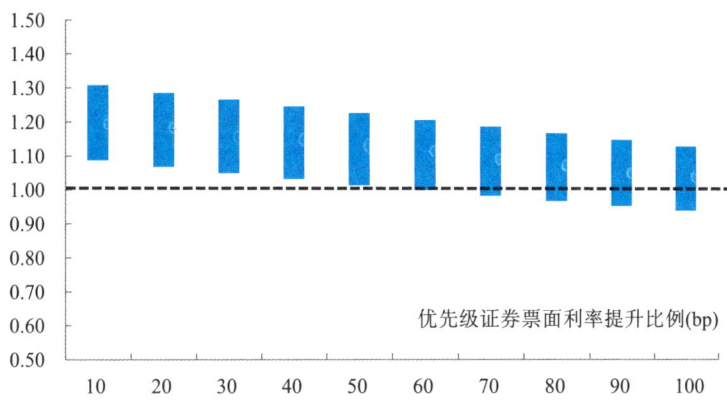

图 13-11　压力测试二（优先级证券票面利率上升时利息覆盖倍数变动情况）

破产财产的隔离，依据资产服务机构与管理人签订的《资产服务协议》实现了碧桂园地产的财产与项目公司的资产或股权之间的破产隔离，以及基金管理人和托管人为基础资产管理所作的风险隔离措施。

信用增级：碧桂园租赁住房 REITs 采用内部与外部信用增级相配合的方式。在内部增信安排方面，采取了优先级与次级资产支持证券的分类安排和物业资产租金收入及权利维持费的超额覆盖。在外部增信安排方面，该项计划采取了评级下调收购承诺、差额支付承诺、维好承诺、保证金安排、优先级资产支持证券退出的流动性支持和优先级资产支持证券的强制退出安排等增信方式。信用增级机制是 REITs 产品发行与定价的核心要素之一，信用增级机制决定了 REITs 产品能否减少违约风险，提升外部评级，提高投资者信心，从而被市场所认可。利用信用增级，可以很大程度上缓解甚至解决 REITs 产品发行过程中存在的信用不足或者信用支持薄弱等问题。所以，信用增级机制是 REITs 产品能否健康存活、持续发展的重点。

退出机制：碧桂园租赁住房类 REITs 设置了四种退出方式：一是发行公募 REITs，碧桂园租赁住房 REITs 的投资人可选择出售份额或成为公募 REITs 的股东；二是增信安排人碧桂园地产及指定主体收购优先级证券的份额；三是碧桂园地产以行使优先收购权的方式退出，按固定金额 24.1 亿元收购私募基金持有 SPV 及项目公司的各类投资；四是市场处置，将物业资产或项目公司股权以市场价格向市场投资者，如地产基金、商业地产商、机构投资者和个人投资者等销售。完备的退出机制保障了 REITs 投资者的利益不受到损害。

（3）如何扩大发行规模。该产品扩大规模是基于储架—分期的发行机制。本产品是国内第一例规模达到百亿级别的房地产 REITs。如果在发行之初，选择一次性发行高达 100 亿元的规模，不仅产生巨大的销售压力，还会造成超募资金闲置、资金使用效率低下等问题，反而不利于该产品的进行。而储架—分期发行机制，便是解决这个问题的有效途径。

储架—分期发行制度是一次核准、多次发行的融资制度。在此次的REITs产品中，碧桂园利用这种发行机制，先申报融资额度100亿元，但却并非一次全部发行，而是在将来，分多次完成全部额度的发行。这种机制极大地缓解了大规模一次性发行所带来的销售压力。本次碧桂园先向深交所申请100亿元的储架额度，计划依照3+3+3+3+3+3的期限结构分六次完成全部额度发行，首期发行17.17亿元。

目前在我国，除本案例之外，还有"保利地产租赁住房REITs""招商蛇口长租公寓REITs"等一系列住房租赁REITs产品采用了这一发行模式。可以预见，未来储架—分期发行机制会越来越多地在REITs发行中使用。

（4）如何利用"股+债"模式实现合理避税。目前在我国，REITs的发展面临税收政策的"天花板"。相对于国外成熟市场，在各个环节涉及的印花税、契税、土地增值税、所得税等税种上均有相应的减免政策，我国的REITs面临设立环节交易税费高、运营持有环节重复征税设立和持有环节印花税较大的问题。高昂的税费在很大程度上提高了REITs的成本，降低各个环节的税费是保证REITs成功发行的又一个关键。

在我国，REITs的发展面临税收政策的"天花板"，即在设立环节交易税费高、运营持有环节重复征税设立和持有环节印花税较大的问题。而通过"股+债"的模式，可以较好地实现合理避税。相比较纯权益类REITs，"股+债"REITs最大的特点是，该产品通过私募基金购买项目公司股权和发放委托贷款的形式将募集资金发放给融资主体，不动产通过产权归属项目公司，同时抵押给委托贷款的方式转让至类REITs，成为其还款来源。其关键是构建项目公司存量债务，而没有现金留存在账面上。运用这一模式，较大程度上减轻了在REITs设立存续期间的税收负担，降低了项目成本，保障了投资收益。

此外，"股+债"的融资模式，也体现了监管政策下的灵活应用。2018年1月5日，中国银监会发布《商业银行委托贷款管理办法》，该管理办法指出商业银行不得接受委托人受托管理的他人资金发放委托贷款。2018年1月12日，基金业协会发布《私募投资基金备案须知》，新规定指出私募基金的投资不应是借贷活动，通过委托贷款、信托贷款等方式直接或间接从事借贷活动的以及通过特殊目的载体、投资类企业等方式变相从事上述活动的基金业协会将不在办理该类基金备案。这两个新发布的监管规定使得原本"股+债"的主流投资模式不合规，难以继续，对于处于正在发展中的REITs而言是一次不小的冲击。

不过很快，事情就迎来了转机，2018年1月24日，基金业协会资产证券化专业委员会召开了 REITs 业务专题研讨会,会议讨论得出私募投资基金是参与 REITs 业务的合规投资工具。在该产品投资端,私募基金可以选择股权、夹层、可转债、符合资本弱化限制的股东借款等工具投资到被投企业,形成权益资本,符合该要求的私募基金产品均可以通过审查顺利备案。2018 年 2 月 2 日,碧桂园该 REITs 产品获得了深交所出具的挂牌转让无异议函。该 REITs 产品的基础资产是私募基金份额,通过"股 + 债"的方式实现对项目公司的直接控制。

碧桂园在筹备该计划的过程中,监管政策的变化也在不断地影响着其融资结构的选择。"股 + 债"的融资结构,既符合监管政策的规定,又最大程度上解决了我国 REITs 发展所面对的融资成本高的问题,是在合规基础上的灵活创新。

3. REITs 产品的发行对碧桂园的影响

发行 REITs 产品能够很好地帮助碧桂园达到"变现"的目的,在这里我们所谈及的"变现"是广义上的变现,指的是如何将僵化的基础资产盘活为现金流。我们分析后认为,REITs 将从短、中、长期三大路径来影响碧桂园的变现能力。短期路径是基础资产变现,中期路径是商业模式优化,长期路径则是公司战略调整。

(1) 短期:打包出售基础资产换取流动性。在 REIT 产品设计中,房企可以将基础资产打包出售给 SPV 公司,将现存资产中很多限售、限价、尾盘类型等流动性较差的资产进行及时变现,即通过盘活资产的方式实现资产出表融资,在现金流增加的同时实现了资产转移,而负债并没有相应增加,使得优化财务报表得到优化。这是在发行 REITs 产品之时即可实现的变现手段。

(2) 中期:商业模式大变革。从中期来看,传统模式向 REITs 模式转变,导致融资端和收益端均发生变化。融资端的变化使得碧桂园的资本结构得到优化,而收益端的变化则保障了碧桂园能够享有源自于基础资产的现金流。

融资端的变化:图 13-7 展示了传统模式和 REITs 模式两类商业模式的差异。从融资角度来看,REITs 的发行使得房企的融资方式改变。在 REITs 模式下,房企也是 REITs 的投资者之一,并基于其份额获得 REITs 收益现金流分配,REITs 收益现金流则与基础资产的经营状况有关。房企实质是通过发行 REITs 产品向投资者直接进行融资,以本案例来看,碧桂园作为劣后级投资者购入 REITs 约 10% 的份额,而剩余 90% 则向市场投资者发行,相当于在传统模式下制造了 1:9 的融资杠杆。REITs 产品的优先级证券投资者取代了传统模式下房地产企业的债权人,如贷款银行或公司债持有者,优先级证券投资者所获得的收益分配类似于传统模式下的借款利息,而房企所获得的 REITs 收益现金流分配取代了传统模式下房企从房屋运营中所获得的扣除利息后的利润。采用 REITs 模式后,在现金流层面实际与传统模式差异不大,却切断了债权人与房企的直接联系，避免了公司的资产负债率进一步增高，进而使公司的资本结构获得优化，降低了公司的偿债压力。

收益端的变化：REITs项目的交易结构较为复杂，收益分配链条也更长。图13-8展示了该产品的现金流过程。具体流程可概括如下：第一，多个项目公司将所持有物业（基础资产）打包整租给设立的SPV公司以获取租金收入，并在支付了相关税费以及向私募基金支付的借款利息费用后，项目公司盈亏平衡，因此无须缴纳公司所得税，而对私募基金支付的利息费用构成私募基金的收益来源之一；第二，SPV公司进一步将物业资产转租给佛山碧函并收取租金，同样地，在扣除了相关税费以及向私募基金支付的借款利息费用后，SPV因为盈亏平衡而避免缴纳公司所得税，SPV支付的借款利息也构成私募基金的收益；第三，私募基金的收入除了项目公司以及SPV公司所支付的借款利息费用外，还有碧桂园集团所支付的优先收购权权利维持费，在扣除了基金运作费用以及相关税费后，所有收益均由基金份额持有人即资管专项计划享有；第四，资管计划在支付管理费、监管和托管费后，收益首先分配给优先级投资者（以固定收益的形式），剩余收益再分配给劣后级投资者（即碧桂园集团）。由此，形成了完整的碧桂园REITs项目收益分配链条。

基础资产现金流是分析的起点。SPV公司与各项目公司分别签署租赁协议，假定租赁协议期限与该专项计划期限一致，共18年（分为6期，每期3年，可提前结束），项目公司因此每年获得来自于SPV公司的租金收入。由于项目公司被设计为租金收入扣除税费及向私募基金借款利息后实现盈亏平衡，因此可以通过两种结果等价的办法计算私募基金来自于项目公司的利息收入：

根据《整租协议（一）》的约定计算租金收入，再扣除租赁期间的相关税费，即可计算得借款利息，相关税费包括房产税、城镇土地使用税、租赁合同印花税、增值税以及附加税等税种，表13-9列举了这四类税种的计算方法，其中不同项目公司对应的增值税及附加税纳税方法在表13-10中列示，城镇土地使用税涉及的项目分摊土地面积以及纳税标准在表13-11中列示。

更简便的办法是直接根据不同项目公司分别的股东借款金额以及约定好的借款利率计算每年的借款利息，表13-12展示了各项目公司每年应支付的借款利息情况。

SPV公司在租下各项目公司的物业资产后进而转租给佛山碧函，假定租赁期也将维持18年，每年向承租方佛山碧函收取年租金。同理，SPV公司被设计为无须缴纳所得税，因此SPV公司向私募基金支付的利息费用也有两种计算方法：一是根据《整组协议（二）》计算来自于佛山碧函的租金收入，在扣除向项目公司支付的租金费用以及相关税费后，即可算得借款利息，相关税费包括增值税及附加税率（非简易征收）、印花税税率等;二是直接根据向私募基金借款金额以及借款利率计算利息费用。

表 13-9　　　　　　　　　　　　房地产相关税收计算方法一览

相关税种	计算方法
房产税	预计租金收入(不含增值税)×12.00%(假定房产税全部从租计征)
城镇土地使用税	各项目分摊的土地面积×纳税标准
租赁合同印花税	预计租金收入(不含增值税)×印花税率(0.10%)
增值税及附加税	预计租金收入/(1.00+11.00%)×11.00%-可抵扣进项税金额×(1.00+附加税税率)
	预计租金收入/(1.00+5.00%)×5.00%×(1.00+12.00%)(简易征收法)

资料来源:根据碧桂园租赁住房REITs发行说明书整理计算。

表 13-10　　　　　　　　　　　各项目增值税及附加税缴纳情况

项目名称	类别	增值税税率	附加税税率	可抵扣进项税金额(元)
北京九华山庄10区	一般纳税人	11.00%	10.00%	—
北京九华山庄15区	一般纳税人	11.00%	12.00%	—
上海南翔玉宏	一般纳税人	11.00%	12.00%	20000000.00
厦门国际海岸	一般纳税人(简易征收)	5.00%	12.00%	—
厦门云厝里	一般纳税人(简易征收)	5.00%	12.00%	—

资料来源:根据碧桂园租赁住房REITs发行说明书整理计算。

表 13-11　　　　　　　　　　　各项目城镇土地使用税缴纳情况

项目名称	分摊的土地面积(平方米)	缴纳标准(元/平方米/年)
北京九华山庄10区	7895.00	1.50
北京九华山庄15区	6332.13	1.50
上海南翔玉宏星天地	7235.27	3.00
厦门国际海岸	12276.39	6.00
厦门云厝里	4858.13	6.00

资料来源:根据碧桂园租赁住房REITs发行说明书整理计算。

表 13-12　　　　　　项目公司及SPV公司向私募基金支付的借款利息　　　　(单位:万元)

	北京九华山庄10区	北京九华山庄15区	上海南翔五宏	厦门国际海岸	厦门云厝里	SPV公司	利息总计
第1年	1636.03	2521.32	1387.77	1620.66	502.95	3471.05	11139.78
第2年	1685.45	2597.36	1444.29	1704.72	527.56	3602.79	11562.17
第3年	1734.87	2673.40	1500.80	1788.79	554.32	3745.98	11998.16
第4年	1786.89	2753.44	1560.46	1877.53	582.14	3889.18	12449.64
第5年	1841.51	2837.49	1623.25	1952.26	605.68	4020.92	12881.11

续表

	北京九华山庄10区	北京九华山庄15区	上海南翔五宏	厦门国际海岸	厦门云厝里	SPV公司	利息总计
第6年	1896.13	2921.53	1689.19	2031.66	630.29	4164.11	13332.91
第7年	1953.35	3009.58	1739.43	2115.73	654.91	4301.58	13774.57
第8年	2010.57	3097.63	1792.80	2176.44	675.24	4433.32	14186.00
第9年	2073.00	3193.68	1846.18	2241.83	695.57	4565.06	14615.31
第10年	2135.42	3289.73	1902.69	2311.89	715.90	4702.52	15058.15
第11年	2177.04	3353.76	1880.71	2358.59	730.88	4799.90	15300.88
第12年	2221.25	3421.80	1730.01	2405.30	744.79	4891.54	15414.69
第13年	2265.47	3489.83	1764.54	2452.00	759.78	4988.91	15720.54
第14年	2309.69	3557.87	1802.22	2503.38	775.83	5092.01	16040.99
第15年	2356.51	3629.90	1836.76	2550.08	790.81	5195.11	16359.17
第16年	2403.32	3701.94	1874.44	2601.46	806.86	5298.22	16686.23
第17年	2452.74	3777.98	1912.11	2652.83	822.91	5401.32	17019.90
第18年	2499.56	3854.02	1949.79	2708.88	840.03	5510.14	17362.43
总计	37438.79	57682.27	31237.45	40054.02	12416.46	82073.65	260902.6

资料来源：根据碧桂园租赁住房REITs发行说明书整理计算。

私募基金的收入包括来自于项目公司和SPV公司的利息收入以及碧桂园集团支付的优先收购权维持费（第8年截止），其中针对优先级证券总规模须支付基金管理费（假定年费率为0.2%），针对基金总规模须支付基金监管及托管费（假定年费率为0.005%），针对利息收入须支付增值税及附加税费（增值税率为3%，附加税率为12%），表13-13展示了基金层面的收入与成本费用，最终基金净收益（由基金份额持有人即专项计划全部享有）约25.9亿元。

表13-13　　　　　　　　　　私募基金的收益及成本　　　　　　　　　　（单位：万元）

	利息收入	基金管理费	基金监管及托管费	增值税及附加税费	优先收购权权利维持费	基金净收益
第1年	11139.78	435.24	12.07	363.39	3300.00	13629.08
第2年	11562.17	435.24	12.07	377.17	2900.00	13637.69
第3年	11998.16	435.24	12.07	391.40	2500.00	13659.46
第4年	12449.64	435.24	12.07	406.12	2100.00	13696.21
第5年	12881.11	435.24	12.07	420.20	1600.00	13613.60
第6年	13332.91	435.24	12.07	434.94	1200.00	13650.67
第7年	13774.57	435.24	12.07	449.35	800.00	13677.92
第8年	14186.00	435.24	12.07	462.77	400.00	13675.93
第9年	14615.31	435.24	12.07	476.77	0.00	13691.23

案例 13　租赁风口下的百万公寓资产变现术——碧桂园租赁住房 REITs 案例分析

续表

	利息收入	基金管理费	基金监管及托管费	增值税及附加税费	优先收购权权利维持费	基金净收益
第 10 年	15058.15	435.24	12.07	491.22	0.00	14119.63
第 11 年	15300.88	435.24	12.07	499.14	0.00	14354.44
第 12 年	15414.69	435.24	12.07	502.85	0.00	14464.53
第 13 年	15720.54	435.24	12.07	512.83	0.00	14760.41
第 14 年	16040.99	435.24	12.07	523.28	0.00	15070.41
第 15 年	16359.17	435.24	12.07	533.66	0.00	15378.21
第 16 年	16686.23	435.24	12.07	544.33	0.00	15694.60
第 17 年	17019.90	435.24	12.07	555.21	0.00	16017.38
第 18 年	17362.43	435.24	12.07	566.39	0.00	16348.74
总计	260902.63	7834.32	217.17	8511.00	14800.00	259140.14

资料来源：根据碧桂园租赁住房 REITs 发行说明书整理计算。

由表 13-13 可知，18 年私募基金可获得的利息收入总和（来自项目公司以及 SPV 公司）约 26.1 亿元。

假定在该产品持续期间优先级资产支持证券份额不变，且暂不考虑需要碧桂园地产提供差额支付或评级下调的情况，则专项计划层面的费用包括专项计划管理费（假定为产品规模的 0.2%）、托管及监管费（假定为产品规模的 0.005%）。由表 13-14 可知，在扣除了相关费用后，18 年专项计划可分配净现金流约 25.1 亿元，优先分配给优先级投资者，优先级证券总规模假定为 21.8 亿元，固定回报率为 5.5%，则每年优先级投资者投资收益约 1.2 亿元，18 年总计 21.5 亿元；剩余收益再分配给劣后级投资者即碧桂园集团，18 年累计可获得 3.6 亿元，且碧桂园集团所获得的各年度投资收益分配相对平滑，收益更多集中在项目存续期的中后期（特别是在 10 年之后）。总体而言，在 REITs 模式下碧桂园的收益依旧能够获得较好的保障。

表 13-14　　　　　　资管专项计划以及相关投资者的收益　　　　　　（单位：万元）

	专项计划收益	管理费	监管及托管费	专项计划可分配净现金流	优先级投资人投资收益	利息覆盖倍数	碧桂园集团投资收益
第 1 年	13629.08	435.24	12.09	13181.75	11969.10	1.10	1212.65
第 2 年	13637.69	435.24	12.09	13190.36	11969.10	1.10	1221.26
第 3 年	13659.46	435.24	12.09	13212.13	11969.10	1.10	1243.03
第 4 年	13696.21	435.24	12.09	13248.88	11969.10	1.11	1279.78
第 5 年	13613.60	435.24	12.09	13166.27	11969.10	1.10	1197.17

续表

	专项计划收益	管理费	监管及托管费	专项计划可分配净现金流	优先级投资人投资收益	利息覆盖倍数	碧桂园集团投资收益
第6年	13650.67	435.24	12.09	13203.34	11969.10	1.10	1234.24
第7年	13677.92	435.24	12.09	13230.59	11969.10	1.11	1261.49
第8年	13675.93	435.24	12.09	13228.60	11969.10	1.11	1259.50
第9年	13691.23	435.24	12.09	13243.90	11969.10	1.11	1274.80
第10年	14119.63	435.24	12.09	13672.30	11969.10	1.14	1703.20
第11年	14354.44	435.24	12.09	13907.11	11969.10	1.16	1938.01
第12年	14464.53	435.24	12.09	14017.20	11969.10	1.17	2048.10
第13年	14760.41	435.24	12.09	14313.08	11969.10	1.20	2343.98
第14年	15070.41	435.24	12.09	14623.08	11969.10	1.22	2653.98
第15年	15378.21	435.24	12.09	14930.88	11969.10	1.25	2961.78
第16年	15694.60	435.24	12.09	15247.27	11969.10	1.27	3278.17
第17年	16017.38	435.24	12.09	15570.05	11969.10	1.30	3600.95
第18年	16348.74	435.24	12.09	15901.41	11969.10	1.33	3932.31
总计	259140.14	7834.32	217.62	251088.20	215443.80	1.17	35644.40

资料来源：根据碧桂园租赁住房REITs发行说明书整理计算。

（3）长期：借力REITs接轨长租公寓战略。目前长租公寓恰恰位于政策风口，亦满足了当下广大民众的住房需求，因此具有非常好的发展前景，借力REITs切入长租公寓市场，能够实现更具备想象力的战略布局，同时更好地实现银企合作，扩大公司的品牌影响力，这都在长期角度下，为公司盘活底层资产作好了铺垫。

推进实现"长租公寓"到"长租城市"的战略布局。2017年12月，碧桂园正式发布长租公寓品牌"BIG+碧家国际社区"，旨在整合住宅、物业、金融、商业娱乐、健康等多元化内容，提供跨区域和跨行业的多元化"寓乐"体验，将在三年内努力建设100万套长租公寓，以实现"长租城市"战略布局。此次碧桂园住房租赁REITs产品的成功发行，为碧桂园建立完整的住房租赁金融链条打下了坚实的基础，实现"资产+金融"的运营模式闭环。同时，极大强化了房地产企业增加租赁住房的供应及投资的信心和动力，为推进碧桂园战略布局提供了有力的保障。

开创长租领域银企合作的新路径。碧桂园在"房住不炒、租售并举"的方针下，积极响应国家的号召，稳步推进长租业务，积极探索银企合作的新途径。在过去的两年里，碧桂园与中信银行和中国建设银行签订了长期租赁融资策略协议，并先后接受了贷款。中信银行将为碧桂园提供300亿元资金支持，还将整合中信集团的各种优势资源，为碧桂园提供包括但不限于 ABS 和 REITs 等金融产品和金融服务等。建设银行将为碧桂园提供 200 亿元资金支持，以开发长租公寓。预计到 2030 年，中国的租赁人口将达到 2.7 亿人，租赁市场规模将超过 4 万亿元。碧桂园深化银企合作具有重要意义，它不仅为银行进入房地产租赁市场提供了有效的接口，还加强了双方的业务协作水平，开展深层次合作，增强市场竞争力。

提升碧桂园租赁住房品牌影响力。到 2018 年年底，中国单一 REITs 的平均规模仅为 22 亿元，远低于同期亚洲 90 亿元人民币和美国 90 亿元美元的平均水平。作为国内首个 REITs 发行规模突破百亿元的产品，它的出现对国内 REITs 的进一步发展起到了重要的推动作用，极大地促进了 REITs 的规模化和纵深化发展。作为住房租赁领域的先锋者，碧桂园在的品牌影响力得已进一步的提升。不断提升的品牌影响力为碧桂园更好实现业务发展、资金融通和战略布局提供了强有力的支持。

4. 该 REITs 产品的发行对其他房地产企业的借鉴意义

2018 年 4 月，碧桂园租赁住房 REITs 产品在深交所成功发行，该产品采取储架式发行机制扩大了发行规模，同时通过"股+债"的交易模式进行了合理避税，在现有监管机制下规范了 REITs 产品的发行，并对其他的房地产企业起到了很好的带头作用，引导房地产企业从"开发销售"的经营模式向"开发—运营"的经营模式转变，为其现有资产完成变现术提供重要的借鉴意义。

（1）储架—分期发行机制利于简化审核程序和降低发行成本。碧桂园发行的租赁住房类 REITs 产品规模达到了百亿元级，同时采取储架分期发行机制，存续期为 18 年，优先级和次级占比为 9∶1，次级为碧桂园自己购买。首先是优先级规模按年付息，同时每隔 3 年都要为投资者提供开放退出的选择权利，"3+3+3+3+3+3"模式的交易结构对于投资者的吸引力很大，这是因为当前优先级的购买者以商业银行为主，若资金持有长于 3 年，其投放的审批难度会大很多。其次是储架式的分期发行机制可以天然的对发行人形成一种信息披露的约束，潜在地激励发行人提高真实可靠的产品信息，如此可以有效提高资金的使用效率，更好地规范资金的走向，在未来的住房租赁市场也应更多的推广储架式的发行机制，不断扩大 REITs 产品的规模，促进住房租赁市场融资难问题的解决。

（2）"股+债"的交易模式验证了 REITs 产品在监管新规下的合规性。据 2018 年 1 月 5 日中国银行业监督管理委员会发布的《商业银行委托贷款管理办法》规定和 2018 年 1 月 12 日中国证券投资基金业协会发布的《私募投资基金备案须知》规定，有可能直接导致原来的类 REITs 产品"股+债"主流投资模式均不符合新规，对类 REITs 产品是一个较大的冲击。在上述监管条件下，碧桂园 REITs 项目以私募基金份额作为基础资产设立资产支持专项计划化，私募基金通过"100% 股权 + 债权"的方式（即通过股权投资及符合资本弱化限制的股东借款）投资到项目公司，形成权益资本，符合新的总体金融监管政策和要求，对于后期推行 REITs 产品有巨大的参考意义。

（3）租赁住房 REITs 产品将有效盘活房地产企业的内部存量资产。碧桂园本次发行的 REITs 产品的底层资产是自持并经营的物业资产，这些物业因地理位置偏僻等原因未能完成销售形成现金流，降低碧桂园开发运营的利润。租赁住房 REITs 产品完成底层资产的出表融资，将碧桂园的不良资产进行变现盘活，这是一个解决当前房地产企业存量资产问题的有效方法。房地产企业可通过这种方式将现有资产中限售、限价等类型的资产进行盘活，提高企业利润。

（4）直面住房租赁市场难题，构建房企轻资产运营模式的闭环。在住房刚需和政策大力支持住房租赁的现阶段，住房租赁市场将会引来发展的大机遇，但住房租赁市场由于前期投入多、资金回收期长等难题使得其发展遇到了瓶颈期。碧桂园 REITs 产品给予住房租赁市场一个很好的启示，通过租赁住房的资产证券化，可以解决住房租赁市场资金压力的难题，促使更多房地产企业转变到轻资产运营模式，极大增强房企在住房租赁市场的投资信心，更好地推动住房租赁市场的发展。

（5）政策建议：REITs 的推行需要合理的税收政策作为保障。碧桂园住房租赁 REITs 项目运用"股 + 债"模式较大程度上规避了企业所得税和土地增值税，降低了项目成本。但与此同时，在我国现行的税收制度下，不动产的交易和经营税负较重，客观上制约了 REITs 的收益率，这将制约和影响 REITs 在国内市场的进一步推广和应用。

在 REITs 发展较快的美国、日本、中国香港、新加坡等地区，均有专门针对 REITs 的税收政策，这也是促进 REITs 在欧美国家迅速发展的最重要原因。而在中国目前的税收环境下，仅在 REITs 的设立环节产生的税负就达到了 REITs 市值的 21%[①]。完善国内有关 REITs 的税收政策，既有利于推动 REITs 发展，同时随着 REITs 市场的发展也能进一步增加税收，以此实现"双赢"。

国内有关 REITs 的税负主要存在于 REITs 的设立环节和持有环节。在 REITs 设立环节，为了使 REITs 成功发行，需对目标资产进行破产隔离，但现行税收政策并未考虑到这一因素，而将资产划转视为不动产转让处理，导致在 REITs 资产划转环节将对资产划转方征收土地增值税和企业所得税，对资产接受方征收契税等。在 REITs 持有环节，我国的 REITs 大多采用设立项目公司形式，其取得的租金收入需缴纳企业所得

---

① REITs 研究报告——《不动产信托投资基金税制问题研究》。

税,将税后利润分配给个人或机构投资者时,需缴纳个人所得税或企业所得税,存在重复征税问题。

综上所述,对国内REITs推行的税收政策建议有三点:一是对以REITs为目标的资产重组行为,由于没有产生增值而无须适用增值税、土地增值税和所得税,给予税收支持;二是在涉及REITs的股权转让行为时,给予一定的税率优惠或递延处理,体现商业实质;三是降低REITs经营环节的税负,减少REITs结构构建产生的税收负担。

五、背景信息

本文所涉及的碧桂园租赁住房REITs发行计划有关的所有公开信息都可以在相关网址处进行查阅,本文附件处亦提供相关网址,以上材料以及读者从其他渠道获取的相关信息均可作为本案例的背景。

六、关键要点

对REITs产品如何化解住房租赁市场的阻力、REITs产品的收益风险平衡、REITs产品的扩募机制、"股+债"机制及REITs产品的推广和应用的思考与理解。

七、课堂计划

本案例可以作为专门的案例讨论课来进行,可分为课前、课中和课后三个部分来进行,以下安排仅供参考:

1. 课前计划:在课堂上讨论本案例前,应该要求学生至少读一遍案例全文,并对案例启发思考题目进行初步思考,并将同学们分为五组,以便进行讨论。

2. 课中计划:

(1) 案例回顾与课堂前言:5—10分钟。

(2) 小组讨论:15分钟,准备发言大纲。各小组按启发思考题目分别进行讨论和准备发言。

(3) 小组发言:35分钟,每组5—6分钟。

(4) 引导全班进一步讨论,尤其是各个小组之间进行讨论,对知识梳理总结:20分钟。

(5) 总结与答疑:5—10分钟。

3. 课后计划：请同学们继续关注碧桂园住房租赁类 REITs 产品的后续发展。通过文献阅读、资料查阅等方式继续搜集相关资料，采用报告形式进行进一步的分析，各小组在期末交一份案例分析报告。

参考文献

［1］包歌，许余洁. 破解住房租赁资产证券化困境［J］. 中国金融，2018（10）：38－39.

［2］贝壳研究院. 2018 年中国住房租赁白皮书［M］. 21 世纪产业研究院，2018.

［3］程昱，杨冰，李帅，姬江帆. REITs：渐行渐近［R］. 中金公司，2018.

［4］迟慧. 发展房地产信托基金，完善中国房地产金融体系［J］. 辽东学院学报（社会科学版），2005，7（2）：69－71.

［5］丁小飞. REITs 在我国长租公寓融资中的应用研究［D］. 北京交通大学，2018.

［6］高旭华，修逸群. REITs：颠覆传统地产的金融模式［M］. 北京：中信出版社，2016.

［7］刘广平，韩爱舍，常夏源. 存量房转化为租赁房的 REITs 运作模式研究［J］. 管理现代化，2018，38（4）：82－85.

［8］荣晨. 我国 REITs 市场运行分析［J］. 中国金融，2018（16）：42－43.

［9］夏磊. 房地产供给侧改革研究之一：住房租赁市场，政策与未来［R］. 方正证券研究所，2017.

［10］汪诚，戈岐明. 房地产投资信托基金的税收问题探究［J］. 税务研究，2015（7）：104－107.

［11］王海波，顾娜萍. 我国房地产投资信托法律问题研究［J］. 特区经济，2010（9）：256－257.

［12］Brady P J, Conlin M E. The Performance of REIT – owned Properties and the Impact of REIT Market Power［J］. Journal of Real Estate Finance & Economics，2004，28（1）：81－85.

［13］Chan S H, Erickson J, Wang K. Real estate investment trusts: Structure, performance, and invest opportunities［M］. Oxford University Press on Demand，2003.

［14］Chiang M, Tsai I, Sing T. Are REITs a good shelter from financial crises? Evidence from the Asian markets［J］. Journal of Property Investment & Finance，2013，31

(31): 237-253.

[15] Kallberg J G, Liu C L, Trzcinka C. The Value Added from Investment Managers: An Examination of Funds of REITs [J]. Journal of Financial & Quantitative Analysis, 2000, 35 (3): 387-408.

案例正文附件

1. 中联前海开源—碧桂园租赁住房 REITs 发行计划说明书 http://www.qhkyfund.com/os-oa/views/fund/company/zgscp.html。

2. 中国产业信息网 http://www.chyxx.com/industry/201803/617744.html。

3. REITs 研究报告

https://baijiahao.baidu.com/s?id=1590521890520635180&wfr=spider&for=pc。

4. 碧桂园官网 https://www.bgy.com.cn/index.aspx。

5. 碧桂园租赁住房 REITs 相关新闻信息网址。

案例 14

中航资本践行产融结合，筑梦航空工业[①]

　　中航资本控股股份有限公司（以下简称"中航资本"）是中国航空工业集团有限公司（以下简称"中航工业"）旗下的金融控股类上市公司，是唯一具有航空军工背景的上市金控平台。本案例描述了中国航空工业集团及中航资本的发展历程，展示了中航资本通过直接或间接持股多家金融子公司，全面发展融资租赁、信托、证券等业务，分析了中航资本为中航工业发展提供的金融支持及其践行产融结合的方式。

---

① 本案例由中央财经大学金融学院范馨月、郑文欣撰写，王汀汀指导。本案例未经过掩饰处理。

 案例正文

一、引言

改革开放以来，随着我国经济的不断发展和企业改革的加速推进，如何促进产业资本与金融资本的结合，更好地发挥产融结合优势成为企业发展的方向。航空工业的发展对一个国家提升自身国防、技术等各方面实力而言至关重要，中航工业集团通过一系列整合、股权划转、收购、重组、股改等方式，最终成立中航资本，为航空工业的发展提供全方位的金融支持。作为目前唯一一家具有航空军工背景的上市金融控股公司，中航资本是如何一步步发展壮大？并且其旗下的专业金融机构是如何进行产融结合以支持产业发展的呢？这首先要从中航工业集团和中航资本的发展历程说起。

二、中航工业及中航资本发展之路

中国航空工业集团作为由中央管理的国有特大型企业，是由国务院国资委代表国务院履行出资人职责的国有独资公司。中国航空工业集团最早可追溯至1951年4月成立的中央人民政府重工业部航空工业局，随着我国航空工业的发展，其管理体制也在不断发生着变化（见图14-1）。如今，中航工业的业务涵盖了三大部分，在军用航空领域，中航工业聚焦国防安全，提供了先进的航空武器装备，在民用航空方面，中航工业提供了先进的民用航空装备。

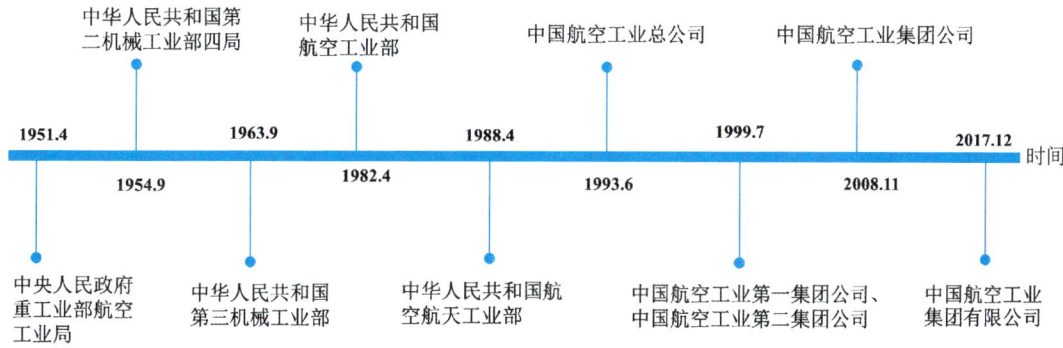

图14-1 中航工业发展历程

中国航空工业集团设有航空武器装备、军用运输类飞机、直升机、通用航空、资产管理、金融等产业，下辖 100 余家成员单位、27 家上市公司，包括中航资本、中航飞机、深天马 A、宝胜股份等非银金融、国防军工、电子、电气设备公司。截至 2018 年第三季度末，中航工业总资产 93606186 万元人民币，净资产 30822853 万元；2018 年前三季度实现营业总收入 2754.06 亿元，营业利润 1285181 万元，净利润 1002604 万元。中航工业已连续 10 年进入《财富》世界 500 强榜单，2018 年名列第 161 位，同时在航天与防务行业世界 500 强榜单中排名第 5。

中航资本是中航工业旗下唯一的金融控股类上市公司，担负着发挥产融结合优势、探索航空产业发展模式的重要使命。作为一个资金和技术密集型行业，其持续发展不但需要庞大的资金流，而且需要金融机构提供有针对性的专业服务，因而产融结合在航空工业未来发展中至关重要。为了给我国航空工业发展提供全方位的金融支持，中航工业在发展过程中不断整合内部的金融资产，并通过股权划转与托管方式，组建了中航投资控股有限公司，旗下有证券、期货、财务、租赁公司等多家金融子公司，同时，中航投资还参股了集团内的高科技、新能源、新材料企业。在 2012 年，中航工业集团通过对上市公司北亚集团进行收购重组并实施股改，将无关的资产置出上市公司，同时将中航投资的主营业务注入，从而实现了中航投资的上市，为中航工业金融及投资业务的发展创造条件（见图 14 - 2）。

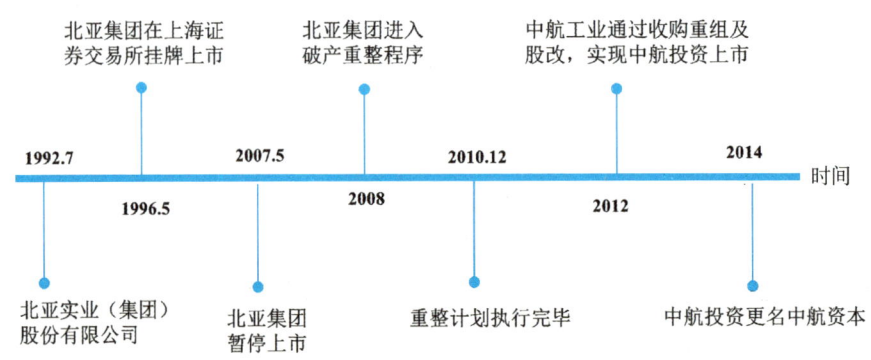

图 14 - 2 中航投资上市过程

接下来对中航资本的股权结构进行分析。中航资本的控股股东是中国航空工业集团有限公司，目前其前十大股东总持股数约为 46 亿股，占总股本比例为 51.54%。中航资本的实际控制人为国务院国有资产监督管理委员会，其通过控股中航工业实现对中航资本的控制（见图 14 - 3、表 14 - 1）。

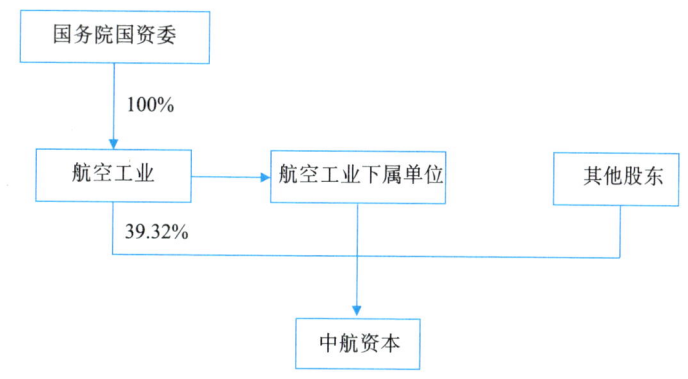

图 14-3 中航资本与实际控制人之间的产权及控制关系（2019/5/16）

表 14-1 控股部分子公司情况

子公司名称	成立时间	主要经营地	业务性质	持股比例（%）直接	持股比例（%）间接	取得方式
子公司							
中航投资有限	2002	北京	投资业	100		收购
中航新兴投资	2012	北京	投资业	100		设立
中航航空投资	2002	北京	投资业	100		设立
中航资本国际	2011	香港	投资业	100		设立
中航资本深圳	2016	深圳	投资业	100		设立
中航财务	2007	北京	银行业	44.5		同一控制下企业合并
中航租赁	1993	上海	租赁业	48.76	48.75	同一控制下企业合并
通过子公司中航投资有限控制的三级公司情况							
中航证券	2002	南昌	证券业	71.71		同一控制下企业合并
中航期货	1993	深圳	期货业	82.42	6.62	同一控制下企业合并
中航信托	2009	南昌	信托业	82.73		同一控制下企业合并
中航置业	2015	北京	房地产业	100		同一控制下企业合并
鲸骞	2015	上海	金融服务	100		设立
通过三级公司中航证券控制的四级公司情况							
中航创新资本	2014	深圳	投资及投资咨询	100		设立
中航基金	2016	北京	投资及基金管理	100		设立

中航资本作为中航工业集团旗下唯一金融控股上市公司，拥有证券、保险、信托、期货、公募基金、租赁等多种金融牌照，通过层层持股拥有多家金融类相关子公司，其直接控制七家子公司，包括投资主体公司中航投资、中航新兴投资和中航航空投资，还有中航财务和中航租赁，其全资子公司中航投资有限公司持股中航信托、中航期货和中航证券等金融类公司，且中航证券还设立了中航基金管理有限公司和中航创新资

本管理（深圳）有限公司（见图14-4）。

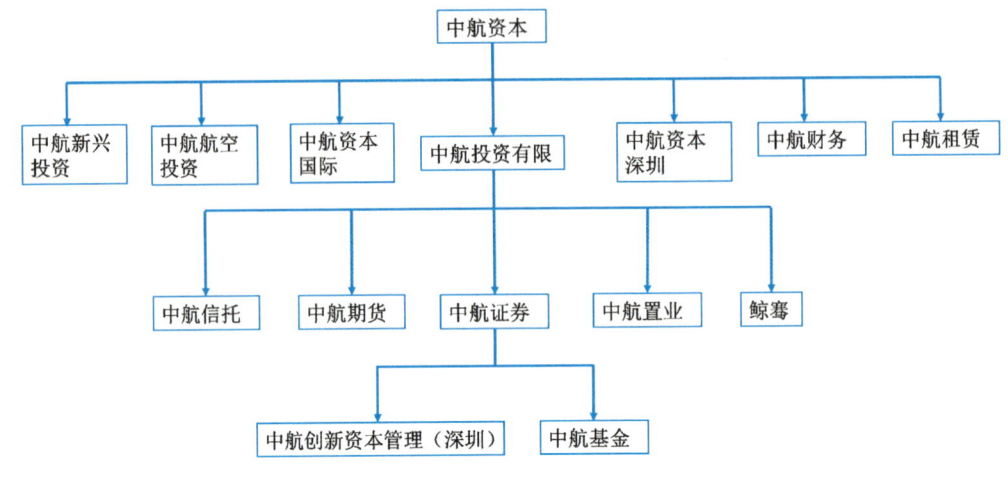

图14-4 中航资本控股结构

中航资本上市以来发展迅猛，接下来通过财务报表分析其财产状况和经营成果。中航资本的经营范围包括了实业投资、股权投资和投资咨询等，截至2018年年末，中航资本总资产达到30030293.11万元人民币，净资产4147502.97万元，2018年实现营业总收入11386702.77万元，营业利润532005.00万元，净利润393906.19万元（见图14-5、图14-6）。

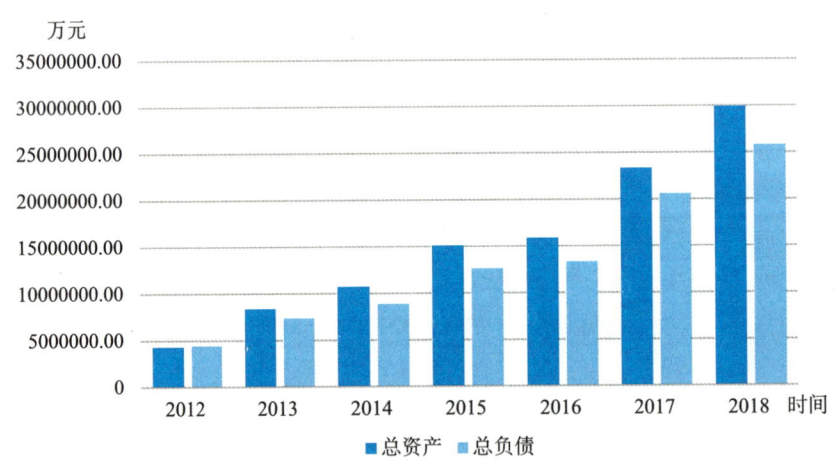

图14-5 资产与负债情况

2012年上市以来，中航资本总资产和总负债都呈现不断上升态势，2018年年底已达到约3000亿元，作为非银行金融业上市公司，中航资本资产负债率也很高，一直在80%以上，2018年年底也创出了86.19%的新高。

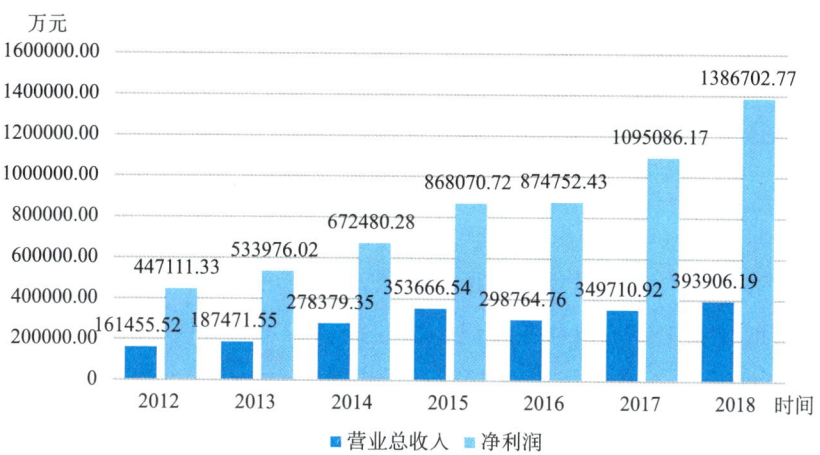

图 14-6 上市以来收入与利润情况

上市以来，中航资本的营业总收入在不断增加，但净利润在 2015 年达到 35.37 亿元的高点之后开始下降，2017 年为 34.97 亿元，2018 年相比于 2017 年有所上升，并且超过 2015 年。从营业收入上看，租赁、信托、财务、证券 4 家公司占据了中航资本总营收的 96%，从营业利润上看，4 家公司占据了中航资本总营业利润的 100.38%，总体来看，中航租赁和中航证券对于集团营业利润的贡献低于其对营业收入的贡献，中航租赁贡献了 51.66% 的营业收入，但仅贡献了 30.74% 的营业利润，中航证券 6.09% 的营业收入仅贡献了 3.37% 的营业利润，中航信托则以 21.59% 的营业收入贡献了 40.08% 的营业利润，中航财务以 16.86% 的营业收入贡献了 19.82% 的营业利润，其他部分则以 3.80% 的营收占比贡献了约 -0.38% 的营业利润（见表 14-2）。

表 14-2　　　　　　2018 年主要公司营业收入、成本及利润占比　　　　　（单位：万元）

	营业收入	占比	营业成本	占比	营业利润	占比
中航租赁	716405.63	51.66%	552844.38	64.68%	163561.25	30.74%
中航信托	299375.13	21.59%	54210.08	6.34%	245165.05	46.08%
中航财务	233804.83	16.86%	128364.22	15.02%	105440.61	19.82%
中航证券	84470.34	6.09%	64618.28	7.56%	19852.06	3.73%
其他	52646.84	3.80%	54660.81	6.40%	-2013.97	-0.38%
合计	716405.63	51.66%	552844.38	64.68%	163561.25	30.74%

三、中航资本旗下金融子公司践行产融结合

中航资本作为中航工业旗下金融控股平台，搭建起集团内部资本市场，通过中航

证券、中航信托、中航租赁和中航财务等为集团内成员提供资金融通等专业性金融服务，立足集团内部情况，践行产融结合，筑梦航空工业。那么，其旗下四大专业性金融子公司的具体经营情况如何？为中航资本以及中航工业的发展都作出了什么贡献呢？

（一）中航证券提供承销与咨询

中航证券有限公司的前身是江南证券有限责任公司，于 2002 年 10 月 18 日在江西南昌成立。中航证券主要进行证券经纪、证券投资咨询、财务顾问、承销与保荐、证券投资基金代销等业务活动。截至 2018 年年末，中航证券总资产 1586021.07 万元，净资产 375490.30 万元，2018 年实现营业总收入 74813.55 万元，营业利润 19852.06 万元，净利润 14834.33 万元。

1. 经营情况

2012 年以来，中航证券总资产和总负债都呈现先上升后下降的趋势，2015 年达到顶峰，此后两年均有所下降。但是 2018 年中航证券的总资产和总负债重新呈现出增长态势（见图 14-7）。

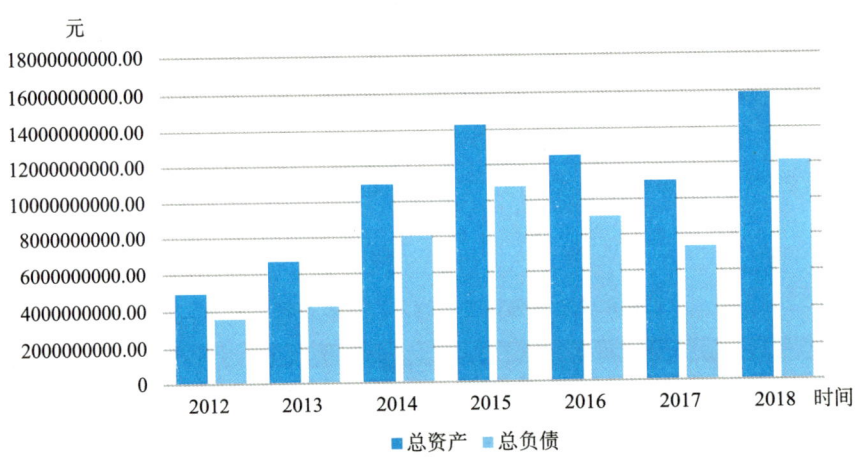

图 14-7 中航证券资产与负债情况

从中航证券的资产结构来看，流动资产占总资产比重较大，为 65.49%，其中货币资金和融出资金占比较重，而非流动资产占总资产比重为 34.41%，其中占比较多的是可供出售金融资产，为 31.28%，其他非流动资产所占比例较低（见图 14-8）。

从负债结构来看，流动负债占总负债的 71.81%，其中代理买卖证券款占总流动负债比重近一半，为 45.21%，卖出回购金融资产款占 39.66%，应付款项占 1.02%。非流动负债占总负债的 28.11%，整体占比较低，主要是长期借款和应付债券（见图 14-9）。

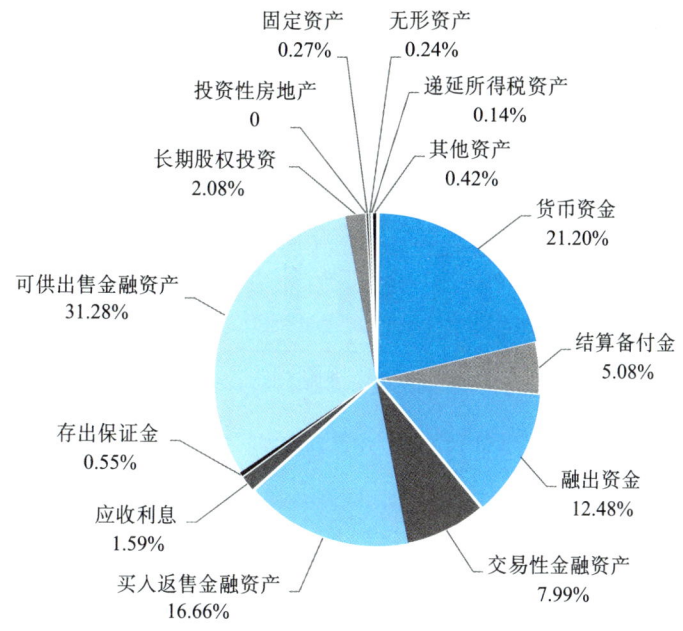

图 14-8 中航证券资产结构

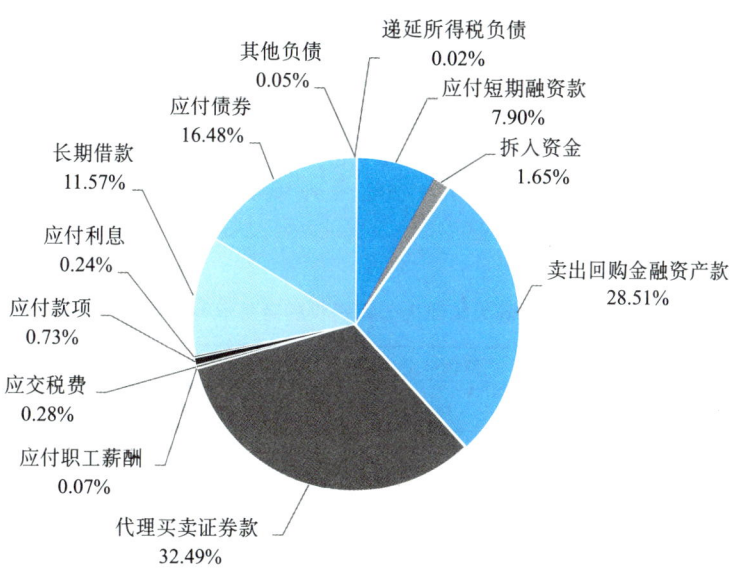

图 14-9 中航证券负债结构

从利润增长情况看,和资产负债情况极为类似,三项指标呈现先升后降的趋势,在 2015 年达到顶峰。但是,随后三年里利润情况均下降,2018 年仍延续了下降的趋势(见图 14-10)。

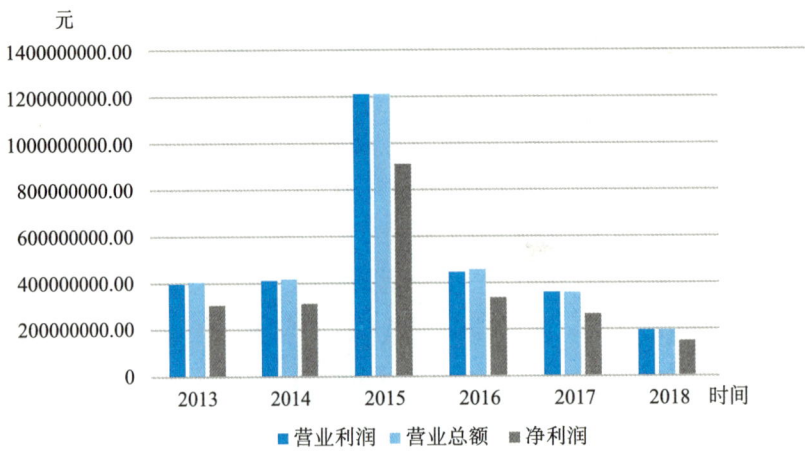

图 14-10 中航证券利润情况

2. 产融结合具体表现

中航证券在进行业务经营过程中，也不断与集团内公司进行合作，中航证券不仅通过 IB 业务介绍客户给中航期货，还帮助中航期货公司代销金融产品，同时还为集团内中航机电、深南电路、中航黑豹和中航航空电子等众多成员单位提供证券承销服务，为中航信托、中航工业和中航投资等提供财务顾问与投资咨询服务。中航证券所提供的保荐和承销服务、财务顾问服务为集团内成员公司提供了便利，其工作人员具备专业优势并且积累了业务经验，更加了解中航工业的具体情况，因而能为集团成员单位提供更具针对性的金融服务。中航证券也与中航期货合作，帮助中航期货寻找客户和销售产品，在整个集团内提供了良好金融服务并协调配置金融资源（见表 14-3、表 14-4）。

表 14-3　　　　　　中航证券为集团内公司提供的劳务取得收入　　　　　　（单位：万元）

公司	提供劳务类型	2018 年	2017 年	2016 年
中航期货有限公司	IB 业务	1487746.04	839358.89	861054.89
中航期货有限公司	代销金融产品		4150.10	26059.77
中国航空技术国际控股有限公司	保荐		3007075.47	
宝胜科技创新股份有限公司	证券承销			1600000.00
中航信托股份有限公司	财务顾问服务			1120000.00
中航地产股份有限公司	证券承销			12000000.00
中航国际租赁有限公司	财务顾问服务	665872.87		3213207.54
中航工业机电系统股份有限公司	证券承销			17750000.00
中航工业机电系统股份有限公司	顾问和咨询费	9905660.37		
合肥江航飞机装备有限公司	财务顾问服务		377358.49	

续表

公司	提供劳务类型	2018 年	2017 年	2016 年
深南电路股份有限公司	证券承销		35132075.46	
中航黑豹股份有限公司	证券承销		11320754.71	
中航航空电子系统股份有限公司	证券承销		7679245.28	
中航工业集团有限公司	财务顾问服务		500000.00	424528.30
中航投资有限公司	投资咨询			4828973.54
中国航空救生研究所	顾问和咨询费	943396.23		
贵州安吉航空精密铸造有限责任公司	顾问和咨询费	462264.15		
四川成飞集成科技股份有限公司	顾问和咨询费	2830188.68		
汉中航空工业（集团）有限公司	顾问和咨询费	66037.74		
中航光电科技股份有限公司	承销手续费	3355000.00		
中航光电科技股份有限公司	保荐费	1000000.00		
中航国际租赁有限公司	承销费	1174528.30		
中航国际租赁有限公司	咨询服务费	97087.38		
中国航空工业集团公司	顾问和咨询费	301886.80		
合计		22289668.56	58860018.40	41823824.04

表 14-4　　中航证券为集团公司提供劳务收入与总收入对比　　（单位：元）

	2018 年	2017 年	2016 年
为集团公司提供劳务收入	22289668.56	58860018.40	41823824.04
总营业收入	748135457.01	836596950.38	896172419.46
占比	2.98%	7.04%	4.67%

此外，中航证券还通过设立集合资产管理计划来设立一些结构化主体，支持集团内公司的股票定向增发。如中航启航 3 号产品成功发行，募集了 1.5 亿元投资上市公司中航工业机电非公开发行的股票；2017 年设立的中航军民融合动力系列都是针对特定单一客户的资产管理计划，投资于在上交所上市的中航动力的 3 年锁定期非公开发行股票。

（二）中航信托积极扩大业务

中航信托股份有限公司是中航投资的子公司，成立于 2009 年 12 月，主要从事资金信托、动产信托、不动产信托、有价证券信托和其他财产或财产权信托，总股本 465726.71 万股，实收资本 465726.71 万元，中航投资持有其 82.73% 的股份。截至 2018 年年末，中航信托总资产 1184022.56 万元，净资产 1179390.43 万元，实现营业总收入 339910.05 万元，营业利润 245165.05 万元，净利润 184664.70 万元（见图 14-11）。

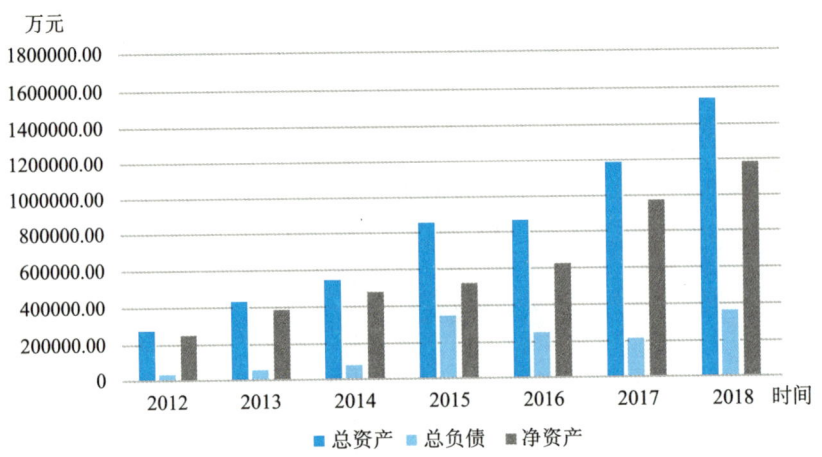

图 14-11　中航信托资产与负债情况

2012年上市以来，中航信托总资产不断上升，总负债呈现先升后降的趋势，但在2018年创新高，达到358691.17万元，整体来看，公司净资产逐年增加的。

从中航信托的资产结构来看，流动资产占总资产比重较低，为13.19%，主要包括存放同业款项、应收账款等。非流动资产占总资产比重为86.81%，其中占比较多的为可供出售金融资产，占非流动资产的94.28%（见图14-12）。

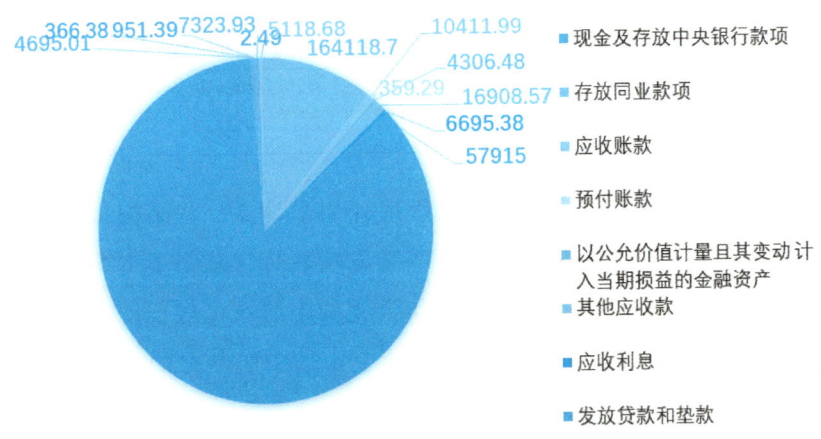

图 14-12　中航信托资产结构

从负债结构来看，流动负债占比极高，为92.09%，其中其他应付款占总负债比重为71.85%，预收账款和应交税费也约占总负债的14.47%，应付职工薪酬约占5.77%。在公司所有负债中，非流动负债占比为7.91%，主要包括预计负债和其他负债（见图14-13）。

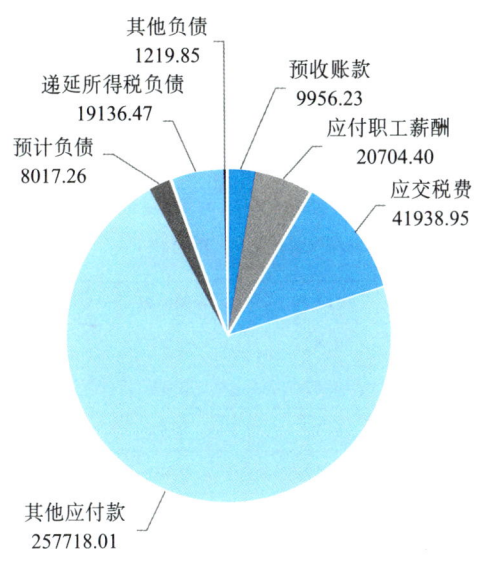

图 14－13　中航信托负债结构

从利润增长情况看，三项利润指标均不断上升（见图 14－14）。

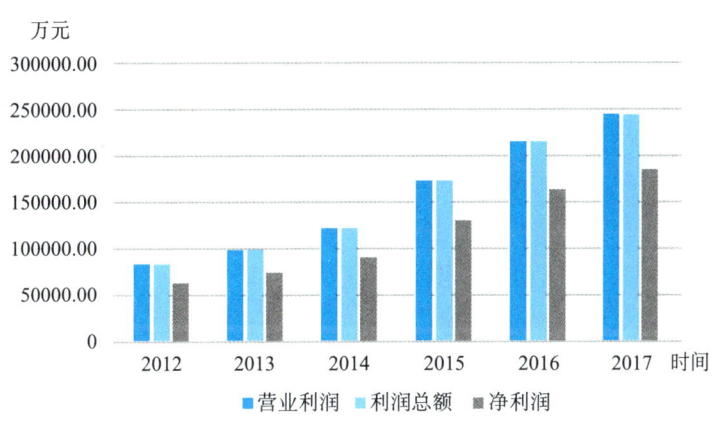

图 14－14　中航信托利润情况

因为存货占比较低，流动比率和速动比率几乎一致，且波动较大，有升有降，整体来看，从 2014 年以来，流动比率和速动比率均小于 1，表明流动资产相对于流动负债较少，从现金比率来看，从 2013 年以来，现金比率始终低于 1，表明货币资金相对较少。2018 年，在市场流动性整体趋近的情况下，公司的流动比率、速动比率、现金比率都有小幅上升，体现出公司对流动性风险管理的加强，短期偿债能力提高，降低了流动性兑付危机发生的可能性。其他方面，主营业务收入、利润、净资产及总资产逐年增长，但在 2018 年，增长率小幅下跌（见表 14－5）。一方面从固收市场来看，受制于中美贸易摩擦、金融去杠杆、资管新规等影响导致融资渠道收窄引发的违约率增加,另一方面2018年下半年货币政策较为宽松,债券市场逐渐走牛,综合来看,固收市场的收益基本稳定。但是2018年权益市场整体处于熊市,公司持较为保守的态度,对证券二级市场予以风险回避,由于公司与证券投资相关的业务主要是为上市公司定向增发以及股票质押信托项目,股票市场整体下跌给公司权益投资收益带来不利影响。

表14-5　　　　　　　　　　　中航信托主要指标

项目	2014年	2015年	2016年	2017年	2018年
流动比率	0.42	0.45	0.85	0.42	0.61
速动比率	0.42	0.45	0.85	0.42	0.61
现金比率	0.17	0.37	0.80	0.25	0.50
资产负债率	0.13	0.40	0.28	0.18	0.23
主营业务收入增长率（%）	10.62	18.07	18.85	23.24	15.58
净利润增长率（%）	23.03	18.24	21.01	25.09	13.41
净资产增长率（%）	23.70	9.51	21.30	54.50	21.02
总资产增长率（%）	27.21	56.86	1.21	35.88	29.90

（三）中航租赁创新租售模式

中航国际租赁有限公司是中航资本及中航投资子公司,成立于1993年11月,主要从事飞机与运输设备类资产的融资租赁及经营租赁业务,注册资本746590.5085万元人民币,中航资本持有中航租赁48.94%股权,中航投资持有中航租赁48.93%股权。截至2018年年末,中航租赁总资产13312180.12万元,净资产1499912.40万元;2018年实现营业总收入716405.63万元,营业利润163561.25万元,净利润126239.24万元。

1. 经营情况

从表14-6中行业划分可以看出,租赁公司业务围绕母公司中航工业的主营业务展开。从经营情况来看（见表14-7）,近3年来,公司营业收入和营业利润均不断增加,但由于营业成本也在上升,所以近两年毛利率均下降,2018年下降较为明显（见图14-15）。

表14-6　　　　　　　按行业划分2018年签订合同数量及金额

行业	合同数量（份）	金额（万元）
飞机	59	1783360.63
船舶	89	1017143.53
工业设备	197	2719097.36

续表

行业	合同数量（份）	金额（万元）
基础建设	100	2167500.00
其他	19	284607.35
合计	464	7971708.87

表 14-7　　　　　　　　　　公司经营情况分析

项目	单位	2016 年	2017 年	2018 年
营业收入	亿元	41.15	55.43	71.64
营业利润	亿元	9.17	12.24	12.32
毛利率	%	22.28	22.07	17.19
营业收入增长率	%	28.43	28.43	29.26
营业利润增长率	%	848.45	33.48	0.65
毛利率增长情况		-7.11 个百分点	-0.21 个百分点	-4.88 个百分点

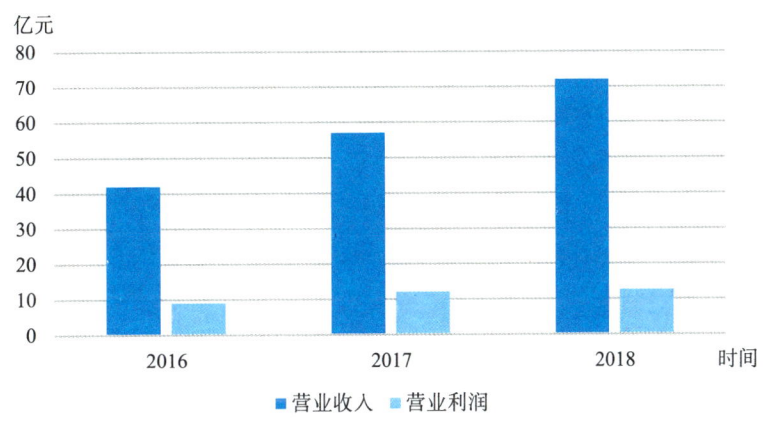

图 14-15　2016—2018 年中航租赁收入与利润情况

2. 产融结合具体表现

中航租赁立足集团下属企业的实际需要，为集团成员单位提供专业化金融服务，到目前为止，公司所提供的促销及融资服务已经超过 50 亿元，极大地开拓了民品市场。公司设计出多种业务模式，包括跨境租赁、厂商促销租赁等。在国产民机租赁领域，中航租赁是目前国内最大的融资租赁机构，2006 年，公司启动了"新舟"60 飞机促销项目作为公司融资租赁服务的起点，尽管艰难但为公司打下了坚实的基础。当时，我国在飞机租赁领域一片空白，中航租赁从零出发，付出了巨大的努力，以金融桥梁构解决国产飞机融资难的问题。公司借鉴了其他国家成熟的飞机租赁模式，从国产飞机自身特点出发，设立了一套极具针对性并富有特色的租售方案。2017 年 9 月，公司签订了批量订单，该订单针对国产 C919 飞机，是国产民机促销租赁服务的一个重大突破，是中航租赁促进国产飞机制造和销售的重大举措。

如今中航租赁的租赁业务发展迅速，其创新租售模式专业化程度高并且受到了其他机构的广泛认可和支持；中航租赁目前的租赁业务体系涵盖范围广、涉及业务全，包括民航支线、公务机等各种机种；中航租赁还建立起和广泛的合作关系，其合作机构不仅包括知名制造商，也包括金融机构、航空公司。目前，中航租赁凭借其极具特色的"销售+金融+服务"的全产业链促销模式为 C919、ARJ21 等多种类型的国产民机提供优质服务，签约机队近百架。中航租赁立足于发挥产业资本和金融资本的协同效应，创新融资模式，重点发展先进制造、高端装备等领域，深度促进金融业务和航空工业产业协同发展，为集团公司产融结合作出了极大贡献。

（四）中航财务构建内部资本市场

中航财务是中航资本的子公司，成立于 2007 年 5 月，它通过吸收集团内其他部门的存款，再为其他单位办理贷款及融资租赁等业务，同时涉及委托贷款、委托投资等，起到了集团内资金协调配置的作用，中航财务注册资本为 250000 万元，中航资本直接持股 18.76%，通过中航投资间接持股 48.75%，根据委托管理协议，中航资本代中航工业及中航投资管理其持有的股权。截至 2018 年年末，中航财务总资产 10692663.89 万元，净资产 575178.72 万元；2017 年实现营业总收入 233804.83 万元，营业利润 105440.61 万元，净利润 76733.94 万元。

1. 经营情况

从表 14-8 中按客户类型进行划分的贷款数额来看，财务公司的业务紧紧围绕母公司中航工业的主营业务展开，客户集中在制造业、科研及技术服务、租赁和商务服务业。

表 14-8　　　　　　　　　按客户类型划分的贷款数额　　　　　　　　　（单位：万元）

客户类型	2018 年期末数
制造业	1635383.41
科学研究和技术服务	219184.17
租赁和商务服务业	216300.00
批发和零售业	242375.80
交通运输、仓储和邮政业	99000.00
信息传输、计算机服务和软件业	167741.88
建筑业	1300.00

续表

客户类型	2018 年期末数
电力、热力、燃气及水的生产和供应业	10400.00
教育	2000.00
卫生、社会工作	2000.00
居民服务、修理和其他服务业	2500.00
合计	2598185.27

从经营情况来看，近 3 年来，公司营业收入呈现上升趋势，营业利润先升后降，但毛利率则一直在下降，主要是减值损失的增加明显，对相关诉讼和不良贷款进行了更慎重的考虑，计提了更多的减值损失（见表 14 - 9、图 14 - 16）。

表 14 - 9　　　　　　　　　　　财务公司业务经营情况分析

项目	单位	2016 年	2017 年	2018 年
营业收入	亿元	13.86	15.77	23.38
营业利润	亿元	7.31	5.9	10.54
毛利率	%	52.74	44.65	36.08
营业收入增长率	%	-3.21	13.78	48.25
营业利润增长率	%	19.44	-19.29	78.64
毛利率增长情况		+9.98 个百分点	-8.08 个百分点	-8.57 个百分点

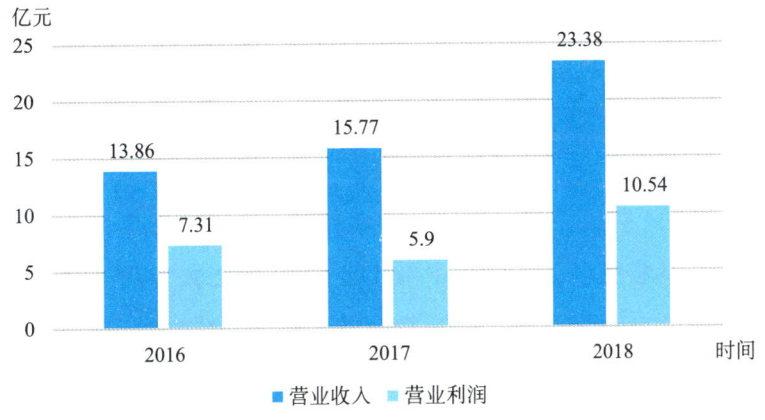

图 14 - 16　2016—2018 年中航财务收入与利润情况

2. 产融结合具体表现

中航财务将集团内的资金聚集企业进行集中管理，并且利用专业能力提高资金的使用效率，同时为各个成员提供财务管理服务，其经营活动与集团整体紧密相关。根据年报披露，中航财务是根据不同期限央行基准利率对存款支付利息并收取贷款利息的，央行基准利率一般来说低于成员单位通过其他渠道取得的资金成本，所以这一安排帮助了集团内资金盈余部门与资金短缺部门低成本地调剂资金的使用，促进集团整体发展，同时财务公司也为成员单位提供保理服务、财务顾问服务，办理承兑业务和委托贷款等业务（见表 14 – 10）。

表 14 – 10　　　　　　　中航财务与集团成员间业务往来　　　　　　　（单位：万元）

	2014 年	2015 年	2016 年	2017 年	2018 年
贷款余额	1985935.01	1806935.89	1853162.70	1841994.00	2518185.27
存款余额	4549642.34	6571861.26	5441812.35	10299562.10	9975247.51
贷款利息收入	120271.64	112872.09	78198.48	89794.41	99468.16
存款利息支出	50274.30	59547.85	55827.47	65517.92	114785.59
净利差	69997.35	53324.24	22371.01	24276.49	-15317.43
委托贷款手续费收入	2411.65	2079.51	1799.71	1503.68	1028.21
财务顾问收入	690.89	120.49	88.34	168.49	731.30
承兑手续费收入	21.45	15.88	6.06	38.82	126.23
应收账款保理业务收入			7838.99	21740.00	21740.00

四、总结与展望

航空工业的发展对一个国家提升自身国防、技术等各方面实力而言至关重要，中国航空工业集团作为由中央管理的大型国企，引领着我国航空工业的发展。多年来，中航工业砥砺前行，不断发展，生产武器装备保障国防安全，提供民用航空设施便利交通运输。而航空工业的进一步发展必然离不开庞大的资金支持和专业化金融服务，因而产融结合是必经之路。中航工业通过一系列整合、股权划转、收购、重组、股改等方式，最终成立中航资本，从而为中航工业的发展提供全方位的金融支持。自从 2012 年上市以来，公司资产规模不断扩大，利润水平持续提升，经营状况始终优异。旗下各个子公司更是兼顾收益和产融结合两大目标，立足于促进集团内子公司的发展，并在此基础上实现收益的提升。中航财务为集团内成员单位提供资金服务，从而实现了在集团内部调剂资金余缺，促进集团发展。中航租赁始终立足于集团的实际需要，为集团成员单位提供促销和融资服务，并且在多年的经营和摸索下，设计出针对国产飞机富有特色的租售方案，既极大地促进了我国飞机制造的发展，又提升了自身的盈利水平，实现产融结合的双赢。中航证券在经营过程中，立足于集团内公司的需要，为成员单位提供财务顾问和投资咨询服务，并且设立一系列资产管理计划支持集团内公司的定向增发。

中航资本通过一系列专项基金为我国航空装备、高科技技术的发展提供资金支持，在国家政策的支持下，拉动社会资金，形成资金链条，提高资金的使用效率、降低资金成本，坚守金融服务实体的使命，充分发挥产融结合的优势，推动我国航空工业的进一步发展。中航工业的产融结合模式更是为我国其他工业集团作出了良好的示范，其双赢模式有利于促进我国产融结合的发展。但是产融结合的过程中，很可能会出现过度结合的问题，产融结合的风险始终存在，需要我们时刻警醒，而未来产融结合的风险应该如何防范我们拭目以待。

案例使用说明

一、教学目的与用途

1. 适用的课程：公司金融、财务报表分析、金融市场与金融机构、企业并购与重组实务。

2. 适用的对象：适用于金融学专业硕士相关课程。

3. 本案例教学目标规划。本案例主要描述了中航工业集团及旗下中航资本的发展历程，展示了中航资本通过直接或间接持股多家金融子公司，其业务种类多样，涵盖证券业务、财务公司业务等专业性金融业务。分析中航资本为中航工业发展提供的金融支持以及践行产融结合的方式。通过本案例的学习，希望学生们了解到我国产业资本进行产融结合的具体方式，思考其进行产融结合的推动因素，并对中航资本产融结合的效果和可能导致的风险进行分析，为未来我国产业资本与金融资本的结合提出更好的建议。

二、理论依据

（一）产融结合的动因

1. 构建融资平台，实现产业扩张

企业在发展过程中，为了获取更大的利润，必然需要不断增加生产规模以及市场份额，这就要求企业扩张产业资本，从而实现规模经济。而企业进行产业扩张的过程中，需要强大的资金支持。通过产融结合构建融资平台，一方面可以使产业资本不受自身资金积累的限制，增强筹集资金的优势，为企业筹集资金从而进行产业扩张提供保障。另一方面，企业设立金融机构，从社会各方面筹集资金更为便利，并且企业可以借助金融机构的专业优势，为企业的资金积累和投资行为提供专业指导，降低经营风险和财务风险。

2. 降低交易费用

企业通过产融结合的方式将自己与金融机构之间的关系从外部交易关系变为内部产权关系，从而能够降低金融服务的费用，降低企业运营成本。此外，单纯进行交易的企业和金融机构之间必然存在信息不对称，但是有着内在产权关系的企业和金融机构之间，其了解程度、信任水平相对较高，从而能够最大程度降低信息不对称，进而降低由信息不对称所带来的各项成本。

3. 实现协同效应

通过产融结合，可以实现业务互补和规模经济，从而降低企业的各方面成本，进而提升企业的盈利能力和经营效率。此外，产融结合之后，还可以实现财务协同，即企业通过在各个子公司之间进行调度，平抑子公司的利润规模，在最优规模下纳税，实现合理避税。

4. 获取超额利润

从我国目前发展状况来看，金融行业的利润水平要高于其他行业，企业产融结合，控股金融机构，可以分享金融行业较高的利润率，提升本公司的盈利水平。

(二) 产融结合的模式

1. 按照产融结合形成模式进行划分

按照产融结合的形成模式进行划分，可以分为市场主导型、银行主导型和政府主导型。其中市场主导型是指在产融结合的形成过程中，金融市场发挥着主导性作用，金融机构和工商企业在金融市场中相互融合，两者皆为市场参与者。此种模式因为运用市场力量进行结合，因而对金融市场的要求较高，并且政府对经济的干预程度小。银行主导型是指银行依靠自身垄断地位，为企业筹集大量资金，银行和企业形成互相监督控制的关系。此种模式下，银行和企业相互结合，容易形成行业垄断和过度集权。政府主导型是指政府在产融结合中起着主导作用，政府一方面能够对金融机构进行一定程度上的干预和控制，一方面通过产业政策指导某些企业和金融机构相互融合，这些企业往往是政府发展的产业，通过产融结合调整产业结构，实现产能优化升级。

2. 按照产融结合的特征进行划分

按照产融结合的特征进行划分,可以分为产业资本控制金融资本和金融资本控制产业资本两种模式。产业资本控制金融资本是指产业资本逐渐向金融资本渗透,通过股权划转、托管、并购重组等方式间接或直接控股金融机构,而金融资本控制产业资本则正好相反,是金融资本逐渐向产业资本渗透。

3. 按照产融结合的具体渠道进行分类

按照产融结合的具体渠道进行分类,可以划分为信用型、股权型和咨询服务型。信用型产融结合是指双方之间存在着债权债务关系,以信用为纽带,产业资本和金融资本进行融合。股权型产融结合是指产业资本和金融资本依托市场,通过一系列并购重组、股权划转、托管等,以股权为纽带,实现结合。咨询服务型产融结合是指金融机构和工商企业之间以提供咨询服务而相互结合,这种模式以信息为载体,两个部门相互合作,提高经营效率。

(三) 内部资本市场的功能

1. 缓解融资约束

企业与外部金融机构之间存在信息不对称,导致企业在筹集资金时面临融资约束。内部资本市场则可以缓解这一状况,企业通过内部资本市场在资金盈缺部门之间进行调剂,充分利用内部资金,促进资金循环流通,使资金使用更为高效。

2. 优化资源配置

内部资本市场在进行资金配置时,也会充分考虑各部门的收益状况和资金使用效率,并且企业的内部资本市场相较外部金融机构而言,对企业内部各种信息的掌握程度更高,因而通过内部资本市场,可以更为精准地将资源配置到高效率部门,从而使整个部门的资源利用效率提高。

3. 风险分散功能

一方面,集团在发展自身经营业务的同时,扩展金融业务,实质是多元化经营,从而能够对风险进行分散;另一方面,公司通过内部资本市场在企业各个项目或者部分进行投资,同时又可以根据各部门对资金的使用效率将资源在低效和高效部门间进行转移,从而可以动态调整投资组合,不仅有利于资源配置,还能够进行风险分散。

4. 产业整合功能

在发展市场经济的过程中,很多企业都需要调整目前的产业模式和产业结构,由于内部资本市场对公司内部信息更为了解,不对称程度较低,因而通过内部资本市场整合产业的各项成本更低,特别是信息成本和交易成本,企业利用内部资本市场配置资金，将非核心业务剥离，把资金投向更有前景的核心产业，从而加快产业整合，促进产业发展。

5. 优化公司治理

内部资本市场对企业内各部门或者项目提供金融服务时，会对这一部门或者项目进行经营情况调查，从而能够及时发现部门或者项目在经营中存在的问题，进而能够及时调整公司日常经营中的问题，有利于强化企业的内控体系，优化企业及各部门的资产结构和治理结构，进一步完善企业内部的监督机制。

三、启发思考题与参考分析思路

（一）中航工业进行产融结合的动因有哪些？

分析思路： 首先中航工业作为资本密集型行业对金融服务的需求较大，通过产融结合可以降低集团成员接受金融服务的成本和融资成本，发挥集团的协同效应，提高整体经营效率，并通过拓宽经营范围防范风险。

具体分析：

（1）满足航空工业对金融服务的需求。航空工业由于其特性所在，既是资本密集型的行业，又是技术密集型的行业，同时航空产业也有着高风险、产业价值链条长、投入回报周期长的特点，这就意味着它的发展需要大量的资金投入，中航工业集团作为国资委管辖下的国有特大型央企，在发展初期尚可以在国家各项资金的支持下完成研发生产经营活动，随着其不断发展，规模不断扩大，技术水平不断提升，通过打造集团内专业的金融控股公司提供专业有效的金融服务就显得尤为必要，实现产融结合有利于充分整合、调动、利用集团内外金融资源，使产业资本和金融资本有机结合，更强有力地支持集团航空工业事业的发展。

（2）降低交易成本，提高集团经营效率。一般来说，当企业集团从外部金融机构接受金融服务时，必须按照市场价格支付接受金融服务产生的费用，这会使得市场上的金融机构获得高额利润和收益，但对于企业集团来说其成本无疑是偏高的。通过建立集团内部专业的金融服务机构，这些本来流向外部金融市场的资金就会留在企业集团内部，通过为集团内成员单位提供金融服务，诸如贷款利息、股票发行支付的费用、各种金融服务手续费、咨询服务费等都会有所减少，这将提高整个企业集团的经济效益。

(3) 发挥集团协同效应，实现规模经济。企业集团在发展过程中为了扩大生产、获取利润，必然需要走向规模经营，在实现规模经营的过程中，重组、并购等方式是必经之路。而这些方式专业化极强，涉及资金管理、战略规划等领域，因而需要经验和专业技能并存的金融机构参与，从而为企业提供财务顾问、金融咨询及资金支持。产融结合可以满足集团运营中的资金需求，为集团提供融资服务，有利于集团扩大经营规模，例如，中航证券的工作人员具备专业优势并且积累了业务经验，能结合集团具体情况为各成员提供保荐和承销、财务顾问等服务；中航租赁立足于发挥产业资本和金融资本的协同效应，创新融资模式，重点发展先进制造、高端装备等领域，深度促进金融业务和航空工业产业协同发展，为集团公司产融结合作出了极大贡献；中航财务将集团内的资金聚集企业进行集中管理，并且利用专业能力提高资金的使用效率，同时为各个成员提供财务管理服务。

(4) 降低融资成本，拓宽资金来源。通过建立集团内专业的金融平台公司，集团可以获得更多样的资金来源渠道，尤其是上市后可以面对更广阔的资本市场，从社会资本中汲取集团业务发展所需的资金，依靠良好的集团信誉和央企背景，上市后的金控平台可以通过定增、再融资、发行短期融资券、企业债等方式获得资金成本较低同时规模较大的资金，而在企业内部创设财务企业，则可吸纳大量存款，进入银行之间的交易资金融通链条，创设信托公司吸收社会公众资金作为信托资产开展融资业务，通过成立产业发展基金选择合适企业进行投资获取回报等，从而能更容易地获得可观的资金支持，这些资金成本相对较低，风险也相对可控，有效补充了大型企业集团比较传统的融资渠道。

(5) 拓展经营范围，防范风险。中航工业集团通过产融结合，使金融资本融入企业集团的价值链体系之中，集团工业企业与金融企业之间股权相互融合和交叉，形成了产业部门与金融部门信息共享、风险共担、收益共享、相互依托、紧密共存的关联关系，有利于形成紧密型企业集团，降低企业集团的经营风险。

(二) 中航资本采用何种模式进行产融结合？如何评价其产融结合的效果？

分析思路：从中航工业设立中航资本的具体过程入手，总结中航工业进行产融结合所采取的具体模式。中航资本上市后面对着更加广阔的资本市场，获得了更多的融资渠道。作为金融控股平台，旗下中航财务为中航工业集团内部相关单位提供便利的信贷服务，中航租赁通过创新租售方式为集团内成员提供航空产品融资租赁专业服务，中航证券向中航期货介绍客户并为其代销金融产品，为集团内成员单位提供证券承销等专业化服务，中航资本则设立专项基金推动科技发展。

具体分析：

（1）产融结合模式。航空产业有着高风险、产业价值链条长、投入回报周期长的特点，因而其在筹集资金方面往往需要较高的成本。中航工业集团作为国资委管辖下的国有特大型央企，发展初期主要以国家资本为支撑，但是随着其规模不断扩大，对外部资金的需求越来越大，政府支持航空工业采取产融结合的方式为自身提供更具针对性的专业金融服务。因而从其形成模式来看，可以划分为政府主导型。

从中航资本的上市过程来看，中航工业通过股权划转、并购重组等方式逐渐渗透金融机构，通过中航资本控股其他金融机构，以产业资本支配金融资本，通过控股各类金融机构为集团旗下成员单位提供金融服务，因而如果按照产融结合的特征进行划分，中航工业设立中航资本采取了产业资本控制金融资本的产融结合模式。

按照产融结合的具体渠道进行分类，中航工业以金融市场为依托，通过并购重组股权划转设立中航资本，通过北亚集团借壳上市，并且中航资本通过一系列股权划转、托管等手段间接或直接持有中航证券、中航信托等各类金融机构，因而属于股权型产融结合。

总结起来，按照产融结合的形成模式进行划分，中航工业控股中航资本属于政府主导型产融结合。按照产融结合的特征进行划分，中航工业设立中航资本采取了产业资本控制金融资本的产融结合模式。按照产融结合的具体渠道进行分类，中航工业采取了股权型产融结合模式。

（2）产融结合效果。作为金融控股平台，中航资本通过旗下各个子公司对中航工业集团提供各种金融服务支持，促进产融结合。

中航财务向中航工业集团内部相关单位提供便利的信贷服务，其根据不同期限央行基准利率对存款支付利息并收取贷款利息，央行基准利率一般来说低于成员单位通过其他渠道取得的资金成本，这一安排帮助了集团内资金盈余部门与资金短缺部门低成本地调剂资金的使用，促进集团整体发展，同时财务公司也为成员单位提供保理服务、财务顾问服务，办理承兑业务和委托贷款等业务（见图14-17）。

从利息收入与利息支出情况来看（见图14-18），2015年利息收入达到了22亿元，2016年则下降到了16.82亿元，2017年相比于2016年有所上升，达到了18.08亿元，2018年利息收入超过29亿元，而利息支出在2016年出现了下降后再次上升。从净利息收入来看，2015年之前都高于10亿元，但2016年和2017年出现了下滑。2018年再次出现上涨。而与此同时，财务公司所发放的贷款数额却没有较大的变动，维持在180亿元左右。从2012年起，财务公司的贷款利息收入经历了3年的增长，到2015年出现了两年的下降，2017年又略有反弹，而存款利息支出除了2016年略有下降外，

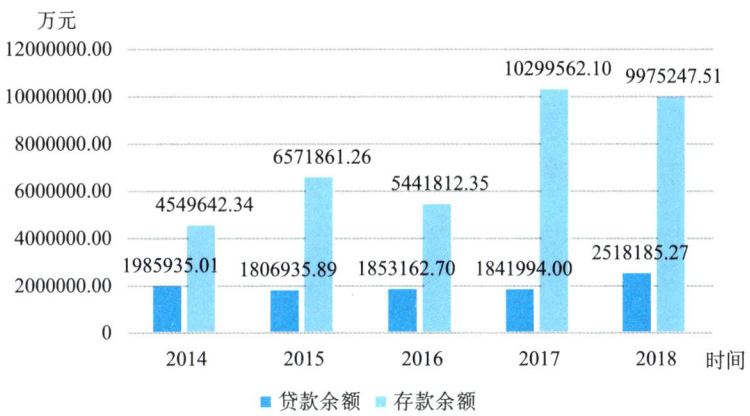

图 14-17 中航财务贷款与存款余额

图 14-18 中航财务利息收入与利息支出

都呈现增加态势，与之相对应，净息差收入在 2014 年之后出现了下降，从最高点 6.99 亿元下降到了 2017 年的 2.43 亿元。可以看出，近年来集团内资金越来越聚集于中航财务公司，而集团内成员得到的贷款却没有大幅度地提升，财务公司的净利差也于 2015 年之后逐渐收窄，这可能在一定程度上反映了财务公司的资金使用效率并不是很高，但如果我们可以获得详细的存贷款明细数据，则可以模拟市场资金借贷条件计算所获得的利息差额，并与财务公司实际利息差额进行对比，从而更准确地衡量产融结合的效率。

中航租赁是国内民机租赁服务的先驱者，并且拥有最多的国产飞机数量，促进了新舟系列等国产机型的市场化发展，中航租赁立足集团下属企业的实际需要，目前已经为集团内公司提供了累计超过 50 亿元的产品促销及融资服务，公司设计出多种业务模式，包括直接融资租赁、售后回租、经营性租赁、跨境租赁、厂商促销租赁等。

中航证券则从自身专业技能出发支持板块资产上市、服务于增发、配股等股权融资工作。2016—2018 年为集团内公司提供劳务取得的收入分别为 4182 万元、5886 万元和 2229 万元，占总收入的比重为 4.67%、7.04% 和 2.98%（见表 14-11）。中航证券不仅通过 IB 业务介绍客户给中航期货，还帮助中航期货公司代销金融产品，为集团内成员单位提供证券承销服务，所服务的成员单位包括中航机电、中航黑豹等公司，为中航信托股份有限公司、中航工业集团有限公司和中航投资有限公司提供财务顾问服务与投资咨询服务。此外，中航证券还作为发起人设立集合资产管理计划来设立结构化主体，为集团成员单位的定向增发等提供优质服务。如中航启航 3 号集合资产管理计划募集了 1.5 亿元，主要投资于中航工业机电系统股份有限公司非公开发行的股票。

表 14-11　　　　　　中航证券为集团公司提供劳务收入与总收入对比　　　　　　（单位：元）

	2018 年	2017 年	2016 年
为集团公司提供劳务收入	22289668.56	58860018.40	41823824.04
总营业收入	748135457.01	836596950.38	896172419.46
占比	2.98%	7.04%	4.67%

中航资本还通过成立产业投资基金带动资金向国家支持的航空产业流动，例如 2018 年 9 月成立的惠华基金就是与电科投资、核建设资本等共同发起，其中中航资本持股超过一半，基金未来将发挥集团的资源优势，构建起优质投融资平台，为产业发展作出贡献。

总结起来，中航资本拥有较为齐全的金融牌照，可以多角度地为集团内部成员单位提供资金方面的支持，在各个公司之间建立起资源共享的平台，共同对金融产业的发展出谋划策，有效提高企业内部处理相关业务的能力。与此同时，还可以进一步提高产融结合效率。如财务公司为企业提供信贷资金支持；保险以及信托业务为企业的租赁产业发展提供了持续低成本保障；证券业务的拓展不仅为期货产业带来了更多优质客户群，还能够为企业集团在上市问题上所出现的问题提出切实的解决方案；期货产业进一步为企业整体的大宗商品采购服务提供了可靠保障；租赁业务为企业扩大了发展渠道，对产品的营销过程起到了很好的推动作用。这一系列的金融服务，将对集团规模经济发展起到良好的支撑作用。

（3）航空业相关集团对比分析。航空业相关集团如中国国航、南方航空、东方航空等也都进行了一定程度的内部资本市场的建立，为实现集团内资金的优化配置而努力，例如中国航空集团通过上市公司中国国航控股了中国航空集团财务公司，开展资金管理、结算和筹融资等活动，为集团内部提供专业化的金融服务；中国南方航空集团控股中国南航集团财务公司,它是上市公司南方航空的联营企业,立足于集团内企业的行业特点,整合集团内部金融资源,打造统一的投融资平台与咨询服务平台;中国东方航空集团公司则成立了东航金控有限责任公司,简称为"东航金融",它承担了整合管理集团内金融相关业务的责任,控、参股或管理着财务公司、期货、基金、保险等金融公司,不断深化发展各项金融相关业务,为成为集团金融支柱而努力。

由于4家集团公司和前三家旗下的财务公司、金控平台均未上市,仅中航资本作为金控平台成功上市,国航的财务公司是上市公司中国国航的子公司,因此会被并入上市公司的财务报表,而南航财务公司仅为联营企业,没有被合并入上市公司南方航空的财务报表,东方金控则控股了上市公司东方航空约3%的股份,其数据无法从东方航空财务数据中获得。因此从可获取的主要上市公司中国国航、南方航空、东方航空和中航资本披露的利息收入与费用来看,东方航空的净息差收入较少,而中航资本由于是唯一的上市金融平台,其利息收入高于利息支出(见表14-12、图14-19)。

表14-12　　　　　　　4家上市公司利息收入与利息费用　　　　　　　(单位:亿元)

	利息收入	利息费用	净息差收入	总资产
中国国航	1.73	29.141	-27.411	2437.16
南方航空	1.25	32.02	-30.77	2466.55
东方航空	1.1	37.27	-36.17	2367.65
中航资本	29.39	16.95	12.44	3003.03

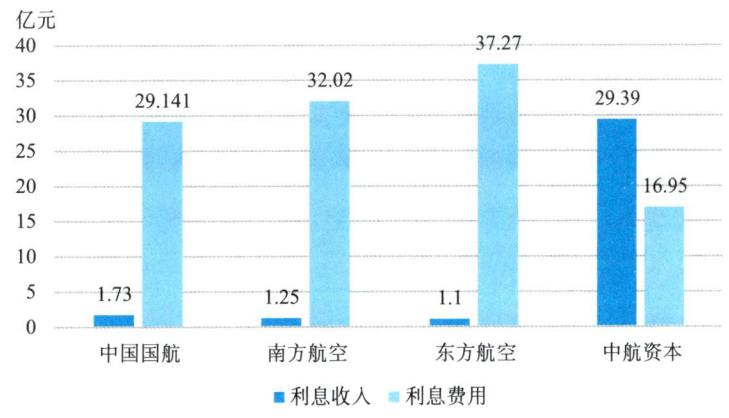

图14-19　4家上市公司利息收入与利息费用

(三) 中航工业和中航资本产融结合过程中存在哪些风险，这些风险应该如何进行防范？

分析思路：分析案例正文中中航工业产融结合的过程以及中航资本的控股情况和经营情况，从而总结产融结合过程中可能存在的风险，立足于中航工业自身经营特点以及中航资本的经营情况，提出风险防范措施。

具体分析：

产融结合中存在的风险主要有以下几类：

（1）内部交易风险。在中航工业的日常运营中，和集团内部的金融子公司必然会发生内部交易，这些内部交易一方面可以为企业提供更具专业性且费用更低的服务，但同时内部交易也存在着一定的风险，内部交易中内在关系牵扯颇多，错综复杂，并且很多金融子公司并未上市，例如中航信托、中航期货，因而这些子公司的信息披露也很不健全，这就导致监管难度大大提升，并且集团总部也无法掌握总体效果。而如中航期货、中航信托等这些子公司在内部交易中承担着筹集和运用资金的职责，会和中航工业旗下各家工业子公司发生各种资金往来，从而使得风险更大地集中在金融子公司身上，如果没有完善的风险隔离机制，会使得中航期货、中航信托等金融子公司成为中航工业集团内部成员单位的"提款机"。

（2）财务杠杆风险。从案例正文对中航资本的控股情况我们可以了解到，中航资本及其参股控股的各家金融子公司之间存在着复杂的参股情况，在这种情况下，很容易产生资本虚增。一方面，母公司会拨付给子公司资本金，而拨付的这部分资金会在两个公司的资产负债表中同时反映出来。其次，如果子公司又运用这笔资本金对集团内部成员单位进行权益投资，这笔资本金则又会被重复计算。多次重复计算必然会导致账面上资本金虚增，但实际资本金要小于账面资本金数额，虚假的资本金膨胀会给整个集团带来风险。并且，监管部门对工商企业、证券、信托、期货等行业在资本充足率等方面的监管要求有着很大的差别，中航资本的重重参股情况会导致对集团整体资本充足率的衡量难度加大，给集团带来风险。如果这笔资本金是通过债券或者借款等方式拨付的，那么中航资本和旗下金融子公司的重重参股必然会造成整个集团财务杠杆比例上升，进而使得集团在面对其他风险时抗风险能力大大降低。

（3）风险的传递。如果未来中航工业旗下成员单位陷入危机，集团必然会通过中航资本旗下金融机构进行救助，这种情况下，很容易产生风险传递，使得该金融机构也陷入危机之中。由于重重参股的存在，一家机构陷入危机会使得其他机构的经营情况受到影响，导致风险在集团内部进行传递，甚至影响整个航空工业。此外，中航资本旗下金融机构还为其他外部公司提供服务，当金融机构陷入危机时，也会对外部公司产生影响，造成风险的外部性。

（4）监管真空。目前，产融结合相关的法律还不够完善，产业资本和金融资本之间的防火墙设施不够健全，而且在中航资本目前的控股情况下，旗下金融机构和中航工业集团成员单位之间的资金流动十分容易，如果公司内部治理存在漏洞，那么资金很容易流向违规区域，导致监管真空。并且中航资本的母公司中航工业是实体企业，因而金融监管部门只能对中航资本进行监管，无法对中航工业进行监管，也导致了监管真空。

（5）高度金融化。公司在产融结合过程中，如果过度发展金融业务，脱离产业发展，背离公司产融结合以发展航空工业产业的初衷，就会出现公司资本从产业部门转移到金融部门，制约产业部门的发展，并导致公司风险集中于金融部门，极易受到金融行业系统性风险的冲击。一旦某家金融机构出现问题公司就会面临巨大的蔓延性风险，影响公司发展，动摇公司多年根基。

防范措施具体有以下几种：

（1）加强风险防范教育，提高风险防范意识。中航工业应加强对内部人员的风险防范教育，不仅是对中航资本旗下的金融机构，对中航工业旗下的工商单位也要进行风险防范教育，真正提高内部人员对风险的重视程度和防范意识，提高风险防范能力。

（2）在集团内部建立防火墙制度。防火墙制度是指中航工业应该通过设立管理部门以及完善内部分权制度在中航工业、中航资本以及内部成员单位之间设立屏障，从而避免风险的相互传递。并且防火墙制度可以使得各成员单位之间能够保持信息的相对独立，从而保证各子公司经营决策的相对独立性，从而避免利益输送和利益冲突。

（3）加大法律和政策的支持力度。目前我国关于产融结合的法律还不够完善，因而当务之急是制定相关法律，一方面制定专门的产融结合法，另一方面对《公司法》进行修改，着重修改金融控股公司。政策方面，不管是产业政策还是金融政策，相关部门应该积极出台政策来防范产融结合的风险。而从公司内部来看，中航工业和中航资本也应该制定防范风险的相关规章制度，设立公司内部监管框架，提高自律性。

（4）采取多种措施监管内部交易。一方面，中航工业和中航资本应该对重要的内部交易作出限制，比如从数量上限制中航财务对中航工业旗下成员单位作出的信贷延期等，从而能够在一定程度上对信用风险进行控制，此外，对集团内部成员单位建立起更为完善的信息披露制度，对于重要的内部交易增加披露程度，既有利于集团对成员单位的监管，也有利于监管部门提升监管效率，从而提升公司各方面安全性。

（5）注重产业资本和金融资本的合理融合。为了防止企业高度金融化，中航资本在产融结合过程中，应该始终牢记产融结合的初心，坚持金融服务实体的本质，合理发展金融业务，发展重心仍应放在公司主要业务上，通过旗下的金融机构为集团成员单位提供更具效率的服务，以金融发展促进产业发展，以金融资本支撑航空工业，合理控制产融结合的程度，避免过度金融化。

（四）根据对中航工业产融结合的了解，对我国产融结合的发展提出建议

分析思路：研究中航工业产融结合的过程和效果，分析中航资本的经营情况，从公司内部角度入手，为产融结合的发展提出建议，并且从我国目前政策角度、金融市场发展状况、国企产权制度和监管角度入手，为产融结合的外部支持提出建议。

具体分析：

首先，从公司内部角度来看：

（1）从公司实际出发选择产融结合的模式。企业集团在确定要进行产融结合时，应该充分考虑自身特点，选择合适的产融结合模式，对于中航工业而言，它是大型国有控股企业，因而在进行产融结合时采取的是政府主导型，但是随着我国金融业的不断发展，我国金融市场必然逐渐完善，其他企业在选择产融结合的模式时，可以不再受金融业发展的限制，市场主导型的产融结合模式将会更为普遍。此外中航工业选取的是股权型产融结合模式，而其他企业应该立足自身，根据企业实际需求，并充分考虑自身能力，兼顾效率和风险，从而选择适合自己的产融结合模式。

（2）从公司实际融资需求出发发展金融业务。中航资本是全牌照金融控股公司，而其他企业在进行产融结合时，应该从公司实际需求出发来发展金融业务，有选择地控股金融机构。企业可以从以下金融机构入手，开展金融业务。

财务公司可以为集团成员单位提供资金融通，通过存贷业务、票据业务等，实现企业成员单位之间的资金余缺调剂。比如，中航财务为集团内成员单位提供资金服务，提高融资效率，促进集团发展。信托投资公司可以通过设立信用托管计划提供融资服务，还可以为成员单位提供信用服务，降低成员单位的交易费用。租赁公司可以通过业务创新，创设出和企业集团主营业务息息相关的融资模式，从而和企业集团产生协同效应。比如，中航租赁在多年的经营和摸索下，设计出针对国产飞机富有特色的租售方案，既极大地促进了我国飞机制造的发展，又提升了自身的盈利水平，实现产融结合的双赢。证券公司的资管业务、投行业务，可以为企业集团的资产重组、股权收购以及外部融资提供极大的便利。比如中航证券在经营过程中，立足于集团内公司的需要，为成员单位提供财务顾问和投资咨询服务，并且设立一系列资产管理计划支持集团内公司的定向增发。通过期货交易和企业生产经营相结合，从而分散风险，并且

可以通过期现结合实现保值增值，从而降低企业集团的经营风险，提高盈利能力，促进企业集团的进一步发展。企业集团通过金融控股公司参股商业银行，一方面可以降低企业融资费用，另一方面还可以获取投资收益。

（3）重视并购在产融结合中的作用。一方面，企业集团发展产业规模实现规模经济可以利用并购进行，另一方面，企业集团进行产融结合，也需要通过并购来获得金融机构的股权。企业产融结合模式形成之后，企业在通过并购发展产业规模时，金融机构可以为并购提供资金支持，并且金融机构可以提供专业的并购指导，企业还可以通过金融机构培训和引进人才，积累并购经验，掌握先进的并购技术，提高并购成功率。

（4）培养高素质产融结合人才。企业集团一方面要加强对内部人才的培养，为公司进行产融结合储备人才，另一方面，企业也应该不断从外部引进人才，从而建立起高素质的人才队伍，为公司产融结合以及日后经营管理做好准备。在人才培养过程中，既要注重对金融知识的培训，又要使人才对企业自身的产业状况有着深刻见解，从而使得这些人才在日后的经营管理中能够针对企业集团自身产业业务提供具有针对性的专业金融服务。

其次，从外部角度来看：

（1）调整宏观产业政策。政府部门应当制定相关指导政策，如产业政策、投资政策等，为我国产融结合进行政策上的指引和支持，加快相关法律的制定和完善进程，使产融结合有法可依，规避非法结合途径，并为合理合法的产融结合保驾护航。

（2）变革金融体制。产融结合对金融市场要求较高，因而，我国金融体制必须在现有基础上进行改革和完善，促进金融创新，加大资本市场培育力度和进程，继续发展和完善股票市场、债券市场，提高产融结合的程度，减少产融结合过程中的政府干预，提升产融结合的市场化程度。

（3）完善国企产权制度。产融结合过程中，各单位的产权必须清晰并且需要具有较高的流动性，而从国企目前的产权制度来看，产权流动性较低，主体单一，因而需要对国企的产权制度进行改革和完善，对国有资产的管理体制进行创新，提高国企产权的流动性程度，促进产权主体多样性，促进我国产融结合的进一步发展。

（4）加强监管。产融结合过程中，风险是客观存在的，因而相关监管部门应该加大监管力度，此外，还应该建立对产融结合的特殊监管，避免监管真空，提高风险防范意识和防范能力，从而促进产融结合健康有序发展。

四、背景信息

本案例全部信息来自中航工业官网（http：//www.avic.com.cn）、中航资本官网（http：//www.aviccapital.com）、中航证券官网（http：//www.avicsec.com）、中航信托官网（http：//www.avictc.com）、中国证券监督管理委员会的公开信息和网络公开报道。读者可在巨潮资讯网（http：//www.cninfo.com.cn/cninfo – new/index）、中国证券监督管理委员会网站（http：//www.csrc.gov.cn/pub/newsite/）和 Wind 数据库对相关文件及后续进展进行查询。

五、关键要点

案例关键点：本案例以中航资本为分析对象，描述了中航工业的发展历程及其成立中航资本的过程，分析了中航资本的控股情况和经营情况，并研究了中航资本其中主要子公司的经营情况，探讨了中航资本产融结合的具体表现，在此基础上，总结归纳中航资本产融结合的效果。

关键知识点：围绕产融结合的效果和风险进行分析。

关键能力点：产融结合相关理论的综合应用能力、归纳能力以及解决问题的创新能力。根据案例中提供的信息，对我产融结合的发展提出建议。

六、课堂计划

建议本案例放在专门的案例讨论上使用，课堂时间安排为 100 分钟。

1. 课前计划：提前将案例正文发送给学生，分组进行研究（4 组左右），并对学生提出要求，以小组为单位：

（1）对案例正文进行深入了解。

（2）进一步了解中航工业、中航资本以及中航资本旗下主要子公司的经营情况。

（3）对产融结合的相关理论进行研究。

（4）对所提出的问题进行思考与讨论，以小组为单位得出结论，并提出自己的问题，每组提出两个问题。

2. 课中计划：

（1）案例回顾和课程介绍：10 分钟。教师对案例主要内容进行简要回顾，带领学生了解中航工业产融结合状况。

（2）理论梳理：10分钟。教师简要介绍产融结合相关理论。

（3）小组成果展示：40分钟。小组按抽签顺序上台展示，每组控制在10分钟左右，展示小组研究成果、对问题的思考以及提出的问题。

（4）集体讨论：30分钟。对每个小组提出的问题进行讨论，讨论时间控制在10分钟左右，讨论结束之后每组派出一名代表对所提出的问题进行发言，每组发言时间控制在5分钟以内。

（5）总结：10分钟。教师对案例相关知识点进行梳理，对小组展示结果进行点评，并对思考问题进行总结。

3. 课后计划：要求学生结合案例内容和课堂内容，查阅相关资料，从案例中发现自己的兴趣点，撰写论文，字数在3000字左右。

参考文献

[1] 杜传忠，王飞，蒋伊菲. 中国工业上市公司产融结合的动因及效率分析——基于参股上市金融机构的视角 [J]. 经济与管理研究，2014（4）：84-90.

[2] 蔺元. 我国上市公司产融结合效果分析——基于参股非上市金融机构视角的实证研究 [J]. 南开管理评论，2010，13（5）：153-160.

[3] 李书华，李红欣. 产融结合的风险管理研究 [J]. 黄河科技大学学报，2008（2）：72-74.

[4] 王松华，胡敬新. 我国产融结合的发展现状及实证分析 [J]. 金融理论与实践，2007（5）：50-52.

[5] 陈燕玲. 产融结合的风险及其防范对策研究 [J]. 生产力研究，2005（5）：130-132，243.

[6] 王辰华. 我国产融结合的经济效应分析 [J]. 金融理论与实践，2004（8）：6-8.

[7] 傅艳. 产融结合简析 [J]. 中南财经政法大学学报，2004（1）：69-71.

[8] 许天信，沈小波. 产融结合的原因、方式及效应 [J]. 厦门大学学报（哲学社会科学版），2003（5）：107-112.

[9] 王之君. 企业集团产融结合及风险防范研究 [D]. 天津大学，2010.

[10] 朱渝铖. 产融结合模式综述 [J]. 广西大学学报（哲学社会科学版），2008（S2）：188-189.

[11] 凌文. 大型企业集团的产融结合战略 [J]. 经济理论与经济管理, 2004 (2): 37-41.

[12] 吴利军, 张英博. 我国产融结合现状及未来发展的有关思考 [J]. 经济社会体制比较, 2012 (5): 159-168.

附件：

中航资本控股股份有限公司 2012—2017 年年度报告

中航证券有限公司 2012—2017 年审计报告

中航信托股份有限公司 2012—2017 年审计报告

中航工业集团有限公司官网

http://www.avic.com.cn

中航资本控股股份有限公司官网

http://www.aviccapital.com

中航证券有限公司官网

http://www.avicsec.com

中航信托股份有限公司官网

http://www.avictc.com

中航国际租赁有限公司官网

http://www.chinaleasing.net/zhportal/site/index/index.action;jsessionid=8C742F9C076A7783E5F12E1968F202B1

中航资本官网：中航工业租赁：聚焦主业以融促产正逢其时

http://www.aviccapital.com/xwzx/gcxw/408517.shtml

中航资本官网：中航资本落实责任推进产融结合

http://www.aviccapital.com/xwzx/gcxw/408494.shtml